海上絲綢之路文獻集成

總主編　陳支平　陳春聲

民間譜牒編

40

主編　林楓

国家出版基金项目
NATIONAL PUBLICATION FOUNDATION

海峽出版發行集團
THE STRAITS PUBLISHING & DISTRIBUTING GROUP
福建人民出版社

本册目次

〔福建晉江〕塔江蔡氏族譜不分卷

〔清〕蔡景山纂修

[福建晉江]《塔江蔡氏族譜》不分卷，清蔡景山纂修。塔江位於今福建省晉江市東石鎮。是譜載序言、緣起、敘世圖、譜例、譜戒、世系、傳記、生卒年月、葬地等，所載條目頗繁，序言則有宋紹興、端平，清康熙、乾隆、道光各序。據譜中所言，始祖爲明末潛江公，塔江開基祖江門公蓋爲其孫，死於長沙任所，後遷葬於晉江。是譜經蔡景山纂修後，遞有增補。所載族人遷往臺灣者，如十三世玉布「葬在臺灣大港埔」、十四世金郡「葬在臺灣」、十七世臨河「葬在臺灣阿里港」等；遷往東南亞者，如十八世念洞「卒在番邦」、念閑「葬在錫浪」等。據清抄本影印。

江門公諱道憲字元白葵一公之三子也生而穎異少有大志凡百家諸子過目成誦所快而不忍釋手者離騷正氣之篇其所作為文章一皆攄抒心靈全不寄人籬下著有悔後集刊行海内年十九而登崇禎癸酉賢書二十三而成丁丑會魁任湖廣長沙府推官萬曆乙卯年九月廿七日　時生崇禎癸未年八月廿六日午時殉難　贈太僕寺卿謚忠毅三楚特祀崇祀　恩廕一子入監讀書于康熙四十六年歲次丁亥楊學院諱篤生同各憲擇地于郡學射圃内建祠特祀匾書忠埒睢陽四字公葬長沙府南門外醴陵坡今改為理靈坡　公將殉難惟時坡上黑雲凝結陰風怒號有數十日不散後史人婦公于斯土楚人謂此司理之靈也因改云坐甲向庚太守堵公為銘其墓厥後於康熙乙亥年十二月初八日戌時以香骸偕

誥封淑人端節謝氏葬於晋江五都傅林鄉土名麒麟山坐丁向癸兼午子分金　淑人生于萬曆丁巳年十月初二日　時卒康熙壬子年七月初六日未時　女一適庚辰進士兵部尚書盧公若騰男饒研嗣子一人名曰知遠

公烈氣貫日勁節凌雲四海文人俱為立傳表揚今不能悉載盧司馬所撰忠烈傳附書于左　崇禎壬午年癸未之間闖賊流入楚陷郡破邑勢同燎原惟時文武將吏殉難者不乏而最著者無如長沙司理蔡公公諱道憲字元白别號江門吾泉晋江人年十九舉於鄉二十三成進士補理長沙長地藪澤輿區人習攻剽前長吏莫能制其死命公下車立擒魁置之法請託迭至弗聞也先是吏急於擒盜民多以盜羅織仇家逮其衆而擬辟者八十人株連繫獄者百餘人公悉平反出之遂有青天之号郡初設客兵五百以捍土寇已而大為民患哨長周華宇掠物于道毙一人公案令数卒

縛華宇入署其徒環集而譁吏皆駭逸公笑語之曰理官奉
朝廷三尺法尔曹三百人耳敢為乱也譁者止然後論華宇
如法城村肅然吉藩為封於長奸民影籍軗衛佔奪田舍無
所顧忌故事藩府軗衛非請令旨莫敢治公徑提究不少假王
初不説公力言方今四方多難百姓係主上重輕此輩縱噬小民
一旦有變能為王保富貴乎王意解諭自今不法者得自按治
壬午秋分闈以能得士称九月郡守堵公胤錫入覲公署篆十
二月闖賊入荆襱承獻賊犯澧石慈安諸縣湖南大震癸未五月
獻賊陷武昌殺溺其民殆盡北撫軍謀率所部奔長沙公請屯
岳謂可以捍長而兼領衡永撫軍以非封守為辭公曰北喪南
存不猶愈於南北俱喪乎撫軍詞窮廼還岳及賊息轉近竟揚
帆去亦復抵長矣南撫軍 某 膺新命入境駐岳数日檄徙長沙
公再上奏記謂岳固宜守岳不守長必隨之雖徙無益不復撫門謁
文廟直指及諸道鎮守令咸集撫軍問守長之策公議欲以吉王

居守而文武皆聯營於外背城臨塹首尾相應選驍銳為游兵賊攻吾北則游兵擊其南攻南則搗其北城上戰士縋下繼之飛礮助之如此則賊必疲彼所恃長以襲我者惟梯衝地道防斯二者技無所施久而粮盡必引去矣撫軍曰守尚未易何乃戰且如睢陽之守當時議者亦未以巡遠為功公曰巡遠保障江淮自唐至今未聞有罪之者且不戰烏能守遠任守巡任戰巡大小四百餘戰殺賊卒十二萬人唐史所載甚明撫軍曰今安得張中丞而守之公曰大人無薄待今人也蓋今日之事勢與睢陽不同者三尹子奇輩所將皆番漢勁卒獻賊所糾者烏合耳睢陽衆僅萬人而今各鎮兵三萬有奇賊行無部伍止無營柵貪淫驕縱非漁陽戍落河之比我信賞必罰伺候抵隙破以下闕文

塔江蔡氏譜引

余見故家舊族語及譜系問其先世則懵然不知嗚呼此譜學不講之弊也且如豺獺猶知報本人靈於物者不知祖宗之所自來支派之所繇分親疎之所以别昭穆之所以序豺獺之不如也予觀蔡氏家乘起於秦漢閒歷數百年以嗣以續如視諸掌其子之賢可知矣予嘉其克紹先志僭為引

紹興乙卯正月人日尚書左僕射提舉臨安府同霄宮致仕武陽李綱題

引

山必祖於崑崙之脉千峰萬岫皆其支也水必祖於天一之精百川萬瀆皆其派也人必祖於始生之源億萬孫曾皆其胤也予閱蔡氏譜牒統宗衍派百世無窮孝子慈孫家藏世守擬諸天球河洛其寶過矣

端平二年乙未直學士院兼同簽書樞密院事鶴山魏了翁

譜序

蔡氏之先始出自周文王第五子蔡叔度生子曰仲封於蔡子孫以國為氏其為名世也甚遠皎然翹然天下知有蔡氏矣秦漢之時裂而復合合而復渙其間四布而不可考矣傳至唐太宗時奏天下譜牒退新門進舊望左膏粱右寒微合一百九十三姓千六百五十一家而蔡氏與首稱焉今乃漢黃門倫公之後晉司徒　公為奕世之祖自宋室南遷嗣後子孫散處四方有遷於建康歙州者有遷於姑蘇雲間者有寄寓於寧波紹興者而轉徙於福建之福州泉州有南移於廣州南雄者未易悉數要皆出於粵西桂林之派也歷傳至我皇宋名宦尤多遂為天下名族而人有譜牒以貽厥後世臣喬木之家咸莫與齊嗟夫士之名世也有二三人品與家世而已人品不足而家世足以振之有家世而人品復佳無忝於所生者蔡氏子孫咸皆有之此其所以為名世也蔡氏之譜所由作也謹序

賜進士及第出身太子賓客觀文殿學士潁川陳康伯拜譔

跋

凡艮本青皆荆支棄秀乃氣凡艮本賣元司公只阜、、寺二司山靈所鍾寔天地間五百年來一間氣而其祖德宗功所有自也流冦蹂躪我楚屠武昌破岳陽暨乎衡永有司無一死者攻陷長沙獨吾元白一人孤城死守勢窮無援罵賊不屈以身殉難非其祖若父義方式穀乎父祖若此則前代之秉信足傳矣天之福善代若綿綿元白雖死寔不死也予與元白十載道義千秋同調有慨而為之題云

南京户部尚書兼理屯田前兵科給事中三楚友生劉安行題

族譜序

族有譜誌世系也世系明則源本自見猶夫水與木然雖百川分流千枝散茂揔弗外夫源本所自按周武王封蔡叔度之子仲於蔡子孫以國為姓歷秦漢散處不一其入閩者子孫寔多閩而居温陵者亦復不少夫既同姓則同宗矣有云自固始來者有自莆陽來者大抵傳世久遠支派攸分理勢然也吾家世居浙東寧波府唐朝望族祖諱夔金紫光禄大夫刑部尚書寔

遊入閩卒於泉郡而家焉曾孫諱尊師襲蔭金部員外郎好仙術卒而塟於郡西即今肅清門外后留鄂公再廣城垣開墳迁塟僅遺書劒而已遂改塟於松灣鄉再傳十二世諱和號五峯公居郡中而讀書于片瓦岩山有五峯因號焉慕朱晦翁道學欲負笈從事以母老奉養故不能去宋末南渡徵勤王義族其孫潛江公舉兵從幼主欲下粵一時兵民擁雜船不足濟因暫停塔江以渡後渡居無何聞帝舟覆没無復望矣乃家而隱焉號曰潛江七傳至濆渠濆穀公渠生祖伯建周公穀生大父仰濆公嘉靖間草寇謝半番作亂引倭蹂躪興泉塔江濆海荼毒尤甚濆穀公暨妣張氏並遇害祖眾或死或逃祖伯年十有五大父甫十三俱被冦擄至營三日脫逷見父母戮死痛哭殮埋室燬人亡無以自存遂拾譜序十七葉藏於懷中故前代之諱號墳墓多無所考今姑闕焉其諸父昆弟居於山谷者如晋江四都九坑鄉坑尾鄉十都之橋頂鄉南安卅四都桃渾鄉卅五都洪邦蔚堂邊廊卅六都之山尾兜新营下寮者多因避亂而居之大父雖弱齡能自勉力中年堂構奂然所經營宅產半遺祖伯弗自私也考譜系先世以宋室宦民終元朝不仕迨我明

興始出遊泮宣德初年其公以明經應選父葵一公從父裒如公皆力學博覽而數奇不偶烈皇帝世父以功曹授京衛經歷生道寧兄弟三長梦師殤弟道憲登崇禎丁丑進士除古潭州司理流寇張献忠陷城弟憲堅守被執不屈死之贈冏卿謚忠毅特祀廕子贈父如其官後之子若孫能紹奮立為良為忠雖出稟性視此其知所感矣大父屢命父修譜而父志在四方未竟其事道寧自國家多難之後見族中零落者多自計年週甲子又將半矣深懼日月不居修短難料將何光前垂後耶龍門子云三世不修族譜等於不孝用是勉承先志編其序次云爾

清康熙辛酉歲重陽日裔孫道　謹誌

知遠曰癸亥冬泊父澹齋公病轉劇出是篇授知遠而命曰族以譜著譜不作者庸人也譜為族作作而弗徵弗信無以紹休光昭軌度者徒作也徒作也者猶之乎不作耳居今莫能通知先世事其簡而明考而易知者無譜若也祖宗忠烈孝廉之行時雙見聞則景慕之生子孫易之人自可所懲戒則是瞿之生今

景慕畏懼以為心庶知親親源本之義而永承世守敦其九族修其五教以致其禋祀者必明儒者有立志斯其族之可貴而譜不徒作者矣知遠蹤而受起而彙輯成篇例著于右公之族中雖力絀未能即付剞劂然觀其書而得其旨洞微惻隱聊足備採擇若夫源委既明枝葉日蕃其復踵而修者蓋有望於賢後人焉

特恩國學官生任廣西桂林府推官用晦蔡府君暨第三孫有光合塋壙銘

人生所未經見者每難執筆以傳曾亦安能誌吾祖第時與事有殊所合而同一穸者不明所在而詳載其寔則無以示後與垂久祖知遠公字亶父別號用晦澹齋公長子年方十一曾祖忠毅公殉難恩蔭國學官生長蒙諸葛執叔滄水公荐官廣西明知遠縣秩滿陞桂林府推官歷任皆政蹟載在家乘頗詳庚申解組清風兩袖督課兒孫越年吾三兄始生祖最鍾愛每食含飴美之少極穎異出入必偕厥後官貲淡家淡祖遊晉南閩兄從學弗輟迨祖逝兄即教讀屢試不遇耳棄學為商積有微貲捐例辟雍生平頗孝友親朋羣沾厥惠每晨夕念及祖之愛兄

欲塋未就而辭世時嫂姪卜塋吾兄念祖最鍾愛祖母柩在同
遠地難以歲時議予別擇生眠女京近合塋命曾作誌因墨石
述所聞以誌
祖生崇禎癸酉年正月廿九日寅時卒康熙丁丑年十月初一日
午時娶祖母胡氏萬歷庚戌年進士官山東左叅議兼布政使
司曾孫女兵部職方司郎中諱本嶽公三女生父及叔一姑兄
諱文鐸字振夫一字有光行三父待贈樸所公娶嫂林氏生男
二長開次昌女三孫一婚配氏系難以悉紀合塋于南安三十
五都古林下宅鄉穴坐癸向丁兼丑未銘曰古林之麓松松森
森其彤蜿蜒溪水入襟佳城合厝魂魄同歆孫子熾昌百代簪
纓
乾隆癸亥年臘月廿一日長房孫繼曾薰沐拜誌

塔江重修族譜序

塔江蔡氏家譜世代源流昭昭可考其前之樹勲建績為忠為良代代有人俱皆有名人讚序稱揚非畀鄙散人所能叅其贊美也自知遠公纂續譜系迄今百餘歲不無有世遠難稽之憾矣道光戊戌年裔孫際坦　際塔　建議續修意本欲以潛江公所出之派凡分居散處者皆登載悉詳而洪邦齋堂邊已就其本支家輯自成派下世系不復與塔江祖譜共為叅集誠可惜也夫有合必有分終久自不能無須所願後之人撫譜興思知木本水源同遠一派於分者而復合之勿有彼此異視使同本之人遂為分門而別戶也則幸甚

道光八年　歲次戊戌葭月穀旦梅林宗裔　景山拜序

凡例

一宗支吾宗之人原屬一體而遞次蕃衍星散遠處幾乎坵垤為尊太山為畀江澄與岷欲淆矣故首系宗支俾世傳本根雖千萬載源派洞然孝思之所以興錫亦於是乎見四世一提本歐公之良法

一世次有宗支以籙源流復世次以便稽考生娶卒葬法皆得書中有行義表著者另録傳誌用埀觀感

一紀傳先字後諱者師古法者號則求詳焉律諱親名言徵不言在言在不言徵凡祖宗之名不得直書故先字號其公諱其者示敬也其前代或以名顯或以字稱有傳字失名傳名失字者姑因其所存而紀之餘斯闕焉

一嗣續失傳世分房綿瓞有慶夭絕過繼難免無是如或其公娶某氏無嗣於宗支世次則書之未娶而夭死者則否凡承繼者於宗支則書繼子其世次則書其公繼子其本生名下書出繼某公俾房派分明斷而復合續亦古繼絕之義也

一墳墓祀田義田必開明公買已置坐址[illegible]民若干畝官
民米若干輪嘗祭掃庶不肖者無所作奸其族之長而賢
者時得稽察焉

序

慨自宗子之法湮而合族之道廢以故世家名門譜牒錄與譜
牒也者乃所以尊其祖敬其宗而修其族屬者也夫自世代遠
矣傳日久則恩日疎則情日盡故六世以外則族於古史然等
而上之由庶姓達於正姓而弗別者親之也人道之紀也順而
下之由正姓達於庶姓綴而特殊者疎之也先王之制也明先
王之制絜人道之紀誰謂譜牒之纂修而無關於名教者哉
又曰族之有譜所以紀姓氏所自出而明世系之先後也天下
之人靡非一族也而生非一祖也著不著有姓氏苟弗求祖之
自出而明世系先後未有得其本支焉此人所以沿枝葉求本
根雖十世至百世而皆瞭然如指諸掌者由有家乘以載之也
閩之温陵蔡氏自唐至今枝葉蕃衍而顯宦當世歷歷可紀如
上柱國令部員外郎父子祖孫相繼聯芳聲華赫奕世固罕及
也我朝文章名宦以閩中較之盛於泉而尤著及於蔡豈非根

本盛大而枝葉蕃衍者與噫後之視今猶今之視昔也癸一公發身功曹績授郎官江門先生年一九而登崇禎癸酉賢書二十三而試禮部中第九會魁授長沙府推官身殉國難其孫忠勁節垂於汗青傳於口碑至今猶耿耿也慨自宋惠卿以來吾閩中久已無人其羅天地之精華萃山川之秀氣而鍾於濟陽間生一江門先生是善結大明之終局而振百世之頹風者也其能及者誰乎至澄齋元欽諸公而又賡序有聲其宗黨善讀書能文章足推秀士者不可枚舉寔皆踵武於人而振起後裔者也

明進士任大邑朝會年姻家晚生林奉闢序

勸修族譜小引

夫有天地然後有祖宗有祖宗然後有子孫子孫者祖宗之支分派別而族譜之纂修也廼萃祖宗之禮而類族人之情者也吾蔡氏自上柱國公由浙入閩至五峯公十五世又自潛江公隱居塔江歷小子十有二世其於此譜牒昭然緣明季倭亂祠宇付之回祿卷帙堙於賊手高祖　仰濆公時年甫十三於邊

中拾其所遺僅得十七葉以此上世之名號年月卒塟多所闕畧至癸酉亥峯功兄知遠起而修之今又多歷年所矣生娶頗繁若弗再修仍致闕畧矣其萃禮類族之義多但無當事小子惴惴懼焉夫木之干霄也先根蒂而後枝葉水之邐迤也先源本而後支派子姓星列而居則來往漸稀且自各自為祀而要不同堂雖當途相逢掉臂若不相識否則或兄弟鬩墻婦姑勃硜相嚇以權而舄鴺以利至於棄置不廣路人者此無他起孝悌之弗明與譜學之不講耳令茲昆季叔侄即未大快其志猶幸業安一經不至若賣菜佇者可令譜學之不講與使孝悌之弗明乎其是逐房抄録無支遺憾確然為之務底相成庶幾哉上萃先公之禮下可類族人之情在今日最關喫緊也而可泄泄視之乎諸宗人共勉旃其無忽

清康熙乙丑歲三月吉旦十二世孫　謹誌

塔江蔡氏重修族譜說

蓋自十二子之出自軒轅十六族之别於高辛則或以地以字以官以謚因從與氏之於是天下遂碁布而星列矣其間茍有德譽聞望超出人世者文人學士從而表彰之以故名門右族則傚左馬法而傳家以譜夫譜者何譜之為謂名譜也謂普徧無不周之義亦謂公普而不私之意也如徧而不周則遺缺既多譜何以稱又或私而不公則彼此抱憾不鮮何以譜而滌之族哉予

始祖濳江公肇基塔江歷建周仰濱公兄弟及澄齋江門公以至　蓋有十餘世矣族屬既繁錯處或異不彙譜以叙之則昭穆之莫辨世系之未考出處無從稽核卒葬無自紀載世愈遠而族愈盛至掉臂不相識面者有之或識面而情意不相孚者有之以族戚不相孚之人一旦遽責以尊尊之道其可得乎宴會不施其人祭享不與其燔一旦遽責以親親之道又不得乎昔者周公之訓伯禽也亦曰尊尊親親夫非尊尊而親親何所貴乎一宗之子姓至列而碁布耶非譜以系之別其世系序

其昭穆次其名字門同其祭享則尊親親之道何自而起焉欲使宗人共尊其尊親其親也纂修譜牒俾十　世之孫支升降揖讓穆然咸聚一堂雖遠而若十世散而十里一按諸譜燦然而自列指若也則亦庶乎尊尊親親可借此延綿於不替乎拜之謹為其譜說而編之於首

序

夫古來名門右族皆有譜牒以傳家譜牒不修則族之親而不得不疎者代也合而不得不散者情也將欲使疏者而轉親散而復合豈非係乎講明其譜學也哉譜學講明則雖世遠族繁錯處異方有避逅譜中人者必指而問曰子也某派子也其代又指而告之曰子於某也戚某也族詔告之下若燭照若計而龜卜矣謂其不相親即不相合耶夫何民無族何族無祖乃問所謂譜十無一二焉宗黨中自上柱國入閩以來則宗支序昭穆卷軸昭然緣倭寇作亂堙於賊手仰濱公得所遺十七葉迨癸亥戢先　用晦公遜老於家將所傳述之槩參諸傳記纂修一部本分支合派以世傳人以代紀其間有事蹟之不可得而知者則存其人有名字世系處徙卒塟所可知者則詳載其

寔俾祖宗中初終原委纖悉具備一閱諸譜即詳見其祖若父與凡弟子孫炳炳目知也夫祖宗則百世而不遷其源流支派亦猶之乎祖宗矣舉祖宗之子孫而彙為一譜使相對越乎祖先則亦何異而何同也善乎范公希文之言曰祖宗積德百年以有今日然自祖宗視之均之吾子孫也則斯言可味也夫如是則可以俎豆追先詩禮故後可以登先祖之堂舉相拜序可以厭先公之塋共相灑祭可駿發先公之書香闡揚功德垂裕後昆此其聯疏合散關係匪輕誰謂譜牒之修僅一以空文貌乎予今者因諸叔父之勁修宗譜深喜吾父之有助也爰是揮毫以叙之

叙世圖序

夫叙世必有圖圖也者所以紀支分明派別也使不叙其世之所始何以明其先焉者孰為祖宗也不叙其世之所終何以知其世之後焉者孰為子孫也故其圖之叙也必垂乎世之先後以聯屬乎一氣之衍派也猶之乎觀形勢之源必本於崑崙論陰陽之氣必推乎太極一以生二二以生四生生不已譜法以世為圖取其

義也以世世為圖正以推本乎崑崙太極也自高祖而及吾身由吾身而及吾曾吾元舊譜四世一提今易以五世一提再提而九世長子從父以著代次子並長以同行故宗法重宗子仲氏之子不得列於伯氏之前如此則先後有序宗支不紊知圖之終後圖之始以相引接至於無窮子孫有考必曰某也吾祖某也吾派某也父子昆弟某也元曾雲礽而支分不於此記派別不於此明乎遂乃合宗人因而世次纂成卷軸名之曰序世圖云

塔江蔡氏重修譜例

一歐氏舊譜例

按歐氏舊譜例曰姓氏之出其來也遠故其上世多亡不見譜裔之法斷自可見之世即自高祖下至五世元孫而別自為世如此世久子孫多則官爵功行載於譜者不勝其繁宜以遠近親疏為別凡遠者疏者畧之近者親者詳之此人情之常也元孫既別自為世則各詳其親各繫其所出是詳者不繁而畧者不遺也凡諸房子孫各紀其當紀者使譜牒互見親疏有倫宜視者此例而審承之

按歐氏舊譜亦採太史公史記表鄭玄詩畧依其上下旁行作為譜圖上自高祖下至元孫而別自為世使別為世者上承其祖為元孫下繫其孫為高祖九世再別而九族之親備推而上下之則知源流之所自旁行而別之則見子孫之多少夫惟多與久其勢必分此物之常理也凡元孫而別自為世者各繫其子孫則上同其出祖而下別其親疎如此則子孫雖多而不亂世傳雖遠而無窮此譜圖之法也

按歐氏譜謂其得姓以來子孫衆多而譜隨親疎宜有詳畧其上世遠而支分疎者焉或具於他史或各見其家譜故自上世上柱國四世至員外日方見於傳其中事蹟鈌畧者儘多亦事勢然也

一本家譜倣蘇譜例一時難觀今觀歐譜頗易曉故重修倣其例而增損之其間如圖以系世傳以紀事則倣史氏提要分註之法也知者書不知者闕文之法也爲僧道者不書倣史氏中國與夷狄則夷狄之法志家與國同故立例之不可不嚴也者如此

一蘇氏舊譜例

按蘇氏譜謂親盡不書以譜為親作也今則但以所存知為據舊有所存今有所知者雖親盡亦書蓋親雖盡是亦親也

按蘇氏譜謂自吾之父以至吾之高祖皆曰諱某而他則遂名之者尊吾之所自出也今則書同一例蓋以祖宗視之同一尊也

按蘇氏譜謂譜為吾作故獨吾之所出得詳與尊吾則以為他若有可書亦不容於太畧但吾之所自出者吾未免知之悉吾既知之悉譜誠吾作也安得而不詳哉

按蘇氏譜謂觀吾之譜者孝悌之心可以油然生矣情見於親親見於服服始於衰而至於緦麻而至於無服無服則親盡親盡則情盡情盡則喜不憂憂不弔喜不憂憂不弔則途人也吾之所與相視如途人者其初兄弟也兄弟其初一人之身也悲夫一人之身分而至於途人吾譜之所以作也其言分而至於途人者勢也勢吾無如之何也幸而未至於途人也使其無至於忽焉忘焉可也嗚呼觀吾之譜者孝悌之心可以油然生矣

一仝重修譜舊例

譜畜紀名以系世每五世易簡而書之書由本而支分宗也既冠者而娶並名未冠而殤者不書以未成人也為僧道者不書惡其自絕也無子而有繼者則書其嗣子以系繼出繼他姓及隨母嫁異姓者不書惡其忘本源也又或出贅而不與吾姓則書之使子孫年深地遠有所可考也無繼而行有可稱者則書其下曰無傳否則則書曰絕失其傳者則書曰鈌

一仝重修譜傳例

譜傳紀其名字行次謚號生卒之年月與其生平行事之概或出仕或遷徙其配之生卒之嫡庶其塋之方所皆必備書既冠則登其名字於所當書之處俟既沒則併書之書以原分之本支為先後不以蓋拘也其宦歷塋地復總載於後而加詳焉曰簪纓曰佳城云

一仝重修譜戒

一祖坟有田祖地祖者各房輪流收取以供祀事其有樹木子孫要當愛護毋為人侵取無私自砍伐或有枯朽或為風雨所拔其可為公用器具者儲以待之其不堪用者鬻價收候支用如無樹木處所者并力栽培時加巡視務使成林

祖宗英爽自有鑒照

一族中有尊卑之不同貧富貴賤賢愚之不一然尊必慈幼不可以尊而陵卑幼必敬長不可以卑而犯上富者念貧貴者引賤賢者牖愚德業相勸過失相規彼此相恐不讀則耕不耕則賈無開家釁以招外侮無逞小忿以傷大義能各體悉家乃其昌

一族中如有婚姻死葬各要預先會議通知不許私自抗行譜後所載通禮等條務要遵守喪葬之類不可惑用浮屠崇信老氏其有疾病惟在求醫合藥無得信師巫枉費錢穀世俗之殺生祈禱皆其謬妄但有婚姻死葬及一應患難與貧之不克濟者各要隨且幫助苟能如此家自雍睦風俗亦厚

一族子生子命名及長名命字皆檢閱譜內無者方命之不可重複有犯

一族中如莫贅婿娶莫招夫孀婦不必强其寡守惟願者聽

一祠堂仍照舊規晨昏香燭洒掃如有損壞立即併力修治

一祀田春秋所收子粒除輸官外悉充忌辰年節之用務要豐潔共得蘋蘩奉　先私以肥已

一祠堂春秋二祭逐年合族輪流舉行祀典如族當行祭祀畢合請尊長及下次掌管祀事人謹照照臨祭之時於前三日清酌無期如遇有各次處族人在者亦要敢請與祭庶宗族踊躍之而益肅職掌交承須要兩便相當然祭之禮合視時為節文不可以常歲厚薄為例務使可行可繼不致廢墜

一有祠堂須要祭田如無田採山釣水亦可薦誠又須置祭器如有不能置造蔬器亦可或有水火盜賊先救祠堂迁移神主祭器影像譜牒之類於他所然後救及家財居喪不廢祭朝夕謁正至朔望則參有事則告

一進宦則奉主以行

一家祀録故家大族須以禮義為本先賢朱文公著家禮一書不可不遵恐族中未得盡見謹採書中通禮冠婚喪祭緊切議論録於譜後於族人宜相與敬守之若其行禮之節次多不可盡録有志子孫當自求其禮書觀之

一族譜必三世一修昔龍門子曰甚矣譜牒之難攷也歐陽修譜由世以為甚精者其自言詢生通自通三世生琮為吉州刺史當唐末黃巢陷州郡率州民捍賊鄉里賴以保全自宗八世生萬為安福會修則萬之九世孫詢唐初人巢陷州孫乃唐末也始終相去幾近三百年詢至琮僅五世耳琮在唐末至宗仁宗一百五十餘年則閱十六世其理竟得如耶甚矣譜牒之難攷也君子闕其所不知信其所可知而已矣先人有言曰三世不修譜牒比之不孝茍其世修之寧有如前之失也君子慎焉吾家賢子孫須謹誌之

入閩上柱國公

上柱國公贊

善學美行為國輔臣盡忠以報主敷仁以育民明破

秖媢之惑潔直蘉屈之伸歷事累

朝寵渥洊膺

天眷弥隆自處益慎上柱高功勒石有文噫斯人也

宜其磐

郡馬林造

金部員外公

金部公

上柱之裔積行厥孫進德修業其道可遵矢慎祥刑令

望四聞良工善畫淑質猶存偉哉

員外玉立不羣

郡馬林克靖

尊師公蘗公之曾孫也歷官金部員外郎好仙術晉江縣志卷十五仙釋○唐

蔡尊師名如金以歷入仕守太原惠政晚弃簪笏歸隱紫極宮精思院辟

谷御氣以方技濟人後練丹北山清源紫澤洞卒葬寧壽寺留塋故築

羅城徙之松濤故精雅刻鑑立為後陳洪進以其地建崇福寺迁塋北山

下宋崇寧中封懷應先生其後累加美利昊濟嘉定十三年守真德秀

禱雨靈應因狀請詔加號賑傳其人

趙鳳叙録

五峯公

五峯公

嘻嘻嘘嘘看盡許多世界性理將真便與佛老
無礙爐灶是生涯五峯萬古長自在孝友傳成
丹柯衛聖賢襟帶

信州謝疊山

塔江始祖潛江公

潛江公

神完而意定中莊而外堂經濟足以輔幼孤之重
運籌足以決千里之勝念沐宋之舊德舉勤
王之義兵聞
帝子之溺海遂潛蹤而逃名採山釣水課子授經口
不食乎元粟足弗踐其郡城豈曰矯情廼繄安命
景仰
高風塔峙江清

尚書胡濙

仰濱公

仰濱公

神閒氣充色温貌恭毋詭毋隨弗阿弗縱其睦族也

肫肫然而其范公之量其應事也㦀㦀焉而有王氏

之風既贍其容載贍其履厥德禔如宜多福祉

户部鄭沛

蔡一公

葵一公

端莊其容淑善其行不柔不剛不絿不競待物而謦其忠誠居家而篤于孝敬事有可否必度理之不違念無奢華惟素位之是行題授郎官膺
朝寵命一門輝映二子簪纓噫是蓋鍾山川之秀氣而隆一代之賢英也耶

刑部林廷雲

忠毅公

忠毅公

正正其心浩浩其氣業守東山泗水之傳文抽石室蘭臺之秘年少中會魁官拜楚司李殺身成仁舍生取義羅天地之英華結

門生太常卿李向煒

知遠公

知遠公

雍容雅度整肅風神膺司庇蔭授職牧民還俸
解組歸侍慈親纂輯譜系昭穆炳麟梧棲德澤永
世猶新

宗裔　景山拜讚

一世 潜江

二世 二世

三世 三世 洪班

四世 公孟 公仲 公叔

五世 一處士 任齋堂邊 三郎 任塔江 四處士 主山尾兜 二處士 任新營 興齋 任杯柄 致政 任洪邦

五世 丁郎

六世 玄齋

七世 露石

八世 濱渠 濱穀

九世 建周 長 仰濱 三

九世 廷周

十世 揚所 止 同所 止

十一世

十二世

十三世

師所

元容

知家　知近　知導　知通　知逸

元鑑

知贈

玉琰　玉登（知導三子入繼）

玉要　玉幸

玉琬　玉瑞　玉登（出繼知家）　玉暢

玉妙　玉七　玉布

玉彩　玉聘

玉德　玉千　玉萬　玉居　玉祐　玉福　玉禄

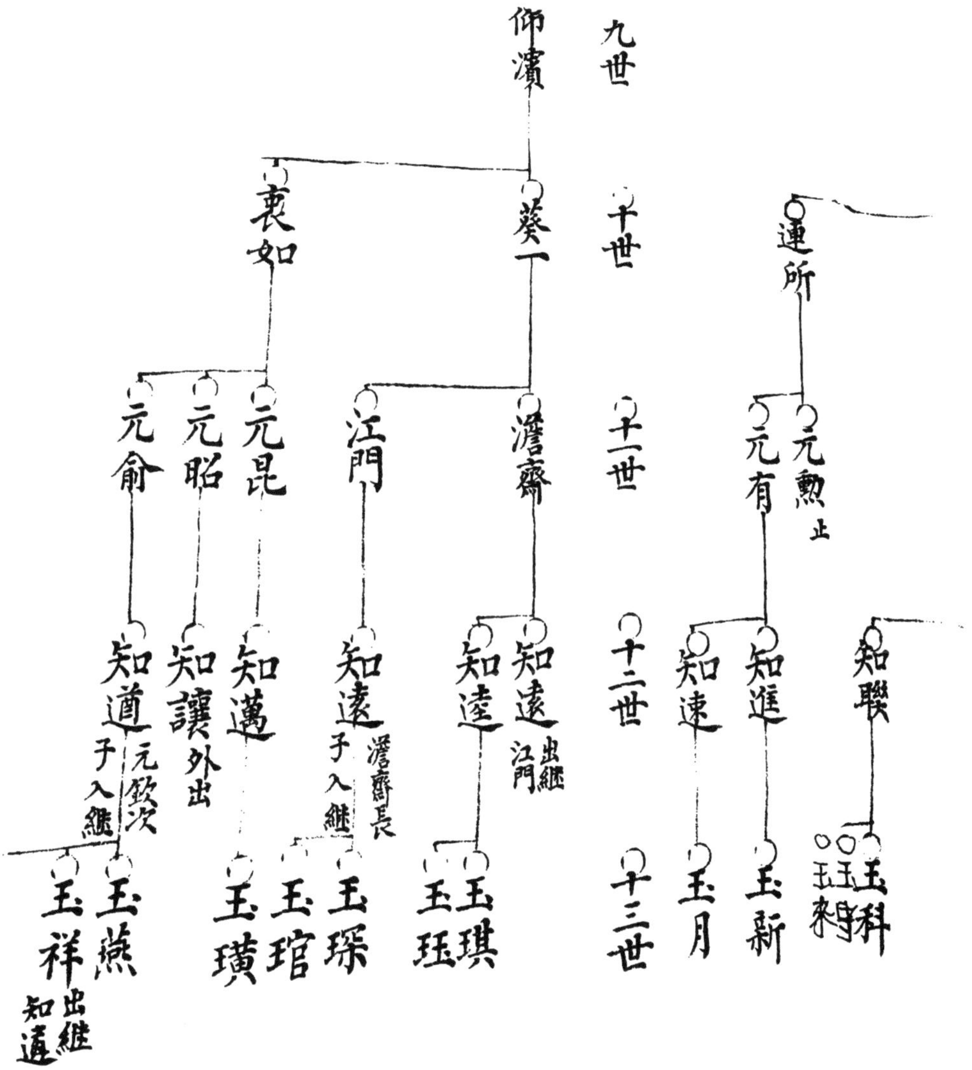
九世
仰濱
十世
葵一
衷如
運所
十一世
濳齋
江門
元昆
元昭
元俞
元勲 止
元有
十二世
知遠 出繼江門
知達
知遠 濳齋長子入繼
知邁
知讓 外出
知道 元欽次子入繼
知進
知速
知聯
十三世
玉琪
玉珏
玉琛
玉琯
玉璜
玉燕
玉祥 出繼知道
玉新
玉月
玉科
玉時
玉來

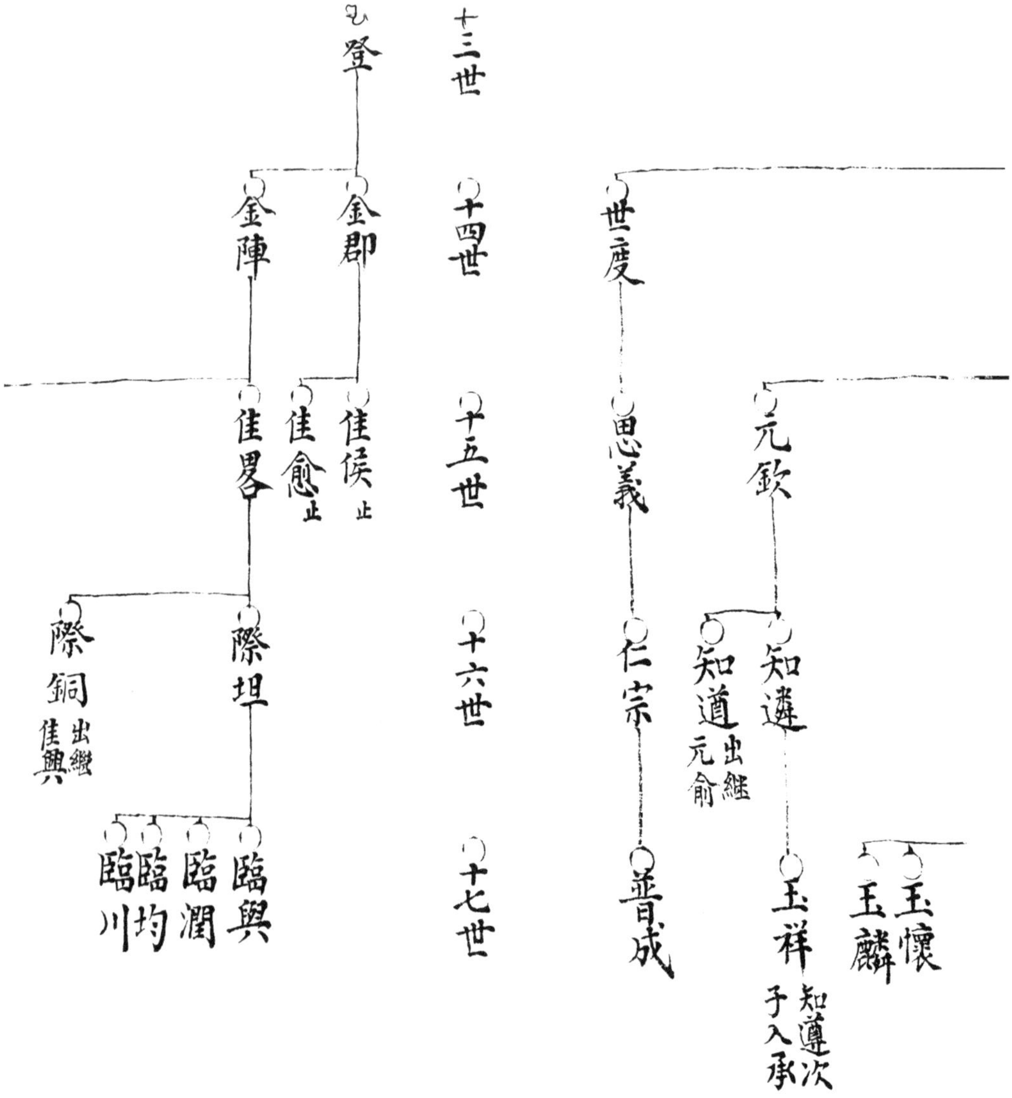
世度
思義
仁宗
普成
元欽
知遴
知道 出繼元俞
玉祥 知遴次子入承
玉懷
玉麟
十三世
十四世
十五世
十六世
十七世
登
金郡
金陣
佳侯 止
佳愈 止
佳畧
際坦
際銅 出繼佳興
臨與
臨潤
臨均
臨川

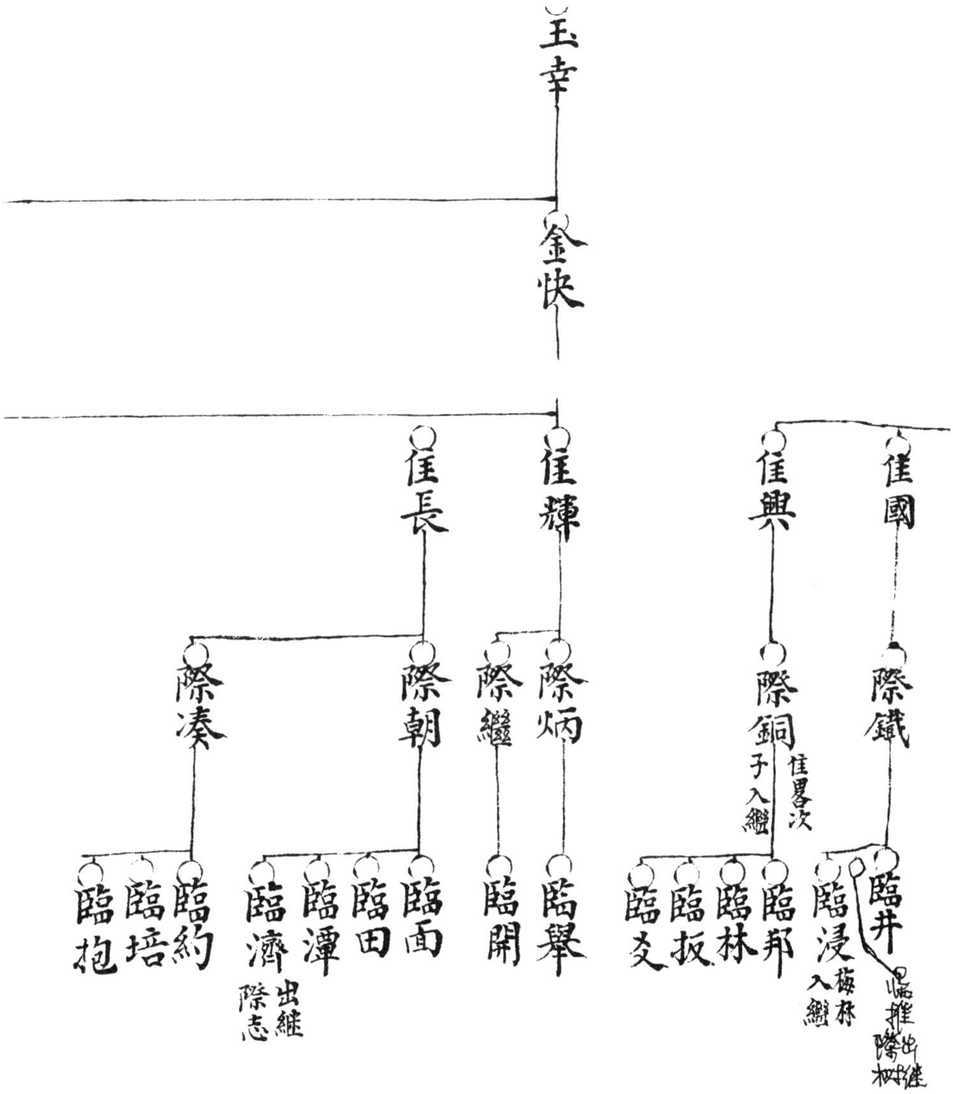

玉幸
金快
佳國
佳興
佳輝
佳長
際鐵
際銅
佳畧次子入繼
際炳
際繼
際朝
際湊
臨井
臨推出繼際樹
臨浸
梅林入繼
臨邦
臨林
臨扳
臨交
臨舉
臨開
臨面
臨田
臨潭
臨濟
出繼際志
臨約
臨培
臨抱

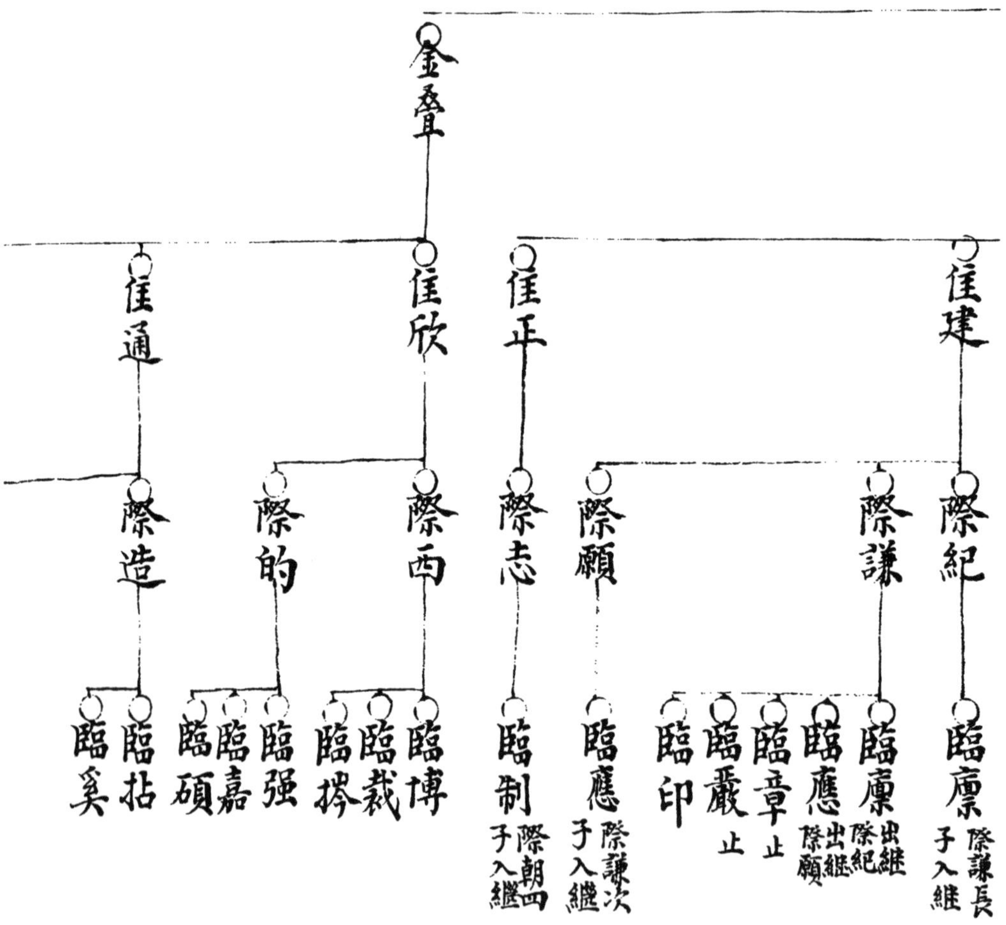
金疊
佳建
佳正
佳欣
佳通
際紀
際謙
際顧
際志
際西
際的
際造
臨稟 際謙長子入繼
臨稟 出繼際紀
臨應 出繼際顧
臨章 止
臨叢 止
臨印
臨應 際謙次子入繼
臨制 際朝四子入繼
臨博
臨裁
臨捗
臨强
臨嘉
臨碩
臨拈
臨奚

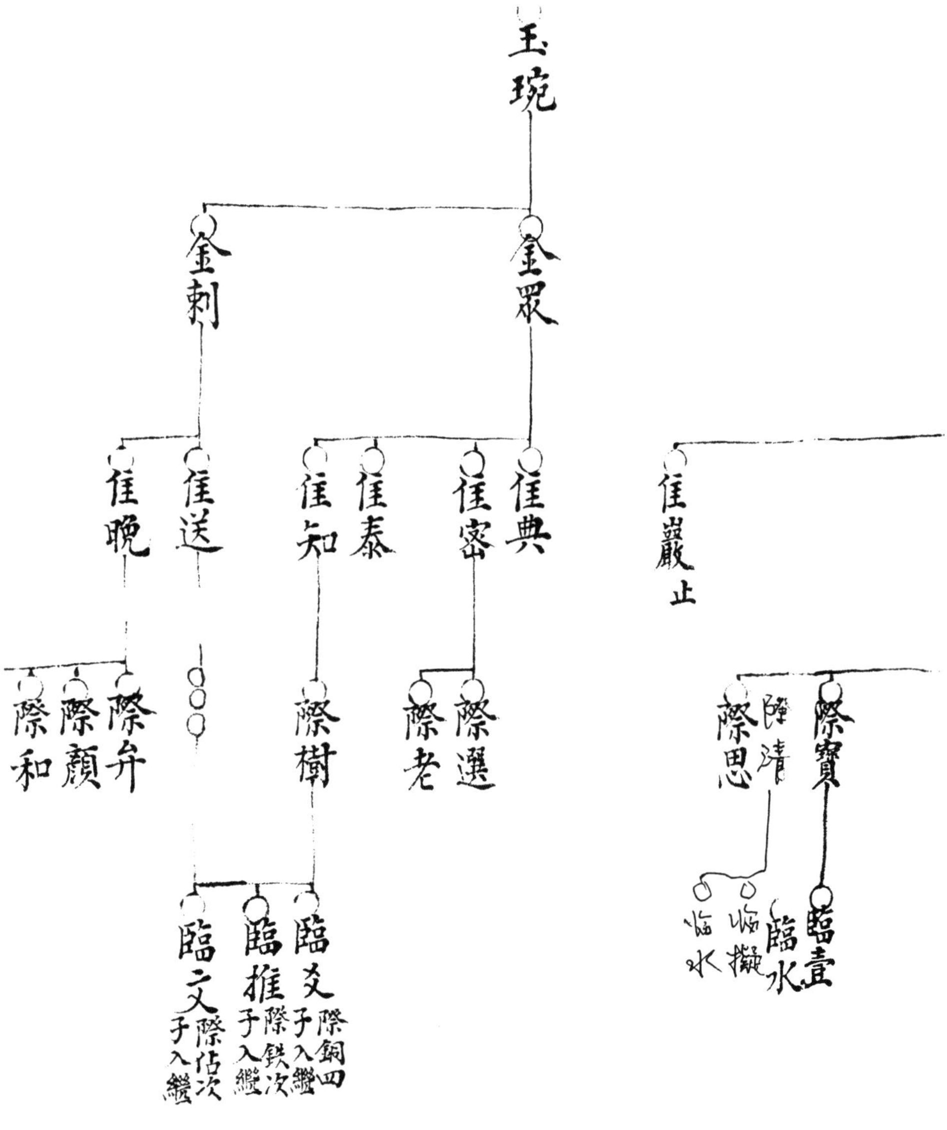
玉琬
金剌
金眾
佳晚
佳送
佳知
佳泰
佳密
佳典
佳巖 止
際弁
際顏
際和
際樹
際選
際老
際寶
際清
際思
臨交 際銅四子入繼
臨推 際鉄次子入繼
臨文 際佔次子入繼
臨壹
臨水
臨擬
臨水

- 玉瑞
  - 金品
    - 隹隆
      - 際朕
        - 臨墨
      - 際接 止
      - 際晏 止
  - 金照 止
- 玉暢
  - 金訓
    - 隹禺
      - 際雍 止
      - 際請
    - 隹兩
      - 際聽 隹乞五子入繼
  - 金取
    - 隹平
      - 際業
      - 際晉 隹乞次子入繼
        - 臨看
        - 臨祥 出繼際追
    - 隹乞
      - 際佔
        - 臨立
        - 臨文 出承際樹
        - 臨蓋 出承深戶
        - 臨杏
        - 臨泰 出承孫氏

際晉 出繼佳平
際才 傷
際聽 出繼際丙
際齊 出繼佳添

佳添 出繼金能
佳董
際來 出繼佳添
際喜
際歡
際採

金能
佳添 金取五子入繼
際齊 佳乞六子入繼
際來 佳董長子入繼

玉妙
金茂 止

玉七
金敬
佳猷
佳琴
際鵬 佳皂五子入繼
臨誦
臨越 出繼際安

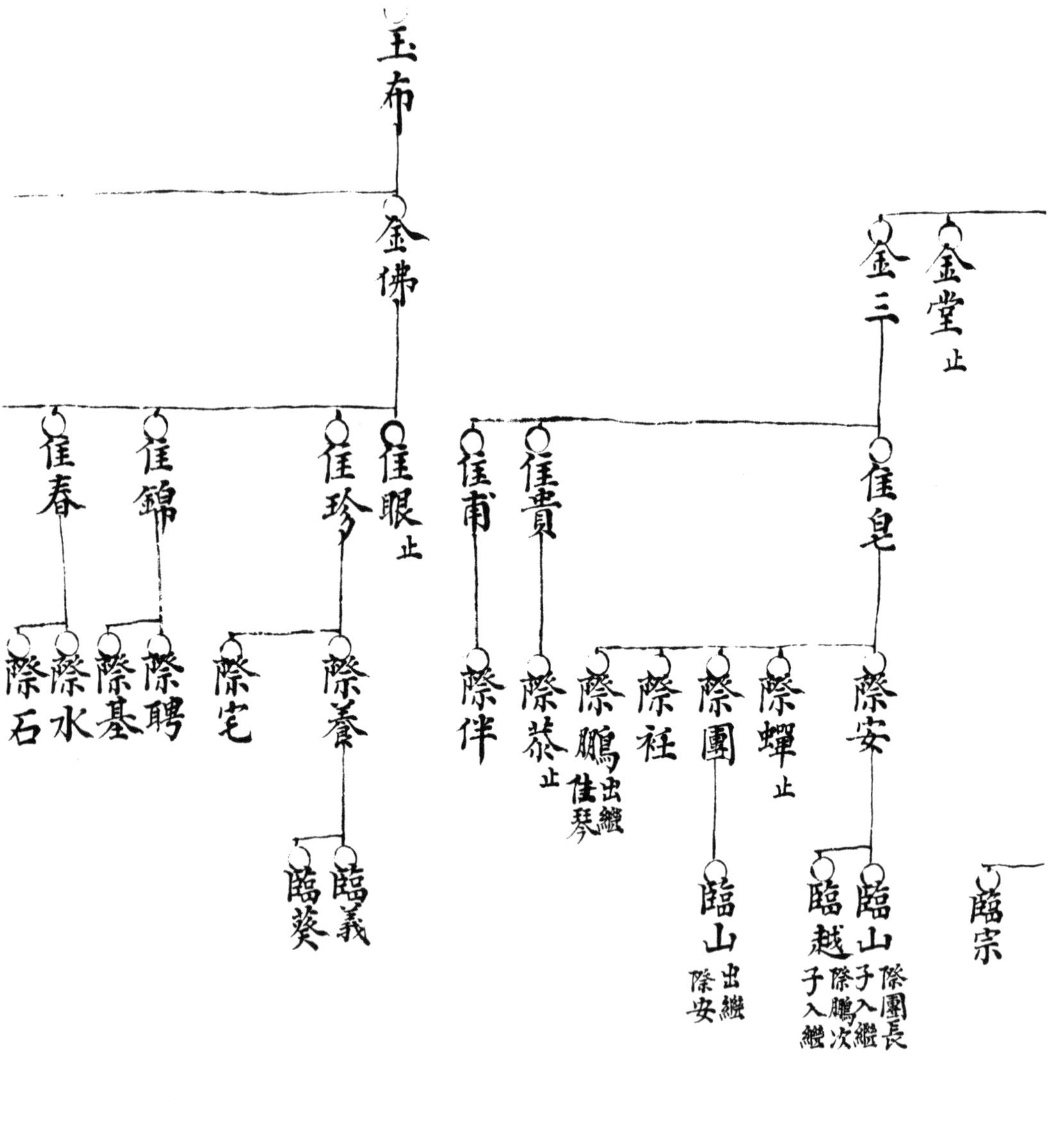
玉布
金佛
金三
金堂 止
佳春
佳錦
佳珍
佳眼 止
佳甫
佳貴
佳皂
際石
際水
際基
際聘
際宅
際養
際伴
際恭 止
際鵬 出繼佳琴
際社
際團
際蟬 止
際安
臨葵
臨義
臨山 出繼際安
臨越 際鵬次子入繼
臨山 際團長子入繼
臨宗

- 玉聘
  - 金乞
  - 金扶
    - 佳錫 父子往台
  - 金權
    - 佳胡
    - 佳山
      - 際潤 出繼佳香
  - 金合
    - 佳生
      - 際潤
    - 佳南
      - 際盾
        - 臨海
        - 臨山
      - 際彰 止
      - 際奚 止
      - 際發
  - 金和
    - 佳香
      - 際潤 佳山之子入承
    - 佳奇
  - 金欽
- 佳耳
  - 際德

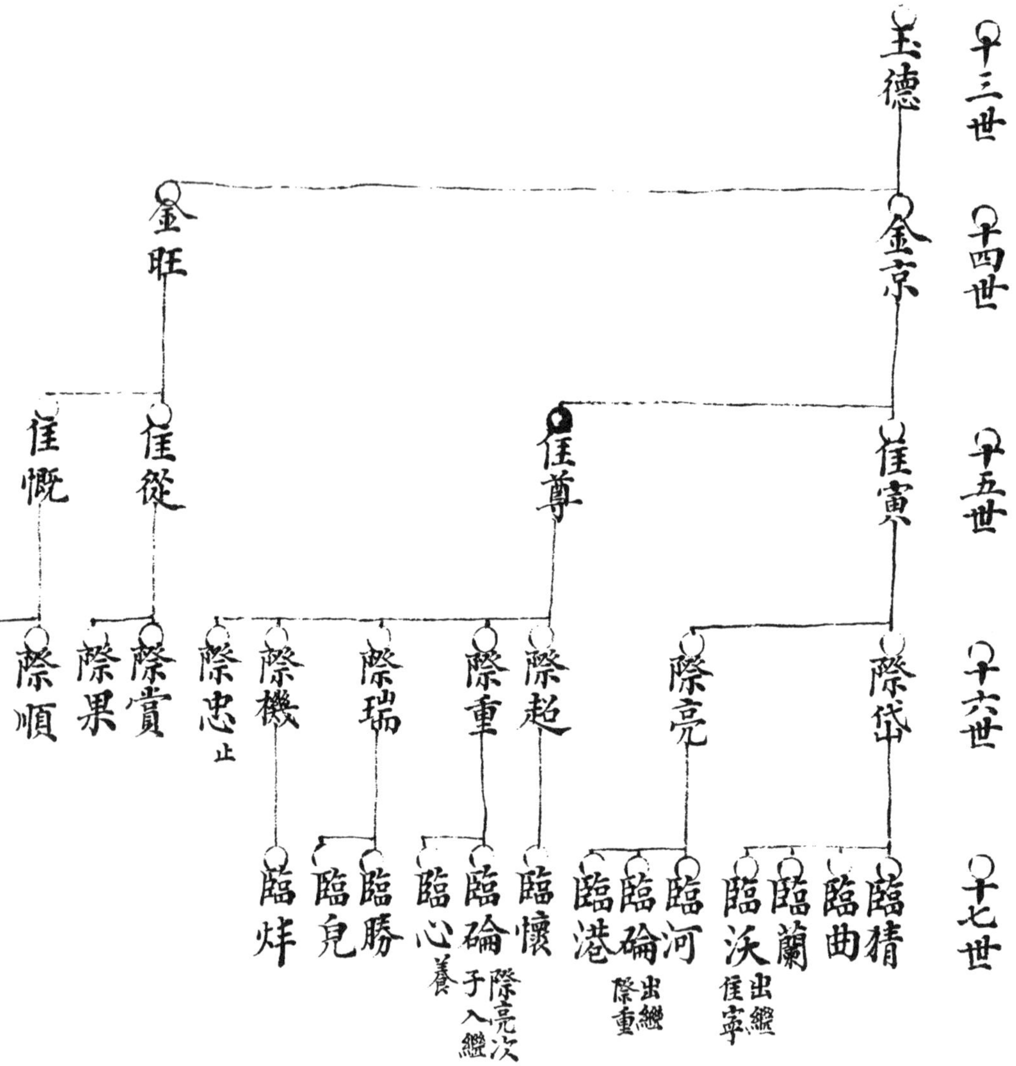
十三世
主德
十四世
金京
金旺
十五世
佳寅
佳尊
佳從
佳慨
十六世
際岱
際亮
際超
際重
際瑞
際機
際忠 止
際賞
際果
際順
十七世
臨精
臨曲
臨蘭
臨沃 出繼佳寧
臨河
臨倫 出繼際重
臨港
臨懷
臨倫 際亮次子入繼
臨心 養
臨勝
臨見
臨炸

- 玉千
  - 金昇
  - 金榮
    - 佳致
    - 佳宗
    - 佳聰
    - 佳真
      - 際宗
      - 際賀
        - 臨安
        - 臨芙 出承際明
      - 際曆
      - 際晏
      - 際明 出繼佳致
      - 斗
    - 佳元
  - 金顕
    - 佳廣
      - 際驢
        - 臨棟
        - 臨華
        - 臨桂 際暹次子入承
        - 臨砌 際晥長子入承
- 際記
- 際廉
- 際錢
- 際明 子入承
  - 臨芙 子入承

士萬　士居

金助　金然

佳治　佳寶殀　佳璉　佳贊止　佳種　佳駁

際暹出繼佳治　際餡　際院　際寬　際六　際暹　際崇　際鳳　際坤　際散

臨景際六次子入繼　臨砌出繼際驩　臨魁　臨景出繼際餡　臨赤出繼楓林　臨巷出　臨桂出承際驩

- 玉祐
  - 金朗
  - 金麟 玉禄五子入繼
    - 徃等 止
    - 徃香
      - 際往
      - 際他
        - 臨案
        - 臨省
        - 臨永
        - 臨榮
    - 徃託
      - 際邊
        - 臨願
      - 際黙
        - 臨法 養

- 玉福
  - 金榜
    - 徃梅
      - 際委
      - 際顒
      - 際汀
      - 際奕
        - 臨令
    - 徃総
      - 際津
        - 臨漢 際塔長子入繼
      - 際水
      - 際塔
        - 臨令 出承際奕

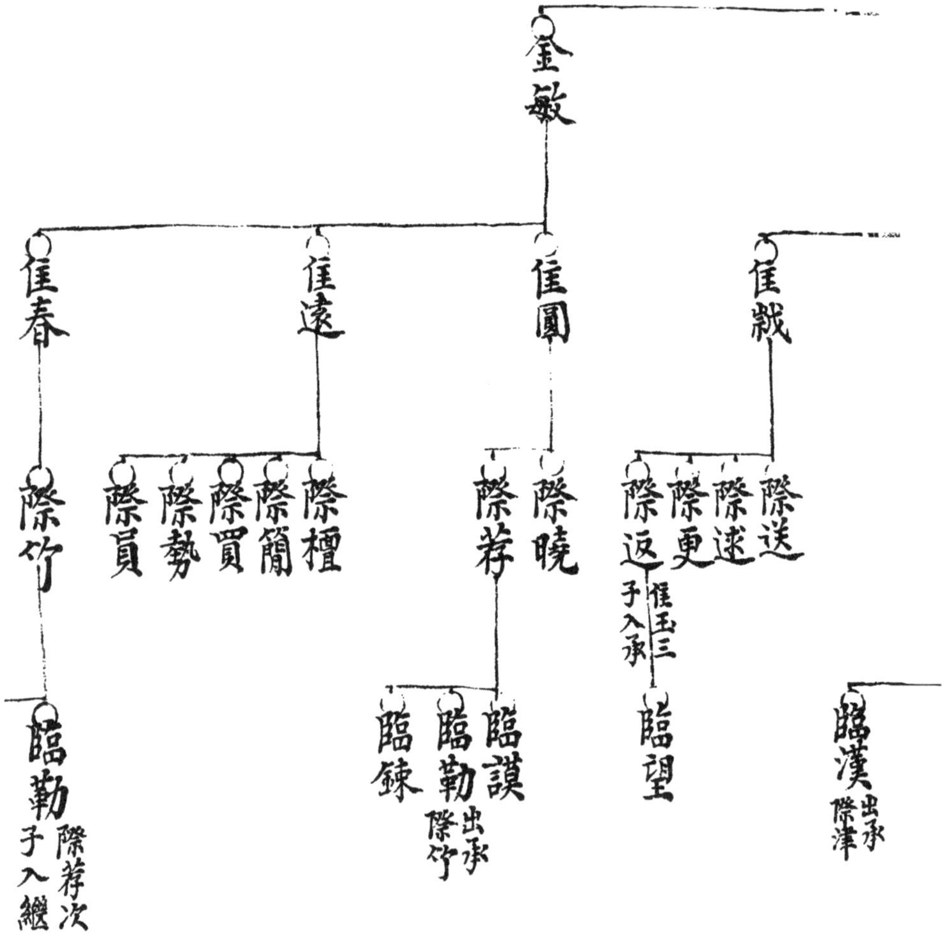
全敏
侄春
侄遠
侄圓
侄戩
際竹
際員
際勢
際買
際簡
際檀
際荐
際曉
際返
侄玉三子入承
際更
際逑
際送
臨勒
際荐次子入繼
臨錸
臨勒
出承際竹
臨謨
臨望
臨漢
出承際津

- 士禄
  - 金享
    - 佳玉
      - 際欽
      - 際傳
      - 際返 出承佳誐
      - 際言 出繼梅林
      - 際為
        - 臨营
        - 臨煨 出繼窐厝
        - 臨水 出繼厦門
  - 金賢
    - 佳譜
  - 金弁
    - 佳誇
      - ○
        - ○
          - ○
            - 臨爐 際燦長子入繼
    - 佳慶
      - ○
        - ○
          - ○
            - 臨養
    - 佳蔭
      - 際燦
        - 臨爐 出承佳誇
    - 佳深
  - 金任
  - 金麟 出繼玉祐

科
金趂
金才

守
金奎
佺宣
佺丁
際炮
際香
際分
際俊
佺善
佺高
金仁
金準
金全
佺英

玉來

金保

佳協

際廷

臨坤

際灘

際爵

佳輿

佳恩

佳譪 出承金賜

金結

佳達

際兵 佳卓次子入繼

臨頭 出承際謀

臨釵 殤

佳親

際沾 佳椿長子入繼

臨持 出承際度

臨土

佳提

際迎

際晏

佳卓

際謀

臨頭 際兵長子入承

臨所 際瓶次子入承

臨胆 際鉊三子入承

佳椿

際兵 出繼佳達
際瓶
際值 出承佳藹
際鉐
際詮 出承柯杭張姓
際沾 出繼佳親
際淡
際渡

臨時
臨所 出承際謀
臨鋤
臨托
臨胆 出承際謀
臨謝
臨炭
臨鑽
臨從 出承際度
臨定
臨持 際沾長子入承
臨從 際淡次子入繼
臨愚 殤

- 金義
  - 佳管
    - 乞乙 推膺長
      - 臨株 出繼
    - 際派 出繼外鄉
    - 際噴 出繼洋宅
  - 佳膺
    - 際東 出繼佳管
    - 際段
      - 臨花 際東長子入承
    - 際賽 出贅張家
    - 際摺
- 金賜
  - 佳藹 金保四子入承
    - 際剡
    - 際值 佳卓四子入承
      - 臨稿
      - 臨沃 際岱次子入承
- 玉新
  - 金拱
    - 佳寧
      - ○○○
        - 臨沃
  - 金怕
  - 金行
- 乂月
  - 金駒

十三世　士琪　士珏　士琛

十四世　金戕　金怡　金鑛　金麟　金鐸

十五世　侹浩　侹溥　侹濈　侹濂　侹濤　侹濟　侹漢

十六世　際懷　際乞　際恩　際奏　際進（出承侹丕）　際斗　際暢　際和　際庶　際士　際與　際詞

十七世　臨耀（出承際恩）　臨烈　臨耀（際悅長子入承）

金釧
佳瀚
際甈
臨漢水
佳淡
際奇
際秀
際忽

玉琯
金楚
佳丕
際進 佳濤次子入繼
金壎
佳附
佳歡
金芳

玉璜
金球
金宰
金咸

玉燕
金蜀

玉普成
以大

七世　十八世　十九世　廿世　廿一世

- 臨與
  - 念啟
    - 爾順
      - 祖禎 殤
    - 爾忠 出承
    - 爾續 出承念威
  - 念廂 出承臨川
- 臨均
  - 念威
    - 爾續 念啟三子入承
- 臨川
  - 念廂 臨與次子入承
    - 爾忠 念啟次子入承
- 臨井
  - 念周
- 臨崖
  - 念在 出承臨浸
  - 念豎
- 臨浸
  - 念在 臨崖長子入承
- 臨林
  - 念雙 出承臨立
- 臨開
  - 念質
    - 爾椅
    - 爾古

念文

念段

念逼

爾佇

爾慶 出承洋澤

臨面

念瑞

念綴

臨田

念富

臨博

念彼

爾梳

臨拈

念楚

念欉 出承臨壹

念耀

臨奚

念南

念馬

臨壹

念欉 臨拈次子入承

臨文
- 念棟
  - 爾岸（念双三子入承）

臨看
- 念直
  - 爾講
- 念寔
  - 爾誠
- 念胡（出承臨祥）

臨亣
- 念咸
- 念萬
  - 爾江
  - 爾兗（出承念双）
- 念雲
  - 爾勅（念双六子入承）
- 念綻（出承孫家）
- 念双
  - 爾兗（念萬次子入承）
  - 爾池（殤）
  - 爾岸（出承念棟）
  - 爾庭
  - 爾走（殤）
  - 爾勅（出承念雲）

- 臨心
  - 念珠
  - 念陳
  - 念益
  - 念才
- 臨兒
  - 念天
    - 爾水
      - 祖潮
    - 爾沙
    - 爾秋 殤
- 臨炐
  - 念閑
- 臨魁
  - 念路
    - 爾磐
  - 念報
  - 念淵
  - 念伍
- 臨案
  - 念獅
  - 念東
  - 念南 出承臨省
  - 念北 出承臨營
  - 念正

念炮

臨省 — 念南 臨案三子入承

臨法 — 念正 臨案五子入承

臨令 — 念紫；念底 出承臨謨 住台

臨謨 — 念底 臨令次子入承；念鑿 臨勤長子入承

臨錬 — 念榮 养；玉泉；金水

臨鞠 — 念叟 出承臨詠；念曝；念欝；念遞 往溪前姊家

臨営 — 念北 臨案四子入承

十七世　十八世　十九世　廿世　廿一世

臨頭

臨叙

臨持
- 念擇 殇 臨土之子入承

臨土
- 念擇 出承臨持
- 念潭

臨頭
- 念床 殇
- 念秋
- 念枉 殇
- 念禁

臨胆
- 念嗼 臨托次子入承

臨鋤
- 念添 臨時次子入承
- 念鑨 臨托長子入承

臨托
- 念鑨 出承臨鋤
- 念嗼 出承臨胆

臨謝
念濟 臨稿長子入承

臨時
念時
念添 臨鄉
念川
念林 殇
念貞

臨鑽
念賢 出承臨從

臨從
念賢 臨鑽之子入承

臨花
念秋
念柱
念禁

臨稿
念濟 出承臨謝

塔江蔡氏族譜

一世

始祖潛江公諱龍字鱗伯五峯公之嫡孫也宋景炎二年舉兵

王隱居塔江暨妣　氏合葬晋江十一都本鄉塔頭土名山髻

頂坐乙向辛其棺安在蒙山内去墳堆一丈地面

前大路豎有神道碑一座墓前現豎蒙砱二世祖

妣附葬于左

生子一　二世

潛江蔡公傳

潛江公者吾長沙司李忠毅蔡公之始祖也公不生塔江而塔

江之蔡氏自公始故號曰潛江夫豈尋常哉當宋德

佑間秀王與宰為察訪使入閩檄召諸路忠義共

奬王室聞命憂憤感慨累日謀於族人曰趙氏德

澤垂三百年今國勢凌夷至此吾儕讀書何事寧忍
安在牖下主辱臣死之義謂何其願募一旅往成敗
利鈍非所計也族人意公書生為難公曰文事武備
一也古有征伐公卿郎為將帥比閭之長即五兩之
卒也士若畏懦而自怯天下事其誰任之淮陰力無
縛雞子房容貌若婦人女子卒佐漢高取天下豈專
在任俠武健者哉於是盡出其家之積蓄不數日得
千五百人擇鄉之智族之有肝胆者五人領之分為五
部幟甲按諸方色公為之督陣於萬安橋之南申明
約束痛哭誓眾眾無不感激思奮者遂發螺陽過
莆東莆為宋端明殿學士忠惠公故里其子弟來附
公聲勢頗振五月端宗即位于福安朝議諸民義將
當授以品秩一時同事者欣然喜色公獨正色言曰
三百年臣民食德未有恢復寸土以報

太祖列宗媮生且有愧其可濫爵賞乎豈所痛哭誓衆者徒爲
博一冠帶以欺鄉里小兒耶如是則於王事何裨天
地鬼神必不福我議乃已維時諸路民兵來會者計
三十餘萬議半出閩解敵半衛車駕會建寧不守元
兵已入邵武軍左丞相陳宜中樞密使副使張世傑
奉　帝航海次泉州港繼而欲趨潮陽公又誓衆
扈駕衆益義公當時官軍十七萬民兵三十萬淮兵
萬人一時譁擁覓艘至盡奪蒲壽庚市舶官軍始得
南下令曰諸民兵暫駐海濱鄭次待濟譁者止公之
來塔江者此也居無何聞　帝舟覆公放聲大哭
曰天不眷趙氏矣吾事曷濟遂謝客杜門奉母已（以）老已
而蒲壽庚作亂殺諸宗室及士大夫與淮兵之在泉
者公幸隱以免禍故公名不傳公諱龍字鱗伯唐金

生子一　建周

濱穀公　露石公之次子諱富字時儉　生大明天順乙（癸）未年十二月十四日吉時　卒嘉靖　年十一月十五日吉時

妣張氏

生子三　長不禄　次仰濱　三失傳

九世

建周公　濱渠公之子號三處士　生大明己亥年八月十五日卯時　辛卒酉年十二月廿一日吉時

妣郭氏　生甲寅年二月廿九日巳時卒四月初十日吉時合葬晋江十一都塔江本山土名公王邉

生子四　長揚所　次同所　三師所　四連所

仰濱公　濱穀公之次子諱光佐字建藩　生弘治戊申年四月十一日吉時卒萬曆癸丑年八月初五日

先妣王氏　無出

繼妣黄氏　生弘治癸丑年三月廿三日吉時卒崇禎庚午
年八月十三日吉時以孫貴誥封淑人合葬晋江十一都
塔江本山土名溝前現豎蒙砼坐午向子
生子三　長癸一　次衷如　三世度
仰濱公年甫十三遭寇謝羊齒擾亂與功凡建周公俱被擄越
日脱逃於途中得譜牒十七葉嘆曰此吾生根本也安
可忽諸拾以懷遞、至家而父母已並遇害矣擗踊痛哭

十世

揚所　建周公之長子止　五月初二日

同所　建周公之次子上　十一月初五日

妣　氏　卒七月廿五日

師所　建周公之三子諱維翰字世炳　生嘉靖乙酉年八月廿一日吉時　卒萬曆乙丑年三月初九日

妣吴氏謚儉惠　生嘉靖甲午年五月初十日午時　卒己巳年五月二十日亥時　合葬晋江十一都塔江本山土名山坪下　坐東向西

生子二　長元容　次元鑑

連所　建周公之四子諱維垣字世居　生萬曆甲午年十二月初七日吉時　卒順治辛丑年二月廿三日

妣曾氏 謚孝淑 生庚子年四月初六日申時卒壬寅年十一月初八日戌時 合葬塔江本山土名石頭坐東向西

生子二 長元勲 次元有

十世

蔡一公 仰濱公之長子諱維忠字世藎 生嘉靖壬午年四月初一日卒崇禎戊寅年正月初一日

妣黄氏 生嘉靖癸未年四月初二日 卒順治戊子年五月初一日合葬在晉江一都碧湖口石坊内坐辛向乙公媽二壙係瓦棺安在墳堆上蒙山内公之誌傳載在舊譜

生子二 長潛齋 次江門

衷如公 仰濱公之次子諱維恕字世行國學生 生嘉靖乙丑年四月初九日卒天啟丁卯年十月廿四日

妣吳氏 生嘉靖己丑年九月十六日卒康熙甲辰年六月十二日合葬在南安坛滿坐子向午

生子四　長元昆　次元俞　三元昭　四元欽
　女一適進士布政莊公孫朋詵

世度公　仰濱公之三子諱維穀　生嘉靖癸巳年二月廿六日
　卒萬曆甲寅年六　　
妣蔣氏　生卒葬處俱缺
　養子一　思義

十一世

元容　師所公之長子諱道寰名亥　生萬曆辛亥年十二月
十八日吉時卒康熙乙未年正月二十日
妣午氏　謚勤良　三
四月初三日酉時合葬塔江本山石路頭祖墳右畔
坐東向西
生子五　長知邃　次知近　三知遵　四知通
五知逸

元鑑　師所公之次子諱道宸名辰　生萬曆乙卯年又
八月廿一日辰時卒壬申年九月十四日申時
先妣孟氏　生戊午年三月廿二日巳時卒辛卯年二
月十五日寅時
繼妣吳氏　謚勤順　生庚申年九月廿八日子時卒丁亥年
五月廿五日寅時合葬塔江本鄉坑墘坐南向北合

紫光禄大夫刑部尚書葵公之後其先居温陵郡城晉江人也外史氏曰宗亡迄今四百餘載公之裔孫桂平令君知遠會於粤西深惧祖宗懿行史有闕文嗚呼公忠義貫心肝報國莫遂奉母克終追忠毅公抗節殉難移孝作忠蓋知根本所自忠孝後先千載而下公之名與俱傳足世其家焉

進士出身忠憲大夫太常寺少卿沔陽李何煒頓首拜　譔

二世

世祖宗子諱號生卒年月暨妣之姓氏生卒年月俱失稽墓附父母公塋

生子二　長㞐塔江　次洪班分㞐南安卅五都洪邦鄉

三世

世祖二世祖之長子諱號生卒年月俱缺

妣　氏　生卒年月俱缺　塋處俱失

生子二　長公孟　次公仲

妣乙氏（紫改公今二世祖之次子）

生卒塋處缺（生卒塋址缺　公贊居洪邦是為洪邦基祖）

月不

生子一　名公叔

四世

公孟公　三世祖之長子　生卒塋缺

妣　氏　生卒塋缺

生子三　長一處士　次十郎　三四處士

公仲公　三世祖之次子　生卒塋缺

妣　氏　生卒塋缺

生子一　二處士

公叔公　洪班公之子　生卒塋缺

妣蘇氏　生卒塋缺

生子二　長興齋　次致政

五世

一處士公　公孟公之長子　正月初三日忌辰

妣何氏一泰孺人　三月十二日忌辰

公自塔江移居南安卅五都齋堂邊墓葬本鄉下墓林

生子一　一居士

十郎公　公孟公之次子　生卒缺

妣　氏　生卒缺

生子一　玄齋

四處士公　公孟公之三子　生卒缺　公自塔江移居山尾兜

妣張氏　生卒缺

生子二　長不祿　次三仕

二處士公公仲公之子　生卒鈌　公自塔江移居新营
妣黄氏　生卒鈌
生子一　欠亡
興齋公公叔公之長子　公移居杆柄鄉另為世譜
致政公公叔公之次子　生卒鈌
妣王氏　生卒鈌
生子一　諱德

六世

玄齋公十郎公之子諱悳　生卒鈌
妣　氏　生卒鈌
考妣合葬晋江十一都塔江本山石路頭坐巽向乾
生子三　長露石　次三俱失傳

考自
玄齋公以上五世之號諱生卒年月及配莊氏之生卒年月
墓所葬何處因　大明嘉靖間倭寇擾亂　濱穀公媽
並遇害　仰濱公　建周公兄弟被擄族譜散失故
莫知其詳如此

七世
露石公　玄齋公之長子　四月初四日忌辰
妣呂氏　九月初九日忌辰
與玄齋公仝葬許丸棺四首現豎蒙碇
生子二　長濱渠　次濱穀

八世
濱渠公　露石公之長子　諱貴字時崇　生大明甲辰年九月
廿六日卒萬曆丁卯年十一月廿八日
妣郭氏　合葬塔江本山土名山坪坐東向西

葬毗連
生子二　長知贈　次知連　俱葬氏出
元勲　連所公之長子諱道宇名五　生崇禎乙丑年十二
月初八日辰時卒康熙甲辰年八月初一日戌時
妣周氏　生卒葬處缺
元有　連所公之次子諱道實名喜　生崇禎丙子年
四月二十日未時卒康熙癸巳年六月廿八日戌時
妣張氏　生崇禎庚辰年正月三十日辰時
側室謝氏　生己亥年　卒康熙丙子年三月十四
日申時合葬角山土名鈔旨石下坐巽向乾
生子二　長知進　次知逮

十一世

澹齋公　葵一公之長子諱道寧字元淡郡庠生　生萬曆丙午年十月十五日卒康熙癸亥年十月廿四日

妣陳氏　生萬曆乙巳年十一月初一日卒康熙辛亥年三月十五日

生子二　長知遠出繼江門公　次知達

江門公　葵一公之次子諱道憲字元白號江門　生萬曆乙卯年九月廿七日卒崇禎癸未年八月廿六日

妣謝氏　生萬曆丁巳年十月初二日亥時卒康熙壬子年七月初六日未時　合葬在晋江五都布林鄉土名麒麟山坐丁癸午子

公之誌傳　郡誌家譜皆有　大明賜謚忠毅本朝賜謚忠烈

嗣子　知遠澹齋公長子入繼

女一　適庚辰進士兵部尚書盧公若騰男鐃研

兀昆公　表如公之長子諱道宜名甲邑庠生　生萬曆甲寅年九月十五日卒順治乙未年十月三十日

妣盧氏謚節慈　生辛酉年二月廿八日卒康熙乙巳年三月廿七日

公有序在舊譜　公葬在塔江仰濱公墓側右畔地

仔内妣葬在南安洪邦本山后地

生子一　知邁

兀昭公　表如公之次子諱道宣名乞　生戊午年十二月初一日卒丙申年八月廿四日卯時

妣蘇氏　謚節惠　生壬戌年八月廿九日　卒丁酉年四月十三日　葬在土地宫後地

生子一　知讓

元俞公　衷如公之三子諱道家名順郡庠生　生天啟辛
酉年三月二十日辰時卒順治癸巳年九月三十日
亥時
妣陳氏謚孝節　生天啟癸亥年十一月初二日卯時卒康
熙甲子年十二月初二日丑時　公葬在下埔妣葬在
南安坛溝坐癸向丁兼丑未
生子一　知道　元欽次子入繼
元欽公　衷如公之四子諱道安號文軒名聖　生天啟
甲子年十二月十九日未時卒康熙己未年五月廿
五日
妣莊氏謚勤慎　生崇禎戊辰年八月十七日戌時卒康
熙癸未年十月廿四日酉時　公於康熙戊子年
與凡元俞　合葬在南安卅四都桃湮鄉土名井汴頂

生子二　長知遴　次知適出繼元俞

元合公　世度公之子諱思義　生庚申年三月初十日

卒辛酉年十二月初一日辰時

妣　氏　生癸亥年三月初四日卒十一月初三日未時

合葬在卅八都新營土名井仔尾沙石地前

生子一　仁宗

十二世

知遂　元容公之長子字彥隱諱養　生崇禎己卯年十月二十日申時卒康熙甲戌年十一月初六日未時戊子年正月初五日亥時　公葬在后坑塚　妣葬九都坑邊山坐西向東

生子二　長玉琰止　次玉登 知遵三子入繼

知近　元容公之次子字彥悅諱老　生崇禎壬午年二月初九日亥時卒甲辰年七月廿九日寅時

妣周氏謚順慈　生乙酉年　卒康熙乙亥年二月初一日酉時

繼妣林氏　葬與玉要夫婦仝葬員門內岸下坐向同

三妣高氏　葬在後坑塚坐東向西

公妣合葬在十二都四石柱店上鄉土名下埔尾坐巽乾辰戌

生子二　長玉要（殁）　次玉幸

知遵　元容公之三子字彥由諱增　生順治辛

又二月初五日亥時

吳氏　生順治丙申年五月十九日子時

生子四　長玉琬　次玉瑞　三玉登（出繼知還）　四玉暢

知通　元容公之四子字彥明諱提　生順治乙未年二

月廿一日酉時　卒十一月十六日

妣鄭氏　生雍正甲辰年三月初四日　卒八月初九日

生子三　長玉妙　次玉七　三玉布

知逸　元容公之五子字彥伯　生康熙壬寅年五月

廿五日午時卒康熙癸未年三月廿二日辰時

妣吳氏　生康熙己酉年十月廿九日吉時卒甲戌年八

月初九日酉時
公葬本山東港口坐北向南妣葬十二都周坑鄉土名新井
坐西向東
生子二　長玉彩　次玉聘

知贈　元鑑公之長子字彥既　生順治癸巳年十月廿五
日辰時卒八月廿五日

妣林氏　名閏娘　生順治辛丑年七月十二日巳時卒雍正
辛亥年四月廿日丑時
生子七　長玉德　次玉千　三玉萬　四玉居
五玉祐　六玉福　七玉禄

知聯　元鑑公之次子字彥壯　生順治乙未年十月初
六日未時卒四月初九日吉時

妣曾氏　名珀娘　生順治戊戌年十月十六日吉時卒乾隆

己未年二月初三日　俱葬坑邊青石塚
生子三　長玉科　次玉守　三玉來

知進　元有公之長子字彥高諱天　生康熙乙丑年
十月十五日丑時卒康熙戊戌年九月初四日辰時
妣歐氏　生康熙戊辰年二月初五日寅時卒康熙庚子
年七月十七日辰時　公葬在本鄉東衡岑下
生子一　玉新

知速　元有公之次子字彥厚諱地　生康熙戊辰年
八月初八日午時
妣張氏　生康熙辛未年六月十六日酉時
繼妣蘇氏　生康熙庚午年
生子一　玉月

十二世

知達公　濬齋公之次子諱博字彥達　生崇禎辛巳
十月廿九日卒缺
先妣孫氏
繼妣吳氏
生子二　長玉琪　次玉珏

知遠公　江門公之子（濬齋公長子入繼）諱坦字彥遠號用晦
龔蔭桂平縣知縣歷廣西桂林府推官　公生崇
禎癸酉年正月廿九日寅時卒康熙丁丑年十月初一日
午時
妣胡氏　生正月十七日　卒正月十七日
公葬在古林山下宅坐癸向丁兼丑未
生子二　長玉琛　次玉琯

知邁公　元昆公之子諱灃字彥邅　生崇禎戊寅年八月廿九日　卒康熙己丑年正月十三日
先妣孫氏　生崇禎丁丑年七月十五日卒康熙甲辰[illegible]
繼妣謝氏　謚慈肅　生崇禎庚辰年三月初三日申時卒康熙壬申年七月初十日酉時
公與子玉璜合葬在下埔尾鵲鳥林坐北向南妣俱葬在後地
生子一　玉璜　即玉彬

知讓公　元昭公之子　外出

知道公　元俞公之子　元欽次子入繼　諱岳字彥木　生康熙戊申年正月初四日巳時
妣黃氏　生康熙己酉年
生子四　長玉燕　次玉祥　出承知遴　三玉懷　四玉麟

知遴公　元欽公之長子諱載字彥芳　生康熙癸
二月十八日戌時卒雍正丁未年十月十二日午時
妣龔氏　謚勤儉　生康熙丙午年十一月十一日卒乾隆
年七月初二日巳時
公葬在虎崗山大安坑坐壬向丙兼子午　妣葬在
地坐西向東
生子一　玉祥（知道次子入繼）

仁宗公　思義公之子　生壬午年正月十五日卒壬
年正月十三日寅時
妣　氏　生乙酉年二月初四日卯時卒甲午年三
一日午時
公葬在沙石地前岸　妣葬在廟邊溪尾地前
生子一　普成

十三世

玉琰 名省 知遂公之長子 止　三月初七日忌辰 葬在本山岑下

玉登 知遂公之次子 諱理號□□□□ 生康熙□□

年正月廿二日辰時

妣莊氏 生康熙己巳年五月三十日午時

公妣葬在鮑厝塚墓碑及卿公

生子二　長金郡　次金陣

玉要 知近公之長子 諱瑶字默卿公 生康熙丙辰年十一月初日

辛巳卯年八月初六日亥時

妣許氏 名惜娘 謚節烈 生康熙庚申年十二月初六日卯時卒己卯年

十月廿一日酉時　俱葬在本山土名東井員門內衝內坐

丑向未兼癸丁

玉幸　知近公之次子諱瓊字報卿公　生康熙庚申年三月十八日午
時卒庚寅年十二月廿三日
妣張氏　生甲子年三月初二日辰時卒庚寅年九月十九日
合葬在十二都鮑厝山坐乾向巽兼亥巳
生子二　長金快　次金疊
玉琬　知遵公之長子諱用字和卿公　生康熙丁巳年三月卅日未
時卒七月十八日
妣陳氏　生康熙壬戌年七月廿一日亥時卒三月廿九日
葬在坑邊埔坐南向北
生子二　長金衆　次金刺
玉瑞　知遵公之次子諱富字正卿公　生康熙辛酉年六月廿二日
卒六月十四日　俱葬在本山海埭頭坐北向南
妣林氏　生己巳年九月廿六日戌時卒十月廿五日與公合葬
生子二　長金品　次金照止

玉暢　知遵公之四子 諱瑲公 字悦卿　生康熙己巳年四月初九日辰
時卒乾隆甲子年十一月廿九日吉時
公妣俱葬在本山東岑巷仔口坐東向西
生子三　長金訓　次金取　三金能
玉妙　知通公之長子 諱瑄公 字佳卿　生康熙丁卯年十一月十六
日吉時
妣王氏　生康熙己巳年
生子一　金茂止
玉七　知通公之次子 諱琦公 字章卿　生甲戌年九月廿四日申時
卒乾隆丁丑年八月初三日
妣吴氏　生戊寅年十一月初十日　卒十二月十四日
葬在本山西埔後園内坐西北向東南

玉布　生子三　長金敬　次金堂止　三金三

知通公之三子諱琇公字明卿　生庚辰年十一月初二日酉時

卒乾隆甲戌年四月十七日申時

先妣邵氏

繼妣楊氏

公葬在臺灣大港埔厝後樹仔脚田墘坐南向北

玉彩　生子二　長金佛　次金欽止

知逸公之長子諱琅公字先卿　生庚午年十二月廿七日申時吉

妣姚氏

生子四　長金成　次金和　三金合　四金權

玉聘

知逸公之次子諱玕公字朝卿　生癸酉年二月十七日辰時

妣張氏　生庚辰年十一月初九日巳時

玉德　生子二　長金扶　次金乞
知贈公之長子 諱璟公 字懷卿　生戊午年六月廿七日
酉時卒四月初七日

妣莊氏 名益娘　生乙丑年四月廿二日酉時卒二月十三日
合葬周宅月舅地中坐東向西

玉千　生子二　長金京　次金旺
知贈公之次子 諱珩公 字璁卿　生康熙庚申年又八月廿一
日吉時

妣張氏　生康熙甲子年十月十六日巳時

玉萬　生子三　長金昇　次金榮　三金顯
知贈公之三子 諱珀公 字麗卿　生甲子年正月初六日巳

妣陳氏　生辛未年八月初二日辰時

生子一　金助

玉居　知贈公之四子諱琰公字太卿　生丁卯年十二月廿九日亥

妣陳氏　生壬申年十二月廿日卯時

生子一　金然

玉祐　知贈公之五子諱玉祐字保卿　生壬申年七月十七日戌時

妣張氏

生子二　長金朗　次金麟玉祿五子入繼

玉福　知贈公之六子諱玉福字瑒卿　生康熙丙子年十二月二十日戌

時卒乾隆壬午年六月十三日卯時

妣孫氏名回娘　生康熙丁丑年九月廿三日戌時卒乾隆甲

午年十月十五日卯時

公葬在本山坑內坐丁向癸兼未丑　妣葬在西湖塚

玉禄　生子二　長金榜　次金敏
知贈公之七子 諱玉禄 字瑃卿 生庚辰年十一月十七日戌時
卒七月初七日吉時
妣吳氏　生十二月初八日　卒七月初七日
公葬在東岑下　妣葬在后坑塚
生子五　長金亨　次金賢　三金弁　四金任 止
五金麟 出繼玉祐

玉科
知聯公之長子 諱珂公 字世卿 生乙丑年六月廿九日丑時
妣王氏
生子二　長金趣　次金才

玉守
知聯公之次子 諱玉守 字典卿 生壬申年十一月初二日巳時
卒　八月十九日午時
妣曾氏　生　六月十二日　卒七月十二日

玉來　生子四　長金奎　次金仁　三金準　四金全
知聯公之三子諱琭公字興卿　生庚辰年九月十六日丑時
卒乾隆甲戌年二月初二日戌時
先妣黃氏　生缺　卒正月初六日
繼妣陳氏　生康熙壬午年十月初七日子時卒乾隆
癸卯年八月初八日午時
玉新　生子四　長金保　次金吉　三金曦　四金賜
知進公之子諱玉新字茂卿　生乙酉年九月初七日未時
妣王氏　生甲申年九月初三日丑時卒雍正己酉年六月
初二日未時
生子三　長金怡　次金拱　三金衍
玉月　知速公之子名秋　生卒娶葬缺
生子一　金騶

十三世

玉琪公　知逵公之長子諱禎公字嘉卿　生康熙戊午年五月

妣楊氏

生子一　金峩

玉珏公　知逵公之次子諱愿公字善卿　生康熙辛酉年七月廿

九日巳時

妣蘇氏

生子一　金怡

玉琛公　知遠公之長子名存舍字武卿　生順治戊戌年二月初

七日丑時卒康熙壬寅年十二月初二日未時

妣張氏名速娘謚孝惠　係甲戌科進士張公諱璀功姪女　生順治丙申

年十二月廿四日酉卒乾隆庚申年十一月廿五日子時合

葬在同縣胡家山火墘牛條崙坐申寅　庚甲

生子四　長金鑛　次金鑣　三金鐸　四金篪

玉琯公　知遠公之次子名慶舍字縉卿生康熙丙午年八月初七日丑時

妣林氏　生康熙丁未年七月十二日巳時

生子三　長金楚　次金壎　三金芳

玉璜公　知邁公之子名彬公字質卿號文質　生康熙壬子年七月廿四日酉時卒雍正丁未年六月十八日未時

先妣陳氏諡柔素生康熙戊午年六月廿五日辰時卒康熙丁酉年十月三十日子時

繼妣張氏諡勤愛生康熙辛未年三月十七日辰卒乾隆乙亥年三月廿八日未時　公與子仝葬在下埔尾鵲鳥林坐北向南繼妣葬在晉江內坑陳郭山坐丙向壬兼巳亥

生子三　長金球　次金宰　三金咸

玉燕公　知道公之長子號斯卿　生康熙甲戌年九月十五日
午時卒乾隆癸酉年正月初四日

玉懷公　知道公之三子諱琦公字玉懷　生康熙壬午年
生子一　金蜀

玉麟公　知道公之四子諱璘公字玉麟

玉祥公　知遜公之子知道公次子入繼

玉普成　仁宗公之子　生戊午年七月十二日亥時卒戊辰年五月初六日寅時

妣　氏　謚懿德　生甲子年十月初七日子時卒庚辰年十月初六日巳時

葬在新营宫仔邊坐庚向甲

生子一以大

十四世

金郡　玉登公之長子諱錫公號仕隆生康熙戊子年卒十二月二十日　公葬在臺灣

妣許氏　生卒葬缺

生子二　長佳侯止　次佳愈止

金陣　玉登公之次子字仕鍾生康熙丙申年十一月廿六日巳時卒乾隆甲午年九月三十日辰時

妣孫氏　生雍正乙巳年十一月初八日子時卒乾隆戊申年三月十六日午時

公葬在鮑厝塚坐西向東妣葬在西埔后坐辛向乙兼戌辰公墓碑正錦

生子三　長佳畧　次佳國　三佳興

金快　玉幸公之長子諱鋌公生康熙甲申年五月廿六日辰時卒乾隆丁未年二月初四日　葬海峯庵坐庚甲酉卯

妣孫氏　生正月十四日　卒六月廿九日

生子四　長佳輝　次佳長　三佳建　四佳正

金疊　幸玉公之次子 諱釗公 生康熙己丑年八月廿六日午時

卒乾隆庚子年十一月十二日 葬在四石柱與長子仝茔

道光庚子年與先妣邵氏改葬海峯庵

先妣邵氏　生康熙癸巳年五月十五日　卒四月十六日

葬在海峰庵與次婦仝茔

繼妣孫氏 名粮娘 生九月初二日　卒五月初八日　葬在本

山東岺巷仔口與次子仝茔

生子三　長佳欣　次佳通　三佳巖

金衆　玉琬公之長子 諱佳鏜 生康熙丙戌年四月十八日辰時

卒十二月初九日　葬在西湖埔坐北向南

生四月初五日　卒四月初九日

妣吳氏

生子四　長佳典　次佳瓷　三佳泰　四佳知

剌　玉碗公之次子　生康熙戊戌年八月初七日亥時卒四月
十五日　葬在后坑冢坐南向北
氏
生子二　長佳送　次佳晩
品　玉瑞公之長子　生康熙庚寅年八月十一日卒九月
初四日
顔氏　生十二月初二日　卒五月初二
生子一　佳隆
照　玉瑞公之次子止　生康熙丁酉年二月
訓　玉暢公之長子 諱鈬公 覌仕釧 生康熙丙申年正月十八日卒乾
隆癸卯年正月十八日
廖氏　生八月十七日　卒二月十一日　俱葬在塘邊埔坐北南

生子二　長佳禺　次佳兩

金取　玉暢公之次子號仕鎰　生雍正戊申年五月初三日丑

卒乾隆戊申年二月二十日酉時

妣劉氏名恬娘　生雍正甲寅年三月廿四日辰時卒乾隆丁未年五

月十二日丑時　公葬在西湖埔　妣葬本山官山頂坐北南

生子六　長佳平　次佳乙　三佳鈿　四佳視

五佳添出繼金能　六佳董

金能　玉暢公之三子號仕鐸　生二月十八日　卒四月廿三日

葬在后埔地坐南向北

嗣子　佳添金取五子入繼

金茂　玉妙公之子止　生十月初二日　卒三月十八日

金敬　玉七公之長子號仕錦　生五月廿五日　卒十月十八日

葬在西湖埔

妣李氏　生雍正丙午年正月初七日卒乾隆丁未年九月廿九日

葬在埕邊山

生子二　佳猷　次佳琴

金堂　玉七公之長子號敦誠　生康熙壬寅年十月廿八日卒七

月初九日

妣許氏　生缺　卒三月十一日

金三　玉七公之三子號仕鍰生雍正庚戌年九月廿二日寅時

卒三月初三日　葬本園内

妣　氏名大娘謚慈淑生雍正壬子年三月廿二日巳時卒嘉慶丙辰年

十月初五日巳時　葬在大旁山

生子三　長佳皂　次佳貴　三佳甫

金佛　玉布公之長子號仕德生乾隆辛酉年三月廿六日卒嘉

慶壬申年十月廿六日卯時

先妣王氏名煖娘　生乾隆甲戌年八月初八日丑時

卒乾隆丁未年十月廿一日寅時

繼妣林氏名嘉娘　生乾隆辛巳年六月初一日午時

生子五　長佳眼　次佳珍　三佳錦　四佳春

五重耳

金欽　玉布公之次子止

金成　玉彩公之長子號仕針　生康熙庚子年五月十二日辰時

卒乾隆戊申年四月初二日巳時

妣蘇氏　生雍正己酉年三月十三日卒乾隆戊申年四月

廿一日子時

生子二　長佳禹　次佳九

金和　玉彩公之次子　生卒鈌　葬在西湖埔

金合　玉彩公之三子　生卒鈌　葬在摇船埔

妣劉氏名寅娘　生正月初七日　卒十月十六日　葬在官山埔

金權　玉彩公之四子

妣　氏　生子二　長佳南　次佳生

妣陳氏　生乾隆己未年三月廿八日卒乾隆壬寅年三月廿八日辰時

生子二　長佳胡　次佳山

金扶　玉聘公之三子

妣　氏　葬在東岑

生子一　佳錫

金乞　玉聘公之次子

金京　玉德公之長子號仕鉉生康熙乙酉年八月初五日午時

卒乾隆己亥年七月廿八日寅時

妣孫氏　生康熙乙酉年五月廿六日子時卒乾隆癸卯年

四月廿七日戌時　合葬在九都后蔡埕乾向巽兼亥巳

生子二　長佳寅　次佳尊

金旺　玉德公之次子號仕興生康熙戊子年十二月廿五日

卒七月二十日

妣柯氏　生缺　卒二月廿二日公葬在西埔内岑地妣葬旁角山

金昇　玉千公之長子諱錫公　生康熙庚寅年

妣孫氏

金榮　玉千公之次子　生康熙甲午年十月十六日

生子三　長佳䀝　次佳宗　三佳聰

卒乾隆戊申年二月

妣黃氏　生十月初五日卒乾隆癸卯年三月廿五日寅時

生子二　長佳真　次佳元

金顓　玉千公之三子字金欽　生正月廿二日　卒五月廿七日

先妣孫氏　生三月初一日　卒十月廿五日

繼妣汪氏　生七月初四日　卒四月廿九日

公與汪氏全葬在本山東岑下坐寅向甲兼巳亥

生子二　長佳賡　次佳治

金助　玉萬之子

妣　氏

金然　玉居之子

生子三　長佳賓　次佳璉　三佳贊

妣　氏

生子二　長佳種　次佳駁

金朗　玉祐之長子

金麟　玉祐之次子 玉禄五子入繼 生乾隆丁卯年十月初五日

吉時卒嘉慶庚辰年七月十八日子時

妣陳氏 名間娘 生乾隆甲申年五月初八日卒嘉慶丁卯年二

月初六日　合葬在海峯庵坐庚向甲兼酉卯

金榜　生子三　長佳箏　次佳香　三佳託
玉福之長子號仕釭　生雍正庚戌年二月廿七日午時
卒乾隆戊申五月初二日午時
妣劉氏名甘娘　生雍正辛亥年三月廿八日卒乾隆癸卯年
正月廿二日　合葬在本山坑内坐丁向癸兼未丑
生子三　長佳梅　次佳總　三佳歲

金敏　玉福之次子號仕鐶　生雍正乙卯年四月廿九日卯
時卒乾隆癸卯年四月廿三日未時
妣劉氏名士娘　生雍正乙卯年三月廿七日巳時卒嘉慶
甲戌年十二月初八日巳時
生子三　長佳員　次佳遠　三佳春

金享　玉禄之長子　生六月十五日　卒六月十五日
公葬在岑下　妣葬后坑塚
妣孫氏　生正月初六日　卒六月十五日

生子一佳玉

賢　玉禄之次子　生五月初七日　卒四月十三日

氏　改節　公葬后坑塚

生子一佳譜

弁　玉禄之三子　生十二月十七日　卒四月初十日

陳氏名子娘　生正月十九日　卒十月十八日

俱葬在海峰庵

生子四　長佳誇　次佳慶　三佳蔭　四佳深

任　玉禄之四子止

麟　玉禄之五子出継玉栝

趂　玉科之長子

金才　玉科公之次子　生康熙己亥年六月十六日

金奎　玉守公之長子　生康熙甲午年

妣　氏
　生子四　長佳宣　次佳丁　三佳　四佳高

金進　玉守公之次子字金仁　生康熙己亥年二月

金準　玉守公之三子

金全　玉守公之四子號仕忠　生雍正辛亥年四月廿六日卒
　乾隆丁未年十二月初二日丑時

妣柯氏　謚勤儉　生乾隆丙辰年八月十三日卒乾隆戊申年

四月十六日寅時
生子一　佳瑛
金保　玉來公之長子號仕鋒　生雍正己酉年九月十三日亥
時卒乾隆乙巳八月初三日申時　葬在廣澳門
先妣黄氏　生卒缺
妣孫氏名氣娘　生雍正辛亥年九月廿八日卒乾隆己巳年
四月廿一日　葬在塔江山衝下坐北向南
繼妣張氏　生雍正壬子年三月初七日卒乾隆庚午年
十一月初三日　葬在本山深溝内坐東向西
三妣劉氏　生雍正乙卯年七月初三日酉時卒嘉慶癸
酉年十一月初六日　葬在本山安海路墘坐巽向乾己亥
生子四　長佳協　次佳爽　三佳恩　四佳藹出繼金賜
金結　玉來公之次子號仕錮生乾隆丙辰五月十九日酉時
卒嘉慶己巳年十二月十四日申時

妣劉氏名美娘號貞敏 生乾隆丙辰年二月廿五日辰時卒嘉慶丁卯年
七月十五日巳時 合葬在本山福灶頭坐甲向兼寅申
生子五 長佳達 次佳親 三佳提 四佳卓
五佳椿

金義 玉來公之三子號仕鎓 生乾隆庚申年六月十一日酉
時卒嘉慶甲戌年十月二十日午時
先妣王氏名盡娘謚敦慈 生缺卒五月廿一日
繼妣許氏名娥娘謚敦瑞 生乾隆丁卯年二月十九日巳時卒道光
丁亥年四月初十日戌時 公葬在本山后頭地坐乙向
辛兼辰戌先妣王氏葬在梅林山五顛公塚繼妣許氏
葬在本山安海路坐巽向乾兼巳亥

金賜 玉來公之四子 生乾隆丙寅年四月十六日卒十二月
初五日卯時 葬在梅林五顛公塚坐南向北
嗣子一 佳藹金保四子入繼

拱　玉新之長子號仕辰　生雍正丁未年三月廿一日卒
乾隆甲辰年二月二十日寅時
傅氏　謚慈惠　生雍正甲寅年二月廿五日卒乾隆戊申年
五月十九日
生子一　佳寧
怡　玉新之次子　生乙巳年四月廿三日亥時
衍　玉新之贅子　生缺　卒九月初三日
騧　玉月之子號仕花　生乾隆庚午年七月廿六日卒乾
隆戊申年六月廿八日
張氏　謚順德　生缺卒乾隆壬午年正月初六日未時

十四世

金峩　玉琪之子

金怡　玉珏之子

金鑛　玉琛之子字茹夫生康熙丙辰年三月十七日子時卒
雍正戊申年五月初七日午時
妣顏氏名悦娘係五軍都督望勇公男庠生營繕所正國禎公女
生康熙壬戌年八月初九日寅時卒乾隆癸亥年十
月二十日戌時
合葬在同安愚尾后柯河仔頂坐巽向乾兼巳亥
生子三　長佳浩　次佳溥　三佳澂

金鏢　玉琛之次子字揚夫生康熙戊午年十月初六日亥時
妣鄭氏　名外娘

生子二　長佳漲　次佳濤

玉鐸　玉琛之三子字振夫　生康熙辛酉年十二月初十日寅時

妣林氏名信娘　生康熙辛未年四月廿七日

公與祖父用晦公葬在南安縣卅五都古林鄉坐癸向

丁兼丑未　妣附

生子二　長佳開　次佳漢

玉釧　玉琛之四子名池諱繼曾字翼夫號克德　生康熙

丁丑年八月廿六日卯時卒乾隆乙丑年十一月初五日巳時

妣胡氏名倩娘謚勤慎生康熙乙亥年五月廿一日午時卒十一

月三十日巳時

公與長男建極合葬於留營陳家山后田柚柑崙坐寅

向申兼甲庚

生子二　長佳瀚　　次佳淡
金鈳公少而穎異遇親則愛遇長則敬誦讀不厭十歲
能文晋江鄉先生李公諱俔昰卜其克紹先烈必此君耳
及見賞督學臺黄公諱之雋為同邑庠生人皆以李公
之言為不誣也德業日富鄉閭屬望時從遊益援踵而至
焉其性情學問足為當世式有如是也而孺人胡氏又端
莊貞正四德備嫺事舅姑曲致其歡心處妯娌能得其
和睦愛子讀書勤紡績以完師債其任勞辭逸方之賢
敬姜誠無愧焉
金楚　玉瑄之長子　諱鉊字敬夫　生康熙己巳年八月初二
日酉時
妣謝氏　　生康熙甲戌年
繼妣王氏　　生康熙戊寅年

生子一　佳丕

金壎　玉琯之次子　生康熙丁丑年七月初一日

妣林氏　係進士太常卿林公諱宗載元孫女　生康熙辛巳年

生子二　長佳附　次佳歡

金芳　玉琯之三子　生康熙辛巳年十一月

十五世

佳侯　金郡之長子　生缺　卒十一月十五日　葬在臺灣

佳愈　金郡之次子　生乾隆辛未年　卒乾隆戊申年

葬在員坑山

佳晷　金陣之長子號志表生乾隆丁卯年八月十六日子時卒乾

隆丁未年九月二十日　公歿在洋

妣王氏謚貞勤生乾隆辛未年十二月初十日未時卒道光丙戌年

十二月初九日辰時　葬在海峯庵

生子二　長際坦　次際銅出繼佳輿

佳國　金陣之次子號志家生乾隆丁丑年四月廿六日巳時卒

乾隆戊申年三月十五日辰時葬在西湖埔后坐辛向乙戌辰

妣孫氏　生乾隆壬午年二月初八日卒乾隆戊申年三月廿一

日戌時　葬在后坑塚

生子一　際鉄

兴　金陣之三子 號志會 生乾隆辛巳年三月廿七

乾隆戊申年八月十九日　葬在后坑塚

徐氏　生乾隆甲申年十二月初九日未時卒乾隆丙申年八

月二十日未時　葬在虎咬衝

承子一　際銅 佳署次子入継

輝　金快之長子　生五月十七日　卒九月初九日

林氏　生六月二十日　卒六月初九日

生子二　長際炳　次際繼

長　金快之次子 號志長 生雍正癸丑年　月十八日辰時卒乾

隆戊申年三月十二日丑時

劉氏 名陰娘 謚慈順 生乾隆丙辰年十月十二日戌時卒嘉慶庚辰年十二月

初二日酉時

公妣俱葬在海峯庵坐庚向甲兼酉卯
生子二　長際朝　次際湊

佳建　金快之三子　生乾隆癸亥年九月初三日未時卒嘉
慶戊辰年三月初三日巳時
妣龔氏名腰娘生乾隆戊辰年八月十一日吉時卒嘉慶癸酉年九
月十五日
生子三　長際紀　次際議　三際願

佳正　金快之四子號光正生乾隆丁卯年四月二十日申時卒
乾隆戊申年四月十二日午時　葬在后衙

任欣　金疊之長子號志泳生雍正癸丑年六月初六日亥時
卒乾隆丁未年四月廿三日卯時　與金疊仝葬四石柱坐東
向西　道光庚子年改葬海寧庵
妣張氏
生子一際志

妣柯氏名當娘謚順淑　生乾隆丁巳年四月初七日辰時卒嘉慶
庚午年五月十八日酉時
生子二　長際西　次際的
佳通　金疊之次子號志明　生乾隆辛酉年三月初三日戌時
卒嘉慶癸亥年六月廿一日卯時　葬在本山巷仔口與母孫氏仝塋
妣許氏名省娘　生乾隆乙丑年八月初二日吉時卒七月初九日午
時葬在四石柱與母邵氏仝塋　道光庚子年改葬海寧庵
生子四　長際造　次際寶　三際清　四際思
佳巖　金疊之三子止　生卒缺
佳典　金眾之長子止
佳密　金眾之次子
妣氏
生子二　長際選　次際老

泰　金眾之三子

氏

生子一　際晚

知　金眾之四子　號志知　生乾隆戊戌辰年十二月二十日巳時卒

乾隆己酉年三月廿九日

劉氏　生十月十八日　卒五月初十日

生子一　際樹

送　金剌之長子

晚　金剌之次子　號滿貴　生乾隆己乙亥年五月初五日卒道光

辛巳年五月十二日

妣陳氏　生乾隆癸未年九月十九日辰時卒乾隆戊申年正月十三日戌時　合葬在溪尾坐坤向艮兼未丑。陳氏葬三塊厝港墘

妣黃氏　生乾隆壬午年十月十五日未時卒嘉慶癸酉年四月初八日未時　葬在溪尾坐坤向艮兼未丑

生子三　長際弁　次際顏　三際和　梅林入繼

佳隆　金品之子號志飛生乾隆己未年十二月十七日午時卒嘉
慶壬申年正月廿七日戌時
妣孫氏名腰娘謚順德生乾隆戊辰年二月十五日辰時卒乾隆丙午
年十月廿一日卯時　葬在洋宅埔坐北向南
繼妣顏氏名湖娘　生二月廿九日　卒正月廿二日　公妣俱葬海寧庵
生子三　長際朕　次際接　三際晏
佳禹　金訓之子號志力生乾隆乙丑年九月十六日　卒乾隆戊申
年三月十一日　葬在西湖埔與金取仝墳
先妣王氏名椒娘　生缺　卒六月初五日
繼妣曾氏名衍娘　生五月初三日　卒乾隆戊申年正月廿五日
與佳平佳兩葬在西湖埔
生子二　長際雍止　次際請
佳兩　金訓之次子號志將生乾隆庚辰年十一月廿八日卒乾隆戊
申年三月廿九日酉時　葬在西湖埔

妣張氏名梅娘

嗣子一 際聽 佳乞五子入繼

圭平 金取之長子 號志安 生乾隆甲戌年十一月十二日卒乾隆

妣許氏 改節

生子二 長際業 次際晋 佳乞次子入繼

佳乞 金取之次子 號志球 生乾隆甲申年十一月十二日卯時

卒道光丙申年六月十八日辰時 葬在海寧庵

妣吴氏名艮娘 生乾隆己丑年十一月十七日辰時

生子六 長際佔 次際晋 出承佳平 三際才 殇 四際追

五際聽 出承佳丙 六際齊 出承佳添

佳鈿 金取之三子 殇

佳視 金取之四子 殇

佳董　金取之五子　生乾隆己亥年九月十二日亥時

妣伍氏名棗娘　生乾隆壬子年四月十九日巳時

生子四　長際來出繼佳添　次際喜　三際歡　四際探

佳添　金能之子金取五子入繼　生乾隆乙未年八月廿九日戌時

妣吳氏名柚娘　生乾隆己亥年六月十六日酉時

嗣子二　長際齊佳乙六子入繼　次際來佳董長子入繼

佳猷　金敬之長子　生缺　辛五月初二日　葬在海寧庵

佳琴　金敬之次子　十月初八日

嗣子　際鵬佳皂五子入繼

佳皂　金三之長子號志德　生乾隆乙亥年七月廿六日寅時
　卒嘉慶己卯年七月初四日酉時
妣施氏名變娘謚慈順　生乾隆乙酉年正月十八日巳時卒道光丙
　戌年十月初五日酉時
　生子五　長際安　次際蟬　三際團　四際衽
　　五際鵰出承佳琴

佳貴　金三之次子號敦篤　生乾隆甲申年六月廿九日巳時
　卒嘉慶戊寅年八月十六日戌時
妣薛氏名卯娘　生乾隆丁酉年十二月十一日辰時
　生子一　際恭

佳甫　金三之三子　生乾隆庚寅年十二月廿五日巳時卒嘉
　慶甲子年七月廿七日　　葬在埕邊山
妣　氏
　生子一　際伴

眼　金佛之長子殇

珍金佛之次子　生乾隆甲辰年八月廿六日戌時

鄭氏名與娘　生乾隆丙午年九月廿五日丑時

生子二　長際養　次際宅

錦　金佛之三子生乾隆己酉年六月廿六日戌時

安氏名栽娘謚慈儉生乾隆癸丑年八月　卒道光甲

申年五月初一日子時　葬在頂垢園内坐乙向辛辰戌

生子二　長際聘　次際基

春　金佛之四子生乾隆辛亥七月二十日戌時

妣陳氏名凉娘　生乾隆甲寅年二月初七日未時

生子二　長際水　次際石

佳耳　金佛之五子生嘉慶丁巳年十一月初十日辰時

先妣孫氏名變娘謚慈人生乾隆乙卯三月十二日午時

光乙酉年十二月十四日酉時　葬在田仔墘坐丁向癸兼午子

繼妣陳氏名悦娘　生嘉慶乙丑年正月初五日辰時

嗣子一　際德

佳禹　金成之長子　生卒缺　葬在搖船埔

妣　氏

生子一　際呈

佳九　金成之次子止

佳香　金和之長子　生乾隆癸未年九月廿三日戌時卒乾
隆戊申年八月初二日寅時
嗣子一　際潤
佳奇　金和之次子　生乾隆庚寅年十一月初一日卯時卒
道光壬午年六月十三日申時
妣陳氏名金娘　生乾隆乙未年九月二十日酉時
佳南　金合之長子號志成　生乾隆辛巳年十一月十五日卯時
卒嘉慶戊辰年二月初九日戌時
妣張氏名椒娘　生乾隆辛巳卯年十二月廿五日巳時卒道光甲申
年四月初九日戌時　公葬本園內　妣葬在塚埔
生子四　長際盾　次際彰　三際罙　四際發
佳生　金合之次子　生缺　卒五月初八日
妣　氏　生缺　卒三月初九日

生子一 際晉

佳胡 金權之長子 止

佳山 金權之次子 生乾隆

妣 氏

生子一 際潤 出繼佳香

佳錫 金扶之子 父子往台

佳寅 金京之長子 號志賓

先妣柯氏 名占娘 生十月初十日 卒 月十九日

繼妣甌氏 生九月十七日 卒九月十六日

考妣俱葬在西埔后

生子二 長際岱 次際亮

佳尊 金京之次子 號志達 生乾隆壬戌年三月十八日卒乾隆戊申年八月廿三日午時

妣孫氏　生乾隆甲子年十月初十日　卒嘉慶丁丑年
五月初五日卯時　合葬在內岑寮墘坐辛向乙兼戌辰
生子五　長際超　次際重　三際瑞　四際機
五際忠止

佳從　金旺之長子號志雲　生雍正壬子年十一月初三日卒
乾隆丁未年五月初一日

先妣劉氏

繼妣顏氏　名闌娘

三妣許氏　名燮娘謚寧順　生雍正乙卯年六月初九日卒
嘉慶甲子年二月廿八日未時　葬海寧庵
生子二　長際賞　次際果

佳慨　金旺之次子號志慷　生乾隆丙寅年又三月廿五日
未時卒乾隆辛亥年十二月初一日丑時

妣黃氏　名未娘　生乾隆丁卯年六月十二日吉時卒嘉慶丙寅

正月十七日未時

生子四　長際順　次際記　三際康　四際錢

佳致　金昇之長子　生二月初三日　卒五月十五日

妣劉氏名受娘　生九月十三日　卒道光辛卯年十一月十六日

辰時

生子一　際明佳真五子入繼

佳宗　金昇之次子　生八月初三日　卒缺

佳聰　金昇之三子　生卒缺

佳真　金榮之長子　生乾隆戊辰年十一月十五日戌時卒

妣劉氏　生乾隆戊辰年十月初二日亥時卒七月廿七日

生子六　長際宋　次際賀　三際曆　四際晏
五際明（出繼佳致）六際斗

佳元　金榮之次子　生十月十九日卒乾隆癸巳年十月十四
日戌時

佳廣　金顕之長子（號佳大）生乾隆戊辰年七月初十日未時
卒道光甲申年十一月廿二日巳時
妣劉氏名妹娘　生乾隆庚辰年三月十三日午時卒道光丙戌
年四月初七日酉時　合葬海寧庵坐辛向乙兼酉卯
生子六　長際驩　次際暹（出繼佳治）三際餡
四際院　五際寬　六際六

佳治　金顕之次子　生七月初七日　卒九月廿七日
嗣子一　際暹（佳廣次子入繼）

佳賓　金助之長子止

佳璉　金助之次子

妣　氏

生子三　長際崇　次際鳳　三際坤

佳贊　金助之三子止

佳種　金然之長子

佳駿　金然之次子

妣　氏

生子一　際散

佳等　金麟之長子止

佳香　金麟之次子　號志芳　生乾隆壬子年二月初九日酉
時卒道光丙申年九月廿一日酉時葬在海寧庵西東
先妣劉氏　名靜娘　生嘉慶丙辰年六月廿六日辰時卒嘉慶
庚午年四月廿九日巳時
繼妣楊氏　名情娘　生嘉慶己未年十月初一日午時
卒光緒丁亥年七月初一日吉時
佳託
生子三　長際往　次際藩　三際他
金麟之三子　生嘉慶壬戌年四月初五日寅時
妣黄氏　名謹娘　生嘉慶乙丑年六月初二日巳時
生子二　長際邊　次際熙
佳梅　金榜之長子　號志魁　生乾隆癸酉年二月十三日寅
時卒道光庚寅年九月十五日戌時

妣張氏 名位娘 謚惠愛 生乾隆甲戌年六月廿七日 卒道光
丁酉年三月廿三日未時 俱葬在海峯庵
生子三 長際委 次際汀 三際奕

佳總
金榜之次子 號志義 生乾隆丙子年三月初七日卯時
卒嘉慶辛未年二月十二日卯時
先妣王氏 名惜娘 生乾隆癸未年十月十九日 卒乾隆戊申年
四月十五日
繼妣李氏 名帶娘 生乾隆癸未年五月十九日卯時卒嘉慶
庚午年十二月十六日亥時 公葬在本山清內坐乙向辛卯酉
生子三 長際津 次際水 三際塔

佳歲
金榜之三子 祿位號志序 生乾隆庚寅年正月
先妣柯氏 名協娘 謚寬柔 生乾隆辛卯年七月廿日 卒嘉慶戊午年
七月初七日

繼妣洪氏 名託娘 生乾隆戊子年　卒道光丁酉年正月初

五日

生子四 長際送　次際逑　三際更　四際返佳丟次子承

佳員　金敏之長子號志璧　生乾隆壬午年二月二十日卯時

卒道光甲申年十二月廿一日丑時

先妣吳氏 名琴娘號儉慎 生乾隆壬午年六月初九日寅時卒乾

隆癸卯年四月廿三日未時

繼妣吳氏 名氣娘　生乾隆癸未年三月初八日酉時卒道光壬

午年五月初四日酉時

生子二　長際曉　次際脊

佳遠　金敏之次子號志高　生乾隆乙酉年十月十九日巳時

卒道光丁酉年三月初十日未時

先妣劉氏 謚端壯　生乾隆丁亥年八月十二日　卒乾隆戊申

年五月廿四日未時

繼妣孫氏　生乾隆癸未年五月初十日巳時卒乾隆辛亥年
四月初四日丑時　公葬在漳州孫氏葬在岑下
三妣吳氏
生子五　長際檀　次際簡　三際買　四際擲
五際圓
佳春　金皴之三子號志光生乾隆戊子年十二月廿九日卯時
卒嘉慶丙寅年三月初六日辰時
先妣張氏名欣娘　生缺　卒三月初八日
繼妣林氏名笑娘　生乾隆戊戌年正月十一日卒嘉慶丁卯年
二月初六日未時　公葬海寧庵　妣葬岑下
生子一　際竹
佳玉　金享之子號志金生乾隆壬申年八月廿五日　卒嘉慶
庚午年十一月初五日巳時
先妣柯氏　名金娘　生乾隆癸未年正月初九日　卒乾隆戊申

年四月十五日

繼妣劉氏　名漸娘　生乾隆庚辰年十月十八日卒嘉慶庚午年

五月初一日午時

生子五　長際欽　次際傳　三際返出繼佳嵗

四際言出繼梅林　五際爲

佳譜　金賢之子止　生二月十七日　卒七月十三日葬后坑塚

佳誇　金弁之長子　生乾隆丙子年二月十二日　卒嘉慶乙

亥年五月初七日午時　葬在海亭庵

承繼孫　臨炉際燦長子入繼

佳慶　金弁之次子號佳君　生乾隆甲申年九月廿三日　卒嘉

慶癸酉年九月十二日未時

妣柯氏　名入娘　謚柔順　生乾隆乙未年十月十八日卒嘉慶癸酉

年九月廿四日

承繼孫　臨養

佳蔭　金弁之三子　生乾隆丁亥年六月廿六日

妣吴氏　名量娘　生乾隆戊戌年十月十五日　卒道光己丑年七月初九日巳時　葬在臺清崙仔頭

生子一　際燦

佳深　金弁之四子止

佳宣　金奎之長子殀

佳丁　金奎之次子號志丁　生乾隆丙寅年五月　卒乾隆戊申年

妣陳氏　謚勤儉　生乾隆丙子年　卒嘉慶丙寅年七月初十日寅時　俱葬在本山清内

生子一　際分

佳高　金奎之四子

佳瑛　之子

佳協　金保之長子號佳山生乾隆丙子年三月初一日未時
卒嘉慶癸酉年五月十五日戌時　葬在海寧庵坐西北向東南
先妣劉氏　謚敦慈　生乾隆壬午年七月廿四日未時卒乾隆丁未
年九月十二日戌時　葬在高后宫山埔坐南向北
繼妣吳氏　謚素勤　生乾隆戊寅年正月初一日申時卒嘉慶己
未年七月十二日辰時　葬本山安海路墘坐巽向乾兼巳亥
又娶張氏　佳臺　生卒不知
生子三　長際廷　次際灘　三際爵

佳奭　金保之次子殇

佳恩　金保之三子殤

佳達　金結之長子號佳足生乾隆戊寅年二月十三日丑時卒
乾隆戊申年正月初九日巳時　葬在高后官山埔坐西南
向東北
妣陳氏　改節
嗣子一　際兵佳卓次子入継

佳親　金結之次子號佳愛生乾隆癸未年三月初一日丑時卒
乾隆戊申年正月初五日巳時葬在坑邊塚坐丁向癸
兼未丑
妣劉氏　改節
嗣子一　際沾佳椿長子入継

佳提　金結之三子　生乾隆戊子年七月初五日吉時

夫妻仝往臺灣香山庄居住

娶張氏

生子二　長際迎　次際晏

佳卓　金結之四子 號佳寔 生乾隆癸巳年十一月廿九日戌時卒道光丁酉年四月初八日酉時 葬在本山深内坐丁向癸兼未丑

先聘洪氏　生鉠　卒二月十六日

繼妣張氏 名外娘 生乾隆庚戌年正月初四日辰時卒同治辛未年六月初四日吉時

生子五　長際謀　次際兵 出繼佳達　三際瓶　四際萓 出承佳福　五際鉊　六際詮 出繼柯坑張家　七際友 出繼深尹西頭

佳椿　金結之五子 字誠輝 號佳盛 生乾隆庚子年四月三十日丑時卒咸豐二年壬子年六月吉日吉時

妣孫氏 名勸娘 謚貞裕 生乾隆壬子年十月初一日辰時卒道光丁酉年二月十四日巳時 葬在深溝内坐巽向乾兼巳亥

生子三　長際沾出繼佳達　次際淡　三際渡

佳晉　金義之長子號佳禮　生乾隆戊子年五月廿二日丑時

卒乾隆乙卯年十二月廿二日未時葬在坑邊塚坐南向北

妣吳氏　名御娘　生乾隆庚寅年十一月十七日申時卒乾隆乙

未年四月廿二日　葬在坑園山

嗣子一　際東佳睿長子入繼

佳睿　金義之次子　生乾隆辛卯年十月十五日辰時

先聘柯氏　生缺　卒十一月十八日

繼妣王氏　名題娘　生乾隆庚子年正月初三日寅時卒道光

丁酉年六月十二日申時葬在本山深溝内坐丁向癸兼丑未

生子四　長際東出繼佳晉　次際段　三際賚出贅埕邊張

四際撊

佳純　金義之三子殤

佳藹　金賜之子金保四子入承生乾隆丁亥年九月廿七日丑時卒道
光丁酉年三月十三日丑時葬在深溝內坐南向北

妣楊氏　名叫娘　謚慈順　生乾隆辛丑年十二月廿一日巳時
卒道光丁亥年四月初一日辰時　葬在海寧庵坐西向東
生子二　長際刻　次際值佳卓次子入繼

十五世

佳寧　金拱之子　生乾隆乙酉年十一月廿四日　卒葬在台灣

十五世

佳浩　金鑛之長子名佔字天士　生康熙丁亥年十一月十六日巳時卒乾隆辛酉年六月廿五日酉時

妣周氏　名報娘　生康熙戊子年八月廿一日酉時卒乾隆乙丑又四月初十日戌時　公葬在留厝陳家山后田柚柑崙坐壬向丙兼子午妣葬在大墩山第四坑口坐壬向丙兼子午

生子一　際侊

佳溥　金鑛之次子名陵字晉清　生康熙丁酉年四月初七日卯時　卒葬在台灣

妣　氏　生卒缺

生子一　際乞

佳潡　金鑛之三子名笑字哂之號海柱生康熙庚子年九月十六日酉時卒乾隆丁卯年十月廿五日巳時

妣康氏　名惠娘　生康熙己亥年　公葬在龍溪縣上丁洋王家山

佳濂　金鑣之長子
生子一　際恩

佳濤　金鑣之次子　生雍正己酉年
妣　氏
生子二　長際奏　次際進

佳濟　金鐸之長子名開　生康熙己亥年
妣　氏
生子五　長際斗　次際暢　三際和　四際庶
五際士

佳漢　金鐸之次子名闓
妣　氏
生子三　長際興　次際詞　三際忽

佳瀚　金鏞之長子名皇字建極　生雍正甲辰年七月初五
午時卒乾隆乙丑年十一月初三日申時　公與父克德公合葬
妣何氏　名亮娘　生康熙壬寅年六月初六日卯時
生子一　際毓
公[illegible]生員[illegible]而夫[illegible]安苦食貧
栢舟矢志蒙　本縣主　吳公諱鏞採舉選入節孝
登載縣誌

佳淡　金鏞之次子名閑字清致　生雍正癸丑年正月初
二日未時
妣莊氏　名瓘娘　生雍正乙卯年九月初七日午時
生子二　長際秀　次際奇

佳丕　金楚之子
妣　氏

嗣子一　際進 佳濤次子入繼

附　金壎之長子

歡　金壎之次子

十六世

際坦　佳畧之長子祿位號際蕩生乾隆辛卯年六月十五日子時

娶王氏名理娘　生乾隆乙未年五月十二日卯時

生子四　長臨與　次臨潤　三臨均　四臨川

際鉄　佳國之子　生乾隆癸卯年九月十八日辰時

娶孫氏名越娘　生嘉慶己未年二月初八日辰時卒同治癸酉年七月初六日寅時

生子二　長臨井　次臨推出繼際樹

際銅　佳興之子佳畧次子入繼　生乾隆辛丑年正月廿三日巳時

娶柯氏名近娘　生乾隆辛亥年正月廿二日卯時

生子五　長臨廩（出繼際紀）　次臨應（出繼際願）　三臨章（止）
四臨嚴（止）　五臨印

際願　佳建之三子　生乾隆辛亥年正月廿九日巳時卒嘉慶乙
亥年十二月初二日丑時
嗣子一　臨應（際誦次子入繼）

際志　佳正之子　卒在臺灣
嗣子一　臨制（際朝四子入繼）

際西　佳欣之長子（號際穎）　生乾隆辛巳年二月十七日未時卒
嘉慶丁巳年九月十七日午時

先妣張氏　名輅娘謚順德　生乾隆癸未年正月初十日未時卒乾
隆丁未年六月十二日未時　公與先妣合葬在海寧菴坐庚
向甲兼酉卯

繼妣柯氏　名悦娘　生乾隆丁亥年六月初七日酉時

生子三　長臨博　次臨裁　三臨摻 柯氏出

際的　佳欣之次子 號際確 生乾隆乙酉年七月三十日未時
卒道光丁酉年五月初二日巳時

妣林氏 名閒娘 生乾隆丁亥年十一月三十日戌時卒道光丁酉
年四月十六日卯時

生子三　長臨強　次臨嘉　三臨碩

際造　佳通之長子 號際化 生乾隆甲申年十一月十九日亥時
卒嘉慶辛酉年八月初五日寅時

妣陳氏 名誨娘 生乾隆壬辰年七月初八日巳時卒嘉慶乙丑年
正月初一日酉時

生子一　臨拈

際寶　佳通之次子 號際室 生乾隆丁亥年七月初四日子時
卒嘉慶癸亥年四月十三日酉時

妣洪氏 名艮娘 生乾隆丙申年二月初七日辰時卒嘉慶甲子年

四月初二日卯時
生子一　臨壹
際清　佳通之三子　生乾隆癸巳年三月初四日酉時
妣蘇氏　名定娘　謚勤慈　生乾隆壬寅年五月十七日丑時卒嘉
慶丙子年五月初八日寅時
生子一　臨擬　嗣子臨水
際選　佳客之長子
際老　佳客之次子
際樹　佳知之子號際聰　生乾隆丙午年三月初八日巳時卒道
光壬辰年十月十二日巳時葬在海寧庵坐西向東
嗣子二　長臨文際銅四子入繼　次臨推際鉄四次子入繼

際弁　佳晚之長子殤

際顔　佳晚之次子殤

際和　佳晚之三子號希賢　生卒鈌

妣宗氏名錠娘謚慈勤　生乾隆乙卯年七月十一日　卒嘉慶甲
戌年五月廿七日

際朕　佳隆之長子號際心字際帝生乾隆庚寅年正月十四日辰
時卒嘉慶己卯年五月初五日寅時
葬在海峯庵洋宅家園叔地內坐北向南
生子一　臨墨

際接　佳隆之次子號際逢生乾隆癸卯年九月初十日酉
時卒嘉慶乙亥年三月初八日戌葬在海峯庵坐西東

妣楊氏　生乾隆壬子年　卒道光戊戌年又四
月十八日午時

際晏　佳隆之三子止

十六世

際雍　佳愚之長子止

際請　佳愚之次子　生乾隆辛丑年十月十五日

際聽　佳丙之子佳乞五子入繼生嘉慶乙丑年十一月十九日亥時

娶劉氏　名執娘　生道光壬午年二月十六日酉時卒道光庚子年四月廿八日亥時葬在海峯庵坐西向東

際業　佳平之長子

際晋　佳平之次子佳乞次子入繼生乾隆乙卯年九月初一日卯時卒咸豐元年辛亥年二月十八日　時

妣張氏　名要娘　生嘉慶丙寅年十二月廿七日未時卒同治癸酉

年七月十一日午時
生子二　臨看　臨祥出繼際追

際佔　佳乞之長子　生乾隆辛亥年五月初三日辰時卒
道光乙巳年七月廿三日未時
妣孫氏名蚊娘號懿惠上邊人生嘉慶己未年三月十七日亥時卒同
治己巳年二月廿三日巳時
生子五　臨立　臨文出承際樹　臨咨　臨蓋出繼深戶　臨泰出繼孫氏
女一名娥娘配湖尾傅

際才　佳乞之三子殤

際追　佳乞之四子　生嘉慶己未年九月初五日巳時
妣許氏名寬娘謚順德　生嘉慶丁卯年三月廿七日申時卒道
光丙申年三月廿五日酉時　葬在海峯庵坐辛向乙兼戌辰

際喜　佳董之次子　生嘉慶丙子年二月十一日戌時

際歡　佳董之三子生嘉慶丁丑年十一月廿日寅時

際探　佳董之四子　生道光辛卯年五月初八日巳時

際齊　佳添之長子　佳乙六子入繼　生嘉慶辛未年九月廿七日午時

先配楊氏　名初娘生嘉慶丁丑年十二月廿七日卯時卒道光壬辰年二月初四日酉時

繼娶吳氏名妹娘　生道光癸未年二月初二日寅時

際來　佳添之次子　佳董長子入繼　生嘉慶癸酉年三月十一日辰時

十六世

際鵬　佳琴之子佳皂五子入繼　生嘉慶己未年七月十三日卯時

娶黃氏　生嘉慶甲子年八月十六日申時

生子三　長臨誦　次臨越　三臨宗

際安　佳皂之長子　生乾隆癸卯年八月初十日巳時卒嘉慶辛酉年十一月初六日卯時

嗣子二　長青山際團長子入繼　次臨越際鵬次子入繼

際蟬　佳皂之次子殤

際團　佳皂之三子　生乾隆戊申年二月初一日亥時

娶張氏　名仙娘　生嘉慶辛酉年三月初八日巳時

生子一　臨青山出繼際安

際衽　佳皀之四子　生嘉慶丙辰年五月廿二日未時

際蔡　佳貴之子　生正月十三日

際伴　佳甫之子

際參　佳珍之長子　生嘉慶丁卯年八月廿六日酉時

娶林氏名三娘　生嘉慶甲戌年二月初三日寅時

生子二　長臨義　次臨癸

際宅　佳珍之次子　生嘉慶戊寅年十一月初五日辰時

娶孫氏

際聘　佳錦之長子　生嘉慶丁丑年二月廿九日辰時

娶陳氏名双娘　生道光辛巳年八月廿八日午時

際基　佳錦之次子　生道光辛巳年二月十三日子時

際水　佳春之長子　生嘉慶乙亥年十月廿三日辰時

際石　佳春之次子　生嘉慶戊寅年七月廿六日丑時

際德　佳再之長子　生道光庚寅年八月初四日戌時

十六世

際呈　佳禹之子止

際盾　佳南之長子號純誠生乾隆己酉年十一月廿六日酉時
卒道光己丑年四月十七日酉時

妣葉氏名冷娘謚慈儉生嘉慶戊午年十月初一日丑時卒道光
癸未年四月初七日未時　公葬在本園内坐壬向癸兼
亥巳
生子二　長北海　次山僧許氏出

繼室許氏名笑娘　生嘉慶己未年十月初九日申時

際彰　佳南之次子

際宊　佳南之三子

際發　佳南之四子　生嘉慶辛未年十一月十二日巳時

娶氏　名嘉娘　生嘉慶丙子年七月初七日辰時

際潤　佳山之子　出繼佳香

際昔　佳生之子　生鈌　卒七月初一日

十六世

際岱　佳寅之長子號志學　生乾隆辛巳年十月十九日戌時

卒嘉慶己巳年六月十四日　時

妣顔氏名静娘謚慈儉生乾隆辛巳年九月十九日卯時卒道

光癸巳年八月廿三日戌時　公葬在臺灣阿里港旧
蔡庄妣葬海寧庵
生子四　長臨精　次臨曲　三臨蘭　四臨沃出繼佳拱

際亮
佳寅之次子　生乾隆丙申年二月十九日子時
妣柯氏名斂娘　生乾隆乙巳年七月廿八日吉時卒道光
甲申年三月初八日卯時　葬在海寧庵坐庚向甲兼酉卯
生子三　長臨河　次臨磷出繼際重　三臨港

際起
佳尊之長子號際海　生乾隆丙戌年四月廿三日亥
時卒乾隆戊申年九月初四日巳時
妣林氏名爻娘　生鈌　卒乾隆戊申年四月初十日
合葬在東港口坐癸向丁兼子午
生子一　臨懷

際重　佳尊之次子　生乾隆辛卯年二月初五日丑時

先娶陳氏　名楚娘　生缺　卒乾隆戊申年

繼娶吳氏　生乾隆壬寅年正月廿九日戌時

卒道光甲午年二月初五日酉時　葬在海寧庵坐

辛向乙兼戌辰

嗣子二　長臨倫際亮次子入繼　次臨心

際瑞　佳尊之三子　生乾隆癸巳年八月廿三日亥時

娶張氏　名姜娘　生乾隆甲辰年十二月初三日酉時

生子二　長臨勝　次臨兒

際機　佳尊之四子　生乾隆己亥年七月十七日吉時卒
道光壬子戌年十月初八日申時
妣孫氏　生乾隆庚戌年十月廿四日卒嘉慶庚午年
七月初五日巳時　公葬在海寧庵坐乾向巽兼亥巳
妣葬本山内岑窟墘坐辛向乙兼戌辰
生子一　臨炜

際忠　佳尊之五子　殀

際賞　佳從之長子　生乾隆戊子年　卒乾隆戊申年

際果　佳從之次子　生乾隆庚寅年　卒乾隆戊申年

際順　佳慨之長子　生乾隆己丑年十一月廿五日吉時
卒嘉慶己未年四月初十日午時　葬在海峰庵

宗記　佳慨之次子　生乾隆癸巳年　卒二月二十日
配張氏　名旦娘
宗廉　佳慨之三子　生乾隆戊戌年　卒道光壬午年
八月
宗錢　佳慨之四子 殀

十六世

明　佳致之子 佳真五子入繼 生乾隆己亥年十月初六日
卒缺葬在臺灣
嗣子　臨美 際賀次子入繼

際宋　佳真之長子殀

際賀　佳真之次子號際儀　生乾隆癸巳年九月初九日巳時

卒道光庚寅年七月廿六日巳時

妣周氏　名引娘　謚慈愛　生乾隆癸卯年八月初五日亥時卒嘉

慶丙子年二月十六日巳時　俱葬在海寧庵

生子二　長臨安　次臨芙出繼際明

際曆　佳真之三子止

際晏　佳真之四子止

際斗　佳真之六子止　生乾隆癸卯年二月十一日巳時卒葬

在臺灣

際驩　佳廣之長子號際心　生乾隆己亥年四月初一日巳時

卒嘉慶甲戌年七月初七日戌時

妣柯氏　改節

際鎦　生子四　長臨棟　次臨華　三臨桂際暹次子入繼　四臨砌際院長子入繼

佳廣之三子號際次　生乾隆己酉年八月十八日酉時

卒嘉慶丙寅年二月初二日酉時

際院　佳廣之四子號際詩　生乾隆壬子年又四月十六日酉時

卒道光丁酉年四月初八日卯時　葬在海峰庵

妣孫氏　名晟娘　謚順靜　生嘉慶癸亥年八月十八日午時

卒道光壬辰年二月十四日巳時　葬在東岑巷仔口

生子一　臨砌出繼際鎦

際寬　佳廣之五子止

際六字際德　佳廣之六子　生嘉慶壬戌年七月廿三日午時

卒同治癸酉年九月十一日未時

娶孫氏　名量娘　生嘉慶乙丑年六月廿三日午時

卒道光癸卯年十二月初四日卯時

際暹　生子二　長臨魁　次臨景

佳治之子號際寺佳廣次子入繼生乾隆甲辰年七月十六日午時

卒道光辛卯年六月十九日寅時

妣歐氏　政節

生子三　長臨巷　次臨桂出繼際驩　三臨琰

十六世

際崇　佳璉之長子

際鳳　佳璉之次子

際坤　佳璉之三子

際散　佳駿之子

際往　佳香之長子　生道光辛巳年正月十三日子時

娉劉氏　名匣娘　生道光己丑年七月十一日卯時

際滿　佳香之次子　生道光乙酉年十二月十九日巳時

際他　佳香之三子號際禮　生道光壬辰年十二月初一日丑時

卒光緒乙酉年三月十九日卯時

妣陳氏　名粮娘　羅江人　生道光甲午年十一月初三日吉時

卒光緒壬寅年五月十七日午時

生子四　長臨案　次臨省　三臨永　四臨榮

際邊　佳託之長子　生道光癸巳年五月廿一日卯時卒

同治辛未年九月廿五日吉時

妣張氏名湛娘號淑靜柯坑人生道光辛丑年五月初十日

吉時卒同治己巳年六月初　辰時

公殁在臺灣鳳山縣下淡水　妣葬在海峰庵

生子一　臨願

際點　佳託之次子　生道光己亥年正月初九日卯時卒光

緒癸巳年九月廿六日午時

妣張氏名粟娘　生卒葬缺

生子一　臨法（養係孫圖之子入繼）卒光緒丙午年四月廿二吉時

十六世

際委　佳梅之長子　生乾隆癸巳年六月十七日辰時

卒乾隆戊申年五月初二日辰時

際汀　佳梅之次子

際奕　佳梅之三子（號際定）生乾隆壬子年五月初一日辰

時卒道光癸未年六月十六日丑時　葬在海峰庵

妣柯氏　名救娘　生嘉慶丁巳年十一月十一日午時卒道光丁酉年三月初二日卯時
嗣子　臨令

際津　佳総之長子娶際美生乾隆癸卯年二月十二日未時卒嘉慶庚午年二月廿七日巳時　與父仝葬在清内
嗣子　臨漢際塔長子入繼

際水　佳総之次子名庭殀

際塔　佳総之三子　生嘉慶庚申年十一月初八日辰時

生子一　臨漢出繼際津

際送　佳戭之長子殤

際逑　佳戭之次子殤

際更　佳戭之三子殤

際返　佳戩之四子佳玉次子入繼　生乾隆壬子年

允聘陳氏　名和娘　生嘉慶乙丑年十一月廿四日　時卒嘉

慶丁丑年九月初四日　時

繼娶吳氏　名兕娘　生嘉慶己未年二月初二日午時

際曉　佳員之長子殀

生子一　臨望

際荐　佳員之次子　生乾隆壬子年四月十八日酉時

娶孫氏　名三娘　生嘉慶壬戌年十一月初六日酉時

生子二　長臨謨　次臨勒出繼際仔

際種　佳遠之長子殤

際爾　佳遠之次子號際安　生嘉慶丙辰年五月十八日未時

卒葬在臺灣

際買　佳遠之三子號際讓　生嘉慶庚申年五月廿四日酉時卒嘉慶庚辰年七月初八日卯時葬台灣牛罵頭山

際圓　佳遠之四子號際方　生嘉慶甲子年三月廿六日寅時卒道光戊子年十月十四日丑時　葬在海寧庵

際[扌勢]　佳遠之五子殤

際竹　佳春之子　生嘉慶辛酉年六月十五日午時卒道光甲午年四月初二日寅時　葬在海寧庵

嗣子　臨勤　際荐次子入繼

十六世

際欽　佳玉之長子止

際傳　佳玉之次子號際世　生乾隆庚戌年　卒嘉慶癸酉年七月廿一日

際為　佳玉之五子　生嘉慶甲子年三月十七日吉時

辛同治甲戌年五月二十日申時

妣李氏名碖娘謚純和潘徑人生嘉慶戊寅年八月初四日

寅時卒光緒壬辰年五月廿八日未時

生子三　長臨營　次臨水　三臨煨

際燦　佳蔭之子　生嘉慶丁巳年十月初三日巳時

娶魏氏　生八月初五日

生子一　臨炉出繼佳誇爲嗣孫

十六世

際炮　佳丁之長子殇

際香　佳丁之次子殇

際分　佳丁之三子　生嘉慶丁巳年九月初十日丑時

際俊　佳丁之四子殇

十六世

際廷　佳協之長子號鍾祥生乾隆癸卯年十月初八日吉時卒嘉慶戊寅年九月初八日吉時　葬在台灣香山庄

妣郭氏　名董娘謚温惠生乾隆辛亥年正月十四日亥時卒嘉慶癸酉年四月十一日未時　葬在海峰庵坐西向東

生子一　臨坤

際灘　佳協之次子　生乾隆辛亥年十月初十日丑時卒道光丙戌年十一月十八日申時　葬在海寧庵坐西東

際爵　佳協之三子　生嘉慶丁巳年九月廿八日丑時

際兵號際政　佳達之子佳卓次子入繼生嘉慶辛未年五月初五日午時卒同治己巳年四月初一日辰時

先妣顏氏名儀娘號儉順生缺　卒十一月初五日

繼妣王氏名趕娘號儉慈生嘉慶丙戌年五月初七日戌時卒咸豐

辛酉年十一月廿三日未時
生子二　臨頭　臨釵務

際沾 諡際恩 佳親之子 佳椿長子入繼 生嘉慶辛未年十月廿一日卯
時卒光緒己卯年八月初七日丑時
元妣張氏 名撝娘 諡孝勤 潘徑人　生道光乙酉年　月　日　時
卒道光戊戌年十二月初五日　時
繼妣張氏 名梅娘 號孝順 柯坑人　生道光己亥年四月初一日卒同治
甲子年四月初三日寅時
生子二　長臨持　次臨土

際迎　佳提之長子　生嘉慶戊午年

際晏　佳提之次子　在臺灣香山庄

際謀　佳卓之長子　生嘉慶丙寅年七月初五日巳時

卒道光辛丑年十月廿八日巳時　葬在臺番社地后庄塚
承子三　長臨頭（際兵長子入繼）　次臨所（際瓶次子入繼）　三臨胆（際鍩三子入繼）

際瓶　佳卓之三子生道光癸未年十月初八日午時卒
光緒丙子年十月十九日酉時

妣洛氏（名汰娘　號恬惠）惠安人　生道光辛丑年八月十五日辰時卒
同治丙戌年十月十二日寅時　考妣合葬清溝內坐東西
生子二　長臨時　次臨所

際鍩（謚際金）　佳卓之五子生道光庚寅年七月廿五日酉時
卒光緒己亥年八月廿九日卯時

妣劉氏（名琴娘　號柔順）塔江人　生道光甲辰年十二月初四日午時卒
光緒戊戌年又三月十四日卯時
生子五　長臨鋤　次臨托　三臨胆（出承際謀）　四臨謝　五臨炭

際淡（謚際謀）　佳椿之次子生道光乙酉年十月初三日戌時卒
光緒丙申年七月初十日巳時

妣吳氏名銀娘諡恬德東皋人　生道光癸卯年十二月十九日吉時

卒光緒己亥年八月廿九日吉時

生子三　長鑽臨　次臨從　三臨定

際渡諡忠直　佳椿之三子生道光己丑年正月十八日亥時卒

光緒甲申年八月三十日亥時

妣張氏名反娘諡恬素松柏山人生道光戊申年九月十五日寅時

卒光緒甲申年又五月廿八日午時　考妣合葬深溝內

坐南向北

生子一臨愚殤　女一汝娘承子臨持際沾長子入繼臨從際淡次子入繼

際東諡際美　佳胥之子佳膺長子入繼　生嘉慶戊午年九月廿六日丑

時卒咸豐二年壬子七月初五日辰時

妣林氏名泉娘諡儉素　港塔人　生嘉慶己巳年三月初一日丑時卒光

緒乙酉年八月二十日辰時

生子三　長臨花出承際霞次臨株　三臨豬出承深戶

際叚　佳齎之次子　生嘉慶癸亥年九月十九日子時卒道光癸巳年正月廿六日午時葬在台卅四甲埔坐北向南
承子　臨花 際東長子入繼

際揩　佳齎之四子　生嘉慶庚午年正月十二日寅時

際剡　佳藹之長子 殤　生鈌　卒正月廿八日

際值　佳藹之次子 佳卓次子入繼　生道光乙酉年九月廿六日戌時卒光緒癸巳年十月廿九日辰時
生子一　臨稿

十六世

際侊　佳浩之子字晅元諱鍾侗　生雍正乙卯年

妣施氏　名教娘

生子二　長臨烈　次臨耀出繼際恩

際乞　佳溥之子　諱鍾巧

際恩　佳瀓之子字君授　諱鍾澤　生乾隆庚午年　卒缺

葬在下郷鄉蔡尾園脚坐西向東

嗣子　臨耀　際侊次子入繼

際奏　佳濤之子　諱鍾凱

十七世

臨與　際坦之長子　生乾隆癸丑年十二月十九日巳時

先娶張氏　名有娘　謚勤順　生嘉慶甲子年十二月廿二日

戌時　卒道光丙戌年六月初三日午時　葬在海寧庵

繼娶吳氏　名賴娘　生嘉慶丁巳年十月十六日午時

生子二　長念啟　次念廂 出繼臨川

臨潤　際坦之次子　生嘉慶丙辰年七月廿八日酉時

娶黃氏　名濺娘　生嘉慶庚午年二月廿五日戌時

臨均　際坦之三子　生嘉慶丙寅年六月廿五日戌時

娶洪氏　名樣娘　生嘉慶己卯年十一月廿八日午時

臨川　際坦之四子號臨溪生嘉慶辛未年九月廿四日酉時卒道光壬辰年六月初七日申時葬海峰庵

嗣子　念廟臨與次子入繼

臨井　際鉄之長子號臨泉生嘉慶戊寅年八月廿九日午時卒光緒戊戌年九月初十日丑時

娶林氏　名純娘　改節　生道光乙酉年十月廿七日寅時

嗣子　念周

臨崔　際鉄之次子　生道光己丑年十月初七日丑時卒光緒丁丑年二月廿六日巳時

妣歐氏　名尾娘號蕙愛東塘邊人生道光丁酉年六月廿四日吉時卒光緒己亥年八月三十日辰時

臨浸　嗣子二　念在　念監　女二　盞娘　利娘
際鉄之承子梅林因官之子入継生道光乙未年二月初三日辰
時卒光緒甲午年正月廿一日卯時

臨邦　嗣子　念在
際銅之長子殤

臨林　際銅之次子號臨章生嘉慶辛未年二月十九日
丑時卒光緒丙戌年八月十七日酉時
先妣楊氏名欉娘諡貞順伍堡人生道光壬辰年七月初二日
吉時卒咸豐癸丑年四月初九日吉時
繼妣張氏名莚娘諡恬順潘徑人生道光甲申年四月十六
日吉時卒咸豐己未年三月初十日吉時
考妣俱葬海峰庵
生子一　念湛出繼臨立

臨扳　際銅之三子　生嘉慶甲戌年十月十七日寅時

十七世

臨舉　際炳之子

臨開　際繼之子　生乾隆丙午年三月十八日　卒道光甲午年三月廿五日

妣　氏　生五月初九日　卒七月初八日

生子四　長念質　次念文　三念段　四念歸

臨(上甬下口)　謚誠祖　際朝之長子　生乾隆乙卯年二月二十日辰時卒光緒乙亥年十月初五日辰時

妣吳氏　名綏娘　號慈順　生嘉慶甲子年十二月初五日酉時　卒咸豐壬子年六月廿一日巳時　公葬在赤紅乾

承子二　念瑞　念段

臨田 字元直 際朝之次子 生道光甲子年五月廿七日申時
卒道光甲辰年六月廿九日未時
子一 富台 養　葬在深戸

臨潭 際朝之三子 殀
生乾隆辛亥年正月廿九日巳時 此条生卒未知
卒嘉慶二十年十二月初二日丑時 何人候查載在內主

臨約 際湊之長子 殤

臨培 際湊之次子 生嘉慶丙子年七月十五日午時
卒道光壬寅年八月初十日巳時

臨抱 際湊之三子 殤

臨禀　際紀之子（際謙長子入繼）生嘉慶辛未年二月廿九日未時

臨章　際謙之三子　生嘉慶戊寅年二月初十日卒道光戊子年八月廿二日未時

臨嚴　際謙之四子　生道光丙戌年十一月初十日寅時卒道光戊戌年五月廿七日

臨印　際謙之五子　生道光庚寅年又四月十九日卯時卒

臨應　際願之承子（際謙次子入繼）生嘉慶壬申年十一月初八日巳時卒道光辛丑年十月初十日丑時

臨制　際志之子（際朝四子入繼）生嘉慶癸酉年五月十三日戌時

臨博　際西之子號臨厚 生乾隆壬寅年十二月二十日卯
時卒嘉慶癸酉年七月廿一日

先妣曾氏 名衮娘　生乾隆癸卯年二月十三日吉時卒
嘉慶己未年三月廿三日

繼妣柯氏　改節
生子一　念彼

臨裁　際西之四子次 殀

臨搽　際西之三子　生嘉慶丁巳年四月十五日亥時
卒道光壬寅年四月　二日亥時　葬在海峯庵西東

臨强　際的之長子殀

臨嘉　際的之次子號臨德生乾隆乙卯年三月十八日
卯時卒道光丁酉年十二月初五日申時
元妣劉氏 名巧娘生嘉慶壬戌年十二月十六日巳時卒道光癸
未年二月二十日辰時
繼妣林氏 名救娘 改節 生嘉慶戊午年三月初十日申時
生子一 念山
臨碩　際的之三子殀
臨拈　際造之子 生嘉慶丁巳年七月廿八日酉時卒道
光己亥年九月廿一日午時 葬在海峰庵
娶吳氏 名掩娘 生嘉慶丙子年三月初八日寅時
生子三 長念楚 次念欉 出繼臨圭 三念耀

臨壹　際寶之子　生嘉慶辛酉年三月廿二日巳時　往吕

臨擬　際清之子　生嘉慶戊辰年二月初十日巳時卒

嗣子　念欉 臨拈次子入繼

道光丁酉年九月十七日寅時

娶郭氏　生嘉慶己卯年九月初七日申時

臨水　際清之嗣子　生嘉慶丙寅年九月初二日吉時

歿在同安

十七世

臨爻 號臨芳 際樹之承子 際銅四子入繼 生道光戊子年十一月十五日吉

時卒光緒癸巳年二月廿六日未時

妣施氏　名兜娘　謚德恭　沙崗人生道光甲辰年三月初三日

辰時卒光緒辛卯年五月廿六日巳時

生子一　念棟　　女二　良娘適漳州　鳳娘適陳山洪

臨崔　際樹之次子（際鉄次子入繼）生道光己丑年十月初七日丑時卒光緒丁丑年二月廿六日巳時

妣歐氏名尾娘號慈愛東塘邊人生道光丁酉年六月廿四日吉時卒光緒己亥年八月卅日辰時

生子二　念在　念豎　　女二　盞娘　利娘

臨文　佳送之嗣孫（際佔次子入繼）生道光辛卯年十月初七日酉時

臨墨　際朕之子　生嘉慶丙寅年四月初四日辰時

娶劉氏　名連娘　生嘉慶己巳年九月十四日寅時

生子一　念錦

十七世

臨省　字誠頎　號誠芳　際晉公長子　生道光甲午年十一月廿三日

卒光緒丁酉年七月初十日巳時

配李氏　名溪娘　生道光戊戌年五月二十日午時

娶黄氏　名奚娘　諡慈順　石菌人　生咸豐丙午年正月廿一日吉

時　卒光緒庚子年十一月廿一日酉時

生子三　念直　念寶　念胡　出繼臨祥

女二　菰娘　還娘

臨立　號義椗　際佔公長子　生道光癸未年二月十七日吉時

卒光緒乙酉年五月十一日艮時

妣王氏　名隨娘　諡懿儉　石菌人　生道光庚寅年正月初八

日吉時　卒光緒辛卯年六月廿五日酉時

生子五　念咸殤　念萬　念雲　念綻出繼孫氏

臨蓋　際佔之次子　生道光丁酉年十二月十七日酉時

十七世

臨誦　際鵬之長子

臨宗　際鵬之三子　生道光庚寅年九月初三日亥時

臨青山　際安之長子際團長子入繼　生嘉慶己卯年七月十一日酉時

臨越　際安之次子際鵬次子入承　生道光丁亥年九月初四日子時

臨義　際養之長子

臨葵　際養之次子

十七世

臨北海　際有之長子生道光癸未年四月初六日午時

臨山僧　際有之次子生道光甲申年八月初十日寅時

十七世

臨猜　際岱之長子 殀

臨曲　際岱之次子 殀

臨蘭　際岱之三子

臨河　際亮之長子 生嘉慶丙寅年六月廿九日卯時

卒道光壬辰年十一月初八日午時

妣吳氏 名盾娘　生嘉慶甲戌年七月初十日午時卒

嘉慶丙子年

臨河葬在臺灣阿里港新庄埔后

臨港　際亮之三子 殤

臨懷　際超之子 殀

臨碖　際重之長子 際亮次子入繼 生嘉慶己巳年六月二十日
卒道光甲午年八月初七日

臨心 謚誠意 際重之次子 生嘉慶甲戌年八月十六日亥時卒
光緒甲申年六月初一日未時
妣劉氏名屐娘號勤儉下邊人 生道光庚寅年十一月廿八日
巳時卒光緒壬辰年正月初六日巳時
生子四 念珠 念陳 念益 念才

臨滕　際瑞之長子 殤

臨兒　際瑞之次子生嘉慶甲戌年八月初五日戌時
卒　年十一月十八日寅時
聘劉氏名寵娘　生道光甲申年二月十五日酉時卒

年六月二十日

繼娶柯氏名友娘　生道光丁丑年七月初五日吉時卒

同治癸酉年十二月二十四日戌時

生子一　念天

臨炐　際機之子生嘉慶己巳年十二月廿五日申時

十七世

臨芺　際明之子際賀次子入繼生嘉慶庚午年正月廿一日

配張氏名欲娘　生道光己丑年二月十七日亥時

臨安　際賀之長子生嘉慶壬戌年正月廿六日未時

臨棟　際驩之長子殤

臨華　際驩之次子號臨范　生嘉慶丁卯年七月初二日巳時卒嘉慶甲戌年七月十二日未時

臨桂　際驩之三子際暹次子入繼　生嘉慶庚辰年十二月初三日辰時

臨砌　際驩之四子際院長子入繼　生道光壬午年十二月初九日辰時

臨魁字臨豐　際六之長子　生道光丙申年五月十八日辰時

娶張氏　名巢娘　生道光己酉年二月廿二日丑時

臨景
　生子四　念路　念報　念煙　念伍
臨卷
　際六之次子出承際餔　生道光己亥年八月廿一日巳時
　卒道光辛丑年三月廿日午時
臨琰
　際暹之長子殤
　際暹之三子　生道光癸未年七月十四日巳時

十七世

臨案
　際他之長子　生咸豐己未年正月廿五日午時
娶孫氏　名居娘　上邊人　生同治戊辰年九月廿二日吉時
　生子六　念獅　念東　念南　念北　念正
　念泡
　女一　配寨頭謝

臨省　際他之次子　生同治甲子年十月十三日亥時卒光緒己亥年四月十九日申時

臨永　嗣子　念南（臨案三子入繼）

際他之三子　生同治庚午年五月十三日午時卒光緒戊戌年四月十七日申時

臨榮　際他之四子（出繼所內）　生同治甲戌年八月初一日吉時

臨頤　際遷之子　生同治乙丑年三月初五日丑時卒同治丁卯年七月初五日未時

臨法　際點之子　养　生光緒丁丑年五月十七日吉時卒在番邦不知年月日時

嗣子　念正臨寀五子入繼

十七世

臨令　際奕之子　生道光戊子年六月廿六日戌時卒
同治乙亥年　正月三十日未時
妣張氏　名延娘號慈慎柯坑人生道光丙申年九月十五日
吉時卒光緒辛丑年七月廿六日巳時
生子二　念紫卒在番　念底往台灣　女一　椒娘配埕邊

臨漢　際津之子際塔長子入繼生道光辛卯年九月十三日丑
時

臨望　際返之長子　生道光壬辰年三月初八日巳時

臨謨　際荐之長子　生道光壬午年五月廿三日卯時
卒光緒辛卯年九月廿五日亥時
聘洪氏　名祖娘　生道光壬辰年八月初四日巳時

嗣子二　念扆臨令次子入繼　念鑿臨勤長子入繼

臨勤　際竹之子際荐次子入繼　生道光乙未年九月十一日辰

時卒光緒癸巳年十二月廿三日戌時

妣洪氏　名莉娘窐前人　生道光丁未年九月初九日吉

時卒光緒丙申年四月初二日未時

生子四　念鑿　念暻　念蔚　念遞往溪前妹家

十七世

臨炉　佳誇之嗣孫際燦長子入繼　生道光乙酉年十一月廿三

日巳時

臨養　佳誇之嗣孫　生嘉慶己卯年

十七世

臨坤　際廷之長子殤

昭株　際東之長子殤　生道光戊子年九月十八日殤缺

臨釧　際荐之三子

先妣劉氏　名庋娘　號坤儀　生咸豐丁巳年十一月十五日丑時
　卒光緒丙戌年七月初六日戌時

繼妣周氏　名粉娘　金與鄉人　生咸豐壬子年十月　日　時
　卒光緒丙申年三月十九日酉時

十七世

臨營　際他之子　承繼際為之子　生道光己酉年九月十二日吉時

　嗣子　念北　臨寀四子入承

臨煨　際為之次子　出繼窒厝

臨水　際為之三子　生同治甲子　出繼廈門

十七世

臨坤　際廷之子 殤

臨頭　際謀之承子 際兵長子入繼 生咸豐辛亥年九月初二日戌
時卒光緒癸未年十月廿二日戌時

娶張氏 名寬娘清兜人 生咸豐庚申年四月初十日　時

生子四 念床 殤 念秋 念桂 殤 念禁

臨釵　際兵之次子 殤

臨綻　際兵之承子 梅林人入繼

臨持　際沾之長子 生道光戊申年七月十二日巳時
卒光緒戊戌年又三月廿九日酉時

先妣劉氏名炳娘謚恬靜塔江人生咸豐辛酉年十二月三十日

丑時卒光緒庚辰年八月初三日巳時

繼妣林氏名菊娘謚慈慎馬龍人生同治己巳年四月廿六日

巳時卒光緒丙申年五月三十日午時

嗣丁　念狄殇臨土長子入組　女二　養娘張氏養　香娘

臨土　際沾之次子生咸豐乙卯年六月初五日巳時

生子二　念澤殇　念潭

臨頭　際謀之承長子際兵長子入承　生庚　及聘氏在前

臨所　際謀之承次子際薇次子入繼　生鉄　殁七月十九日　時

臨胆　際鉛之三子際謀之承三子　生同治甲戌年七月廿五日吉時
卒光緒戊申年五月廿八日吉時　歿在大嚨叻
承子　念嗼臨托次子入繼

臨時　際瓶之長子　生同治壬戌年八月十三日申時
先娶劉氏　名看娘　謚素靜　塔江人　生同治癸酉年十月廿九日
未時　卒光緒丁酉年八月初九日亥時
繼娶張氏　名旦娘　清兜人　生同治癸酉年二月廿日吉時
生子五　念禱　念添　念川　念林殤　念貞

臨所　際瓶之次子出繼際謀

臨所　際瓶之次子出繼際謀

臨鋤　際鉐之長子　生同治乙丑年六月十六日卯時
卒光緒戊戌年四月初二日子時

臨托　際鉐之次子　生同治丁卯年四月十六日午時
嗣子　念添臨時次子入承　念鑨臨托長子入承

娶劉氏 名直娘 塔江人　生光緒庚辰年八月十五日吉時
生子二　念鑨出繼臨鋤　念嗼出承臨胆

臨胆　際鉐之三子出承際謀

臨謝　際鉐之四子　生光緒戊寅年七月初七日卯時
卒光緒丙申年六月初四日未時
嗣子　念濟臨禱之子入繼

臨炭　際銘之五子　生光緒壬午年二月二十四日 時

臨鑽　際談之長子　生光緒丁丑年十一月廿七日戌時

先娶吳氏　名雁娘　東埔人　生光緒癸未年三月廿八日辰時

卒光緒丁酉年十月廿七日巳時

繼娶吳氏　名見娘　東阜人　生光緒戊子年四月廿 日寅時

生子一　念賢（出承臨从）

臨從　際談之次子　生光緒庚辰年十一月廿二日戌時

卒光緒癸卯年五月初二日未時

承子　念賢（臨鑽長子入繼）

卒光緒癸卯年五月初二日未時
承子　念賢 臨鑽長子入繼

臨花　際東之子 號臨聯承際段 生道光辛丑年四月初五日戌時
卒光緒乙未年九月初九日巳時
先妣　氏　名益娘 殁
繼妣劉氏　名恩娘 謚恬靜 塔江人 生咸豐丁巳年六月初二
日午時卒光緒辛巳年五月十一日巳時
生子三　念秋　念柱　念禁
女二　乜娘 殤　甘娘

臨株　際東之子 殤　生道光戊子年九月十八日 殘缺

臨稿　際著之長子　生同治癸亥年九月廿二日寅時
娶王氏　名直娘 中舍人　生同治丁卯年九月十九日吉時
生子一　念濟 出繼臨謝

臨沃　佳寧之嗣孫 際岱次子入繼 生嘉慶戊午年七月十五日

酉時卒道光壬辰年十月初一日子時

葬在海寧菴

十七世

臨耀　際傥之長子

臨烈　際傥之次子

臨漢水　際毓之子

十八世

念啟 諡念奏 臨與之長子 生道光癸巳年七月初三日未時

卒光緒癸巳年四月十三日戌時

妣王氏 名送娘 號靜德 高后人 生道光辛丑年八月十四日

：：卒上七皆亡艮卞二月卜日彐丁寺

生子三 爾順 爾忠 出承洋澤 爾續 出承念威

念廂 承臨川 臨與之次子 生道光戊戌年七月廿三日戌時

卒光緒癸巳年六月初六日戌時

嗣子 爾忠

念威 臨均之子 生道光甲辰年 月 日 時

歿在洋中

嗣子 爾續

念周　臨林之承子（臨井之子入承）　生道光己酉年二月十六日子
時卒光緒癸未年三月廿九日亥時
娶許氏　名宿娘　鰲岱人　改適
生女一　名柑娘

念在　臨浸之承子（臨崔長子入承）　生同治丙寅年八月十五日亥時
娶吳氏　名做娘　東埔人　生光緒庚辰年十二月初十日亥時
卒光緒甲辰年八月初九日子時　歿在井尾　葬蔡埭

念豎　臨崔之四（次）子　生卒不知
養女一　歐氏名緣娘　生光緒戊戌年四月初五日未時
卒光緒戊申年二月初一日酉時
歿在坑口　葬在污長

念雙

養女一　歐氏名緣娘生光緒戊戌年四　初五日未時

卒光緒戊申年二月初一日酉時

殁在坑口　葬在汚長

臨立之承子臨林之子入繼生咸豐丁巳年八月十四日未時

念織

生子六　爾芃　爾池殤　爾岍出承念淌爾庭　爾走殤

爾餝出承念雲六子與念萬之子女一雲娘

臨開之長子生嘉慶丁丑年九月初六日辰時卒

同治癸亥年七月十七日巳時　葬在中埔清墘

娶吳氏　名糖娘　改適

生子五　爾椅　爾慶出承念漋爾古　爾貯　爾摇

念文　臨開之次子

念段　臨開之三子號念串生嘉慶乙酉年四月十九日吉時

卒光緒丁酉年九月十二日卯時

妣王氏　名全娘　謚淑慎　玉圃鄉人　生道光庚子年十二月廿四日卯

時卒同治丁卯年十一月十三日卯時

念歸　臨開之四子

念瑞　臨面之長子

念綴　臨面之次子

念富　臨田之養子

念彼　臨博之子

生子一　爾梳

念楚　臨拈之長子　生道光乙未年三月初四日申時

辛咸豐壬子年二月廿六日酉時

生子一　爾梳

念楚　臨拈之長子　生道光乙未年三月初四日申時

卒咸豐壬子年二月廿六日酉時

念欉　臨壹之承子（臨拈次子入承）　生道光己未年五月初九日吉時

卒咸豐壬子年正月初七日卯時

念耀　臨拈之三子　生道光庚子年四月初二日丑時

卒咸豐庚申年四月十七日未時

念南　臨奚之長子

念馬　臨奚之次子

念洄　臨文之子　生同治庚午年四月十三日戌時卒

在番邦不知年月　日時

聘孫氏　名東娘　生光緒甲申年五月廿八日　時卒光

緒辛丑年二月廿三日　時

嗣子　爾岸 念萬之子入承

念直　臨看之長子　生同治壬申年十一月十一日辰時

娶孫氏　名做娘謚勤儉塔江人生光乙亥年十一月十五日吉時

卒光緒庚子年十二月十三日吉時

生子　爾講

念寶　臨看之次子　生光緒庚辰年六月廿九日丑時

娶劉氏　名七娘　生光緒丁亥年九月廿五日酉時

生子　爾誠

念湖　臨祥之承子（臨看三子入繼）生光緒癸酉年九月二十日卯時

卒光緒庚子年十二月初二日丑時

嗣子　爾講（念直之子入承）

念咸　臨立之長子（殤）

念萬　臨立之次子生咸豐戊午年十月十五日辰時（往番）

娶孫氏　名柿娘　塔江人生同治戊辰年十月十五日辰時

生子　爾江　爾兑（承念双）　女一　蔚娘適觀頭林

念雲　臨立之三子　生同治乙丑年三月廿八日吉時

卒光緒戊子年十二月初四日吉時

嗣子　爾勅

念綻　臨立之四子出承孫氏

念珠　臨心之長子生道光己酉年六月十八日酉時卒光
緒丙申年六月初四日吉時
娶王氏　名片娘　山前人生同治壬戌年九月十五日酉時卒光
緒己卯年九月十七巳時

念陳　臨心之次子

念益　臨心之三子

念才　臨心之四子

念報　臨魁之次子　生光緒己卯年二月十二日丑時

娶許氏名珠娘大房人　生光緒己丑年七月十二日丑時

念煙　臨魁之三子　生光緒甲申年六月二十日申時

卒光緒庚子年十一月十六日巳時

念伍（字心惠）　臨魁之四子　生光緒己丑年十一月初六日卯時

卒民國己卯七月十七巳

子　銀炭號

配許氏名棚娘埭邊人　生光緒戊戌年七月廿巳

念天諡知義　臨兒之長子生道光辛丑年五月十六日吉時卒
光緒庚子年又八月廿五日申時葬在蔡厝山南北
妣張氏名認娘　生咸豐辛亥年八月十八日吉時卒光
緒庚子年十一月初八日巳時葬在內岑湓坐西向東
生子三　爾水　爾沙　爾秋殇　女四
念閑　臨烊之子生咸豐甲寅年　月　日　時
卒缺年　月　日　時　葬在錫浪
念路　臨魁之長子生同治癸酉年又六月十九日未時
孫化　國戊寅二月廿申
娶張氏　名淺娘諡貞素洪塘人生光緒辛巳年八月初八日午時
卒光緒癸卯年四月廿五日巳時
生子　爾磐

子　緞炭號

配許氏名棡娘　埭上人　生光緒戊戌年七月初三

念獅　臨案之長子　生光緒丙戌年四月初七日辰時

聘洪氏　生光緒乙未年正月初二日酉時

念東　臨案之次子　出承所內　生光緒戊子年四月廿六日辰時

念南　臨案之三子　出繼臨省[illegible]　生光緒辛卯年十月十八日丑時

聘劉氏　名金娘　抄丫　生光緒癸卯年七月廿九日午時

念北　臨案之四子　出繼臨營　生光緒丁酉年十一月廿五日午時

念正　臨案之五子　生光緒辛丑年正月廿六日巳時
出繼臨法

念泡　臨案之六子　生光緒丙午年十二月初一日亥時
生民國卅癸卯年十月八日未時
配洪氏名招　山头人
子一　名華　生民國11年十月廿一日

念紫　臨令之長子

念底　臨令之次子　住台　出承臨謨

念鑾　臨謨之繼子　臨勅長子入承　生同治甲戌年　月　日　時
卒光緒丙申年十一月初三日吉時

念鑾 臨謨之繼子 臨勅長子入承 生同治甲戌年 月 日 時
卒光緒丙申年十一月初三日吉時

念榮 养 臨釧之長子

念玉泉 臨釧之次子

念金水 臨訓之三子

念鑾 臨勅之長子 出承臨謨

念騄 臨勒之次子 生光緒己卯年九月初十日辰時
卒光緒丙申年二月初九未時

念蔚 臨勒之三子

念遞 臨勒之四子 往溪前姊家

十八世

念澤　臨特之承子（臨土長子入繼）　殤

念潭　臨土之次子　生光緒庚子年七月初九日卯時

念床　臨頭之長子　殤

念秋　臨頭之次子　生光緒乙酉年六月十八日巳時

念桂　臨頭之三子　生光緒戊子年十月初三日戌時
卒光緒丁酉年八月廿七日戌時

念禁　臨花之子　生光緒壬辰年正月初十日亥時

念嗼　臨胆之承子（臨托次子入繼）生光緒丙午年五月初三日巳時

念添　臨鋤之繼子（臨時次子入承）生光緒乙未年九月十一日午時

念鑨　臨鋤之承子（臨托長子入繼）生光緒壬寅年十二月十三日丑時

念鑨　臨托之長子

念嗼　臨托之次子

念濟　臨謝之承子（臨稿之子入承）　生光緒甲午年十二月十三日辰時

念禱　臨時之長子　生光緒壬辰年五月初九日辰時

念添　臨時之次子（出承臨鋤）

念川　臨時之三子　生光緒壬寅年正月十四日寅時

念林　臨時之四子（殤）

念貞　臨時之五子　生光緒丁未年十月廿八日巳時

念泡　女一　配寮頭謝

念林　臨時之四子殤

念貞　臨時之五子　生光緒丁未年十月廿八日巳時

念賢　臨從之承子臨鑽長子入繼　生光緒丁未年七月廿七日未時

十九世

爾順　念啟之長子　生同治丙寅年九月廿三日子時

卒于民國乙酉年九月十五日辰時

娶孫氏　名緞娘　生光緒戊寅年八月初六日吉時

卒民國己巳年七月十[illegible]日巳時

生子　祖禎殤

爾忠　念啟之次子出承洋宅蔡家

爾續　念威之承子念啟三子入承生同治壬戌年六月廿八日寅時

卒光緒丁酉年四月十八日亥時

爾椅　念贊之長子　生咸豐丙辰年十二月十三日酉時

爾古　念贊之次子　生同治甲子年六月廿五日寅時

爾貯　念贊之三子出承西塔生同治丁卯年

爾慶　念贊之次子出繼洋宅生咸豐戊午年

爾梳　念彼之子

爾岸　念棟之承子念雙之子入承生光緒庚子年七月初四日巳時

爾講　念直之子　生光緒庚子年二月初八日丑時

爾誠　念寔之子　生光緒丙午年九月十八日酉時

爾江　念萬之長子生光緒丙戌年八月十四日丑時

爾羌　念萬之次子生光緒丙申年三月十九日亥時

爾勑　念雲之承子　生光緒丁未年九月初九日巳時

爾池　念雙之子

爾岸　念棟之承子

爾庭　念雙之四子生光緒壬寅年十月廿七日亥時

爾勅　念雲之承子

爾水　念天之長子　生光緒丙子年又五月廿六日午時

娶許氏　名巢娘大房人　生光緒丁亥年十月十五日吉時

生子　祖潮

爾沙　念天之次子　生光緒庚辰年六月初一日巳時

先娶劉氏　名順娘　生光緒己丑年七月十六日吉時

卒光緒　年八月廿七日吉時

繼娶楊氏　名宿娘　生光緒庚寅年六月十四日辰時

爾秋　念天之三子殤　生歿缺

爾磐　念路之子　生光緒庚子年十二月初一日午時

二十世

祖禎　爾順之子　殤

祖潮　爾水之子　生光緒丁未年十月廿七日辰時

秉左為壯官政陵身殉地方則有三楚諸侍左為臣於公之不屈
被慘死以完臣節則天下全史明季遺聞編全該書一百六十六卷
之矣獨是始於吳長沙理陵坡讀之者武昌道褚公亂錫歸而
十地銀　太常卿李公所煒為傳記之蘇時合室罹貧不成礼
而知遠又病廢不能復進長世先生之側焉一旦以老地下思為罪過
思升客曰先生之具在天崇義先生冊書我以姑存人指日歸去
沙而雎陽常山宋守李公常並垂千古其詩詞兩屆貫文文山
上下而書法過之為世賞識者久矣予　第諸其生卒子孫婿嫁耳
庠府之劉魏綬桃唐歐陽永叔有行之者矣知遠曰唯母生女弟
一適庚辰進士兵部尚書盧公諱若騰男思生饒研知遠娶壬辰
進士大泰胡公諱明佐熇孫兵部郎中諱存嶽公女女孫一適進
士太常卿林公諱宗載曾孫皆基男孫二長曰琛次曰瑄琛娶甲
戌進士侍公諱璀姪孫女曾孫之一曾孫女二瑄娶邑庠生林君諱
乙卯年九月

廿七日子時
初二日亥時卒於崇禎癸未年八月廿六日午時　母生於萬曆丁巳
年十月初二日寅時卒於康熙壬子年七月初六日未時葬仝康熙
乙亥年十二月初八日合葬於晉江五都傅林廂山坐丁癸兼午子名
曰靈源崗高挺生傅林孫蟠高舉常承業務維我二人之佳城
十代卅之孫禎
道光廿七年歲次丁未元旦梅林宗裔孫超凡敬抄
宣統元年歲次己酉梅林裔孫星標再謄

〔福建漳州〕天寶浦里陳氏族譜不分卷

〔清〕佚名纂修

〔福建漳州〕《天寶浦里陳氏族譜》不分卷，清佚名纂修。天寶浦里陳氏居今福建省漳州市薌城區。始遷祖陳元光，唐初由河南光州固始入閩開漳。浦里開基祖陳萬珠，明永樂初由霞南至天寶擇地卜宅而居，名其里曰莆却（浦里）。是譜只録世系，頗爲簡略。十六世章誦下注有「過番邦」三字，即爲當時往南洋者。據民國間抄本影印。

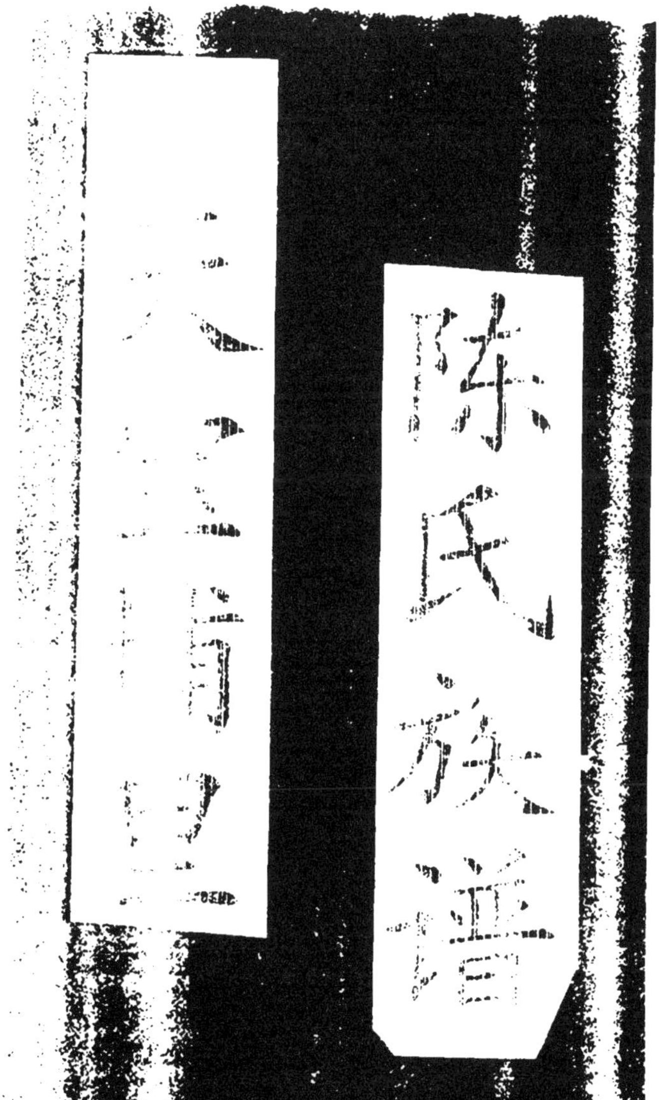
陈氏族谱

實

湛　紀

孝先　羣

湛泒

孝先

矯

琳

疇

壽

韋

訓　　　　泰

聲　　　　準

準

訢

顗

津

達

顯

顗

伯之　　慶之

武牙　霸權　　霸漢

霸漢

果仁

克耕

克耕

政　　敏　　敷

元光

字延矩號龍朝生而敏
異博通經史垂拱三年
開漳睿宗景雲二年
討賊而死忠毅文惠四
年封靈著王塑龍
溪城州小君种氏原
塟坡山生顯慶三年
丁巳二月十六子年五十
五卒於景雲二年辛亥
十一月初五午時一子女三
曰懷珠怀玉怀冬姆

元光

盧伯道載詠孫公紹興
十六年八月初一有誥畧
曰表烈顯祐康庇公
陳元光自唐迄宋歷
年四百而扶蔭境土熙
相人民救城焚之焚則
與雲致雨几強之覺財
命將出師可改封曰靈
著王至孝宗有誥封
畧曰可贈封靈著順
昭烈廣濟王公所乘世
有三表有勅詔有三封
有形狀有象仲种氏謹恭懿側室甯氏謹寅恭寅敬

珦

酆

羽派十四世

十五世

十六世

章道

君乾

逢吉

族派十世

明族

十一世

綿禮

綿智

綿信

十二世

世啞狗 無傳

世梯

族派 十二世

世梯

卒于 年四月十六日 葬在坂头園角

配蔡氏 卒于 年 月 日 時葬在坂头園角合葬坐西北向东南

继余氏

十三世

振佳

振務

振旦

名旦 生于 年 月 日 時

卒于 年七月十五日 時葬在坵仔乾坐北向南

配余氏名生 年 月

卒于 六月廿三日 時葬在坂头高林乙仓后園头坐西向东

十四世

廷帖

族派十四世

廷帖

名帖生

辰十二月二十日葬在楓林庵

后山坐南向北

配洪氏名靖謹

卒八月廿八日葬在

楓林社坐西北向東南

十五世

成實

成客

成井

族派十五世

名字 成客

卒于中華民二年八月初五日寅時葬在楓林庵邊坐東北向西南

配韓氏名欽娘生于癸亥年九月初九日

十六世

章誦 過番邦

章悅

章八 早世

章生

酆

謨　詠　訏

則　剛　刑　山甫　嘉甫　章甫　季甫　吉甫　則寧

章甫

岳　岱　巒　嵒　崈

羽

羽

夷行

閩

陶

字學潛號柳川
有詩集

重

字之載號君軒舉明經思
補清田令寧州刺史

雲

雲

字景祥号慶雲以祖父任左輔閣夫人李氏

希閔

南塘别駕

希亮

字公弼與二姪庸諭同登天聖八年進士坊三桂里累官西京轉運使謚工部侍郎出宋史郎蘇宋子悅恪恂慥

希曾

庸

天聖八年進士坊三桂里

諭

同希亮登天聖八年進士

悅

宋滑州推官宋后部郎中

恪

宋滑支推官

恂

宋大理寺丞

慥

号方山子與蘇東坡友善

堯叟

宋狀元

堯佐

謚文惠太子太師

堯咨

宋狀元

恪

舜命

舜封

舜俞

字介舉，號白牛居士，舉進士，又舉制科第一，任員外郎，謫知山陰縣

舜申

禹諧

宋進士，吏部侍郎，謫居長樂

禹議

政和甲科，官觀文殿太學士

禹治

太學… 領撫… 生于… 東… 學生贈… 書修撰…

東

文肅

禹議

字去非号簡齋政和
甲科累官太學博士
高宗時拜翰林學士
紹興七年參知政事
贈金紫光祿大夫

湯德

太學者元不仕

湯征

字雲鄉号竹鄉宣和進士任國
子博士與從兄東抗疏論知湖陽
縣因家直浦徵嶺夫人田氏
魏氏乃為陽第一世祖

湯行

敏修

景雍

景備

景肅

景俊

景修

景羅

舉教陳正道任休寧令

思德

以特奏尉福清升倅岳州

舉德行官朝議大夫

思憲

起莘

起渭

起兵翊宋潛句葉元

初迁紹安[illegible]南住

起英

翊宋潛句葉迁漢南

起彥

景備
繼青樹灣祐祠

損　剛

茷　芳　蒙　著
居福州大義
居陳林

景俊 舉德行任南龍令

登

公祚

公禮 淳祐貢元

景修

舉孝弟力田授宣教郎裔居湖陽鄉岡

寮

封郡馬

寀

舉明經

雍泒

起莘

泰虛

君黼

字德謙貴封中憲大夫浙江按察司副使居溪南

君輔

授元泉州儒學教授子孫居溪南

君禄

居郡賢里

起渭

起莫翊宋潛白葉
元初迁詔安溪南住

泰萃

君錫

君寶

萬石

東學授北京
涿州同陞廣東
提舉司政提舉

萬春

邑庠生

起英

翊宋潛白崇迁溪南

泰清

君化

君政

起彥

泰瑞

勝祖 居天寶

耀祖 居寶峯

顯祖 居江德里草坂

偁泒

蒙

泰靖

子垓 居漳平永福里

子堤 居九都溝口

子圻

茂

泰平

子鑌

子銹

子銓 居惠州

俊泒

公禮

淳祐貢元

侃

出刷叔公禧

仰

子湜

居竹員

子滸

公祚

侃

子欽　子賓

景肅

字和仲号石屏紹興丁未進士累官朝請大夫資政殿大學士前翰林院知制誥直學士廣南等處行尚書省宣武使兼知南恩諸州卒贈光祿大夫觀文殿大學士崇祀西邑鄉賢謚肅獻賜塋漸山平和學為清寧祖漳浦縣誌稱理學夫人宋氏

宋一

字興獻又名肇号素軒紹熙元年特奏進士官至參知政事太尉同平章事封吳國公采地二縣銜賜鉄券金牌三次機務慶宗賜食不名壽九十八塋九侯山夫人李氏

寧

安撫使

概

字夢新号奇潁

植

字夢立号玉潤

格

賢科文天祥榜進士為海丹監簿從事前楊太后賜諡[illegible]

植

字夢立号玉澗忍
本州司理參淳祐甲
辰進士第六娶趙宰
王趙伯澤女封郡馬都
尉進爵平南侯兼督
十二道海舟提領鄉兵
督兵匡家山之形格
死乃仝兄概斷維謀恢復
潛芹山白葉斯亭不仕
臨終命埋骨海舟
崖所著有玉澗詞
全集生嘉定五年卒
于至元五年壽七十七歲
卒于祀鄉賢

泰興

淳祐張渕敬材進仕兵部郎中
中軍司馬宇天帝宋恩官提
領海舟斷為入白葉芹山近
石島寺前天人林氏生淳祐元
年辛丑月　日
卒于元世祖至元廿五年戊子月
日壽六十三葬芹山生子五

泰興

子溱　子孫章平居仁里住
子渭　子孫西潭住
子澄　元明經南勝訓導龍岩縣以孫貴封大理寺火郎
子清
子治　子孫方岐住
子鏽　和鄉　孫和鄉
子鑓　子孫上蘇住
子鏈　明經石南勝訓導

子渭 子孫西潭住

子澄

君賢

君獻

君狀

君猷

君杖

君黙

保榮

保鼐 以孝弟力田授浙江武林驛丞

登標 任南京欽監主簿

洙輝 舉人不仕

清輝

汶輝 吏科給事中轉大理寺上卿贈弘文館大學士

洄輝 以子琉貴封徵士郎

浯輝

洛輝

保鼐 吏員浙江武林驛丞

保龐 吏員杭州武林驛丞

濂輝 太學浙江上授學

流輝

子清

君友　以子貴封奉直大夫

泒輝　太學任浙江提舉司

子治

君敬

德成　鴻臚寺少卿謫知安南

德弘

君教

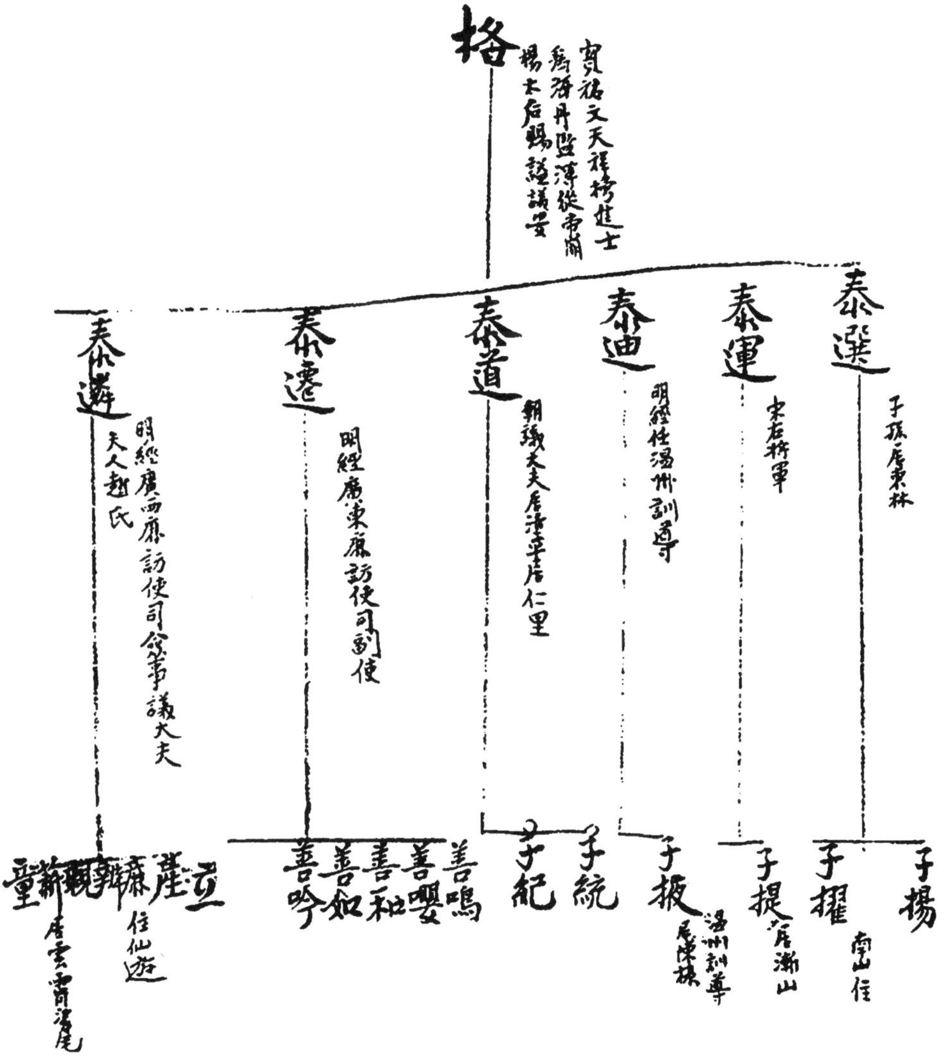
格
寶祐文天祥榜進士
泰選
子孫居東林
泰運
宋左將軍
泰道
泰遷
明經廣東廉訪使司副使
泰遊
子揚
子擢
子提
子振
子統
子紀
善鳴
善嬰
善和
善如
善吟
任仙遊

概

襲蘇與國公蔡三姪爲己子字夢新以壽移領舉才餘仕漳州分曹轉工部員外南船爲統制留龍圖閣太學士

劉助女爲夫人

泰典

宋德宗恩官提舉海舶進爵萬戶侯

夫人林氏劉氏

泰與

武舉中軍司馬

泰箕

宋右軍參將

子箴

子成

元封南安縣長

子咸

子纖

元江右游擊

子履

子孫溪尾洋住

子發

台升

日升

與泒

子履

彥應 孫回思能白葉坑住

子發

君慕

建中

原凰 徙東坑住

通銘 西林巷乙房

原生 徙流洋

佳生 郡庠生

添生 徙西林井乙天

子成

字志定号洞宇葬石岕
山子司以子貴贈武德將軍
同知驍騎校尉南安縣子
駱氏贈南安縣君大夫人
葬在后塘山

君圖

号三十九致政

君同

字玉諫号鈴岡舉秀才討賊有援潮州路同
知累遷至宣武將軍同知汀漳延邵興福
六路總管府事改授宣武將軍汀漳萬户
府正萬進封南勝伯贈南勝侯謚忠湣
致仕恩賜葬祀名宦四邑鄉賢生于元世祖
至元十七年庚辰六月日卒于至正二十六年正
月廿三日丙寅葬在石獅山之麓
南勝縣君李氏曾氏

君用

君國

興

英

彥禮

彥進

海生

鴻洋

裴父縣任

海壽

副將

宣武將軍

安生

養生

子孫南勝住

師

鐵泓

子箴

元江右遊擊

善慶

明經授肇慶路同知

進卿

回居南討賊授本路經歷

南安尹

國泒

師

質

嘉

遷居巷口

海生

玙壽 授元四十八評事居布廈

參壽 以茂才授山東鄒縣

明歌

明聳

明福 玄孫惠成化進士授御史擢廣信知府

（玙壽子）

辰歌 郡庠生漳州衛鎮撫

儒

廷彬

冀哥

尾興

尾發

（辰歌後）

篤渾 浦庠生以子貴贈承直郎南京光祿大夫寺署正子朝述官至兩浙鹽運提舉

安生

懷玉

子孫兄弟住

養生

福安

福孫

福爨

邑庠生

海壽

字崇齡，号石松，讀書尚志，早志有成，從父討賊有功，封宣武將軍副將，生于元成宗大德癸卯年八月初一日辰，卒于元順帝至正二十八年戊申閏七月初五日申，葬在浦山天本宋。

氏王子值元祚傾頹，避亂山林，後無出仕。

明錫

字庭平，号淡吾，充邑庠生，媽諡勤愛，甯氏。

明鈺

明鍊

明剣

明鈖

克功

克私

克仁

皎然

誠然

森然

祇然

祇然

陽生

志選　志達　志連　志道

克私

進贅京元市彭氏避亂居烏礁后居南坂頂園玄孫曰國器天啟進士知會稽縣陞刑部主事生于元文宗辛未年月日卒于明洪武己卯年月日時建文四年扶柩卜塋南坂田洋中坐南向北

萬億

萬勇

萬珠

公于建文四年扶柩卜塋在南坂田洋中坐南向北

萬嵩

萬俊

壹世

萬珠

字在明鄉飲大賓賦性寬恕中存孝友外著爲子孫昌大計遊學四方歷相山川明永樂初從霞南步至天寶擇地於三台之前爰買林家之地一所卜宅闢居於斯名其里曰莆封是爲莆邨第一世祖生于洪武丙寅年二月初二辰卒成化十一年癸巳三月十五日子葬在楓林西方金坐乾向巽配朱氏謚懿德生洪武庚午正月初九未卒于成化癸未五月廿四戌葬廿一都後安山園中坐南向北生子三長曰伯端次曰伯環季伯廷

貳世

伯端

葬后安坐三子

景縣　景遠　景良

伯環

謚逸居生天順癸未四月初九申卒嘉慶靖甲申七月十四日葬後安坐丙向壬配胡氏謚慈敏生成化乙酉正月初一亥卒正德庚午十一月初八葬坛仔壠坐甲向庚繼徐氏謚勤婉生成化癸巳十二月初六未卒嘉靖癸丑閏三月十二寅葬在坛仔壠坐乙向辛

伯廷

葬素山生二子

景秦　景泰

伯環

謚逸居生天順癸未四月初九
申卒嘉靖甲申七月十四葬
後安坐丙向壬配胡氏謚慈
敏生三子生成化乙酉正月
初一亥卒正德庚午十一月初
八葬坛仔墘坐甲向庚繼徐
氏謚勤婉生成化癸巳十二月
初六未卒嘉靖癸丑閏三月
十二寅葬本處厝頭坐乙向辛

叁世

景甫

生二子仲明仲允

仲明　仲允

景進

名成号敦篤八品農官
百歲翁生成化辛丑十月
廿四巳卒萬曆丁丑八月十一
午配沈氏謚貞靜生成化丁
未九月初二寅卒嘉靖
辛酉閏五月廿三午合葬
林前園中坐辛向乙

景明

生祖福州沙堤坑也房

景進

名成号敦篤八品農
官百歲翁配沈氏
謚貞靜合葬林甫
圍中坐辛向乙子一

肆世

仲椿

生正德辛未十月初八卯卒
嘉靖辛酉五月二十辰配戴
氏謚慈勤生正德丙子年
十月初六卯卒嘉靖辛
酉七月十四日戌合葬在
仙質坐辛向乙

伍世

必禮
配余氏

必智
配柳氏

必信
配沈氏

五世

必信

名三省字必信諡慎吾生嘉靖甲寅八月初五亥卒天啟丙寅三月初十酉配沈氏諡慈惠生嘉靖癸亥十月廿七寅卒清順治元年己丑正月十九未合葬前坡鹿寮山坐壬向丙坐子三

六世

懷寶

字我愛諡逸叟生萬曆辛巳十二月十一寅卒崇禎甲戌十月十四寅配林氏諡勤慈生萬曆己卯十一月十二巳卒崇禎丁丑十月十九未合葬廿一都烏石社下蘇攏尾坐艮向坤兼寅申癸龍穿山乙丑外全井丁丑丁未坐斗十五度內丙寅丙申坐斗一度

懷平

字我[illegible]

懷重

字我華

文爵

壓[illegible]

文綸

早世

文燁

名春字文燁号老斗諡果道讀書尚志遭世板蕩不圖仕進

文燝

文煥

文燻

文熾

文恕

文熖

文慶

文靖

七世

文爝

名烜史字先塈号文爝生萬曆戊申年七月初八日寅時卒康熙戊午年八月初六日酉葬在太高山園中坐壬向丙分金丙壬兼亥巳三分辛亥辛巳配石氏謚慈生于萬曆戊申年三月十二日卯時卒于康熙己酉年十一月初三日巳時葬在陳林園土名深滬又名牛車路坐子向午兼癸丁庚子庚午分金生子有二長曰尚暢次曰尚祿

八世

尚暢

名尚暢謚慈淚生崇禎乙亥年七月廿七日亥卒康熙辛卯十月廿一酉葬黄山園中坐戌向辰兼乾巽庚戌分金配黄氏名信謚慈德生崇禎己卯年三月十八日未時卒雍正甲辰二月初三日巳葬在林垵社上坐甲向庚用丙寅分金

尚祿

九世

捷儀

捷肇

捷翮

九世

挺翮

名貢字挺翮諡袁士生于康熙辛酉年十二月十八日午卒乾隆辛巳年九月初八日戌時葬在下山坐酉向卯兼庚甲丁酉丁卯分金配戴氏名添祖在墨溪行一諡順德生于康熙庚午年七月初七日未時卒于乾隆癸酉年四月初一卯合葬在下山園中坐酉向卯兼庚甲丁酉丁卯分金繼娶蔡氏名耀諡惇德生康熙丁卯六月十八子卒乾隆甲午三月廿三午葬泥山坐辛向乙兼卯酉辛酉分金

十世

明宗

明族

名族號明遠諡直生康熙己丑三月十五寅卒乾隆乙丑二月廿二巳葬在番山仔園中坐癸向丁兼丁未庚子庚午分金配沈氏名圻諡徽柔生康熙辛卯正月廿七午卒乾隆癸丑九月十七未合葬在黄山園中坐癸向丁兼丑未庚子庚午

明賜

明偃

明騰

明羽

明看

十一世

（明族子）綿禮　綿智　綿信

十一世旋派

綿禮

十二世

世顓

十三世

振河 名濃

振溪 名墨

振海 名疊

振澤 名雲

振洋 名平

振清 名賚

振湘 早世名

振河

十三世

元銘 名猴

元鋨

元釗

十四世

十五世

亨衢 名垂

亨衡 名課

十五世

亨衢

十六世

利得

族派

十三世

振溪

十四世

元通　元道　元適

十五世

亨從 名日

亨細 名龍

亨待 名來

族派

十五世

亨從　名旨

利玲　名掙

亨細　名肥

族派

十三世　振海

十四世　元闌　元亮　元益

十五世　亨秉

族派

十三世　振澤

十四世　元石　元俊

十五世　亨喰　亨紹　亨子

族派

十三世　振泮

十四世　元赤

十五世　亨壽 名寿　亨别 名别

孩派 十三世

振清

十四世

廷屋　廷泉　廷飽　廷整　廷應

十五世

元郿　元水　元次　元蹊　元芋　元擔　元悃　元和尚　元土　元章

宗派十世

明宗

十一世

秉貫　秉椂　秉體　秉造

十二世

世仰　世夾　世汚　世砵　世杠　世鋏　世記

宗派十二世

世仰

十三世

振研

振酴

振錆

振搓

振理

十四世

廷思

廷東

廷利

廷耀

廷冷

廷斤

廷田

廷灘

廷鏺

廷賤

宗派 十四世 十五世 十六世

世恩

元穿

廷利

宗派

十四世

廷耀

廷冷

十五世

元海

宗派 十四世

廷斤

元周

廷田

廷灘

宗派

十四世

十五世

廷錢

元奄

廷賤

十二世

世夾

十三世

振坂　振拴　振兵　振有

十四世

廷兩　廷敌

宗派 十四世

廷兩

廷鼓

宗派 十二世

世汚

十三世

振尚

振頊

振阬

振放

十四世

廷搭

廷椷

廷皦

宗派　十四世

廷搭

十五世

元天　元荖　元楓

十六世

亨貴　亨喧

賜派十二世

明賜

十三世

秉滕

秉起

秉腹

十四世

世哇

世筌

世積

世鬆

世嚛

賜派十四世

十五世

十六世

振蜊

廷賛

世筝

振户

賜派 十六世

十七世

十八世

迮餐

元欣

黄牛

章糖

偃派十世

明偃

十一世

秉潮

十二世

世潔

世攔

世會

世魯

侄派十二世

世添

十三世

如川

振流

振郁

振利

振晋

振尚

十四世

廷國

廷崔

廷林

廷註

廷汝

廷榜

廷八

廷紹

廷紹

廷註

廷輝

廷房

廷上

廷降

廷性

廷卯

廷饔

十四世　廷國

十五世　元尾　元深

十六世　三丁　亨晶

十四世

廷雀

元閣

元素

元每

十四世

廷杯

十五世

元鑾

元厲

元興

十六世

金炸

章尚

章咬

章轉

偓派十四世

廷波

十五世

元奢

元窮

元枇

十六世

十四世

廷榜

十五世

元傳

元笞

十六世

恒派 十四世

廷紹

十五世

元井

元小

元厥

元西

十六世

章庚

章員

章捉

章廣

偃派十四世

廷誆

十五世

元帆

偃派十四世

廷輝

廷房

廷上

偃派十四世

十五世

廷降

廷性

偃派十四世

十五世

十六世

廷印

廷彝

閭

偃派十二世

世欄

十三世

振岳

振科

振禮

十四世

廷馳

廷詠

廷俊

廷情

廷前

廷悄

廷陸

廷情

偃派

十四世

廷駝

廷咏

十五世

元鎗

元曹

元凡

十五世

偓派十四世

廷後

廷前

十五世

元喜

元景

十六世

章哂

章其

偃派十四世

廷情

廷陞

十五世

元秉

元饍

元嘔

十六世

章法

章香

倨泒

十四世

逢情

十五世

元輕

元璉

元抱

淺碎

十六世

偃泒十二世

世會

十三世

振藍

振藕

十四世

廷佐

廷八

僶派十二世

世寶

十三世

振昆

十四世

廷仁

廷錫

騰派十世

明騰

十一世

秉瑞

秉煥

秉燕

十二世

有敦

有精

世溫

世茂

世柑

世慶

世壅

世江

騰派十一世

十二世

振鳳

振畧

振益

振鏂

世斬

十四世

廷火

廷臨

廷謌

廷評

騰派　十二世

世柑

十三世

振象

振縣

振財

振念

振磘

十四世

廷旱

廷棹

羽泒十世

明羽

十一世

秉柔

秉鑚

秉偶

秉海

十二世

世把

世提

世居

世東

世靖

世秦

世色

看派十世

明看

十一世

秉伯

秉迦

秉祥

秉納

十二世

世瞳

世洋

世文

世取

世悅

世勇

世開

羽派 十一世

十二世

十四世

世曈

振尸

廷地

振高

遷譜

羽派十一世

世文

十三世

振碩

十四世

廷好

廷霜

廷海

廷吉

［福建漳州］鴻漸美許氏族譜不分卷

佚名纂修

［福建漳州］《鴻漸美許氏族譜》不分卷，佚名纂修。許氏居今福建省漳州市龍海区鴻漸村。始遷祖許均正，宋咸淳間遷居龍溪縣鴻漸美開基。此譜僅載世系及部分傳記，民國之後稍有增補。乾隆間有名政坦者，譜注：「在唦吭吧亡，無嗣」。唦吭吧，今印度尼西亞雅加達。又記二十世傳禮由叔玉環攜往南洋菲律賓謀生；二十一世源興因逃壯丁，於民國間前往馬來西亞仙本那並定居，娶妻生子。許氏後人在菲律賓政壇頗有影響力。據民國間抄本影印。

玖世　章寧

拾世　續武

拾壹世　世標

拾貳世　萬式　萬泉　萬弘

拾叁世　文坊　秉甲　秉祥（萬式子）　文俊（萬泉子）　文林（萬弘子）

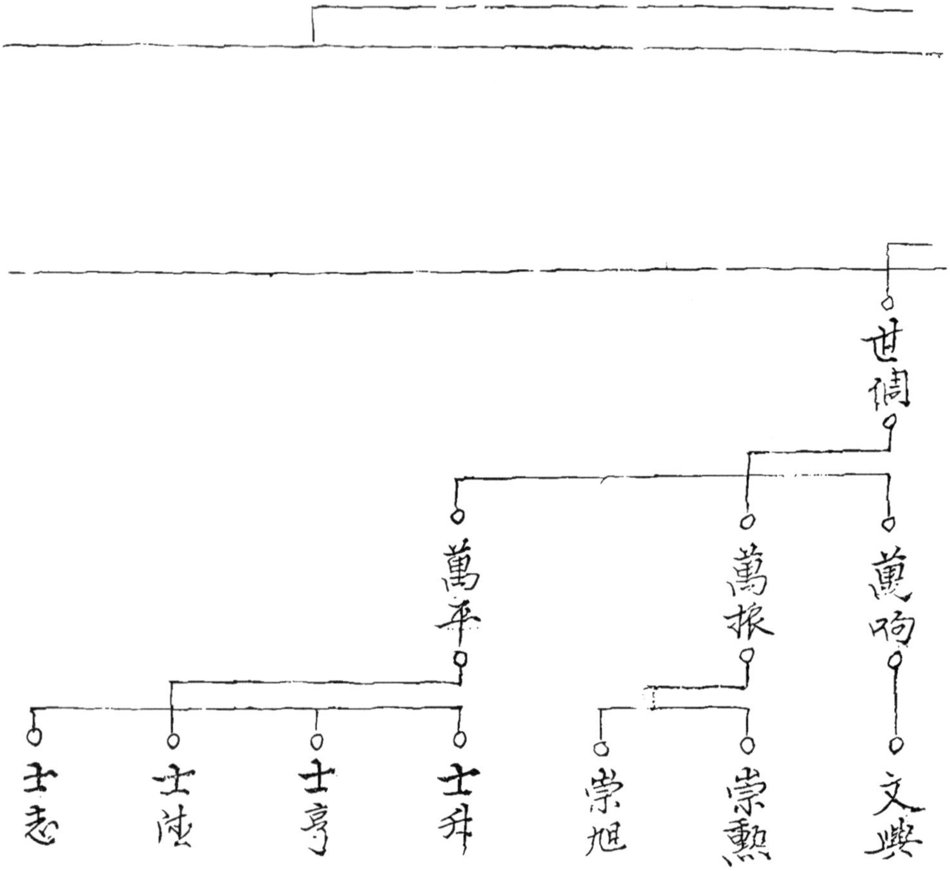
世倜
萬响
萬振
萬平
文與
崇勳
崇旭
士升
士亨
士陡
士志

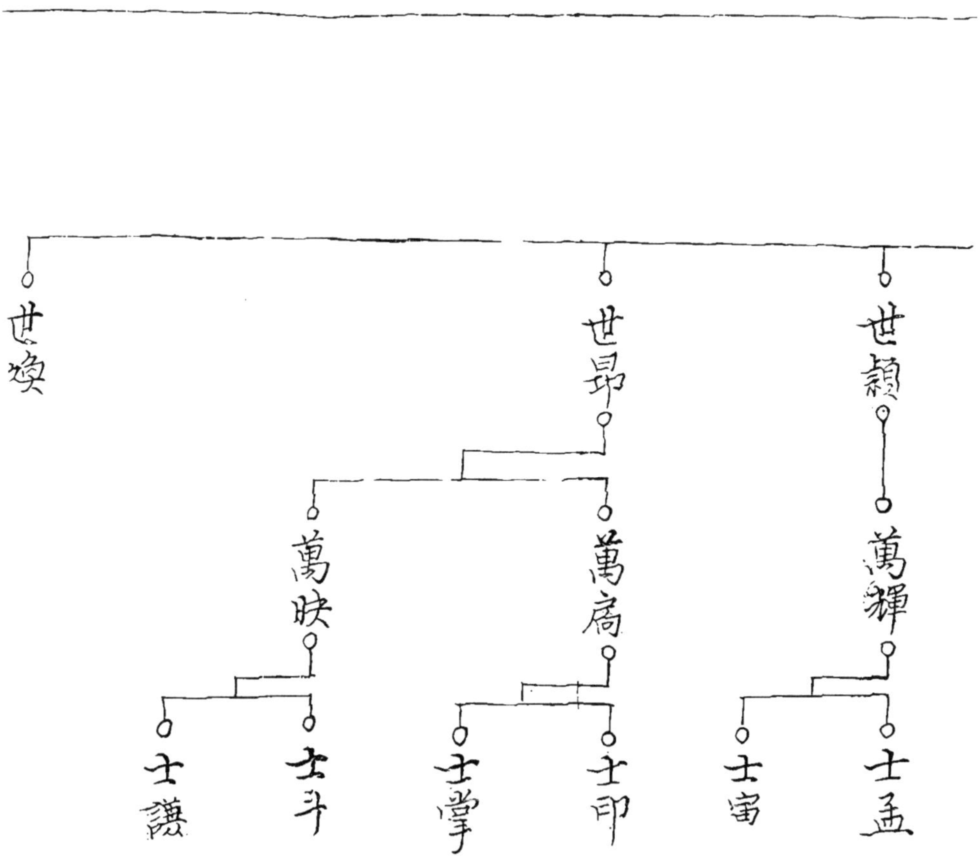
世頴
萬輝
士孟
士宙
世昂
萬扃
士印
士掌
萬昳
士斗
士讓
世煥

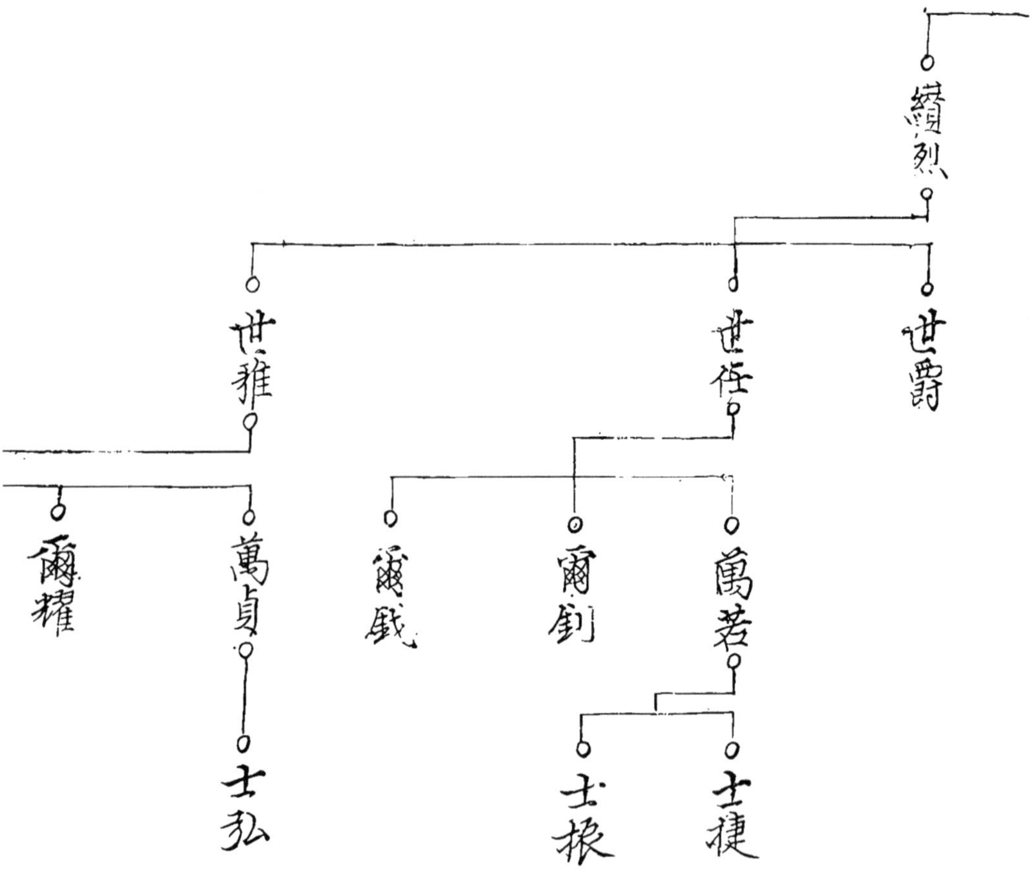
纘烈
世爵
世任
世雅
萬若
爾釗
爾戩
萬貞
爾耀
士捷
士根
士弘

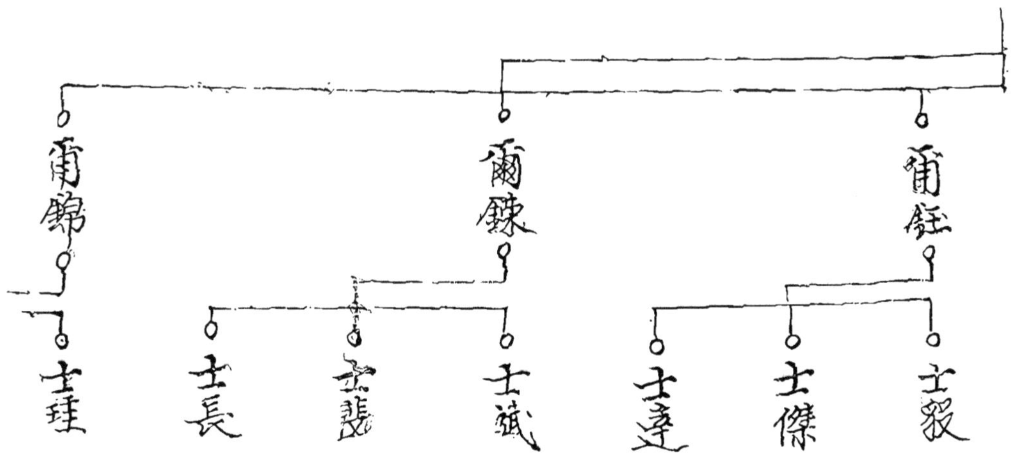
爾鈺
爾錄
爾錦
士毅
士傑
士達
士箴
士髮
士長
士珪

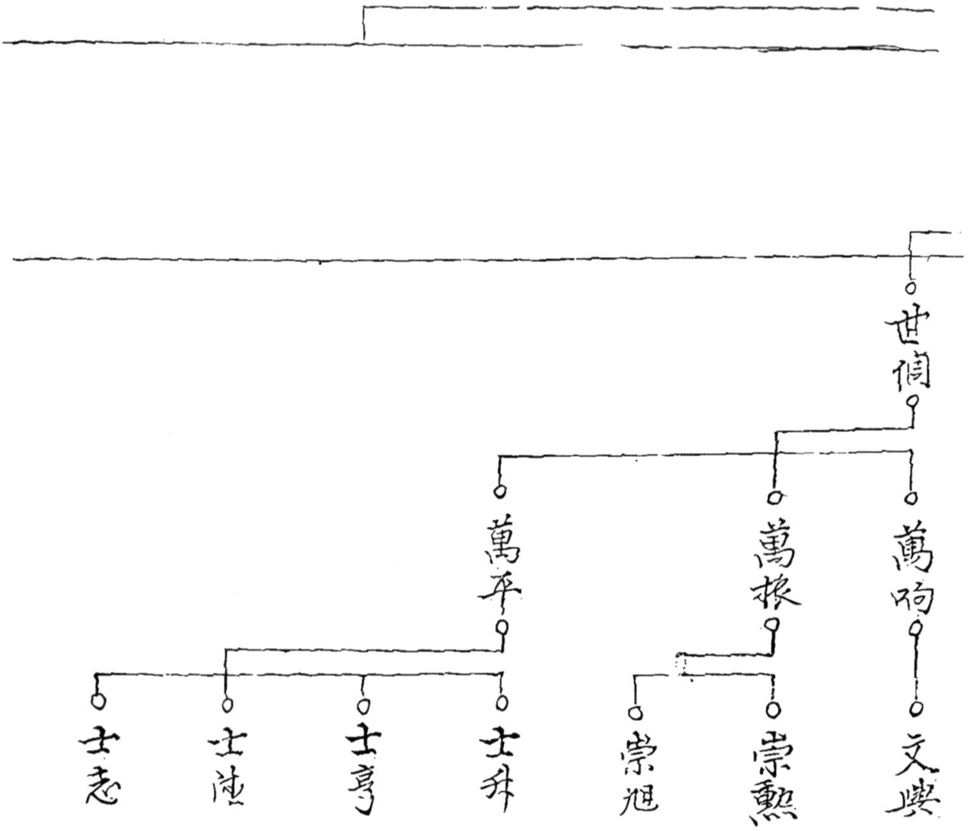
世侗
萬响
萬振
萬平
文興
崇熙
崇旭
士升
士亨
士陞
士志

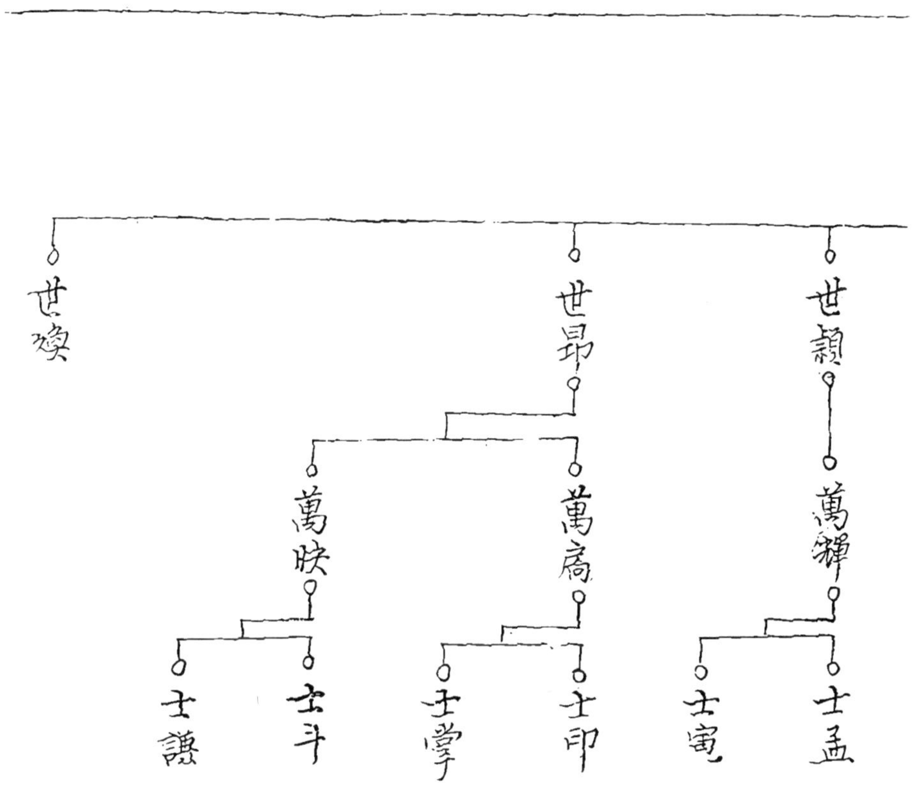
世穎
萬禪
士孟
士寵
世昂
萬扃
萬昳
士印
士學
士斗
士譲
世煥

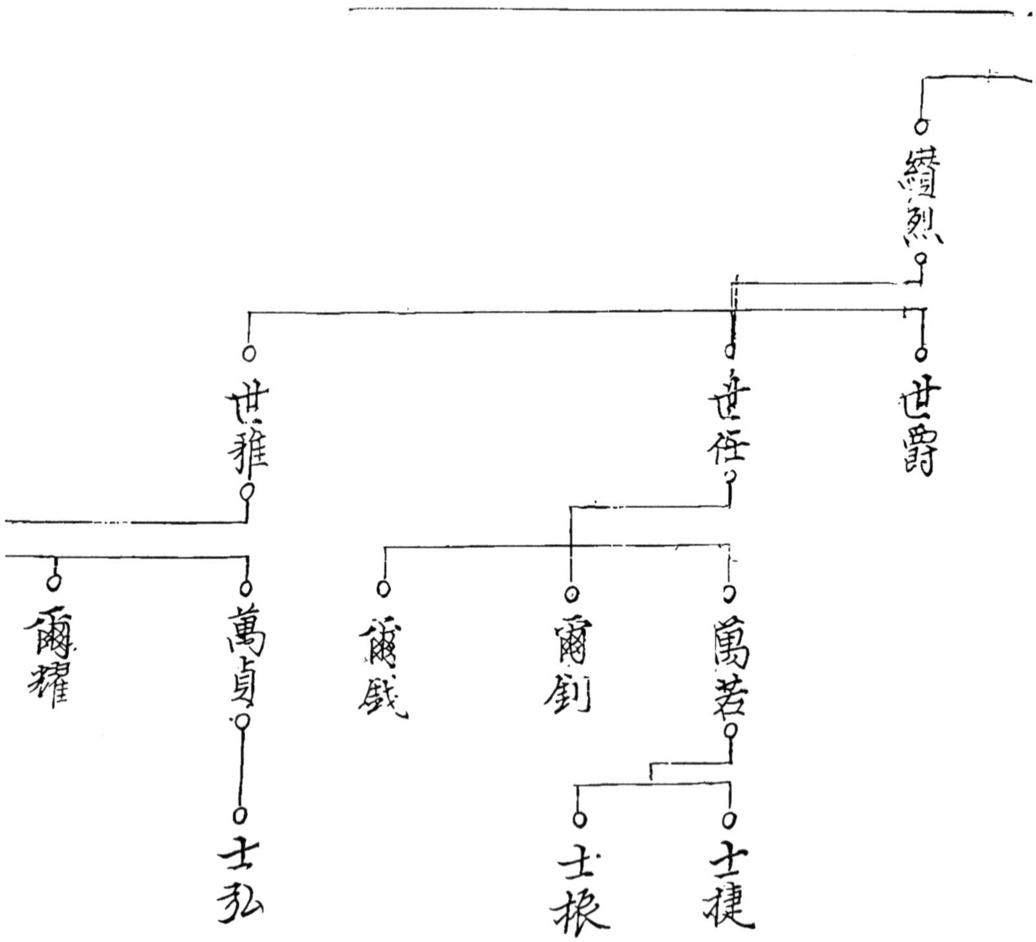
纘烈
世爵
世任
世雅
萬若
爾釗
爾戭
萬貞
爾耀
士捷
士根
士弘

爾錄
士傑
士達
士藏
士龍
士長

爾錦
士桂
士璧

爾鈺
- 士毅
- 士傑
- 士達

爾錸
- 士誠
- 士發
- 士長

爾錦
- 士桂

拾叁世 士弘 士毅 士傑

拾肆世 符杞 符漢

拾五世 元麟 元連 元財 元習

拾六世 政隆 政寬

拾柒世

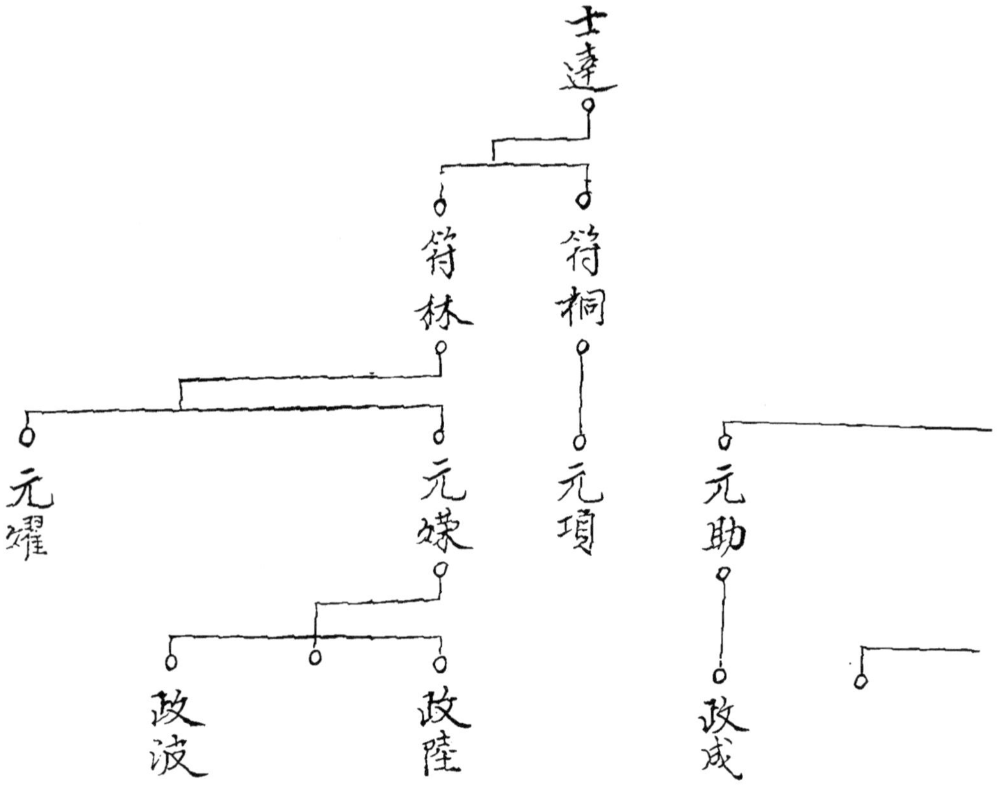
士達
符林
符桐
元燿
元娽
元項
元助
政波
政陸
政成

士祗

符積　符槐

元煌

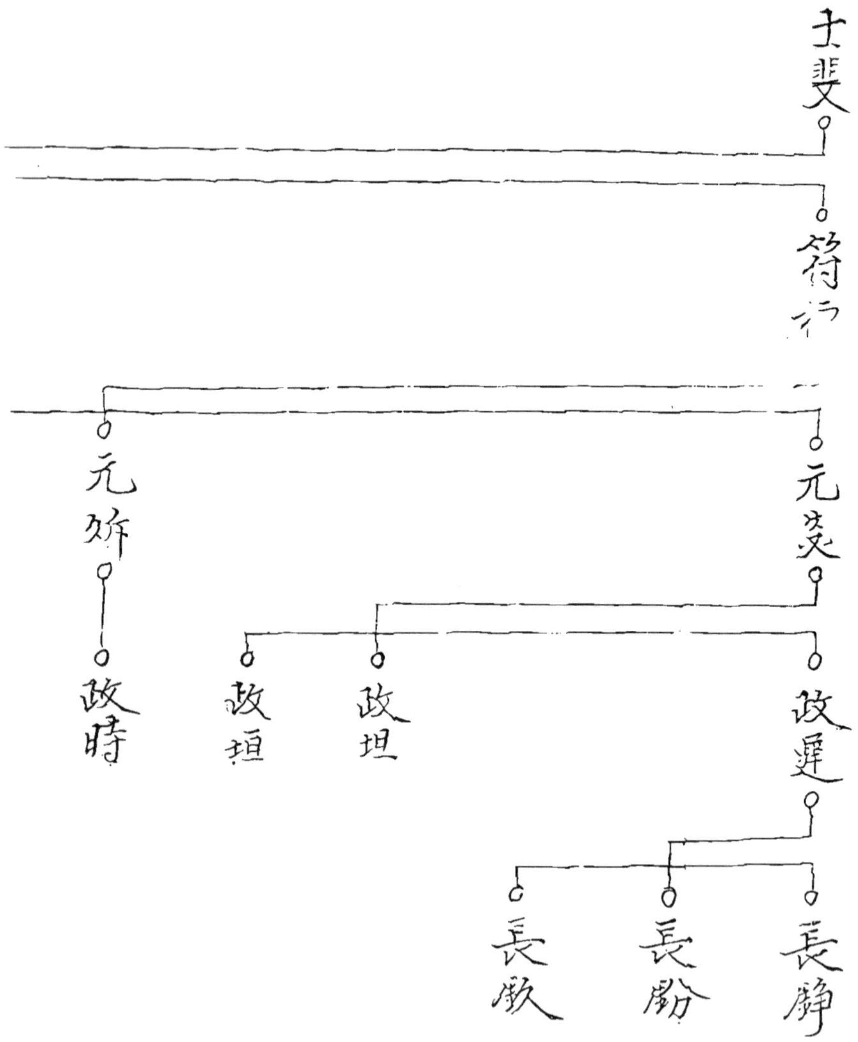
士斐
符衍
元炎
元旂
政遲
政坦
政垣
政時
長靜
長盼
長欽

元錫 移居三都海滄住

符榜

元梧

符撳

符樞

元頌

政坤

元續

政月

元巃

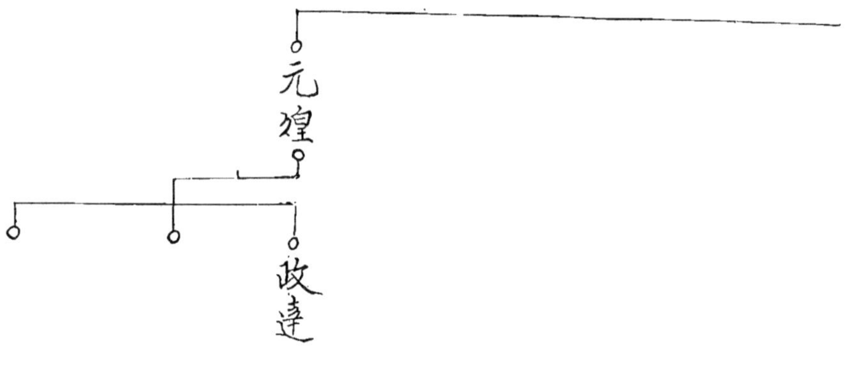
元煌
政達

士長

士珪

士璧

士明

兄弟三人俱出祖

鴻漸美許門族普

均正公

諱祥字榮桂其
先衆界人也元
祐嘉定時任縣
內至咸淳間公
移居鴻漸美生
卒失絕配一孺
人明氏生二子長
許士得朝公次
致政得爾公均
正公與婆合塋樸
太保公厝后樸仔
樹內坐坤向艮

得輔 許士

均正公之長子生
卒失絕配二孺
人吳氏生三子長
遜明次致政彰明
三觀聖公婆合
附均正公墓右

遜明

得輔之長子生二
子長孟法次孟傳
孟法生廷燦叔
傳生廷輝廷亮
俱出祖

彰明 致政

得輔之次子生卒
失絕配三孺人馬 孺人
氏塋太保公厝后
樸仔樹下生三子
長子長發次子長
茂三子樸雅

長發

彰明之子配四

篤行

長發之子諱規光
号雲岩配吳氏
合塋員通橋庵
后面边坐卯向酉
庶乙辛生一子高
朗

長茂

彰明之次子諱盛
生于至正甲辰年

仕雅

長茂之子諱恬
生于永樂甲申

初三日配吳氏生
于至正丁未年七
月十一日卒于宣
德乙酉年三月廿
二日合塟圳林內堂
北向南生一子仕雅

十月初一日塟圳
林尾坐壬向丙配
李氏生于永樂
甲申年十月初十
日卒于戊午壬
辰年八月十一日塟
貢通橋后坐艮向
坤生一子啟壯

僕雅
彰明之三子配王
氏合塟塘源万坑
因生一子耀豊

耀豊
僕雅之子配林
氏合塟中崙路
上坐艮向坤生一
子下和

覲聖
得輔之三子配楊
氏生一子義銘

義銘
覲聖之子配蘇
氏生四子長典
佐次肅智三用
光四用智

典佐
義銘之長子云傳
疑失祖

肅智

蕃銘之次子移居山城

用光

蕃銘之三子配莊氏合葬崎里山坐東向西生二子長弘道次弘耀

用智

蕃銘之四子配吳氏合葬崎里山坐東向西生一子弘明

得衜 致玫

均正公之次子配二孺人吳氏合葬崎上園坐巽向乾原丁亥壬午年生子傳明次應明

仰明 許士

得衜之長子生子充旦

充旦

仰明之子生二子長慎文次慎武

慎文

充旦之長子生二子長寧莊次寧泰

慎武

克旦之次子移居安溪住

應明 評士

得獨公之次子配林氏塋埼里園坐一子守讓

與晚兄仰明公合塋

守讓

應明 孫配呂氏

生一子孔贊

孔贊

守讓之子諱義益字成周生于洪武戊辰年卒于正統戊辰年十月初八配甘氏生于洪武丁卯年卒于正統戊辰年十二月初九日合塋顏值園坐壬向丙生三子長寧保次寧瑤三寧貴

孔贊

守讓之子諱義益字伺成生于洪武戊辰年卒于正統戊辰年十二月初八日配甘氏生于洪武丁卯年卒于正統戊辰年十二月初九日合塟麴須園坐壬向丙生三子長寧保次寧瑞三寧貴

公憂患學難以冬紀犹傳臨終時諄諄曰但存方寸地留与子孫耕又曰溫公家訓不可不讀是公之操屐大概可知也子孫[illegible]

寧保

孔贊之長子字克重号永珍生于永樂丙戌年正月十三日卒于成化丁亥年十二月十五日配陳氏諱大娘生于永樂戊子年十二月十五日未時卒于成化庚寅年四月初八日申時合后崙生一子布黃

布黃

寧保之子配吳氏合塟后嶺秧田坐羊仔山向西乾生二子長興燦次興平

興燦

布黃之長子卒于六月十九日嘉靖戊午年棺柩被焚金斗塟后崙巷邊配林氏卒于嘉靖戊午年被賊所殺時四月初五日与次子章寧仝塟列厝園大墓坐寅甲向申庚嘉靖辛酉年塟生二子長章寧次章玉

章玉

興燦之長子卒于五月十八日配王氏卒于四月初七日合塟后崙園坐辛向乙生二子長時弘次時節

章寧

興燦之次子生于正德丙子年卒于七月十二日配蘇氏生于正德[illegible]癸[illegible]年五月[illegible]

乙巳其祠坐
艮向坤宗複再
子年建迎主入
祠順治辛卯年
閏二月廿八日癸酉
日寅時

酉年九月十四日
戌時合葬于后
園大墓坐寅甲
向申庚生二子長
纘武次纘烈

興平

布黃之次子卒于
九月十二日附布黃
公左邊配張氏与
長子章玖合葬后
園坐酉向卯生
三子長章玖次
章仲三章副

章玖

興平之長子諱
琛生于正德己
巳年九月十三日
寅時卒于万力
丁丑年　月廿一日
未時配黃氏生
于正德癸酉年
六月初九日卒于
万力庚辰年三
月二十日與子纘
緒合葬黃良柄
坐乾向巽公墓
后園坐酉向
卯生二子長纘
宗次子纘緒

寧瑶
孔贊之次子字
克以号永浩生
于永楽戊午年

布宇
寧瑶之子配李
氏合葬后崙園〻山
坐西向東生一

興賢
布宇之子配
氏生三子長章
越次章嶺三章

章越
興賢之長子諱
桂章于台年十
一月十一日配洪橋

章仲
興平之次子諱
連生于正德壬
申年卒于年八
月十六日配李氏
生于加靖五年七
月廿九日亥時卒
于万历二十九年
十二月初九日葬
后房坐辛向乙
生一子纘茂

章副
興平之三子生
一子时彩

三月十六日卯時卒　子興賢
于成化辛卯年
四月初八日未時記
林氏名娶姐生于
永樂庚寅年三
月二五日子時卒
于成化丙申年六
月十六日丑時合塟
后崙生一子布宇

洪氏卒于乙年
十月十二日合塟拜
裡岡庚墓坐東
向西生一子贊秀

章鎮
興賢之次子諱
棟生于弘治三
年十月初一日寅
時卒于嘉靖三
九年十二月十二
日寅時配張氏
娘生于弘治庚
寅年廿二月廿日
午時卒于隆
慶戊辰年二月
十四日巳時合塟
后崙庚墓坐乾
向巽生二子長
贊芳次贊榮

韋用
興賢之三子生一子纘行

寧貴
孫贊之三子字克昌号永熾生于永樂庚寅年五月廿三日戌时卒于成化乙未年正月初一日配曾氏諱六娘生于永樂辛卯年二月十五日卯时卒于成化戊戌年七月十五日合塟炉坑福塌坐

公遜
寧貴之長子諱理順生于正統丁巳年五月初拾日亥时卒于正德乙亥年十月十八日巳时塟泉州菉塚坐北向西配黃氏諱金娘生于正統癸亥年十月十三日卯时卒于加靖乙年十八月

子都
公遜之長子生于弘治壬子年卒于加靖十五年二月十五日塟太保公厝后坐坤向艮配炉坑張氏于弘治壬子六月十一日卯时卒于加靖乙卯年六月初二日辰时塟路下厝前坐坤向艮生二子

思道
子都之長子諱大亨生于加靖癸未年拾月初一日配鄭氏合塟南山林后生二子長时偉次时濟

思集
子都之次子諱大賢生于加靖未年二月初七

子爵
公進之次子移居
在長泰

年四月十四日卒
于万曆己未年
正月拾三日塟朝
天山坐壬向丙生
三子長时與次
时繩三时斜

公良
寧菴之次子諱
理訓生于正德己
未年二月初二日
卯时卒于正德
辛巳年七月十五
配蘇氏生于正
統八年九月初
八日卒于嘉靖壬
午年五月初五日
寅时合塟苑社山
上坐東向西生三
子長子將次子國
三子烈

子將
公良之長子生一
子思玄

思玄
子將之子諱大
白配乡氏生四子
長道援次道政
三道厚四道奕

子國
公良之次子配沈
氏合塟赤石埼
坐北向南生一子
思深

思深
子國之子諱大智
配山氏合塟埼山
坐北向南生三子
一周二周三周

子烈
公良之三子移居

思
子烈之子配ム

聿寧

興傑之次子生于正德丙子年卒于加靖元年七月拾壹日配蘇氏生于正德庚辰年拾一月初十日亥时卒于加靖癸酉年九月廿四戌时合葬列厝囷坐寅向申兼甲寅生二子長纘武次纘然

贊武

聿寧之長子諱亥發号前塘生于加靖壬寅年七月廿五日午时卒于万力壬子年三月三十日配王氏生于加靖壬寅年八月十五日辰时卒于万力己酉年十一月初二日合葬顏厝困坐北向南生五子長世標次世倜三世顏四世昂五世焕

世標

纘武之長子諱其魁号尚塘生于加靖辛酉年正月初二日卒于万力己亥年三月廿二日配辛氏生于加靖乙丑年卒于万力戊子年八月廿壹日合葬顏厝困前塘乙之墓坐北向南生一子萬世繼配陳氏生于加靖癸亥年五月廿九日卒于加靖丁卯年拾弍月廿日卯时葬后畓巷逆坐西向東生三子長萬式次萬全三萬弘

萬式

世標之長子諱甫録号正箴生于萬力癸未年五月拾弍日酉时卒于崇禎癸未年五月廿壹日辰时配謝氏生于萬力甲申年八月廿三日合葬后畓困坽墘田仔逆坐酉向卯生三子長文坊次秉甲三秉祥

文坊

萬式之長子諱壬清生于萬力乙巳年八月初壹日卒于順治戊子年七月初五日配林氏合葬黄染柄困墘坐乾向巽生五子長壬次灵三春四黙五惠

秉甲

萬式之次子妄傳

秉祥

萬式之三子生于崇禎戊辰年叁月拾日辰时

萬全

世標之次子諱甫錫号繼箴生于萬力己丑年拾貳月初四日戌時卒于順治六子年五月初三日外喪配林氏生一子文俊

文俊

萬全之子生于天啟己丑年六月廿壹日巳時配鄭氏生于天啟丙寅年八月初九日子時

萬弘

世標之三子諱甫鉅生于萬力丙申年拾叁月十二日申時配顏氏生于萬力甲辰年拾月叁十日亥時生一子文林

文林

萬弘之子生于崇禎丙子年貳月初四日戌時

世佶
繼武之次子諱典
逕生于隆慶丁
卯年卒于乡年
四月拾壹日外喪記
林氏生于隆慶
庚午年拾一月初
一日卒于順治丁
亥年九月十二日
午時合葬西乾
於坐艮向坤兼
丑未生三子長万
向次萬振二萬平

萬啫
世倘之長子諱
循纔生一子文
典

萬振
世倘之次子生
于萬力乙未年
四月拾八日酉時卒
于順治戊子年
辛月初旨辰時
配充裕社葉氏
生于萬力丙午
三月共日卒于
順治乙丑年戌
月廿四日亥時合
葬西乾林坐艮
向坤生二子長崇
勳次崇旭

文興
萬向之子丟傳

崇勳
萬振之長子生
于天啟甲子年
玖月廿七日外時
配陳氏

崇旭
萬振之次子生
于崇禎戊寅年
玖月初一日巳時

萬平

世倜之三子諱甬鈞生于萬力戊戌年六月十二日卒于順治戊子年參[illegible]日卒

妻配麥氏生于萬力戊申年玖月初三日午時生四子長士升次士亨三士德四士志

士升

萬平之長子生于崇禎庚午年六月初拾日丑時

士亨

萬平之次子生于崇禎壬申年拾月拾四日申時

士德

萬平之三子生于崇禎己卯年玖月廿六日丑時

士志

萬平之四子生于崇禎壬午年拾

世頴

縉弍之三子諱其
廷生于隆慶己
巳年拾一月初三
日巳時卒于天
啟丁卯年拾月
初四日丑時葬后
坐丑向卯配張
氏生于隆慶辛
未年七月廿四日
卒于崇禎乙
卯年八月初玖日
酉時葬翁廟圂
坐坤向南生一
子萬輝

萬輝

世頴之子諱百
鏡生于萬曆甲
午年二月初八日
寅時卒于崇禎
丙子年玖月廿
五日丑時葬后斎
坐辛向巳配黃
氏生于萬曆戊戌
年四月拾八日
卒于崇禎癸
未年拾壹月初
五日巳時與世頴
公仝葬后山命生
二子長士孟次士
寅

士孟

萬輝之長子妥
傳

士寅

萬輝之次子

世昂

縉武之四子諱其
廷生于萬曆甲戌
年拾壹月廿五
時卒于崇禎辛

萬扃

世昂之長子諱
甫綸生于萬曆
庚子年六月貳
日亥時卒于崇

士卯

萬扃之三長子

已年二月十八日酉　禎茂嵩年十玖
時塟穎宿園坐井　日十八日戌時與
向西配蔡氏生二　父仝塟穎宿園
子長萬房次萬　配蔡氏塟列曆
映乃一位女三名　生東向西生二子
八娘配烏嶼吳　長士斗次士掌
子芳泉州蔡生
貞

士掌
萬房之次子

萬映
世昂之次子諱
而鑑生于萬力
丁未年三月拾
辛巳卒于順治
丁亥年拾玖月
力四日塟穎宿園
生坐北向南配□氏
生二子長士斗次
士謙

士斗
萬映之長子

士謙
萬映之次子

世煥
繼武之五子諱

其斐生于萬力丁丑年配陳氏生二子

世爵

纘烈之長子諱其若号显漸去

纘烈

章卒之次子諱承宗号鳴崗生于加靖庚申年侯拾月廿八日卒于萬力庚戌年五月拾三日配角尾曾氏生于加靖甲子正月十七日卒于萬力丁己年□又三月二十三日合葬類頂岡坐北向南生三子長世爵次世任三世雅

世任

纘烈之次子諱其彩号岡一生于萬力戊戌年玖月十七日配林氏生三子長爾欽次爾釗三爾戭

萬若

世任之長子諱爾欽生于萬力戊午年拾月拾玖日亥時卒于順治丁亥年八月□日未時與纘烈公合塋配鐘氏生二子長士捷次士振

士捷

萬若之長子生于崇禎己卯年玖月十八日丑時

士振

萬若之次子生于崇禎壬午年正月十七日丑時

爾釗

世任之次子

爾鉞
世任之三子

世雅
續烈之三子諱其
都号我域生于
萬力廿六年辛丑
七月拾六日戌時卒
于清康熙四年乙
巳五月十八日酉時
塟漳州府龍溪
洪拾十八叁都古
洪鳳碧山東段
宅南平山乃坐未
向丑兼丁癸外
坐丁向癸兼未
丑六月拾六日午
時進塟
傳

萬貞
世雅之長子諱
爾銘号耀全生
于崇禎己巳年
五月廿四日丑時
娶劉氏生一子晃

爾耀
世雅之次子生于
崇禎癸酉年四
月初八日丑時妥

子弘
萬貞之子諱

[illegible]
于萬力三拾年壬
寅正月刀玖日戌
时卒于清康熙
元年壬寅七月刀
拾日午时塟漳
州城北门外瑶珠
嶺蕭埕上坐卯
向酉生五子長爾
鉉次爾耀三爾
鈕四爾錄五爾
錦

爾鈺

世雄之三子字
懷珍乳童名
生于崇禎乙亥
年拾月十壹日
戌时卒于康熙
丁亥年叁月刀
壹日丑时配詩
巷社林氏生于
順治戊子年五
月拾五日戌时卒
于乾隆壬戌年
四月刀旨戌时
合塟文圃山卯酉
迄对猪母嶺前
山坐乙向辛兼
辰戌分金辛卯
辛酉生三子長
士毅次士俊三
士達

士毅

爾鈺之長子

士俊

傑

爾鈺之次子諱
興以生于康熙
戊申年四月十五
日卒于乾隆己
未年八月二十日
己时配陳氏生
于康熙辛酉
年拾壹月叁十
日寅时卒于乾
隆壬申年五月
刀壹日未时合
塟文圃山中崙
坐丑向未兼艮
坤用辛丑分金

生二子長符衍
次符瀍

士達

甫鈺之三子諱隆号振萬享壽四十一歲生于康熙辛亥年拾月十叁日辰時卒于康熙辛卯年八月廿七日戌時葬本山現書亭后乳猪塋山內內坐卯向酉兼乙辛

配郭氏享壽八十歲生于康熙庚申年拾壹裕癸日未時卒于乾隆己卯年五月初三日巳時葬本山列厝祖塋前坐申向寅兼庚甲生二子長

爾錄

世雅之四子諱
官号爾錄生于
崇禎十叁年庚
辰閏正月初八日
辰时卒于雍正
弍年甲辰桂月
初八日寅时配陳氏
諱葛官生于順
治六年己丑弍月
十八日酉时卒于
雍正弍年甲辰
拾一月弍十弍日未
时合葬文圃頂
坐癸向丁兼庚
庚午分金
子長士斌次士
斐三士長

士斌 尊侗次符林

爾錄之長子諱
全官号士斌生
于康熙十七年
戊午四月初六日
丑时卒于雍正
八年庚戌桂月念
壹日寅时外出
亡葬廣東省
河南海幢寺西
邊寄槥厝后
慈林所南山邊
土名龍船崗坐
艮向坤乾隆四
十八年癸卯仲冬
拾壹月弍十叁日進
葬墓牌立禱
建發同邑弍拾
都鴻漸美社許
和鳴之堂配公氏
生于康熙辛未
年四月弍十九日卯

塟文良山中崙
坐寅向申兼甲
寅、庚、寅、庚申分
金生二子長符
禮次符槐

壬斐

甫錄之次子鄉款
名号仲葳生于
康熙癸亥年陆
月十陆日卯时卒
于乾隆戊寅年
陆月拾玖日酉时
配金山社李氏
生于康熙丙寅
年拾叁月贰拾日
未时卒于乾隆
丙寅年三月刀乙
日申时合塟崎巷
门前山園仔坐子
向午兼癸丁庚

辛亥庚午分金坐
四子長符標次符
樸三子符檄四
子符樞

士長
爾錦之三子失
傳

爾錦
世雅之五子生于
順治丁亥年拾一
月拾肆日子時配
ㄙ氏生三子長士
瑾次士璧三士明
移居漳州城
葬劉岳新寮
祖墓前坐申向
寅兼寅申

士瑾
爾錦之長子

士璧
爾錦之次子

士明
爾錦之三子

萬貞之子諱宴

士毅
甬鈺之子

士傑　　　　符杞　　　　元麟
甬鈺之次子諱興士傑之長子諱嶶符杞之長子
生于康熙戊申崇生于康熙乙
年四月拾五日卒未年正月拾壹日
于乾隆己未年子時卒于乾隆
貳月叁十日巳時配辛卯年十貳月拾
陳氏生于康熙四日子塟西坑林
辛酉年拾壹月后西山脚楓仔山　　元連
叁十日寅時卒于坐酉向卯兼辛符杞之次子
乾隆壬申年五山配謝氏生于康
月初一日未時合塟熙癸巳年卒于
文圃山中崙坐丑乾隆丁未年拾

向未兼艮坤申辛寅月刀一日酉时
丑分金生二子長 鍾林漢埔尾坐
符杞次符漢 北向南生二子長
元麟次元連

符漢
壬傑之次子諱衛
巧生于康熙丙
年三月叁十日酉
卒于乾隆丁未
年四月刀八日未时
配黃氏生于
熙甲午年四月
玖日寅时卒于乾
隆戊申年五月十
五日寅时生三子
長元才次元習
三元助

元財
符漢之長子諱
夏生于乾隆庚申
年五月廿八日巳时
卒于辛丑年五
月刀七日戌时 配
辰 如氏 葬本山崎仔
林頭生一子政隆

政隆
元才之子

元習
符漢之次子生于
乾隆乙丑年 五
月刀玖日未时卒
于加慶壬戌年七
月拾叁日辰时葬

嵜仔頭郎氏生
于乾隆己卯年
拾月初四日寅時
卒于道光壬午
年六月拾貳戌
時塟嵜仔頭坐
辰向山兼卯酉分
金辛卯辛酉

政寬

元習之次子生于
乾隆甲寅年八月
初拾日申時卒于
加慶庚辰年六月
廿玖日巳時在台湾

元助

衍漢之三子生于
乾隆甲戌年八
月初三日寅時卒
于加慶甲寅年五
月廿六日巳時塟
嵜仔頭生一子政
成

政成

元助之子

士達

酉莊之三子諱隆號振萬享四十二歲生于康熙辛亥年拾月拾二日辰時卒于辛卯年八月二十七日戌時本山觀音亭孔葬之么園內坐卯向酉兼乙辛　配郭氏享八十壽生于康熙庚申年拾二月拾二日未時卒于乾隆己卯年五月初三日巳時葬列宗祖墓前坐申向寅兼寅申生二子長符桐次符林

符桐

士達之長子諱禎卯生于康熙癸未年七月二十日子時卒于乾隆戊午年二月二十三日子時葬東埔寮生子元瑱

元瑱

符桐之子

符林

士達之次子諱仲字偕木享七十有二壽生于康熙己丑年七月二十一日申時卒于乾隆庚子年正月二十四日酉時棺寄黃墓前秩田內右邊分金未室配劉氏生于

元媟

符林之長子諱閏良生于乾隆丁巳年四月初六日酉時卒于乾隆丁未年拾月初八日丑時配黃氏生于乾隆壬戌年拾二月初拾日巳時卒于乾隆庚辰年八月二十六日午

政陸

元媟之長子生于乾隆甲申年拾月拾八日酉時卒于乾隆壬寅年拾月拾五日寅時歿無傳

[illegible]
弍十四日午时卒于内坐亥向巳墓壬
乾隆乙未年六月丙生三子長玫
弍十壹日未时卒　次玫　三玫波
在左邊生二子長
元嫁次元燿

玫波

元嫁之三子生于
乾隆辛丑年五
月初拾日未时卒
于加慶庚申年
肆月拾弍日午时
葬林口王圤向南
癸丁兼子午妥
嗣

元燿

符林之次子外
處无嗣

士斌

國瑞之長子錦泉官生于康熙拾柒年戊午四月初六日丑时卒于雍正八年庚戌八月弍十一日寅时外出亡葬廣東省河南海憧寺西逄哥稍庄后邊林所南山迳土名龍船崗坐艮向坤乾隆四十八年癸卯仲冬拾一月弍十叁日葬墓碑立福省同邑弍十都鴻漸美社許初陽之墓配乙氏生于康熙辛未年四月十五日申时卒于乾隆辛未年

士積

士斌之長子生于康熙癸未年柒月弍十玖日酉时卒于雍正癸丑年八月弍十玖日酉时葬兜空岩山后沈厝山坐外向酉兼卯辛配刘氏生于康熙丁亥年五月弍十柒日巳时卒于乾隆庚子年弍月弍十五日午时葬兜山前埔坐子向午兼壬丙丙子丙午分金

四月贰十玖日卯时
葬次子塋文圃山
中崙坐寅向申兼
甲寅庚寅庚申
分金生二子長符
穗次符槐

符槐　元煜

士珹之次諱善宰　符槐之子諱煜
曰三生于康熙　生于雍正庚戌
丁亥年八月初叁日　年八月贰十贰巳
寅时卒于乾隆　时卒于乾隆己
丙申年贰月贰十　亥年叁月曹
玖日與母親合塋　丑时塋文圃山
文圃山中崙坐　中崙坐丑向未
寅向申兼甲寅　兼艮坤辛丑辛
庚寅庚申分金　未分金配胡氏
配曾氏生于康　生于乾隆戊辰年
熙丁亥年叁月　廿八拾叁日吉时卒
贰十八日巳时卒于　于道光辛巳年
乾隆戊寅年玖　叁月初拾日寅时塋
月贰十四日未时　崎仔頸坐申向山
塋文圃山中崙　兼戊辰分金兼戌
第三山頸坐卦向　兼辰生子
南癸丁兼子午丙
午分金生子元
煜

士斐

自勝之次子鄉飲賓號仲莪生于康熙癸亥年六月拾六日卯時卒于乾隆戊寅年六月十玖日酉時配金山社李氏生于康熙丙寅年十弍月弍十四日未時卒于乾隆丙寅年三月初七日申時合塟崎巷门前山園仔内坐子向午兼癸丁丙子丙午分金生四子長符標次符榜三符掾四符樞

符標

士斐之長子國學生諱升号符標别号遜淮

元炎

符標之長子諱瑧字元炎号惠庵生于乾隆辛酉年柒月初玖日未時卒于乾隆壬寅年五月弍十七日午時配陳氏生于乾隆癸亥年六月弍十七日丑時卒于加慶壬戌年十二月弍拾玖日丑時合塟文園山中崙下坐巳向坤兼丑未外氣甲寅生三子長政暹次政坦三政垣

政暹

元炎之長子諱錫生于乾隆辛巳年十月弍十叁日寅時卒于乾隆丙午年弍月初六日申時在邦仔施蘭亡生三子長長錚次長鈴三長欽

長錚

政暹之長子諱進得

長齡

政暹之次子諱得路生于乾隆丙午年柒月拾弍日卯時卒于加慶己卯年叁月弍十五日巳時塟本山林后埊子向午兼丙午丙子分金

長欽

政廷之三子諱帶

春在台灣亡

政坦

元炎之次子諱習

生于乾隆丁亥年

柒月式十日亥時

卒于乾隆丙午

年肆月拾五日子時

在咪吭吧亡無嗣

政垣

元炎之三子諱騎

生于乾隆辛卯

年十弍月初七日亥

時卒于加慶己

未年柒月拾四

日亥時葬水云

安嗣

元炘

符標之次子諱填

政時

元炘之子諱啟

問

符榜

士斐之次子諱褒

生于康熙庚寅

正月初四日午時

卒于乾隆壬辰

年七月廿六日

丑時配漳州城[illegible]

[illegible]氏[illegible]

[illegible]山中畲山腳[illegible]

[illegible]向[illegible]

[illegible]子[illegible]

符樞　元熉（微仕郎）　政坤

士斐之四子諱種　符樞之長子諱元熉，熉之長諱光

[illegible]

符榜

士斐之次子諱褋

生于康熙庚寅

年?月?日午時

卒于乾隆壬辰

年十一月廿二日

丑時配江坪州?蔡?

[illegible]

[illegible]山中之崙山[illegible]

[illegible]向坤

未生[illegible]

元爖

符植公三子諱國

琫男元爖

外出在台湾亡

符檄

之三子謀

神正月初二日

婆十六月十五日忌神

生一子瑪璐

瑪璐

符檄之子 塟刘厝田墘園……

道光 年正月廿三日忌神 配妻王氏生

辛 年十月十三日忌神 生二子

長頭宏八任宗

次頂宗

瑪璐之長子

符樞

元娟

攻坤

子政月

元壠

符樞公三子諱國

號曰元壠

外出在台灣亡

符樞

士斐公之四子諱種

元烱往台

符樞之長子諱

政坤

元烱之長諱光

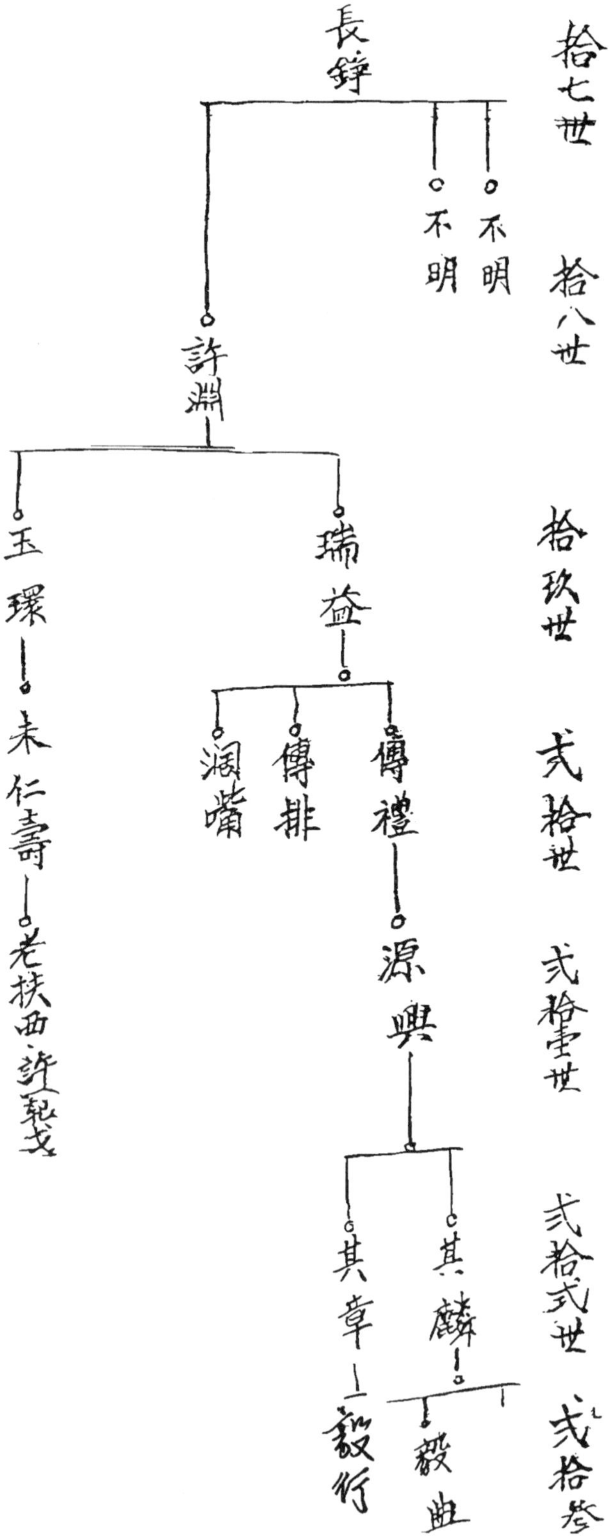
拾七世
拾八世
拾玖世
弍拾世
弍拾壹世
弍拾弍世
弍拾叁世
長錚
不明
不明
許淵
瑞益
玉環
傳禮
傳排
潤嘴
末仁壽
老扶西、
源興
其麟
其章
毅曲
毅行

附

曾祖父之墓葬于崎巷村南土地名：井仔河 坐西北 向东南（又名坪）

十八世 許淵生子瑞益、次子玉環

十九世 瑞益卒于四月十九日（忌日） 娶妻李氏卒于三月廿二日 妾張氏卒于七月廿四日 苗蒼亦葬于苗蒼坐東 須由路過西向西

玉環卒于

二十世 許傳禮：瑞益之長子，过房于玉環為子 娶妻潘氏卒于十月十二日 由玉環帯往南洋菲律濱，民国三年由菲回国与潘葉结婚 民国卅年生子許源興。同年四月初六日卒葬于楓仔山坐北向南。

許傳彬：瑞益之次無婚配卒于四月初七日

廿一世 許源興：傳禮之子，十八歲因逃壮丁，前往馬來西亚仙本那，因英属不能往菲律濱找叔祖父許玉環。但在仙本那做织工七年，在仙本那与郭瑞興之女郭亞蕊结婚生二子，長子許其麟（又名嬰過）次子其章（又名亞嬰）

廿二世 許其麟：源興之長子生于一九五二七月初六日 次子其章生于一九六五四月廿四日

廿三世 許毅典：許其麟之子生于一九七二月十九日

国家出版基金项目
NATIONAL PUBLICATION FOUNDATION

海上絲綢之路文獻集成

總主編 陳支平 陳春聲

民間譜牒編 41

主編 林楓

海峽出版發行集團
THE STRAITS PUBLISHING & DISTRIBUTING GROUP
福建人民出版社

本册目次

〔福建漳州〕潁川開漳族譜不分卷

陳禎祥纂修

［福建漳州］《潁川開漳族譜》不分卷，陳禎祥纂修。民國五年（一九一六）陳禎祥據福建泉州、漳州及廣東、臺灣等地陳氏族譜考訂而成。福建漳、泉陳氏率多遠尊東漢陳寔爲始祖，入閩後裔則以太傅陳邕、開漳聖王陳元光二支爲主。明清兩代福建陳氏遷居臺灣者，多出此二支。是譜於陳氏各支世系皆詳爲搜羅，記録該備，故有閩臺陳氏總譜之稱。譜載陳氏世聯譜、潁川陳氏世系、北廟開漳陳氏世系、南院開基漳泉陳氏世系、開基儒林陳氏世系、開業南岐陳氏世系、開基院后陳氏世系等，並唐開漳龍湖公宗譜總序、龍湖公全集，唐列祖傳記及唐宋敕令，内容綦詳，頗有可觀。其中尤以序言爲多，可知其摘録前此陳氏族譜序言亦多。檢是譜，可考知陳氏姓氏源流及各開漳陳氏支脈詳情，頗具史料價值。纂修者陳禎祥《陳國出奔易姓序》稱：「余在家奔波數十年，至乙巳年來南洋，遊數十州府，未嘗見之。至檳城見之，此我家譜也。」以是譜印於南洋馬來西亞，書口印有「檳城緞羅申鴻文印」字樣。據民國間石印本影印。

按陈氏有两派一为胡公八世孙厉公跃子敬仲后田氏代齐有国至齐为秦所灭齐王建季子轸为楚相封颍川侯（轸公即太丘公上十世始祖也）此为颍川陈世次

一为胡公传至十九世孙湣公越亡国子孙袭国为陈此汉陈平即此派也以颍川陈此派误以太丘公承此派不无附会

陳氏世譜序

蓋聞之譜者何誌補也何為以補訓譜也予姓散亂則補之先世功德湮沒淪亡則補之故謂之曰譜譜者補也補其世之所不足也又名之謂誌也在朝則有玉牒在國則有信史在家則有譜牒總之曰誌誌者誌之令不朽也不朽則可久可久則可大古之人所以保世大德業彌光蓋謂此也譜之所關顧不重歟予觀陳氏世譜從古迄今歷有二千餘年鴈行魚麗炤穆森森雖歷千萬年未有艾也予閱之不無有感　於斯遂書之以為序

大宋慶元　年　月　　真德秀拜題

枳城緞羅申鴻文刊

公字景元浦城人四歲受書過目成誦累官參知政事世稱西山先生謚文忠公之學以朱子為宗從祀　孔子廟廷

中華民國乙卯年孟秋之月朔日有虞氏壹百柒叁世裔孫有國氏拜錄

序

予墨溪人也一日適過於市訪於故友濟川陳君之家出其家之譜牒以示予屬予為序拜簒而繹之因妄僭其序夫譜之作為族而書也族之先世自一人而派傳於千萬人方其始由子而孫上

從高曾下衍曾玄猶知尊尊而親親愛
敬而敦族迨澤斬而稍隔則爾我分矣
親者遂疏而近者遂遠又其中有出祖
離鄉徙居於東西南北之區者傳流愈
遠而愈忘其族焉吉不賀凶不弔視親
如路人蓋由譜牒不修而子孫無聞者

然也既無其譜縱有孝子慈孫僉斯隆興簪纓奕振欲遡本尋源覓始祖之故址廬塚者得不為晋人所紿而埒燕人之大戇乎是譜之不可無作也明矣譜也者所以明世系辯昭穆録貴賤紀興繼維吾宗之同而聯吾族之親也本支

百世天潢不可以紊亂仲叔盈庭王章不可以倒竊宗族既同以親則昭穆有序而少長不相淩兄弟有倫而小大不相加各供其職各安其分不至於去順效逆以速禍也由是世系明則知篤同氣而疏者親矣譜式辯則能明祖亦而

遠者近矣貴賤有章則慕思齊之銳志者可以興矣興繼有紀則善繼述之不忝者可以觀厥後有矢志於文事而沐恩於王庭者知祖德之由積如范文正者乎能令孝恭施於有政是亦為政如闕里素王者乎故譜立則族親族親則

梹城繼羅中鴻文印

仁昭義立仁昭義立則身修家齊由百世之後等百世之祖而世世系莫淆若綱在綱如萓同根孝弟之心生秉彜之性存決無秦越相視鑒斯譜者知所勸懲是為序

賜進士出身奉議大夫刑部河南清吏司郎中戴以讓拜撰

序

嘗觀譜圖而知吾陳出自周武王封胡公滿於陳子孫因以氏焉至漢有曲逆侯平公六出奇計輔高祖定天下更封關內侯湯斬郅支單于威震方外又有寔公節義自持巨擘一代儒宗其子元方季方以二難撐持天下歷數世而生武帝兄弟霸始生文帝蒨宣帝頊撥亂南面歷三十餘年故金枝玉葉遍滿天下封宜興王而其後為江州義門之祖即江西九江德安縣是也封錢塘王而其後為兩浙諸陳之祖封江夏王岳陽王而其後為潮南諸陳之祖封新安王而其後為饒信徽寧諸陳之祖封太原王桂陽王永嘉王南海王而其後為兩廣諸陳之祖封南康王汝寧王而其後為福建諸陳之祖又有因患難而遷者西川陝而其後為西川陝諸陳之祖又有商遊各地而其後為吳越諸陳之祖

枏城級羅中鴻文印

支分派别不可勝紀余嘗恐其流之遠而失其地自唐以来雖有宗譜可凴然據余之身三百餘年其中繼述之異興替之殊遷徙之繁世次之别真偽之分其誰知之三世不脩譜則下人小子且淪於不孝故余於暇日夜之功於淳祐壬寅告成於開慶己未更年十有六纂修區畫未足言盡　祖宗自出之源子孫自分之地歴幾耩足而後明耳後之人有能以余心為心世世相承代代脩續則豈止四海一家而親愛之情雍穆之義雖與天地同攸久可也吾陳盍豐國之鑑

大宋開慶　年八月　日　江右南昌裔孫陳思穎習尊序

陳國出奔易姓序

三世孫蒲奔衛衛欲滅蒲大夫曰攻蒲爲禍不可後改爲胡氏舜生於姚墟因以氏焉胡公滿五世孫亦爲姚氏五世孫莊伯轅世爲陳大夫孫濤塗意欲將祖字爲姓後去車爲袁濤塗十二世孫公子完字敬仲奔齊齊桓公使爲工正後改姓爲齊田氏至十世孫田和篡齊烈爲諸侯國爲田氏所有齊宣王使小子通字季達爲平原般郡陸鄉因以陸氏即陸終故

地齊宣王使陳子元食菜於孫因以氏爲孫氏有二派一派孫叔敖一派陳子元昔日孫武子江東孫策此陳子元之派下余在家奔波數十年至乙巳年来南洋遊數十州府未嘗見之至梹城見之此我家譜也余携永春江州廣東廈門四處族譜日夜稽閲考訂自己酉至乙卯雖補足言未足余恐後人不知故急爲之　序

民國五年丙辰季夏之月　日南岐裔孫禎祥拜録石印

虞城有二一云虞在河東虞城縣西云虞在山平陸縣係邑封在虞縣封在西虞二云虞也

陳氏史記

舜奮自嬀汭綌唐而有天下傳位禹南廵狩崩於蒼梧之野群臣葬之零陵九嶷山三妃奔喪至湘水灑涙染竹成斑三妃者帝堯之二女娥皇女英以及癸比也皇無子英生商均及桂釐比生二女曰明宵曰燭光舜本姓姚因居嬀汭封於虞因以嬀為姓謚法仁聖盛明曰舜虞之封即今之梁國虞城是也夏德中衰少康奔虞虞思妻之以二姚而邑諸綸因得其一城一旅以中興虞思之後箕伯直柄浸以衰湯放桀封虞遂於陳為舜後迨殷衰舜六十世孫閼父事周為陶正生嬀滿封於陳與夏殷之後為三恪是為胡公公卒子申公犀侯立申公卒弟相公皋羊立相公卒立申公子突為孝公孝公卒子慎公圉戎立時周厲作暴之日也慎公卒子幽公寧立幽公十二年厲王奔彘二十三年幽公

板城後羅申鴻文印

卒子釐公孝立公六年周宣王即位三十六年釐公卒子武公靈立武公十五年卒子夷公説立是歲周幽王即位夷公三年卒弟平公燮立平公七年周幽王爲犬戎所殺周東徙秦始列爲諸侯二十三年平公卒子文公圉立文公長子鮑又娶蔡女生子佗十年文公卒桓公鮑立桓公一十三年魯隱公之元年也二十六年衛弑其君州吁三十三年魯弑其君隱公三十八年正月甲戌桓公卒蔡人作亂殺桓公太子免而立佗是爲厲公公二年生子敬仲完周太史過陳厲公使以周易筮之得觀之否爲觀國之光利用賓於王此其代陳有國乎不此其在異國非其身在子孫若在異國必姜姓太岳之後物莫能兩太陳衰此其昌乎厲公娶蔡女數如蔡滛七年太子免之三弟曰躍曰林曰杵臼共使蔡人誘厲公以好女因與蔡人殺厲公而立濯是爲利公公五月卒立中弟

林為莊公公七年卒立少弟杵臼為宣公二十一年宣公有嬖姬生子款欲立之乃殺其太子禦寇禦寇素愛厲公之子完完懼及己乃奔齊齊桓公使為工正三十七年齊桓公伐蔡蔡敗南侵楚至召陵至還過陳陳大夫轅濤塗惡其過陳也詐齊令出東道東道惡桓公怒執轅濤是歲晉殺其太子申生四十五年宣公卒子款立是為穆公穆公五年齊桓公卒十六年晉文公敗楚師於師濮是歲穆公卒子共公朔立六年楚太子商臣弒其父成王十

此成王字下有闕文失句今不可考大約必續在靈公成公哀公悼公矣

楚靈王聞亂使公子棄疾伐陳既滅陳五歲殺靈王而代立是為楚平王平王初立欲得和諸侯乃求故陳悼太子師之子吳於晉立為陳侯是為惠公七年陳火十五年吳王僚使公子光伐陳取胡沈而去二十八年吳王闔閭與子胥

敗楚入郢是年惠公卒子懷公抑立懷公元年吳破楚在郢召陳侯陳侯欲往大夫曰吳新得意楚雖亡與陳有故不可倍懷公乃以疾辭吳四年吳復召公公恐如吳吳怒其前不至也因留之死于吳陳乃立懷公之子越是爲湣公六年孔子適陳吳王夫差伐陳取三邑而去十三年吳復伐陳陳告急於楚楚昭王来救軍於城父吳師去是年昭王卒於城父時孔子在陳十五年宋滅曹十六年吳王夫差伐齊敗之艾陵使人召陳侯陳侯恐如吳楚伐陳二十一年齊田常弑其君簡公二十三年楚白公勝殺令尹子西子綦襲惠王葉公攻敗白公白公自殺二十四年楚惠王復國以兵北伐陳殺湣公遂滅之是年孔子卒

閔公次子全溫斋晉

按黃帝有熊國君之子也其母曰附寶之祁野見大電遶北斗樞星感而懷孕二十四月而生帝軒轅丘因名曰軒轅軒轅丘在開封府新鄭縣境舜乃黃帝八代孫也而黃帝生昌意昌意生顓頊

梹城[illegible]中鴻文印

顓頊生窮蟬窮蟬生敬康敬康生句望

句望生蟜牛蟜牛生瞽瞍瞽瞍生帝舜

及象

陳氏世系譜

直系者為父子橫系者為兄弟間以世遠難稽或累世而失其名則亦姑直系以系之又分派浩衍不得盡存名派之始末亦姑以其專者述而錄焉

舜 名重華黃帝八代孫受堯禪在位六十一年壽一百一十歲母握登

商均 名義均封於商是為商均

季釐 封於繒後為桀所克

虞思 帝舜之曾孫

箕伯

直柄

直柄

虞幕

虞遂

閼父 舜六十世孫為周陶正

胡公滿

周武王以元女妻胡公滿封於陳以備三恪奉帝舜之祀子孫因以氏焉

胡公滿

申公 名犀侯舜六十二世孫

相公 名皋羊繼兄位 相公卒申公子孝公立

孝公 名突

慎公 名圉戎

幽公 名寧

幽公

釐公 名孝

武公 名靈

夷公 名說

平公 史記謂夷公之弟名燮

平公

文公

桓公 名鮑生五子

厲公 名佗殺免代桓卒為躍所殺

太子 名免被佗殺

利公 名躍五月卒

莊公 名林七月卒

宣公 名杵臼

敬仲 名完奔齊

太子 名禦寇被文殺

穆公 名款

陳敬仲奔齊十世孫田和篡齊列為諸侯子孫以田為姓

田齊宣王封少子通于平原般郡陸鄉子孫因以陸為姓焉

陳氏族譜

穆公 款

漢田廣之孫篤登爲第二之姓齊田氏之後漢初徙園陵者多以次第名爲氏

共公 朔

靈公

平國淫於夏徵舒之母夏姬被殺楚王伐五年

成公 午

哀公 弱

哀公

悼公 太子偃師生

子吳

太子偃師公

留公 殺悼自立卒爲楚滅立師子吳

勝

惠公 吳

懷公 柳

閔公 名越十四年爲楚惠王所滅閔公七年孔子卒

衍 閔公次子全溫奔晉

全溫

首舜至閔君之始末也首全溫者臣之始也首寔者潁川德教之始也首政者開漳功澤之始也世漸遠則漸詳故溫以下傳名俱載無闕焉

陳氏族譜

全溫
奔晉事魏為浚儀大夫別號陳晉因姓焉

爰文子
溫七傳至魏滅失其官

憲

武
事漢為秣津侯

仲成

仲成

魚
字終伯仲成少子漢臨江王傅

公望
始春秋漢武時上書自薦為春秋博士

道源
漢司隸校尉領京兆任七郡事

若海
為陳留尉

若海

頵昌
冠軍大將軍領益州刺史

乾岳
蜀國都尉轉月南太守

綬
漢正和間歷任尚書員外郎

見深
大中大夫授皇子司經

見深

析山　深次子入為太子詹事出為高密太守

賢　世祖建武初為野王令

希古　為武威軍謀祭酒

孟璉　為閩始祖卒葬浮光山之麓因家焉

孟璉

宗堯　漢豫章太守

康晉　漢豫章太守

世珍　河南督郵

天爵　河南督郵

天爵

冲翺　冀州刺史

引奇　信都別駕德化大行恩威并著

實　字仲弓謚文範為漢太丘長潁川公二十玖世孫

閩公以前年紀不可稽自全温生於周敬王十一年壬辰至寶生漢和帝永元十六年甲辰共六百十三年又自寶甲辰年至唐總章二年己巳政来閩共五百六十六年又總章二年至明崇禎十一年戊寅共九百七十又自崇禎戊寅年至清康熙二十八年己巳五十一年又自康熙二十八年己巳至光緒三十四年戊申弍百弍十年

周胡公滿四十九世孫漢太
邱長諱實字仲弓謚文範先
生壽八十三歲

江州義門家藏真像

心涵丘壑意想林泉清風拂面皓月
當天胸藏二酉志樂百年授長生術
舞衣翩躚

孔融

弼公即楊賜先生
深公即陳耽先生

陳大丘碑文有序

蔡邕題

先生諱寔字仲弓潁川許人也含元精之和應期運之數資兼九德總修百行于鄉黨則恂恂焉彬彬焉善誘善導仁而愛人使夫少長咸安懷之其為道也用行捨藏進退可度不徼許以干時不遷怒以臨下四為郡功曹五辟豫州六辟三府再辟大將軍宰聞喜半歲太丘一年德務中庸教敦不肅政以禮成化行有謐會遭黨事禁錮二十年樂天知命澹然自逸交不諂上愛不瀆下見幾而作不俟終日及文書赦宥時年已七十遂隱丘山懸車告老四門備禮閑心靜居大將軍何公司徒袁公前後招辟使人曉諭云欲特表便可入踐常伯超補三事紆佩金紫光國垂勳先生曰絕望已久飾巾待期而已皆遂不至弘農楊公東海陳公每在衮職羣僚賀之皆舉手曰潁川郡陳君絕世超倫大位未

濟慚乎文仲竊位之負故時人高其德重乎公相之位也年八十三中平三年八月丙午遭疾而卒臨末顧命留葬所卒時服素棺椁財用襯喪事唯約用過乎儉群公百僚莫不咨嗟巖藪知名失聲揮涕大將軍弔詞賜以嘉謚曰徵士陳君稟岳瀆之精苞靈曜之純天不憖遺老俾屏我王梁崩哲萎于時靡憲縉紳儒林論德謀跡謚曰文範先生傳曰郁郁乎文哉書曰洪範九疇彝倫攸敘文為德表範為士則存誨歿號不亦宜乎三公遣令史祭以中牢刺史敬弔太守南陽曹府君命官作誄曰赫矣陳君命世是生含光醇德為士作程資始既正守終又令奉禮終設休矣清聲遺官屬掾吏前後赴會刊石作銘府丞與比縣會葬荀慈明韓元長等五百餘人緦麻設位哀以送之遠近會葬千人已上河南尹种府君臨郡追嘆功德述錄高行以為遠近鮮能及之重部大掾以成

時銘斯可謂存榮沒哀死而不朽者已乃作銘曰
峩峩崇嶽吐符降神於皇先生抱寶懷珍如何昊穹既喪斯文微言圮絕來者曷聞交交黃鳥爰集于棘命不可贖哀乎有極

太丘有道皆後漢儒宗入齊梁守便不知作許多綺語矣此却出之清俊頤德鴻名已堪不朽于此見漢與六朝不同

陳世系序

世系者吾一世祖實公以前相傳之系也草創司馬子長補綴於台州刺史詞不泛而切事而不煩而足意不冗而當此謂贊之鬼神而無疑百世以俟聖人而不惑者也吾宗之譜參互考訂蓋十有二年太丘以後賴有唐宋諸君編錄

必誤　傾氏　為兩殷　殷續　閱叢　沉吟三　中有吳

明白若以前雖相傳之次無間然嘗竊疑也恐後之議今亦猶今之議古也如此閣筆沉吟又三年偶得是系於避近之際捧而誦之有如日月行天度數分明節序雖鮀倭髡辮亦無容措一詞於其間至哉前人之用心也敬拜而請携歸纂集告成用梓使知自得姓而下若祖若宗如珠貫然猶次序而不亂自邸里而下若子若孫如植木然叢會條達而不已者非若沿空駕虛扯東牽西者之可擬也傳不云乎莫為于前雖美弗彰莫為于後雖盛弗著今日之事敬揭之以屬後來凡為吾陳者須知共寶焉耳

又按陳七郎札子 老年 年

皆講自屬五至太丘祖多至卅六世查史

戴氏另二十五世據五子完書莊卅二至十

奔祈（另紀元前　）太丘祖柱去甞時人（紀元

漳寧宗嘉定十三年庚辰進士仕至朝散大夫知高州府事裔孫候庸撰

自陳居五至太丘祖相距　刮百年　那有此

世　言

潁川陳氏世系

閱公二十九世孫潁川一世祖

始祖實公

字仲弓謚文範先生為漢太邱

父子俱盛德時人稱為三君在鄉閭平心率物有爭訟求正曉譬曲直退無怨言乃嘆曰寧加刑罰不為陳君所短

- 紀　字元方任鴻臚太卿
  - 群　字長文謚靖侯任魏司徒
    - 泰　字元伯任左僕射
      - 新
      - 準
      - 聲
      - 壽
    - 訓　字文道任隨任即尚書令
- 夔　字時方
  - 祐　字宗叔為司徒
    - 議　字河伯官司徒　因安譜祐生漢字伯和
- 洽　字仲方
  - 唐
    - 瀧　分高平
- 諶　字季方任散騎侍郎漢末為司空今盂江凍是也
  - 忠　字孝先任尚書令
    - 驕　字香孫魏明帝時任觀察使
      - 相
      - 福　字承祿任博士
      - 燾　為尚書郎載在晉史封安國亭侯
    - 琳　字孔彰任記實即魏尚書郎
      - 疇　字承祐任通直郎
      - 壽　字承祚任著作郎　承徒
- 信　字大方
  - 談
    - 閏　字文爵高元太守
    - 龍　任尚書
- 光　字是方
  - 締
    - 岩

按三國志泰傳泰子長恂次慎恂無嗣以慎子溫紹封

按因安譜載郡生準準生訢訢生顒顒生虔虔生霸漢

又按三國志裴松之註者陳氏譜諶孫佐佐子準準弟戴徽及從弟堪並至大位準孫逵逵犦衞將

陳氏族譜　上

楧城瀫縣中篤文印

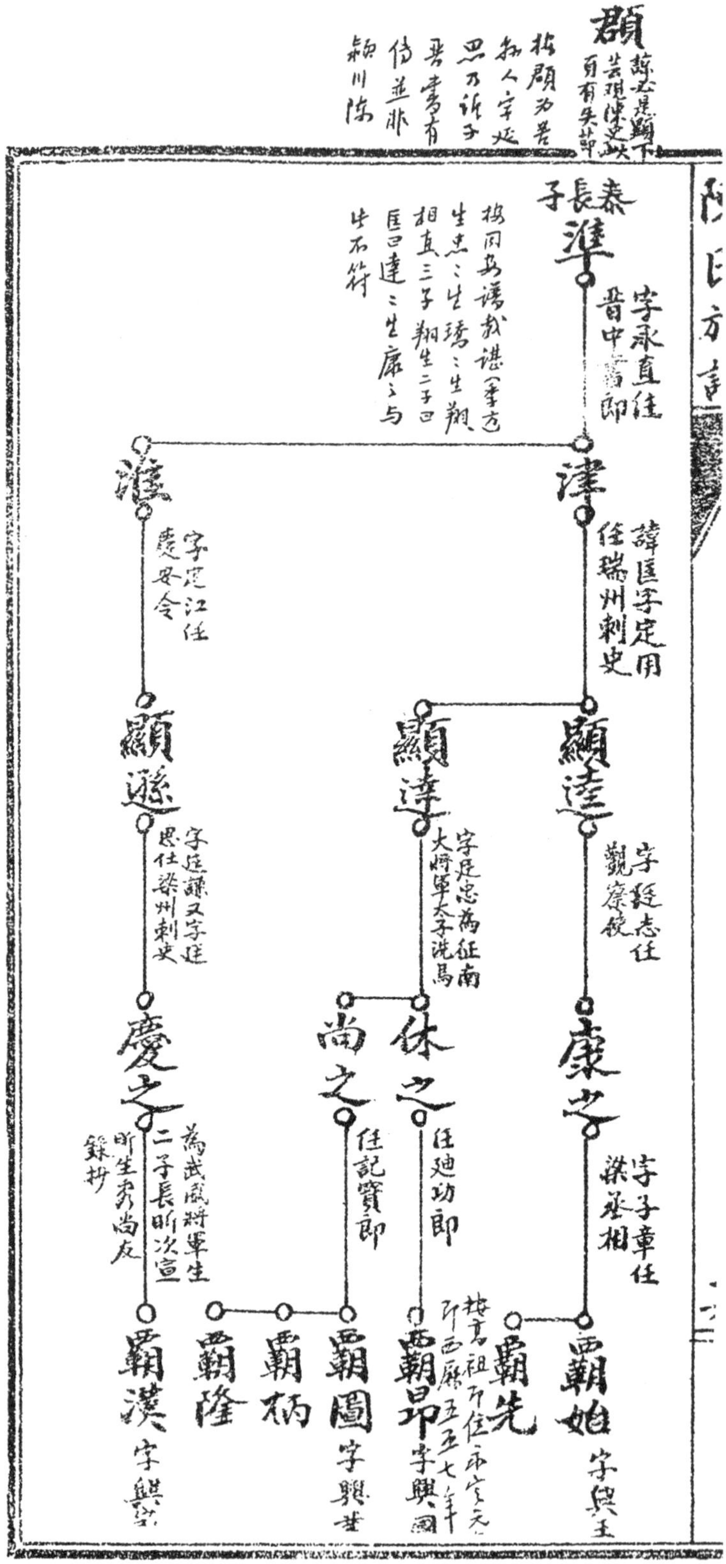
顒
泰長子
準
字承直
任晋中書郎
津
任瑞州刺史
濩
顯達
字挺志任
觀察使
顯遜
字廷謙又字廷
恩任崇州刺史
康之
字子章任
洪丞相
休之
任迪功郎
尚之
任記寶郎
慶之
爲武威將軍生
二子長昕次宣
霸始
字與王
霸先
霸昂
字興國
霸圖
字興世
霸柄
霸隆
霸漢
字

泰次子

- 聲 字承和 任晉徵仕郎
  - 啓 字日升 任朝議大夫
    - 娍 字開業 任大理寺
      - 敬之 任吏部侍郎
        - 覇雄
        - 覇烈
      - 啟之 任著作郎
        - 覇顯
    - 威 任建功郎
      - 德之 任博士
        - 覇剛
      - 健之 任節度使
        - 覇毅
  - 發 任員外郎
    - 感 任觀察使
      - 孟之
        - 覇俊
        - 覇傑

維之　任饒州刺史
霸卿

熙之　任通直郎
霸選

慶之子
霸漢　字興家　號太宗　封汝寧王
果行　諱欽將　字齊脩　任大司徒　封忠烈王
克荊　字叔邇　歷開國元勳進封濟美慶侯　樸憤長子忠郎
按同安作克耕

敏　兄弟三人俱任中郎將
數　數公按同安譜作敬公　敬公生忠公為南陳始祖
政
允光

批史载 丁未年诰赠皇兄道谈如下栖

康之長子
霸始
字興王
封始興王

道谈
丁未诰赠南兖州刺史长城钖公赐照烈
未尝名西霸始

蒨
字子田为世祖文皇帝
在位七年號天嘉天康
江州族譜謂周胡公满
六十世孫也

頊
字子華

伯宗
字奉業為廢帝
在位二年号光大

伯陵
字奉先
封寧國王

1 伯茂
封始興王

2 伯山
封鄱陽王

伯固
封新安王

3 伯恭
封晋安王

批史载文帝派下
九王之并伯陵伯固

枋城鰕雉中瑞文印

高祖有房
擬
詳
継孫輩
慧紀

康之次子

霸先　字興國
諱陳高祖武皇帝
在位三年號永定

昺　字紹世
封太平王

昌　字紹陵
一字敬業
慶安王後封
衡陽郡王

按陳書我
衡陽獻王昌
為武帝第六子

叔卿　封建安王

叔儉　封南安王

叔明　為江州刺史後為
江州義門之祖

4 伯信　封衡陽王

5 伯仁　封廬陵王

6 伯義　封江夏王

7 伯禮　封武陵王

8 伯智　封永陽王

9 伯謀　封桂陽王

又陳書我高祖弟名休先
封忠壯王生子名曇朗封為
南康愍王曇朗生二子長名
方泰次名方慶　又妾左氏生二子方華方曠

頊 字子華 為孝宣皇帝

叔寶 在位四年被廢為長城公更被隋滅

30 叔陵 封始興王

1 叔英 封豫章王

2 叔堅 封長沙王

5 叔獻 封河東王

沉 太子名深 廣譜謂名深陳史亦名

澂 封吳興王

嶷 封南平王

彥 封永嘉王

虔 封南海王

梹城鍜齋申鴻文印

6 叔齊 封新蔡王
7 叔文 封晉熙王
8 叔彪 封淮南王
9 叔重 封始興王
10 叔儼 封潯陽王
12 叔達 封義陽王

祗 封信義王
虓 封邵陵王
莊 封會稽王
恮 封東陽王
藩 封吳郡王
愔 封錢塘王

13 叔雄 封巴山王

14 叔虞 封武昌王

11 叔謹 史載叔慎 封岳陽王

15 叔平 封湘東王

16 叔儆 封臨賀王

17 叔宣 封陽山王

18 叔穆 封西陽王

20 叔澄 封南郡王

21 叔興 封阮陵王

22 叔韶 封岳山王

23 叔純 封新興王

24 叔謨 封巴東王

25 叔顯 封臨海王

26 叔坦 封新會王

27 叔隆 封新寧王

25 叔榮 封新昌王

29 叔斤 史載叔匡 封太原王

13 叔卿 封建安王

19 叔儉 封南安王

4 叔明 三人均出繼

以上宣帝之子四十二人一爲後主三人早卒八人未及受封受封王爵者即此三十人是

昉之長子

霸圖 字興業 封南康王

嚴 字夢臣 封忠肅鄖公

高 任校書郎

亮 任奉政大夫

錡 任尚書僕射

銘 任度支郎中

錦 任員外郎

範

按同安譜載忠公為霸漢曾孫嚴公子乃北陳政公胞姪与此不符

範之子

忠 封鄧國公像在海澄龍門烟墩巷 長孫炎則建字忠 鄂墓在海澄三都琢頭

邕 唐賜進士 太子太傅 入閩為始祖

譔唐開漳龍湖公宗譜總序

嘗聞家之有譜與國之有誌並傳所以紀祖功宗德令數百傳以後猶得攷其世系如本之有本根水之有源流也然古有起家而及國未聞開國而傳家者有之自龍湖公始余司鐸龍署適於乙卯年莅任奉府委到廟春祭詢及裔孫陳嗣鏘持龍公宗譜示余謂漳郡遭於兵燹淪於水潦載藉蕩然存者什一求正諸余余忻然受之曰古無二姓是即吾宗譜也爰展閱字蹟柰不無魯魚亥豕之憂由是訛者訂之落者註之尚有闕義不能強解姑俟之叅稽因得序其世云

公先河東人乃商均胡公滿之胄漢太丘長實仲弓之後世居於光州之固始縣浮光山遠不能盡紀溯其高祖諱繼任梁為合浦太守有業珠豳丁賑飢禱雨之異政濂州故有陳王祠曾祖諱覇漢即陳武皇帝霸先之從弟也為大宗

正封公加九錫不受著有省心録自適小築曰歸政軒祖諱欲得爲守嘉興請蠲逋負泣諫煬帝不從以死州人立廟號謂隋司徒考諱犢見隋室之亂倡義平紛率所部詣神堯有邑歸功特賜錦旗繡字爲開國元勲蓋其先世之功德有自来矣今紀開漳列爲第一世祖諱政仕唐總章爲玉鈐衛將軍在泉潮之界綏安縣即今漳浦也自漢以来久成荒徼勅令鎮戍閩屯建堡初屯於九龍嶺之下既屯於梁山外之雲霄遂建宅於梁山火田村卒葬於雲霄山下即今詔安縣地面人占有王氣後從文溪峰山此則一世祖之大略也以龍湖公爲二世祖諱元光字廷炬年方十三領光州鄉薦名居榜首未第隨父戍閩代領兵衆因討平廣寇還嶺南行軍總管奏請建州置吏於泉潮即今建寧府以控嶺表朝廷從之尋遷中郎將乃率所部披荆剪棘開府營城所爲化家爲郡者

此也已而蠻寇復熾公帥輕騎討之援軍後至戰没於障漳人程像悲祀如生
贈豹韜衛將軍謚忠毅文惠詔賜彤簫器皿旌表盛德世祀坊州治一徙於李
澳川州既徙於龍溪而廟亦隨之宋徽宗賜威惠廟額高宗時人以松州去城遠
官祭維艱遂改廟於城北焉五代閩追贈保定男宋累朝歷封公侯伯至贈封
靈著顯應昭烈廣濟王上自三代下迄七世封侯御賜雲孫冠帶奉祠以祭春
祈秋報殺丁社一等其功存社稷可不謂懋歟第三世珦以明經及第名亞狀
元王摩詰之下授翰林院洎揭巢銀城藍奉高等父仇以復致政不仕闢書院
於松州教授生徒謚文英稱漳之文學繄公開之郡誌載之詳矣四世酆舉
明經授寧遠令秦上官應朝廷之聘領州事而襲祖爵視篆疾卒兵民籲以身代
焉有精諳地理撥部至龍溪舊為永寧鄉登高山下桂林村奏增城置縣者則

第五世謨代領父衆后加大司馬兵部事厥功當與開郡等耳謨有光詠初以世襲褒有瓜竹之風為恩州幕官生章甫為光州司馬仍復重營固始舊第示不忘本也越六世朋進階判官遷觀察轉運使兼刺史拜中書令加尚書太傅在州無事硯匣塵封為承司徒潘宗實為述宗譜以承其傳譜成喜自誦曰出則德忠悃於朝入則展孝思於家在茲舉矣七世簽十六登進士時稱慶曆三榜遷刑部兼史館修纂知制誥進右庶子加少司馬拜太保中書令賜金帛歸父封趙國公身封隴國公侍養十年有詩云中書榮捧尚書歸一世功名萬世稀父子相看頭未雪雙雙紫帶佩金魚至八世江援行軍總管及率馬步軍與冠鑾戰城陷遂斫繫殉難追謚毅封為忠顯子不亦宜乎若九世鶴年十三登標花歷官金紫光祿大夫謚文封開國伯十世田年十三聯捷進士歷官水部

考功即遷知制誥御史中丞右郎中拜侍郎侍讀歸田置別業世號南陳橋梓繩芳尤世所難耳嗣是十一世通爲王沈知岡置十二世天壽爲王延鈞姻婭俱襲崇儀指揮使及十三世續繼伯天福後闡弟嵏周登第意不自勝除知龍溪縣事還判漳州事及知臨濠府事有治事如家愛民如子之獎迺如十四世吕以出疆必載質賦冠當時出知羅山縣入爲鄉史院副而悉心究治文章爾薦十五世援時名大進班列一等除爲鄭判遷爲武學博士而勅賜傳宣威患威濟迨十六世大謀與弟大誥大綱同領鄉書登進士時表其門爲奎聚初授陳州通判又出爲提舉巡狩桂州居官明通公普謹重慮能時有伯侄相省水映水廟廊接武錦添花之稱者矣十七世舟以父蔭補官立學規則尊胡翼之講經義則主朱元晦凡出其門者皆理學登顯宦者悉有聲矣十八世謾以靈

著王賜冠帶承祀秩階勉光弟以力學光前裕後洎十九世光甫立齊家之法七百餘口五世並不分爨州守為蔡孝義坊於城右廂伊可風也其最異者二十世洄號煙波釣叟以子封贈年十七辭夢一神告以異數醒而莫曉迨年生萬言是為二十一世安紹興領鄉薦試春宮為狀元榜首初知全州超遷館署祭酒尚書吏部治政為天下第一二十二世太茂十二歲遊大學試講武殿名居武狀元首太興居第三初為全州教授遷知浦江縣事起永州軍事權考功郎中厥後歸休父子承歡極為榮幸者焉二十三世能貳以蔭補官時長溪縣旱禱雨輒應有主簿雨之謠又知陳州政簡訟清民曰陳州陳州再生父母也傳二十四世墩成童魁多士中進士第為敘州教授以文公大學中庸謄寫聰慧習之領賢書甚多歷遷員外郎至侍讀致政歸家遷於北溪前居蓋因祖之

別墅也二十五世子旦以廕補太學聶試合格卷登榮推官通判致仕僑居
者十九年五十五世子華以春秋左氏富絕當時為國子監薦轉宣義郎淮東
制置司記宜參軍時北虜長驅與諜征討者無不克捷歟據譜之所載其約略
彰明著也後續譜序規則統叙其世次系詳憲觀止矣由一世以至二十五世
合高曾祖考下世三十前人之行狀備矣且非獨此也其嫺儀壼範皆有肅雍
之化其女子少君亦嫺內則之遺蘊其話識如欽絲綸之盛讀其詩賦如聆瓊
呂之音而且蔭嘗之田猶班班可考也相祀之儀猶井井有條也別丞之神靈
在天諸如聚雨滅火擁蜂螫賊山茶吐花還襲舊塋之異跡雖殁百餘年猶能
捍灾禦患精英不散因今以思不赫赫若前日事哉迺陳子嗣鏘後進余言曰
今先人所遺祭掃公田僅有若干畝慮不成畢址咸惠廟有宋奉旨原撥迎福

淨安二院及廢刹羨餘之田刻碑立祭具見盛典嗣後槃乾没爲烏有矣春秋陳設僅借辨之空名良可慨也余答之曰子之念祖誠是也但禮之不可復勢無如何也子亦知滄桑數更所見宮室一過焉已爲墟矣所見墳墓再過焉又爲虛矣寧獨姓廟已哉憶郡誌有曰唐史無人修列傳漳江有廟祀將軍在當年已不勝感矣余不獲見往事之盛猶幸有司奉行故事而血食之未湮也倘今之豐軍有能整舉廢墜光復前典者乎則鼎新崇祀非一姓之祖而實漳人之祖覽斯譜也當不歎於杞宋之無徵也更願後人之象賢焉相與蒐而輯之續而修之則是譜洵堪與郡志並傳不朽也夫

歲在乙卯蒲月穀旦署龍溪學事教諭舉人沈冰同譜鍾斗陟望氏盥手謹識於丹霞山草堂

聖作物觀賦

玄黄叶運，法象呈輝。敎膺五百之人，應億兆之瑞。天錫聰明，地鍾靈慧，溢聲名
華夷，誕禮樂於類萃，肇脩人紀，噓吸天粹，德備中和，功臻育位，燮元氣以旋斗
樞，秉貞曜而燭寰宇，順月令以調王躬，廸民康而纘皇緒，敷天下之日用不知
萬動之靈時享所遇，日月麗天，山川設土，鳥獸魚鱉咸若，麟鳳龜龍咸俯，遠而
蠻夷來威，幽而鬼神超舞，凡三才之育物，俱向離而與聖人相覩者也。然物有
時而感，聖有數而興，故宣尼感懷於鳳隱，而先民歎壽於河清，匯傷時之未遇，
乃憤業之難成。我后重光乾符，一德多士，慶千載之會，萬姓能難名之澤，臣都
傾誠以揚聖休，董蒙作頌以歌皇極。歌曰：萬物育于天，不謝厥功；群生囿于聖

莫知德隆蠢愚自當兮睿哲自豐渴思朴飲兮饑思刀耒久聖道兮不倦會神化兮皆通斯亦時也唯時故唐虞之民可封非時則孔孟之聖猶窮夫物有聖化以存亡而人則異乎物秉精靈而作頌驅風雷兮從虎龍附四靈兮以瑞貢

明王慎德四夷咸賓賦

惟皇作極四海歸心闢明堂以受款斷猾夏之交使運八紘若風偃草化四達如火鎔金纘太宗之神武恢聖上之弘文書云明王慎德四夷咸賓成周猶有獫狁文臣述以為箴若今則絕域獻寶珠方輿琛兵不膏原敵無血及覃太化於不測妙善戰於不陣侔虞庭之兩階陋秦墉之萬仞漢武窮兵猶其下風周宣薄伐尚庸執訊窮載籍樹未有之洪勳協環區覩皇靈之丕振臣工敬忭舞以覲耿光草莽蠢長獻以效忠蓋猗大唐兮臣萬方赫天威兮四國煌德周旋

兮澤普將募醜類兮來遐荒貢方物兮咸歸王貫胸鑛耳兮服戎羲白雉翠羽兮畫越裳兵不及兮弓不張羽衣穴居兮奔且僵殊深絶盡兮滿庭芳坦周道兮瞻惟皇通九夷兮擴四疆重九譯兮浮十航魁自識兮判自壤納和好兮仰化光祝聖壽兮侔天長踰皇風兮進霞漳

四靈為畜賦

統天惟皇符聖斯瑞皇敬命以奉天天縱皇而拔萃德體乾坤以弘化工道諧帝王而媲儔類應期闢祥育楨涵粹此四靈之為畜彰品物之含惠考之前代甘露醴泉紫芝丹桂竊擬末流難侔魁偉飲休德以難名繪奇功而莫喙於戲玄德四達神光軒豁大集厥祥畜于郊藪曰麟曰鳳曰龜曰龍慶雲蒸潤瑞露寫瀣羽毛鱗介類聚景從靈囿靈沼於牧其爰稽前朝伊誰比隆魯邦麟獲周

岐鳳雖舜河龍出禹洛龜逢各一符應何斯薦鍾魯道有湯文治一方叢沿朴
古禹愧陶唐我唐文煥萬國歸王神功赫發妖氛潛亡一角慈祥五彩煒煌吉
凶有稽雨暘時豐帝德謙光宵旰未遑讓美于天修省彌莊四靈爲畜大造相
忌藩牧成化揚厲成章雖誇駿逸維紀休祥

汝寧剌史鄭

批詞賦宗屈宋然成於謏說所激斯子幼冲乃精凝物情雄樿辭語行當黹呈
獻勒奬與以作中州之瑞拔冠本州以觀其年高德廣

左拾遺裴行立評

三賦神思英爽詞旨平敷觀其轉旋經緯雄渾壯健鍊達老成三代之威風無
幼冲之嫩語河南天地陰陽之和此賦泄其英矣

龍湖公集

語書題龍湖

環堤森霧伏壁水湛天樞帶雨金龍甲朝天錦鯉魚樓船搖月鑑閣鼓肅冰壺扣柮歌三疊飛觴瀉百枯犀燃神鬼泣劍射斗牛虛懷古標遐軌龍湖第一逢

其二

一戈探虎穴萬里到龍湖原上千花雨湖邊百草埔分曹驅鹿豕犄角困獐狐野女妍堆髻山獠醉倒壺氣濤消霧沴路險逈雲衢虎帳風霆肅龍旂日月舒芟除書荊棘雨交鑑湖娛

其三

地極綏安鎮天隨使節存民風移醜陋士俗轉醞醇野服迎旌佩獠車避陣雲

宣威雄劍鼓導化動琴穡石裂磨刀處溪留飲馬痕龍湖魚鳥眼想此第三廻

其四

望望龍湖上魚龍薄漢雲鴻濛開半月蛇纖破孤軍一鑑生風翰千章渙浪紋

法慈敷教化清淨加彌綸法慈剪凶醜凜冽迴春溫龍湖三五夜榮戢四廻輪

其五

隻騎登南服五龍開洞門未有登臨者天留好使君湖心涵萬象湖口合千春

从玩天機動昭迴漢表文迢遥天侶上磊落野人群促命茅君起雄揮記五廻

南獠納款

南薰阜物華南獠儀庭寔野味獻芳芬海殽豢茂齊腦篆飛瑞煙蠙珠媚炎日

捲嫣籠白鷴遙章閃藏鷁歸化服維新皇朝重玄肩筮長貢龍顏表子躬逢吉

不敢希釀泉忻然覩香雪圭璧充庭輝山林變瑤闕農郊卜歲豐飾閭和民悅觸簷鳴璃珩拂衢凜鈇鉞藻臺凈冰鑑茶壺團素月聖恩宏海憮邊臣効芹説

平猺宴喜

玉鈴（鈐）森萬騎金鼓肅群雄掃穴三苗竄旋車百粵空風生雲無帳雪壓碧油幢史烈消窮壯呈祥應歲東朝端張孝友炮鶯待元戎

山遊懷古

遐烈驅黎瘴委蛇陟翠微漢宮塵漠漠隋社黍離離聖遠津稀問蟾升樹亦輝晨昏童冠浴夜靜士民嬉邊檄與師旅秋深近阻饑仲由剛協力曾點志同時倚曲酬歌去宣尼正哂而

旋師之什

雨盡青山昏師旋赤眉金皇天監有光遏師却非義六月張貔貅萬弓發羊豕海岳昏劾靈苗民悉循紀卷舒如祥雲進止若時雨薄暮天爲陰銜枚肅我旅一火空巢窩，群兇相籍死采芑歌言旋記此非黷武

喜雨次曹泉洲

上帝將垂譴遏臣驚不寧傍徨勞野馬乾曝俯龍亭精意馨穹昊陽和正鬱蒸絪緼雲作瑞驟蹬雨成聲原隰枯蘸發生靈死復甦刑牲崇禮報作頌慶昇平

其二

羲和停火輪霢霂深民福年康收籩文庭寔陳秋穫土產若赤腱勤綏功則情九五垂衣裳千萬監忠朴銅虎謹深懸木鐸令始作誥勅常佩吟酒色離酒惑

願皇欽福多錫民無災瘼載答聖皇恩轉輸赴河洛

望闕謝恩

御宸褒忠勇官符再佩箴遐陬蒙一体服馬赫遥臨海嶼知天瑞懽忻荷聖心
排衙香御臘應郭撤妖祲耩武勤西狩呼嵩拜北欽天顏嚴咫尺夙夜敢荒滛

教民祭蜡

玉罍陳醴酪金盌薦芳饎父老吹龍笛官僚仗虎塀山川出雲雨神祇迴曜輝
舞蹈幽明洽趨蹌禮度微祈禳稱世世民社兩無違

龍湖公祀后土

天啟鑑湖清靈源浸天碧不為潛龍蟠上翊飛龍績花氣濱龍香河光濟龍德
福以龍德鍾壽以龍仁益百禮祀龍神九歌感龍格龍湖配天長萬葉復千億

修文語士民

廟算符天象干旋格有苗三軍歌救堵萬騎兜鳴鑣虔嶺頑民遠潮陽匙逆掐偃文休眾士錫命自皇朝莫篆天然石惟吹洛下簫聲聞神起舞氣感海無妖方叔猷元壯相如賦未饒成周放牛馬林野任逍遙

半徑廬居語父老

寒猿獵嶺表添我哭聲哀極浦驅潮至愁連橃不開二州諸父老百里載牲來寂寞成堆玉坊戎未卹階萊蕪閒半徑金石耀雙台感愴千秋恨期消四境埃陰扶祈大母顯相賴殊才歡舞梁山下龍眠潮海涯三杯酬地傑一杖涉山迴璩拜諸公罷拈香奠晚爨

其二

丹心忠老母白首媚萱堂萬里提兵路三苗莖子方桑田多變海萱草獨凌霜
華潔凝秋色葳蕤燦晚芳山靈驅毒蛀神女靚明粧剎落千花後舒遲百歲康
如河齡九五霞佩陟雲房語罷咸追慕群然淚雨滂

按誌銘總章己巳閩廣之交獠蠻嘯聚高宗命陳政公出撫之至界以兵少
請援朝命二兄敏敷領兵南下。太母魏氏見三子之閩乃與俱往。至浙之江
山縣敏敷病殂至浦城孫子亦殂魏母提兵至鎮政得進屯雲霄營政卒孫
元光將軍代領其衆奉建州治。垂拱四年魏氏卒將軍以支孫承重付州事
于許天正。葬祖母于半徑山。結廬守制。漳人稱為半徑將軍故有廬居語父
老之作

語州縣諸公敬續

總角趨朝對雄飛出禁城人才當翊國世賞可辭榮憐厥神童子尋爲壯友生
南方承父鎮北闕列儒名移孝爲忠害由奮入儉寧長安瞻日月嶺海肅風霆
敗事識因酒增高必自陵尊年須養老使士要推誠貴協無他式清勤慎不矜

其二

敦倫開野叟勤學勸生儒列爵雖殊分同仁本一途雲泥如有隔水火豈相資
飲露知蟬潔觀顏覺鑑虛潛光同隱豹出宰必懸魚適國無先後梯雲有卷舒
天文迴北極水勢赴東都定策恭耆宿輸忠奉簡書彌年勲業懋開國負稱孤

詠珣公

恩御楓陛渥策向桂淵弘載筆沿儒習持弓纘祖風祛災剿猛虎溥德翊飛龍
日閲書開士星言駕勸農勤劳思國命盛德遂時空百粤務紛滿諸戎澤普通

顧言加壯髻勿坐鬢霜蓬

和王探訪重九見訪

河北推儒雅嵩高降岳神明經通桂旅飛憶渡荆津明快宜朝冀頌通亦我憐

怒同雷電厲喜沛雨霖恩喬木家聲舊嚴貂帝命新心交今管鮑籌運訪張陳

是日登高節伊誰送酒頻江州華胄使携榼再慇懃

公庭春宴

東風驅凍去萬品破陽輝紅紫粧春媚罍樽試酒奇公庭開月榭晨榼薦時儀

興逐芳芬發盃同蜂蝶飛誰云佳節會獨與賞心違信手撚紅瓣粘衣盡紫旋

陰移來日者各贈滿須歸

落成會詠

泉湖天萬里一鎮屹天中笠宅龍鍾納承恩燕翼宮環堂巍嶽秀帶礪大江雄
輪奐雲霄聳晶華日月邇浚煙喬木茂獻寶介圭崇昆後歌棠棣民和教即戎
盤庚千美玉陶侃效熊膺儼醴延張老閑精禮呂蒙無掁南國仰屏補聖皇功

其二

雲霄開岳鎮日月列衙瞻勝日當佳慶清風去積炎山畬遥獵虎海船逐通遊
龍澤覃江浦蟠坳耀斗蟾文床堆玉笏武座肅金簽奇計繩陳美明誠學孔燕
忠勤非一日箴訓要三詁千古清漳水居官續孝廉

酬斐使君王採公

百粤臨南海儒冠任使軺饋餞熊金佩和之美玉簫清風生四座麗日正良宵
意氣宜今契公忠豈古饒篇書頻誦讀玉燭要均調水鑑秋霄照吾門萬里遥

騑騑歌四牡諤諤答清朝

半徑尋真

半徑尋仙跡危峰望帝州千山紅日媚嵐巒白雲浮坐石花容笑穿林鳥話愁招呼玄鶴下撚持紫芝柔鑄鼎龍歸洞驚旗虎負丘高樓謀未遂勝境且須留巖谷連聲應漳湖合派流飄然歌一曲縹緲在瀛洲

半徑題石

喬岳標仙蹟玄扃安壽姬烏號悲嶺海鶴仰向京師鼇牒公侯胄懸弧將相兒清貞蜚簡籍視範肅門楣萬里提兵苦三年報母慈劍埋龍守壤石卧虎司碑憂關情猶結祥祠漳屆期竺符貞介凛桐杖孝思棲許史峋嶙篆曹傒感舊詩鴻濛山暵啟驗彩德昭垂華表瑶池宴清漳玉樹枝貽題明岳瀆展墓慶重熙

晚春旋漳會酌

帝德符三極皇風振四夷將軺春暮飲士卒嶺南馳馬嘯腥風遠兵歌曉日怡
妖雲驅屏跡芳卉媚迎詩拍掌橫夸槊徘徊索酒卮踏虛寬蛻豕臨箕使君迷

故國山川寫景

浮光昂岳望囿始秀氏鄉第宅森文武錮婕丰帝王珠樓簾結綺花苑水流香
禮節傳家範簪纓奕世芳飛鞭馳道坦聚蓋艷陽光簫鼓迎憧會桐麻遠唁喪
勲臣扶景運風樹配天長

神湖州三山神題壁

敬隨不尊士幽谷多豪傑三山亦隱者韜晦忘其名勝績美山水妙思神甲兵
精誠諒斯在對越儼如生木石森騶伏雲煙拂旆旌雨暘祈響應龍鳳勅碑銘

清洸符神潔香芹契德馨三山耀神德萬歲翊唐靈

其二

孫雲悅我心一點通神意流泉濯巨靈深谷豁神智魑魅神之兵黎庶神所庇精氣燭彼天名山妥靈地嶺表開崇祠遼東建神幟六字動天威九重頒歲祭相期翊國忠我與三神契

其三

孫征東嶺表冒雨一登臨再拜煙霞靄群峰垒壁森獨山峯聳閣中谷水鳴琴明山卉木翳遥林雲霧深磴崩闢明蹊平遼斷職稜神颷號萬籟列宿獻千禽樹尾揚旌帛山頭鏇革金葵陽烘同介華露潤華簪嵒立崢嶸勢鐘聞杳靄陰縮荷權口句搦水洗懷襟瀑石流觴詠豐碑駐馬吟三山香火地萬古帝王欽

拱城敝羅中崐仝刊

至人行

至人平念慮好惡歸眞衷鐵劍三苗罪同車蓋世雄斷蛟驅猛虎附鳳翊飛龍際會風雲上清平嶺海中竄伏邪保惠數士祿功庸妹子千旌紙妖淫桎梏凶熱壽消災氣精蓋啟宸聰羣靈三才立歸哉一道同

龍湖公全集七言

雲龍

乾坤成列神流通純陽附陰生神龍伸屈妙運參帝功一皷絪緼油雲從飛翔四海雨域十萬彙焦枯仰化融苦時潛德來奮蹤群生渴想心忡忡雷鳴雲起德斯普變化循環自今古

風虎

乾坤義氣為虎神咆哮尚關雖相親浮雲滿谷隨相震嘯地生風盤氣新日入
山椿騰百獸時清郭數宗麒麟忍饑渡河知仁人彰威揮爪雄武臣戴王象義
無忘嗟作政行苛何諒虎

聖作物覩

乾坤正氣鍾聖神聰明天縱臨生民四靈百端皆符身九夷八蠻咸來看制作
百為闢彝倫明煙千載秋又春物覩之聖為何人義農堯舜禹湯文萬古帝王
咸準則秪今萬物覩龍德

真人操

陰陽妙數生真人名山勝地隱其身吹噓瀨氣完元神井降雪外離煙塵軒轅
乘龍萬歲春穆覩王母存崑崙青牛出關逝去紛招呼鸞鶴引霞樽泰皇漢武

心塵土欲求真仙悉得覩

恩義操

天尊地卑分君臣乾男坤女生男孫懷恩花義成人倫入有雙親出有君行義顯親親以尊隆恩敬君君以仁君仁親尊恩義純雙全忠孝參乾坤春秋亂賊紛然起仲尼一筆扶人紀

其二

嶺海物產知君臣黑鯉朝北葵向曛嶺海物產知慈仁寒獺祭魚烏哺親吳起學曾斯學荀欺君害民要不奔祿養生成忘義恩不如雞犬司門晨

忠烈操

乾生男子坤生妹國有君王家有夫委質結縭託其軀三綱五常與命俱一朝

凶變遠常塗匡扶帝得將何如英英烈烈地慮無舍生取義終不渝柏舟之詩
王蠋語千古芳名耀青史

候夜行師七唱

一從長髮離京城侍父寒暄經萬程上籲玄天低籲地朝瞻紅日夜瞻星諸軍
者抵王師所四顧傷為荊莽輞群落妻奴凄泣聲饑然戎醜萬交橫司空淑人
頻勸諭英雄死義無求生馬皮遠裹伏波肯銅柱高標交趾驚振旅龍江偕戰
異移文鳳闕請增兵

其二

魏母感享奉勅文府兵雲屯成營屹然一鎮雲霧未断爾群言花柳春男生
女長適蕃息五十八氏交為婚火田黃稻俱甘旨鯛水金魚洽醉醺冠戎不測

紛如雪甲胄何時不出門夜祝天皇弘德澤日將山嶽化綿帳一聲樵鼓月初

戍戍樓西北望皇閣

其三

戍樓西北望皇闈日煖桃緋京國春公子踏青陪御輦官民結彩慶姻門上林

花木胭脂媚邊境桑蘇戟劍屯乳燕東風相對語耆親上塚孰溫存採茶喜鑽

新榆火修禊爭驅蠹虜氛盡醉韶華三月暮誰聞更鼓二更巡

其四

戍樓西北望皇家夏永南征嶺海賒殿閣凉生梅浦雨葵榴紅映錦江霞侮凌

烽心如水陣變幻風雲眼未花犀照湖花消魍魎龍呈劍氣射虛邪赤鳥黑馬

流紅汗綠榔金鶯肯翠華淬礪戈矛尋石上沉浮依李戲江涯蕙蘭紉佩生香

滿荷芰艖衫御著嘉穀斧闢林驅虎豹施罭截港捕魚蝦火田畬種無耕犢陰
隙戍潛起猺鴉夜析重門防暴客三更三點尚排衙

其五

戍樓西北望星州宿衙曾隨上苑遊明月蘆花迷曲岸西風梧葉報清秋鳳凰
臺上幾聲笛鸚鵡洲邊一葦舟對菊淵明懷刺史拋梭織女弄牽牛娟娟萬里
江河爛耿耿孤星大火流白雁遠傳蘇武札銀鱸細切李鷹差露悽霜肅吳砧
檮馬壯兵强楚戍愁報道四更笳鼓響銜枚襲虜獻俘囚

其六

戍樓西北望泉山十載干戈暑又寒紅錦飄來楓樹醉黃金廢盡菊花殘故園
橙橘小春鬧翠席圓湯冬至開劍戟百磨岩石裂驊騮群飲澤泉乾雪花散雜

梅花媚白水前為墨水餐河腹冰堅防虜騎邊陲雨凍樂征鞍水窓何北固風塞森壘闢東得月看迭起寒雞猶未唱銅壺先滴五更闌

其七

黃昏候夜到更闌爆竺驚閒把劍肖士友同仇裘共儆丈夫努力飯加餐星彗物換鬢花白月落參橫燭淚乾怨女鸞孤來遶撓征夫為健不離鞍量弘守留無遺壞令肅風霆欲裂山義重同胞堪搏虎身輕戰甲不號寒灰飛葭管陽初復柏落梅花歌未殘歌嘯柔殘胡虜却東南取道夕長安

唐高宗勑陳　政入閩

奉

天承運皇帝制曰朕為聖人之御天下也一視同人（仁）况泉潮乃閩廣之交嶺海為閩廣之藪民敉日申百害邊籌特屢九重命簡千域特當屏翰玉玲（珍）衛翊府左郎將歸德將軍政剛果有為謀猷克慎雖沿世賞非徒讀父書者比其進爾朝議大夫統嶺南行軍總管事掛新印符伏蓋授節鉞率府兵五千六百名將士自副使許天正以下一百二十三員從其號令爾往七閩百粵交界綏安地方相視山原開屯建堡所轄泉潮二州官吏聽其提督軍民聽其撫綏暨爾七閩百粵方面官員當知會者知會合節制者節制事勢難為奏請取旨不容阿私沮撓共期整治靖寇患於炎荒奠皇恩於絕域筮辰發吉明禩斯征莫辭病

炳則朕醫莫避死死則朕埋斯誓斯吉爰及苗裔爾往欽哉

唐總章二年三月十五日

清

乾隆肆拾弍年歲在丁酉中是之月南岐裔孫文煥薰沐頓首拜録

唐列祖傳記

忠毅文惠公謚元光字廷炬號龍湖行百五二生於顯慶六年丁巳二月十六日子時狀貌魁梧手采卓異其表二十有九天頭地足鳳眼龍鼻斗唇均頤輔喉犀齒脊龜掌虎澤股聲宏鼻膝有腸棒背淵臍準末三山口含一字色如傅粉眼若流溢耳綴雙珠眉垂八彩唇看如輕前望如軒手垂過膝髮立委地身高七尺四寸二分腰大九圍一寸三分胸有文曰輔世長民是以聰時蓋於一時言業甚於萬世　總章己巳年甫十三博覽經書貫通子史固人稱其為文鍊達老成雄深壯健有三代之遺風焉是歲領光州鄉薦名居榜首而未第遂從其父戍閩父薨代領其衆任玉鈐衛翊府左郎將得首惡於金鉛而族之從賴民於寧遠而全之由是黎民知法夜犬不驚　鳳儀二

年會廣寇陳謙連結諸閩苗自成雷萬興等攻陷潮陽守帥不能破賊公率輕騎討平之永隆元年詔進嶺南行軍總管進階正議大夫嶺南盡職如故垂拱三年十二月十九日上疏請建一州於泉潮間以控嶺表乞擇刺史以主其事時宰相待從官裴炎婁師德裴行立狄仁傑等建議以為遐方僻壤不沾王化治未易也萬一建官不諳土俗則民又受其殃而官亦被其害況元光父子久拔盛土蠻畏其威民懷其惠如蒸其秩兼領州事則事不煩而民不擾萬全之策也詔可其請并給告身俾建漳州漳浦郡邑於綏安地方仍世守刺史而州自別駕以下縣自簿尉以上得有廉幹人員聽其另擇注用公乃復疏山林與賢而部曲子弟多有才俊朝可其請遂拔宣城馬虎君之子仁等為司馬等職仍効晃王巡狩之典奏立行臺於四境而四時巡邏

馬或驕行以察或命將以戍一在泉之遊仙鄉松州堡上游直抵苦草鎮一在漳之安仁鄉南詔堡下游直抵潮之揭陽縣一在長樂里佛潭橋直抵沙溪里太母山而止一在新安里太峯山回入清寧里盧溪堡上游直抵太平嶺而止田是東拒泉建西蹴湖廣南接島峙北抵虔撫方數千里咸望凜然無桴鼓之驚號稱治平先是任左郎將時葬考妣於雲霄山躬自陶磚親甃墓砍兵不知勞民不見擾時有望氣者指其塋域有王氣公曰吾為臣子焉敢當此亟命徙之大溪峯山以謝嫌疑任中郎將時葬祖母於半徑山公以支孫承重結廬墓左守制三年其帥符事一付於別駕許天正等故漳人呼公為丰徑將軍以其父政歸制也夫何繹吉之後又值蠻寇梟張蓋蠻寇者苗自成雷萬興之子朱艾復起於潮潜抵岳山公率輕騎往討之步卒後期為

賊將藍奉高所及百姓聞之如喪考妣相與制服哭之畫像祀之追思之甚將遺體捏塑於綏安溪之太峙原蓋由戰場於頸馬驚逃至此而氣始絕將景雲二年辛亥十一月五日午時壽五十五

太極元年壬子州人以事聞詔贈品秩并賜謚云以身殉國之謂忠戰勝攻取之謂毅引存吾類之謂文普播仁恩之謂惠可贈豹韜衛鎮軍大將軍兼光祿大夫中書左丞相謚曰忠毅文惠　開元四年丙辰子珦徙州治於李澳川有詔重修廟宇并賜彤庸器四及威德世祀之坊六字以旌之而有司遂以民間捏像之廟爲官廟而世祀之　貞元二年移鄭將州治徙於龍溪永寧鄉登高山之桂林村蓋龍溪本泉之支縣自　開元辛巳割屬於以漳朝議以　公之體魄捏像於太峙原不免暴露雖所以崇祀之適所以輕褻之遂

勅有司改塟因擇地於州治之北曰遊仙鄉九龍里松州堡林宅内猴坑高坡山坐乾向巽而春秋享獻夫人种氏謚恭懿側室謚寅恭寓氏宗氏謚寅敬男珦明經及第父則左郎將陳一民祖則有唐開國元勳克耕是也曾則隨大司徒陳果仁高則有陳太宗正覇漢宇與家是也等而尚之太丘實胡公滿虞　帝舜奕奕聖宗也順而下之至於孫刺史酆曾孫恩州録事詠則漳州刺史謨國子監四門博士訏女則懷珠懷玉懷金其諱而婿則崇儀侯盧伯道大司馬戴君冑其人也

讚曰

先公明明　後裔疊興　閥閲有稱　罔卒有陵　志孝倫德

文武兼能　功垂祀典　名載丹青　可光可裕　萬古流馨

梹城綏羅中鴻文印

清

乾隆肆拾弍年歲在丁酉仲夏之月南岐裔孫文焕薰沐頓首敬録

勅陳元光建州縣

奉

天承運

皇帝制曰咨爾玉鈐衛翊府左郎將進階正議大夫嶺南行軍總管陳元光者早以儒術代將父兵夷群虜之藪爲太平之區近悅遠來道通木拔難伏波之征交趾曹父之治岐山不啻是也請新州邑圖謝以安乎生民別注官員大慮不諳乎土俗民既受殘官以被害不如就爾屯營建爲治所革去綏安之舊號肅茲今世之新名州曰漳州縣曰漳浦版圖既入於職方戶口猶肩於井牧爰稽古典宜列下州然拔一州者多豫人之子得一縣者必寡人之妻今汝建邦啟土樂舍人孤寡之寃崇德報功宜給汝箕裘之爵祖武中郎

雲仍刺史例度永尊於武德吾身有箸於山河可進中郎將右鷹揚衛率府懷化大將軍輕車大都尉兼朝散大夫持節漳州諸軍事守漳州刺史贊治尹營田長春官使者其嶺南職事如故州自別駕以下縣自簿尉以上得有廉幹人員聽其旁招注用共圖偉績以策殊勳暨爾之閫遠捷白粵亿爾軍民事務悉從區處施行蓋以爾父子相承以牧茲土蠻畏其威民懷其德又且老於遠患更涉事爲必能善克剿草執如良驥汝其益勵懃用成厥治

垂拱四年

請員史表 舊稱興人不

漳州守師中郎將右鷹揚衛懷化大將軍輕車大都尉兼正議大夫守漳州刺史贊治尹加嶺南行軍大總管 臣 陳元光猥以草茅世任國家之重託治此荒徼愧乏文武之全才奉

命以來不遑寧處晝究乃心當輸厥職庶竭駑駘之力少酬罔秦之恩恭酌山林無一英賢可選監觀部曲幸有俊乂堪膺然權莫大於建置而臣安忍擅便恰將姓字列職 宸聰伏乞昭敷於庶位共圖補報於 國朝茲有裨將宣威將軍許子中之孫天正宅心正大處己無私可領本州司馬寧遠將軍李義之孫伯瑤府兵校尉林添德之男章處己有嚴臨事果斷可領本州牧事參軍盧知金涂亦順戴汝孫涂光庭閑意精深勤於職事而司倉司田司戶司法四參軍事其職任也安遠將軍張述仁之孫伯紀性多慈仁急於愛

物可主本州邑事府兵校尉司馬仁之子仲章府兵隊正趙可紹之孫伯恭
鄭子壽之男鄭業奉公惟謹事上能恭丞尉判簿具優為也如蒙准請乞
勅該部分給告身以憑任事庶同心輔佐期至治於南方一德相成叶雍熙於
內地

大宋紹興拾叁年追封 陳聖王 許昭侯等勅

奉

天承運 皇帝詔曰聿追往古之淵源爰覽當今之世系出自河東允矣

閩公之裔徙居漳郡豈哉 覇漢之孫惟一脉之相傳也遠故諸侯之繼志

賢有開疆先克昌厥後王爵攸崇既累封於靈著諸侯顯秩宜追贈乎先人

紀德褒恩論功稱賞不惟大賚於一門蓋亦有推於列將於戲踐其位行其

禮於有去蘊兩旌新啟所尊愛所親於以崇功而報德故隋

陳果仁王之曾祖父克任大司徒可追封忠烈王

葉氏王之曾祖母追贈爲衍惠貞烈夫人

陳克耕王之父爲唐開國元勳追封濟美嘉慶侯

魏氏王之太母可追贈為濟順嘉淑夫人
陳政王之嚴父陞左郎將追封祚昌開祐侯
司空氏王之慈母追贈為厚慶啓佑夫人
陳元光中解元任中郎將平閩有功鎮守漳州追封開漳州主聖王加謚忠
毅文惠王
种氏王之妻追贈為恭懿肅雍夫人
寗氏王側室追贈為寅恭協肅夫人
宗氏王副室追贈為寅敬協雍夫人
陳珦王之子明經及第授翰林院承
旨爲守漳州刺史可蔭封爲昭貺通感文英公

歐氏王之子婦可蔭封贊美祐慶夫人
陳懷珠王之長女蔭封為柔婉廣濟夫人
盧伯道王之女婿蔭封為斡轄司崇儀使郡馬都元帥
陳懷玉王之次女追封為柔懿慈濟夫人
陳懷金王之季女追封為柔徽克濟夫人
戴君胄王之女婿蔭封為斡轄司崇儀使郡馬副元帥
陳酆王之孫任中郎將兼守漳州刺史蔭封為昭烈襲美忠正武英侯
鄭氏王之孫婦蔭封為協應靜恭夫人
陳閨玉王之孫女蔭封金閨福應柔嘉夫人
陳謨王之曾孫任中郎將兼守漳州刺史蔭封為昭義翊忠侯

翟氏王之曾孫婦蔭封為嗣徽嘉應夫人

陳詩王之曾孫授國子監四門博士蔭封為昭信翊順侯

甘氏王之曾孫婦蔭封為淑邕嘉翊夫人

陳性溫王之曾孫女蔭封為嗣嘉福紹夫人

陳茹素王之堂姪奉郎醫學教授蔭封為太醫正輔安保正真人

顏氏王之堂姪婦蔭封為一天明月夫人

聖王前鋒將

許天正任宣威將軍團練副使追封殿前都統大尉翊忠昭應侯

姚氏應侯之妻追贈為淑節妙惠夫人

聖王部下分營將

馬仁任明威將軍追封爲殿前都撿使威武輔順上將軍
韓氏輔順之妻蔭封爲策應妙英夫人
李伯瑶定遠將軍可追封爲殿前點檢威武輔勝將軍
邵氏輔勝之妻蔭封爲全德妙順夫人
歐哲任寧遠將軍追封爲殿前親軍都指揮使威武輔德上將軍
尹氏輔德之妻可蔭封爲輔昌妙應夫人
張伯紀任游騎將軍可追封爲殿前親軍副指揮使威武輔應將軍
涂氏輔應之妻可蔭封爲翊德妙興夫人
沈世紀任游擊將軍可追封爲殿前親軍副指揮使威武輔美上將軍
尤氏輔美之妻可蔭封爲贊德妙嘉夫人

林孔著黄世紀鄭時中魏有仁李秉英等五人任軍前祭酒府兵長吏行軍司馬行營贊美糧儲主簿可蔭封為竭忠謀國將軍
陰氏吴氏令狐氏孫氏盧氏等五人之妻可蔭封為秦趙魏韓楚五國夫人
盧如金劉舉涂朴順歐真沈天學張光遠廖光達湯智鄭平仲涂光彦吴貴林章李牛周廣德戴仁柳彦深等十六人任府兵校尉可蔭封為竭忠輔國將軍
瞿氏司馬氏錢氏朱氏詹氏曹氏宫王氏曾氏瞿氏陳氏方氏謝氏潘氏名氏葉氏卜氏等十六人之妻可蔭封為楚韓趙魏吴魯曹衛虢陳留會鄭蔡曲沃等郡夫人

陸明蘇道歐陽傳惠司馬仲章楊永詹英會仲規蕭澗甫胡贊趙瑞蔡彧張
采葉清顏伯矩柯敢顧潘節錢仲先魏仁溥鄭業余良朱衮羅幼儕姚康
潔余克鄭惠湯公簡韓器吳稱王華陳淑章王一中張本儀林走非陳馮
詹以孫梁文何德方子重趙伯恭莊肅鬻唐宗禮陳賓鄒牛容丘安道馮
雋水江延興石子尊韓求李彪郭魚曹敦厚李山客高咸典鍾法興徐璉
翟恕汪子固韓堯洪有道章贄宗用楊珍王祐甫等六十四人住府兵隊
正蔭封爲昭德將軍麥氏耿氏弘氏六十四人之妻可蔭封爲夫人
章敦復汪延君等三百八十人故任府兵伙長可蔭封昭德校尉
金氏王氏等三百八十人之妻可蔭封孺人
咨爾有位體予衷懷戴錫之光佐我皇圖於鞏固益篤其慶保爾血食於

板城鄧羅中德文印

無疆

紹興二十年正月十二日

序陳世宗後唐天成三年夏月一日太原張益州憲拜序

陳氏原周武王封舜後於陳以奉舜祀始封之君曰胡公滿後因以爲氏春秋末爲楚所併而湣公越之子釗避居陽城户牖鄉有曰平者出奇計爲高祖定天下又有湯誅斬郅支單于爲漢雪数十年不報之仇父封関内侯而其後有太丘長以德義名天下死之日吊者數十萬人數傳至武帝霸先繼梁以有天下凡五君嗣正統三十二年武帝之子伯鼎伯昌無有繼者而霸始之子長文帝之子十一人次宣帝之子三十一人封王藩者歷今三百有餘年矣其中盛衰固不能齊然視之他族有大不侔者諺云源之深者流必長督之大者響必遠不其然乎今鄱陽王伯山之後曰天麟江夏王伯義之後曰希聖河南王叔獻之後曰萬鎰會稽莊王之後曰理豫章王叔英之後曰長興暨讀之肯大而敷

達者一旦興木本水源之思篤尊祖敬宗之念踰山跨海百勞不辭如此者重
三十年歸一之功尚不滿天麟數子之願光武有云人若不知是誠哉是言也
其可觀者潁川而吳興鄱陽豫章會稽暨諸江夏河南邵陽南海等俗崇支秩
然不紊儀章秩然有序於戲若數子者可謂能事其事矣昔在春秋杞以夏裔
宋以商裔皆先賢之後作賓王家而杞屢降而稱子孫宋稱公
杞而崇哉蓋自弱而夏滅之文獻宋人尚能守商之典禮聖人抑揚其間使後
於葉宗者有所懲勸克自樹立而不墜下風云耳今世之求成譜如天麟思述
先代道德功業以與始得春秋勸懲之意乎天麟之子從吾遊有年矣固知其
家世之盛將遂以其譜示余瞻其詞似欲得吾言者故次第序之
民國五年丙辰季夏之月
南岐裔孫楨祥拜錄

北廟開漳陳氏世系

始祖政
字一民號中庸謚武烈任中郎將開漳鎮漳泉封祚昌開祐侯

元光
號龍湖字廷炬十三中解元[illegible]父職鎮守漳州勅謚忠毅文惠王
生顯慶六年二月十六日子時
卒景雲二年十一月初五午時

珦
字朝佩明經[illegible]翰林院承父職鎮守漳州封昭貺通文英公

酆
號文甲謚忠懿字有道任漳州刺史封武英侯

詠　**謨**　**訏**

詠
號尤志字正雅任衆軍丞父職守龍岩任光州盤地命長子居之子孫昌盛宋代多出名賢

山甫　官至都督

吉甫　鎮龍岩

章甫　字尚冠十五登進士

嘉甫　本縣學官舉明經

季甫　漳州司倉州司馬

岳　字嵩伯居河南賜進士任江州司馬

岱　字泰山

巒　字華山

崟　字衡山

崗　字恒山

濬　翰林學士

万卜乙　栝城綏蘸中鴻文印

謨　字月漢又字以忠，號毅夫，謚武肅王，封魏國公，兵部大司馬，任漳州刺史，蹇忠時李勉薦有謀畧，入署尚書，蔭封貽義蝴忠侯

娶　夫人鄭氏諱金　字德柔，號約，謚惠

則　字元章，承父職，任观察刺史，尚書太傅，封趙国公

荊

剛　字子建

淦　號恆齋，字汝玉，進士，諱蹇，中書令太保，任朝散郎，封陳國公

鎏

江　號守真，字可濟，行軍總管，封忠敏子

淮

河

漢

湖

鵠　鵙

鵰

鴻

鵬

鶖　[illegible]

鵬 字春翔號梅溪居士年十二歲登探花及第任駕部郎中官至光祿大夫封國伯

娶 夫人楊氏諱月娥

嚮 字去庚年十二科從進士任吏官侍郎翰林待詔

適 字景周任光祿大夫察院直學士爲王審知留置

逢 字景山受節度使鎮梧州遠揚楊程鶴屏居焉

園

闌

圜

遺 分鶴星居焉

天福

天壽 字洪仁任周崇儀使爲王延鈞姻婕

天澤

夢麟

夢龍

五

楨城纘緒中瀏文印

鵙 — 崗

鵬

鴻 — 瀾 — 達 — 天健 — 維、經

鵰

鸞（湖長子） — 國 — 達 — 天秩 — 姜周

鶹（湖次子）

天壽子

夔麟 乳名賊虎 號守義
任户部侍郎 謚懷軒

綬

娶

宋氏諱純恕
字元馬 號謹忠

爵 字可遜
任尚書吏部左丞相

杏

睹

樓

驥

驄

文謨 賜進士 任大理寺

文誥 進士

文詔

文訥 進士

文經

甫

車

昌祖

輦

轂 出繼

轂

鷹

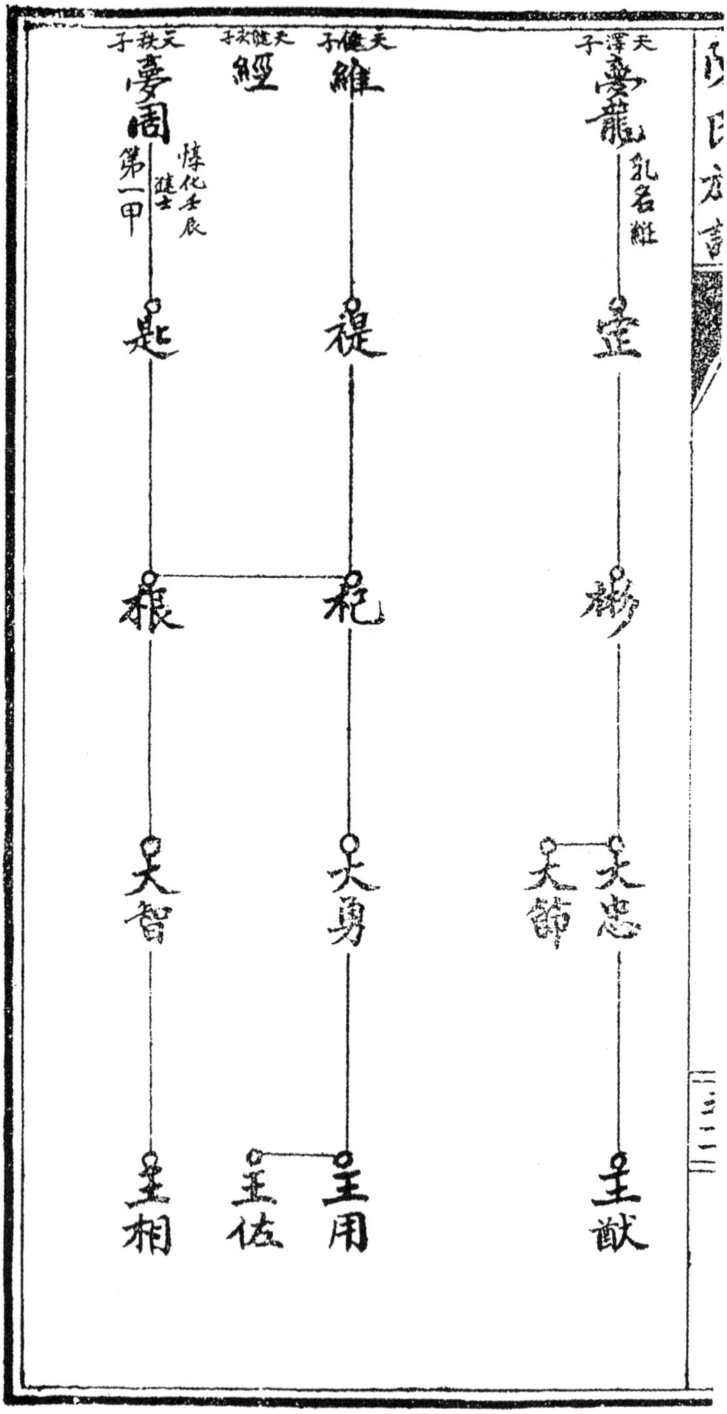
天澤子
夢龍
乳名縱
天健子
維
天健次子
經
天秩子
夢周
第一甲
進士
起
禔
根
杞
天忠
天節
天勇
天智
呈猷
呈用
呈佐
呈相

大諫子 宥 字朝思諱丹 任吳州知縣

尚德 字秉初諱[illegible]

懷忠 字廷建 又字光甫

和甫

後甫

渥 字進卿 授賜進士

濟 字仁卿

淳 字安卿任侍奏 朱文公門人

洙 字魯卿

洄 字志卿 任經畧使

萬宗　萬族　萬子　萬孫

萬山　萬水

渠

思恭

萬貫　萬通

一三九之二

族城嶽鼎集東鴻文印

陳氏族譜

清 字守卿
- 萬訓

潤 字和卿
- 萬年

派 字承卿
- 思遜
- 思謙

洄 字少卿
- 萬言
  - 太戍
- 萬語

- 大誥子 昌祖 — 譚 — 順甫 — 遴 — 萬春
- 大詢子 穀 — 諫 — 孝昌
- 大忠子 王猷 — 誠 — 孝寧 — 沛 — 萬景
- 大勇子 王佐 — 試 — 孝順
  - 淋 — 萬江、萬淵
  - 漓 — 思敬、思謙
- 大智子 王相 — 講
- 遲長子 萬宗 — 太乙 — 德萬 — 塾（舉明經任嚴州教授） — 四喜

萬太丁 — 守義
宗太辛 — 以義 — 歡
子太庚 — 郎六 — 均 — 鑾

皇

奎 — 金（龍核分江東埔頭石尾等處）、鍪
壑 — 鍾（分西頭岑尾縣口竹貝等處）
璿
燦 — 鏊、錢
封

四支
四相

遷次子萬族 — 仲庚 — 郎一
　　　　　　少庚 — 郎二
遷三子萬子 — 仲癸 — 郎五 — 聖 — 金
遷四子萬孫 — 太興 — 正義 — 堪 — 鍪
兩長子萬山 — 太已 — 郎四 — 量 — 鑣
　　　　　　仲乙 — 郎六（出繼）
兩次子萬水 — 太甲 — 郎三 — 龔

渠（業之子）

思恭（庠之子）

萬貫（汕之子）—太成—郎九—壆

萬通—太雅—郎十

萬訓（清之子）

萬年（聘之子）—仲丁—萬公

思遜（敬之子）—仲寅—郎七—墳、垣、墪、基、墍

思讓（敬次子）—太戊—郎八

萬言（洄之子）嘉泰二年壬戌進士，官至殿暑祭酒禮部尚書—太興（又字太完，武科狀元，太學生，任全州教授，考功郎中）—能二

陳氏族譜

能四

侯廟 居潛之祖 畬祀北溪

子文

子華

侯廣 合肆平昌平 巡撫等處

子雲

子榮

太興

可千

臺

鑽

銭

可百

埻

太興

可大

可威

- 潤之子 萬年 — 仲丁 — 萬公
- 洄之子 萬語 — 太任 — 懷義
- 沛之子 萬景 — 仲辰 — 秉義
- 沛之子 萬景 — 太辰 — 肅義
- 琳長子 萬江 — 太丙 — 可久
- 瀛長子 思敬 — 仲壬 — 可從
- 瀛次子 思謙 — 太癸 — 可方

梹城緞羅申馮文印

南陳世系昌國西園譜

陳祖昌邑令名範先吳興人祖忠肅郡公巖為陳宣宗前軍司馬有大功封吳郡及後主叔寶政亂避地江西饒州府萬年縣屬洪故鄉隨代宗室往居烏所居多植桂縣因名曰桂里巖次子亮亮生錡錡生範範生忠忠生邑邑舉唐神龍初進士神龍元年武后收中宗回東宮是年登位改號神龍官至太子太傅以忤李林甫謫閩玄宗開元二十四年公被謫入閩始居興化莆陳祠分於泉之惠安桂壇後擇漳之驛路南廂山所建旅舍土名海洋角尾新建等處田地山塘三百六十頃苗粮壹千八百石遺像在焉七月廿四日忌辰本寺依期備銀弍兩重弍拾兩正納赴祭子孫修食銅碑留記後南康王洪進仲子太傅文灝於開寶三年奏請改額崇福寺添報勳之字僧田祖三

千石有碑為証邕生子四長曰夷則於德宗建中年間任金紫光祿大夫次曰夷錫官諫議大夫三曰夷行文宗時累擢工部侍郎兼司空丞相平章事有功於朝跡書剛目四夷實任屯田員外郎時邕在閩因築室備鐘鼓樓臺在漳州南門外今寺觀現存修靡蹦制郡縣流謗逆謀禍在不測有女金娘謂曰危疑之際必損吾室改為碑室剃劗吾髮修所有產業悉捨空門方可弭謗公然其言遂以狀奏聞於朝即移其家於東南水界今三都後水頭是也公墓現在此處歲時祭掃不設女既奉佛字玄妙勅號金花郡主華堂後有悠然二字乃郡主髮書至今猶存公卒年九十有五加封忠順王贈文惠公爲鄂國公墓在本處水頭世傳大夫墓是也夷則兄弟奔喪畢偶夢隐秘嘉禾即厦門地方怡然自得因以子儔建虎溪岩著作郎於建中二年與家

三百餘口盡入禾島中流昏霧忽見火光導引登岸之際僅得一樣木馬雖是林木深阻剔其高厚新去茅茨從公行者東北蘿列而居潦壅之處盡自茲始旋移於東南夾澗之西厥位朝陽前有左濬池以洛馬因名曰洗馬坑闢地祀神刻樣木為像構堂於斯給其產留人以奉之曷國家有廟名曰北山廟此聖王廟所從來也至謚忠毅文惠王即唐將軍陳元光也地當開闢歸附日衆固光州固始之人來者惟吾陳先來後以鈔三百萬貫請官但全島為吾家恒業時有薛令之家衆同里閈以林蔚薛蔚贅為婚戚鄉人言南陳北薛之稱爰行以是族譜判河東則山西平陽府遂入籍焉爰實子翰任主簿守故賊分族龍溪遷白鹿洞北溪新埭角尾等處爰則建覺性院并八十兩并葬漳浮山之側遂至偏陽時八世孫仁煦仁盯與僧行岑卓庵重修

院宇立墓址東至园路西至東山洋南至山后田北至院前山蕉薯田地數畝原報佃甲歐汝奎户内遞年依期祭祀田三畝坐落何坑橋共受種子三斗二畝坐穢下一坵在山邊佃户薛供鵝租二石庄先叢列歸併叢林庚則公像在覺性院七月十八日忌辰子孫享祭子傳生三子曰聞曰嘉茹為翰院學士開任陵州刺史嘉任陵州別駕祭業俱在宣梵院聞子承任福唐縣令生子二曰壽曰恭喜為開封府儀同三司上柱國建資福院没瘞在院側因為墳廢立叢祭祀置香燈遺像院中子孫祭掃至今不缺其地基東至芒塘尾西至劉厝東邊田南至錢斤水分流北至山后人家民田四畝民山二分本縣梵天寺田地山收入本寺係洪武二十四年間遞年供納租綿疋三十二丈計捌疋淋租另外佃户陳存善等遞年供香油付院主持点燈交簿

明白東堂僧妙觀歧證現今交店前陳石頭收租恭為吏部侍郎子二仲通
友仁通直郎規任四門助教喜子三仲綏仲志仲寓綏任從政大夫志任朝
散大夫寓為番禺縣令生子四元通元達元道元遠通任婺源縣令達為閩
縣主簿道舉鄉進士子祿分居永福遠任滄州推官子慶分居安溪項院兜
通子二白峰口顯峰建普照寺即今南普陀遺像在寺內與始祖神主六仙
民田一頃五十二畝六分地九畝八分山六畝三分夏稅鈔六百七十二貫
秋粮米九石二斗三升九合椽三所坐寺前名曰五峰山東至三姑嶺西至
海南至水磨坑北至陳公墓迨至明朝正統七年將畝數收本寺付主持祭
祀子孫蕉亭喬祖簿一本黜諱盤十歲能文嘗十八科不第隱居金榜山人
呼為陳塲老後徵陝西元帥不就垂釣於員當港口著書自樂朱晦翁先生

爲之序蔣廣讃其詩載在府誌建白雲岩遺像墳墓寺僧看守無失奉入鄉賢子二仁煦仁盱仁煦子三光彖光憲光著彖爲長泰主簿推其子孫就本縣良才地名陳巷居焉盱爲司户子光舉任莆田尉生子三用祖越祖癸祖元達子徵任虔化知縣徵子鏞爲宗御史中丞生子三俊乂匡乂洪乂俊乂爲校書郎瓊州司馬匡乂任大理寺評事建正悟寺配施民田山地一頃六十七畝九分夏租鈔六百七十二貫正耗秋粮米八石九斗八升一合七勺田七十四畝九分地七分山十一畝九分嘉靖廿七年被變廢寺租福寧俞知府斷存二十五畝與子孫祭祀洪乂任中軍校尉匡乂生子二弘鋭弘信弘鋭入太學象生子五曰拱曰寶曰顯曰善曰隆分族於蒲漈江漈西頭店前等處自茲以後而文垙發美江頭儒林枝葉繁盛難以枚舉閑祖生子五洪瀾洪進洪濟洪銛洪發洪進字致先號濟

川分仙遊幼習詩書通兵法長以材勇過人後閩時從政汀州補付兵司馬
與留從勸永春晉江人誅黃紹有功節鎮清源宋太宗太平興國二年獻漳
泉二郡賜順化功臣授太子太師同平章事封南康王進贈其祖光舉為太
子太傅父用祖為岐國公建法石寺捨田數千百畝有女玑烈號十八小娘
自置金釵座田買民地開渠灌溉父王祭田子四文顯文顥文顗文項顯任
衡州刺史加檢校太保子二宗元宗憲元任宋轉運使生子增任迪功郎增
生嵩嵩生順齋齊賛洪門後五世易姓曰洪今南安英內洪是也憲生坦宋
哲宗元符末任海陽知縣為八罷字軒昂學問純博捐己資以建學校以正
人心士民愛之因就縣之秋溪地名鷗塘即今鉄鋪地是也生子五鏜鐺鐳
鏜鐺相傳茂衍子孫在粵者居多登孝廉者不乏人文顥房州刺史加檢校

穎城叙羅中端文印

太子太傅永鎮是邦襲世爵子崇綿授武陵軍節度使文顗任徐州刺史文項任都兵副使子宗繹孫南俱登進士　太平興國三年舉家赴闕至宗之汴州敭後十四世孫玄字元長於　大明宣德九年任太常博士制勑現存越祖任少府四世孫良顯兄弟分族於惠安之后坑子孫茂盛人文蔚起洪濟洪銛分居浯州陽翟鄉行地名等處歷代冠裳相繼不衰洪毅建雲頂岩前有田以資岩增薪水之用後分居西園子二文順文顯文順生宗續續生奮卿卿生忠靖靖任從政大夫生伯雍雍任恩縣令生仲景景繼守清白以詩書名世今人之亂遭海寇焚宗族離撒從此故土漸成箭條仲景生廣廣生昌貽貽生盛盛都都生文瑜瑜舉進士後　元末干戈擾亂倭寇肆害嗟公無祿獨生祖益數傳以來雖世遭變亂廬舍亦盡灰燼從政之區額猶懸堂上

倘修輯無人將恐後世子孫不知有祖故急為之序云

明洪武三十一年潁川裔孫教諭輝祖敬序於劍溪安慶棠

昔

大清雍正柒年歲在己酉孟春穀旦南岐裔孫朝棟拜録

乾隆四十二年歲在丁酉仲夏吉旦南岐裔孫文煥薰沐敬録

皇賜光祿大夫兼禮部尚書太子太傅陳邕制詞奉

天承運

皇帝制曰求治在親民之吏端重循良教忠勵資政之忱聿隆褒奬爾原任禮部侍郎兼尚書誥授太子太傅陳邕乃金紫光祿大夫虔則之父禔躬淳厚垂訓端嚴業可開先式穀乃宣猷之本澤堪啟後貽謀裕作牧之方茲以覃恩晉贈爾為光祿大夫兼禮部尚書授太子太傅錫之誥命於戲克承清白之風嘉茲報政用慰顯揚之志貽乃遺謨

賜光祿大夫兼禮部尚書授太子太傅陳邕妻高氏奉

天承運

皇帝制曰朝廷重民社之司功推循吏臣子凜冰淵之操教本慈幃爾原

任禮部侍郎兼禮部尚書授太子太傅陳邕之妻乃金紫光祿大夫虞則之
之母高氏淑慎其儀柔嘉維則訓詞發於朝夕不忘育子之勤慶澤集於
門閭式被自天之寵兹以覃恩晉贈爾為一品太夫人於戲仰酬顧復之
恩懿勲撫字載煥絲綸之色永貴幽潛
神龍元年八月望日書
宣統元年己酉孟秋南岐裔孫禎祥拜録

一世叔明公　陈太建五年封王（西曆573年）

二世简公　隨開皇十一年尚咸陽公主（西曆591年）

三世周甯公

四世希烈公

五世威公　唐肃宗乾元元年戊戌及第（西曆758年）

六世忠公　建中三年壬戌進士（西曆782年）

邕（七世）　元和元年進士（西曆806年）

查南陈各譜多载公与李林甫不睦開元廿四年（西736）被謫入閩但甫死于天宝十年（西751）史载肃公開成二年入相（西837）非列父之为刺史与子入相距百零一年乎可西又误公为神龍元年（西705）進士亦錯

八世肃公　穆宗長慶元年辛丑進士（西曆821年）

九世翰公　文宗開成三年戊午解元（西曆838年）宣宗大中元進士（西847）

十一閲公　懿宗咸通三年壬午進士（西曆862年）

始祖忠公

字中郎墓在滋澄三部水頭社像在龍門何板泉寺殿別注

梅貞觀廿年為西曆四年開元廿六年為西曆七四一年越查史載云光於丙戊年入相為西曆八〇三年是年可公杭於唐生子十二歲九十一年卒父死年九十二年有是理乎

南院開基漳泉陳氏世系

邕公 字崇福號南山謚忠順王 賜進士授太子太傅生於貞觀二十年丙午正月十五日寅時卒開元廿八年庚辰二月初二日卯時墓在漳鎮內水頭土名上鎮享年九十有五即觀音山濟授樹東碑記

唐太子太傅陳公墓

建南院祖祠坐丙向壬兼午子

夫人高氏

義則 七月十八日辰賜進士任金紫光祿大夫 建竟性院

義錫 賜進士任諫議大夫 崗賜坂上

金娘 勅金花郡主墓在南院西字玄妙文顯秀

義行 字周道賜進士任司空丞相載在唐史 入籍河東

義賓 賜進士卒於光州固始遣白鹿洞

傳 墓在烏石浦建虎溪岩 任著作郎載在唐史

玄禮 分五后載在唐史

元禮 分廣東

闈 字學潛

翔 分龍溪北溪新墟角尾曰岱北後分枝南山大溪蓮花新亭洪茂松栢厝等處

如 授翰林院學士

閩 任陵州刺史建白鶴岩像在岩中

嘉 建岜梵院像在院中墓在院邊 任陵州別駕

重 字景山又字慶雄

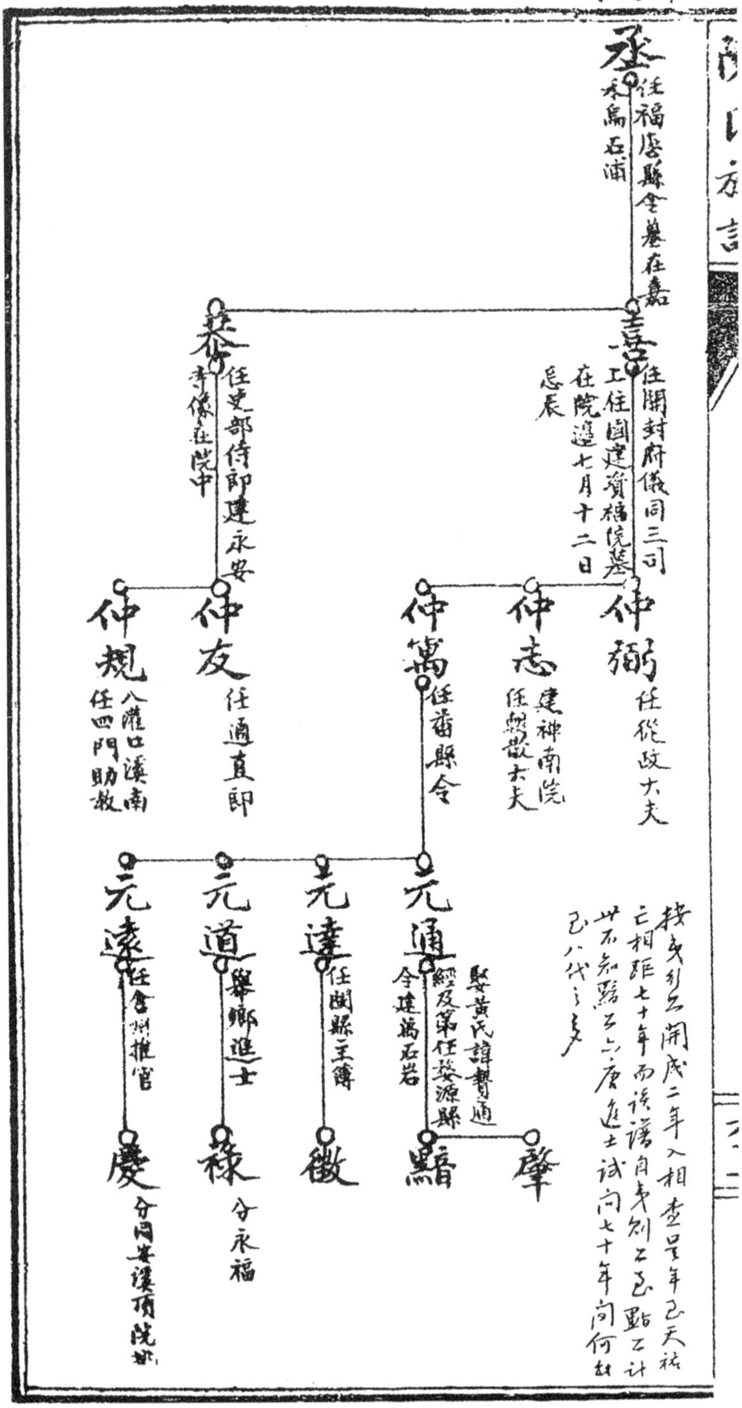
丞
任福寧縣令墓在嘉禾島石浦
喜
任開封府儀同三司上柱國建資福院墓在院邊七月十二日忌辰
恭
任吏部侍郎建永安寺像在院中
仲猷
任從政大夫
仲志
建神南院任朝散大夫
仲篤
任番縣令
仲友
任通直郎
仲規
任四門助教八灘口溪南
元通
娶黃氏諱瞽通經及第任婺源縣令建萬石岩
元達
任閩縣主簿
元道
舉鄉進士
元遠
任會州推官
肇
徽
祿
分永福
慶

肇　字大郎分石盤現履門外清佳光祿大夫建眷然院即今南普陀墓在院中

仁暻　國子監

光度　洪州教授　光模

佳適　重陽萬石岩諫議大夫

理　義

鶯鎡

理

鶯馨

良齋

世範　鄉貢進士

伯貴　伯科

伯科

彥德

開義

光澤　光潤　光满

以寍　以明　以德　以威　以興　鄉進士　以壽

元通次子　　閏祖一子　閏祖四子

黯
建白雲岩　諱黯字希儒號昌峨世稱陳塘老

仁煦
任校書郎

仁盱
任司户　像存霓　性奇亦欲令蔡遁

光象
任長泰主簿　分派梁府

光憲

光著
重修白鶴岩

光舉
建慈恩院任甫田縣尉贈太子太師

按表列公為唐開成時人　歐陽修為宋慶曆時人相距只二百年光象果為大列五十世孫歐史肯不及見仍然列入表內則新書唐書表內以光象為閏公孙自疏

雅文

雅禮
分梁府陳巷

仕蔘

任英
守吳倉

閏祖
贈岐國公

東周　東魯　仝　奠　任　播　紳

洪崗　洪進　洪濟　洪銛　洪毅

洪濟

綱
字學正淳化進士分浯州陽程曰浯陽

統

洪銛
分浯州御行今之巨行曰浯仁

綱
宋進士

統
宋進士

克綱子
- 琫
  - 良禮（分安溪）
    - 恩
    - 成
    - 資

維文子
- 東周
  - 義寵
    - 均發
    - 均用

維禮子
- 東魯
  - 義宰
    - 虎
      - 孝亨
        - 進卿
          - 一才
          - 四才
  - 一復
    - 文
      - 孝先
        - 國琛
          - 七才
            - 文仲
            - 時畔
          - 八才
            - 裕
          - 九才
            - 應謙

- 越祖
  - 貴
    - 原
  - 剛
  - 護
  - 健中
- 癸祖
  - 克輔
    - 堪
  - 克俊
    - 升
  - 克僉

陳氏族譜 二二〇

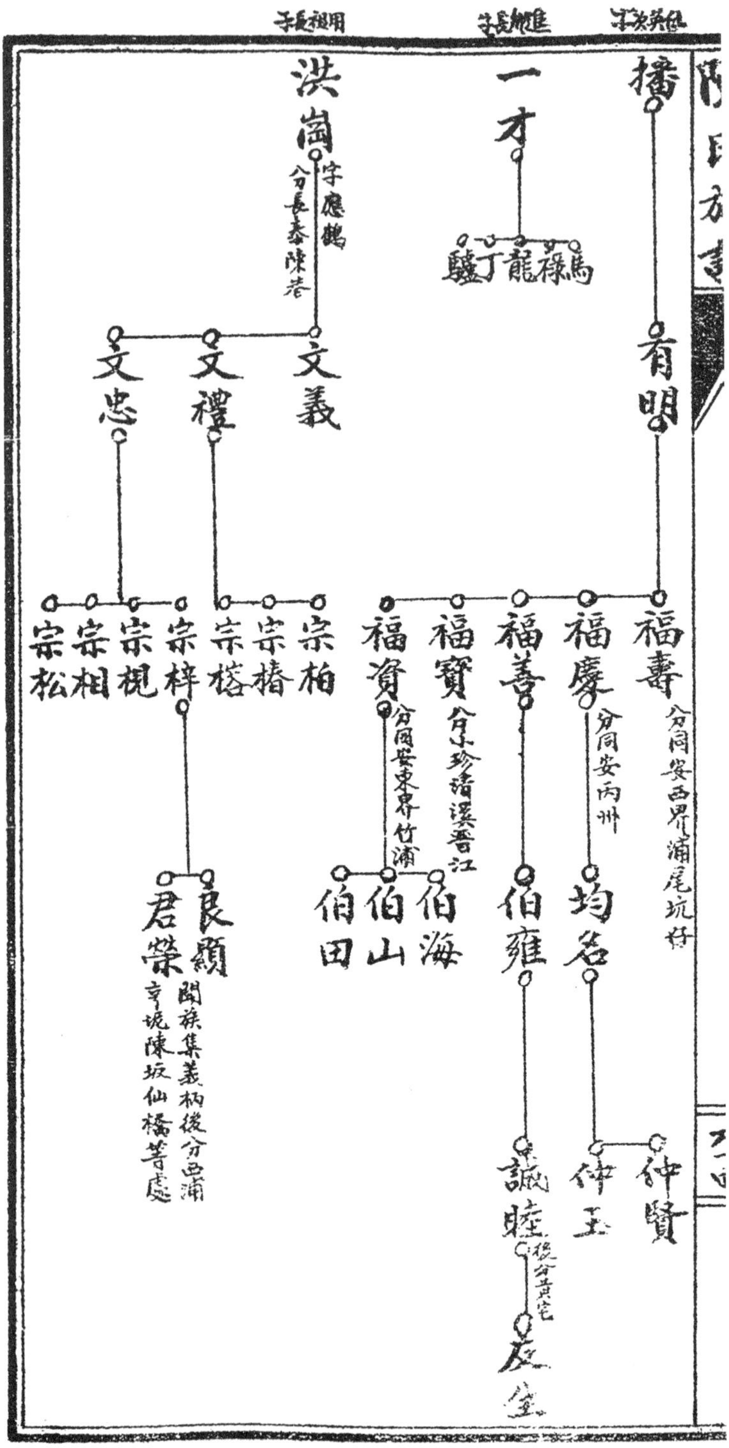
伯英次子
播
有明
福壽
分同安西界浦尾坑仔
福慶
分同安丙州
均名
仲賢
仲玉
福善
伯雍
誠睦
後分黃宅
友金
福寶
分小珍諸溪晉江
伯海
福資
分同安東界竹浦
伯山
伯田
一才
馬祿龍丁驢
用祖長子
洪崗
字應鶴
分長泰陳巷
文義
文禮
文忠
宗柏
宗椿
宗榕
宗梓
良顯
閩族集義柄後分西浦
君榮
寄號陳坑仙橋菩處
宗梘
宗相
宗松

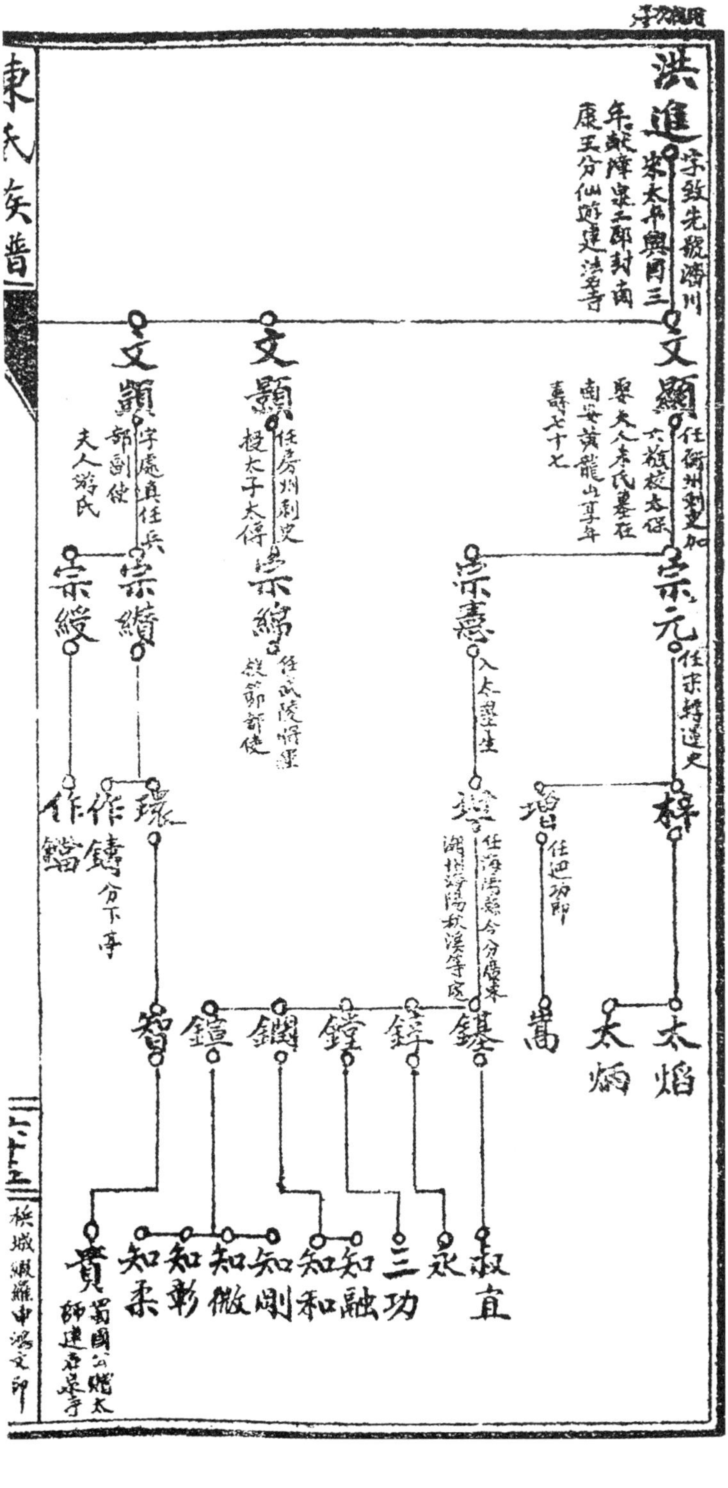
陳氏族譜
洪進
字致先號濟川
宋太平興國三年獻漳泉二郡封南康王分仙遊建法石寺
文顯
任衢州刺史加太傅校太保
娶夫人李氏墓在南安黃龍山享年壽七十七
文顯
任房州刺史授太子太傅
文顯
字處真任兵部副使
夫人游氏
宗元
任宋轉運史
宗憲
入太學生
宗綿
任武陵將軍
宗績
宗綬
增
任廻功郎
太焰
太炳
作鑄
分下亭
作鐺
叔宜
三功
知融
知和
知剛
知微
知彰
知柔
賁
蜀國公贈太師建石泉寺
二十五
梹城 緞羅申鴻文印

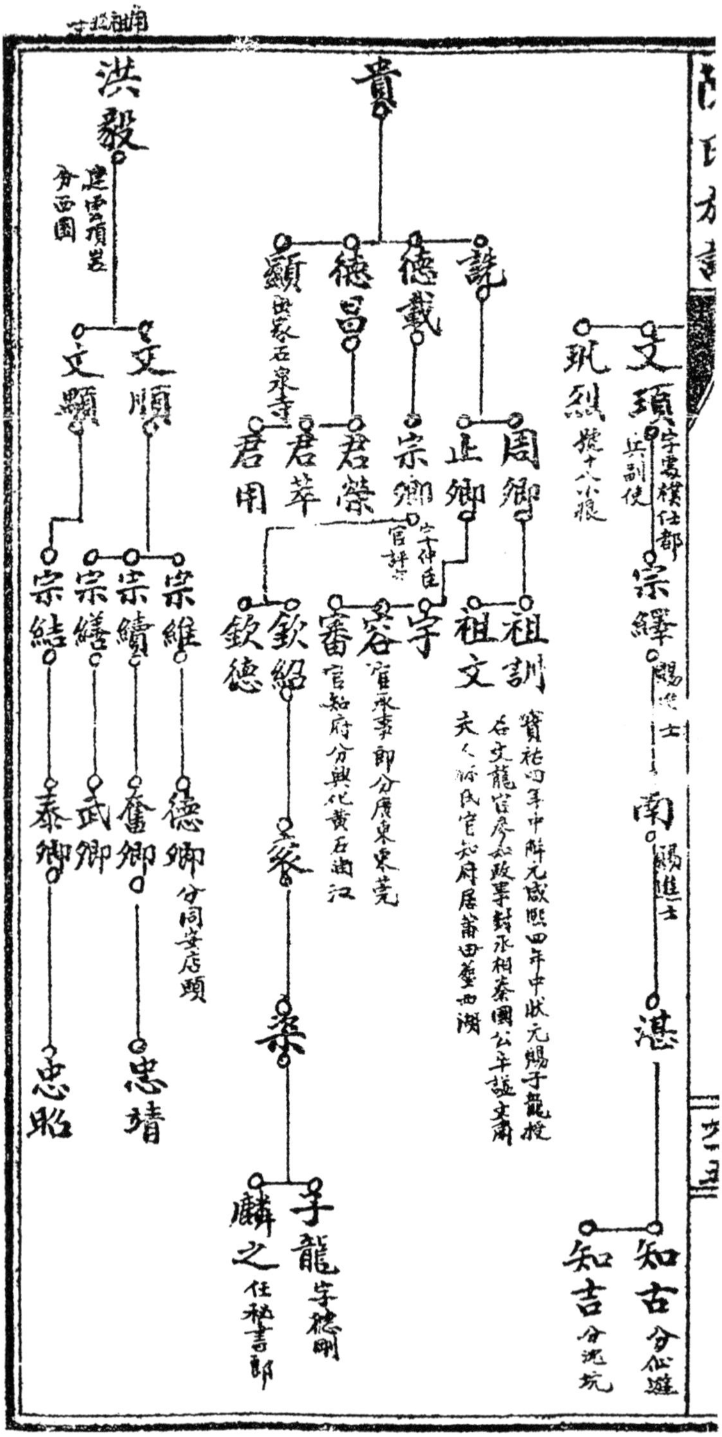
貴
謨
德載
德昌
顯 出家石泉寺
周卿
正卿
宗卿 字仲臣 官評事
君榮
君萃
君用
祖訓 寶祐四年中解元咸熙四年中狀元賜子龍授右文龍官參知政事封丞相秦國公年謚文肅
祖文 夫人林氏官知府居莆田鑒西湖
宇
容 官承事郎分廣東東莞
審 官知府分興化黃石涵江
欽紹
欽德
家
桑
子龍 字德剛
麟之 任秘書郎
文頭 字雲樸仕都兵副使
珉烈 授十八小狼
宗繹 賜進士
南 賜進士
湛
知古 分仙遊
知吉 分洑坑
洪毅 建雲頂岩分西園
文順
文顯
宗維
宗續
宗繕
宗結
德卿 分同安店頭
奮卿
武卿
泰卿
忠靖
忠昭

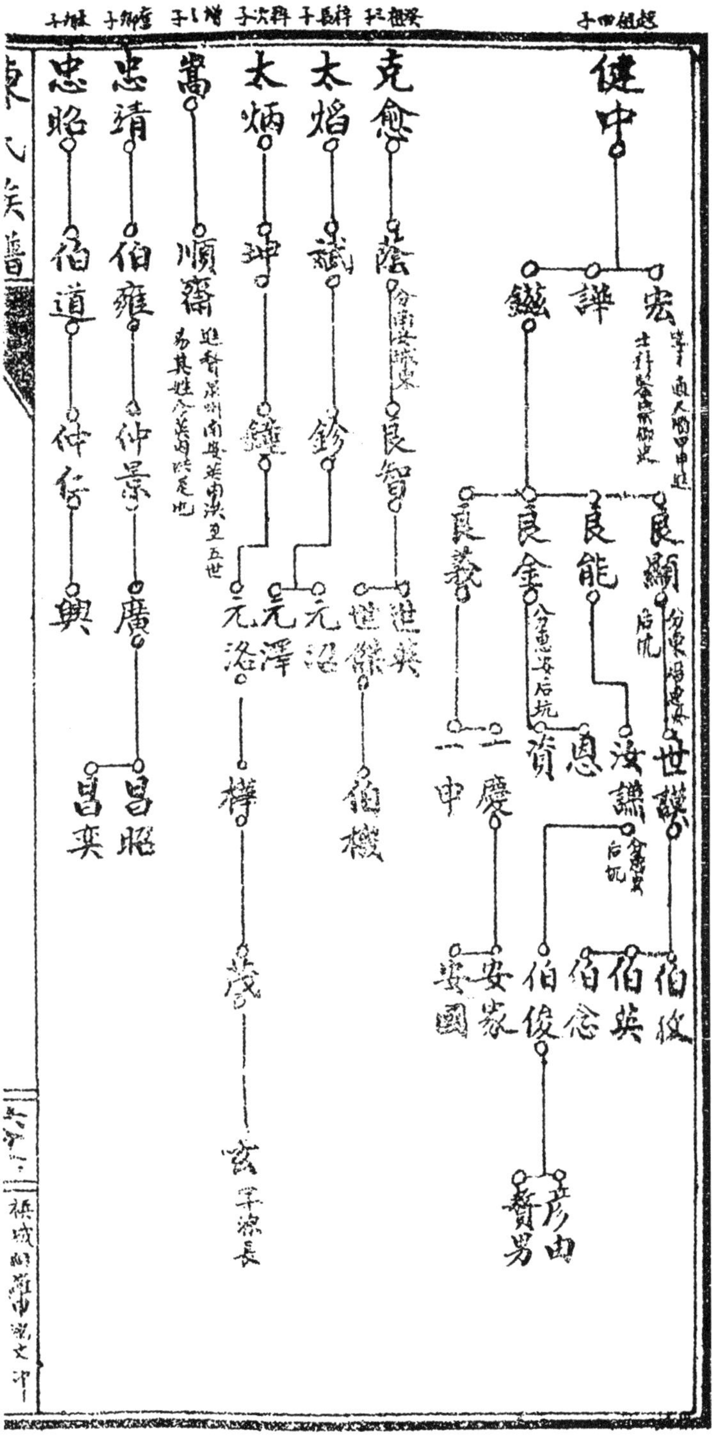
趙祖四子
梓長子
梓次子
健中
宏
譁
繼
良顯
良能
良金
良藝
世𨰹
浚謙
恩
資
立慶
一申
伯攸
伯英
伯念
伯俊
安家
安國
彥由
齊男
克愈
蔭
良智
進英
進祿
伯機
太焰
識
鈔
元瑤
元澤
太炳
坤
鏈
元洛
樺
茂
宏
嵩
順齋
忠靖
伯雍
仲景
賡
昌照
忠照
伯道
仲□
興
昌奕

- 昌昭（廣長子）
  - 盛都（仮寬刑判文）
    - 文瑜（明進士）
      - 祖華
        - 篤獨
        - 興獨
- 昌萋（廣次子）
  - 盛郁
    - 文璉（分木山拱山柄 林頭）
      - 重珀
        - 易忠
- 篤獨（祖益長子）
  - 拱登（分泉州）
    - 鏓同
      - 重賓
        - 易匽
          - 邠翰
          - 邠寧
      - 新吾
        - 易憲
- 興獨（祖益次子）
  - 拱邦
    - 瑞琳（分大田）
    - 奇琳
      - 重纓
        - 伯靖
          - 可秀
        - 伯榮
        - 伯請
      - 重策
      - 重玉
        - 伯茶
        - 伯良
        - 伯柔
      - 重勉
        - 伯訓
        - 十四
        - 十一
      - 重夏
        - 養晦
        - 伯園
      - 重胡
        - 伯敬
        - 伯草
    - 命功
  - 拱充

元達子 徽 任虔州知縣

鐍 宋御史中丞相兼國子監祭酒 塋在馬蹄山

俊公 任校書郎贈增州司馬 建崇福院在鍾步 后墓在馬蹄山

匡公 任大理寺評事建正 修寺塋在許山兜 五月十一日忌辰

洪公 任中軍校尉 葬在浦南官潭內 夫人紀氏

念辰二月十二日忌辰 分承春

小屺祀金花郡主

弘銳 任福唐縣令 建溪竹岩

弘信

弘元

拱 寶 顯 善 隆

雍 分南安官圳西頭同居 在青福院西

弘寬子 棋

從簡 分浦源

璲 璋 玠 琳 璵

景文 景常 汝良 汝明 汝高

國器 國臣 國康

宗禹 宗可 宗謨 孔彰 文煥

從實
宗
盛
鉍
清
飾

景支子
國器
俊德
有庸

景常子
國臣
俊臣
有克
俊尚

弘銳次子

寶

繼周 字頎卿 任房州縣令

從周 分區頭

宋乾道五年御筆勅命之寶 獼 直 賜俊卿

琰 行 候 解

湘 湞 涇

汝義 分白石 汝賢 分对门庭 汝能 任房州縣令 壽 分草坡

尚友 尚志

懷寶 懷卿 懷忠 懷萬

宗卿 俊卿 紹興與化文狀元 任迪功郎 才卿 月卿

翊 祚

佐 佑

伯溫 伯熺

舜哲 舜英

嘉 熙紹 俊錫

懷卿（汝義次子）
日修　元白
亮之　貫之　浩之
時英　應雷　應龍

懷忠（汝義三子）
日著
敬之
彦龍

懷芳（汝義四子）
伯煥　伯進　伯讓
治正　汝正　若川
璧　圭　塾　奎　廷立　惠立　守立

弘錄三子　弘錄四子　弘錄九子

- 顥（分儒林籬坑南岐等處）
  - 從華（分江頭）
    - 燦
      - 仲舉
        - 彬
  - 從諫（分泉浦）
    - 穡
      - 仲孝（賜進士）
        - 彩
- 善
  - 從政
    - 奕
      - 怯弟
        - 連
        - 選
  - 從高（任陵州判，史柳林）
    - 檉
    - 亘
      - 仲覺
        - 敦仁（梁州教授）
      - 仲威（五府助教）
        - 敦義
          - 豐（紹興進士）
          - 崇臣
    - 規
- 隆（墓在坊溪，竿生林）
  - 從選
    - 慶
      - 光邦
        - 師孔
          - 鎔
            - 有鼎
          - 銓
            - 有用
      - 光中
        - 師孟
    - 嶽
      - 光毅
        - 敦顯
        - 敦禮（支在下頁）
      - 仲文
        - 敦老
        - 洪老
      - 光廷
        - 漳老

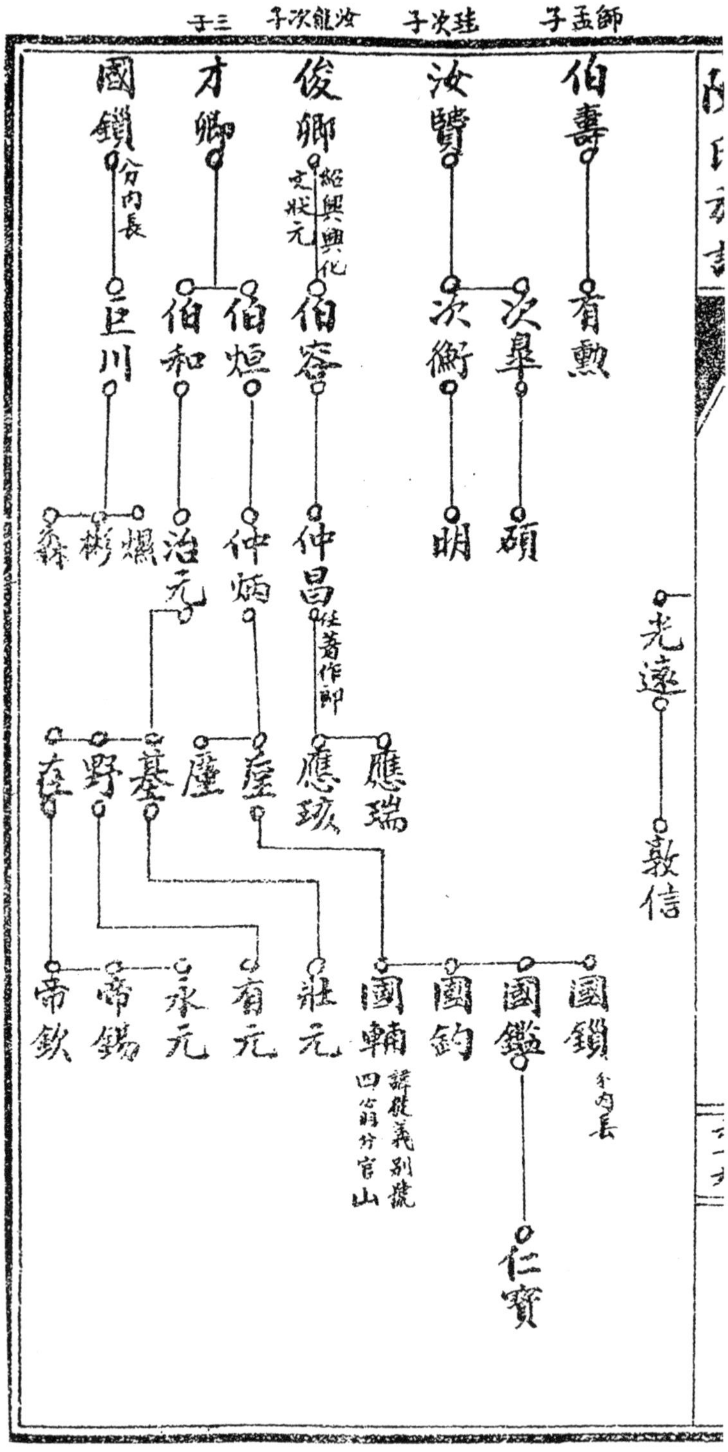
師孟子
琏次子
汝能次子
三子
伯壽
有勲
汝贊
次皋
次衡
碩
明
俊卿
伯容
仲昌
應瑞
應琺
才卿
伯煊
伯和
仲炳
治元
國鎖
巨川
光遠
敦信
國鑑
國鈞
國轄
仁寶
莊元
有元
承元
帝錫
帝欽

擁甘書二公
一本社港口有
銅官司盐驗
起不測罪大
覓一族被勳
兄者难以屈指
一者僅存數人
敬

狀元

玄子

道場 分鄢厝
煲書 分巻頭

仲昌子 應瑞

作鐸

仁宅
仁秉

妃明 分嘉木山底埘
妃隆 分牛和玉寨極忘
妃英

作鎰 分漳浦大坑宇師 回天职事台村 任光祿大夫

仁爵
仁祿

作鑄 分萬巻山後 封侯亭

仁晏

妃振
妃孫
妃祐

仲昌次子 應琰

文顯

天成 分驛路上下山峯 金門上坑
天定 分同安銘桯濱邊 松栢林
英與

宗影 分港口十一都仁德里
宗福

文通 字均惠分海澄 圳𡶶

細英 歿裔分漳州六房泰清坑内

梹城緞羅中鴻文印

此五人廿二世定子用虎疑是貴之下似

文通

一郎
惟齊
佛祖
佛才
佛養

二郎 分港頭 分南安九十都瑯坑

三郎 分前厝

四郎
惟實
一觀
二觀
七觀
六觀
八觀
九觀
三觀
四觀
五觀

惟美

惟忠

惟政

定 半 居莆田官承務郎 后遷同安西门外
用虎 半

宿 半 官寺丞莆田城方巷

守 半 官小監分廣東化州

究 半 官府丞分泉州北门外后遷城外

寔 半 官提点分惠安湧埔

其中六人失节

熙紹

仕鵬　鵬舉

仁壽　天壽

光祖（分滬口西亭）　蘭　桂

驢　蘆　翁保　增保　傑保　同丑　同寅（分歐厝）

驢

興仕　興仁　興禮

壽

蘆

冀

烟　霧

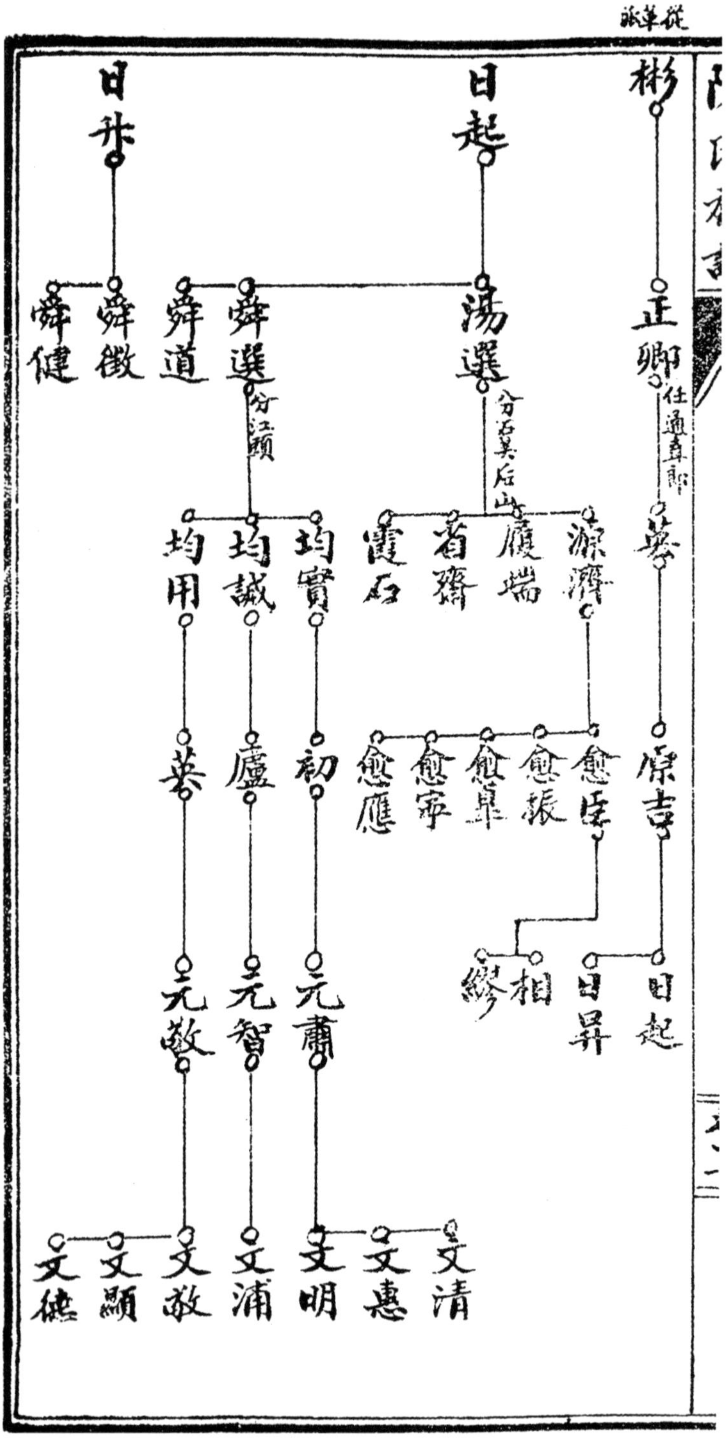
從革派
彬
正卿
任通直郎
日起
日昇
相
湯選
分石美后山
濟
端
齊
石
舜選
分江頭
舜道
日升
舜徵
舜健
均實
均誠
均用
初
盧
元肅
元智
文清
文惠
文明
文浦
文顯
文德

從誼派

彩

佐卿 授國子監

邦俊 賜進士 墓在后寮

德秀 太學生 分儒林

宣秀

明山 分小山成城

積山 分南靖居仁里

壽山

福山 分南岐

景山

文山

鳳山

岐山

發運派

光發

敦禮

敦顯

洪範

有開 分浦源前厝

有閘

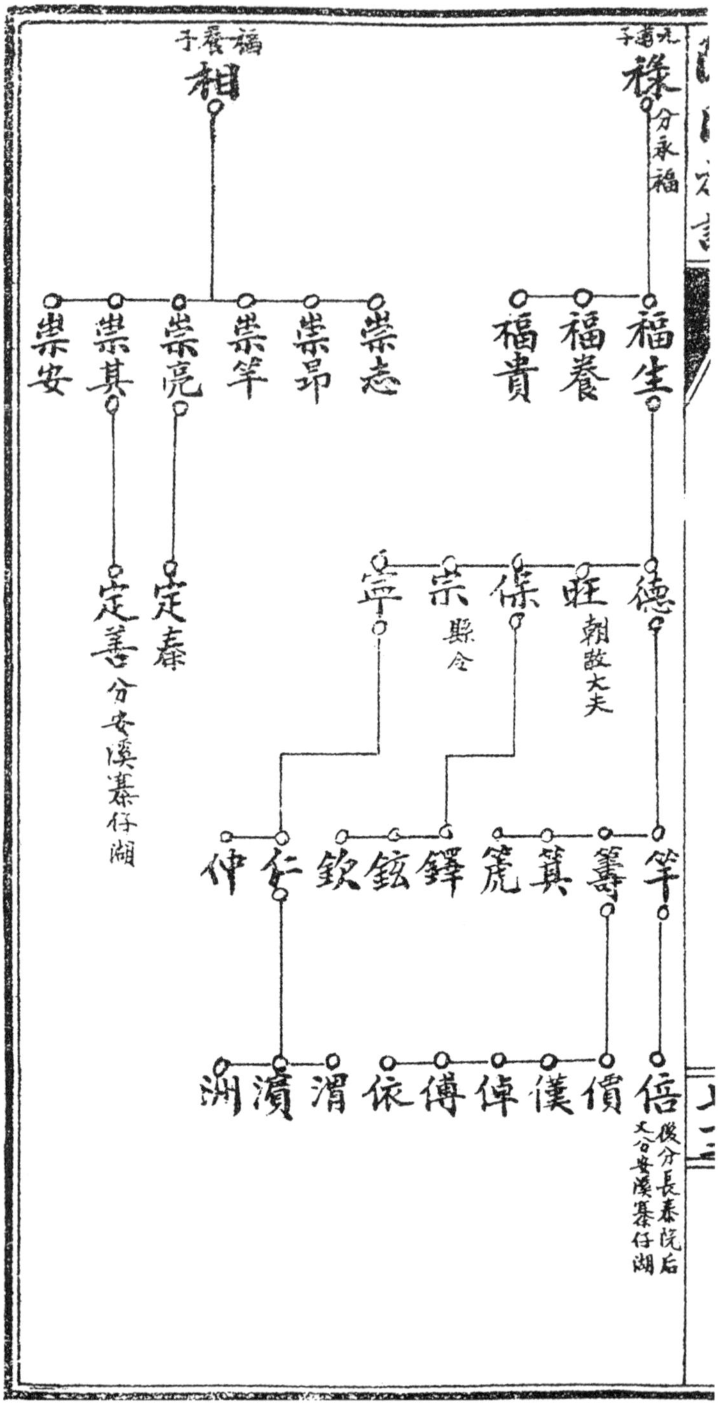

丸道子
祿
分承福
福生
福養
福貴
福養子
相
崇志
崇昂
崇竿
崇亮
崇其
崇安
德
旺
朝散大夫
傑
宗
縣令
亭
定泰
定善
分安溪寨仔湖
竿
籌
萁
篪
鐸
鉉
欽
仁
仲
倍
後分長泰院后
又分安溪寨仔湖
價
僕
倬
傅
依
渭
濱
洲

樣三子

- 福貴
  - 機
    - 萬樹
  - 森
    - 萬華
    - 萬芳
  - 拔
    - 萬智
      - 添福
      - 添壽
      - 添還
    - 仕學
      - 大宗

九遠子

- 慶（分開安溪頂院兜）
  - 饒
    - 晈
    - 福
      - 燕
        - 惠
          - 畔
          - 優
        - 順
          - 從勛
          - 從功
        - 政
    - 明

重長子

雲　字慶星

希真　宋字公衡，幼孤，好學，與其兄侍泊皇（？）戩公，悉其通敏，使其參（？）天聖中進士，累官太常少卿

希閔　進士

悅　度支郎中，尚友錄謂名悅

恪　滑州推官

恂　大理寺丞

愷　字季常，寓居黃岡，號方山子，又號龍丘子，與蘇東坡友善，載在宋史

肅　天聖二年進士，御賜其里曰三俊里　西曆1024年　距今[illegible]年

諭　進士

騤　字叔通，謚文簡，文字秀進

舜俞　慶曆中進文里制科第一　10[illegible]年

舜命

賈　為監察御史

舜申　字休謨

舜封

傳良　字君舉，乾道中進士

禹議　賜進士，始興參政　下頁續

禹諧

禹詒

文龍　淳祐中進士第一，官參知政事　[illegible]年　距今[illegible]年

重次子

霄

開成二年 西曆[illegible]

希堯

希曾 字省華 諫議大夫

致省華字善 別未常名希曾 太宗時人 端拱進士

堯叟 字唐夫 宋文狀元

端拱進士第 西曆[illegible]

距開成[illegible]

堯卿 官至御史

堯咨 字嘉謨 宋武狀元

咸平文進士第一 西曆[illegible]

距開成[illegible]

堯敵

堯佐 字希元 謚文惠官 太子太師 生有十子 分河東即山西 後分四川

梹城暇羅中鴻文印

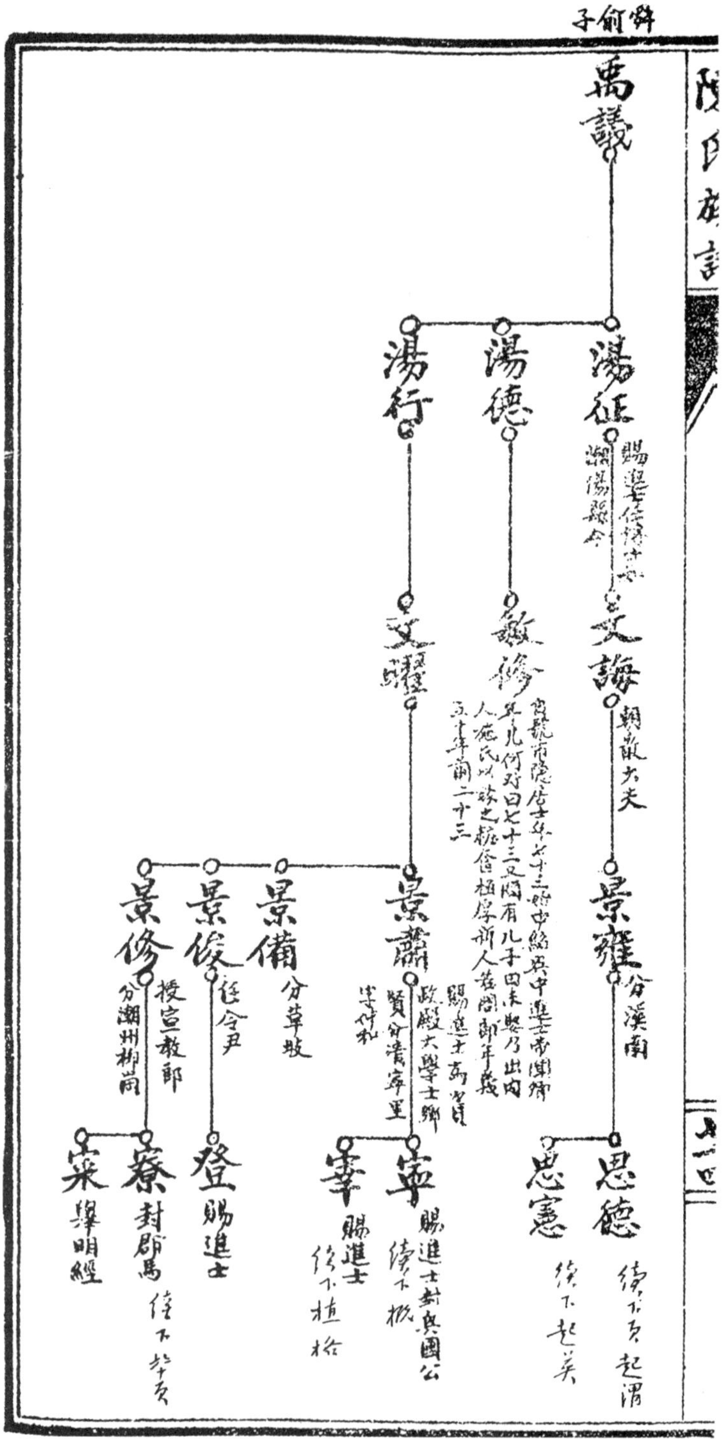
禹議
湯征
湯德
湯行
賜進士任
湖陽縣令
文誨
朝散大夫
文躍
景雍
分漢南
景齋
政殿大學士
景備
分草坡
授宣教郎
分潮州
思德
思憲
賜進士
封郡馬
明經
賜進士封
興國公

恩德子：起渭 — 泰熙 — 子善 — 君輔 — 德讓、德誠（分廣東小山）

恩憲子：起華 — 泰清 — 子信 — 君佐 — 德應（分海澄礮鎮）

宜之子：槐（字寢新） — 泰典（恩授領海舟） — 子成（字忠定，武德將軍） — 君用（從李志甫有功，授本路總管府同知，封南勝伯） — 海壽（分平和高坑）、海生（分龍溪桃源堡）、安生（俱分平和）、養生

泰典 — 子箴 — 君圖、君同

一二五
梹城緞羅申泗文印

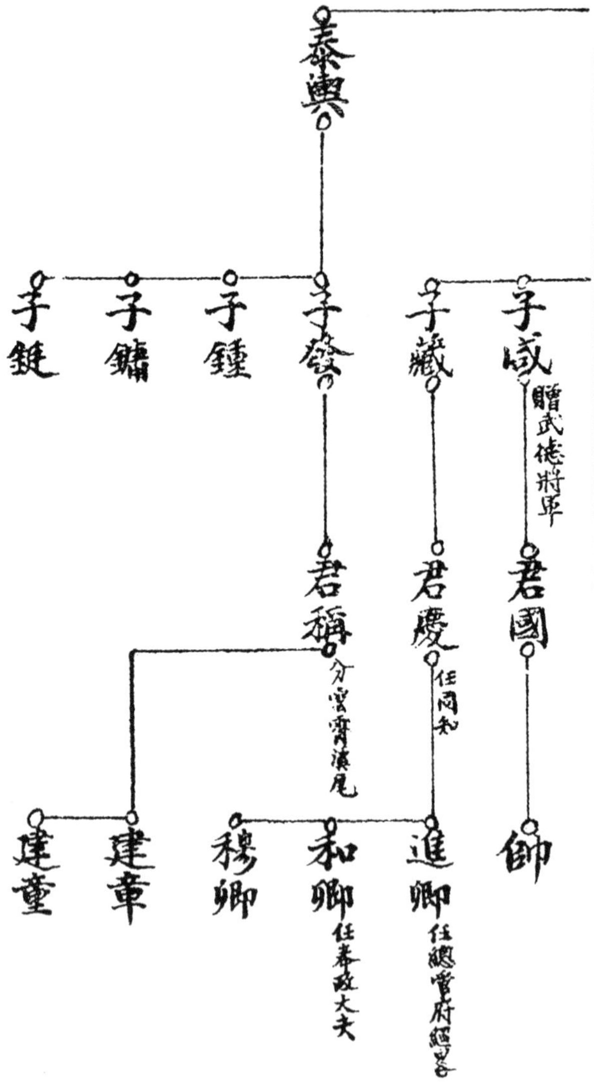
泰興
子成
贈武德將軍
子藏
子發
子鍾
子鏞
子鏈
君國
君慶
任同知
君稱
分居齊濱尾
師
進卿
任總管府經歷
和卿
任奉政大夫
穆卿
建章
建童

植 宋淳祐立淳化甲辰進士
第科嶇
娶
縣華娘趙氏引節馬都尉

泰興 登進士授兵部郎中分磁山

泰箕 授參將

子澄 授南勝巡檢

子治 分大岐

子渭 分西潭

子溱 分平和居仁里

台升 字忠榮

日升 字忠顯

君獻

君敷

君敎

渫輝　汶輝　泗輝　涇輝　洛輝　浯輝　濂輝

德成　德弘

德祥

板城翰墨中鴻文印

格

泰選
　子揚
　子權

泰運　任右參軍　分浙山
　子提

泰廸　歲溫州訓導
　子掖　分陳埭

泰道　分居仁里
　子統
　子紀

泰遷　分浦西
　子巽
　　善鳴
　　善嬰
　　善和
　　善如

泰遴　分仙遊
　立
　座
　康

陳氏族譜

寮

公祀　公社　公祐

湛

海寮

則利　則吝

弟貝 分潮陽

宗旺 分天寶

辨　規

善吟

二十七

板城暇翠中陽文印

店前派

二十五世用公分后埔后塘坑圍
二十五世焰公分權口埠仔市市頭
二十五世煇公分永春赤澄崎
二十六世保增分權口西亭
二十六世才公分石碼
二十六世覽公分禾山後塘
二十七世斌公分禾山馬鑾
二十七世廉公分禾山竹坑下茂
二十七世熙公分金門烈嶼
二十七世瑪公分禾山坑園
二十七世璫公分永春三十六崎

二十七世晉善分晉江永寧
二十八世肇公分禾山陳塘
二十八世晃公分禾山塘邊
三十世岕公分潮州居末西湖
三十世熙禮分同安城外
三十世熙忠分同安溪邊
三十世熙寶分上官田
三十一世兆臧分同安溪邊
三十二世基琦分潮州
三十二世基元分龍溪仙殿
三十三世聯星分廈門

三十三世聯賢分廈門尾頭
三十四世慶璋分臺灣
三十五世際廷珪分臺灣
三十五世際令分淡水
三十六世運坎分臺灣
三十六世運接分臺灣
三十六世運房所分臺灣
三十六世運濠分淡水
三十六世運春市分淡水
三十六世運鄉鋼分淡水
三十七世光宰分廈門美頭

儒林陳氏族譜序

族譜之修何為哉蓋以紀一祖相傳之子孫昭穆大宗小宗繼族之統緒支派也凡人之同姓本於一宗子孫之繁衍均出一祖然世代有自通而漸遠人情有自親而漫疏其間賦命不齊有賢否榮枯壽夭如彼其異等或徙居分貫雖同一源也而流益遠雖同一本也而支益分至久而世次不相知名分不相識并祖宗亦莫知其為誰矣雖有賢子孫欲尊祖敬宗者亦將何所考據而知其為吾族之某人也耶與人之族所以貴有譜以紀之也粵稽我

祖

忠順王諱邕自唐起入閩擇居漳州驛路至二十一世孫　德秀公擇居是地號曰儒林屬今南靖縣居仁里源流奕葉數百餘載傳事詩書代有名人並

置苗產在本里及龍溪漳浦等縣坐址馬坪馬口條洋橫口何溝嘶山霞帳西山等處族類繁盛　正統間遭值世變譜契爲火焚蟲蠹陞被勢侵權奪遂使我後人欲前人之始終行蹟莫識其詳業田坐址多昧其所良可慨也然吾猶幸福山公派下元甫分居漳州南門院後社藏有舊譜序頭所載祖廟坐向及山田當因屋業坐址甚詳經於光緒二十一二年間向許姓討還四五田現逐年收取山税是亦不幸中之幸也

邕公十三世孫顯登子二發華號諫諫生祜祜生仲孝孝舉鄉進士生彩彩生佐卿卿入太學生生郛俊郛俊登進士生子二德秀宣秀德秀入太學生生子四曰明山積山壽山福山宣秀分繡坑明山生子一曰子仁分族山城積山生子一曰子義在儒林子祖壽山生子二曰子禮子和俱無傳福山於元

至正初元年進贅龍溪入都南岐李家生子一曰子智隨地入籍焉自此以後支派相承世代可考者幸有火餘遺書存而未泯焉不修之則愈遠而愈忘矣吾伯綠陰以邑庠造逸在家輯其大畧惜未終辭世矣適繪以廣西南寧府知事致歸披閱遺稿自嘆不才非修譜之人然自祖宗視之則均子孫也乃依是稿而復修焉上而高曾祖考下而子孫雲玄及吾身之行列初從再從三從與夫大宗小宗之統尊卑遠邇之別榮枯賢否之異生居卒塟之所莫不俱載俾後之為子孫者觀斯譜則知為吾祖吾父吾諸尊輩所當孝敬為吾子吾孫吾輩卑幼所當恩恤或富貴隆盛壽而有子固可喜也或貧賤孤弱妖而無子亢可哀也某也賢能自立足為吾宗榮吾當有以賢其賢某也愚不能自立為吾宗辱吾當有以起其愚至於生長某地卒塟某所吾

梹城繼羅中鴻文印

又以有知其實興木水源之思動孝敬哀矜之念寓勸懲之意厚親睦之風皆由此譜矣若或罔修厥德棄悖禮義忽慢名分岐視祖宗以惡凌善以富呑貧而瓦礫斯譜則非吾祖宗所生之子孫也非地下吾祖先之所望也亦非吾伯　緑滄修譜之意也

旨

萬曆貳拾貳年拾世孫繪薰沐敬書

雍正七年南岐拾伍世裔孫朝棟薰沐敬録

乾隆肆拾貳年南岐拾陸世裔孫文煥薰沐頓首敬録

宣統元年己酉南岐三十二世裔孫禎祥叩首拜録

南岐十九世裔孫八士敬較對而録之於後時因募捐趂盡南院忠公祠

至横城與禎祥相值取閱族譜然後知吾祖　福山公之傳其派若斯之盛也慰甚幸甚第吊祭之期子孫未嘗一至故逼處於許姓大族而仇未之報也凡葬在芙山覆鼎金坡多被許姓毁滅山段亦姓佔多云云

開基儒林陳氏世系

始祖德秀

太學生生于至元七年丙戌六月十二日酉時卒于洪武二年己酉二月初六日寅時

娶

黄氏諱純懿

生于至元十四年癸巳三月十一日卯時卒于至正二十六年丙午七月十一日巳時

後娶

明山 分住小山城爲始祖

生元太元年戊申六月十二日酉時卒洪武二十年丁卯八月十一日未時

娶

許氏

生于元太四年辛亥四月初二日巳時卒于洪武三十年丁丑五月十一日未時

合葬在芙山 生乾向巽

子仁

生于至順元年庚午三月廿三日丑時卒于宣德九年甲寅十月廿一日巳時

娶

高氏

生于至順二年辛未四月十八日午時卒于永樂十一年癸巳十月初二日申時

元禎

生于至正十四年甲午六月初八日辰時卒正統十一年丙寅六月初二日午時

娶

林氏

生于至正十九年己亥十月十五日卯時卒正統九年甲子十一月廿三日巳時

合葬浮山

益能 分小山城

林氏謚閨貞
生于大德四年庚子六月十二日卯時
卒于洪武六年癸丑八月十三日丑時
合塟在蜻地美山社後土名覆鼎　金坐乾向巽兼巳亥　庚戌庚辰分金

積山　守祖儒林
生于至大四年辛亥十月初二日卯時
卒于建文二年庚辰九月初一日午時
娶林氏
生于延祐三年丙辰七月十五日寅時
卒于永樂元年癸未十月十二日申時
合塟在美山

子義
生元統元年癸酉八月十七日卯時
卒于宣德六年辛亥
娶王氏
生于至元四年戊寅十二月十六日寅時
卒洪熙元年乙巳十月十三日申時
合塟浮山

元吉
生至正十八年戊戌正月初三日寅時
卒正統二年庚辰七月初八日巳時
娶蔡氏
生至正廿三年甲寅三月十五日午時
卒景泰五年甲子十月十二日巳時
合塟嶺腳

孟恭
生洪武六年癸丑七月十七日丑時
卒天順五年辛巳十二月初四日辰時
七年十二月十八日塟在浮山坐亥向巳與妻合塟
娶許氏諱進官謚惠慈
生洪武廿年六月十九日早時
卒正統三年十月初一日酉時
又娶蔡氏謚孟恭
生甲辰年十二月廿四日寅時
卒戊子年正月廿四日巳時
與夫塟本處浮山坐向同

壽山

生於延祐二年乙卯二月初二日午時

卒於建文二年丙辰三月初十日巳時

娶

許氏

生於至治元年辛酉四月十九日未時

卒於建文廿一年壬午四月初二日未時

合葬在芙山

子禮

子和

福岦

分南岐為始祖
自修家譜恩賜
壽褚

孚智
字哲羨
庠生

南岐陳氏族譜序

族之有譜者何爲哉蓋古人誠慮夫世傳久遠罔知一本而遂至於路人也故特立其譜以聯之聯之何意蓋深冀其有尊親敬長之風矣逮夫時際亂離譜不復修則世系莫辯房次混淆由是親親之恩薄敬長之義衰彝倫之道漸不古矣勲爲此慮輒以課業之暇取舊譜而增新之上而高曾下而雲玄及當身之行列位次與夫親疏遠近之別支派源流之分莫不該載俾後之子孫得有可據而知某爲吾之父某爲吾之祖某爲吾之祖而又祖則由是而起尊敬想發孝思念者寔在乎此也此余今日之增修厥譜所不可已也然吾祖遡自

忠順王入閩以後代皆可紀其賢能踵起者指不勝屈特以支分脉衍譜難備

載故端首但存其統緒而最詳者自我
祖
福山公於元　順帝初元年進贅龍溪八都南岐鋪頭李家住至大明　嘉靖
肆拾肆年知府唐九德議割龍溪自一都至九都及二十八都之五圖并漳
浦二十三都之九圖湊立一縣時御史汪道崑御史王宗載其疏始錫名號
曰海澄而南岐鋪頭屬今海澄縣八都三圖五甲本户里班名曰有聲是地
褊狹厥後生齒漸眾卜宅移徙一水悄麓之門屬漳浦二十八都松浦保號
曰霞美曰竹樹脚曰田中央而吾陳之族嗣後分處不一
福山公三世孫元甫分漳城南門外院后四世孫暨成分木棉天成分鶴林五
世孫虛明分平和溪南虛哲分興化虛衷分同安南門外六世孫珍璉分黄

崗華德分本處姚與容明南安容庚分福州容積分本都横內黍仔園容寧分本處南爐七世孫淑規分東坑古池廣騰分雲霄廣諒分漳城南門外種德橋後移蔡坑廣信分本處洋山尾廣誠分南靖澄溪三角寨生子二曰守亨曰守政移漳城南門外十二三都蔡坑敷成分興化秋羅溪美成分漳浦寨仔八世孫汝倫分潮州石寨徵奇分南安二十六都溪洲園泰分仙遊番田里西深徑空腹壠周傑分本都溪棠里鉎炉周義分漳浦南門外梅林鋪山安周完周機周巡俱分西埔珍節珍瑞俱分南安九十都藍坑巧行後由鑑坑分山尾九世孫倘禹分安溪歸窪半嶺横山當珣分海豐石碁當甫分莆田柄內當祥分漳浦南門外汰樵長者壠當興分漳浦娘仔寨阮成孚成道俱分本都汪厝墳舍爐成淵分興化府南門外闌成琨分南安卅四五都

梹城鰕羅中鴻文印

[redacted]碕成敏分晉江白後移南安二十都東坂后山成宗分南安溪仔尾霞美社雙塘濕仔壙圜珩分南靖塔潭乾移山城壁江街尚恩尚志俱分福州西[redacted]外大目溪十世孫文長分仙遊文忠字士義分長泰後移同安十一都仁德里東逕保曽厝文信文勵分海澄石寨宗継宗福宗盟俱分南安二十六都困頭黃甲鄉大宇宗顯分與化桑嶺宗信分永春坂頭鄉澤坂橋敦英分漳城東門外翰苑維參分漳城煞尾下維慎分台支派雖分源流則一覽斯譜者等而上也推而下之則世序秩然同歸一本親親之恩可以油然生矣敬長之義可以勃然興矣知所以親親知所以敬長斯知所以睦族歲時必會弔慶必赴服雖盡而情可以無盡矣然則斯譜之修實所以厚人倫長幼恩愛而敦風化者也豈徒譜厥由来已哉但祖宗有言語德行至其為人必有事迹

不能一一著述此特譜其大槩者耳若夫生卒塋所未及詳者非畧也闕其所不知以俟後之有志者緬而補焉此又勲區區所未盡之意也於是乎序

皆

萬曆叁拾年歲在壬寅孟春穀旦十一世孫時勲薰沐敬書

雍正七年歲次　酉仲春穀旦南岐十五世裔孫朝楝薰沐敬録

乾隆肆拾貳年歲次丁酉仲夏之月南岐十六世裔孫文煥薰沐頓首拜録

皆

宣統元年歲次己酉孟秋之月南岐分同安文忠派二十三世裔孫禎祥薰沐叩首拜録

凡例

一世代遠近親疏咸是存焉圖以昭之則一覽俱在自當所以浹其親親之恩矣否則視至親如路人甚至派分流遠罔然不知為族者有之故作世次之圖五世一提每提分五截每截為一世而嫁娶卒塟書於名下倘失詳莫考者仍鈌焉世週復提六世繼之相承而接後皆倣此

一妻以敵體因所在錄而接屬在有子亦當不以其賤而棄之故姓名得顯夫君之下若夫女雖從夫吾家之血脉攸屬亦親親者所不廢也理宜錄入

一老而無子當覘昭穆立繼不絕其後而昭穆之中又必以親疏為序如其意向所在則亦聽之毋得啟爭使混昭穆耳倘乞養為嗣雖非我族類忍悖之矣其或出繼者書出繼某人為繼者書某子為繼無繼者仍鈌焉

族城啟羅申鴻文印

一墳墓先人體魄所棲使不誌其所在焉備其久而不迷失標其塋處雖存塋亦不忘乎祖也蘖賣公山者革除姓名不許入祠

一祠堂以萃祖考之精神祭田以伸敬本之誠孝毋乘機變易如或壞而不修者真不孝之子孫也會族共擊鳴官以懲其惡仍書某不孝於大門外

一僧道吾祖之蠹也有一於此叛祖甚矣其或逆惡為非尤為祖宗之玷則削其名以示戒豈曰絕之已甚耶

一賭博淫慾律有明禁且盜賊從茲起焉有一於此非惟父母之辱貽恥先人甚矣即當會衆共擊甚至呈官以懲其惡此吾祖所大戒也

一子孫繁衍乘獲觀光皆祖宗積慶之所致也不思以報之是自喪其良心矣今議族中有科為官非貪非酷者隨其俸資力量勸令買置田租充入祖廟

忠祭牌坊旌賞以為世法剥民膏髓者財帛盡進入祠公用以為世戒又每
逢生男祠燈銀壹錢少伸報本之義歲時祭祀之外即為羨餘以為十年一
次修譜之用酌助貧而進學或給婚娶喪祭此亦昌前裕後之至意也
一子孫名諱當視先人未命者方可表云其或有犯即宜速改所係匪輕
一南岐一派吾祖德秀第四子福山也至正初贅居龍溪縣南岐村今屬轄海
澄住方子習入籍彼縣自修家譜茲於派下特書其始餘未得詳録
一蕭坑陳氏祖宣秀吾祖德秀之弟卒葬在後嶺石前山後彼因抽軍立作二
戶以此分居蕭坑致譜失序然名實未紊以俟查録
一修譜每以十年為期凡族中子弟才而有能者能可修之毋得錯其支派畧
其事實紊亂其是非則自混其本源而獲戾於先人矣慎之哉

一長子長孫承重凡祖考神主皆其奉祀務要生人乳名爲題以别後日子子
孫孫祀上之名而失長幼之序

開業南岐陳氏世系

始祖福山

元順初年進贅入龍溪八都三圖五甲肇居於岐號曰南岐建宅坐丑向未兼癸丁
生于至治元年辛酉正月初一日卯時
卒于洪武十年丁丑十月十一日卯時

娶

李氏謚嗣徽
生于太仲元年甲子十月十六日辰時
卒于建文元年己卯七月十三日申時

子智 字哲諡庠生

就南岐入籍海澄东户里班石號曰有聲後涉一水卜擇松浦田中央再建祖祠在霞美坐巳向亥兼巽乾
生于至治三年癸亥正月十五日寅時
卒于永樂十年壬辰三月初一日未時

娶

趙氏謚温惠
生于至正五年乙丑七月初七日辰時
卒于永樂廿一年癸卯十月初十日午時

元徽 字徒明庠生

生于洪武元年戊申八月十五日卯時
卒于正統二年丁巳七月十五日寅時

娶

王氏謚貞烈
生于洪武三年庚戌七月初九日卯時
卒于正統五年庚申五月十二日午時

合葬在霞美
高林頭

東陽 字啟梓

生于洪武二十二年己巳十二月十五日午時
卒于正統二年丁巳七月十五日寅時

娶

黄氏謚恭懿
生于洪武二十五年壬申式月初二日寅時
卒于景泰元年庚午四月初五日午時

合葬在霞美
高林頭

正文

正義

合葬在南岐
到港口土名
鵲鳥頭坐辰
向戌兼巽乾

合葬在南岐
土名石壁湖

東亨
生于洪武二十六年癸酉六
月初二日子時卒于景泰
十四年正月十二日卯時
娶
吳氏謚恭肅

正倫
正融

元通
太學生口生于洪武
四年辛亥五月初一日
申時卒于正統十年乙丑
二月初五日午時
娶
黃氏謚貞順
生于洪武九年丙辰二月十三
日子時卒于正統八年癸
亥八月初五日子時
合葬在到港口土
名上脚呈

東習
字啟明
娶
盧氏謚恭儉

正育

光敏 處士 字昌英
生于洪武八年乙卯二月初十日申時 卒于正統十年乙丑七月初三日巳時
娶郭氏 謚貞淑
生于洪武十一年戊午六月初六日巳時 卒于正統十四年己巳八月十一日午時
合葬在洪礁

東平 字啟亮
生于永樂二年甲申六月十五日辰時 卒于成化十六年庚子十一月初六日卯時
娶楊氏 謚恭德
生于永樂八年庚寅十月二十一日未時 卒于弘治元年戊申四月十五日巳時
合葬在客鳥逕枝屆脚木

正勤 正益 正規 正郁

元甫 分住漳州南門外院後為始祖

既成 時祖院后
暨成 分住木棉為始祖
天成 分住鴟林為始祖
既昂 分住馬嶺為始祖

弘述 弘明 弘壽

二八七 梹城鰲灘中鴻文印

元泰

生于洪武十八年乙丑正月初一日寅時
卒于成化五年乙丑三月十五日未時

娶

林氏謚貞謙

生于洪武二十一年己巳二月初五日酉時
卒于成化十六年庚子十月十五日午時

合葬在松浦土
名洋山尾庵仔边
坐巳向亥兼巽乾

天成　字朴煥　庠生

分住泉州同安南門溪仔墘爲始祖

虛明　虛哲　虛衷

開基院后陳氏世系

自唐邕公起傳至我
祖元甫約二十三世

始祖元甫
生于洪武十一年戊午五月十一日午時
卒于天順十一年丁亥八月十二日未時
葬在到港洪熊寨脚坐戌向辰兼乾巽

娶
林氏謚貞懿
生于洪武十五年壬戌十一月初五日子時
卒于天順七年癸未十月十二日巳時
七月十一日辰時葬在到港洪熊寨脚
聖帝廟邊

娶
吳氏
葬在河坑庵尾

旣成
生于永樂五年丁亥十二月十五日吉時
卒于天順五年辛巳七月二十一日辰時
葬在本山胡宅壠

娶
鄭氏謚慈儉
生于永樂七年己丑二月初一日寅時
卒于成化八年壬辰五月三十日辰時
葬在本山胡宅壠

暨成
生于洪武二十八年乙亥八月十五日辰時
卒于正統十一年丁丑十月初五日子時
葬在赤嶺頭田墘

娶
李氏謚恭順
生于洪武三十年戊寅二月十六日午時
卒于景泰五年甲申七月十三日辰時
葬在庵尾山

天成
生于永樂八年庚寅六月十二日午時
卒于天順七年癸未八月十二日巳時
後移居新興社建祖祠坐廳坐卯向酉

娶
許氏謚恭懿
生于永樂十年壬辰四月十三日巳時
卒于景泰七年丙子三月十二日寅時
合葬在埔地埕溪霞美土名溪邊

既昂

南岐十世孫分同安馬巷曾厝號曰浚美一世祖

十九世

文忠（字文義）
- 天祐
  - 濬
    - 初
      - 孟燦
        - 禎祥
    - 鑫
    - 本
- 天來
  - 棲梅

昔日祖居同安西橋尾厌畨後至我父移居霞路至余九歲時不幸中遂父喪魂墓失落神主被水漂流無所考據至光緒庚寅年余再移居東門外五甲祖母在堂一日問祖母曰你知祖上何處分來祖曰泉州余曰泉州一府五縣那里尋的祖母曰跳坑余知跳坑南安管另日往跳坑附近客寓暫宿數天採听鄉社被李姓廢去本地人曰你親堂亟角亟滿在西村住余往見之亟角曰我先人書二房住同安住一去不來我前年進主同安曾厝未知你祖我祖余曰諒必你長房祖也昨聞甲未知也余往曾厝採听無人所知至甲辰年有一位生員字蔭堂來同安與我相會談及隶族事知天字十九世後日若有成家者與子孫言明不可像余奔波數十處無處可投至今日知其祖上根源乃祖上之德也非余所能為[illegible]

民國五年丙辰荔月穀旦　浚美廿三世裔孫　禎祥拜錄石印

抄台灣譜　南陳實錄

入閩始祖諱忠系兆府萬年縣人(今屬江西饒州府)原居洪坂鄉又名桂里子邑唐神龍初進士官太子太傅與李林甫不相能開元廿四年被謫入閩先居福州三山旋歷遷興化泉州惠安(社壇)後徙漳州之南驛路南廂山生四子俱進士長曰列次曰錫三曰紛四曰賓德宗時曰列為金紫光祿大夫曰錫為諫議大夫文宗時曰紛累擢至工部侍郎兼司空丞相乃跡兄綱目及唐書本傳曰賓官屯田員外郎賓子翰官寺簿時緣太傅公從構府第修廉踰制地方(言)參謗逆謀禍將不測維時曰列曰錫往匿于外曰紛與賓為左幼沖有女金花郡主乃剃髮為女冠改華居為寺宇藉以躲謗而免禍遂移居三都居水頭居焉公卒九十有五諡忠順王父忠公追贈鄭國公塋于本山後俗相傳為水頭大夫崖曰列曾夢隱于田禾中因與子孫作宗傳揭舉崇三為餘口遷入嘉禾島即今之陳寮鄉洸馬坑即

陳氏族譜

至洸馬霞也其昔光州固始諸姓為來入閩繼晉陳氏後其雖薛令宗
房亦流寓于此故同里有南陳北薛之稱焉後判河東入以稽宣子
翰任寺簿守故鄉分族龍溪北溪等處焉別年八十劍覺性寺生子傳
傳生三子曰茹曰閬曰嘉茹翰林院學士閬陵州刺史嘉陵州別駕
閬子丞任福唐縣令生二子曰喜曰孝喜為開封府儀同三司上柱國
建資福院住漳祭祖疤渡中流見赤光橫舟捨一器木刻為廣德
王祀院側今祭業猶存孝為吏部侍郎生二子仲友官通直仲規
官四門助教喜三子曰仲琳官從政郎仲志官朝散大夫仲岡官書
局務令生四子元通任婺源知縣元達任閩縣主簿元道鄉貢進士
生子名祿分族永福元遠任虔州推官元通生二子曰肇曰顯　孫
昌晦字希儒十歲能文工詩賦隱于終南山後移金榜山十八科不

弟故名塘老後探高科任陝西元帥解印後歸里築釣魚磯于篔簹港
口著禪談書四十九篇凡三卷朱子署同安主簿時為之序且有詩贊均載
泉州府同安縣志入祀鄉賢白雲岩有遺像隆慶辛未系郡同知丁
一中謁公祠坐贊詩一首又題金榜山釣魚磯詩二首點生二子長仁煦次
仁盱仁煦生三子曰先桑先憲先著桑為長泰主簿分族果齋陳巷仁盱
為司戶生一子先峯為莆田縣尉生三子曰用祖越祖幾祖〻〻為少府丞四
世孫良顯兄弟分支惠安居坑等處　元達子名徹虔化知縣徹子曰鑑為
御史中丞兼國子監祭酒生三子曰俊文曰匡文曰浩文分居縣前浦源桃
林官山山偉亭港頭等處後世散居閩粵不可盡紀

按萬年縣有二一在江西饒州府一在陝西省會咸寧縣民國併入長安
縣北周隨唐皆屬京兆郡治唐之京兆萬年縣者指陝西言

古實錄疑點　孫多查中云太傅公與李林甫不相能開元廿年被謫入閩（開元二十四年即西歷七三六年）然考史載李林甫死于天寶十一年（即西歷七五二年）年代固相近惟又考史載李於公開成六年入相（即西歷八四一年）與謫公謫閩相距幾一百年則謫公非李林甫時人可知

又考福州各譜多載太傅公為元和元年進士（元和元年即西歷八〇六年）而該實錄所載為神龍元年進士（即西歷七〇五年）距其公入相竟先期百年之多自係不確當以福州譜為是

考唐書云陳光乃字周道世先江左謝陳陳也世家穎川而該實錄所云為京兆府萬年縣人亦不符

［福建漳州］西洋坪吴氏祖譜不分卷

佚名纂修

〔福建漳州〕《西洋坪吴氏祖譜》不分卷，佚名纂修。西洋坪吴氏居今福建省漳州市薌城區。開基祖孔輝、孔灼兄弟，於元末爲避瘟疫，扶母携妻子至漳州西門外夏坡社洋坪定居。譜載序言、源流、世系、傳記等，譜前有嘉慶甲子（一八〇四）裔孫獲所撰家世源流甚詳。傳記載十四世文獻「二十餘歲往夷，住泗水末地名吧度安營理，在安娶妻蔡氏」，十五世滄海「往外洋泗域」。據民國九年（一九二〇）抄本影印。

中華民國玖年桐月抄錄

吳氏祖譜

十五世裔孫清章謹誌

吳氏譜字世代久遠兩次遭災譜文諱序亟傷破碎頗有錯爾難以詳誌至　大清乾隆時有雲孫耀元者念及水源木本稽察紀史合參錄記乃成一卷略以相繼愿我子孫珍之重之使春秋二祭連萬古禮樂序一家源流左昭右穆

長幼有序男女有別雖
百世可知也

竊念江水洋洋自有源流之始喬木森森豈会生質之本人為萬物之靈當知淵源之自既有物有則須知分等所以然因想追遡上祖之由來自去邠踰梁山邑於岐山之下居為當是時也三分天下有其二太王生子有三長曰泰伯次曰仲雍叁曰季歷

歷生姬昌賢而有德太王意欲
傳位季歷以及昌泰伯能體親
心三以天下讓而不赧乃謀次
弟仲雍托名採藥逃之於荊蠻
而居吳地時荊蠻之人義之立
爲是為吳泰伯以地為姓改姬
而姓吳故知泰伯仲雍為吳之
始祖也及泰伯卒老而無子國

人乃立仲雍而當國仲雍卒生子季簡季簡立季簡卒生子叔達立叔達卒生子周章立追至武王克商有天下裂土封侯追尋泰伯仲雍之子孫而始得周章時以居吴地因以封之列爲諸侯周章卒生子熊遂立熊遂卒生子柯

相立柯相卒生子彊鳩夷立
彊鳩夷卒生子餘橋疑吾立
餘橋疑吾卒生子柯盧立柯
盧卒生子周繇立周繇卒生
子屈羽立屈羽卒生子夷吾
立夷吾卒生子禽處立禽處
卒生子轉立轉卒生子頗高
立頗高卒生子句卑立句卑

卒生子去齊立去齊卒生子
壽夢立比時而吳始益大稱
王壽夢生子有四長曰諸樊次曰
夷際三曰夷昧四曰季札賢〻
父欲立之札答曰不可及壽夢
卒於是乃立長子諸樊諸樊傳
夷際夷際傳夷昧夷昧卒貽詔
欲傳于季札札性清不受其

位逃之於延陵而擇居爲國
人乃立夷昧之子僚是為王
僚諸樊之子公子光怪僚而
弒之代立是為吳王闔廬常
執越王為奴而掃墓爲闔廬
卒子夫差立始能報會稽之
怨終姑蘇之臺惑于西施之
淫亡于國政之亂是以敗于

勾踐之手矣今蘇州北門無錫縣是也當此之際或避害或脱逃於外國而為荼庶地迥不同無從稽詢惟我公子札早居於延陵瀕海之處得以傳流吉代厥後宗族畧頗蕃盛漢唐宋之間紳衿濟濟科甲榮朝咸稱世家矣自泰伯至夫差一十九代

二十一君六百五十年
遡我祖
容重公自延陵分居於河南省
開封府祥符縣持和鄉之村
生有四子長曰謙次曰恭三曰遜
四曰讓謙公遜公讓公此三公之子
孫諱字任其自錄
惟我祖

茶公生有二子長曰藏 次曰穜 藏公
生有二子長曰賢字一居次曰衡字一
擢派下任其自録惟我祖
穜公生有二子長曰璋字一寳次曰
有獵字子敢藏公派下任其自録惟我
祖
有獵公明經出身宗寧 1195年 宗歷官著
作郎生有五子長曰琨字宜鳴

次諱修字宜美　三諱燧字宜陽　四諱克字
宜能　五諱濟字宜得　四公俱在祥符縣
持和而居　諱字提其自錄惟我祖
濟公家貧淡薄　為世名醫　流下江
西省饒州府平樂縣奇仙鶴鄉樂
其土產而擇居焉　生有二子　長曰
祥理字至致　次曰祥洵字至景
祥理公生一子諱潛字孔昭宗理宗

時殿試第一因奏奸相被賈似道斥
貶潮州刺史而生一子曰慶公字
天祐
慶公生三子長諱一錦字紹學次諱一文
字紹章三諱一秀字紹彩
一錦公生一子諱澄字幼清英宗時進士
入翰林傳學士
幼清公生三子長諱愛字寵夫次諱

懿字直夫三諱沉字默夫二公之
子孫諱字湜其自録惟我祖
寵夫公生一子諱久學字必載丰
姿俊彩性情柔弱時人謂曰冠
玉郎
必載公生四子長諱嵗欽字元承次諱
崇字元高三諱炤字元明四諱
著字元灼而譜字破碎莫稽其詳矣至

德侑公素性仁孝享壽八十有八生子
有三長諱裒字公靜次諱表字公文
三諱袞字公炯
公靜公生三子長諱本字直方次諱松字
茂方三諱森字春方
直方公至孝純篤成宗時徵為蘭谿令
歷官至平章生子有四長諱萊字
宗逸次諱薪字宗蓬三諱茁字宗

玻四諱芝字宗香
宗蓬公篤學居家孝友舉為孝廉徵吾
漳之龍巖令　宗邁公篤學窮經深
於文藝性清不仕入於浙江金華府江浦縣廈山窮經
論文從學徒弟千百奇數壽四十有四而
終時有門人種離裏者為公著述修
撰文集甚多公卒諱曰淵穎先生出
公芝公萊公三公俱在金華府江浦縣之處
而曲折詳細亦莫稽矣傳至宋末度
宗年間我祖

一後公字子芳稽之素行至孝極友
許之才能文章超群後果登科及第
探花郎官禮部侍郎為官性直循良
文班武列莫不咸讚其德醇行美配
媽潘氏生有三子長諱華字攸文次
諱綿字攸遠三諱顏字攸忠俱皆攻
書入泮時何等榮顯於宗朝矣豈知
興旺盛衰皆由天涯一旦禍起蕭墻緣
奸相賈似道竊柄朝綱欺上害良我祖
忠心赤胆有忤其行被似詐傳聖旨治

罪時有丁大全鄭諫議等數人同案俱僭
發下三法司詳擬當時九卿等多者憐憫
我　祖性直循良忠君愛國無辜受屈討
匿脱屍而販之餘僚受戮株家累族　綿公
韻公慘受其害而宗族親疎之叔伯兄弟死者
逃者逃遣此流漓之際分散之於四方鮮居
于延陵渤海之祖處矣時蒙九鄉大恩時
容貶我　祖於江西贛州太守　祖只默率
華公媽　潘氏僕列坤婢矣美蘭五人
步行下江西至府方敢傳報迎接上任

隱為多年案卷疊積繁多未免應伸
達部朝中僚友知祖之詳者匿寢不
伸因知者將原文具伸於通政稟知
似道一覽始我 祖被瞞不死而貶似道
愈怒欲寃九卿之罪而九卿之官官
或畏縮而辭職或年老而死亡乃無一
於朝矣遂即再降我 祖知龍巖令未
滿九月更廢我 祖於廣東省々府
龍門縣之海邊為巡司焉囑府縣推
捉起程赴任在似道之意欲置我 祖

子死地而後甘心矣時一家七八人同行經過潮州大埔縣黄岡坡是日堪憐我　祖失志傷心竟病在黄岡坡之飯店中數月不愈醫費用盡店主追討我祖一時無徵全家淚下汪汪店主詰之曰清賬救本論理應然客官何至啼哭而賴還我　祖乃叙出情由店主始知我祖及弟大老爺跪而禀曰聞大老爺説此来因小的追討費錢有罪該死但此中之言語小的店后有三五家之人

新来居有住于此亦有十餘年之時常云被大老波累逃奔而来言語大甚相同合想禀明報知叩乞赦免小的罪名我 祖一時聞禀似醉方醒右手加額左手力扶店主而起乃囑之曰汝説既有此等人之言語速喚来相會便知是店主飛奔喚到一見鳩集一團相抱而哭啞出血誰料乃親房兄弟之子姪也時衆姪勸之曰叔父身中大病店裏嚷鬧非養静病之所可搬移行裝到姪家養静幾時延

醫調治侯病痊日方可起行赴任我 祖悲喜交集即移到經家再與全親 姪婦等復哭痛流涕病愈沉重延醫服藥竟無一效嗚呼痛哉卜塟在黃岡坡坂前之溪邊矣于是 華公在此守制為家居住亦已多年授花媽潘氏不出十年餘年亦已終天年與 公同塟坂前時值采家袮衰微四方盜賊鼎沸蜂起契丹浸入中國繼而女真蒙古爭佔胡元擾亂大覇天下庶民饑饉薦臻死者過半十

存二三逢此流離之際老羸轉於溝壑
幼祖殖於道傍班者十存六七録目
華公之子孫在黃岡坡居住傳流亦十
有餘代計考年數兩百有餘此一節祖
諱無從可稽爲追至元末宗族頗有蕃
衍人丁士子可爲少矣時黃岡坡瘟疫
大作惟我祖
孔輝公孔灼公兄弟二人扶母郭氏併率
妻子以避瘟疫直流至漳州之西門外
營于夏坡社居焉建有四角石井立

延陵慶名號在于石井上誌爲將亦有仝來者十餘人皆至親之叔伯兄弟俱入漳泉二府而分居焉我祖欲往漳之時禱于上下神祇作七言絶一首其詩曰

六轡馳驅往泉漳　任從分劃剗立禎祥
但願皇天相庇佑　三三兄弟大吉昌

時亦有一銅公者素諳武畧善騎射將中軍八不涉召銅公作散騎將軍領令征東勝州不克被本將察罕粘

不花所殺雖我　孔輝公孔灼公在夏坡社居住后遷移在山前事母至孝顏家經營活命不敢為非媽　郭氏享壽八十有餘及卒卜塋在田下社頂坐甲向庚時乃天下未平至洪武四年始報籍龍溪　孔輝公配妣王氏生四子長諱從文次諱從行三諱從忠四諱從信凡一派乃是孔輝公之子孫　孔灼公配妣張氏生有三子長諱從吉次諱從善三諱從明此一派乃孔灼公之子孫　家

頗殷富俱以治農治圃為業　輝公
灼公兄弟二人各享壽九十有餘不
料年老同月而亡俱葬在養灣院西
邊二壙坐甲向庚　孔輝媽王氏與子
從文等向孔灼媽張氏相商分爨自
食時妯娌乃分炊而自食之孔灼媽亦
與子從吉等自食時逢夏漳溪水漲
從吉公等夜漁網中撈一佛像投之下
水流去仍入網者三　公曰怪異此何
菩薩丟却不去若果有靈佑我今

宵大得魚吾即收而祀之是夜果大得魚乃持佛像而归天亮視之乃定公古佛也佛背書耿靈二字誠心懇懇而祀之祀已三載　公闔家俱夢古佛曰爾兄弟若同居一所則死若分散異處則生時不知其所云是年迨至七月望闔家復夢如前又不識夢中所云之言二王何吉至越數日有舟霞驛宰出廓迎送上司回驛路由門首唱道而過是日孔灼公忌辰　從吉公等因

作父忌神飲酒醉狂怪寧過門不下馬
樞之於塗折其馬足掾碎寧冠寧回
稟寃求差檢拿　公等始覺曉悟乃徬
徨無措不及相商各異路而走　從明公
急率妻子而奔逃于金浦雲霄之鎮此
第三房逃居異處寫遠而傳流之子
孫　諱　字　莫稽矣
從善公亦率妻子奔逃入於南靖龍
山溪仔之裡此乃第二房因在山
內道路而隔遠其諱字難以稽酌聽

其自録　從吉性情循孝禨負老母併携妻子挈家而走逃匿於南靖寶林與溪之口傭農是務厥後業農而居于溪口矣夫啓宰官一節之禍文差武卒圍獲搜拿急于星火累及功先從文公一人受罪問流于揚州界時同縣有一人姓鄭亦有罪問流于揚州一路同行而解要于同安縣有二犯亦同分配于揚州界一人陳姓一人蔡姓時四人知會鄉親在彼處攢

剏營家後各有妻子謨蓋建造一四亦大寨名曰龍同寨中開十二號大街各立廟宇相向四家婚配不願别婚他姓傳及子孫以書爲重四家之人俱各有科第大有文理可觀爲　從吉公在蠏溪之口艱辛克儉與謝氏媽夫婦孝順奉事孔灼媽年老卜葬在寶林寨后坐乾向巽號曰蝴蝶尋花　吉公生四子長諱各仁次諱各瑞三諱各榮四諱各顯　吉公夫婦業農禍后流漓難堪

又兼家居下利夫妻病故于漢口俱塟
在寶林寨后向溪坐艮向坤一歐後　各仁公
兄弟等相商後從居於埔邊獨　各瑞公下同
兄弟于埔邊　自從居於溺水夏尾此二處
之諱　字莫稽矣　各榮公配妣朱氏生二子
長諱　玉堂次諱　璧堂至洪武二十年移居
尚寨當林士備里班後改吳祖德　從行
公率母王氏及妻子奔逃外鄉追閩驛
牢官事銷案回歸洋坪居住
從忠公潛逃在東門外內林居住　從信

公因奔走驛宰之禍開銷案移在横官
路居住　從行媽郭氏生三子長諱素
柱字而行次諱素文字而来移居池頭三
諱素藝字而枝先移居在渡頭東山後移
在下科坑　孔輝媽王氏享壽六十有八
合塋在　孔輝公養濟院邊坐甲向庚
從行媽郭氏與公各享壽六十有五合塋
在蛇仔崙　我祖
從行兄弟四位

叁從志　逃在南门外内林居住
長諱從文　係孔輝公之子　徙居在漳州龍同寨开基住
次從行　回归洋埔开基住
四從信　逃在横官路居住

惟我祖
從行公光爭自漳州西门外洋坪分派而守居
洋坪故里其譜字源源本本堪逖也迨予明
季兵燹之秋原本遺失則世代源流德行事
實幾乎泯泯無聞矣予深慮及此者二十有
餘年矣猶幸少時詢及尊長之多聞見者筆
之于書以質群譜之紀載若合符節雖世遠
年湮昭穆不紊祖德宗功燦若日星恍然見
先人之在目其喜之也有難以言語形容者
矣予性拙而才劣不能顯祖榮宗實為祖
宗之罪人然譜文一輯則　列祖列宗赫然有
耀奕葉宗支瞭如指掌光前裕後雖曰未能

未審可告無罪于先人否嗟我後人宜亨
其難其慎毋廢斯譜庶不負予之苦心云爾
皆嘉慶甲子年仲夏穀旦裔孫　獲　謹誌
民國玖年庚申歲孟春花月　孫清帝再孫以下謄字
自澤雨洋坪起居從行公兄弟再分派此乃從行公
守故里傳素恆公號曰前吳後吳其家譜字
係後吳收藏錄記此曰木有本水有源祖祠建列
列祖有悉知根本追遠常如是也自此分派後吳
始祖素恆稽考有二世
惟我祖行長守居洋坪為一世間房始祖考
世赫弟
素恆公以純厚和睦鄰里娶楊氏諱名慎官
享壽俱登有六十九歲合葬有在澤甯

蛇仔崙坐丙向壬兼午子分金 生有三子長曰
志禮居在井頭房 次曰志樂居洋坪 三志財移居后房
惟我祖行次
第弍世 志樂公治農為業頗有家資配妣林氏名惜官
享壽各近古稀合塋在漳西洋坪后土名
祖塋埔林坐西向東 生有三子 長諱附義
居夏坡 次諱附萊居洋坪故里 三諱附琥
居山根垙内仔蔡
惟我祖行次
三世 附萊公為人行孝治農為業頗有家資配妣楊
氏諱玉官 生有三子長諱東定字伍震 二諱西條
字伍兄 三諱南字伍離 伍震公正德二年

遷移在漳浦揭　附莢公下塟在漳浦東

门外湖𨞴嶺口公田上坐北向南　柸光公

遷移在龍龜　楊氏媽　下塟在西门外洋坪

下房山甘棠樹下坐庚向甲

惟我祖行三

四世

柸離公配妣陳氏享壽各五十餘　公生嘉靖三年

媽生于嘉靖九年公妣卒萬曆十二年公妣塟在金峯墩凡翊頭

坐向東祖妣塟凡須坐南向北　崔毋墓邊　有北

生有三子長諱煥字惟道居福清次諱定

字惟達居大埔　三諱文字惟通　我祖

五世

惟通公塟侃素琉文　生于嘉靖廿九年六月廿日戌時　卒于萬曆四十三年九月廿八日巳時　配妣高氏

乳名三官 生于嘉靖三十二年十月初二申時 卒于天啟七年十一月廿一日酉時 公妣二位

至隆武元年十二月合葬在西洋坪社后壬山

下房坐未向丑兼坤艮 生一子諱興喬

惟我祖

廿六

興喬公配妣李氏諱修官二位神主被洪水漂

流其生卒年月日時難以稽考

生有六男 長諱國詩 次諱國樑 夫妻俱食素齋無嗣惟達

公之派下自大埔回家繼嗣以

振國樑公之宗支公塋在下房

山坐未向丑

其國詩 諧 詔 讓

比四公修被遭滿兵之難逃不知

何處無稽考

惟我祖

七世

國朝公行四 生于萬曆十六年戊子十月吉寅 卒于順治九年九月二十日巳 葬在北溪鷄寄山至康熙丁巳年移遷在大智院下尾林坐丁向癸 后遷葬五馬府山坐丑向未

配妣蔡氏諱慈懿官 生萬曆廿七年己亥歲十二月十二 卒順治十年拾六月六日巳時 寄葬在全孝塚至康熙丁巳年入遷在大智院下尾林與公合葬坐丁向癸後公妣二位再移遷在西門外土名馬鞍山合葬坐丑向未

生三男 長諱廷積字慶餘

次諱廷玉

三諱廷金

惟我祖慶餘建造八角灰燈樓名曰八卦流滴井 此明在此

八世

慶餘公諱寅 生于萬曆四十六年八月廿一日丑 卒于康熙三十二年六月初八日巳時葬在

漳州西北角馬嶺山后土名秋風山坐壬向丙兼巳亥配妣王氏名巧官生于萬曆己未年十二月 吉日時卒于崇禎甲申年五月十二日巳時葬在西门外院尾山后蛇崙坐乾向巽兼戌辰 生下一子諱忍字文華號芳伯

又継娶二妣俱洪氏併会所土后卒合葬在金峯塚后不知何處

再娶妣余氏名新官 生于崇禎己巳年九月初九亥時 卒于康熙乙丑年十一月廿有巳時

葬在（康熙戊辰年五月廿一寅時）南门外礐空水中崙坐乙向辛

後移遷漳西门外洋坪社前土名赤墩埔坐東向西號名鄉仔耳 坐甲向庚兼寅申 生下三子 排第二四

次曰記字文青 三曰胥字文富 四曰燦字文榮

世九

文華公前母王氏生行長 名忍號芳伯諱素直生于崇

禎戊寅年十月十六日辰時卒于康熙丁酉年三
月初二日午時葬在山前土名石尾蛇坐甲向庚兼
卯酉配妣王氏號名靜官諱慈懿生于崇禎辛
巳年四月廿七日申時卒于康熙己卯年十一月
初八日午時葬在西洋埠下房園坐申向寅
兼庚甲
生下二子長曰季字以忠次曰晁字以正

九世
文富公號名賞諱素朴號芳吉行三生于康熙丙午
年九月二十日辰時卒于康熙庚子年三
月初八日寅時葬在澤西門外溝路口寇后
塚大路墘土名小姐塚埔角坐丁向癸兼未丑
庚子庚午分金配妣陳氏諱慈淑生于康熙壬

子年五月十八日丑時　卒于乾隆十九年十
月十七日丑時葬在　山前面坐寅向申兼
甲庚　生子有三　長曰仁　次曰義　三曰禮

九世
一文榮公名燦諱賢夫號芳輝行四　生于康熙代
申年十一月初九日辰時　卒于乾隆十六年
十月初四日辰時葬在漳西门外洋坪社前
土名赤墈埔坐寅向申配妣柯氏諱宅官生
康熙十四年六月二十日申時卒于乾隆二
十四年十月廿九日申時葬在漳西门外洋
坪社山前崙仔西畔坐艮向坤兼丑未丁丑丁未
生下二子長諱岸　次諱濼
其文華公　文青公　文富公　一文華公　兄弟四人

於康熙甲辰年十一月建築大厝式遡左右
護厝坐庚向甲开遠三層埕四房頭子
孫萬代為公護其五神牌至乾隆六年兄弟
分爨其文華 文富 文榮三公之派下
子孫其諱名聽其自錄
惟我二房祖

九世

文青（次房月老祖在此）公乳名記諱恪攫號苔祥行二 生于康熙三
年歲次丙午五月廿七日巳時 卒于康熙六十年
八月廿八日未時葬在滻城西门外洋坪社前
土名山前崙邊 坐乾向巽 兼戌辰三分丙戌辰分
全配妣楊氏名斌官諱慈慈 生于康熙甲辰
年五月十四日午時 卒于康熙乙丑年九月

[illegible]

廿五日丑時葬在漳西洋坪前土名山前塚
后坐亥向巳後移葬在洋坪社后土名下寮
園内坐辛向乙兼酉卯 生下三子
長諱以興公 生康熙乙丑年九月初四巳 □□辛酉辛亥葬在馬鞍山田東向坤艮 孫子在台灣 卒乾隆癸酉年十二月初十日亥時
次諱以鳴公
三諱以鄰公
惟我祖
十一世
以鳴公行二 敦厚純良治農成家 生于康熙乙亥年
十一月廿九日酉時 卒于乾隆五年七月廿二日未時葬
在漳西洋坪后土名崎山埔坐子向午兼壬丙配妣
諱峰史安社洪氏乳名用官 生于康熙乙酉年五月廿
六日酉時卒于乾隆戊申年五月廿四日巳時葬

丙向葬坐壬
在潭南門外蓮花牛史安社右畔私買大
埔壹所直后至潭前至田左帶松柏五株外
立當為界右至　家古墓此洪媽之坟坐乾
向巽兼戌辰立碑之墓　生四男次曰犢三四曰樹
十一世長諱蓮公娶妣　氏生下一男而卒葬在山前谷
下土名蔴竹脚坐東向西妻帶子名誥隨母而出上
高坑社黃姓後誥在上高坑娶妻又生二子長曰自炙
次曰自川誥公于同治八年帶長子自炙回鄉継嗣宗
支後自炙往洋埔娶妻生一男名坤坐外出不知何方
十二世三諱牛公娶妣　氏生二男長曰派次曰自　派公生二子
長諱火公次斟亡無娶做兵往台灣而亡台
火公生一子名惡無娶妻而卒後無傳

十三世 自公娶妣 氏生四子長曰列公 次曰萬公
三曰剪 四曰齊 乙未娶而卒失傳 列公
娶妣 氏生二子長曰纙 次曰坐 纙公
未娶而亡 坐公娶妻王氏 生一子名曰灣
水有娶失傳 萬公娶妣 氏生一子名慈
娶妻王氏生一子名曰武水
剪公娶妣 氏生二子長曰應叔 老而失娶次
曰聽叔娶妣温氏生一子名曰 早亡而未娶
十四世 諱以權公娶妣 氏生二子諱 琛生配妣 氏又生一
子名曰忠公娶妣王甲娶继一子名豐叔娶妻
氏生一男一女俱早而亡失傳
權公之次子名曰傍公未娶而亡

惟我祖行二

十四世

以莘公生于　年　月　日　時卒于　年

九月初六日　時享寿　歲塟在濠西门外油記

社后土名布古山坐戌向辰兼亥巳配妣洪氏乳名惜

官生于乾隆辛酉年十月三十日未時卒于道光壬辰年

七月廿八日　時享寿九十二歲塟在濠西门外洋

坪前村前土名烏鞍山大面坐寅向申兼甲庚宗甫分金

生有五子長曰欺　次曰正　三曰直　四曰育　五曰辟

十五世

長房永欺公配妣　氏生一子名曰儒娶妣　氏名蜜娘

繼下一子乳名應池娶妻林氏名蜜官生下二子長曰域

次曰振　域娶妻余氏名肅官生下二子長曰珠文未娶

次曰桔　娶妻李氏　次曰松娶妻蕭氏生四男長梯水早亡

次房　杜水娶妻氏生三子

三　潮水娶妻余氏

四　竹松

十二世 二伯公乳名永正公十七歲得粮兵十九歲擒過台
係當營伍二十歲卒于咸豐年間二月初四日
吉時后送省核回衙拆葬在西门外山前塚土名
糕仔园外西片坐甲向庚 神牌立在前甲大厝内

十三世 三伯公乳名永直公卒于咸豐年間十一月初三
日吉時葬在西门外土名山前西面蛇尾田上坐東向西
配妣 氏諱 官卒于咸豐五年間四月初一日吉時
葬在西门外山前塚土名石牌后坑仔邊上面畔上坐庚
向甲 神牌立在前甲公大厝内 生下二子
長曰高公往台灣當兵后会归故土 次曰 悠公未
娶而亡葬在何處不識其域坟 神牌立在公大厝

十三世 五叔公乳名永群公生于乾隆 年 月
日 時卒于 年 月 日 時卒葬
在西门外洋坪社頂窯后土名石馬墓后左邊

工公龍眼樹下坐坤向艮兼癸丁配妣　氏
官生于　年　月　日　時卒于　年
月　日　時塋在馬嶺山脚岡仔内坐癸向丁兼
子午　生有四子　長諱洮公　次諱　徐公　三諱　別公
四諱　埒公
日　洮公配妣林氏乳名　官生五男二女
。長曰启命公配妣林氏乳名　官仝生三子長名
諧未娶而亡　次名緣娶妻林氏名英娘仝生　三子
又長名　次名　叁名
。次曰启館公配妣黄氏諱　官仝生一子乳名棣
已娶妻　氏入生下一子名
。三曰启不公配妻林氏　仝生一女名婧娘適下坡洪姓
。四曰启杞公　未娶而亡
。五曰启全公娶妻楊氏諱綢官仝生三子長名婧來
早亡　次曰根三　三曰根水亦未娶而亡又養媳婦進入一子名

金公並娶婶二姐 長姐名細娘生一子一女男名　女名 次姐名來娘生一子

沘公生二女 長名訪適比才新厝社黃 次女名　適康山林逵宗

日葆公行二娶妻柯氏生三子二女 長男名授公会傳

次男名新眠配妣陳氏名瑞官生有二男未長成俱亡後繼入

一男名曰媜猷配妣蔡氏乳名麺娘生一男名曰雨寅 麺科猷

再娶妻林氏又生二男 長曰　次曰

三男甘雨公配妣陳氏乞生一子 後甘雨再接井尾甲

柯公之媳婦程氏蓉娘仝生一子名曰登瑱早亡

繼一子名隋溪

惟我祖

十二世永育公行四享壽五十二歲生于乾隆辛卯年四月廿九日亥時卒于道光二年壬午九月初一日子時塟在漳州西门外甘棠山社后对面山土名山尾山坐丁向癸兼午子丙午子分金配妣黃氏諱信官山尾女享壽七十七旬生于乾隆丙申年九月十七日酉時卒于咸豐壬子年七月廿五日巳時塟在漳州西門外洋坪社前土名赤墩埔田上坐辰向戌兼巽乾庚辰庚戌分金

生下三男二女　長男乳名[illegible]　次男乳名陞　叁男乳名卿

十五世

彌蘭公行長號曰龍享壽七十旬生于乾隆丁巳年

九月十三日亥時卒于同治五年歲次丙寅年

十一月初三日巳時葬在漳卅西门外龍奎社後

后山土名龍奎山坐丙向壬兼巳亥　分金

長女乳名鑽姐適蒲前社陳姓

次女乳名緞姐適靖輅社古湖社張姓

配妣猶勤坑社顏氏名良官享壽七十旬生于嘉

慶丁卯年三月廿六日巳時卒于同治九年庚

午八月廿四日巳時葬在漳西门外洋坪社对

面山后土名山前崙左畔坐戌向辰兼乾巽分金

生下五男乙女長男曰熊次男曰挑即过祠与第三弟作為

長子三男曰善四男曰礼五男曰美此女子名鮮姐嫁于

石彭川生育元近謨為妻

熊公號名應藝行長享壽七十旬 生于道光 年二月 日時
卒于光緒 年 月 日 時
葬在浄西門外土名馬嶺山坐子向午兼癸丁分金配妣
陳氏諱 官生于道光 年 月 日 時
卒于光緒 年 月 日 時 葬在西門外土
名陀尾山 石堂后 坐甲向庚兼卯酉分金享壽七十 旬生
下二女長曰夆娘 継夫 姓名廟老傳下四男長曰
春來四曰片老俱早亡次曰 天來 三男 共老 第二女
必潤北斗新厝社黃秩官為妻
善公字懋魁行三享壽八十七歲 生于道光甫年 月 日 時
卒于民國十二癸亥年十一月廿四日申時
壽域在浄西門外 社土名馬鞍山坐丑向未 兼艮坤分
金配妣鄭氏諱 忍官壽享 歲 生咸豐五乙未年七月十二日丑
卒同治庚午年五月廿己
葬在西門外土名馬嶺山前坐壬向丙兼子午 後継娶周氏諱金官

享寿　歲生咸豐 卒于光緒　月　日　時亡生男女塟在馬嶺山前
坐向　燕　分金　仝鄭氏生下二男又娶一男長曰
苗字清秀次曰书泉字清源三曰文献字清足苗娶
蔡氏諱水龟娘生一男而亡後继娶鄭氏乳名龟娘再生二
男共三子長曰江水蔡氏生次曰龍根三曰渭根俱是鄭
氏生　出泉娶妻陳氏乳名言官生下三男次三男俱数歲早亡
祇留下長子名江龍又继娶後妻胡氏名　官继来一子
名石步年　歲　又娶过魏观之子名狗昌立長娶妻林氏名
生下　男此次为江龍于民国八年十月　日　時而卒　三曰石步
文献二十餘歲往东住泗水东地名吧厘安営理在亖娶妻蔡氏
生有男二俩立啓山長曰金水次曰金山

禮公行四字態賢享寿六十　歲生于道光　年　月　日　時 卒于光緒　年　月　日　時
塟在浉西门外张郡李保土名山尾社后號山尾山坐庚向甲兼酉卯

配妣　氏諱教官享壽　歲 生咸豐　年　月　日　時 卒于光緒　年　月　日　時

葬在張郡字山尾山坐乾向巽后移葬洋坪社对面土名馬嶺山下

坐酉向卯兼庚甲　分金　生下一子名曰南山娶鄭李氏仝

生　子長曰木川次曰

五美公行五字應銘享壽六十　歲 生咸豐　年　月　日　時 卒于光緒　年　月　日　時

葬在澤西门外土　坐　向　兼　分金　配妣沈

氏名惜娘享寿　旬 生于同治　年　月　日　時 卒于光緒　年　月　日　時

葬在澤西门外土名　坐　向　兼　分金仝生

一男名曰水德

卅世 陞公行二字日高享壽六十七歲生于嘉慶己未年十

月廿五日巳時卒于同治乙丑年十二月十六日申時

葬在漳西門外洋坪社后土名坪仔頂系通古墓左畔
臂坐壬向丙兼子午配妣鄉上社陳氏諱青官享壽五
十四歲生于嘉慶壬申年九月廿八日巳時卒于同
治乙丑年十月廿六日子時葬于漳西門外山前崙下土
名桔仔園西溝上坐酉向卯兼辛乙全生下三子一女
長曰綿公享壽　歲生于道光　卒于光緒　年　月　日　時葬在
漳西门外　山坐　向　兼　配妻鄭氏並生一子再外出
次曰敦厚公享壽　歲生咸豐　卒光緒　年　月　日　時葬在漳
西门外土名　山坐　向　兼　配妻顔氏名大官享壽
歲生于咸豐　卒于　年　月　日　時壽域在漳
西门外土名　山坐　向　兼　全生三男長曰

友旦享寿二十餘旬未娶而亡　次曰友仁享寿二十餘歲未
完婚而亡　三曰友德娶妻以後三年未生男女　妻辛德往
峇社楊姓之姊相接而承宗嗣
登山公行三字應上享寿六十　歲生于辛　咸豐　民国　年　月
日　時　塟在西門外土名　山坐　向　兼　娶妻
林氏乳名莉官享寿六十　歲　生于咸豐辛　年　月　日　時寿
域葬在西門外土名　山坐　向　兼　生下二男長
男早亡　次男曰窓明配奩娘陳氏名紅麗未完婚于時窓明二十
歲為家貧欲往泗水未二年而卒在泗北妻葬適井頭前吳江派為
妻服鐵接日生子被而羽嫁嗣　陞公生一女名寶銀適上湖社楊稷
自此　彌公　陞公　而旁傳流子孫生枝
在洋坪分派之名字隨其錄以下分造繼
曾祖譜相接宗支

惟我祖

十三世仰公字日智行三享壽七十七歲生于嘉慶壬申年七月初四日吉時卒于光緒十四年歲次戊子六月廿一日未時葬在漳西門外洋坪社后土名崎山近陸存吉墓左畔肩自己園中坐辛向乙兼酉卯辛酉辛卯分金配妣山尾社黃氏諱裕官享壽六十歲生于嘉慶廿一年歲次癸酉九月十九午時卒于光緒二年歲次丙子七月十六日寅時葬在漳西門外山尾社后土名鹿角山黃家墓左畔自己園頂坐丁向癸兼子午丙子丙午分金 生有四男長曰桃字應奇 次曰脩字應棻 三曰娧字應定 四曰登水字應舟

卌世
應奇公行長享壽六十一歲 生于道光十二年壬辰六月十四日巳時 卒于光緒十八年壬辰七月廿五日□時 葬在潯
西門外油記社后土名布古山埔坐 向 蕉 分金配妻陳
氏乳名洋官生有四子 長曰文興 次曰文祥 叁曰文水 四曰文德

卌一世
應策公行次享壽七十四歲 生于道光二十二年壬寅十二月初四日寅時 卒于光緒 年 月 日 時
葬在潯西門外洋坪社后土名埒尾埔坐癸向丁兼子午
全配妣黃氏乳名聳官享壽 歲 生咸豐 年 月 日 時 卒同治 年 月 日 時
葬在潯西門外土名馬鞍山埔坐 向 兼 分金繼妣又黃氏
乳名尉官享壽 歲 生 年 月 日 時 卒于 年 月 日 時 葬在
潯西門外土名 山坐 向 兼 分金仝夫生下三
男 長曰朝觀 次曰滄友 三曰滄海 次滄友未娶而亡 長朝
觀娶妣陳氏乳名蕉官 生下二男 長曰洩水 次曰長流 一歲逝生
母拜白銅司吳瑞標為兒 三滄海往外洋泗域

卌一世
應定公行三享壽五十 歲 生于道光廿五年乙巳 月 日 時 卒于光緒 年 月 日 時 葬
在潯西門外土名馬鞍山埔坐子向午兼癸丁配妻唐氏名茶
官 生于咸豐二年壬子九月廿八日子時 卒于民國十一年壬戌七月五日巳時 享壽七十一歲 葬在潯
西門外土名嶼□□□□山坐東向西兼 分金 生有三男

長曰清標娶妻陳氏名ㄨ葉ㄨ著未俻而亡繼妻陳氏名紋娘
猶生一女名滾娘 盟下一男乳名長流 于民國六年 月 日
標公而亡 次曰文理娶妻林氏名纯官生下 子長名
次名 三名 叁曰金常娶妻楊氏乳名 官 生下
子長名 次名 三名 四

卅四世
應再公行四享寿二十 歲 生于咸豐四年甲寅 月 日 時
卒于同治戊辰七月十六日 時
葬在漳湖記社后土名布鼓山埔東北角坐庚向甲兼酉卯分金
配妣鄭氏乳名清官享寿 歲 生于同治丁卯年 月 日 時
卒于光緒 年 月 日 時
葬在漳西门外洋坪社前土名石亭山坐 向 兼 分金
生有一子乳名文英字清美娶妻黄氏乳名招官生下三
子長曰長安 次曰長庚 三曰長發
其應蹤 卅 此二公之子孫生枝在西洋坪分裘遺其
目錄
惟我祖行長分派再錄造

十四世

應奇公諱挑官行一享壽六十一歲生于道光十二

年壬辰六月十四日巳時卒于光緒十八年壬辰

七月二十五日寅時葬在漳西門外由記社

后土名布吉山坑南畔坐　向　兼

分金娶妻瑯璦社陳丙公之女子諱泮官享寿

八十　歲生于道光二十年庚子歲七月

初八日申時　于

日時　在漳西門外　土名　坐　向

兼　分金生子有四長曰文興次曰

文祥三曰文水四曰文德

十五世

長房文興公官章清章大清光緒三十四年捐補

文盟生在案至宣統元年在從督部堂

松布政司高陞補貢生县官龍溪縣曹本

章手立結通詳入部存案候缺陞任補缺任

十五世 次房文祥公字倩保 生于咸豐十一年辛酉歲七月初四巳 卒于宣統二年庚戌歲二月廿四未時享
壽五十歲 葬在馬鞍山脚土名西門外塔仔埔坐卯向酉兼
辛乙 娶妻湖西陳姓乳名草娘生于同治丁卯年六月十
月十一日午時卒于 年 月 日 時 在潭
西門外 社 土名 坐 向 兼 分金 生二
女螟一子此一子名根水娶陳氏 遷 西亡葬在馬
鞍山坐 向 兼 后往婆 長 次 女乳名 水蓮 玉蓮 適

十五世 三房文水公字清涓 生于同治九年庚午五月初六日戌時 卒于民國七年戊午 月 日 時享壽
四十八歲 葬在西門外馬鞍山大帝 坐 向 兼
娶妻錦社程氏乳名心娘生于光緒三年丁丑歲二月十
三日未時卒于 年 月 日 時享壽
歲 歲 在洋坪社男土名 坐
向 兼 分金生二男二女長男乳
名丙宗 次男乳名 女子長乳名艮娘適圳
斗新厝社黃道官 次女乳名 娘適靖

韓𦵏前社懷姓

十五世 四房文德公字清田 生于光緒三年丁丑九月廿六午時 寿 年 月 日

享寿 歲 在浮山門外 社

土名 坐 向 兼 分金

配妻林氏乳名悔官 生于光緒十四年戊子十一月廿五 卒 年 月 日

享寿 歲 在浮山门外土名

山坐 向 兼 分金 生下三

男長曰長源 次曰長霖 三曰長

其文祥 文水 文德 此三公子孫生

枝在洋坪分派居住隨其目錄

惟我兄弟分釁目錄我祖

十五世 長房號清章 清朝貢生 中華民國始五源鄉議員兼安

任南鄉總保徵長 生于咸豐九年歲次己未

六十二正民國十三年正式月黎

正月十一日午時壽享于民國十二年十三年

弍吉月初五日巳時葬在赤嶺山　自建

置田中　坐東向西坐甲向庚兼卯酉庚寅寅申分金

娶妻孫陳沈沈氏乳名改官生于咸豐九年巳

未十二月十六日　時壽享于　百年　年

吉月　日　時　在　建置

坐　向　兼　分金

十三世長房

生一子乳名長佑號　時生于光緒十二歲次丙

戌年二月　日　時壽　年　月

日　時享壽　歲

娶妻林氏乳名揉蘋享壽二十七歲生

于光緒十三歲次丁亥年三月十四日申時卒于民

國二年七月初八日亥時葬在洋坪社后土名下旁

山自己園內坐丁向癸兼未丑庚子午分金
民國七年繼娶莊氏乳名賓官生于光緒二十年歲次
辛丑五月　日　時壽　于　年　月　日
時享壽　歲　年歲次　月　日　時
在淳南門外澤鋒社土名金亥下墓坐　向　兼　分金
前妣林氏諱棣贊　生二男　十六世　長名瑞珠字慶玉
次名瑞奎字慶藥
繼娶莊氏　宝官生

〔福建南靖〕書洋呂厝呂氏家譜不分卷

佚名纂修

〔福建南靖〕《書洋呂厝呂氏家譜》不分卷，佚名纂修。是譜内容簡略，但信息豐富，載序言、世系、傳記、祠廟、族産等。書洋呂氏居今福建省南靖縣。始祖大政，約於明宣德間自汀州上杭縣移住永定金豐里。開基祖良篚爲大政次子，自永定遷居漳州府南靖縣書洋社。十五世族人順烈，早年棄儒，遠赴吧城經商。同治間呂氏所居樓屋俱毁，生計困蹙，多賴順烈「寄回洋番」，得以衣食不缺。後順烈之子純發，以貢生出身遠渡吧城經商，至光緒二年（一八七六）「細載旋梓，集衆議」，募築荆山樓，重建家園。譜内記純發往來南洋吧城事跡極詳，蓋其在吧城經商致富並娶妻生子後，心念故里，數次携子還鄉，教子讀書、置産業，修路造橋，福被族人。據民國間抄本影印。

南靖書洋呂厝

呂氏家譜

原序

按此譜序清朝時作非 二梅公識

蓋聞山有根水有源而我東平羽音祖德相傳代有典籍第遭三饒之亂譜載已失而莫述焉恐其世遠愈失其宗又遭清朝藩鎮燬燼之後殘篇猶有一二僅存參稽可考者於是贊述焉

萬曆五年歲在丁丑陽春二梅公謹識 于下

民國甲子年春月 煒卿手依舊譜錄

我祖大政公在汀州府上杭縣移住永定金豐里大坡頭吊規　大政公塋在大坡頭窠頭山　婆李氏塋在大坡頭山仔下厝后

大政公生下二大房長良壷公次良篕公姪石福公　良篕公移在古竹溪口居住

良壷公移住漳州府南靖縣書洋社蔡溪頭進贅蔡家婆劉氏承蔡仲生二畐一甲里班

溪口良篔公傳下

三代 石福公
四代 永滿公
五代 河清公
六代 景寧公

七代 文保公
八代 碧溪公
九代 望溪公
十代 于道公

十一 耀卿公
十二 則先公
十三 聲傑公
十四 德應公

南靖縣書洋社開基

一代 始祖良簋呂公 婆劉氏

良簋公塋在下高車頂車

婆劉氏塋在庵仔山墩

二代 添生公 號水養公 婆羅氏

添生公塋在龍口庵角土名石連

婆羅氏塋在龍口觀音坐蓮形坟

自先代失掌

添生公生下二房 長則恭公 次則敬公

三代 則恭公婆陳氏生下三子 長乾泰公 次乾旺公 三乾廣公未知分居何處

則恭公塋在后壁山覆鼎金

婆陳氏塋在下高車下坟

乾旺公仝媽双葬在楊柳坑双壙坐乾向巽兼戌辰丙戌辰分金

四代

肇基祖乾旺公　婆陳氏　劉氏　生下四大房

長房念二十六郎廷璋公　婆簡氏　莊氏

次房念二十八郎廷瑶公　婆黃氏　葬在龍口浮洋角無嗣

三房念二十九郎廷鑾公　婆盧氏　公婆仝葬在龍口庵后獅形　派下移住廣東高州子孫蕃衍　出仕甚多聞云官至布政

四房念二十二郎廷廣公　婆簡氏　公婆仝葬在后壁坑虎形

廷瑋公生二子 長大經
次大器生一子名一椿子肖林無嗣

大經公生二子
長一松生五子 長四移任福州 三子移任海方
次子名次日 五子名次山 俱無嗣
次一槐生二子長見山字壽漢生一子名心省
次見池字壽坤

見池公生五子
長名心純字望春
次名子
三名贊与見山過房
四名心俊
五名景

廷鑾公生一子名三仁字大德
明萬歷年间倡乱極威生子一時方十八岁同逃高州莫認矣
有一女嫁于西山李西江 三仁子名濶口二哥一云假姓蔡

三仁公生一子名二桂移居廣東高州府城内建置家業后来
子孫蕃衍做官至布政知府

五代

廷廣公婆簡氏生二子

長子名季字東溪号大芳

次子名孝字大俊

大俊叔無娶中年辭世葬在狗脚窗后迁移在牛潭坑中崎仔

六代

大芳公

妣林氏女家船場無生

妾吳氏長瀨吳人生一子名二梅號承溪

二女長女名鳳嫁与劉通渠

次女名進嫁蘆溪葉家

大芳公食粮高陞把總職分守漳南道封擊秃勝田

祖祠神牌二梅公墓碑承溪

七世

二梅公 號承溪

娶林氏 生六子

三女

承溪公仙命坟茔来歷

載明在下十帙

長 名台宇 字壽亨 壬午生

次子 名新宇 字壽榮 甲申生

三子 名列宇 字壽顯

四子 名潤宇 字壽達 戊子生

五子 名輝宇 字壽耀 壬辰生

六子 名盈宇 字壽頤 丙申生

長女嫁古竹蘇生三子

次女嫁大堀尾蕭仁軒生二子

三女嫁后田易械生二子 后自縊死

我祖乾旺公披荊斬棘胥宇于此白葉頭山之
下盖思以光大其邦家蕃衍其後嗣經營拮据
俾立室家分爲四科不意次子夭折四科之業
復立而爲三分矣一再傳而後三分者又已剖而
爲六矣由是振振繩繩基業式廓駸駸乎有張大
之弘規焉無何徭賦派重户役浩繁困苦難
當大經大器伯兄弟將承祖分下之屋基池園
与父大芳典大俊叔共得之一分而中分之父之一
小分屋基池園自嘉靖二十六年立契賣与外甥
莊君族系銀玖兩完納门户大德一分与大俊

一小分俱守死不棄後大德往曾家討甲戶攀累豎旗書賊首呂三仁由是三仁與子仝逃匿高州改換名字永不復歸父大芳當時食粮遊蕩外土俱無回家時大俊叔亦已身故矣至嘉靖三十一年大經大器又將大德分下田園屋宇盡歸賣與莊君族取價銀四兩伍錢余方在懷抱之中無人主持庶務大經兄弟操縱自如事權皆由已出比余稍長母常撫余而言曰汝父生汝一身伶丁孤苦四顧無依先祖之敝廬六分其地五分為莊家之土宇獨一分自守

今所居之室尚是大俊叔之遺業汝當刻志勵行以贊揚前休至隆慶二年大絰伯又將大俊叔分下之基址偷賣与莊君族方員騙余往龜洋探親至則莊望陽以酒宴酣于余問其所以欲余書大俊叔分下屋契甕余時尚幼飲酒數杯沉醉不知天地不能持筆畫甕至夜半醉醒見君族舉家燈燭輝煌辰時即欲運棺塋于屋後余回憶母親平時諄諄告誡之言觸景傷情乘夜偷回與母細言其故龜洋莊君族等所早將來拆屋進塋事迫矣可奈何已而謀曰

明日若来毋尔可為他尋子余逃走劉通渠奴
夫家中潛身次早果有人先来拆屋毋泣曰我
子如何不来若欲毁屋當候其至若少頃不至
則係尔等唆謀毒害彼時欲与較生死來人
回報龜洋吕氏不敢強塋討無可奈何劉姊
夫与余今往縣呈告遲延数年至萬曆元年照
契内銀當官贖田又遲至二三年孫居寮
總壽大經伯次男孫壽漢壽坤同居後寿
漢寿坤備到余贖田契内銀三分之一還余典
大經長男子孫并大器子孫俱無干是以

山林屋舍田園物業俱係余得弍分壽漢寿
坤姪支派得一分此自當年萬曆五年廿分
已定後日不得争競有此經營勞苦汝子
孫其敬志諸毋忽

旹

萬曆五年（一五七七年）歲次丁丑十月初八日二梅公志

咸豐十年歲在庚申夏月　汝南公再錄

民國甲子年春月　煒手依舊譜載錄

八代台宇公
妣張氏　生二子
長子名艷
次子名煥　被蕭中冲所殺

八代新宇公
妣蕭氏　生四子
長子名才祐
次子名卯
三子名遂
四子名十八叔

八代列宇公
妣張氏　生二子
長子名心往咬嚁吧無回
次子名甲

列宇公被賊扳累因在靖獄中问成死罪
後自用藥酒毒死

八代
潤宇公 乳名七
妣莊氏 生六子
一女

長子字顏魁妣莊氏
次子字顏聯妣張氏
三子字顏昌妣曹氏
四子字顏惠妣張氏
五子字顏資妣賴氏
六子字顏睿妣張氏
女子名玉嫁与蕭臏官

八代
輝宇公
妣張氏 生三子

長子名台
次子名戍
三子名團

八代　盈宇公　生十一子
妣沈氏

長子名聖
次子名對
三子名言
四子名宝
其餘七子俱往潮州居住

盈宇公因蕭海作亂屢擒蕭家、賊黨、殺之蕭中冲
復起殺以報怨彼時逃在潮州蕭中冲尋至潮州殺以
逞志其餘子女俱安全惟聖對言宝回祖家餘七子住在
潮州建置家后

九代　顏魁公　乳名魁 字源友　生五子
妣莊氏　一女

長子名就妻、翁氏無傳后再擄五更寮淶家
次子名典妻吳氏無生取名班琳蕭快哥过嗣
三子名創妻張氏生二子四女長名仰次名附
女子名昆嫁与平和鄭、求官次女名良
四子名轉
嫁与蔡溪頭蕭仲官三女名巽、四女名惜
五子名鎮
嫁与振寮黃、敬官
女子名初配与刘平官外甥五人

九代 賴聯公 乳名年 生三子

妣張氏

長子名照、妻简氏生一女名登嫁五更寮陳孝官

简氏后改嫁萧貌官

次子名映字如恒

三子名曉字如升

如恒妻妾俱賴氏妾生一女名隊嫁石桥張注官为妻

后取胞弟次子名裕过房

如升妻李氏生九子一女長子名華 次子名裕与映兄过房

三子名良 四子名宋 五子名胤 六子名功 七子名參 八子

名海 九子名極 女子名和嫁于半天墉汪約官

九代 賴昌公 乳名宏 生一子一女

妣曹氏

子名秀早夭塟在后壁山面

女名首娘嫁与魏斗官

曹氏后改嫁高頭江家

賴昌公塟在慶仔山牛脁厄

九代 顓惠公 乳名憲 生一子 一女
妣張氏

子名石成 早夭 葬在后壁山墘上
一女名同 嫁与施洋坪簡厝官
顓惠公取顓睿公次子名潔過嗣生三子長子顯接
宗支其餘二子接顓睿公支派
妣張氏后改嫁大坡頭李

九代 顓資公 乳名衛 字源正 生二子
妣賴氏
顓資公葬在后
壁坑虎仔歸

長子名嚴 字惟良 妻蕭氏 生下七子
一女 長子名震 次名兄 三子名澤 四子名蘭
五子名坎 六子名壬 七子名庇 四子与胞弟
过房改名日應 女子名孝 嫁五更寮陳孫
次子名勇 字智良 妻邱氏 生一子 名歸
早夭 一女子名純 嫁板寮刘㮴官
後取胞兄弟四子名蘭過嗣改名
日應

九代 頡賡公 乳名雄字元永
妣張氏 生八子一女

長女名郞嫁与劉字官生五子二女
長子名逸号如海字玄星
次子名潔号如碧字玄章
三子名深号如渊字玄廣
四子名注号如淮字玄注
五子名江号如湖字玄遠
六子名漢号如河字玄德
七子名泰号如瑋字玄聰
八子名椿号如松字玄智

十代 如海公

妣蕭氏 生三子 二女

如海公后娶巫氏生一子名御后再嫁名橋張和官

長子名巖 妻邱氏生一子名懷早夭

邱氏后改嫁板寮黃文奇

次子名贊 早夭

三子名武

長女名言嫁与蕭統官

次女名品嫁与施洋坪蕭超官

十代 如碧公

妣張氏 生三子 二女

長子名吳保 妻汪氏生一子名石畧係

次子名正 早夭無娶 過嗣于顓惠公宗支

三子名秦 妻曾氏

長女名磷 嫁与田地蕭廣官

次女名幼 嫁与双坑邱眼官

十代 如淵公 無受室

公乳名注謚果確墓碑法注

十如淮公　生四子

代妣卯氏　一女

媽閨名字娘謚端静

長子名寅生字朝奏号景初

次子名報字朝武号景瑶

三子名現字朝尊号景在

四子名猜字朝文号景會

女子名勸配与高頭江年十七三夫嫁而死

塟在屈潭山上

猜生三子長名長生三子長名助次名前三名吟

次名月

三名沾

女子名英嫁名赫張松往台湾

十如湖公　生三子

代妣汪氏　一女

諱宣娘

長女名位嫁高頭江石界官

長子名降妻陳氏

次子名禎生二子長名日生一子名宗

次名信

三子名剔

十代
如河公
妣簡氏 生六子一女

長子名暢 妻李氏生下三子 長名彭 次名格 三名經
次子名歲
三子名及
四子名積
五子名享
六子名榜
女子名益娘嫁与梅林魏光官

十代
如璋公
妣李氏 諱服娘 生七子

長名欣
次名興 妻林氏
三名理 妻張氏
四名質 妻李氏
五名願
六名來 妻江氏
七名冬 妻汪氏

十代　如松公

幼往東都母抱劉照官幼女飼养為妻後長成
歸田家成親船被風吹破屍沉海中后养女稼
與石桥張月官為妻
壬辰年十二月初九日辰时合火歸宗

三世則敍公在龍口潭邊居住生子名呂元　元公生养叔
移引溪居住姪名徽叔○養叔生成叔○田叔移在廣東
惠州府海豐縣上簿居住今則敍公子孫久不来祭埽坟
墓尚有祖坟五穴　一在楊柳坑刣牛窠　一在龍口大片田
一在龍口寨前石墩　一在龍口潭邊石壁下　一在龍口溪仔尾
俱未知何公婆名字今歷年管催修掌
甲子年抄此止以下戊辰年一再錄

廷廣公娶簡氏同葬在后壁坑虎形坐辰向戌分金亡命
俱無記載至康熙元年壬寅十二月初二日申時娶迁起单塋
廷廣公至康熙二年娶葬在龍口老中塡又至康熙丁未年
迁葬于池坑坐壬向丙丁亥丁巳分金至康熙庚戌年閏二月
十九日申時起葬在吊鐘嶺楓樹岐田中吉穴坐艮向坤用
辛丑分金

大芳公原命生于明朝正德十四年己卯五月十五日享年四十
四歲封把總職分守漳南道封擊勝田
謫妻林氏無生諱 瑞柔原命生于正德戊寅年 月 日
壽七十三歲卒于萬曆十八年庚寅十二月廿三日終于內寢
萬曆三十一年癸卯正月十六癸酉日丑時葬在后壁山林
丙子山庚子庚午分金

清康熙六年丁未十一月廿九日化火十二月二十日庚寅日寅時
復塟原穴兼壬二分
林氏性慈子承溪遭三仁倡亂官累田屋荒蕪堅守
以俟幼子至幼子頗諳家務姑從于高港曾家至承溪
成立乃領田守家
庶母吳氏諱瑞金原命丁亥年六月初三日辰時生享壽
八十四歲卒于萬曆三十八年正月初一日終于內寢及至
天啟元年辛酉正月廿五日同　大芳公合塟在茅籐坑
中岐仔坐丁向癸兼午子丙午分金
吳氏媽坟在后頭坪大路邊有立碑可記或共林氏媽与
公仝塟恐前記有悞

承溪公原命生于嘉靖三十一年岁次壬子九月十九日寅時享寿六十七歲卒于萬曆四十六年戊午十二月十六日未時初葬于池坑尾至崇禎庚辰年迁葬在龍口苦竹窠坐辰向戌癸丑年化火復葬原穴后迁葬在后頭坪大路邊迨至康熙辛未年更作大坟立石碑坟面砌石粘灰坐丑向未兼艮坤辛丑分金

宣統三年辛亥八月十四戊申日丑時再修方墓并石記照舊樣修補粘灰外池再清墓前大路鋤砌二十餘丈其餘外台不動坐艮向坤兼丑艮大一線己丑己未分金費用龍銀叁拾兩人丁做工無算

外批明墓碑無四正或者前記丑未兼艮坤修方時地師詳勘是艮兼丑或總前記載有悞今酒台不動留與后人查復

承溪公尚有蒸嘗田壹段又樓地基二坵共受種子乙斗

載税粟弍石弍斗

又龍潭樓內樓桷弍桷土下連二棚後落中间

又有上湯店頭禾倉并樓地基壹所逐年收税納地畝

婆林氏諱四娘原命生于己未年三月初九日亥時享

壽五十四歲卒于萬曆四十年壬子二月廿一日丑時終原塋

在銅盤十餘載棺入水至崇禎十年丁丑十二月初三丁

酉日酉時迁塟后壁大路邊用銀壹両明買石班灘蕭

家祖地

己亥年十一月廿七甲申日修方乙卯年十一月廿四戊申日

化火十二月初一甲寅日復葬原穴

林氏媽先代傳云葬在龍口岐峰形曰貓仔洗面旧本載所葬于大路边大路邊頂坟有石碑係是　承溪公庶母吳氏之坟或者前旧本有悞

润宇公龍潭楼内土下间壶桶全　集佾税去作房间逐年納米米斗又带塘麻

新宇公葬在東山山嶺螺仔形　光绪壬午汝進在坟左邊貪作一穴安葬伊母逐年妥備牲醴拜祭新宇公

妣蕭氏葬在赤卅凹

台宇公　輝宇公　舊傳無記載

潤宇公乳名七諱壽達牒名法達謚寬智原命生于萬曆十六年戊子五月二十日亥時享壽六十二歲卒于清順治六年己丑正月初三日未時終壬辰年乘亂卜葬于后壁坑坐坤向艮兼未丑七月廿六乙未日未時葬十二月廿六甲子日合香至乙未十二月初四日辰時修整康熙丁未年二月初四己酉日申時迁葬坐坤向艮辛未分金庚戌年十一月初七日起攢櫬棺至清康熙九年庚戌十二月十三日未時葬在龍口洋坐艮向坤辛丑分金至康熙十九年庚申二月十一日辰時移葬于古楠畲田洋中坐申向寅丶丙寅丙申分金

婆莊氏諱七娘原命生于萬曆廿二年甲午二月
廿六日卯時享壽六十八歲卒于清順治十八年辛
丑十月初六日未時終　丙辰年潘号緊棺三月
初十日未時急出至十一癸巳日未時葬在后壁坑
舊壙坤山辛未分金至雍正十三年十二月十一日
化火棺朽骨骸無几至廿六日未時進葬原位分
金依旧今地名曰坑塘

顯魁公字源及原命丙辰年　塋在灯心洋蕭元窠
坐北向南
妣莊氏諱省娘原命辛酉年正月十六戊子日未時生
享壽五十歲卒于康熙九年五月廿九日戌時故塋在
溪頭坡苦林頭巽山
顯聯公字源成原命甲子年十二月十二日寅時享壽
七十歲卒于康熙癸酉年十二月初六日亥時
妣張氏諱長娘原命生于崇禎辛未年三月十八日寅時
享壽七十八歲卒于康熙戊子年五月初三日未時塋在
茶坑坐卯向酉兼甲三分

顯聯公己卯年三月初三日申時葬在白葉溪坐乾
向巽庚戌庚辰分金
顯昌公名宏字源參原命生于天啓元年戊辰三
月初八日巳時享年三十五歲卒于康熙元年十月初四
未時葬在庵仔山牛脱厄坐酉向卯
婆曹氏原命甲戌年八月十八日辰時生丙午年四月
初九日戌時葬高頭
顯惠公字源明原命生于崇禎五年壬申四月十一
日辰時享年四十一歲卒于康熙壬子年五月廿五日
戌時丙辰年三月十八庚子日卯時葬在大路邊寅
山申向、、分金

顏資公名衛字元正生于崇禎九年丙子正月初六日申時享年三十四歲卒于康熙八年己酉十一月廿七日卯時收葬在后壁坑宪仔歸

顏資公嗣孫名廷玉公往台灣桃園郡桃園街致家建置田業至民國年間派下弍百餘丁有祠堂名公厝派

呂梅山　深贊　阿遠

民國甲子水旱有到相会

丙寅年鍾川植槐有到

建池公嗣孫呂夏珍公往台灣桃園建居派下人丁有壹千餘口殷實者數餘家

民國丙寅年水湧鍾川槐到台会面捐題銀項修理芳園祠

派下呂友順　新進　阿家　文鏈

阿扁　名同　光揮　成家

經查對甲子丙寅年即民國十二年十四年公元一九二四一九二六年

顗睿公乳名雍號一元永生于崇禎十二年己卯五月初十日戌時享年四十六歲卒于康熙廿三年甲子九月廿八日申時終至康熙廿五年丙寅十一月二十日追薦合香康熙丁丑年十一月廿四日時卜塟在長瀨水尾山坐壬向丙丁亥丁巳分金至辛卯年二月十三日起柩搬棺壬辰年九月廿八日寅時擇塟于龍口洋白泥墘坐艮向坤丁丑丁未分金

媽張氏諱招娘原命生于順治元年癸未正月廿三日

酉時享壽八十六歲卒于雍正六年戊申十月十五日
丑時至雍正十三年乙卯七月初六日卯時卜塟長瀨水
尾山壬丙兼亥巳追至乾隆戊辰年三月初七日啟贊
修金七月十五日塟在梅仔坑橫路尾土名鳳仔岐坐
酉向卯丁酉丁卯分金

如海公原命康熙壬寅年九月十三日亥时享壽五十
歲卒于壬辰年二月廿二日巳时故十二月初九日合香
癸丑年三月廿一日巳时塟在梅仔坑田上坐西向東

妣蕭氏原命丁未年三月二十日寅时生享年四十二岁
辛于康熙戊子年八月二十日辰时葬在嶺頭墩坐北向南
合香十二月初四日卯时至雍正十三年十二月廿六日化火復葬
原穴又地名諳坑頭

長子名嵓巖原命丙寅年二月廿三日戌时生年廿五岁故于
康熙庚寅年五月初五日巳时葬在梅仔坑横路尾茶林中
坐西向東仝三弟名武嶺斗双葬同穴合香与父同时日

巫氏生子名榔原命壬辰年三月初三日亥时生

婆蕭氏次子名賛早夭葬在崎尾竹林中坐西向東

嵓巖長子生孫名懷早夭葬在寨仔墩嶺斗坐西向東
山溝上

如珀君公原命甲辰年十二月十九日巳時生享壽五十二歲卒
于康熙乙未年六月初七日巳時終，葬雍正甲辰年二月廿七日合
香葬在芹坑仔蕃林中坐東向西
妣張氏原命乙巳年十一月初九亥時生，初葬在后壢坑后
化火迁葬在岐尾田上園角與秦娘歸双葬同穴坐南向北
長子名吳保生于戊辰年五月初六日巳時享年四十三歲卒
于雍正庚戌年二月十七日戌時死于東都角带園山部前
至乾隆葬在彰化邑大武郡山坐東向西
吳保長子名畧原命丙午年九月廿九日寅時生　畧在東都
娶妻生下四子
次子名正原命辛未年十二月十四日巳時年二十二歲卒于

康熙壬辰年十月初五日巳时 葬土芹坑仔坐北向南

三子名秦 原命乙卯年二月初六日寅时生

三媳婦曾氏 原命辛卯年正月初四日亥时生

曾氏名茂卒于癸丑年四月十七午时產後數日終 葬土

后壁坑岐尾田上园角坐南向北

如渊公 原命丁未年九月廿八日辰时生 享年四十五歲

卒于康熙辛卯年二月十二日巳时 葬土岐尾竹林頭坐

南向北

如淮公乳名注字法注謚果確原命生于康熙九年庚戌六月初一日巳時享壽八十四歲卒于乾隆十八年癸酉十廿三日亥時終于正寢廿五日追薦七内十二月初一日亥時卜塟在池坑坐壬向丙兼亥巳後再開做大坟立石碑打灰墓與媽邱氏双塟

媽邱氏原命辛未年九月廿三日酉時生享寿七十六歲卒于乾隆三十一年丙戌七月廿八日酉時終于内寢十一月初晚追薦代遠冥庫七内十月十二日亥時卜

塟在祖厝下手水港尾后迁于池坑與公双塟同穴

長子名寅生字朝奏原命庚寅年十二月初八日申时生

長媳婦王氏原命甲午年十一月二十日亥时生

次子名報原命丁酉年三月廿四日亥時生

三子名現原命庚子年九月十二日巳时生

四子名榮原命庚戌年正月十三日丑時生

女子名勸娘原命甲午年三月廿一日子時生未出

嫁而故塟在后壁坑坐東向西

女子名英原命癸丑年八月十六日寅时生嫁与石橋

墓前張松官后搬家眷往台湾

如湖公原命壬子年七月廿八日巳时生享年四十九岁卒
于康熙庚子年十一月二十日　在台湾府隙仔失船溺水死
妣汪氏原命乙丑年四月十二日巳时年三十岁终于康
熙庚子年八月廿二日　死于母家羊天塘葬在公王后
長子名降生于辛卯年二月十九日寅时
妻陳氏　生于己丑年五月十二日丑时
次子名禎生于乙未年二月十四日亥时
三子名剔　生于戊戌年二月十七日丑时
長孙女名歉原命壬子年
如河公原命乙卯年二月初十日亥时生享寿五十八岁
卒于康熙[雍正]十年壬子八月廿五日未时终　廿六日葬在后
壁坑田很仔垭坐東向西丑兼庚丁癸分金至十月初

一條土初十日追薦至乾隆廿一年丙子十月初六午時迁
塟在屘澤路上寅申兼艮坤丙寅分金
妣簡氏原命丁卯年十一月二十日午時生
長子名暢原命乙酉年五月廿八日丑時生卒于乾隆廿一年
壽五十二岁在台灣大武郡湳仔庄故正月廿八辞世
長媳李氏原命丙申八月初八日午時生
次子名崴原命庚寅年閏七月二十日寅時生年二十二岁卒
于雍正辛亥年十月初五日塟在梅仔坑路上坐南向北
壬子年十二月初十迁厝
三子名及生于壬辰年十一月廿四日戌時
四子名積生于乙未年十二月十五日辰時
五子名享生于己亥年十月十八日丑時
六子名橋生于丙午年四月初一日未時

如瑋公原命己未年八月初二日未時生
妣李氏原命丙子年四月廿九日辰時生
長子名欣原命壬辰年七月初五日午時○生二子 長名陶 次名尊
陶生二子 長名舉 次名柔　尊生四子 長名井 次名健 三名玉樹 四名金禄
次子名興原命甲午年八月廿日戌時生○興生四子 長名琛 次名滔 三名田 四名水池
琛生子 長名罕 次名茹　滔生子 長名碧水 次名桥水　田生子 長名秀 次名福 三名慶
水池生子名耀宗
三子名理原命丙申年九月廿三日寅时　生二子 長名仲 次名炎
仲生子名雄　炎生子名逵
四子名賢原命戊戌年七月十一日巳时　生三子 名削 名敷 三名左
削生子名大 名次　左取炎次子名強过房
五子名願原命甲辰年十月十二日亥时生卒于乙卯年六
月十四日未时葬在后壁元坐南向北

顧生子名雅名丁名富名候名德名典　雅生子名竹名丁名生
富生子名蘭　候生子名和名次名浩　名進名祖
六子名來原命庚戌年正月廿一日寅时生　生子名躍名連春
三名連俊　躍生子名傳名春生名俊生名德生麟祥
七子名冬原命癸丑年十一月十六日寅时生
如松公原命辛酉年十月十三日亥时生己丑年十二月
十二日東都開船被風飄流至廣東不知死期壬辰年
十二月初九日辰时合香
如璋公塋在龍口洋下坟仔有立石碑　派下子孫
往台灣建置家后聞先代云早時年年有寄銀
修割坟墓及至同治乙丑長毛擾乱后無寄信回
唐遂年隨　如淮公頭家割帋

順治九年壬辰五月十二日鄭國姓北鎮来聯絡銀
共壹百伍拾兩柒錢正○每樓捐出銀壹拾五兩○共去
油柒百斤每百斤銀陸兩○其油係借蕭仰宇銀
後仰宇被燒其數被蕭洋搶去將數差兵来追
取完

順治癸巳年九月廿八日下午蕭中衝蕭仁来攻樓十月
初二日老屋被焚至初六日劉立宸劉仲林左協處和
退兵共花紅銀壹拾弍兩正　源及兄弟出銀四兩壹錢正　又回差礼銀壹兩
玖錢心俊自出　又告示銀六錢七分　豬弍隻　酒弍甕　雞一隻
謝林左協銀七錢　又餉銀陸拾兩無銀寫田折銀開左

一南溪房吊鍾嶺田係絶房公田帯官米乙斗五升
寫賣契今帯民米七升 壬子贖田
一枋頭洋墘邊旱田受種子乙斗 載契銀乙十六両帯
民米三升半 癸卯年贖田
一㘭坑口旱田受種子乙斗帯民米弍升半 折銀壹拾
捌両 此田係润宇公私業無贖田將墘邊一項踏撥与润
宇公為業
乙未年正月初二日蕭鎮差官来對取仰宇銀
共打發差礼銀弍刄四分又園仔礼乙伐初十又即魁兄弟公入
六両足 又宏弟賣牛良私入乙両共柒両足帯下枰樓内視
交蕭洋收贖出原約又書批為憑

南溪房去楊崙田來住亀洋坑田在枋頭后洋樓下
厝仔居住生一子名啟丙寅年生于清丙戌年故無後
有一姊丙辰生嫁于馮孟　妹嫁于蕭家
尚有祖故厝仔樓桐倒圳水田
其祖坟一在后田墓庵邊〇一穴在枋頭洋樓腳〇一穴在福
坛前〇一穴在后洋山〇一穴在庵仔填〇一穴在東山領大坪路邊
其厝仔因清蕭仁賊变訟官賣銀拾兩正　其田在吊鐘
嶺公寫與蕭仁鎮騙去無收銀兩
其餘物業因蕭仁賊徵餉去銀被叔姪開發耗盡
今尚存实田坐落倒圳受種子乙斗樓桐壹間透過尾歷
年循賣催代掌坟墓香火

南溪尚有祖母蕭母于清順治庚寅年九月初二日
癸丑同公双葬于龜坑高畲坤山
南溪字壽華葬在大山后高寨坪梅仔坑崎
又乙穴在高寨寨尾
南溪生子名啟丙宗年生二十餘歲而死順治十六年
三月化火葬在门口山潭角路大石上
順治丙申年十月初八壬午日寅時老厝甲宅重興
上樑十二月廿四日寅時進香火

康熙二年癸卯十一月二十甲申日卯时枋頭築樓記
弓長一丈三尺六寸闊八尺六寸禾業一百零八爲乚弓
欽遴分下田二坵伍共乚百八十弓半議加七弓半貼豬價
連哥分下上一大坵乚百零八弓半貼豬價
等任田上湧塘共乚百九十七弓半
又路上坵伍一十三弓又零捌十三禾業踏換欽遴
將樓門塘乚十三弓又塘上壹十乚弓
又樓剩大坵共乚百四十三弓踏換等任
外尚欠等任田四十四弓半作樓基公坐
源及先弟公田一大坵節伍拾貳弓換連哥樓基公坐
君哥分下湧塘路下一坵四十八弓半換張連哥樓基公坐
計開　等任田四十四弓半加貼一弓半○君田四十八弓半

加貼一弓半　源及公田五十二弓加貼弍弓共盡百五十弓田作樓基濕十五桁額坐门樓每坐每間坐十弓每間二合坐稅共山石四斗正早谷入七斗晚谷入七斗正等任田。撥自坐三間。繹新一間。翊九坐二弓半坐一合該四斗五升半。　源及公田。撥兄弟自坐三間。　又撥等熒一間　又聯棚坐二弓半一合坐山斗七升半。又翊九當坐山合七升。　又撥華袞一間。參賢一桁。居台下田撥自坐三間。又撥等熒一間。等玉一間。贊興乙間公用

呂茂福祖户　洪武二年應當里長至萬曆九年辛巳甲首曾弘丁旺曾縣主送推与出户改名曾永春

呂茂福里長原名呂鷄泰後改名壽春当里長至

崇禎吴仕顏縣主壽榮審丁造自徵因原舊制里

班今里班歷派多科批准幇改名

呂茂福帶孔下甲首　吴積金　表兄吴良　當官丁乙丁銀七錢

詹春惠　清已亥改名表侄詹宏

當官丁乙丁六分　官銀乙錢弍分　陞科民米弍斗弍升七合

田在楓岀下村尾

長房官丁乙丁半　后洋房绝房併养叔共乙丁今絶

至清順治七年庚寅長四二房分額　四房官丁乙丁半

已亥年八月初六日等任源及去縣面算陳奇官先生

理貼一甲書算銀乙両四錢正实在造册官丁五丁民米乙

石四斗三升ㄙ合　官米四斗实在

清庚子年实在民米乙石四斗叁升五合七勺七抄

官米四斗丁五丁　一甲年实在官銀四両三錢五分

庚子年預徵不出頭貼管圖支理结銀弍拾四兩正
辛丑年十二月又貼正當日子一十四日銀弍拾弍兩正
康熙六年丁未署印周縣主管圖張宗结領日子一十
四日加閏月一月共貼銀貫弍拾壹兩正
一庚子冬預徵曾永春逃後呂茂福自當付管圖
林瑞前去支理公務共结銀弍拾四兩其米丁草谷粮
身在外甲首吳家派銀玖兩詹家派银柒兩正
正當曾永春逃役辛丑冬结合同談遞呂茂福銀乜
弍拾弍兩正粮身在外

我
祖　朝奏公自乾隆初年由枋頭龍潭樓移上茶坑屋
埧曰耕種於此遂以為家焉其初積壤成基暫構數椽
而居耕田掌山備歷辛勤有建置田園山嶺及至
端飛公繼承父業克振家声再建置屋埧洋中早田并大
冬計有叁拾餘石山林杉松什木數餘佬另有簿記載以
嗣後人口眾多將此旧屋增築而成高樓詎料於同治
乙丑年間被長髮賊匪擾亂土樓及護厝一概被焚迨
至光緒丙子年重建造地基仍舊加增數丈　汝南公
為董理至乙(丁)丑秋完竣而居住焉　其本洋中早田自甲
申以下遭洪水數餘次荒蕪二十餘石礫岸亦飄流安
成溪埧

十一代

朝奏公

妣王氏 生三子二女

長子名觀澳字國勃號謚飛

次子名愈字國治號勝飛

三子名錐字國錐

長女名桂娘嫁與田治蕭眾官

次女名合娘嫁與簡日桂官

朝奏公乳名寅生字景初原命生于康熙四十九年庚寅十二月初八日申時生享壽六年并日期上本失記載忌辰八月廿日

葬在河溝頭吉穴坐酉向卯兼辛乙癸酉癸卯分金

媽王氏諱惜娘原命生于康熙五十二年十一月廿日亥時

忌辰十二月十四日

塟在長瀨水尾吉坟坐壬向丙兼亥巳丁亥丁巳分金

光緒辛卯年再修整

長子名新林字本榮号秀山

次子名忠使字本正号義山

三子名三拱字本端号向辰

四子名四維字本持与三弟國雄过嗣

五子名五奢字本儉号遵礼

六子名六璉字本瑚号胡山

女子名從嫁与田治簡端官

十二代

國勒公生六子一女

妣王氏

國勒公號遥飛原命生于雍正十二年甲寅七月十二

日子時享壽大年并日期無記載 忌辰七月十九日
塋在君頭杀敦頂吉坟坐乙向辛兼辰戌丁酉丁卯分金
至光緒十八年壬辰閏六月二十日寅時重修

媽王氏諱裕娘原命生于乾隆十年乙丑十月十一日申 忌辰十二月廿一日
時享壽無記載初塋于后頭坪水港尾后迁塋在潭頭
塡坐乙向辛兼酉乙分己酉己卯分金至光緒壬寅年
重修

十二代 國治公 号 勝飛　無娶往台灣無回

長子名維 字 本持 取大兄第四子過嗣

十二代 國錐公 生一子

十二代 妣鄭蕭氏

次子名宗 字 本嚴 号 秀興

國錐公原命生于甲戌年二月初四日卯時生

妣鄭氏原命生于丙子年六月廿九日未時生

妣蕭氏原命生于乙亥年八月初十日酉時生享壽　山

卒于辛丑年四月廿五未時歿

十三代 本榮公

妣簡氏 生三子一女

長子名德茂字秉性号永仁

次子名文元字秉魁号登甲

三子名文華字秉曜号國章

女子名滿娘嫁与上田治簡灼官

外甥一人

本榮公乳新林号秀山原命生于乾隆廿七年壬午正月十六日巳時享寿六十七歲謚存信卒于道光戊子年十一月廿三日辰時終初葬于杉林窠岐后起贊修金迁葬在過溪面前山寅申兼艮坤後起贊骸礸入土不敢原穴更塟迨至民國十年辛酉八月十七日進塟在本洋河溝

媽簡氏諱愛娘謚慈慎原命生于乾隆三十二年丁亥
十一月廿九日子時享寿七十七岁卒于道光癸卯年十二月
二十日酉時終葬在梅仔坑窠頭坐庚向甲兼申寅丙
申丙寅分金至光緒壬午年重修

本洋厝底抛荒税乙石叁斗
軍頭斧抛荒嶺脚税弍斗
中心洋田寮内竹山林壹片
内有杉松什木
平坑頭竹山林壹片内
有杉松

本榮公龍潭樓内二棚間半榈
又枋頭洋廷瑋媽風水邊原税弍石
又潭頭埧連墘仔税弍石
又本洋沙垅垇與嫲公合段柒斗弍升
又中心洋四角垅弟塘仔税弍石
又下樓前與邊載税弍斗
又中心洋蛤母蛇窠税弍石抛荒

十三代

本正公

妣鄭氏 生二子

長子名遠字秉靖又若近

次子名伴字秉倍又良友

本正公名忠使字義山生于乾隆乙酉年六月廿二巳時卒于道光

妣鄭氏諱容娘原命生于乾隆

十三代

本端公

妣邱氏 生四子一女

長子名崑字秉正号懷瑞

次子名洋字秉旺号懷芹

三子名邊字秉策号懷正

四子名異字秉奇号懷同

女子名墨嫁与田治簡厝友后往台灣

本端公名三拱字向辰原命生于乾隆壬辰年十二月廿三戌時生

享壽七十三歲卒于道光二十四年葬在樓角右邊至光緒六年

修金更做立坤艮兼申寅甲申申寅分金

妣邱氏諱時娘原命于乾隆戊戌年十月初八日寅時享壽七十

六甲山之卒于咸豐癸丑年六月初二巳时葬在中心洋田寮后岐至光绪六年冬收金開做立甲寅兼坤艮癸未癸丑分金

十二代
本儉公
妣陳氏　生二子二女

長子名殿字秉尊又光邦
次子名石　早夭無传
長女名現嫁于大溪坂曾家
次女名潋嫁与長教之簡加衣

本儉公名五畚字遵禮生于乾隆辛丑八月初八辰时
妣陳氏諱蔭娘忌命于乾隆丙午閏七月初五日巳时

長子名喜字秉甲又欣然
次子名淵字秉深又聚川
三子名和字秉琴又若海
四子名榜字秉名又欣文
五子名伍字秉參又欣全

十三代
本瑚公
妣邱氏　生五子一女

女子名帛嫁与大双坑邱茶良为妻

本瑚公名六連字瑚山忌命生于乾隆甲辰年六月廿七寅时生

享年四十五歲卒于道光戊子年三月初一日巳时葬在坑塘
妣邱氏生于乾隆戊申年二月廿七丑时享壽六十九歲卒于道光丙辰
年葬在水尾山高寨

十三代
本持公
妣許氏　生三子
長子名益字秉捷又金銘
次子名平字秉均
三子名逸字秉超

本持公名四維原命于乾隆戊戌年九月廿六日戌生
妣許氏諱所娘原命于乾隆辛丑年六月初六丑时

十三代
本嚴公
妣黄氏　生三子
長子名金波
次子名光彩　皆早夭
三子名梅盛字秉應又懷近
秉應与兵叔过房一半娶妻江氏生一子名溪

本嚴公名宗字秀興生于乾隆丙午年二月初三戌时卒于道光
妣黄氏原命生于乾隆癸卯年九月十五丑时卒于道光
梅盛壽三十二歲妻江氏后改嫁根樹坪簡家子名溪随去拄养無回

芳園祠　坐甲向庚兼卯酉庚申庚寅分金

道光十八年戊戌翻蓋重修　董事向長

共費用銀壹百五十三兩弍伐五分正　台湾捐題

来銀弍拾四兩四伐八分正

興工十月廿四日　　上樑十一月十八日 初四

安牌進香十一月十八日

芳園祠因同治乙丑年被長毛賊乱焚毁后陆續創小祠

安奉香火迨至光绪丙子年重建董理新恩　闲費数百

元　台湾亦有捐題銀項

民國丙寅年再重修翻蓋　台湾捐題有七百餘金

興工丙寅十一月初三日　门楼改易逆上原门立對中门未知

丙寅 庚子 丙申 進香丙寅十一月廿九子時　来日如何若我房顺遂無妨恐有

不順遂者仍旧復立中门

大週園未修理為　重理中未完而撤止

我
芳園祠之卜築於斯也追溯伊久矣蓋先代自明嘉靖年
間始建數椽中尊祀祖兩邊護厝為居家至康熙時人
口眾多以築龍潭樓而居住將老厝加增地步邊建築為
宗祠與或傳語云乾隆年間有改易重建此只云試稽考
未敢為實茲道光戊戌重修翻蓋越庚子建雖費成尚有
記載以下此期久遠之書悉沒祠蕃昌耳記料同治乙丑發、
匪擾亂祠宇俱遭回祿於時也人心散亂欲再建未能力為
延至光緒丙子再商建造往台灣捐題銀兩以幫費用此亦
正身兩廊門樓告竣護厝未及完全轉瞬間已五十載矣
棟宇週圍既已頹壞每思欲修整之而工力甚巨難以維持
爰是發葉水源鍾川兩人往台灣募捐幸而　祖靈呵護眾志
欣然彙成七百餘金以修費後須自理數年清算未立詳以
傳之　丙寅煒手撰為詳序以附記於此

茶坑曲塡

朝陽祠坐乾向巽兼亥巳庚戌庚辰分金

咸豐九年歲己未秋月重建

興工七月二十日丑時

上樑八月初六日丑時

進香八月十六日丑時

安潮庚申年三月初六日卯時

朝陽祠聞先代云自乾隆末年建造三祠起面前门楼隨墻圍兩邊護厝至咸豐九年再重建詎料于同治乙丑年被長毛焚毀以後再修造復完至光緒甲申被水災沖倒平地

光緒丁亥年叔侄相商再建築公用開費叁百餘兩其護厝各人自築十數餘间開費甚多及至乙巳五月三十洪水滔天飄流片瓦不存

同治三年甲子長髮賊匪擾亂九月十三漳州城池攻破至（1865年）
乙丑年（1866）十二月十三到三團社札营五社圭洋梅林長教吉竹書洋
匪計十餘萬擾乱祖祠庵廟楼厝被燒毁平地人民被掠殺
雖以救拳我處楼厝尽其焚燼各人星散居住闻先代云未樓
乱時叔侄男女有八十餘口及毁後人心散乱飢寒困苦失去一
半后来再建築土樓

至四月十二日退上金豐

十四代

秉性公生二子　長名火字順烈号汝南
次名軒字順輕号汝靜

妣王氏

秉性公名德茂号永仁謚福田原命生于乾隆癸丑年五月初六日辰時享年四十七歲卒于道光己亥年五月十九日辰時終葬在中心洋四角埕頂

媽王氏諱傑娘謚勤敏原命生于嘉慶丁巳年閏六月十四日酉時享壽五十六歲卒于咸豐壬子年十一月廿一日未時葬在潭渾填頭內庚甲兼酉卯外酉卯兼庚甲丁酉丁卯分金至光緒己丑年重修

十四代
秉魁公　生二子
妣蕭氏

長名杜桂早夭
次名柗字順承號汝進

秉魁名交元號登甲原命于嘉慶丁巳年三月廿三日丑時
享寿六十九岁卒于同治乙丑年四月初七日葬在梅仔坑后迁
妣蕭氏名楄娘生于嘉慶丁巳年十月廿一日酉時享寿六十六
岁卒同治壬戌年正月初七日辰时葬在下桥頭

十四代
秉曜公　生一子一女
妣蕭氏

長子名花字順彩又汝香
女子名梅娘嫁于十板桥头后改嫁根树坪

秉曜公名文華字國章原命生于嘉慶庚申年三月初六日
辰时寿五十一岁卒于道光庚戌年正月廿九日未时葬在中心洋
妣蕭氏名清謚勤懃原命于嘉慶丙寅年十一月廿八日未时享寿六
十岁卒于同治乙丑年六月初五日未时葬在中心洋公王后与公合葬

十四代　秉靖公　生一子二女　　子名阿三　因乙丑被長毛匪擾亂父母妻子全年辭世

妣簡氏

秉靖公生于嘉慶庚申年　乙丑年被長毛反辭世　妣壬申年生

十四代　秉陪公　生一子　　子名晚　字順月　又汝明　乙丑被反辭世

妣邱氏

秉陪公名伴　生良友　生于嘉慶己巳年

十四代　秉玉公　生三子　長名桂　次名孟　字順陽　又汝季　三名浴

妣蕭氏

十四代　秉旺公　生五子一女　長名新鳳　字順梧　又汝錫　次名豐然　字順盛　又汝盈　与秉策过嗣　三名新伯　字順泰　四名春土　五名新雕　女名良嫁十板林頭

妣莊氏

秉旺公字懷荇　原命嘉慶丁卯年十月十七日午時　享壽六十歲

同治甲戌弍月十六日辰時 塟在中心洋大窠頭
妣莊氏諱祝原命于嘉慶丁丑年十一月十六日辰时享寿四十九岁
卒于同治乙丑年五月十九日塟在崎排后头坪山

十四代
秉策公 生一子 早夭 取二哥次子豊然為子
妣黃氏 一女 一女名桃猴于潭角
秉策公字懷正原命于嘉慶丙子年十一月 日享寿五十二岁
卒于同治丁卯年十月廿七日塟在崎排山
妣黃氏名善原命嘉慶庚辰年二月十九午时享寿六十二岁卒
于光绪辛巳年四月初四日 后迁塟于中心洋公王前

十四代
秉琴公 生二子 長名金水字順藤妻简氏生二子早夭
次名金受字順陞又汝禄無娶取大奴之子名汶為嗣
妣李氏 一女 女名雅猴于上田治简字官
秉琴公字若海原命生于嘉慶丁丑年享寿七十五岁卒于光绪
辛卯年十月

十五代

國學生順烈公 謚順直 生一子
媽張氏孺人 一女

子名慶長諱純發字子餘
女子名鑾娘嫁于高港曾文堂官

皇清待贈四代大父乳名火諱順烈字汝南原命生于
嘉慶二十年乙亥八月廿七日申時一生事親孝順教子
有方睦宗族和鄉鄰處家以正持身端嚴待人以誠
臨財無苟雖遭困抑而不愠即遇豐亨而無驕宜其
長享遐齡不料於光緒十六年庚寅三月廿六日巳時以疾
終于正寢享壽七十六歲預備頂帶圓領倭裘入殮廿
八日虔備豬羊祭奠出塋于芳園祠下手水港尾吉穴坐
乙向辛兼卯酉丁卯丁酉分金

媽張氏閨名玉蓮柔淑原命生于嘉慶庚辰年九月十一日丑時享年四十六歲卒于同治乙丑年四月十九日未時終彼時長毛擾亂逃往大塡外家歸仙於母旧老樓內葬于大塡坑內至辛未年拾骸取回葬在高墘圳下坐酉向卯兼庚甲因蕭秀清有叔祖坟在下阻当不肯后請蕭呈祥家長斷出英銀叁十六大員付与秀清置業以為叔祖祭掃之資仝立合約（送家長四大元）由我開做大坟至丙子更做方員立石碑

我

祖順烈公良善正直處世端莊仗義疏財鄉鄰重望一生之行為嘗語余而言曰公一生良心自少讀書至弱冠入于岸業彼時一家廿餘口本榮祖派下同居至廿餘歲叔侄分爨祖上雖有淡薄田業俱存公嘗吾人要立志辛勤聊足以供衣食越數年曾祖秉性公西歸公兄弟兩人弟身柔弱絶少耕作家中技之清淡遂棄儒而就商經營二五載資本收而利路微以兄弟又分居特于四旬餘商場之務擬止轉為教讀在家設館無如館穀請求父少耕謀是以遠適南洋在吧城借商于五旬遭變匪擾亂棲居俱焚家需什物一概傾空變匪方退爾祖母張氏又仙歸斯時也人心散亂居于瓶處食停淡粥但此時遭遇維艱公等則岸日皆是艱而辛也天只眷佑不久爾父寄西洋番日是以衣食不缺稍慰衷懷以下所寄無勝一年矣家室置田園什務皆任支理花費不少至耳順募建荊山樓費用先為理出餘者番归置業凡寺觀庵廟以及造橋修路未捐題者不踴躍當出社中無不由相邀者亦出以調和于是御鄰皆欽仰焉年逾古稀曾孫輩出一家十數口家業足未盈裕聊足以供衣食之不缺爾曹當其尊志勵行焉可公平日遺言托在耳余也觀田莊欣心願空疏未能一一奉教啟特書俚語

光緒貳年丙子榮荊山樓二月叔姪仝

光緒弍年丙子築荆山楼二月叔姪仝
公議将楼地建築新樓壹座上下週圍併正廳楼门共
弍拾桐起基連上叁層梯路在外
丙子六月廿三壬子日申時起工董事汝南 費用銀項取出先用
謹将楼间份下各連棚尾

左壹汝南連尾棚
左弍汝南連尾棚
左三汝南連尾棚
左四慶棋上下汝南
左五慶書連棚
左六慶書二间尾棚汝南
左七汝聖尾棚汝南后二桐仍歸汝南
左八若海尾棚付汝南
左九若海二尾棚付汝南

右壹若海連棚尾
右弍汝盈連棚尾
右三汝季二间尾棚付汝南
右四汝季連棚
右五汝盈連棚
右六汝盈連棚
右七汝進連棚
右八汝進連棚
右九汝盈連棚

公議杉料松枋俱公取用
又議所用銀項除各人所出之外倘有不足共就得樓間之人
坐利每員重紗定貼利粟伍升
丁丑年八月廿六戊申日丑時入新樓

築荊山樓簿序錄明于右

山岐蕭爍英先生撰時当在本處教讀

我
祖之卜宅於斯也匪朝伊夕矣蓋自乾隆年間因耕種於此遂以為
家焉其初積壞成屋暫構數椽而居後因人口眾多遂增築廠
高樓矣不料於同治乙丑年間被髮逆侵境樓宇并後房俱遭回祿
変為灰燼眾等星散居住其間景况匪言可盡迨至光緒丙子年間
幸見廣長由吧捆載旋梓集眾議及此樓乃先人創造之業豈可
輕棄用是眾等簽舉於余余因思及先人雖才短亦何敢辭因

許諾而董理焉基地依原而加增錢文分金仍舊申寅兼庚甲用
庚申庚寅乃占於是年六月廿三壬子日申時興工經始至丁丑秋
月竟告成告竣爰擇於八月廿六戊申日丑時入新樓居焉此樓
也雖未敢自稱其華美聊且苟完而為後人留餘地步焉耳
樓成因顏其額曰荊山並謹誌數言以弁其首

光緒三年歲在丁丑仲秋吉日 汝南 謹立

起工至完後出水共費用英銀壹仟餘員每員兆
其完桐面及棚枋各人桐漆自理
庚辰年正廳作霞（霞）桯及做大门費用弍拾餘兩

十五代
順輕公生二子
妣簡氏

長子名慶書諱純拳字綿興
次子名慶潮諱純沱字綿活

順輕公乳名軒字汝靜原命生于嘉慶戊寅年享年四十八
歲卒于同治乙丑二月十五日葬在鼓埔內
妣簡氏名義原命生于道光己丑年二月廿八日享壽五十三歲
卒于光緒辛巳年六月廿九初葬鼓內后迁葬于水尾山

十五代
順承公生四子
妣魏氏

長名慶同字純鑄又綿錫妻林氏生二子早夭
次名石壁　純珪　綿珍妻簡氏生二子
三名慶歡　純喜字綿心妻蕭氏生一子
四名石鳳　純廣字　綿泰妻蕭氏生四子

順承公乳名裕字汝進原命道光丁亥年四月十四日享壽七十二歲
卒于光緒戊戌年四月十八日
妣魏氏名佩原命道光甲午年正月廿五日享壽五十八歲卒
于光緒辛卯年十月十八日

十五代 順彩公 生一子名慶棋字純奕 往吧国后往仰光無回

妣蕭氏

順彩公乳花字汝香原命道光乙丑年年三十四岁终于同治己巳年正月初四日

妣蕭氏名信亲命道光甲午年十一月 年廿九岁卒

十五代 順盛公 生三子二女

妣蕭氏

長子名天机字純錦妻刘氏后改嫁

次子名明祥字純禎妻蕭氏生下五子

三子名華潭字純沚往仰光無回

順盛公乳豐然字汝盈原命生于道光癸卯年九月十四日享寿六十三岁卒于光绪乙巳年二月初四日

妣蕭氏名對原命生于道光甲辰年十一月 日享寿七十七岁卒于民國庚申年正月

十六代

貢生純發公　傳下四子

長子南山過房來

長子名衍裘諱紹箕字紹卿

次子名衍煌諱紹炳字煒卿

三子名衍輝諱紹光字亮卿

四子名衍昌諱紹明字熾卿

媽蕭氏孺人　一女

林氏

蕭氏生下一子名衍煌　一女名來娘嫁后田蕭藝苑為妻

林氏在吧城生下二子一女　子名衍輝名衍昌　女在吧進贅

恩授歲進士諱純發乳名慶長字子餘原命生于道光廿二年壬寅四月初四日戌時生享年四十九歲卒于光緒庚寅年二月十七日申時以疾終于正寢上路虎倫豬羊迎柩出塋于領仔埔坐坤向艮至光緒辛丑年冬月起贊修金骸骨齊全十一月十八擇塋于双墟岐乾旺公風水腳壬丙兼亥巳迨至民國丁巳年冬月起贊內骸骨損傷失入土再迁于龍口庵仔山坐辛向乙兼戌辰辛酉辛卯分金

辛丑年在双屈岐建築父坟費用壹百餘元及進塟后山下
蕭古亮来阻当伊有叔祖坟在近力止不肯后公親理断出税盛弍
石逐年付与叔祖為祭墓之資以下每年出実米二石

媽蕭氏閨名金蓮貞順原命生于道光甲辰年十一月初六
日申時享壽六十三歲卒于光緒卅二年丙午年七月十二早
寅時以疾終于内寝上路虔備猪羊祭奠迎柩塟于本
社頭領仔埔坐申向寅兼坤艮丙申丙寅分金

純發公在吧城娶一媽林氏原命生于道光庚戌年　月
享壽七十三歲卒于民國壬戌年冬月孫 鍾川 在吧城送塟
林氏生下二子長名衍輝八歲回唐讀書至十六歲再往吧城
次名 衍昌八歲仝父回家讀書至十九歲再往吧
女子名秫在吧進交寅、

純發公一生孝順少承祖業年廿餘歲遠適南洋吧城時
有母舅張新萬在吧城生理大利蒙他照顧后亦坐舖经
营數年間積有千餘金至卅歲回唐帶歸之歀交
順烈祖建置家業越年再往吧至乙亥卅四歲又旋梓帶
回重貲置業併建築荊山樓丙子又往至庚辰亦歸家

辛巳秋再往吧及至丙戌四十五歲生理收拾回家后尚存
多金以為在吧庶毋管理意欲再往焉因　祖父在堂年
已古稀務宜奉養未敢遠離不料于光緒庚寅年西歸焉

拾餘石本洋赤卅洋龍口下高車牙籐坑口俱拋荒
荊山樓入水三四尺及至戊申九月廿一再作數于乙巳年
更甚其所漂流難以開復各人鬮分皆有被傷存公
者亦荒廢數段

十六代 純卷公 生二子

長子名衍倫字紹紀往吧城廿餘歲而亡

次子名衍澤字紹德往仰光

十六代 妣簡氏 一女

女名蕉娘嫁于桥门

純卷公字綿興生于道光丁未年四月初五亥时享壽七十六

歲卒于民國壬戌年八月 月塟在軍头杀嶺頭后迋洋頭安塟

妣簡氏名瑕生于戊午年三十四歲生產病故塟在梅仔坑

十六代 純沱公無娶 生于咸豐乙卯年八月二十日享壽六十七歲卒

于民國辛酉年冬月塟在崎坪坑仔嶺邊

十七代

紹箕公　生三子　二女

妣簡氏

長子名石渥十二歲而亡

次子名允當十四歲夭亡

三子名允中字纘立娶妻江氏

紹箕公乳名衍裘生于同治丙寅年十二月享壽六十一歲卒于民

国丙寅年九月葬在嶺仔埔頂

妣簡氏名悅生于同治戊辰年七月

十七代

讀書名紹炳

國學生用焜公　生二子　二女

妣簡氏　莊氏

長子名鍾川書名纘流字

次子名鍾俊書名纘秀字

女子名惠娘嫁于赤州蕭家文壻玺

次女嫁于田中央夭亡

簡氏生一子名允振接养至五歲夭亡

其餘子女皆莊氏所傳　次子與衍輝過房日后立双承子

國學生諱用焜讀書名紹炳字煒卿原命生于同治十一年壬申

乳名衍煌

三月廿三日亥時享壽六十六歲卒于民國廿六年正
月十七日辰時以疾終于正寢至十九日虔備全豬上路祭
奠出葬在厝頭熬內公山嶺頂坐乾壬向巽丙兼亥巳庚辰丁未
庚戌分金丁巳
至公元一九九三年歲癸酉十一月初八日酉時安碑總
并費用校伍佰餘元
原配簡氏閨名建娘原命生于同治壬申年九月十四亥時
享年二十四歲卒于光緒乙未年四月廿日葬在杉林窠
繼妣莊氏名親原命生于同治壬申年正月廿日寅時生
享壽六十二歲卒于民國廿二年癸酉年五月初十日
酉時以疾終于內寢至十二日虔備全豬上路祭奠出

葬在高墩坐庚向甲親朋來弔奠繁多喪費用
壹佰餘両

清朝宣統三年辛亥革命軍起於武昌革除清國号改為中華民國元年外口大洋戰鬪內山無甚搖動每年間要派捐款至戊午年南北相争福建漳屬北軍上大埔軍隊四五千駐札書洋圩一月之久各甲派挑夫閙貴不少北軍退出南軍又過境應接挑夫亦然自亦以下非特應接挑工且累累有捐款或一年一次或一年兩次難以盡述閙費浩繁實然艱辛

民國甲子年十一月十二日土匪臨境强剥人间伐財匪
首（李丙車）督率爪牙三十餘猛住莊内坑東山祠札營
本社内亦有人入附伊党横行〻去度我本姓被强迫取去
弍百餘元作上下樓均科本樓内科分一半其社中被剥去
有千餘而若不應承婦去梏打殊屬痛恨
至十八日陳（烏川）之弟（班三）張（文旦）亦督率匪類五六十猛来書洋
在書山祠札營横行亦如是我本處亦被迫取四十餘元此
兩營匪類聯络剥去人间財物难以枚举幸而天理昭彰
及至廿七早大双峯高卷板寮塔下曲江五社共謀民壮壹千
餘人来書洋破營追趕匪方逃散
丙寅年八月间張（大成）即（張麼子）党惡（張上杭）结連匪党七八十
猛来書山祠住札社中有人引接而入縱恣横行社中被
其强迫取去二千餘元照田種人丁科分我本处亦科出銀十元〻一

十八代

纘流公 三子 長子 次子早夭 三子名燈閣 書名 鳳吟

妣蕭氏 生 一女 名笄娘嫁于長教官洋墩了角家

纘流公名鍾川原命生于前清光緒戊戌年二月初六日卯時生享壽八十六歲不料痛于公元一九八三年癸亥年農历十月二十七日巳時以疾終於正寢至十二月初一日慶具猪羊掬輛致奠祭畢扶柩送山卜塟在下梅仔坑渠道頂茶園坐坤向艮兼寅申辛丑辛未分金

今后被擴进上五尺

妣蕭氏名参娘原命生於光緒二十六年庚子
二月十三日丑時生享寿五十歲不料痛于民國三
十八年十二月十四日未時即公元一九五零年以疾終于
内寢至十二月十六日未時扶柩設奠登即遁輀歸山
葬在㟴墺洋过坑仔田頭坐戌向辰兼乾巽庚戌
庚辰分金

今后翻啟攢改坐乾向巽

彝十八公譜訂錄源流始歷穆序次於左
大清康熙十七年戊午歲五月吉日等處各有字派祖孫相
譜記指證俾千百世後以知吾由耳
繼流溯源一金一郎太一公為始祖本不錯也
以論先世年代原稱公為開基始祖非為不是無錄
川有者世出自金一郎太一公派下都玄字為始祖
永玄大字始祖則原稱公為三世祖矣今江西廣東地
以公良會盡公原出于金一郎大四公之二男以孫慈太公來
胞弟也而伯以公叔郎良宣公良宣公是也而良宣
諸處祖族萃公譜詳載七縣始公孫稱公昔公之
以處州龍巖南靖流武平連城長汀建寧

余不知考究為石榕下第一世祖也後世同字寧州
以閩居住同下之前屢屯兵燹十之譜燼遺失年歷來
閩居住傳至三世石裕公再世孫六以前遷至各子
閩粵第念三郎下敵然散世議平昌永福鄉創業
瀏史於南字江藝者寧國府國大元庚寅年間始來
閩見一世祖念一郎號大飛弟念二郎念三郎兄弟三人

著處四十五郎字懷禮公配姚氏居建陽縣桐油里
芬茅處三十世五十郎字懷文公配黃李鄭廖翁居讓謝
懷任遷四諒南安九都公字懷德公配陳氏居上杭縣
十六世金寶開村始祖配蔡夫人生女子長七十二郎字
飛虎公名遠佑周開閩賜封太公平濟傳至今

〔福建南安〕彭亭紫雲黄氏族譜七卷存六卷譜序一卷支圖二卷（譜序）

黄建亞　鄭維徹等纂修

［福建南安］《彭亭紫雲黄氏族譜》七卷存六卷譜序一卷支圖二卷，黄建亞、鄭維徽等纂修。黄姓以故居被水衝圮，其族難以團聚，漸移居各處。該支始祖舉始移居福建泉州府安溪縣崇信里白巖村。明代分派五房，隆德一系因軍屯由清溪而遷南安彭亭。譜分十卷，首卷譜序，載家族原委、黄姓原委、合同、路闕、譜序、譜論、凡例、小引、主位、聯文、祠記、捐啓等。卷二至三宗支圖，餘七卷（存六卷）譜牒，記事跡頗詳。黄氏自明清以降，族人多有遠徙至東南亞各地者，如十世夢郭，生清雍正中，「在巴卒」。十二世貽道，生道光中，在菲律賓娶妻生子。十三世禮答，生同治中，「僑居菲律濱」。十四世則吉，生道光中，「外出番邦」；則着，生同治中，「出居南洋」；則爲，生光緒間，後「往夷」；則聘，「在南洋婚娶」；則酒，「卒於南洋」。十五世奕和，生同治間，「僑居南洋」；奕溜，「卒於外洋」；奕持，「卒於南洋」。黄氏與南洋往來密切，民國十七年（一九二八）修譜，南洋族人捐資助修。據民國十七年石印、排印本影印。

族譜綱目

我黄家族

始祖仁禮公自元延祐間居福建泉州府安溪縣崇

信里白岩村歷傳至明分爲五房共當里甲里班

迨洪武九年抽撥二丁充南京留守左右衛暨宣

德三年而祖籍丁黄招仔黄德潤始奉例寄操永

寧衛福泉所撥頂乙種厥後照房交代輪當該甲

卷二房宗道公男景明等與隆德公相沿繼補景

明傳世不永惟我隆德公克昌後裔嗣守先業而

公遂爲一派百世之宗焉今歷傳至

清興而招仔德潤二屯蒙奉
旨撥歸南安縣其安溪崇信里祖家之里班七甲猶
然現當而不替耳

舊譜載

我族星散昭穆不遵字行或恐見，日不知誰為叔
誰為姪謹編出諱行十字夢璋胤貴子嘉種肇祥
麟頴編出字行十字球圖周家寶文質夏殷盛令
自光字以下俱依此二十字而行庶乎昭穆有稽
明萬曆二十八年庚子秋九月穀旦五世孫良讓良斌立
共遺族譜四卷長房五世元孫良別收執一卷二
房五世元孫良保收執一卷長房三五世元孫良
讓收執一卷長房四五世元孫良宇收執一卷
清康熙十年辛亥春正月上元脩依前遺編作元亨

利貞四號復脩四本元字付長房三世孫宗寧收
執亨字號付二房四六世孫宗發收執利字號付
長房四四世長七世孫進勇進惠收執貞字號付
長房二四世二七世孫進金收執俱當慎守勿失

舊譜載

叙

余於彭亭黃氏蓋世講而婚姻者也修出朔歲矣
又大人太學生諱有嚴公嘗授皋比往時覽其舊
譜知先世有姻隆臻公奉
首也肇基茲土拙篤勤儉拮据經營詒謀孔嘉矣
遞傳六七世書香漸昌已有庠序綿綿之家稱自
今族姓殷繁人文蔚起列成均者若而人遊黌序
者若而人且見潛心力學之士森森蔚立余謂夫
凱興亭黃之族使之顯揚前代借發激昂以報隆

彭亭紫雲黃氏族譜　舊譜序　第叁帙　泉州聖教佩文石印

俾寫擘基之勞者正未可量也茲內外明庭公內
總封閩立閩君持所會修家乘徵叙於余余嘉其
溯本窮源紀行錄實設條置例分系列圖類前岷
所覽舊譜更為詳悉披閱之餘因見其尊祖敬宗
敦倫睦族之至意焉已

乾隆丁酉元正吉旦文林郎候選知縣芙蓉季子外舍甥首拜撰

見備庚辰舊冬十四世孫剛淵敬謄

叙

武榮亭黃玉圃 玉圃二兄為余忘年友也乙未歲
球顕君延余西席課猶子之暇與玉圃閑步玉圃别
墅談笑間偶問其先世有亭后黃登揚君二兄起
而應謂其五世祖别號也君何由知之余曰前於
先世伯 太僕 太常二卿遺篋中覽其冊載二
卿與亭后黃登揚同其種裔佶伯仲歡遺高厰山
指祠宅墳塋形勝登揚贈百金不受先是后畲门
下黃宗巖與登揚連鄉有隙謀奪亭后所居之處

者玉圖 玉圖謂世載與族中父老兩相脗合因賞
舊譜訛以登揚名號然舊譜蠹蝕朽爛幾有魯魚
亥豕云混詢其故弗修輯恐今君是耶二兄喟然
歎息云夙昔此志以毋墜前人纂葺之心但其事
較疇昔有難焉越今更有餘年矣嗣續繁興分居不
少非極搜採之功未易概肩其任亦越一年序屬
仲冬適家居球顯君馳書命余共襄修輯譜牒余
曰是役也將使蠹者不蝕朽者不爛今而后舉黃
孫子覽斯譜而念祖德惟艱宗功匪淺因以敦倫

睦族敎孝言慈振興其家门骨於是譜係焉余奉

諭隨奈忝屬莩葭是以不敢辭共襄修輯譜牒之

命也夫謹敘

歲乾隆丙申臘月穀旦永春太平李天錦頓首拜題

光緒庚辰臘吉穀旦十四世孫則淵敬謄

叙黃家族譜記

夫崑崙之水其湧　源雖濫爲萬派同歸一委商邱之木其植有梯　尉爲千條共附一幹剡人于戴員履方負陰抱陽可輒廢木本水原之思裁粵播黃家自元延祐間居安邑所從來舊矣而隆德公肇基於南邑亭后村環山帶水毓地之靈六七傳而子孫稷稷盛焉於是五世孫良斌良讓顧瞻世裔睠懷宗祊歎曰吾身爲祖宗委形子孫爲祖宗委蛻業已承其弊衰而頓忘所自甚非所以光

昭先人之德而錫類我後昆也爰會二三兄弟相與考世系次倫序彙為一册則鷺序而立昭穆不紊雁行而進長幼有倫衍世德以如新聯宗盟而弗替思深哉其有葛藟庇本之義乎且也黄流衍慶浸昌浸熾無寧茲異時子孫將有振其家聲者吾盡取槐庭之符為黄家左券云

外甥南邑庠生王象晋頓首拜叙

脩我家族譜記

余全男

隆德公七世裔也負父祖之志顧攻書不就慨天命之維新僻力不能令老矣弗能為也切見我二房思紹牀於兵燹之中獨能保守其族譜而不失可謂通先人之至孅哉其功不減於祖牀斌讓之造此族譜者乎因覽而嘆曰吾祖宗其有靈矣於此系庶有稽夫屢會脩輯推托難集邇來族愈漸昌呂覿面而不相識者有移居而不知何支派者甚有星散而莫屬者一自祖視之則皆孫而子也乃一體之骨肉也迨至彼此視之則皆人而人也不異道路之於我也何不俯仰輾轉

思之蹟蹟碩之則自上而百世之祖也自六而百世之孫也安有親疏之別也茲獨力肩任幸姊兄弟姪贊成得以考世代序支派庶乎世系有稽而祖宗不至於廢弛昭穆有序而子孫不至於錯亂斯非余脩輯之力乃思紹姊謹守之功以待後世之子孫必有而維命而克承父親之志者其光前垂後之業配合族而顯榮之斯有所紀載焉爾

歲康熙十年歲次辛亥春正月上元七世孫進全謹脩

編出諱行十字　夢璋胤貴子嘉種肇祥麟

字行十字　球圖周家寶文質夏殷盛

我家族譜序

夫萬物本乎天人本乎祖不有天而萬物何從而出不有祖而子孫何從而生則天與祖為萬物子孫所從生出之原其義一也故為子孫者知有父則必知所以生我之父之祖而又祖然則天下人安有愛其父而不念及其祖哉而或有愛其父而不念及其祖則亦族譜不立倫序不明之故也我金伯深知其弊慨然以一身任之於是增修族譜

俾子孫起孝敬之思百世知原本之義其為祖為
宗之心與揚名顯其先人者豈有異哉然吾聞受
其勞者必享其報則我祖於冥冥之中將大報我
金伯未可知也要之勞有所不辭報有所不期而
獨毅然以成其事者斯人族中其可少也歟

八世孫日煥拜撰

續修家譜叙

余碌碌無似少肄業經書弗獲寸進以慰先人篤嗜
書志之念慙愧交集矣以是與議宗族事並水木之
思人孰無之邇來家居寡處方痛譜牒殘缺遲之又
久昭穆且將莫稽乙未冬蒸祭宗人咸在球顯出而
倡議續修焉因命余與玉圖抄輯房記余甫聞之而
懼其難也思夫肇基之始一人而已迨傳數世生齒
漸繁有瓜瓞蔓延之象且其中星散異方者地遠時
久聲迹不同名字不通將欲輯之其孰從而輯之然

終不敢肆爰細閱七世進金伯舊譜中有支派外出別居者若莆田漁溪仙遊長嶺等處棄患專與玉圖偏行采訪鈔錄靡遺至於芒洲高坪以及聚居故里者抑無論已昔程子有言曰宗法壞則人不知來處以致流轉四方往往服未盡而不相識者余竊有感於斯語故不敢辭風塵之瘁雖間有托居遠僻者未暇盡詳茲苟力所可及知所可逮則廣搜博採亦庶幾免憾焉爾

時乾隆丁酉荔月穀旦謹序　九世孫光對識

脩譜新序

族之有譜蓋宗法之遺也詳其所自始所以尊祖也宗有大小必明其系所以敬宗也自衰絰以及袒免無服之親無有遺焉所以修族也夫宗法者親親也宗法廢則親親之意衰而仁人孝子之心又自有其油然不容遏者於是寓其義於譜牒之中若然則族譜之修猶亦行古之道耳顧古之為譜也所以傳信今之為譜也轉以滋疑且以貽笑世人不明乎禍福榮辱之故在於自求遙遙籍華胄為己祖以為或能榮我福我雖朱均亦不能得之於堯舜而況於所謂遙遙華胄血脈不相聯屬者乎

大抵人顧自處何如吾果賢也則世德自我而光揚果不賢也則先聲幽晃而玷墜庚柳泌有言門地高者一事墜先訓則無異他人以此見喬木孫芳豈盡為子孫無似之憑賴哉況吾既不能後而又無所攷據以真知其為某聖某賢之後而徒茫昧遠取著之譜以號於人曰吾祖實某聖某賢吾恐有竊笑而羣議之者又何榮與福之有此狄青之所以不敢附於梁公而郭崇韜之所以最無識也吾家黃氏系出道隆公興自有漢肇基光州傳而清溪傳而彭亭繼繼繩繩班班可攷固不必有扳援事茲族人議修族譜余以家務紛繁不獲躬親其事迺不揣小

肯廷師纂輯凡所為不惜費不避難者亦庶幾宗法於是乎不
廢而此心稍慰耳非敢自以為力也譜凡四集集分兩部仍班
元亨利貞四號元付長房派光對收執亨付長房派士超收執
利付長房派光岳收執貞付二房派光培收執均當保守唯謹
勿忘創造之艱且族傳之世事異變或歲而更或數歲而更
或數十歲而屢更久必將有難稽之患繼起續修尤所望於來
者啟以是為後昆[illegible]
肯乾隆丁酉仲冬十世孫士超恭紀略

[illegible]

故居被水衝圮公之裔難以團聚有移居參內科名梧桐後等處我祖　舉公則移居安溪崇信里白岩村公塟於三脚林媽塟於佛仔坑而仁禮公舉公裔也自元延祐間傳至明分五派合當七甲里班迨洪武九年抽撥二丁充南京留守左右衛暨宣德三年而祖籍丁黄招仔黄德淵始奉例寄操永寧衛福泉所撥頂屯種照房交代輪當該中巷二房宗道公男景明與隆德公相沿繼補肇基亭後族議帮貼輪當現有萬曆十六年合約一紙為炤清興以來招仔德淵二屯蒙奉旨撥歸南安其安溪七甲里班今猶輪當不替歲乙未冬祭閤族議修族譜僉命余與玉圖往白岩村謁祖探先人遺蹟

訪故老傳言更採之殘編舊約參之廟主墓碑我祖之遞傳原委歷歷可誌雖世系墳塋不能遍詳然古譜止扼其要故老祇述其畧惟是錄所可據而闕所可疑耳白岩有田三段不等址坐天峯隔後壠坡等處為隆德公祭祖祀業今被混𤱪矣謹將白岩合約字附載卷端以垂不朽云

旹乾隆四十一年丙申臘月吉旦十世孫彦情謹誌

安溪崇信里白岩村住人有軍黄德潤黄招仔在南安縣九十都舊屯應當軍役至後五房頭當滿今戶族叔姪共議分作十閹其辦自萬曆十六年起户衆思見路途遥遠涉難以應

再編緯行十字孟仲叔季仍奕世聯簪纓
　字行十字俟伯榮先緒箕裘紹克承
　　茲從四安公訂諱行六十字以進金伯編出諱行十
　字將亂字起改從貽字起今以四安排行附載在後

先人貽禮則　奕世種書田　文章昭國瑞　忠孝本傳家
行達明新學　修崇德性天　安分躋仁壽　謙光樂太平
多福其自取　丕承乃後賢　以斯善繼述　振繩億萬年

黃姓源委誌

我黃姓始祖

漢道隆公光州固始人也為東部會稽市令東漢末建康之亂棄官來隱於閩初居仙遊大小尖山之麓後卜居桐城西郊令開元其故地也傳至守恭公興自有唐重義好施垂拱二年以開元地捨僧僧感其德祀公為檀越主且為公相宅四安公之四子經紀綱綸居焉公歿葬郡城西門外石坑四子長經公居南安次紀公居惠安四綸公居同安而我綱公行三則居安溪之葛盤焉公葬縣東鳳山之原穴壬丙嫣葬縣後埔任穴丙壬今訂臘月朔日祭歷傳十三世而葛盤

當情愿設酒　共議出銀見在子孫九兩六錢付黄武郁武盛往朝前去代納盤費飯食之資自萬歷十六年起戊申止戶丁黄一中敦盛金政全用以福元薰元平成崗大洋大艷等該共應二十年其銀對半該愿出九兩六錢愿貼族叔黄武郁武盛等前去舊屯管催甲下屯糧完納不致誤累後族衆恐無據憑其每年軍叔前來取討軍裝與各折同去催取立合同並是二比十扣甘愿各立一紙為炤

萬曆十六年三月日立黄金政　一中　以福　全用　敦盛　元薰　元平　成崗

大洋　大艷

代書人黄政

白岩路閱小引

萬物本乎天人本乎祖狐狸雖獸猶有首邱之仁矧人爲萬物之靈乎安溪白岩村吾祖舉公肇基斯地也祠宇墳塋世祀罔替遷南以後山川險隔少所往來莫有知其處者丙申春余與玉圖造焉徑出安邑西門外崇山峻嶺民居寂寥非有熟於道者不可以通自巖嶺直至良坑百數十里許一灣遍處又一灣一嶺遍處又一嶺肩輿不進只可步行余乃中途誦山從人面起雲傍馬頭生之句焉既歸錄其路閱如左有志尋祖者可以循途而無岐路之患矣

本都起程過林埔石縢隔黃坂舖桐林劉林陳頭嶺吳祥頂

墟碙窰廟本古井后隔大水庵隔參内嚴嶺入安溪邑東門
出西門過祥雲渡功德渡東村橋澳江渡白沙亭烏垠隔官
橋渡五里埔崩圳墓亭宫坂楓垠坪西坪墟百尺虎子漳掌
珠湖坑剥皮嶺烏土三洋橋后溪銅鑼山舊寨新寨良坑到
白岩

裔孫夢情識

脩造家譜敘

自古以來端賴作述不有作者後人之溯本窮源昔於軒轅羲皇之莫致不有述者前人之殘篇斷簡鄙於由庚華黍之無稽諸史尚矣譜牒亦然余家昌房記四本嘗造於良斌　良議二公纘修於道光余當範以其間各房序次備列於詢爲傳家所寶藏世遠年湮或爲蠹魚所蝕或爲手澤所漬於澗殘缺其筆不能道全此所記存十一於千百者查之能深如也乙未秋余過劉圖見其墨擇

以示余前歎而嘆息者久之邇議重脩為歸以告
家君家君曰吾固念之已久小子圖及此好先人
其亦光乎但子姓蕃衍既盡零帙繁多小子紉在
家塾未嘗預事若和所纂序光宜勵志共襄庶幾
上進造譜矣吾因是遂為通令祠宇暨祭宗人咸
共倡以修遺家譜廢而惟獻數舉不遂而廢首遺
蓋本源承奉之在人心者未嘗一息而忘焉以之
云云遠而不可解焉耳計議已定程即合付以延
吾閩秘輯凡聚居數里散處異方者莫不翕然響

君編為房記抄輯訛倫校訂而與同情議續家譜
時桃源李諱天錫君主余家西席頗詳其事甫申
各延請修纂奉不見議自支同凡例規條極精潔
然具列於譜凡兩期月而功告竣焉支家之有譜矣
始於前述房記而遂家譜昭穆序長幼於而一覽而
明焉此今日之排衍以重巳較程著徵也雖然
今之作於固並有述後有述於不克並有作哉竊
子姓其尚寶守斯譜以待來人等於是成也錄是
事而著之於編

彭亭紫雲黃氏族譜　序　第拾陸帙　泉州聖教佩文石印

重修族譜序

予於戊寅年不膺考貢之職家園株守靜坐無聊因頗通金斗玉函而梯山航海少學[illegible]銀丸金液而越境過都族人聞而知之與予言曰爾春秋已高兒孫繞膝不思家庭怡養而乃水陸奔馳何自苦也予曰人非匏瓜焉能久繫回憶自幼失怙母氏劬勞苦楚送予就傅予雖篤學不倦奈家計蕭條十六歲前伴農躬牧二九年後奔走衣食舌耕為業故不能揚名以顯親心甚歉之幸堂伯廣文　志巖公樂育為懷憫予登雲有志立雪無由每離任還梓即呼吾輩不論親疎諄

諄訓誨予凡遇題式文式詩不敢暴棄　公援筆斧削屢囑
之焉而今鞠育之恩莫酬萬一其跋涉不煩者爲此也族人
慰予曰爾雖不獲躬親題揚而同治癸酉與同宗部郎佑堂
先生晤談論及節孝一事前因傳聞未確今得實情即馳書
京師會同刑部郎中蔡公賡良奏請旌表賜金建坊較之自
表不更榮哉時族中有一事上可承先下可垂後族人將議
爾可効勞爾先曾祖　球題　君於乾隆丁酉倡議重修譜牒
其功不少延至今已數世矣當此故老猶存若不再議重修
至久無稽非爾讀書者之咎　是誰咎歟予曰善哉斯舉吾族

將大興矣當踴躍鳩議無廢厥職果爾三兩日入廟議成予
及斗叔奉族中公舉向各房先造譜稿其中有興不勝屈指
者則詢故老而昭穆不失其倫有廢大可傷心者則開主牌
而承流不訛其派有時查舊譜見有不修入而載外編者皆
因生平醜行示戒特嚴乃知譜者家乘也懲惡勸善之書也
若無德位難膺是職乃與斗叔相議前譜筆削已定者不可
僭易而今所錄惟存善善從長惡惡從短至謄時族人自有
公是公非予兩人不任功亦不任咎全望祭譜以後共勉厥
風文教大興人文鵲起科第蟬聯以無失吾紫雲家之盛事

泉州聖教佩文石印

云爾

光緒六年庚辰十二月　日十三世裔孫宜禮敬誌

彭亭紫雲黃氏族譜

重修族譜序

嘗謂閱世生人閱人成世人之足見重於世者惟此名而已耳詎以　宗祖垂不肖子孫之立名以為閱星光吾家譜牒自乾隆間再修於時譜中記載僅有一二遊泮入雍未嘗不嘆科名之少概見也及修以後孫子識昌書風漸盛武藝日新奕史宣化共切凌雲之志觀鼇誇異同懸搖日之心從此而乘藻芹食廩餼充貢元顯登科第出仕涖政以及身遊矜雍納粟奏名一時師師濟濟入廟患多利用之賓揖揖振

振奉璋盡忠思皇之士稱歎休哉誠吾族之慶也然人才鵲起而顯名未登詎恐湮沒不彰使先祖有憾後世無聞其乎今幸家族議舉重修家乘凡昭穆紀繫前無有叙而智愚賢否莫亦當分俾後世之人知所觀勤共攻詩書習子矣掇巍科垂青名於譜牒以

丕承

祖志云爾

光緒六年十二月　日　十三世孫印補巡檢壽榮謹叙并書

重脩族譜序

譜牒之脩經三次矣創而則亦綦詳矣然光陰易逝日月難留代傳之久越今又百餘年矣愚讀吾家譜敘有云三世不脩謂之不孝屢稽計之豈僅三世其間昌而熾者葛藟瓜綿瓞自固堪共慰其間衰而微者榱崩棟折撫懷忽可驚心又况遷徙流離或遠或近有廢有興不急為之修舉恐失據而無徵爰是日夜圖維要齒求成而力有不逮勢有不行俯而思之不覺為之心痛及後於光緒四年愚館於堂姪則維閒承家族叔臨玉雕登功兄暢清翁於月夜到館敘談論及

此事未嘗不共嘆息謂此事不能及身而理我諸人有何面目見　祖考於地下乎因而出為計議富有者稱家捐題少有者隨心幫助俾集腋成裘有所取資議甫定遂布告族人亦皆踴躍爭先不吝錙銖之費不數日而事成焉及修之時前所釐定而著為成法者亦豈敢過越先人矩蒦而其中有出於不得已者即如不祧之祖昭穆各有定位乃年湮世遠族大費繁於咸豐五年查稽祀田無不減損遂議充入主每一主出制錢弍拾四千文廪貢以上者減半以為歷年祭祀之費然不敢與　祖考同列姑就於龕内劈分為三將所新

入之主列於左右而從前　祖考所定之位不能如故則使之在昭者負昭在穆者負穆此亦出於一時之行權非敢妄加廢舉也故特於前之位次仍舊登載於譜以俟後之賢子孫再爲更置以無亡祖德宗功焉可也

光緒六年十二月　日十三世孫邑庠生慶清虔敘

重修族譜序

譜牒之修者天叙民彛其爲上溯祖宗之建微下聯昭穆爲一本使世世相承繼其志述其事信爲傳家之史也吾族譜牒萬曆庚子始脩於五世桂斌讓二公越康熙辛亥七世桂尚範公續修之　至乾隆丙申吾高祖球顯公獨力倡修不惜鉅貲延西賓李　公天錦爲之纂輯其支圖凡例規條排行具列於譜分給各房珍秘之奈今百有餘年俱爲蠹蝕朽爛凋殘宗法致廢幸吾曾祖正齋公董修之外不辭煩勞自購名紙親執管城謄録全付用意周密立法森嚴不特藏之爲流傳

之志抑且奉之以爲鑑戒之箴此可爲來世修家史者遵而法之踵而行之彭子孫謹守罔替也噫此非吾曾祖慮遠思深不幾幾於廢墜莫稽乎夫水木之思人孰無之知而不爲誰之過歟第以不如人不能紹先人之遺意不敢與議族事耳茲得吾功烒慶清君守正不阿名高望重每惓念及此爰謀諸族人曰此事不急爲修輯勢必致失據無徵若復俟一人獨任則力有不逮也我族人當共相勸勉各向房親稱家題捐此事庶可望其有成焉果言出響應不數日而議定乃舉族烒貽玉功烒宜禮挨戶録抄房記追本春族人僉議命

彭執筆謄正　彭自知譾陋未藉其職然亦不敢固辭長者之
命但時異世殊支分派衍欲循其故輒率其舊章恐不能成
其事皮以見違其事何也即如前譜中所立規條有因昭穆
倒置另載外篇今查僨已敗絕[illegible]因瀆倫而不載其子孫
尚承繼未替者雖非[illegible]自賢哲之祖亦是我族派脈之親誼
恐棄而不存置而不錄乎況且　世猶有不明大義而犯此
者若盡棄之則不勝其棄若不棄之又恐無以承先人明規
彭於兩條頗難處置爰鳩族長再爲相商唯是就從前所加
駁斥革條舊謄寫姑念其子孫様入譜內使之一脈相承免

至失稽至於犯規者仍草置外篇以明不韙令後世見之以爲懲戒抑或俟後世之賢子孫再爲更置焉可也是爲叙

光緒六年歲次庚辰臘月穀旦

十四世裔孫太學生希彭謹識

叙

古者諸侯大夫世，世相承，有大宗小宗，以明支派之分，則義相親恩相屬，宗族世世傳不紊。故成周之盛，未有譜牒也。戰國諸侯相吞并國，移而族亂，於是始有遂失其先世而莫得考稽。曹魏以還，九品中正，以門第相高，姓氏藏於官私，尤重譜牒。下逮有唐，華宗世胄猶以族姓相矜，尚有宋范文正公守錢塘，過姑蘇，與族人高會，徧閱家集，續為宗譜，然后范氏之世系歷歷可考。夫譜牒不修，雖有孝子仁人，肶然水木之思，而情無由而致也。雖然，譜之義，上以治祖禰，下以治子孫

忘其祖非孝也非其祖而祖之尤非孝也蓋自晉宋重門望而譜學以興亦自晉宋重門望而譜學大亂何也避寒素而攀華冑則宗非其宗炫閥閱以招屠沽則族非其族甚者代系斷絕虛造世數則昭非昭穆非穆以是為譜不如其無也若我同宗彭亭黃氏之譜牒則有要有倫可徵可信上溯守恭公中述綱公而斷自始遷隆德公為肇基之祖有合於程子朱子之説考譜牒創始於有明萬曆迨有清康熙乾隆光緒各朝疊次重修至於今歲五十年十四世裔孫則虔則遵十五世裔孫奕鎧十六世裔孫世竹等懼年湮代遠昭穆失傳爰

邀族中同志繼續修纂[illegible]謹嚴而不失之拘恩意周浹而不失之狗可以為輯譜者法[illegible]德公之裔曆傳十有八世雖無烜赫殊絕者而[illegible]士弟子員仍世不絕有任為司鐸而師道以立有發自武科而備干城之選者濟濟多才卓然代有其人保世滋大隆德公之貽謀遠也邇者美雨歐風遠播中土舊道德日亡新學說日興侈言異姓同胞幾欲廢家族主義疏者得間其親新者忽間其舊何有於敬宗胡言乎睦族而則箴則導奕鎧世竹諸人獨能為之於舉世不為之日依舊譜而重衍續輯接先人之遺緒垂後世之良規此後繼繼

戊[illegible]伍[illegible]　泉州聖教鋪文石印

緜緜歷百千禩咸有可遵是舉也非僅以敘述一體之親其風勵末俗關係於世道人心者甚大聞風者當亦知所興感焉

民國十七年歲次戊辰前賜進士出身刑部員外郎銜

黃傳扶頓首拜撰

彭亭黃氏重修族譜序

族譜之設非但列名氏存年代已也其中寓有勸懲之意焉蓋聚一族數傳之人富貴貧賤賢不肖之不齊而列之於譜其富者可喜貧者可憫貴者可欽賤者可鄙賢者可尊而敬之不肖者可憎而惡之然使富者能恤貧者貴者能撫賤者賢者能化不肖者則尤足以垂勸懲於後世余嘗觀世之人甫臘一第即徧訪同姓之人與之序長幼昆仲之誼親之若同胞而於一本之親反疏濶而不相識皆譜牒不修之過也今觀彭亭黃氏之

第弍拾陸帙　泉州聖教佩夫君印

譜昭穆不紊長幼有倫或則敦詩禮或則諳韜畧洵盛
觀也蓋譜猶史也史以紀實苟非吾宗雖盛而且大不
可攀附以為榮苟屬吾宗雖微而且賤不可遺棄而弗
收譜之係大矣其勿如後世之親其所疏而疏其所親
也可　時中華民國戊辰年冬月序
勅授徵仕郎直隸州州判宣統己酉科拔貢晉江周葆真撰

彭溪亭后黃氏重修族譜序

唐崔琳曰譜牒者乃姓氏之經緯家代之紀綱也可以道一家之源流說九族之派別為人倫之根蒂家族之本原非徒追溯受姓之初已也粵稽我黃受姓始于
顓帝曾孫陸終之後封于黃以為氏厥源至遠姑弗具載迨
守恭公捨宅為寺四子分安長子經公居南安詩山之呂洋次子紀公居惠安盤龍山靈秀山之東三子綱公居安溪葛盤四子綸公居同安金柄綱公二世而為舊公三世而為立公四世而為思公正公而入參內即彭亭始祖　隆德公先世之里居

弍拾七帙　泉州聖教儀文君印

也以昌熾而分安溪之崇信里白岩村由白岩村因奉　旨屯種而蕃衍于南安九都之亭后鄉迄今相傳十有八世舊譜誌之已詳明矣余偶爲彭西陳氏修輯譜牒藉得與吾亭后共溯宗祊始審先世人材之盛或廁黌宫或登甲第文經武緯濟濟一堂豈多材多藝彈冠而來釋褐而去歟亦祖德留貽積之厚者流自光也派別既考據維艱分居又播遷易失嗟嗟忝不忘本冕想首邱一念祖宗之墳墓枌榆之故居尚且撫今追昔感歎實深何況簡斷編殘侵蝕風霜欲憑故老之流傳則溘然隔世欲憑縣誌之編集則搜採多疏夫孰能集譜牒之散軼成世

守之新書而為傳後之人者乎適諸叔侄與懷慫然起家族
之觀念啟續修之動議迨今　力任巨艱者有人募捐款者有
人於是纂修之吳台是延余修輯余以宗誼弗辭勉肩是任其
好義從公者若則巍則遵奕鈞世竹出為董事鄭君維徹共同
秉筆積日累勞細心採輯經年就緒心始慰焉凡諸譜例譜論
悉本先賢遺規譜牒譜圖確遵舊譜成法世次必稽授室必查
年甲必誌兆域必錄外居他適者地名必標所從出者承繼必
明何有條不紊若此故謂之實錄總而觀之一脈蕃衍析而按
之萬縷條分如喬木之參天無枝不由本如江河之布地無派

又孫八秩　泉州聖教佩文石印

不從源綱紀備詳昭穆不紊俾後世吾姓之子孫不知而欲求知者庶幾可按圖而索可披牒而明矣若夫功業重於國家節行重於閭里增光譜牒端有望於將來也是為序

中華民國戊辰年冬月穀旦詩山坊前詩峰學校宗愚姪

世璧黃健亞頓首拜撰

重修族譜序

人之於祖猶木之於本水之於源也雖然欲揣木之本者可由枝而逐欲探水之源者可由流而溯至人欲尋其祖者則年湮代遠人往風微將何由而考乎曰有道焉道何在在於譜譜也者統括一族世代之歷史也本其有生之初而明其宗派之別條分縷晰井然不紊生娶卒葬燦然臚列思祖德遡宗祊披譜而觀按圖而索無異由枝以揣本溯流以探源也譜之重不綦大歟我族始祖

隆德公自明季由清溪

泉州聖教輝文石印

而遷彭亭歷傳至今年踰四百代更十八族譜之修已閱四次適丁我躬又在續修之期矣余雖不敏夙懷是心奈因國運更新兵火連年流離遷徙日昃不遑奚暇為承先啟後計乎丁卯冬族弟則江堂姪奕純經營海外志切報本提倡募捐修輯函達於余余讀是書夙具之心隨機而發不覺為之踴躍欣然忘食爰集各房長入祠開會簽舉董事造具捐册繕寫募捐公啓一面向僑商族人勸募一面在鄉殷實捐助以冀均其天責月未兩閏奕純即函報海外捐定

數目而在鄉之稱家捐題亦各認定可見木本水源之在人心者有扣即應也　且盤籌畫須特預定之額於是物色人才延請詩山宗親耀盤君為編纂隣鄉鄭君緝徹為幫修二君夙稱熟手共策共力晨昏靡間故一年之間而得奏膚功也茲將付梓聊述梗概以便簡端

中華民國十七年歲次戊辰夏曆十一月穀旦

十四世孫震謹識

　泉州聖教緣美承印

諸儒譜論

程子曰管攝天下人心收宗族厚風俗使人不忘本須是世系立宗子法

又曰宗法壞則人不知來處以至流轉四方往往服未盡而不相識

又曰立宗子法則人知尊祖敬宗而朝廷之勢自尊

又曰宗子法廢則後世譜牒尚有遺風譜牒又廢則人家不知來處百年之後骨肉無統雖至親亦薄

唐相崔琳曰譜者姓氏之經緯家代之紀綱道一家之源說九族之派人倫根蒂君子貴之

蕭陽柴文霆曰族之有譜所以明宗派之別而本其有生之初也受姓之初一人而已則凡姓是姓者均族也不異有異者因其異傳而蔓延他適異地

歲久而聲迹不同名字不通於是各異其族而不能知其初同一人也此譜之所以作也夫

呂成公曰世之學者大而欲知天文地理之學小而欲知草本鳥獸之名獨於己身祖考之所自出而茫然莫之知豈不不還恥乎

韓魏公曰謹家譜而不忘其先孝之大也

歐陽公曰譜圖之明則子孫脩飭喜自樹立惟恐墜其家聲

紫陽朱氏曰古者氏族之掌於史官故官有譜而姓有苑族有誌朝廷於選舉以考其真偽大夫士於婚姻以稽其閥閱而已厥後家自為書以之明大小宗支則親疏遠近叙尊卑名分為也

漢往往忘之譜學遂廢間有藏譜而圖支又皆闕失故文忠公慕歐陽譜牒掇於唐無　付而上倣司馬子長史記年表與鄭氏詩譜以為圖而譜乃成焉歐　八有異法合其法者推蘇氏蓋明允先生所作也

蘇明允曰唐衰譜牒廢絕士大夫不講而世不識於是乎由賤而貴者恥言其先由貧而富者不錄其祖而譜遂大廢也

龍門子曰甚矣譜牒之難考也歐陽圖譜世以為甚精者其言詢生通三世生琮為吉州刺史當唐末黃巢陷州郡率州民捍賊鄉里賴之以保全自琮八世生萬為福安令修則萬之九世孫詢唐初人黃巢陷州郡唐末也始終相去三百年詢至琮僅五世耳唐末至宋仁

彭亭紫雲黃氏族譜

凡例 計十五條

一支圖五世易帙法五服之義再提而九世者法九族之義且五世後支各自為五世之小宗而爲焉此法倣歐陽公之例最精

一譜倣司馬班固列傳之體兼採墓銘壙碣之制為之先書名字別號德性學術生卒年月塟處繼書娶婦終書子幾曰某女適某但所適有前程者書之否則虛其名下可也

一譜中直紀諱名不忘其先之義蓋譜主於傳世使後之得所考據為子孫命名不至冒犯祖父之諱

一自四世以上名行不備不敢忘加增補者所以傳信也書履歷生卒者詳始末也書世次者辨昭穆也書性行者昭先德也書塟處坐向者詳先塋

舊載規例　第叁拾壹帙　泉州聚敦保文居印

也書投贈者驗交遊也女子不書生卒年月者婦人內夫家也書肄業者欲後人知肄業之不易而保守勿替也

一婦人事舅姑孝行守栢舟孀居德性有可稱者傳於譜以表之

一祖先有功德於鄉族卒則求當代立言君子誌銘之類錄載於譜以垂不朽或文學懿行有贈答詩集亦當求名公作傳或墓碣之類以揚其定

一排行中有絕嗣者敘生卒葬處之下畫一方圈取圓行方止之義

一譜牒之脩所以懲勸後人故有善行可嘉者書於排行本人之下以示勸有不善之行載在舊譜及為族人所不齒者亦書於排行本人之下以示懲

一譜所以收宗族明世系如已無子而立繼嗣須擇其昭穆相應否則革出不許入祠與祭并不許與拜

一身爲奸宄滅倫害義致傷風化削其籍不書士農工商民之本業身爲僧道者亦不書爲其□世也

一舊譜中前代未書□及字號行實不加增註所以傳信也間有酌量增損者必據其實

一族姓蕃衍既散處外方者不及查其生卒年月則止書其名字不及詳其名字者只於初出者填明徙居某地以備後來稽查

一嫁娶女婦有父兄弟侄伯叔甥舅門第高華者書之重婚姻也

一家譜之作天叙民彝具焉信爲傳家之史凡我後人宜保守謹司勿忘假與人以防盗録亂我宗支或多謄數本分給各房則彼失此得不致遺脫之虞

一續修此譜悉依舊譜所載但規條本備辞既酌立凡例猶後來重修須照舊

錄毋得私自減註變亂是非以致前後迥別

祠宇小引

祖祠宇所以奉神主而薦馨香也亭黄祠宇上下二座坐亭後堀内前拱中蓮山後屏高殿寨坐乙向辛經乾隆某年間重建功粗就而毅歲丙戌十世孫鳳到倡議重脩偕兄夢裕鳳起弟夢毫等共費銀百餘兩木炭石煥然一新時萬春光岳光哲等募其房親共捐銀叁拾大員光賓自捐銀拾大員合置椅棹香爐燭臺彩燈棹圍等件而九世孫光輝復充祀田壹塅二坵受子五升有敬光對亦各充祀田銀拾兩以供祭費於是規模大備可以妥神靈而昭來世焉堂上中祀神主左祀大魁右祀土地榜其門曰彭亭黄氏祖祠神龕分作四層

第一層中祀

安邑歷代考妣神位牌

第二層中祀

始祖隆德公妣池氏神主

第二層左祀

祖伯景明公妣蔡氏神主

二世祖順齋公妣吳氏神主

三世祖逸然公妣鄭氏神主

四世祖坦然公妣朱氏神主

第二層右祀

二世祖淳齋公妣蘇氏神主

三世祖陶然公妣淩氏神主

三世祖毅齋公妣陳氏神主

第三層左祀

四世祖桂亭公妣邱氏神主

四世祖三亭公妣彭侯氏神主

四世祖四亭公妣陳氏神主

四世祖椿齋公妣陳氏神主

第三層右祀

四世祖毅亭公妣陳氏神主

四世祖魏庭公妣羅氏神主
四世祖耀亭公妣李氏神主
四世祖武大公妣顏氏神主
第四層左祀
五世祖仕直公妣江氏神主
五世祖振亭公妣林氏神主
五世祖登揚公妣張氏神主
五世祖揚亭公妣林氏神主
五世祖我積公妣陳氏神主
五世祖仕國公妣陳氏神主

五世祖厚亭公妣許氏神主
五世祖東泉公妣侯氏神主
第四層右祀
五世祖仕齊公妣陳氏神主
五世祖東溪公妣許氏神主
五世祖左石公妣曾氏神主
五世祖隱洲公妣曾氏神主
五世祖仕登公妣陳氏神主
五世祖仕美公妣章氏神主
五世祖質然公妣王氏神主

五世祖仕猷公妣吳氏附

冬祭始祖孟席以下配享其祝文依此定式

祖宇中柱聯句

源清溪流彭水源遠流長綿世澤

屏高殿障蓮峯屏開障展兆人文

廳口柱聯句

堂拱蓮峯秀

地依殿堡靈

二柱聯句

派衍清溪孫支百代源流遠

裔傳江夏祖德萬年奕葉新

大門聯句

江夏家聲舊

紫雲世澤新

上元中柱燈聯句

問何處星橋窟裡燈光一片

覩滿堂火樹殿前玉蘂雙輝

廳口燈聯句

燈光點綴春光艷

上元預兆秋元來

二柱燈聯句

上元節裡聯燈燈燦爛

高殿山前垂世世世文明

門外燈聯句

龍燭輝煌開寶樹

燈花燦爛映雲峯

祀業條段

一隆德公祀田壹坵式坵坐本墓前年載租壹石小　值年輪畊以供清明祭掃

一隆德公祀田壹坵式坵坐本處土名洋頭圭母坵受子五升年載租壹石大配米式

升五合

一隆德公祀田壹塅壹坵坐本處土名黄壠尾受子壹斗五升年載租叁石配米柒升五合

一隆德公祀田壹塅弍坵坐本處土名洋頭受子五升年載租壹石大配米弍升五合

乾隆四十一年丙申九世孫鄉賓光輝充

一丁亥年冬祭日九世孫有敬充祀田銀拾両

一丁亥年冬祭日九世孫光對充祀田銀拾両

以上二条係充入始祖置業

一靚祖公祀田壹塅四坵坐在本處舊厝墓前年載租壹石叁斗小

一觀祖公池壹口坐本處橋頭書房口年載租銀壹錢

以上二條值年輪收以供清明次日祭掃

一佛法公祀田壹坵弍坵坐本墓前年配粮弍分　值年輪耕以供中秋日祭掃

一桂公祀田壹坵坐本都土名沙母崎受子壹斗年載租弍石大

一桂公祀田壹坵拾坵坐本都彭林柄土名曾垻尾坂仔新壟受子壹斗年載租

壹石大內被左右三叔侵佔九斗大

一桂公圳下租五斗大

一四亭公祀田壹坵不等坵坐本處溜內載租佃　右值年輪耕

一四亭公祀田壹坵不等坵坐東厝鄉城隍仔寮冬租弍石五斗大　佃嚴肩老 彬老

一四亭公祀田壹坵壹坵坐本處崎仔配米五升年載租弍石　佃軫郎

一四亭公祀田壹坵壹坵坐本處四都門口大坵年載租粟壹佰捌拾觔　佃培老

一闕亭公暨妣侯氏祀田坐本處斗林坑頭受子五升

墓與日鵬母合墓田值年輪畊祭掃契四房孫朕使收

修理祠堂記

蓋聞天有時而須補地有時而須填況人造之廟宇能歷久而不修葺乎我祖隆德公之廟宇自清乾隆間革故鼎新而後中間修葺不知凡幾至今梁柱剝蝕風雨飄搖勢將圮矣族人則雹則清則江奕純四君僑商於英屬雪蘭莪乙丑冬在該埠提倡募捐修葺凡血統之屬踴躍輸將不數月間湊成巨款越丙寅春滙交則篏則遵良奕總理修葺之事則環奕宇奕開奕鎧世俗仝出幫助梁柱更新基址仍舊再增石門以祈永固經之營之是冬告成焉棟宇高峻丹艧輝煌登斯廟也莫不稱贊則雹則清則江奕純四君提倡之功諸僑居族人熱心贊助之力已震恐歷久弗彰聊綴數語以為之誌

茲將捐題芳名開列于後

簪奕捐唐銀柒拾大元

禮吉　則苞　則清　奕純　奕轉　五名各捐英銀陸拾大元

禮鶩　則丑　則忌　則椅　則崇　世凸　世機

以上七名各捐唐銀陸拾大元

則一捐唐銀叁拾大元

四方　東木　二名各捐唐銀弍拾伍大元

奕乞　奕隱　世戶　三名各捐英銀弍拾大元

世駕捐唐銀弍拾大元

則江　則柑　奕考　小弍奕籐　草埔奕蓮　奕韜

以上六名各捐英銀壹拾伍大元

貽喜　禮寸　則砌　奕糗　奕堅　奕省　世怡

以上七名各捐英銀壹拾大元

則杼　粒積　溪心奕初　嶺腳奕蓮　四名各捐唐銀拾大元

則雁　則敢　奕廣　三名各捐英銀伍大元

世粽捐唐銀伍大元

計四十一名共捐　英銀伍佰叁拾伍大元

唐銀陸佰叁拾伍大元

除在南洋則江則雹過埠募捐開車費英銀伍拾四元叁角陸拾文

又良奕開去英銀叁拾大元尚剩英銀四佰五拾元零陸角四拾文滙

唐銀廾銀水弍拾玖元叁角陸拾文
總共唐銀壹仟壹佰壹拾伍大元

中華民國十五年歲次丙寅季冬裔孫總董則遵則箴良奕暨諸董事公立

募捐修譜公啓

家之有譜猶國之有史也國　史列繼世之沿革損益興廢依
家世譜則以嗣之推本尋源者　而考家譜國史均可謂重矣然
國史之重而論也而家譜之重也　一十年必須修葺使後生之枝
得每歸於後生之本血脈相傳井然不紊方無愧為當世之孝子
慈孫也矣我彭　前氏譜牒自清光緒庚辰年由二世貽玉貽目
登二公倡議修輯　及至于今年將近百三十年修輯之期已過
矣當此舊譜猶存尚識周謝未盡不急為輯録恐歷年
愈久修輯愈難致廢前人創造之功而阻來人繼述之路何能
吾輩生逢其時而不負其責之咎歟固是振前人募捐修

第四擇武院　泉州聚記鉅文石印

捐之例，閒會討論，詢謀僉同，特製募款捐簿兩冊，一向僑居海外者勸募，一向在鄉殷戶亦捐助。惟冀海內外族人慷慨解囊，踴躍輸將，饒以蕆全，助來尺璧，庶得集腋成裘，以襄厥事。匪此，則創有資，成繇而務，俾遠功成，耕衍能稔，惠愛宗盟，俾俾齊族堂於千秋。當世之仁人，克家之令子，共哉。

十四世孫震樑撰

茲將南洋捐款芳名列左

則椅捐大銀肆佰元　奕純捐大銀叁佰元　奕轉捐大銀弍佰元

則貯　世但　二名各捐大銀壹佰伍拾元

禮章　禮意　則志　則雲　世乃　世樹蘭

以上六名各捐大銀壹佰元

貽喜　禮德　則土　則柑　奕考　奕桃　草埔奕蓮　奕肴　小弍奕籐
奕承祖　東木
以上十一名各捐大銀伍拾元

則江捐大銀肆拾元

則嘉祿　路山則長　則砌　奕廣　粒積　通記世連　好來
以上七名各捐大銀叁拾元

世駕捐大銀弍拾伍元

則登　則拧　金英　奕梯　海瑞　世八　世怡
以上七名各捐大銀弍拾元

奕堅捐大銀壹拾五大元

則當捐大銀拾弍元

世欽捐大銀拾壹元

則砂　嶺脚奕蓮　世隝　榸爐
以上四名各捐大銀壹拾元

奕駒　世纓　二名各捐大銀六元

世甲捐大銀五元

計四十八名共捐大銀弍仟捌佰伍拾玖元整

附在鄉捐題芳名列左

則文捐大銀陸佰元　世純捐大銀壹佰伍拾元　則遵捐大銀壹佰元

則閃　世機　二名各捐大銀伍拾元

禮鑑　金漳　二名各捐大銀肆拾弍元

奕攺　靜奕　角記　文一　世鏘　以上五名各捐大銀肆拾元

則福　則槁　則簸　則清　則煥　奕貴　奕徒　奕汀

以上八名各捐大銀叁拾元

則光　則籐　梧奕　奕業　世勅　以上五名各捐大銀弍拾伍元

禮寸　禮富　則一　則執　則取　衆奕　奕䙡　奕珉　奕的

奕龍　奕備　金釵　世昆　世竹　世亮　世謗　世香

以上十七名各捐大銀弍拾元

則垂　則振　則嚴　則禎　則雁　奕閂　奕鈑　奕猛　納修

奕羅　世降　世厰　世珍　世櫶

以上十四名各捐大銀壹拾伍元

世押捐大銀拾肆元　亭後角奕建捐大銀拾叁元　世戇捐大銀拾弍元

奕箬捐大銀拾壹元

禮斜　禮鎮　則立　則應　則樸　則池　則訓　則鉋　則鑾

寬裕　則通　則田　則輝　則璟　則友　則睦　則看　（亭後角）則福

則循　則壞　（亭後角）則欸　彬奕　奕規　奕續　奕旺　奕桂　奕是

文奕　聰奕　奕友　奕銓　奕泳　（尾林口）奕知　（九八）奕自　奕戶　奕足

（亭後角）奕桃　欽賜　世顯　世綻　世春　世縛　世山　世調　世濕

世榮　世訶　世才　世偕　世沁　世鏊　進火　世頭　緝絨

以上五十三名各捐大銀拾元

（尾店洋）世姜捐大銀捌元

則凸　則三　則侯　則冕　奕擱　奕繡　奕森　（溪仔）奕建　奕時

世盾　世靈　世泰　世執　世炎　世綠　種冷

以上十六名各捐大銀伍元

計壹佰叁拾名共捐大銀弍仟捌佰弍拾柒元整

合南洋本鄉共捐大銀伍仟陸佰捌拾陸元整

中華民國十七年歲次戊辰葭月　日裔孫董事禮鎮則遵自敏純清奕開世竹江鎧仝立

海上絲綢之路文獻集成

總主編　陳支平　陳春聲

民間譜牒編 42

主編　林　楓

海峽出版發行集團
THE STRAITS PUBLISHING & DISTRIBUTING GROUP
福建人民出版社

本册目次

［福建南安］彭亭紫雲黃氏族譜七卷存六卷譜序一卷支圖二卷（支圖一至支圖二）

黃建亞　鄭維徹等纂修

彭亭紫雲黃氏族譜　一世　世　支圖　第壹帙　泉州聖教佩文石印

一世　隆德　子二　觀祖　佛賜

二世　觀祖 敬宗　子四　保　生　福　法

三世　佛保 元蔭　子一　文

佛生 無傳

佛福 元清　子七　德賜　槐賜　榕

四世　文 武質　子一　烈

榕 武盛　子六　讃賜　讓　識

五世 名良 字行 行位

良烈 子六

良讓 子三

梓玄夏爵

語謀誼

梓武恭

子三華端仁

良識子一

良誥子一 僟蓉

良謀子二

良誼子一

良華無傳

良端子三

彭亭紫雲黃氏族譜　一世至五世　支圖

玄試　高
子四
詔　誠　聚　評

良仁　子二
良詔　子四
良誠　子二
良聚　子四

夏武興

子五
偉詠佚佐侃

良評子三

良偉子五

良詠子三

彭亭紫雲黃氏族譜

一世至五世

第叁以

泉州星文鳳文石印

爵武尊

良侯子三

良佐子四

良侃子一

良珍

四房

三世

佛法 元祐
子三
桂 林 稻 [illegible]

四世

桂 武郃
子四
宇 甫 斌 渭

愷 瑪
子二
珍

五世

良宇
子四

良才
子四

良斌
子三

彭亭紫雲黄氏族譜　一世至五世　支圖

第肆帙

泉州聖欽風文石印

佛賜　二房

玄生 元微

養 武大

良保 子五

林 武春

子二 和 元

良元 子一

良和 子三

良潛 子二

子四
玄生
連養
祖居
尾治

子一
養

連養
無傳

祖居
無傳

尾治
元貞
子四
綿
結
紳
紺
殤

子一
保

綿
武遠
養子一
補

結
武寶
子一
伯

良補
嗣子一

良伯
子七

彭亭紫雲黄氏族譜　支圖　第五帙　泉州聖教佩文右印

觀祖公派

良烈之系任光

六世名宗字行思

七世名進字行尚

八世名日字行存

九世名光字行明

一宗悠思麗

進春

紳武賓　子一　椿

良椿　子三　朝殤　法殤　立殤

子五
德　儀　仲　任　徹
養子一
福

子一
春

宗儀 思敬
子一
寬

進寬

宗仲 思魯

宗任 思弘
子一
順

進順

宗徹

宗福 思景
子二
友殤
義

進義 尚仁
子一
連

德儀仲任徹叄公兄弟萬曆十一年癸未移居福清縣漁溪公館舖上郭村養子福移居本縣八都澤坪鄉

自連 存結
子四
兼
班

光兼 明金
子三

光班 無傳

光易 無傳

易怡

光怡 無傳

以上四世佛保之派

良讓之系 偕

子三 相 輔 英

承相 思贊

子三 皆 陟 東

宗輔 思弼

子四 陶 隱 皇 殤

進皆

進陟

進東 温州

進陶 無

進隱 出居鉛山縣廿三都

泉州聖教堀文石印

析 殤

宗英 思拔
子二 儼 尾

進儼 尚安
子二 在 攀

日在 存位
子一 典

日攀 存桂
子二 壯 齊

光典 子二

光壯 子一 保殤

光齊 無傳

良識之系 仕達

宗璧 無傳
子一 璧

彭亭紫雲黃氏族譜　五世至九世

良謨之系 仕猷 子二 選 滿

宗選 思衆 子三 先 詔 策

進先 尚祖 子一 奏

進詔 尚書 子二 德 三

進策 尚計 子三 元 什 從殤

日奏 無傳

日德 出居仙遊長嶺頭 子三 老妹 遠 展出嗣日三

日三 存省 嗣子一 展

日元 子一 興

日什

光老妹 子三

光遠 子一

光展 子一

光興 無傳

光球 無傳

第柒帙　泉州聖教佩文居印

宗滿 思聚
子二
八仔殤
緝熙

進緝熙 尚穆
子四
閑
御
聘
部

日閑 無傳
子一
球

日御

日聘

日部

良諠之系 仕齊
子一
胤

宗胤 思祚
子二
銀
尾

進銀

進尾 尚週
子二
訪
暖

日訪 存友
子一
嗣業

日暖 存輕

光業
子一

光景 外出

良端之系 仕道
子三 萬 殤 厚 守

宗厚 思及
子二 助 龍

宗守 思啟
子四 經 暨 殤 球 環

進助 尚我
子一 老

進龍 尚瞻
子一 起

進經 尚史
子二 外 殤 佳

進球 尚琳

日老 無傳

日起 無傳

日佳 無傳

日暹 存謙

光補 嗣子一

子一 景

以上四世榕光公之派

良仁之系 仕思

子二 富 昇

宗富 思用

子五 清 開 森 祿 範殤

進環 無傳

子二 暹 麗

進清 尚絜

子二 餉 恰

進開 尚潤

子二 愷殤 添出嗣進弟

日麗 無傳

嗣子一 補

日餉 [illegible]

子一 裎

日恰 無傳

光裎

子三

彭亭紫雲黄氏族

五世至九世　支圖

第九失　泉州聖教風文□□

宗昇 思平
子二
祖 殤
京 殤

進森 尚茂
子二
和
鼎 殤

日和 存睦
子二
卿
頌

光卿
子一

光頌 外出

進祿 尚受
子一
郎

□郎 存員
子二
旺
量

光旺

光量

以上四世梓公之派

良詔之系 仕澤

子四
舉
允
潘 殤
鎮

宗舉 思政

子二
第
楚

宗允 思用

進第 尚餘

嗣子一
添

進楚 尚曰

子四
京
宗
試
印 殤

進長 尚治

日添 無傳

日京 存都

嗣子一
遂

日宗 存葉

子一
園

日試 存孝

子二
球
遂出嗣日京

日午 存馬

光遂 子三

光園

光球 子二

光暨 無傳

彭亭紫雲黃氏族譜　五世至九世　支圖　第拾帙　泉州聖教佩文石印

良誠之孫　仕信
子二　傳

宗傳　思可
子二　佛

進佛　尚祖
子二　錦

日錦　為匪被斬　無傳

宗鎮　思定
子一　榮

進榮　尚華
子二　祖　殿

日祖　存顯
子三　擇　胆　輝

日殿　無傳

光擇　無傳

光胆　子三

光輝　無傳

子三　長　瑚　[illegible]殤

進瑚　尚江
子一　午
子三　巳　英　殤　申　殤

日巳　無傳
嗣子一　豎

壽

揆殤

湊殤

宗壽思靖　子一　法

進法無傳

良聚之系仕集

子四　麒殤　麟殤　諒　環

宗環思佩　子一　師

進師出居鉛山縣廿二都

良評之系仕會

子三　居　陰　祐殤

宗居思邦　子一　祿

進祿尚著　子一　管

日管存仰　子三　迎　夏　仰

光迎子四

光夏無傳

光仰無傳

宗蔭 思興
子一
昌
進昌 無傳

良偉之系 任美
子五
憲 耀 暘 翼 智 敏

宗憲 思章
子一
任

進任 尚樞
子四
昜 祖 通 向

以上四世玄公之派

日昜 存耀
子一
長
光長 子四

日祖 存世
子三
部 院 甘
光部 無傳
光院 無傳
光甘 子三

日通 存家
子三
藻
光藻 子三
光賢 子三

彭亭紫雲黃氏族譜　五世至九世　支圖

第十一帙　泉州聖教佩文齋印

良啄之系 仕益
子三
範

宗翼 思冲
子一
祥瘍

宗智 思知
子一
旺

宗敏 思肖
子一
茂

宗範

宗俊

進旺 尚密
子一
亥

進茂 尚暢
養子一
春

國向 無傳
賢
寔

國亥 存子
子三
變
天
喜

國春

光寔
子三

光變
子一

光天 無傳

光喜 往臺

彭亭紫雲黄氏族譜　五世至九世　支圖

役瞻

宗瞻

良侯之系　仕卿

養子一　友

生子二　孝　丑鎡

宗友

宗孝

咏侯二系崇禎六年俱出居温州

良佐之系　仕國

子四　景　寧　卯　寵

宗景　思蓋

子二　法　作

進法　尚紀

子三　超　智　全

日超　存海

子一　蔭

光蔭　子四

晉智　存楊

子一　天祐

光天祐　子二

進作 尚建
子四
登 照 慶 愿

曾金 存齊
子二
扶 提

曾登 存升
子三
愷 猛 真

曾照 存扶
子三
朝 習 錐

光扶 子一

光提 養子一

光愷 嗣子一

光猛 子二

光真 子一

光朝 子二

光習 嗣子一

光錐 子三

彭亭紫雲黄氏族譜　五世至九世　支圖　第十三帙　泉州聖教佩文石印

宗寧 思精
子一
娘

進娘 尚柱
子六
宣

日宣 無傳

日興 存利

光保 子三

日愿 存信
子二
奪
祖

光奪 嗣子一

光祖 子三

日慶 存喜
子五
讓
對
却
殿 殤
妹 殤

光讓 子三

光對 子五

光却 子四

與忠增臨昱

子二 保 顯

光顯 無傳

日忠 存謀

子三 晏 悌 儀

光晏 子七

光悌 嗣子一

光儀 子三

日增 存置

子三 侯 萬 乞 瑒

光侯 子三

光乞 嗣子一

彭亭紫雲黃氏族譜　五世至九世　支圖　第十四帙　泉州聖教佩文石印

宗卯 思貫
子四 廣 浪 和 暢

進廣 尚厚
子三 瑛 雄 界

日臨 存壯
子二 胤 博

日昱 存炳
子二 紀 甫

日瑛 存敏
子六 助 糾 果 葛 脫

光胤 子三

光博 子一

光紀 子二

光甫 嗣子一

光助 子一

光糾 子二

光果 子一

光葛 子五

進浪 尚載
子一 鮑
進和 尚平

顥
日雄 存偉
子三 有敬 洋 樓
日界 無傳
日鮑 無傳

光脫 子五
光顥 子四
有敬 太學生 子二
光洋 子四
光樓 子六

子一
班瑒

進暢 尚箴
子三
亮奎
守業
總

日亮奎 存明
子二
綴
審

日守業 存持
子二
均
燕

日總 存勇
子四
賞
裁
位

光綴 養子一

光審 嗣子一

光均 養子一

光燕 無傳

光賞 無傳

光裁

光位

宗龍 思爾
子二 福 禧

進福 尚祿
子四 寬 敏 安 奮

日寬 存厚
子三 騰 驕 邊

日敏 無傳

日安 存靜
子五 及 彩 普

㦛

光㦛 養子一

光騰

光驕

光邊

光及 無傳

光彩 無傳

光普 子一

良侃之系 仕直

宗巡 思狩

進明 尚光

進禱 無傳

日貴 存富

日奮 存敎

光顏 子六

光叟 子一

光詩 無傳

光蓋 侄其娶故

子一 巡

子二 養殤

子三 貴

嗣子一 顏

子五 楚殤 閩殤 叟 魚殤 倡殤

詩 蓋

彭亭紫雲黃氏族譜　五世至九世　支圖　第十六帙　泉州聖教佩文石印

明

盛

益

良珍之系仕賛 萬曆三十五年出居温州

日盛存昌 子三 周 顏出嗣日貴 禪

日益存隆 嗣子一 受 養子一 汀

光周子五

光禪子三

光受子五 原名璧

光汀子一

以上四世夏公之派

此派四世爵公之派

彭亭紫雲黃氏族譜　五世至九世

上三世佛福之派

良宇之系 仕立　子四　禮　裕殤　樵　譽

宗禮 思重　子四　南　綬　勇　玄

進南 尚昇　子一　照

進綬 尚珪　子四　初　近　昆　炳

日照 無傳

日初 存人　子一　責

日近 存悦　子一　彔

日昆 存耀　子三　映　丑　特

光責 子二

光彔 子二

光映 無傳

光丑 子一

光特 無傳

第十七帙　泉州聖教佩文石印

進勇 尚琳
子二 豊 麗

日炳 存雷
子二 益 秀

日豊 存登
子四 輝 俟 維 贈

日麗 存天
子一 道

光益 子二

光秀 無傳

光輝 子四

光俟 子二

光維 子三

光贈 子二

光道 子一

彭亭紫雲黃氏族譜　五世至九世　支圖　第十八帙　泉州聖教佩文石印

良才之系　仕宥　五世

宗典　愚削　六　子一　酉

宗譽　愚謙

宗樾　愚勲　子二　承　銳

進金舉　尚達　七

進酉　無傳

進銳　無傳

進承　尚就　子一　緝

進玄　尚哲　子一　焰

日參　存化　八

日緝　存熙　子一　圓

日焰　存崇　子二　爍　煥

光快　子三　九世

光圓　子一

光煥　子四

光爍　子二

五世

子四
典
瑜
瑾
瑞

六世

子四
金肇
金鑑
金潤
金殿

七世

子五
參殤
爺殤
老
研
信

八世

快　子四
夸
適
文出嗣日續

日研　存機
子四
定
寬
光輝諱萃
提

日信　存忠
子一
淵

九世

光夸

光適　無傳

光定　子一

光寬　子三

光輝　鄉賓　子四

光提　子四

光淵　子一

十世

彭亭紫雲黃氏族譜　五世至九世　文圖

進金[illegible]　[illegible]古
子一
續

日續　存嶶
生子一
科
嗣子一
文

光科　無傳

光文　子四

進金淵　[illegible]眠
子一
遺

日遺　存德
子二
敬
黨

光敬　子二

光黨　無傳

進金殿　尚朝
子二
鵬
二郎

日鵬　存經
子四
算
從
聰
恭

光算　子五

光從　子三

光聰　子一

光恭　子一

第十九帙　泉州聖教[illegible]文石印

宗瑜 思璧

子八　言 殤　悳　犯 殤　晃　庚　英 殤　使　綸 殤

進悳 尚孚

子三　右　服　百

日二郎 乃亨

嗣子一　錢

光錢　子二

日扆 存中

子二　盂　考

光盂　子四

光考　子一

日服 存膺

嗣子一　盤

光盤　子二

日百 存萬

子一　報

光報

彭亭紫雲黄氏族譜　五世至九世　支圖

進晃 尚爵
子三 玩 映 崇

進賡 尚先
子五 錦 貞 鳴 蕭

日玩 存詞
子四 順 賔 山 寨

日映 存邑

日崇 存高

映崇二人其姪順賔山仝祀

日錦 存景
子二 招 奏

光順 養子一 生子一

光賔 生子二 養子一

光山 養子一

光寨 姪等仝祀

光招 生子一 嗣子一

光奏 子三

第二十三世　泉州聖教堂文志印

居
對鳴

日蕃 存[illegible]
子六
魁
疊出嗣日居
璧出嗣日益
奎鳴
衍
池鳴

光魁
子四

光衍
子三

日居 存諧
嗣子一
疊

光疊
子五

進綸 尚絲
子一
禮

日禮 存履
子三
南
盤出嗣日服
田

光南
子二

光田 外出

彭亭紫雲黃氏族譜　五十七至九世　支圖　第二十一葉　泉州星波印文山甲

宗瑾 思懷
子三 紅 炎 紳

進紅 尚寬
子二 焕 兑

進炎 尚素
子二 榔 品

焕 無傳

日兑 存悦
子一 省

日榔 存海
子三 欣 思 善

日品 存咸
子三 堂 佛 接

光省
子二 鑽 綿 俱殤

光欣
子二

光思
子三

光善
子三

光堂
養子一
生子三

光佛
子六

光接
子二

進紳 尚薦
子二 冬 構

宗瑞 思彩
子六 烏（殤） 礽 鼎 策 語 孟

進礽 尚社
子二 秀 習

日冬 無傳

日構 存肯
子一 梅

日秀 存寔
子五 誠 乾 由 程 海

日習 無傳

光梅 子四

光誠 子二

光乾 無傳

光由 子五

光程 無傳

光海 無傳

進鼎　尚草　子二　[illegible]　政殤

進策　子二　斗　量

進語　尚詁　子五　驥

日壽　存合　子三　仙　後　君

日斗　存平　子二　高　趙

日量　無傳

日驥　存稱　子二　賓

光仙　子二

光後　子二

光君　子四

光高　嗣子一

光趙　無傳

光賓　子三

光列　無傳

勳裕專梲

列

日勳 存功

子三 筵 湊 現

日裕 存緯

子二 杯 喬

日專 存心

子五 科

光筵 無傳

光湊 子二

光現 往臺故

光杯 無傳

光喬 子二

光科 子三

光衆 子一

進孟 尚浩
子四
聯

日稅 存科
子四
壯 柳 領 堅
衆 碧 掌 八

日聯 存詩
子一
建

光碧 子一
光掌 子五
光八 無傳
光壯 嗣子一
光柳 子二
光領 子二
光堅 子一
光建 子三

宇政降

日宇 存棟
子四 榮 佐 哲 郁

日政 存德
子三 顯 赫 鐵

日降 無傳

光榮 子三

光佐 子五

光哲 子五

光郁

光顯 子三

光赫 嗣子一

光鐵 子一

良斌之系 仕文
子三 珍 玖 璣

宗珍 思聘
子三 取殤 與 燁

宗玖 思佩
生子七俱殤 路

進與 尚阜
生子一 二殤 嗣子一 繼

進果 無傳

進
子
遷 繼出嗣進與
白
向恬

日繼 存纘
子四 隆 陞 盼 荔

日遷 充泉州府提標鎮守廣東省

日白 未詳

光隆 子三
光陞 子三
光盼 子二
光荔 子四

彭亭紫雲黃氏族譜　五世至九世　支圖　第二十四帙　泉州聖教佩文右印

敬纘任六節四部承暄

嗣子一

果

宗瑗 思琅

子二

度

果出嗣宗玖

進度 無傳

良潛之系 仕伏

宗璞 思抱

子二

默

香

進默 無傳

進香 無傳

子二

璞

寶殤

以上四世桂公之派

良和之系 仕中
子三
輝
膺
騰

宗輝 思燦
子四
金
玉
黼
黻

進金 尚範
子五
諠 殤
讀 殤
君訪
君訊
君諍 殤

進玉 尚重
子四
講
詠
議 殤

日君訪 存問
子二
著
遠

日君訊 存審
子一
萬

講 無傳

日詠 存紬
子五
耀

光著
光遠
光萬 子一
光耀 子二
光卿 子一

諧

卿富華康

日諧 存潔

子四 竹洽荷岳

光富 子三

光華 子四

光康 子一

光竹 子二

光洽 子二

光荷 子六

光岳 子六

進黼 尚端

日讓 無傳

彭亭紫雲黃氏族譜

五世至九世　支圖

進巖 尚儀
子三
識 諓 試 瑒

子四
讓 說 謂 謀

日說 存知
嗣子一
俊

日謂 無傳

日謀 存袞
子三
轉 俊出嗣日說 論

日識 存淑
子二
美 宣

光俊 以日起子光旺為嗣，昭穆不順，例不書

光轉 嗣子一 生子一

光論 子五

光美 子六

光宣 無傳

第二十六帙　泉州聖教佩文石印

良元之系仕會

子一

鄰

宗鄰

此派萬曆二十九年出居德化縣下橋

宗齊無傳

宗騰思雲

子一

珠殤

日誌存虎

子四

措

陳

丁殤

翁

光措

嗣子一

光陳

嗣子一

光翁

子四

以上四世林公之派

以上三世佛法之派

佛賜公派

良保之系　仕業

子五　却　賜出嗣良補　試　培　伍

宗却　思習

子六　錦　綉　綸殤　榮　翀羽　鼎殤

進錦　三人仝出

進綉　居福清縣南洋土名

進榮　麗灣

進翀羽　尚騰

子一　志

日志　存道

子一　求者

光求者　子二

彭亭紫雲黃氏族譜　五世至九世　支圖

第二十七帙　泉州聖教佩文石印

宗試 思省
子三 絲 統 選 殤

進絲 尚玄
子三 鳳 昌 鸞

進統 尚uga
子一 祖

日鳳 存鳴
子二 侯 舉

日昌 無傳

日鸞 存緣
子五 林 惠 助 愛 六殤

日祖 存興
子一 並

光侯 養子一

光舉 無傳

光林 往臺故

光惠 子一

光助 養子一

光愛 往臺

光並 子二

宗培 無傳

宗位 無傳

良補之系 仕閩

嗣子一 賜

宗賜 思欽

子二 孫 紹

進孫 二人仝出

進紹 居福清

良伯之系 仕隆

子七 舜 科 琰

宗舜 思紹

子七 挺 都 殤 聰

進挺 無傳

進聰 無傳

進仲 尚雍

日潛 存脩

光進 子四

以上四世養公之派

以上三世玄生之派

玠昆璉珪

仲偉兩綸
殤

潛佳鎮
子三

進榜三羲培雅
子六　　殤

佳存仁
子四
端開錯肯

鎮存靜

光榜
子三

光三
子二

光培
養子一

光雅
子三

光端
無傳

光開
往漳浦

光錯
無傳

光肯
無傳

光淵
嗣子一

彭亭紫雲黄氏族譜　五世至九世　支圖

宗科 思榜
子三 啟 明 顯 瑒

進啟 尚敬
子四 愛 戴 添 恩

進兩 尚平
子一 愈

進偉 尚俊 無傳

子一 淵

日愛 存親
子三 仁 淑 尾

日戴 無傳

日添 無傳

日愈 存銓
子二 選 侃

光仁 子二

光淑 子二

光尾 子一

光選 子三

光侃 無傳

第二十九帙　泉州聖教刷文石印

宗琰 思狀
子二 紫 貴

進明 無傳

進紫 尚氣
子一 初

進貴 尚專
子二 贊

日恩 存榮
子四 萬春 丞 睦殤 毛殤

日初 存首
子二 恬 養殤

日贊 存成
子二 雲

萬春 庠生
子四

光丞
子五

光恬
子三

光雲
子五

宗玠　思統
子二　戊　連殤

連戊　尚文
子三　泰　肇　賜　嗣子一惠安房人　捭

孔

低出嗣日孔

日孔　存伋
嗣子一　低

日泰　存伯
子四　溪　潭　員　韶殤

日肇　存閒
子二　閣　西殤

光低　子四

光溪　養子一

光潭　子一

光員　子五

光閣

宗現 思禮

子四 貢 德 懿出嗣宗腱 周殤

進貢 尚賜

子二 起 機

日賜 存欽

子二 一真 双殤

日棟

子三 簪 博 泮

日起 存發

子二 涵 草

日機 存和

光真 養子一 生子

光簪 子一

光愽 子一

光泮

光涵 無傳

光草 無傳

光尚 無傳

光秦
嗣孫瑋桃
子三
尚
棟
秦

日寵
存恭
子三
月
三省
添

進德
尚道
子一
寵

光月
子一

光三省
子三

光添
無傳

宗璉
思吉
嗣子一
懿

進懿
無傳

宗璡
思重
子一
期

進期
無傳

以上四世繕公之派

十世　名字行夢　行球

十一世　名字行璋　行圖

十二世　原名字行胤　行囧　從西安改作貽

十三世　原名字行貴　行家　從西安改作禮

光謙之系　明金

子二　衙　象

夢衙　球得

子五　同　亥　惜　治　美
嫣

璋同　繹圖

子四　秋　程　鵬　咸

璋亥　臨圖

貽　無傳

貽（鵬）　嗣貽鵬

貽（法）　嗣子一

貽咸　無傳

貽文

禮量　子四

禮煉　嗣子一

禮樹　嗣子一

禮法　子二

禮與　出祖

子一
文
養子二
興
針

璋治國圖
子三
東
華
椿

璋美吉圖
養子一
添銀
生子二
謹
洪

貽東無傳

貽華無傳

貽椿
養子一
楚

貽添銀無傳

貽謹
養子一
成材

貽洪無傳

禮針出洋

禮楚無傳

禮成材

夢象 無傳

光典之系 明謨
子二 舉 磐

夢舉 無傳

夢磐 球首
養子一 坤

璋坤 無傳

以上三世佛保五世艮烈之派居洋坪

光老妹之系 明姐
子三 使 盛 開

夢使
子一 琰

璋琰

夢盛

夢開

光遠之系 明方
子一 位
夢位 球萬
子三 沛 潛 秋
璋沛 河圖
子二 庸 道
璋潛
璋秋
貽庸
貽道
此係出居仙遊長嶺頭

光展之系 明開
子一 添
夢添 球福
子一 泮
璋泮
此系出居仙遊長嶺頭

光業之系 明居
夢溝 外出

子二
溝
餅出嗣光淵

光補之系
嗣子一
衛

夢衛 元
養子一
素
生子一
痛

璋素 無傳
璋痛 無傳

光程之系 明鵬
子四
餘
衛出嗣光補
月瑒

夢餘 球裕
子四
盛
賞
勸

璋盛 服圖
子二
益瑒
塲

貽塲 無傳

此系出居仙遊長嶺頭
以上四世榕公之派

豹

珪

夢豹 球佐

子四 量 齊 辛 裕

璋賞 恩圖 無傳

璋勸 勉圖 無傳

璋珪 錫圖

子一 友

璋量

子一 尾

璋齊

子一 靛

璋辛 無傳

貽友 無傳

貽尾 無傳

貽靛

子三 凌 讀

讀 出嗣觀國

禮凌 出居九溪

禮讀 出居九溪

璋裕 子二 想 每
貽想 二人出居尤溪
貽每

光卿之系 明大 子一 升
夢升 球高 子一 滿
璋滿 無傳

光旺之系

光量之系

旺量兄弟二派俱出居興化府莆田縣豬溪鋪長嶺橋

光遂之系 明事
夢註 無傳

以上四世梓公之派

子三
註
還
映出嗣光溪

光團之系明完
子五
新
元殤
皆
亢
軒出嗣光甘

夢還 無傳

夢新 球舊
子二
冀殤
得殤
嗣子一
員

璋員 無傳

夢皆 球是
子二
員出嗣夢新
芋

璋芋
養子一
聘
嗣子一
尾

貽聘 無傳

貽尾
子二
江
趕

禮江 養子一

禮趕 無傳

夢亢 無傳

光球之系 明玕
子二 取 貴

夢取 無傳

夢貴 無傳

光胆之系 明放
子三 云 湖 卯

夢云 球詩
子四 貢 禱出嗣夢湖 鞍 滚出嗣夢卯

璋貢 賦圖
子二 年 寅出嗣璋鞍

璋鞍 掛圖
嗣子寅

貽年 無傳

貽寅 無傳

夢湖 球夏
嗣子一
禱
璋禱 無傳

夢卯 球兎
嗣子一
滚
璋滚 沸圖
子二
灝出嗣拔魁
記
賠記 無傳

光迎之系 明永
子四
摇 亮 吉 會
夢摇 無傳
夢亮 無傳
夢吉 無傳
夢會 無傳

以上四世玄公之派

光長之系明成

子四
麟
于
酉
綬

夢麟球趾
子五
内
尊
塘
宙出嗣夢綬
策

夢于球京
夢酉球二
子一
房

璋内無傳
璋尊往臺
璋塘池圖
子三
信
藏出嗣璋策
着出嗣璋房
璋策殿圖
嗣子一
藏
璋房俊圖
嗣子一
着
璋粉紅圖

貽信
子一
投
嗣子一
榜
貽藏
子一
兼
貽着無傳
貽厨

禮投無傳
禮榜無傳
禮兼無傳
禮二無傳

子四
粉
葵
痛殤
王

夢綬
球寛

子四
厨
獺出嗣璋葵
窓
球

璋葵向圖
嗣子獺

璋王
嗣子一
誅

璋宙世圖

養子一
二

貽窓
養子一
堪

貽球
養子一
樓

貽獺無傳

貽誅
養子一
領

貽片無傳

禮堪子二

禮樓嗣子一

禮領無傳

光甘之系 明旨
生子二
鳳 探
嗣子一
軒

夢鳳 球鸞
子一
嫌殤
嗣子一
宙

瑋馬 驥圖
子一
片

貽丹 無傳

夢探 無傳
子二
馬
挑殤

夢軒 無傳

光藻之系 明梲
子二
柱 拱
嗣子一

夢柱 無傳

夢拱 無傳

夢丙 球端
無傳

兩

光賢之系 明聖

子三 請 寧 螢

夢請 無傳

夢寧 球安

子二 攀 企

夢螢 無傳

光寔之系 明若

子三 望 雙 兩出嗣光藻

夢望 無傳

夢雙 無傳

璋攀

子二 螺 鏮

璋企 無傳

貽螺 無傳

貽鏮 無傳

光變之系 明魯
子一
合

夢合 球開
子三
壯
鄭殤
暢

璋壯 無傳

璋暢 無傳

光蔭之系 明封
子四
才
好
延
平

夢才
嗣子一
二

璋二 無傳

夢好 球樂
子二
研
二出嗣夢才

璋研
子一
祖

貽祖 無傳

夢延 無傳

光天祐之系　明庇

養子一　讃

生子一　春

夢平　無傳

夢權　球量

養子一　壽

生子三　乾　玉　簾

璋壽　字圖

子二　賢

添出嗣璋瑚

貽賢　無傳

璋乾　坤圖

子　華

貽華　周榮

子二　芸　仁

禮芸　子三

禮仁　嗣子一　養子一

璋玉

養子報

貽報　無傳

璋簾

貽懷

禮店　養子一

光扶之孫 明持
子一 丁

光提之孫 明携
養子一 節

夢春 球服
子二 迫 向
養子一 贊

夢丁 球明
子一 念

夢節 球度
子三 瑞 拱 仙

璋迫 無傳
嗣子一 懷
子一 店

璋向 無傳

璋贊 成圖 外出

璋念 經圖
嗣子一 創

貽創 無傳

璋瑞 源圖
嗣孫 慌

○

○

禮慌
子一

璋拱 立圖

貽愜

禮食
養子一

光朝之系 明聞
子三 宗 道出嗣光習 勤暘
夢宗 球祀
子一 歲
璋
養子一 岸

光習之系 明傳
嗣子一 道
夢道
子一 大
璋大
子珠
貽珠 無傳

光錐之系 明刺
子三 體 梏出嗣象鈞昭穆不順例不書 舉
夢體
夢舉

光讓之祭 明禮
子三 浥 睦 乘

夢浥 球仕
子三 柔 純 及

夢睦 球和
子二 佳 重

璋柔
子一 送元

璋純 直圖
子二 迎 褒

璋及
子 園

璋佳 無傳

璋重

貽送
養子一 爲才

貽迎 無傳

貽褒 無傳

貽園 無傳

禮爲 外出

亨衷 球濟
子三 慶 造 栛

璋慶
養子一
嗣子

璋[illegible]
嗣[illegible]

璋栛
子一 提

貽[illegible] 無傳

貽捷
嗣子 海瑞

禮瑞 無傳

貽舖
子二 唱 得出嗣貽提

禮唱 無傳

貽提
嗣子一 得

禮得 無傳

光對之系 明廷
子六 簪

亨簪 球繼
子五 譽

璋譽
子二 買

貽買
養子一 交

禮交
嗣子一

系 譜 華 筍 筆

霜土出嗣亮筆 梧 明

分

璋霜 子三 奪 活 力

璋梧 子一 配

璋明

貽分 無傳

貽奪 子二 欣 㰤出嗣貽力

貽活 無傳

貽力 嗣子㰤

貽配

禮欣 子一

禮㰤 養子一

夢篆 球香
子二
鋪出嗣璋造
笑出嗣璋乙

夢簿 球正
子一
居

璋居 處圖
子三
存
此出
泉

貽存 無傳

貽泉
子一
浪

禮浪
子五

夢棨 [illegible]東
嗣
一
土

璋土
子二
論
煖

貽論 周評
子三
應時
登科
俱出嗣貽煖
海瑞出嗣貽提

貽煖 周飽

禮應時
子三

光郡之粲 明恭
子四 腰 從 衍 龍

夢笛

夢筆
子一 長

夢腰
子五 斜 言 殊 納 和 出嗣夢龍

璋長
子一 奚

璋斜 全圖
子二 耶 見

璋言 無傳

璋殊 無傳

嗣子二 應時 登科

貽奚 無傳

貽耶
子一 壁

貽見 無傳

禮登科 子二

禮壁 無傳

亭從　子四　令　璲　衣　戒出嗣亭衍

亭衍　嗣子一　戒

璋納　無傳

璋令　嗣子一　欄

璋璲　子一　並　嗣子　兆

璋衣　子一　慈

璲戒　嗣子一　崎

貽欄　無傳

貽並　嗣孫一　堆山

貽兆　無傳

貽慈　無傳

貽崎　無傳

夢能 — 瑋和 無傳

光奮之系 時魁
嗣子一 卿

夢御 — 瑋燮 無傳
嗣子一 和
養子一 燮

光祿之系 時源
子三 御出嗣光奮 篤 贈

夢篤 — 瑋瑩 — 貽銀 無傳
嗣子瑩
子一銀

夢贈 無傳

光保之系 時旅
子三 蒲 葦 琴

夢蒲 球棣
子三 德 綱 益出嗣夢琴

瑋德 無傳

瑋綱 無傳

夢華 無傳

夢琴 球瑟
嗣子一 益

壇益 進圖

貽益 無傳

光晏之系 問仲
子七 昌 漢 容 創 截 托 出嗣光瑞 祜

夢昌 球盛
子三 料 雪 群

璋料 蒼圖
子四 蕊殤 縷 潘 繭 出嗣璋群

璋雪 白圖
子一 文

璋群 居圖

貽縷
子三 益元 長壽 出嗣貽潘 金貞

貽潘 嗣子長壽

貽文 無傳

貽繭 無傳

禮益元 嗣子二 生子一

禮金貞 子二

禮長壽 嗣子一 生子一

夢漢 球東
子四 虎 橫 徜殤 柱

夢容 球聲
子三 寵 忍 燕

璋虎
嗣子一 蒴
生子一 蚊

璋橫

璋柱

璋寵 愛國
子一 蠡

璋忍 無傳

璋燕

貽蚊
養子一 江

貽蠡 無傳

貽鴞

禮江 往臺

禮實
子一

生子一 鷓
嗣子一 井

貽井
養子一 熟

子二 賓 拌

禮拌 往尤溪

禮熟 無傳

夢創 球業

璋成 無傳

夢載 球釆
子三 成 齊殤 枈殤

璋獻
嗣子一 蘭

貽蘭
養子一 恐

禮恐 無傳

夢祜 球篤
子一 獻

璋浮

貽学

禮溪 無傳

子三
浮
圓
卯

子二
苧
荇出嗣璋蕉
養子一
溪

璋圓方圓
子四
葉
牙
亭
斗出嗣璋蕉

貽葉周成
子二
裁
培

禮裁
子三

禮培
養子一

貽牙無傳

貽亭
子一
合

禮合
養子一

璋卯
子一
亮

貽亮
子二
坦

禮坦養子一
生子五

光悌之系 明孝
生子一 澤碭
嗣子一 杙

夢杙 球付
子五 錫碭 妥 閃 回出嗣夢八 午

璋妥 無傳
璋閃 無傳
午 無傳

光儀之系 明威
子四 沛 靜 嚷 視出嗣光富

夢沛
夢靜
夢嚷

久

禮久 養子一 生子三

光侯之系 明伯
子三 貌 眠出嗣光定 康

夢貌 球彤
子三 蘊 酎 田

夢康 球泰
子四 吽 紹 英

璋蘊 善圖
子一 仰 嗣子一 盞

璋酎 樂圖
子二 劦 盞出嗣璋蘊

璋田 無傳

璋吽 無傳

璋英 無傳

璋獺 無傳

貽仰 無傳

貽盞
嗣子一 樹

貽劦
子二 欉 樹出嗣貽盞 桃

禮樹 子三

禮欉 養子一 生子一 嗣子一

禮桃 無傳

賴

光乞之系　明術
嗣子一　眼

夢眼　球龍
子七　昔　靛殤　次　丑　肯殤　座殤　度

瑋昔
子二　的　肥

瑋次　第圖
子二　廷　緣

瑋丑
子札

貽的　無傳

貽肥　無傳

貽廷
養子一　掃

貽緣
子網

貽札　無傳

禮掃　無傳

禮網　子二

璋度
嗣子二
月
法

貽月
子三
祂
褋
生

貽法
無傳

禮祂
養子一

禮褋
無傳

禮生
無傳

光胤之系
明啟

夢郡
子三
郡　往臺故
藕　出嗣光博
椿

夢椿
球大
養子一
在

璋在
無傳

光博之系
明學

夢藕
球蓮
嗣子藕
子東

璋東
無傳

光紀之系
明褚

夢袍

子二　柁　杼出嗣光甫

光甫之系　明端

夢杼　嗣子一　杼

光助之系　明善

夢桸　球應　子一　桸

子四　京　快　連　時

璋京　城圖

璋快　子三　謁　運　忠

貽謁　子二　傳　寶

貽運

禮傳　無傳

禮寶　養子一

禮福　子一

璋連 雙圖

貽悳 周良

子四 福 祿 祠 祝 養子一 建

生子三 雲出嗣貽進

霧 霞 嗣子二

貽塊 周結

頂 舉

禮祿 無傳

禮祠 無傳

禮祝 無傳

禮建 養子一

禮霧 子一

禮霞 嗣子一

禮頂 無傳

禮舉 子一

禮柴 嗣子一

子二
塊水

璋寺
嗣子
進

貽水
子四
紫情康奎
奎出嗣貽長

貽進
周貢
嗣子一
雲
生子一
扁

禮情
養立

禮康

禮雲
子二

禮扁
子四

光紳之系
明胥
子二
台

夢台
球旌
子四
綿

璋綿

璋賓

貽共
周合

禮踏
外出

鷗

寅 邦出嗣夢脈 映

養子一 共

子一 蹈

夢鷗 球益

子一 遠

璋映 無傳

璋遠 送圖

子二 約 桃

貽約 無傳

貽桃 周李

子二 于 義

禮于 嗣子一

禮義 子三

光果之祭 明道

子二 鵲 蔚 湯

夢鵲 球屏

養子一 祭來

璋祭來

光莒之系 明夏
子五
脈 坤 宅 賆 生

夢脈
嗣子一
邦

夢坤 球艮
子一
猜

夢宅 無傳

璋邦 民图
嗣子
興

璋猜
子四
姜 興出嗣璋邦 本 鶴

貽興 周旺 太學生
子二
再 固出嗣貽姜

貽姜 周咸 太學生
嗣子一
固

貽本 周業 鄉賓
養子一
梳
生子一
賢

貽鶴 鄉賓

禮再
子二

禮固
子四

禮梳
子六

禮賢
子二

夢勝 無傳

夢壘 無傳

光貺之系 明起

子五 忞 惻 昧 親 朕

夢忞 球厚

子三 塔 便出嗣夢昧 亮

夢惻

子四 任 奕 元 顔

璋塔

養子一 春

璋亮 光圖

養子一 註

璋任

子三 悻 晃 困

璋奕 世圖

貽春 姪禮蔡祀

貽註

養子一 蔡

貽悻 無傳

貽晃 無傳

貽困 無傳

貽仮 無傳

禮蔡

子七

子伋

璋元 惠圖
嗣子一
笑

璋顔 色圖
子二
往
剥

夢昧
嗣子一
便

璋便
子三
風

貽笑 無傳

貽往
養子一
茂

貽剥 周辰
子二
玉璽
揚

貽風 無傳

貽昆 無傳

禮茂
養子一
林殤

玉璽

禮揚 無傳
養子一

光顯之系 明倍

子四 夷鍚 禮 活 蠶

夢龍 養子二 廷
璋虔 無傳
昆 淡
貽淡 無傳

夢朕 養子二 面
璋面 無傳

夢禮 無傳

夢活 無傳

夢蠶 生子密 養子甘
璋密 察圖
子三 簡 跡 市
貽簡 子二 玲 抹出嗣貽市
禮玲 嗣十二

璋甘 旹圖
子三 道 問 喜

貽跡 養子鉡
禮鉡 子六

貽市 嗣子一 祿
禮祿 子三

貽道 生子一 答首 嗣子一 疊
答首 出洋
禮疊 養子一

貽問

貽喜 子五 疊出嗣貽道

有蘭之學 明館 入泮之志
子三 恵瑤 顯 齊

壽顯 號樑
子三 望 琛 軒

璋望 仰園
子三 范 治 直

璋錦

貽范
子二 藹 業
点殤 依殤 楓殤 烏狗殤

貽治
子二 乳 宴

貽直 無傳

貽考

禮藹 無傳

禮業

禮乳
子一 養子一

禮宴 無傳

禮臨 嗣子一

子四　考　老　文　品

子四　臨　順　慥出嗣賠老　乍

賠老　嗣子一　慥

賠文　周賟　子二　禣　山

賠品　子一　社殤

禮順　子二

禮乍　子一

禮慥　子二

禮禣　無傳

禮山　無傳

璋軒
生子二 禱 垂
養子一 接

夢睿 球智
嗣子一 芽

璋芽
子一 笋

貽禱 周祈
子四 岳 園 御 遷

貽垂 周裕
子二 緼 流

貽接 出外

貽笋 仝文出居元溪

禮岳 子二

禮園 子一

禮御 養子一

禮遷 嗣曾孫一 萬煬

禮緼 子一

禮流 出外

生子二　滿　典

璋滿 春圖
貽莘 無傳

璋典
出嗣璋典
嗣子一　赫
貽赫 無傳

光澤之系 明芹
子四　徵　鑑　飭　宣

夢徵 球瑩
子五　恭　探　朝　別殤　抵

璋恭 敬圖
子六　錯　開　潛　請　催出嗣拔魁日興　明出嗣璋抵

貽錯
養子一　班
禮班 無傳

貽開
子一　寓
禮寓 無傳

貽潛
禮天賜 出居永福

璋琢 善國
子二 晧 責

璋朝

養子一 天賜

貽請
養子一 求

貽晧
子四 佰 許殤 法 冷出嗣貽責

貽責
嗣子一 冷

貽胖 周來

禮求 子一殤

禮佰 嗣子一 生子二

禮法 嗣子二

禮冷 子三

禮晏 無傳

子二　胖　壯

夢鑑　球察　子三　闔　驥殤　布

夢錫　球[illegible]　嗣子一　西

璋抵　嗣子一　朋

璋圍　無傳

璋布　帛圖　子一　低

璋西　無傳

璋聰　明圖

貽壯　子一　晏

貽朋　周友　養子餕　子一　撊

貽低　周高　養子一　麟

貽思　無傳

禮餕　養子二

禮撊　養子一

禮麟　子四

泉州聖教祇文石印

子三
聰
劍
添

璋劍
嗣子一
思
子五
普
全
思出嗣璋聰
偏
好

璋添財圖
子三
等
玉
穴

貽普
子一
述
貽全無傳
貽偏無傳
貽好無傳
貽等
嗣子一
圳
貽玉無傳
貽穴

禮述無傳
禮圳嗣子一
禮潭

夢宣 球昭
子三
榮
蘇
西出嗣□鑑

璋榮 養子一 王

璋蘇 嗣子三 斗 竹

貽王 周上 鄉賓
子 服

貽斗 周玉
子二 乃 國

貽竹 生子一 倫

禮杞 子三 潭 杞 磚 抑出嗣

禮磚

禮服 子四

禮乃 子三

禮國 子一

禮倫 子二

禮攀 養子王

光樓之系 明閑

子六　樹　賡　熙　光　甲　陞

夢樹 球珠

子四　温　深　沙　浯出嗣夢熙

璋温 無傳

嗣子一　攀

璋深 無傳

璋沙

養子　頭

貽頭 無傳

夢賡 球歌

嗣子　基

璋基 無傳

夢熙

嗣子一　滸

璋滸

嗣子一　此

貽此 周源

養子一　日

禮日

嗣子一

夢光 球澤

璋尊

貽海 周江

禮睦 無傳

子三 尊
管出嗣夢睦
子一 海
子一 睦

夢甲 子一 轉
璋轉 展圖 子一 定
貽定 養子一 呼
禮呼 無傳

夢睦 嗣子管
璋管 琼圖 子一 科
貽科 無傳

光緞之系 明錦 養子一 琦
夢矯 球國 子四 哖 貪 等 由
璋哖 無傳
璋貪 無傳
璋等 無傳
璋由 無傳

泉州星文興大印

光審之系 明訊
夢視 嗣子一 視；子一 勉
璋勉 子二 儼 坂
貽儼 子二 才 共出嗣貽坂
禮才 出居福清館
貽坂 嗣子共
禮共 出居福清館口

光昀之系 明一 養子一 腐；生子一 笑鴞
夢腐 養子二 衆 械
璋衆 無傳
璋械 無傳

光熾之系 明光 養子一
夢刹 子二 承 塘
璋承 無傳
璋塘 無傳

光𦶜之系 明通

子一 軫

夢軫 壇 無傳

光叟之系 明長

子一 梭

夢梭

子一 遥

璋遥 無傳

光顏之系 明諍

子六 樞 窋 罕 騆 陶 怒

夢樞 球北

嗣子一 雩

璋雩 無傳

夢窋 球甘

子二 石殤 喊

璋喊 無傳

夢冥 無傳

夢駒 無傳

夢陶 無傳

夢忽 無傳

光周之系 明魚

子五 標 鄒 蹻殤 曲 崇殤

夢標 號奈

子二 塔 雩出嗣夢樞

璋塔 無傳

夢鄒 無傳

夢曲 無傳

光祥之系 明繼

夢揆 無傳

光受之系 明實

子三 樸 奭 覺

子五 吟 晉 訂 登 酐

夢奭 無傳

夢覺 無傳

夢吟 球承 子一 茹

璋茹 無傳

夢長 球函 子二 乾鍚 池

璋池 無傳

夢卲 無傳

夢夷 球枚 子

璋與 無傳

夢醉 無傳

光斗之系 明經

子一 經

嘉夢經 林翁

子二 遇 斗

其子出嗣宗啓 猶出嗣夢元

瑋遇 無傳

瑋斗 出居仙溪

以上四世夏公之派

長房之系為四世爵公之派萬曆三十五年出居溫州

光責之系　明翰

子二　雅　憲

夢雅　無傳

夢憲　球法

子　煌　添　延

璋煌　輝圃

子一　春

貽春　無傳

璋添

子　衛

貽衛　無傳

璋延　帝

子一　聯登

貽聯登　無傳

光景之系　明日

子二　進　員

夢進　球往

子二　福　愛

璋福　無傳

璋愛

養子　成

貽成

嗣子一　纘

禮纘

夢員 球璧

子二 孫 暖

璋孫 干圖

子一 回

璋暖 輕圖

子一 磋

貽回

子一 艾

貽磋 無傳

禮艾 嗣子一

光丑之系 明子

子一 載

夢載 球卓

子一 璽

璋璽 節圖

嗣子一 寧

貽寧 無傳

光益之系 明利

癸卯子一 傳

生子一 乞

夢傳 球言

子五 韜 旺 三 清 添

璋韜 文圖

子三 發 城 寧出嗣璋璽

貽發 周式

子一 湖

禮湖

貽城

璋旺 考圖

貽銓

夢乞 球遂

子二 銓 銘

璋三 元圖

子二 全 鹿

璋清 揚圖

子二 浴 淳

璋添 丁圖

璋石 無傳

貽銘

貽全

貽鹿

貽浴

貽淳

子二
石
英

璋英 無傳

光益一派生貽字行皆出居福清漁溪大路洋

光耀之系 明德
子四
降
納
叔
寅

夢降 球等
嗣子一
年
生子三
九二
百蘭

璋年
子一
曹

貽曹 無傳

璋九二

璋百蘭

夢納 球采
子三
玉

璋玉

光俟之系　明守

夢報　球喜
年出嗣夢降
與出嗣夢楝
子一　敏瑒
養子一　檜

璋檜

夢寅　球春
子一　瓚

璋瓚

夢楝　球隆
嗣子一　與

璋與

夢佔　無傳

光維之系
子二　楝　佔

夢外　球成

璋悖

貽綢　無傳

子三　外　鈎　絨

子六　侢　誥　茂　情殤　丹殤　猜殤

夢鈎　球金

子三　環　綿　蘂

璋誥　無傳

嗣子一　綢

璋茂　暢園

子一　斗

璋環　無傳

璋綿　遠園

子二　排　嶅

貽斗

子二　配　挑

貽排　周佃

子三　忖　浪　嗣子一　岩

貽嶅

禮配　子一

禮挑　子一

禮忖　子一　養子一

禮浪　子五

禮岩　往漳故

禮埔　無傳

彭亭紫雲黃氏族譜　九世至十三世　支圖

璋彙　子四　貞　墻　瓜　撥

子四　埔　遇　頂　岩出嗣貽排

禮遇　住臺

禮頂　養子一

貽貞　養子案　子三　桂　山　坤

禮案　子六

禮桂　嗣子一

禮山　無傳

禮坤　子三

貽墻　出外臺灣

貽瓜　出外臺灣

貽撥　無傳

第六十四夫　[illegible]

夢緘 球謹
子三 礽 愴 孕

璋礽 雲圃
子四 椰 溪 撻 雜

貽椰
子三 崔 矜 寧

貽溪
子四 緝 水 纘出嗣貽成 周

貽撻
子二 提 拋

禮崔 無傳

禮矜 子一

禮寧 養子二

禮緝 養子一

禮水 住漳

禮周 無傳

禮提 嗣子一

禮拋 無傳

彭亭紫雲黃氏族譜　九世至十三世　之圖

璋愴 神圖
子五 令 井 澁 管 語

貽雜 無傳

貽令 無傳

貽井
子寬

禮寬 子五

貽澁
子六 請 賢出嗣貽叉 信出嗣貽語 蔭 奎 慿出嗣貽管

禮請 無傳

禮蔭 子三

禮奎 子一

貽管

禮慿 外出

嗣子一 慥
生子一 鑑
養子一 贈

璋孕
子三 恐 車 店

貽語
嗣子一 信

貽恐
子一 興

貽車
子三 泉 石

禮鑑 子四

禮贈 子二

禮信 嗣子一

禮興 徙臺

禮泉 嗣子二

禮石 子七

光贈之系 明哲
子一 祖
嗣子一 三

夢祖 球業
子一 奥

夢三 球文
子二 切 是

光道之系 明教

夢騰 球蛟

璋奥
子二 妍 秀

璋切
子二 如金 葱

璋是

璋迎 禧圖

貽店
子一 串

貽妍
子四 坑 獭 亮

貽秀
嗣子一 春求
春求出嗣貽秀

貽如金 住臺

貽葱
嗣子一 賢

貽課 無傳

禮串 無傳

禮坑 子三

禮獭 嗣子一 養子一

禮亮 子四

禮春求 子三

禮賢 無傳

子一 騰

子二 迦 参

璋参 子一 謀

光燦之系 明然

子二 喜 宗

夢喜 無傳

夢宗 球爾

嗣子一 頭

璋頭 無傳

光煥之系 明其

子四 用 懷 赫 霽

夢用 球行

子四 奏 盖 頭出嗣夢宗 汀

璋奏 無傳

璋盖 無傳

璋汀 無傳

夢懷 球心

璋辭 百圖

貽着 無傳

子二　辭　宋

夢棟　圖

子　塘

夢霽　球月

子二　財

養子一　着

宋　在圖

嗣子一　御

玻　我圖

塘　沚圖

子二　歁　珍

璋財　無傳

璋隨　無傳

御　無傳

貽雪　無傳

貽歁　無傳

貽珍

養子一　忽

禮忽　外出

隨

光圀之系 明花
子綏
夢綏 無傳

光快之系 明意
子二 都 卓
夢都 球成
子二 其殤 賽

以上四世桂公長房之派

璋賽
子二 院 愷

貽院
養子 賞
禮賞 養子一

貽愷 周南
養子一 素
禮素 子五

夢卓 外出

光定之系 明靜
子一
流

夢流 球波
子一
蘂

璋蘂
子五
欽
省
習 出嗣論道
辦
偕

貽欽 周祉
子四
重
忽 出嗣貽珍
仰 出嗣盛朝
册

禮重 無傳

禮册 無傳

貽省 周事
子一
寢

禮寢 姪則然奉祀

貽辦 周偕
子三
仾 出嗣貽猛
聯譽
聯貞

禮聯譽 無傳

禮聯貞 無傳

光寬之系 明恕
子三 職 請 替

壽職 球勳
子四 騫 忝 切 輟

璋騫 無傳

璋忝 亢圃
子一 奪

璋切 寔圃
子一 名

璋輟

貽僭 周權
嗣子墘 養子偶

貽奪
子三 世 浮 垂

貽名
子三 魚 獲

貽天

禮墘 子四

禮偶 子四

禮世 無傳

禮浮 無傳

禮垂 子一

禮魚 子一

禮獲 無傳

禮教 子二

彭亭紫雲黃氏族譜　世至十三世　支圖

天

禮袋　子三
禮象　子一
禮黨　嗣子一　生子二
禮相　子三
禮箕　嗣子一　生子四

（子一：天）
（子六：敉　袋　象　黨　相　箕）

夢請　球迎
子六：郁　爾　柱　守　飽　龐（龐出嗣無稽）

璋郁　支圖
子三：乃　準　緝

璋爾　無傳

璋柱　無傳

貽乃　無傳
貽準　無傳
貽緝　無傳

第六十九帙　泉州聖教承文石印

光輝之系 諱璋

明彩 鄉賓

有賁 球英 鄉賓

夢賚 球說 養子一 脩 嗣子一 龐 生子一 手

璋守 無傳

璋饒 子一 褒

璋脩 無傳

璋龐 無傳

璋手 子二 瑛 萃

琮龐 避祖諱 未闕

貽褒 子二 龠 粿

貽瑛 無傳

貽萃 子一 粽

貽色

禮龠 嗣子一

禮粿 子二

禮粽 無傳

禮綢 嗣子一

子四　有貢　任超　情　茂德

子四　雁　湾　軋　諭道

琮灣
思圖

子三　色　貢　邁

十二

貽鄰

貽邁
子四　容　文　諒　葛

貽貫
養子勰
嗣子滴

子五　綢　石　惠　滴出嗣貽貫　輭

禮石　子二

禮惠　子一

禮輭　子一

禮勰　生子一　養子一

禮滴　子一

禮容　嗣子一

禮文　無傳

禮諒　子二

禮葛　無傳

禮奚　子一　養子一

子五　鄰　康　梧　祛　猛

生子一　奚
嗣子一　所

貽康
無傳

貽梧
子五　郭　所　地　赤　碟
所出嗣貽鄰

貽祛
子三　超　強　獅

禮所
子三

禮郭
子七

禮地
子二

禮赤
養子一

禮碟
子三

禮超
嗣子一

禮強
子三

禮獅
養子二
生子二

論道 叙圖 鄉賓
生子三
繞
達
堪
嗣子一
習

萁

貽鑽
養子一
順
生子冷
曹出嗣貽元

貽元
嗣子一
曹

貽繞
子四
坡
崎
賴
平

禮順
嗣子一

禮冷
無傳

禮曹
子二

禮坡
無傳

禮崎
無傳

禮賴
子一

禮平
無傳

士超 球顯 太學生
子四 拔元

拔元 敎魚圖 太學生
子四 際泰

貽習
子一 擺

貽達
子二 淺 寸

貽堪
子二 誇 濟

際泰 周啟 太學生
子三 桂

禮擺 無傳

禮淺 無傳

禮寸 無傳

禮誇 無傳

禮濟 無傳

禮桂 叅一丁二

國佐 子五 邑庠生

鶴

翰音

爲山

際熙

聞

闓

國佐

梓

際熙 周簡 鄉賓

子二 掄才 補錠

貽聞 周謨

生子二 棟 讓 養子一 舉

貽闓 周廣

子四 涯 染 乒 灘

禮梓 養子一 生子一

禮才 子三 養子一

禮錠 子二

禮棟 子三

禮讓 子二

禮舉 無傳

禮涯 子六

禮染 子二

禮乒 子二

禮灘 子三 往臺

鶴
立
圖一字
優增生
修
職郎
子三
逢龍
逢曦
逢[illegible]

逢龍
字周識
嘉慶己未
科恩進士
特授上杭
縣臺灣府
訓導
子四
禮[illegible]
禮草
禮蒲
禮藪

禮[illegible]
生子一
養子一

禮草
子二

禮蒲
生子一
養子一

禮藪
養子一
嗣子一

逢曦
字周雅
太學生
嗣子一
禮璠
生子三
禮肘
禮梗
禮㨾

禮璠
養子二

禮肘
子三

禮梗
嗣子一
生子四

禮㨾
嗣子二

二房汾

翰音 聲畑 太學生 例封武略騎尉
子七 恰 成名 成裕 成文 忻 成存 成中

達燮 周烱 鄉賓
生子四 軫 蘧 兆熊 闇 養子謳

賠恰 周徒 業儒
子四 克紿 克因 克本 克匹

成名 周引 嘉慶甲子科中式武舉人

禮軫 生子一 養子十一
禮蘧 養子二
兆熊 生子一 子四
禮闇 住基
禮謳 無傳
禮紿 子五
禮因 子二
禮本 養子二
禮匹 生子一 養子一
禮敬 子四

子五 敎秀 鷹揚 對揚 褒 醒

成裕 周誠 太學生
子三 袍 百 綬

成文 周齡 道光癸卯科歲進士候選訓導
子三 晏 諧

鷹揚 壬辰科武舉人 子四

對揚 鄉賓 子三

禮褒 嗣子一

禮醒 嗣子一

禮袍 子五

禮百 鄉賓 子三

禮綬 子二

禮晏 子六

禮諧 子五

際清 嗣子一 生子四

際清

貽忻 周然 業儒

子二 奭 蔚

成存 周恒 邑庠生

子五 揀 降 揚清 這 看

成中 周洽 鄉賓

禮奭 子一

禮蔚 嗣子一

禮揀 子三

禮降 子二

揚清 子五 太學生

禮這 嗣子一

禮看 子七

禮孔 子二

爲山 東圖 太學生
子六 盛業 盛恩 盛朝 擴 涼 勘

養子一 孔
生子二 慶清 碅

盛業 周澤 太學生
子二 高 杼

盛恩 周彬 鄉賓
生子一 僻
養子一 韮

盛朝 周萬 鄉賓

慶清 生員 子四

禮碅 子二

禮高 子三

禮杼 子四

禮僻 子三

禮韮 子一

定元 邑庠生 生子一 養子一

一

生子三 定元 壽榮 坟

嗣子一 仰

貽擯 周用 業儒

生子一 接

養子一 藉榮

貽涼 周納

子三 忖 悅 慊

貽勘 周點

禮仰 嗣子一

壽榮 子五 候選巡政廳

禮坟 無傳

禮接 子三 注基堂故

藉榮 子二

禮忖 無傳

禮悅 子一

禮慊 無傳

慶昇 子一 例貢生

夢情 球性 業儒
子五
拔萃
拔魁
乾
謙
耀

拔萃 位圖 誥封武德佐騎尉
子八
時芳
傳殤
時忻
姪出嗣琮乾
時憲
雛
祥
佃

子三
慶昇
鈇
讀

時芳 周孟 邑庠生
養子一
波
生子一
衍
嗣子一
敏

時忻 周喜 嘉慶己巳科賜進士出身 欽點衛守府 歷任三沙海壇中軍府 三沙副總府
生子二

禮鈇 子二

禮讀 無傳

禮波 養子二

禮衍 子二

禮敏 子一

志正 子五 候選巡政廳

禮琨 嗣子一

禮琳 子一

理即志正
琨
養子一
琳

時憲 周清 邑庠生
嗣子一
斗
養子一
台
生子七
緞
悖
鴪
羆
纓
黨
和

禮斗 養子一 生子三
禮台 子三
禮緞 養子二
禮悖 子二
禮鴪 子一
禮羆 子一
禮纓 嗣子一
禮黨 生子一 養子一

彭亭紫雲黃氏族譜　九世至十三世　支圖

貽羅 周平 養子一 郡 生子二 礪

禮和 無傳

禮郡 養子一 生子二

禮礪 子一

貽祥 周岳 養子二 託 權

禮託 生子二 嗣子一

禮權 子四

貽佃 周田 業儒 子四 闊 海 錯

禮闊 外出

禮海 往番

禮錯 往番

第七十七帙　泉州聖教佩文石印

拔魁 英園 鄉賓

嗣子二 興邦 興宗出嗣字耀

生子三 蘇 澁

興邦 周若 邑庠生

子四 杞 澄標 釟 雪梅

貽蕪 周鼎

嗣子一 計

貽澁 周綏 業儒

生子三 蓡 嘵 菌

鋤

禮鋤 往番

禮杞 養子三

澄標 子二 邑庠生

禮釟 子六

禮梅 養子一 生子二

禮計 子一

禮蓡 子三

禮嘵 養子一

禮菌 嗣子二

禮啫 子一

子二 啫 憓

琮乾 廷圖 嗣子一 炮

琮謙 養子一 還

琮耀

貽炮 周榮 子四 篆 寬 大烈 曾

貽還 周探 生子一 玷 養子一 聽

興宗 周仕 邑庠生

禮憓 嗣子一

禮篆 養子一

禮寬 子二

大烈 生子一 養子一 邑庠生

禮曾 往夷邦

禮玷 子一

禮聽 子四

禮僾 子一

嗣子一 興宗

子二 僾 琶

嗣子一 閱

茂德 球南 太學生

嗣子一 鴻

生子九 君 趍 戉 庚 閻 柿 西 敲 浤

鴻 重圖 邑庠生

子四 西 甲 廷壁 苐

貽西 周斯

養子一 贊成

生子二 象 鑑

貽甲

養子一 沛

廷壁 貽壁 鄉賓

禮琶 子一

禮閱 無傳

禮贊成 子三

禮象 養子一

禮鑑 子一

禮沛 嗣子一

禮愀 無傳

琮君 太上 業儒
嗣子一 澄
生子一 匣

悃 四
芽
麵 出嗣賠茅
洋

賠茅
嗣子一 麵

賠澄
子二 瑤 北

賠匣
嗣子一 貤

禮芽 無傳

禮洋 無傳

禮麵 無傳

禮瑤 養子一

禮北 無傳

禮貤 無傳

琮趨　嗣子一　冒　生子一　夢

琮戊　子一　湜

琮庚　子一　查

貽冒　子三　凸出嗣貽湜　孫　虵出嗣貽查

貽夢　在臺　子三　廷　雍　虎

貽湜　嗣子一　凸

貽查　無傳

禮孫　往臺

禮廷　在臺

禮雍　在臺

禮虎　在臺

禮凸　養子一

琮閩 養子一 類

貽類 子一 朕

禮朕 無傳

琮柿 養子一 通

貽通 無傳

琮丙 養子一 染 生子一 肴

貽染 養子二 鑾 糍

禮鑾 養子一

禮糍 往臺

貽肴 養子一 貎

禮貎 子一

琮敲 照圖

貽疃 田

貽町 無傳

子五
曈
潔出嗣宗泳
閩
表
芳

貽閩
子海殤
貽肖
無傳

貽表
養子一
樓
生子四
鎮
胡
鵬殤
瑆殤

貽芳
生子三
攀
燕殤
程殤

禮樓

禮鎮
養子

禮胡

禮攀
子一藻殤

光提之系　明敏
子四　格　鳳起　鳳到　亮

夢格　球言
子五　意　儼　業　藁　瑚

璋意　圖
子　深　近　伍出嗣璋瑚　語出嗣璋儼　梅

琮涉　潻圖
嗣子一　漂
生子一　畝

貽漂
禮唱

貽
養子
禮進　子二
禮朝安　溪　俣出居九

貽業　子三　長　朴　椰
禮長　子三
禮朴　嗣孫奕作
禮椰　養子一　生子四

貽遠　子二　出
禮出　子一

東

入出嗣貽深

貽深 周渊 嗣子一 入

禮入 子四

貽進 周恍 子四 庋 芸 齊 愿

禮庋 養子一 生子三

禮芸 子四

禮齊 子二

禮愿 子五

貽狂 周美 子二 呈祥 掛

呈祥 子二 太學生

禮掛 子五

彭亭紫雲黃氏族譜　九世至十三世　文圖

璋儼　望圖　嗣子一　語　養子　究

貽東　子四　玩　操　剪　鈇　養子　棒

貽語　嗣子一　各

貽究　子三　各出嗣貽語　問　南

禮玩　養子二

禮操　子十一　嗣子一

禮剪　生子十一　嗣子一

禮鈇　子三

禮棒　養子十四

禮各　養子一

禮問　養子一　生子二

禮南　嗣子一

第六十二葉　泛月堂改刷文台印

璋葉　其圖　太學生
子四　詠　甲　僚　琰

貽詠　周瑞
養子一　鎮
生子一　胚

禮鎮　十二
禮胚　外出

貽甲
子二　慨　甚

禮慨　十一
禮甚　嗣十一

貽僚
子六　剖　洗　團　丁　良

禮剖　嗣十一
禮洗　子三
禮團　無傳
禮丁　十二

[illegible]
養子一 謹
生子一 選

貽琰
子二 容 求

貽謹 鄉賓
子三 靈 放 過

貽選
子六 令

尾

禮良 子一

禮尾 子三

禮容 子四

禮求 嗣子二

禮靈 嗣子一

禮放 嗣子一

禮過 子一

禮令 子二

禮宇 嗣子一

璋瑚 樹圖
養子一 角
嗣子二 添 位

賠角
子五 創 朋 浸 悔 頂

守 蕉 宴 魁 口

禮蕉 無傳
禮宴 子二
禮魁 無傳
禮口 嗣子一
禮創 子一
禮朋 嗣子一
禮浸 無傳
禮悔 嗣子一
禮頂

彭亭紫雲黃氏族譜　九世至十二世　支圖

鳳起　球萬　太學生　子五　庶出三
廷璧　印　法　抄　沃　賜禱　偶　三元

廷璧　多圖　太學生　子七
安　贊美　聯芳　四葯　登科　鍬　七

貽添　無傳

貽伍　子二
顔　妙

貽安　子五
寅　呈　珍　料　燧

貽贊美　無傳

禮顔　子一殤

禮妙　無傳

禮寅　無傳

禮呈　無傳

禮珍　養子三

禮料　無傳

禮燧　無傳

第八十四帙　泉州

貽聯芳
子一
秀
禮秀 無傳

貽四葙
子二
條
發出嗣時芳
禮條 無傳

貽登科
子四
官
貢
江
湖殤
禮官 無傳
禮貢 無傳
禮江 無傳

貽猷 無傳

璋印 綬圖
養子二 成 戴

璋滸 律圖
子二 招 助

璋抄 録圖
子四 騍

貽七 無傳

貽成 無傳

貽戴 無傳

貽招 子一 漢

禮漢 嗣子一

貽助 子一 盤

禮盤 子一

貽騍 無傳

貽芮

禮巧 子三

芮
净
筱

子二 巧 霓殤

賾淨 嗣孫則爲

賠筱 無傳

賠衿

子一 否

賠乙 無傳

璋沃 邑圖

子二 衿 乙

懷出嗣璋韜

璋偶

子二 百 廢

賧百

子二 課 珠

禮否 無傳

禮課 無傳

禮珠 無傳

鳳釗 球参 太學生
子五 廷珪

廷珪 順圖 太學生
生子一 斐

璋 三元
子五 武

貽爱 子三 服 榮 木

貽 無傳

貽鉞 無傳

貽羣 無傳

貽中 無傳

貽汪 無傳

貽斐
子四 裔

禮服 無傳

禮榮 無傳

禮木 子一

禮裔 子二

禮育 嗣子一

名諱取排

瑶
養子一
瑶

璋杏 丙園
子一
賢

璋誨 集園
子三
訓 戒 扶

貽瑶
育
蔭出嗣貽瑶
汝

嗣子一
蔭

貽賢
生子一
皇
養子一
白

貽訓
子三
旺
坪出嗣貽戒
鑾出嗣貽扶

禮汝 無傳

禮蔭 養子二

禮皇 養子三

禮向 子一

禮旺 無傳

彭亭紫雲黃氏族譜

九世至十二世

支圖

第八十七頁

泉州星文□□□印

贻戒　嗣子一　坪

禮坪　無傳

贻扶　嗣子一　鏧

禮鏧　無傳

璋[illegible]　子二　梂　得鍚　叙圖

贻梂　無傳

璋排　子四　周　祿　旦

贻周　子三　位養　膣嗣　柷

禮位　養子一

禮膣　嗣子二

禮柷　子二

見

夢毫　球醇　子三　新　進　韓

韓新　明圖　子五　寧　瞻　同　邑　道

賠祿　奎二　買

禮買　子一

賠旦　無傳

賠見　無傳

賠寧　子三　箕　看　獺

禮箕　無傳

禮看　子一

禮獺　無傳

賠瞻　子一　顯

禮顯　子一

賠同

禮宗　子二

撻
進
修圖

子二
湊
砂

貽邑
子四
忽
義
鏡
纚

子三
宗
憲
詩

貽道
無傳

貽湊
子三
與
誹
尧

貽砂

禮憲
往臺

禮詩
子一

禮忽
無傳

禮義
嗣子一

禮鏡

禮纚
嗣子一

禮與
子一

禮誹
子一

禮尧
嗣子一

禮縈
子二

子一 紫

璋韜 經國

嗣子一 懷

生子二 狄 佑

貽懷 子四 慈 波 執 朝

貽狄 子四 錦 墘 粒 棹

貽佑

禮慈 子一

禮波 嗣子一

禮執 無傳

禮朝 無傳

禮錦 子一

禮墘 無傳

禮粒 無傳

禮棹 無傳

禮奎 無傳

光淵之系 明家

夢金 無傳

子一 金

光文之系 明理

子四 日 正 必 計

夢日 昧

子四 室 堯 氐 塗 出嗣夢計

璋室 動圖

子二 煨 炒

貽煨 貽煅

子三 愛 觔 碟

貽炒 貽香

養子一 的

子二 奎 侃

禮愛 子一

禮觔 嗣子一

禮碟 嗣子一 養子一

禮的 無傳

禮侃 無傳

夢正 球瑞 子三 談 宠 樂

璋尭 舜圖 無傳

璋民 上圖 子二 梯 浪

璋談 言圖 子一 稽

璋宠 淑圖 子四 葱 蝗 佛 蚵出嗣璋嬰

貽梯 貽斛 無傳

貽浪 貽汲 無傳

貽稽 貽州 養子一 抱

貽葱 養子一 賞

貽蝗 無傳

貽佛 無傳

禮抱 無傳

禮賞 嗣子一

夢必 無傳

夢計 球謀 嗣子一 塗

璋樂 驕圖 嗣子一 蚵

璋塗 子四 撥 艾 閣 卷

貽蚵 子二 水 梅

貽撥 貽傳 子一 悅

貽艾 子一 舉

貽閣 子一 莉

禮水 無傳

禮梅 無傳

禮悅 養子一

禮舉 無傳

禮莉 無傳

光敬之系
子二
明
白

夢明 無傳
夢白 無傳

光箕之系
子五
慶
江
汞
棟 錫
賀

明素

夢慶 無傳
夢江 球海
子四
興
側出嗣夢國
三出嗣夢賀
明 錫

璋興 無傳

貽巷
子一
壬

禮壬 嗣子一

光從之系 明善

子三 笑 享 保出嗣光閣

夢泵 球擲 子一 望
璋望 嗣子一 成
貽成 無傳

夢賀 球豕 嗣子一 三
璋三 無傳

夢笑 無傳

夢享 球禮 子三 欵 量 祭
璋欵 無傳
璋量 無傳
璋祭
貽梳 無傳

光聰之系 明聖

夢禎 球祥
璋看 無傳 子二 梳 梱出嗣璋令

子一　禎
子三　眘
璋眘　無傳

光恭之系　明敘
子一　董
夢董　球督
眘　臨出嗣夢董
嗣子二　臨　外
璋臨　無傳
璋外
子三　勞　編出嗣璋肯　族
貽勞　養子一　恩
禮恩　嗣子一　生子四
貽族　嗣子一　全
禮全　子三

光錢之系　明銀
子二　炮　孝
夢炮　球烟
養子一　旋
璋旋　無傳
夢孝　球入
璋廳　無傳

子四
廳
肯
辭錫
外出……董

璋肯
嗣子一
編

貽[illegible]
全出嗣貽族

禮仰
無傳

光立之[illegible]明則
子四
羣
波
令
[illegible]

夢羣
無傳

夢波
無傳

夢令
無傳

光耆之[illegible]明然

夢淡
無傳

光[illegible]
[illegible]明[illegible]

[illegible]球狀

璋龍

貽旦
無傳

光報之系 明春
子二 元 餅福
子三 本 通

夢本 球善
嗣子一 禱懲
養子一 旋
養子一 英

夢通
養子一 瑚

璋英
養子一 創
養子一 旦

璋瑚 嗣孫 問

貽創
子二 法 問 上嗣貽創為孫

禮法 子三

承嗣孫
禮問 嗣子一

光順之系 明耳
養子一 頂
生子一 祿

夢頂 球結
子四 景 主 允

璋景 觀圖
子二 持 胆

貽持 周美 無傳

貽胆 周熊
子一 宗

禮宗 無傳

則

一賓 圖 子三 于 觀國 守

璋允 執圖 子五 最

貽平 食子一 叔

國 周良 例貢生 養子二 冬 節 子一 大陞

貽尋 無傳

貽最 周進 子三 雲

禮教 無傳

禮冬 子三

禮節 養子二 生子一

大陞 養子二 生子二 太學生

禮雲 子二

禮白 無傳

鵬　合　善　髻

璋則 參闡

子五　力　静　[illegible]

貽鵬 周霄

嗣子一 稅

禮邱陵 無傳

白 邱陵

禮稅 無傳

貽合 無傳

貽善 無傳

貽髻 嗣子一 諧

禮諧 養子二殤

貽力 子一 降

禮降 無傳

貽靜 無傳

光賓之系 明懋

生子一 吉

夢祿 球中

子三 巧 清 標出嗣夢然

夢吉 球琳

子四 扶麟

宜 不

璋巧 無傳

璋清

養子一 天恩

扶麟 玉圖 邑庠生

子五 丕

貽坐 無傳

貽宜 無傳

貽不 無傳

貽天恩

子二 瓜 城

貽丕

子二 勛

禮瓜 嗣子一

禮城 無傳

禮勛 無傳

禮羆 無傳

特

綏 出嗣璋曾 啟

貽藻 子六 班 茹 脉 蓮 梅 出嗣貽啟 乙

貽鎏 子二 雩 流

貽啟 嗣子一 梅

禮班 無傳

禮茹 無傳

禮脉 無傳

禮蓮 無傳

禮乙 無傳

禮雩 無傳

禮流 無傳

禮梅 子一

禮川 嗣孫奕淄

璋魯　侯圖
生子一　蕃
嗣子一　綏

璋篤　信圖
子二　兜　補

貽蕃
子三　前　路　溥

貽綏
子一　認

貽兜
子三　總　鉗　矜出嗣貽照

生子二　川　具

禮具　無傳

禮前　子一

禮路　養子二

禮溥　子三

禮認　無傳

禮總　無傳

禮鉗　無傳

夢義 球理
子五
福
勇
乾殤
珍
挺

璋特 無傳

璋福 祥圖
子五
俯
仰殤
僩
點出嗣璋珍
美

璋勇 健圖
子三
夜

貽補 無傳

貽俯
養子一
倫
生子二
寫
剖

貽僩 無傳

貽美 無傳

貽夜
子五
猷

禮倫 無傳

禮寫 子二

禮剖 生子一 養子一

禮猷 子一

禮富 子三

宅餽

瑋珍 席圖
嗣子一

富錠　在　岸

賠宅 子三 曾　措　位

賠[illegible] [illegible] 無傳

賠點 嗣子一

禮錠 嗣曾孫世合

禮在 嗣子一

禮岸 養子一

禮曾 生子一 養子一

禮措 生子一 養子三

禮位 子六

禮砱 嗣子一 生子一

光[illegible] 明川　子二 [illegible]

夢森 球嚴　子五 確 彩 晏 魚 躍

璋確 敬園　子三 萬 象 肥

子二 活 所

貽所　子一 揖

子二 奎 雪

貽萬　子四 部 屢（出嗣貽象） 正 麗

貽象　嗣子一 屢

禮雪 無傳

禮揖 子一

禮部 養子一

禮正 無傳

禮麗 無傳

禮屢 無傳

光昭之系 明著
嗣子一 洪
生子一 朋

夢洪 球大
子一 初

夢朋 無傳

璋初 無傳

安 無傳
無傳
無傳

抱 子一

筆國

胎抱 子三 塲 曲 騰

胎胞 無傳

禮塲 無傳
禮曲 無傳
禮騰 無傳

光奏之系 明疏
子三 然 洪出嗣光昭 入

夢然 球友
嗣子一 嫖

璋嫖
子三 鑽 月 用出嗣璋楓

貽鑽
子一 仁

貽月
養子二 桰 錄

禮仁 子三

禮桰 無傳

禮錐 子二

夢入 球孝
嗣子一 回

璋回
養子一 思

貽思 無傳

光魁之系 明星
子四 我 統 琛

夢我 球青
子二 尚 長錫

璋向
嗣子一 詩

貽詩 無傳

棫

亭統 球垂
子一
午觴
養子三
表
楓
釗

璋表
子五
炮
泰
鈞
鄧出嗣璋君
進出嗣璋

貽炮
嗣子一
瀨

貽泰
子四
着
瀨出嗣貽炮
棹
軟

貽鈞
子二
巧
粒

伍瀨 無傳

禮着 子二

禮棹 無傳

禮軟 養子一

禮巧 無傳

禮粒 子一

禮撻 嗣子二

嗣子一 用

養子一 䟫 生子 撻

璋劍 無傳

璋勸 嗣子一 進

貽進 子一 名

禮名 無傳

夢琛 球琛

子五 勸 亮 忍 狐 潑 出嗣[illegible]

璋亮 無傳

璋忍 子二 聽 謀

貽聽 無傳

貽謀 無傳

璋狐

貽坎 無傳

嗣子一 坎

夢橚 嗣子一 潑

璋潑 食子 如

貽賦 無傳

光衍之系 明派

子三 詒 聘 眉

夢詒 無傳

夢聘 養子一 趦

璋欽 養子 權 承祖

貽權 無傳

貽承祖 無傳

夢眉 無傳

光疊之系 明双

子五 世 光 壬

夢世 跊萬一字跊發 養子一 [illegible]

璋慮 子一 郭

貽郭 子二 朴 葛出嗣貽捻

禮朴 子二

號
帝

夢光 球輝
子五
海
焍殤
强
綿
檜

夢壬 球丙
子三
物
贊
述殤

璋海
子三
定
桓出嗣璋檜
稷出嗣璋曾

璋强 無傳

璋綿 無傳

璋檜
嗣子一
桓

璋物
子一
揔

璋贊 無傳

賠定 無傳

賠桓 無傳

賠揔
嗣子一
葛

禮葛 生十一

光南之系 明紫
子二 獮 瓚

夢號 球貴
子三 勤 儉 添

璋勤 無傳

璋儉 無傳

璋添 無傳

夢帝 以光真四子夢作為嗣 昭穆不順例不書

夢獮 球時
子二 慶 愈

璋慶 無傳

璋愈
子一 貽

貽務
養子一 奚

禮奚 無傳

夢瓚 往臺

光欣之系 明吾
子二

夢欽 球賜 以光善次子幸為嗣 昭穆不順例不書

岱

夢岱 球琟
子四
速
内
執
未嫣

璋速
子三
竹
花
旺

璋内 無傳

璋執
子一
文

貽竹 無傳

貽花
子一
賓

禮賓 無傳

貽旺 無傳

貽文 無傳

光思之系 明晉

夢簡 球冊
子三
簡
重出嗣光高
彩出嗣光暗
子一
准揚
養子二
湍

璋湍 無傳

璋審 無傳

審

光善之系　明問
子三　垣　幸（出嗣夢[illegible]，[illegible]不順，故不書）　苟

夢垣　無傳

夢苟　無傳

光堂之系　明祠
子二　理瑤　學瑒
養子一　伯
生子一　刉

夢伯　球依
嗣子志

璋志

夢刉　球稱
子三　智　志（出嗣夢伯）　若

璋智
養子貨

貽貨
子二　核　信瑒

禮核　無傳

璋若
子二　且

貽且　無傳

貽桃

禮礁　無傳

光佛公系 明龍

子六 敦傳 榮 孫 珪 好 杲

夢榮 珠南

長子一 得

嗣子一 歡

桃

子熊

璋得

養子一 洽

璋歡

子四 龍 追 蓝 象

貽洽 無傳

貽龍

嗣子一 續

貽追 無傳

貽蓝

子四 高 續出嗣貽龍 文

禮續 養子一

禮高 子一

禮文 子四

禮能 嗣子一

亭孫 球遠
子三 解 柔 徵出嗣亭紫

璋解
子三 驕 產 秀

璋柔

能

貽象 無傳

貽驕
養子一 峨

貽產
子一 柔

貽秀 無傳

貽奇

禮峨 嗣子一

禮柔 子四

豐言 無傳

夢珪 球珀
子六 彪 起出嗣夢好 琴 佇 瓊 専

夢好 球所
嗣子起

璋彪
嗣子一 瓶

璋琴

璋佇

璋瓊

璋専
養子岩

璋起
嗣子把

貽宙
宙 把出嗣璋起

貽瓶 無傳

貽岩 無傳

貽把
養子崙

禮崙 無傳

夢基 球在 子五 蝽 紿 化 味 盾

璋蝽 養子一 祠

貽祠 無傳

璋紿 嗣子 泉

貽泉 養子一 從

禮從 無傳

璋化 無傳

璋味 無傳

璋盾 無傳

光接之系 明繼 子二 輪 粒

夢輪 球與 無傳

夢粒 球邦 無傳

光梅之系 明男
子四 霞 聖 狼 管
夢霞 球雲
子一 闕
璋闕
養子一 却
貽却 無傳
夢聖 無傳
夢狼 無傳
夢管 無傳

光誠之系 明虔
子二 悟 回
夢悟 無傳
夢回 無傳

光由之系 明孝
子五 國
夢國 球課
嗣子一 側
璋側 無傳

光翹之系 明苑

答 嵩 奁 甲

三 微 占

光俊之系 明前

夢答 無傳

夢嵩 無傳

夢奁 無傳

夢甲 無傳

夢微 琛績

子四 荅 梯 億 再出嗣茂德改名曰哉

夢占 無傳

夢朗 球琥

璋富 養子叁

璋梯 無傳

璋億 無傳

璋爺 老圖

貽叁 無傳

貽展 貽覲

禮世澤 無傳

彭亭紫雲黃氏族譜

子二
朗
蘭

子三
爺
賜出嗣彥嗣
三

子五
辰
波
頟
係
宅

子五
世澤
哄
南山出嗣貽係
寰
善

貽波
子二
緩
丁

貽頟
子二
凍
決

貽係

禮哄 子四
禮寰 無傳
禮善 無傳
禮緩 無傳
禮丁 無傳
禮凍 嗣子一
禮決 子一
禮南山 子一

璋
子三
培 宣

嗣子一
山
貽
油

貽吾
嗣子一
呼

貽宣
子五
灶 宗 琛

禮加油 無傳

禮廣 無傳

禮獅 無傳

禮磋 子三

禮呼 無傳

禮灶 養子二 生子三

禮宗 子四

禮琛 嗣子一

夢蘭
嗣子一
賜

瑋賜
子三
華
耀
奕

貽華
嗣子一
岱

掌
呼出嗣貽培

貽耀
養子多

貽奕
子六
吉
星
壙
章
意
岱出嗣貽華

禮掌
子六

禮岱
子三

禮多
嗣子一

禮吉
子三

禮星
養子二
生子三

禮壙
嗣子二

禮章
生子三
養子一

禮意
養子二
生子二

光君之系 明仁

子四 親 跡 棲 迎

夢親 無傳

夢跡 球忠
子二 宜 兵

璋宜
養子一 打

貽打 無傳

兵
子一

貽粮
養子一 吽

禮吽
養子一

夢棲 無傳

夢迎 無傳

光高之系 明真
嗣子重

夢重 球輕
養子不

璋不 無傳

光賓之系 明賀
子三 茅

夢茅 球緺
子三 血

璋血 無傳

璋暖 無傳

屋出

夢屋 球潤 暖巖殤
養子一 戶

璋戶 無傳

夢出 無傳

光湊之系 明補
子二 猫 鼠

夢猫 無傳

夢鼠 無傳

光喬之系 明尕
子二 固殤 妥

夢妥 外出漳州

彭亭紫雲黃氏族

九世至十三世　支圖

光科之系　明合

子三　奧　劉　坪

夢奧　昧深

子四　剎　瑕　盻　卿

夢劉

子三　照　尊出嗣夢春

璋剎　無傳

璋瑕

子二　添泉殤　泉出嗣璋紹

璋盻　無傳

璋卿　無傳

璋照

嗣子一　淵

璋鎮　無傳

貽淵

養子二　梅　伍

禮梅　養子一

禮伍　無傳

第壹百叁拾叶　泉州聖教風文石印

光眾之系 明多
子一 庚

光碧之系 明白
子一 貼

光掌之系 明情
子五 坦 晃 堂 森 耕殤

夢坪
子一 直

夢庚
子一 井

夢貼
嗣子一 理

夢坦
子四 維 寔 育 轉

璋直
隨母改醮劉塘

璋井
隨母改醮

璋理 無傳

璋怡
子二 淵出嗣璋煕 清

貽清
嗣子一 丢

禮丢
子二

璋寬　無傳

璋育　無傳

璋轉　子三　吩　扯　持

貽吩　養子一　遷

禮遷　無傳

貽扯　無傳

貽持　無傳

夢晃　養子一　滕

璋滕　無傳

夢篁　嗣子一　倚

璋倚　無傳

璋旺

貽桂

禮胡　無傳

夢春　養子一 旺　嗣子一 尊
璋尊　養子一 玩柱　子二 雄 尾出嗣璋芋
貽雄　養子一 胡　養子一 梓
禮梓 無傳

光壯之系 明足
夢畜 無傳　嗣子一 畜

光榔之系 明彝
夢捌 無傳　子二 捌 歆
夢歆
璋從 無傳

光嶺之系 明引
夢甫 無傳　養子一 洪

彭亭紫雲黃氏族譜　九世至十三世　支圖

光堅之系　明坎

子二　莆　忠出嗣光壯

夢忠　無傳

子一　忠

光建之系　明功

子三　芳　敦　麟

夢芳　球朴

養子成家　鍚
嗣子贊成

璋贊成　嗣

賠欺

子二　居　自

禮居　無傳

禮自　無傳

夢敦　球厚

生子四　天保　贊成出嗣夢芳　喜

璋天保　無傳

璋喜

養子一　愿

賠愿

子二　泮

禮泮　子四

第二百零九帙　泉州聚.....印

季
生子一
棒

璋季
無傳

璋言
無傳

夢麟
球鳳
子言

光榮之系
明宗
子三
岩
軒
殤
篇

夢岩
球山
子二
茂
往

璋茂
崧園
子一
傳

璋往
仁園
無傳

夢篇
球誠

璋輯

貽棒
參出嗣貽棒
嗣子一
參

禮參
養子一
生子一

貽傳
無傳

貽展
無傳

光佐之系 明霸

夢達 球上 子五 達 知求 殿 廷錫 四錫

子二 輯 使

璋武 子六 泰 輅 典 援出嗣璋鵠 有 擯

璋使 無傳 展

貽泰 養子一 運

禮運 子三

貽輅 養子一 茂

禮茂 嗣子一

貽典 子一 祥熙

禮祥熙 無傳

貽有

禮迎 外出

璋鵠　嗣子一　擾

璋增　子四　卿　拙　闖　淺

貽擯　無傳

貽擾　子三　抬　隨　梓

貽卿　養子一　寄

貽拙　子一　扛

貽闖　無傳

貽淺

禮抬　子一

禮隨　無傳

禮梓　無傳

禮寄　無傳

禮扛　子二

禮揪　無傳

彭亭紫雲黃氏族譜　九世至十四世　支圖

夢知　球德
子五　脩　拮　香　闕　甑

璋脩
子四　鎬　詩出嗣璋向　出嗣璋捷　出嗣璋他

璋拮

璋香
子三　跳　顏　敗出嗣璋賛成

貽鎬　外出臺灣
子一　揪

貽跳
子四　籃出嗣貽顏　隔　筭　扭出嗣貽顏

禮隔
子一殤

禮筭
子五

第壹佰十一帙　泉州聖教佩文石印

璋闕
子二
綿　藉

貽顏
嗣子二
籃　扭

貽綿
子四
勳　銷　蹬　桑

貽藉
子三
直　妙　軋

禮籃
生子一
嗣子一殤

禮扭
嗣子一

禮勳
養子一
生子四

禮銷
嗣子三

禮蹬
子一
坤出嗣禮銷

禮桑
子二
坦出嗣禮銷
州禱

禮直
無傳

禮妙
嗣子一

禮軋
嗣孫建成

璋

貽咸　子二　赧　然

貽呑　子二　候　鈌

[illegible]便　子二　吱　萬

禮赧　無傳

禮然　無傳

禮候　嗣子一

禮鈌　子一　容出嗣禮候

禮吱　無傳

禮萬　出洋

子四 求 潤 程 禮

子三 魏 元 今

璋潤 子一 守

璋程

貽元 子二 永 洪

子三 洪 於 連枝

貽今 無傳

貽守 子二 嶺 切

貽伯

禮於 嗣子一

禮連枝 子四

禮永 無傳

禮洪 嗣曾孫世澤

禮嶺 子一 養子二

禮切 無傳

禮春 外出

子七 伯 習 厘 毛 買 附六殤

貽習

養子一 春

生子一 康

禮康 無傳

禮脛 養子一

禮梭 養子一 生子一

禮趯 子五

禮祠 子二

禮拈 嗣子一

貽厘 無傳

貽毛 無傳

貽買 無傳

璋禮　子二　余　正

貽良　無傳

貽余　養子一　羅　生子二　瑠　伏

貽正　子二　護　彩

貴羅　避祖諱　嗣子二

貴瑠　子二　養子一

貴伏　子一

貴護　子三

貴彩　生子二　養子一

夢殿　球鑾　子三　寬　郡

璋寬　無傳

璋郡

貽祖　無傳

光哲之系 明且

子五
烝祐
卯
冉
講
齋

夢烝祐 賕侍

嗣子一
熱
生子二
註
老

郘
揖

璋揖 無傳

子二
祖
佃

貽佃 無傳

璋熱 領賓

三
侯
璋註

貽隕

子三
玉振
鏗
摘出嗣貽柏

禮玉振 養子一

禮鏗 無傳

璋註

嗣子一
其

貽其

子四
銳養
金
班

禮銳 子二

禮金 子二

禮班 子二

夢卯 球端
子三 泰 忠 井

璋老 養子一 榮宗

璋泰 子二 綽 棟

璋惠 無傳

璋井 養子一 園 生子二 宿 天

貽榮宗 外出

貽綽 養子一 富

貽棟 無傳

貽園 無傳

貽宿

貽天 養子一 通 無傳

禮富 無傳

禮通 出祖

夢冉 有球
子六 甲 戾 彩 壽 博 蘭

璋甲 子一 鏡
璋瓜 子一 諒
璋彩 子二 苓 想

貽鏡 子二 溪 瀨
貽諒 子一 丕
貽苓 子三 木 昂 撑出嗣貽想
貽想 養子一

禮溪 嗣子一
禮瀨 子一 明月出嗣禮溪
禮丕
禮木 子一 丸元出嗣禮昂
禮昂 嗣子一
禮歷 無傳

璋壽
子二　赤　米
嗣子一　撑

璋博　國慶　鄉賓
子二　科崴　回

貽赤
嗣子一　水

貽米
子二　水出嗣貽赤　磚

科崴　貽登
子三　潤澤　滾　味

貽回　周顏

禮水　無傳

禮磚　無傳

禮潤澤　子七

禮滾　子二

禮味　子二

禮分明　子一

彭亭紫雲黃氏族譜　九世至十三世　支圖

蘭
子二
錦
談

貽
錦
周綱
子二
禮托
生子三
嗣子一
禮寸
子九

貽
談
周心
養子一
賞花
生子五
遮
鏽
鶱
覘
㱷
敬
禮賞
嗣子一
禮遮
生子一
養子一
禮鏽
禮鶱
禮敬

子二
分明
盆水
禮盆水
嗣子二

第壹百十六帙　泉州聖教興文石印

夢講 球約
子四 鳳 朝 成 營

璋鳳
子三 池 蔭 品

璋朝
子三 椰 長興 長順

貽池 無傳

貽蔭 無傳

貽品 無傳

貽椰 嗣子一 加良

貽長興 嗣子一 珪
生子二 加良出嗣貽椰 樟

貽長順

禮加良 子二

禮珪 子六

禮樟 子四

禮文擬 養子一

彭亭紫雲黃氏族譜　九世至十三世　支圖

夢齊 球思

璋尚

貽扶 外出漳州 嗣子一 鵬

璋營 子二 舉 珍

貽舉 無傳

貽珍

禮鵬 無傳

[illegible] 子二 泡 泉

貽泡 住臺故 無傳

貽泉 子二 萬德 鵬出嗣貽珍

禮萬 養子一 生子一

養子二 文擬 森

禮森 養子三 俱殤

第壹佰十七帙　泉州聖教佩文石印

子三 尚 哂 治

子扶

璋哂 無傳

璋治 無傳

光顯之系 明聖

子三 烈 曹殤 朶出嗣光赫

夢烈 球文

子一 招

璋招 無傳

光赫之系 明濯

嗣子朶

夢朶 無傳

光鐵之系 明銅

子一 玉麟

夢玉麟 出居同安岳口

彭亭紫雲黄氏族譜　九世至十三世　支圖

光隆之系　明盛
子三　傳　得　素來

夢傳　球賢
子一　瑞玉

夢得　無傳

夢素來　球朴
子二　捶　他

璋瑞玉　在漳平故

璋捶
嗣子一　密

璋他
嗣子一　袍

貽密
養子一　益

貽袍
養子三　糊　恭　是

禮益
子二

禮糊
子一　飯出嗣礼是

禮恭
嗣子一

禮是
嗣子一

以上四世桂公二房之派

第壹佰十八帙　泉州聖教佩文石印

光陛之系 明起
子三 集 應 寅宗

夢集 球迎
子四 請 殤 天寶 棟 蝦 殤

璋天寶 無傳

璋棟 無傳

夢應 球隱
子 銓

璋銓 無傳

夢寅宗 無傳

光盼之系 明美
子一 神佑 養子一 賛祖

夢神佑 球保
子三 午 老 報 殤

璋午 無傳

璋老 無傳

光荔之系 明伏　子四 壞 衷 麟 陣

夢賫祖 無傳

夢壞 球璲　子四 劣 準 端　兵出嗣夢疏

璋劣 嗣子一 接

貽接 無傳

璫 無傳

璩 無傳

夢衷 無傳

夢麟 無傳

夢陣 無傳

光著之系 明現

夢詰 球訓

璋磋

貽蜂

禮瑞 養子一

以上四世桂公三房之派

子二　誥　蕚

子一　磋

子一　蜂

養子一　瑞

夢蕚　球辭

子一　丙

璋丙　無傳

光遠之系　明近

子二　路　朕

夢路　無傳

夢朕　外出安海

光萬之系　明卞

子一　剌

夢剌　球視

子一　赤

璋赤

子三　石　武　文

貽石　無傳

貽武　往臺

貽文　往臺

光耀之系 明炫

子二 珍 鑾

夢珍 球寶

養子一 監

夢鑾 無傳

璋監

嗣子一 僱

貽僱

養子一 津

澧津 無傳

光卿之系 明爵

子一 僅

夢僅 球書

子四 廣 長 喜 博

璋廣 胖

子三 為 察 倩

貽為 無傳

貽察 無傳

貽倩 無傳

璋長 絜圖

養子二 盖 田

貽盖 無傳

貽田 無傳

光富之系　明厚
子二　琨　球

夢琨　球瑶
子七　腦　敏　善　女　謨　超出嗣夢球　安

璋博　宏圖
子一　苧

璋腦　首圖
子三　侃　勃　壯

璋敏　求圖

貽苧　無傳

貽侃
子二　民　良

貽勃
養子一　蚋

貽壯
養子一　立

貽爵

禮民　無傳

禮良　無傳

禮蚋　無傳

禮立
子一　鷁出嗣禮艾

禮瑛　無傳

子一蔚

子二 琠 璠出嗣達曦

璋姜 胥圖
子一 全

貽全 無傳

璋女 坤圖
子二 近 廩

貽近 外出臺灣

貽廩 外出德化縣

璋謨 典圖
子一 多

貽多 無傳

璋安 恭圖

貽宴 無傳

晃華之系 明榮

子四 會 是 和 敦

夢徠 球擇

嗣子一 超

夢會 球友

子一 約

夢是 球步

子四 吉 覓 撇 毗出嗣夢敎

璋超 然圖

子一 宴

璋約 往臺故

子一 孔

璋吉

子三 壇 月出嗣璋度 瓶出嗣璋彪

璋覓 無傳

璋撇

貽孔 無傳

貽壇 無傳

貽緞

禮快 往建寧

夢和 球貴
子二 楓 鬆

子二 緞 洗

楓
子三 奐 坪 粕

養子一 快

洗 無傳

奐
子三 貌 節 牙

貽坪
子二 芹 綿

貽粕

禮貌 子一

禮節 無傳

禮牙 無傳

禮芹 子二

禮綿 養子一

禮摘 生子四 養子一

光康之系 明吏
子一 七

夢敎 球四
嗣子一 照

夢七 球仕
子四 天 蟾 朝

璋鬆
子一 蟳

璋照
子三 麵 罟 鈔

璋天 地圖
嗣子一 樟

璋蟾

貽蟳 無傳

貽麵 無傳

貽罟
子三 雎 楊 罕

貽鈔 無傳

貽樟 無傳

貽與 無傳

禮雎 生子鳳出 嗣禮思

禮楊 無傳

禮罕 生子一殤 嗣子一

彭亭黃譜　九世至十三世　支圖　第壹佰十三葉　泉州聖教佩文石印

乐殤
子三　與　樟出　章天　星出　朝

璋朝
嗣子一　星

貽星　無傳

光[illegible]　明節
子二　祥　宰

夢祥　球福
子五　宗　祖　佑　夏　參

璋宗　親圖
養子一　欽
生子一　標

璋祖　無傳

貽欽　無傳

貽標
子四　悄　吔　音　唱

禮悄　養子一

禮吔　無傳

禮音　無傳

禮唱　無傳

光治之系 明和

夢宰 球相

夢珠 球寶 子二 乙

璋佑 蔭圖 子一 周

璋夏 子二 生 串

璋參 無傳

璋乙 無傳

璋月 無傳

貽周 無傳

貽生 養子一 起

貽串 子一 亂

禮起 無傳

禮亂 無傳

子二　珠　理

光荷之系　明掌
子六　雍　郭　川　沛　西　北

夢理　球文
子二　月　孚

子一　固

夢雍　球面
子三　邑　敢　進

璋孚

璋固　無傳

璋邑　無傳

璋敢
子五　閣　再　紀　桐　姜出嗣璋快

貽閣
子三　窓　語　權出嗣貽紀

貽再　無傳

貽紀

禮窓　子二

禮語　無傳

禮權　子一

璋進 無傳

貽桐 無傳 嗣子權

夢郭 往巴故

夢川 球上 嗣子一 快

璋快 嗣子一 姜

貽姜 無傳

夢沛 球澤 子一 拱

璋拱 無傳

夢西 球金 養子一 蜀

璋蜀 無傳

璋老 無傳

生子一　老

夢北　球南　子一　乾

乾　子二

光岳之系　明東　子六　我　昇　頗　巖　踏　鍵

夢我　球戈　子三　綏錫　飲　點

璋飲　子二　巧　唇

貽車　養子一　輦

貽悖　子一　抄

貽巧　子一　湊

貽唇　子三　海　餅　挨

禮輦　無傳

禮抄　養子一

禮湊　無傳

禮海　無傳

禮餅　無傳

禮挨　嗣孫奕先

彭亭紫雲黃氏

夣昂 球軒
子五
清殤
乾殤
暨殤
乞
賞

璋點
養子一
平

璋乞
子六
好
扶
黑
榜
六
貢

貽平
子一
集

貽好
養子一
郁

貽扶
子二
喊
外

貽黑
子一
棨

貽榜 無傳

禮集
子二

禮郁
無傳

禮喊
無傳

禮外
養子一

禮棨
子三

璋賞　無傳

夢煥　球文　子二　慈　歸

璋慈　無傳

璋歸　無傳

夢殿　球登　無傳

貽□　子一　鏢

禮鏢　養子一

貽貢　子三　靳　沛　相

禮靳　嗣子一

禮沛　子二

禮相　子一

夢蹈 球雲
子二
抵出嗣夢杭
糖

璋糖 無傳

夢錠 無傳

光俊 以日起子光旺爲嗣 昭穆不順例不書

光轉之系 明業
生子添
養子宋

夢添 以光旺子夢垂爲嗣 昭穆不順例不書

夢宋 往臺故

光論之系 明賜
子五
力
六
趣

夢力 球用 無傳

夢六 無傳

夢趣 球味 無傳

返　越

光美之系　明善
子六　交　巧　凜

夢返　球求
子四　石　套　砂　薹

夢越　無傳

夢交　無傳

夢巧　外出

夢凜　無傳

璋□　無傳

璋□　無傳

璋石
養子　滿　苓

璋薹　無傳

貽滿

貽苓

彭亭紫雲黃氏族譜　九世至十三世　支圖　第壹佰二十七帙　泉州聖教佩文石印

說出嗣光陳
看
妹

夢看 球仰
子一
橡
璋橡 無傳

夢妹 無傳

光措之系 明次
嗣子一
內
夢內 球署
養子一
動
璋動 無傳

光陳之系 明衛
嗣子一
說
夢說 無傳

光翁之系 明老
子四
初
內出嗣光措
端
夢初 球服
子二
嚷
龐
璋嚷
子三
進出嗣璋時
法出嗣璋龐
真
貽真
養子一
聯香
生子二
帝
黎
禮聯 子二
禮帝 嗣子一
禮黎 無傳

彭亭紫雲黃氏族譜　九世至十三世　支圖

第壹佰二十八帙　泉州聖教佩文石印

顔

夢端 球正 養子一

璋開 無傳

夢顔 子一 規

璋規 外出尤溪縣

黎

璋龐 嗣子一 法

貽法 周文 子三 近 來 槁

禮近 子三

禮來 子二

禮槁 子二

以上四世林公長房之派

佛賜公派

光有之系 明也
子二
務
隔山嗣光真

夢務 無傳

光俟之系 明輝
養子一
獻

夢獻 球文
子三
總 授 援

璋總 制圖
子二
場 塊

璋梭 法圖

貽場
子四
胆 銓 灣 標

貽塊 無傳

貽增 嗣孫則奉

禮胆 養子一

禮銓 子二

禮灣 子二

禮標 無傳

彭亭紫雲黃族譜 九世至十三世 支圖

光忠之系 明懷
子二 脩 庶福

夢脩 球考
子二 宋 敦

嗣子一 增

璋援 上圖
養子一 玷

玷 無傳

璋宋 南圖
子三 聘 乾 靛出嗣璋齊

貽聘
子二 笑 玉

禮笑 無傳

禮玉 嗣子一

貽乾
子二 研 羽

禮研 子二

禮羽 無傳

璋敦 親圖

貽活

禮綿 無傳

光助之系 明哉
夢添 外出臺灣
養子一 添
子一 活

光愛之系 —— 夢衆 外出臺灣
子衆
子一 緜

光益之系 明行
夢位 無傳
夢章 無傳
子二 位 章

光進之系 明國
夢賤 號謂
瑋雜
貽茂 外出臺灣

以上四世養公之派

子四 賤 仍 讀 棫 塲

光榜之孫 明金
子三 擇

子四 什 荷 凜 塲 鋏

夢仍 球囝
子一 苧
養子佔

夢讀 球誦
子一 措

夢擇 球仁
養子一 各

養子茂

璋荷 無傳

璋鋏 無傳

璋苧 無傳

璋佔
嗣子疊

璋措 無傳

璋各
子二 緑

貽疊 無傳

貽緑
嗣子一 晚

禮晚 子四

磋命

亦出嗣璋極

夢磋 球昜

子二 長 葉

夢孟 球宗

養子二 彭

生子三 雷 盎 養 算 竦

璋長 無傳

璋葉 無傳

璋彭 賢圖

子五 煥 呈 犀 坎出嗣璋狨

養子一 育

璋雷 雷圖

貽煥 無傳

貽呈

子一 孫

禮孫 嗣子一

貽犀 往臺

貽育 無傳

貽賁 無傳

彭亭紫雲黃氏族

九世至十三世　支圖

光三之系　明得

子二　聽　謙

夢聽　球

子二　耀　殤　伏

夢謙　球　撝

璋伏　禮圖　無傳

璋辣　盖圖　無傳

子一　貌　出嗣璋乃

璋算　合圖

子一　賫　出嗣璋佔

璋益　舉圖

子一　貢

璋黨　無傳

第壹佰三十一帙

泉州聖教佩文石印

光培之系 明丞
養子一 禓
生子一 拔

光雅之系 明言
子三 魏

養子二 黨 詮

夢禓 球寛
子二 興 自

夢拔 球剎
子三 極 徙 宇

夢魏
嗣子一 乃

璋詮 無傳

璋興 無傳

璋自 出居永福

璋極赤 嗣主

璋徙 無傳

璋宇 無傳

璋乃 萬圖
嗣子一 貌

貽赤
子三 寄 晩出嗣貽綠 丟出嗣貽清

貽貌 無傳

禮寄 無傳

鵬擬

光烟之系 明深

夢鵬 球慈 子三 千 乃出嗣 糕

夢擬

夢餅 球大

璋千 百圖 養子一 炭

糕 古圖 子二 坪 郡

璋吉英 外出臺灣

貽炭

貽坪 養子一 來興

貽郡 養子 江

禮安 子四

禮時 嗣子一

禮來興 無傳

禮江 子一

嗣子一　諧

子三　趕殤　吉英　再

璋再　外出臺灣

光選之系　明元

子二　羣殤　悠

夢悠　球多　無傳

光仁之系　明德

子二　懷　楚

夢懷　球玉

子四　檀　棖　樸殤　[illegible]出嗣夢楚

璋檀　樹圖

子一　忠

璋棖　申圖

子五　邊　撓　配

貽忠　無傳

貽邊

子四　硈　莧　墨

禮硈　子二

禮莧　子三

禮墨　子一

夢楚　球語
養子二　親
嗣子一　楫

鵡　甜

璋親　支圖
養子一　露

璋楫

硯

貽挽　子　摘

貽配　無傳

貽鵡　無傳

貽甜　無傳

貽露　子三　提　周　寶

貽皇

禮硯　子三

禮摘　出居沙縣

禮提　無傳

禮周　無傳

禮寶　無傳

禮共　子一

子二
皇
風

貽風
生子六
共
嗣子二
着
子四
恐
口
揖
等

禮着
子一

禮恐
子五

禮口
嗣子一

禮揖
嗣子一

禮等
子一

光叔之孫
子二
引
勳
明敬

夢引
球紳
子一
準

夢勳
球舉
無傳

璋準
養子一
珪

貽珪
子一
義

禮義
無傳

光尾之孫
子汝
明首

夢仕
球朔
養子敬

璋敬
養子智

貽智
無傳

萬春之系 明震 邑庠生
子四
擡
玉麟 殤
佇
俊

夢擡 球荷
子三
燦
煇
熾

夢佇 球看
子二
當
墋 出嗣夢俊

璋燦 著圖
子三
使 殤
表
誅 出嗣璋王

璋煇 煌圖
無傳

璋熾
養子一
塘山

璋當
無傳

貽表
無傳

貽塘山
子二
墘 出嗣貽僭
着 出嗣貽皇

彭亭紫雲黃氏族譜 九世至十三世 支圖 第壹佰三十四帙 泉州聖教佩文石印

光函之系 明容

子六

跨

二

旦

瓠

崇 嫣

香

夢後

嗣子塊

瑋塊 無傳

夢跨 球頁

子四

全

聳出嗣夢二

熊出嗣夢花佑

巴

瑋全 無傳

瑋巴 無傳

夢二

嗣子聳

瑋聳 無傳

夢旦

子斂

瑋斂 無傳

光恬之系

子四　趾　厲　鹿殤　降

明熙

夢鈲　子文

璋文　無傳

夢香　無傳

夢趾　球麟　子四　檜殤　武殤　尋殤　唱

璋唱　無傳

夢厲　無傳

夢降　無傳

光雲之系

明龍

夢東　球道

璋水

貽蹁　無傳

子五 東 夏 次 伍 乾嫡

子二 水 丁亥出嗣夢伍

養子一 騙

夢夏 無傳

夢次 無傳

夢伍 嗣子丁亥

璋丁亥 卯圖 無傳

光侃之系圖

子四 乙嫡 送 官 品

夢送 球君

子大出嗣夢道

桃出嗣光泰爲孫

李出嗣夢貼

夢官 無傳

光溪之系 明谷 子用

光潭之系 明海 子戶

光員之系 明備 子六 朮殤 汙殤 乞 快殤 五 神

夢品 無傳

夢用 外出

夢戶 無傳

夢乞 嗣子一 英好

英好 無傳

夢五 嗣子一 乜

夢神 球君 子五 樣 蹠 乜出嗣夢五

璋樣 無傳

璋蹠 無傳

光閤之系 明峯
養子一
保

夢保 球定
子一
集

璋集 無傳

光真之系 明垄
養子一
隔
生子五
蓮
嚴
天
作 出嗣夢帝昭孫 不備[illegible]不書
佔

夢隔 無傳

夢蓮 無傳

夢嚴 無傳

夢天 無傳

夢佔 無傳

光籫之系
子一
春

夢春
嗣子一
勤

璋勤
子二
拋

貽拋
子四
椰

禮椰 子一

禮稽 嗣子一

光博之系

子一 芬

夢芬

子四 商 …

璋商

子一 聰

璋錐

嗣子二 案 協

璋隨

貽聰

養子一 智

貽案 無傳

貽協

嗣孫一 降

貽蓮

嗣一 富

禮智

子四

禮富

子四

蓮

…由出嗣貽蓮 殤

以上四世結公之派

十三世　十四世　十五世　十六世　十七世

禮量之系——則敬
　　　　　　則賢
子四　敬　賢　山出嗣禮煉　買出嗣禮樹

禮煉之系——則山
嗣子一　山

禮樹之系——則買
嗣子一　買

禮法之系——則泉

彭溪亭右黃氏族譜　十三世至十七世　支圖　第一帙　泉州聖教佩文石印

則聯　子二　泉　聯

以上三世佛保五世良烈九世光秉之派居八都洋坪

禮江之系——則桂——奕提
　則桂：子一　提
　禮江：養子一　韶

此系四世玄公九世光圓之派現在碼頭區東安鄉

禮堪之系——則𥼶——奕猪
　禮堪：子二　𥼶　粽出嗣禮摸
　則𥼶：子三　㴰　循　旋　双全
　奕猪：抹枝　鄉賓　子七　枸　杞　殤　傑　欽　礼　星出嗣奕循　州　炳煌出嗣奕循

世傑　世欽　世礼　世州

禮樓之系——則粽

粽　嗣子一

奕循　養子二　寶　秋蘭　嗣子三　溢　星　炳煌

奕旋　養子一　樽　生子一　溢出嗣奕循

世寶

秋蘭

世溢

世星

炳煌

世樽

以上九世光長之派現在千金廟社觀音亭鄉

禮芸之系

子三 大 準 眼出嗣禮江

則大

子四 挨 香付 飯 田

奕挨

嗣子一 土水殤

奕香付

子六 坤殤 主水出嗣奕挨 坑 烏細出嗣奕飯 嶢出嗣奕飯 老殤

世坑

子一 力

種力

奕飯

嗣子二 烏細殤 嶢

世嶢

禮仁之系
養子一 奎
嗣子一 眼

則奎 瑆
子五 朝 雁 純 祿 紅

則準
子二 湳 鎮

奕田 無傳

奕湳
子一 炮

奕鎮

奕朝

奕雁

奕純
子三 烏賓 芳林 芳美

奕鹿 無傳

世炮

世烏賓

世芳林

世芳美

則眼

嗣孫世深

奕紅

無傳

世深

禮店之系

養子一

吗

則吗

子一

來

奕來

子二

金

深出嗣則眼爲孫

世金

禮慌之系

子一

厚

則厚

子二

鉄

嘉

奕鉄

奕嘉

以上九世光天祐之派

禮食之系
養子一 稅

則稅
子二 西 蓮

奕西
子一 露水

世露水

奕蓮
子二 活水 克勝

世活水

世克勝

以上九世光提之派

禮岸之系
子二 池 面殤

則池
養子一 埔
生子一 馥蘭

奕埔

馥蘭

以上九世光其之派

禮交之系——則釵

嗣子一

金釵

禮欣之系——則嫌——奕詩聰

子一

嫌

子一

詩聰

禮噉之系——則田

子一

田

禮浪之系——則玉兎——奕沛水

則窓

仲突

子五

樵山出嗣昭之爲孫

金釵出嗣禮交

玉兎

窓

仲突

十一

沛水

禮應時之系——則欽（嗣子一　欽　生子二　泰山　双成）——則欽（子一　中原）——奕中原

則泰山

則双成

禮登科之系——則壤（子二　欽出嗣應時　壤）——則壤（子一　信）——奕信

則堆山（貽並嗣孫）（子一　流水）——奕流水

以上九世光對之派

此係九世光部之派

禮益元之系——則寅　無傳

嗣子一 寅

生子一 絨

則絨　子一 梳

奕梳　子三 四川 四州 出嗣奕改 炎上 殤

世四川

禮金貞之系

子二 棓 凤

則棓　無傳

則鳳　子一 改

奕改　嗣子一 四州 殤

禮長壽之系

嗣子一 則

生子一 美

則朗

則美　出居台灣

禮[illegible][illegible]之系

則莊

奕鶯

禮裁之系 子一 莊 子三 云 錢 清
— 則云 無傳 子一 鶯
— 則錢 無傳
— 則清 子一 贊 — 奕贊

禮培之系 養子一 開來
— 則開來 養子一 送喜 — 奕送喜

禮合之系 養子一 等
— 則等 無傳

禮[illegible]尔
— 則水 出居永福

養子一 水
生子五 妥 汫 胡 甜
鍚
山

則妥 出居永福
則汫
則胡
則山

禮久之系
養子二 異香
生子三 乞 園 田

則異香 歿永福
則乞 無傳
則園 無傳
則田 無傳

禮樹之系

則蔭

以上九世光晏之系

禮欉之系

子三　蔭　儉出嗣禮欉　貞

則貞　子一　達殤

則八　無傳

則儉　子一　良

奕良

生子一　八

嗣子一　儉

養子一　天發

則天發　出居福州

禮網之系

子二　自來　進來

則自來　出居福州

則進來　無傳

以上九世光侯之派

禮拋之系 — 則進 — 孝 出己福州
養子一 進木

禮寶之系 — 則秀 無傳
養子一 秀

禮福之系 — 則㨗 — 奕謙 — 世拱南
子一 㨗
嗣子一 謙
養子一 苗
子一 檝碭
嗣子拱南
奕苗

禮建之系 — 則睒 — 奕佇
養子三 睒 室
子五 謙出嗣則㨗 佇 秀
奕秀 — 世拒南
子三 拒南
世烏合

以上九世光乞之派

府殤
魯殤

烏合
拱南出嗣夾謨

則窐

禮霧之系
則却
子一
却
子一
蝶殤

禮霞之系
嗣子一
冬
則冬
養子三
意
沅殤
韜
奕意
奕韜

禮舉之系
子一
拿
則拿

禮柴之系
則仅
奕佩玉

禮情之系

嗣子一 汶

養子一 秋吉

則秋吉

生子一 璇璣湯

養子一 佩玉

禮雲之系

子二 三 寀

則三

嗣子一 常來

爽常來

子二 鎮藩出嗣則萍爲孫 拓藩

世拓藩

則寀 無傳

禮扁之系

子四 戶

則戶 無傳

則萍

○

○

世鎮藩

萍
成
曈

則成
子一
常水出嗣則三

則曈
嗣孫一
鎮藩

禮予之系——則擇
嗣子一
擇

禮義之系——則侯
子三
侯
擇出嗣禮予
儲殤

以上九世光助之派

以上九世光糾之派

禮載之系
子三
曠
鍾
寶錫

則曠
養子一
緝熙

奕緝熙

則鍾
養子一
延熙

奕延熙

禮圖之系
守堅
庠生

子四
龍
震
底
梅

則龍
雲旋
子四
玉汀錫
德裕錫
增高
南音

增高

南音

震
則遵
高小學業與增生

德音
惠兵
中學肆業

彭溪亭后黃氏

禮門之系

子六 嘀碭 為 彭出嗣禮賢

則底
埋平
子二 朗音 八音

則梅

則為
子一 寧

則

養子二 德音 翰音
生子一 綸音

翰音

綸音

朗音

八音

奕欽寧

十三世至十七世　支圖　第十帙　泉州聖教佩文石印

深錫
宙錫
東

禮賢之系
嗣子一
鄠
生子一
聘

則鄠
子一
玉盒

奕玉盒

則聘

禮蔡之系
養子一
着
生子六
謹錫
秋
婆

則着
出洋

則秋

則婆
生子一
杏塩錫

奕金練

以上九世光莒之派

柑
訓協
墻

則柑——奕金錶
嗣子一 金練
子二 金練出嗣則姿 金錶

則墻——奕金針
子一 金針

禮茂之系
養子一 瓊林（傳）

禮玉（璽）之系——則恩典
養子一 恩典

以上九世光脱之派

禮玲之系——則眼

嗣子二　眼　置

則置

禮鉌之系——則椿

子六　禹陽　置出嗣禮玲　袖陽　椿　振　塵

則振

則塵

禮綠之系——則發來

禮疊之系——則超群

生子二　眼出嗣禮玲　樟錫　養子一　發來

養子一　趙群

禮業之系——則賜　無傳

子一　賜

禮乳之系——則賜——奕綱——世甲戍

養子一　賜

嗣子一　奕綱

嗣子　甲戍

以上九世光顯之派

卷六十一 得路

得路
生子一
甲戌出嗣奕綱

奕琴
生子三
名樑殤
榮華殤
琴

禮臨之系
嗣子一
邵

則邵
嗣子一
樸

奕樸
子二
鞭
糕出嗣奕長

世鞭
子一
杭

種杭

禮順之系
子二
兜
邵出嗣禮臨

則兜
子四
樸出嗣則邵
出殤
長
秕

奕長
嗣子一
糕殤

奕秕
子一
景元

世景元

禮乍之系
子一
緞

則緞
無傳

禮恁之系
子二
清
楀

則清
姪奕咨為祀

則楀
子七
咨
楮
皷殤
絧出嗣則勝
餘
孫芸殤
鉄

奕咨
子一
窑

世窑

奕楮

奕餘

奕鉄

禮岳之系
子二
撰

則撰
嗣子一
堅

奕堅

絹

則絹
子二
堅出嗣則綨
辰殤

禮園之系

則紿
子一
紿

奕勇
子二
勇
省

世淺
子三
淺
杉出嗣奕省
遠基爲

奕省
嗣子
杉

世杉

禮仰之系

則鰍
養子一
鰍

奕泵
生子一
泵

子一
萬出嗣禮遠爲曾孫

禮媼之系——則鏡——奕秇

子一　鏡

子四　同謀殤　真亦養殤　奸孫殤　秇養

養子一　秇出嗣則詩

禮佰之系——則取　則衫——奕承祖

嗣子一　取

無傳

生子二　担出嗣禮法　衫

養子一　承祖

以上九世有敬之派

禮法之系
嗣子二　担　津

則担
子二　概　祥殤

奕概
無傳

則津
無傳

禮領之系
子四　波　津出嗣禮法　灘　沃殤

則波
子一　宜

奕宜
無傳

則灘
無傳

禮鈑之系
養子一　地

則地
無傳

禮擱之系 — 則椗 — 奕稽 無傳

子一 椗

子一 稽

禮麟之系 — 則冰 無傳

子四 冰 澎出嗣禮旦 暉 經

則暉 養子一 向 — 奕向

則經

禮圳之系 — 則煆

嗣子二 煆

禮杞之系 — 則顯

子二 煆出嗣禮圳 顯

禮服之系 — 廷瑚 則器 中學畢業 子一 — 奕承烈

子四 廷瑚

彭溪亭后黃氏族譜　十三世至十七世　支圖　第十五帙　泉州聖教佩文石印

鏕殤
環
麗殤

則環
養子一
承平
承烈

奕承平

禮乃之系
子三
呈
花
闔

則呈
則花
則闔

禮國之系
子一
中

中
則敬
福建自治畢業
子二
啟殤
部殤

禮倫之系
子二
鑾

則鑾
子二
連

奕連
奕謀

世照

支謀　子一　熙

則友　生子一　昌　養子一　濱

奕昌

奕濱

禮攀之系

則根　養子二　根　天發

則天發

禮日之系

則澎　嗣子一　澎

以上九世光泮之派

此系九世光樓之派

禮艾之系——則鶴 無傳
嗣十一
鶴

禮配之系——則垻 無傳
子一
垻

禮挑之系——則添——奕擽 無傳
子一
添
十一
擽

禮忖之系——則人和——奕見——世酒——種魚——種定國
生子一
人和
子五
見
養子一
酒
子三
魚

以上俱四世夏公之派

此系九世光□水之派

養子一 以

禮浪之系　子五 協

則以 無傳

則協　子三 蒼

啣曉 塔殤 閩殤

奕啣 無傳　生子一 座來

奕曉　子四 羅 分出嗣則文為孫 店 文理

奕蒼　子三 賞

定國 寶出嗣座來

座來　嗣子一 寶

世羅

世店

文理

世賞

種寶

泉州聖教興文石印

條
連
舒
清
殤

則條
子五
盤
水源
桃
炎
雅
奮
殤

欽出嗣則連
彩

奕彩
子一
坑
殤
械
殤
蝌
殤

奕盤

奕水源
子一
呈墻出嗣奕炎

奕桃
長子三
進
安
殤
書

奕炎

世進

世書

世呈墻

禮頂之系

則法　養子一 法　無傳

禮案之系

則放　無傳

則連　嗣子一 欽

奕欽　無傳　嗣子 星墻

則鑫　子四 賜 曆賜 由 横

奕賜

奕由

奕横

子六　放　緞出嗣禮桂　秋　荞　鰻　垂

則秋　子一　娑
奕娑

則荞

則鰻　嗣子一　後瑒

則垂　子四　後出嗣則鰻　針　清泉出嗣則緞　梧桐
奕針
梧桐

禮桂之系
則緞
奕狗

彭美亭台黃氏族譜　十三世至十七世　支圖　第十九葉　泉州崇文閣文石印

嗣子一 緻

奕清泉

禮神之系 子三 發 洸 火

則發 生子 狗 嗣子 清泉

則洸

則火 兄弟與外出身故

禮矜之系 子一 渺

則渺 無傳

禮寧之系 養子二 山 祥

則山 子一 敎

奕敎

則祥

奕勇

子二　勇　湍

奕湍

禮緝之系——則鄉　無傳

子一　鄉

禮提之系——則捧　無傳

嗣子一　捧

禮覺之系——則四　無傳

則深　無傳

則戶——奕雷

子五　四出嗣禮緝　鄉
捧出嗣禮提
深
田
戶

嗣子一　雷

禮蔭之系——則意——則𨁟——奕堯　耀屋

禮蔭之系：養子一　意；生子二　𨁟、福出嗣禮信

則意：生子　明來、錫

則𨁟：生子二　海錫、長錫　嗣士之；先屋

禮奎之系——則漣

禮奎之系：子一　漣

禮鑑之系——則得、則双喜——奕馨——世楓枝

禮鑑之系：子四　得

双喜

漂

而

子四

譽

勝殤

隱養

合殤

奕隱

嗣子

楓枝

則漂

子三

科

娥殤

茶

奕科

奕茶

生子

楓枝出嗣奕譽

則面

子一

居殤

則成

生子一

早出嗣則壙

奕墻

禮贈之系

子三

璒殤

彭溪亭石黃氏族譜　十三世至十七世　支圖　第二十一帙　泉州聖敎佩文石印

成
墳

則壙　養子一　墻
嗣子一　芊
奕芊

禮信之系
嗣子一　福
則福　子三　城
雲出嗣則户、
先屋出嗣則跕
奕城

禮泉之系
嗣子二　開　榮木
則開　出祖
則榮木　子四　服殤　高殤　林殤

禮石之系

子七　寅　着　榮木出嗣禮永　來　𡉏　川　欸

則寅　子一　經

奕經

則着　子一　角

奕角

則來　出祖

則土地　嗣子一　家富

奕家富

則川　子三　家富出嗣土地

奕家听

奕家俟

灶殤

彭溪亭店黃氏支　十三世至十七世　支圖　第千二帙　泉州聖教佩文石印

則欽
家昕
家侯

以上九世光紐之派

禮抗之系
淵泉
玉山出嗣寶□

則淵泉
穆
知

□穆
嗣子一
銀

銀

□□
□四
銀出嗣奕穆
竹殤
塗殤

則寶

奕知

子五 知 水 有 彩 火瑒

子一 康瑒

奕水 無傳

奕有 無傳

奕彩 無傳

禮瀬之系

嗣子一 玉山

養子一 慈

則玉山 — 奕稼 無傳

養子一 稼

則慈

子一 曾瑒

禮亮之系

子四 能

則能 — 奕狗 無傳

嗣子二 狗

奕金釵 — 世流水

五畓
照

金釵

則五
子一
狗出嗣則能
嗣子二
萬成
沙殤

奕萬成 無傳
子三
流水
輝煌殤
湖水出嗣奕剎

則審
子六
金釵出嗣則能
剎
沙出嗣則五
汪
楚良出嗣則文

奕剎
嗣子一
湖水

奕汪

奕誇水

世湖水

彭溪亭后黃氏族譜　十五至十七世　支圖　第二十一帙　泉州聖教佩文石印

詒水

則照　子一萬成出嗣則五

禮春來之系——則文　無傳

子二之莫出嗣禮謁

禮賞之系——則妹　養子一萬福——奕萬福　無傳

養子一妹

禮素之系——則益——奕蝶來——世哲　無傳

以上九世光贈之派

以上俱四世桂公之長房

彭溪亭后黃氏　十三世至十六世　支圖　第二十四帙　泉州聖教佩文石印

子五　益　啣　盈　曝　油水

則啣　子一　富
- 奕富　子一　賓
  - 世賓

則盈　嗣子一　粒
- 奕粒　嗣子一　拔竹
  - 世拔竹

則曝　子一　引
- 奕引
- 奕嗒
  - 禹才

奕呈　生子二　蝶來　嗒出嗣則曝　養子一　呈

子四　哲　成　錝　嗣子一　炎
- 世成　無傳
- 世錝　無傳
- 世炎

則油水
子三
粒出嗣則亜
知
樑出嗣則正
嗣子一
啥

奕知
子四
扳竹出嗣奕粒
春水殤
茂林
祥桃殤

茂林
子二
炎出嗣蝶禾
禹才

禮巃之系
子四
然
波
酧

則然
子四
足出嗣則波
是出嗣則波
斗

奕斗
嗣子一
東海

世東海

以上九世光快之派

和出嗣禮賞

學殤

則波

嗣子三
足
是
柢殤

則酧

子四
柢出嗣則波
蹺出嗣則和
開春殤
珠弁

奕足

子三
求海出嗣奕斗
拾枝殤
金筆

奕是

養子
天賜

珠弁

世金筆

世天賜

禮偶之系——則算
嗣子一 算
生子二 户源 生
養子一 通出嗣禮壬

則户源
嗣子一 娣娥殇

則生——奕蘭
子二 蘭 娣娥出嗣户源

禮垂之系——則擡
子一 擡
出居德化

禮魚之系——則柠
出居德化

以上九世光定之派

彭溪亭后黃氏

十三世至十七世　支圖　第二十六帙　泉州聖教佩文石印

禮象之系—剛—奕板

禮教

子一　拧

子三　顯　跨

良拧—子點　無傳

子二　點

顯出嗣剛跨

剛跡—子福　無傳

子一

禮黨之系
子一
攀

則抹
嗣子一
抹
生子二
鈺
酒出嗣禮卉
養子一
拔
無傳

則鈺

禮柑之系
子三
嗅
雹
先

則嗅
嗣子
樣
——奕樣

則雹
養子一
買來
生子一
樣出嗣則嗅
——奕買來

則先
子一 烟苗殤

禮篝之系
嗣子一 酒
生子四 俩 繚 生 霜

則酒

則俩
養子一 長發

長發

則繚

則生

則霜

禮𢑱之系
嗣子一 嘆

則嘆

彭溪亭后黃氏族譜　十三世至十七世　支圖　第二十七帙　泉州聖教佩文石印

禮粿之系——則閔

子二 嘆出嗣禮龠 閔

以上九世光寛之派

禮綢之系——則鰲 無傳

嗣子一 鰲

禮石之系——則梯 無傳

子二 梯 鰲出嗣禮綢

禮惠之系——則溪——奕的 無傳

子一 溪

子一 的

禮輭之系——則簿——奕妹

子一 簿

嗣子 妹

生子一 肅殤

養子一 天助殤

禮脇之系——則挑 無傳

　　　　　——則活——奕蟻——世論 無傳

生子一 挑

養子一 活水

子一 蟻

子三 論 鉄殤 僧殤

禮滴之系——則醋——奕親

子一 醋

子二 親 妹出嗣則簿

禮容之系 — 則先 無傳
嗣子一 先

禮諒之系 — 則交 無傳
子二 先出嗣禮容 交

禮奚之系 — 則綽 — 奕溋 — 世溽 — 種燒 子一
子一 綽 養子 泵
子一 溋
子一 溽
子三 燒 暴 藍殤
則泵 外出
種暴

禮所之系 — 則蚶 — 奕田 無傳

彭溪亭后黃氏族譜　十三世至十七世　支圖　第二十九帙

子三　蚶　敦　翰出嗣禮依

則敦　子二　跕　巷

養子一　曰　生子一　水

奕水　無傳

奕跕　無傳

奕巷

禮郭之系

則挨　子七　挨　儒　銳　白　然　挽　摘

則挨　無傳

則儒　嗣子一　拐

奕拐　無傳

則銳　子三　勤

奕勤　無傳

奕藹　外出

泉州聖教佩文石印

諧
拐出嗣則儒

則白
子六
穆
螳
鎧出嗣則把
海出嗣則亁
樹
會

則然
嗣子一
鎧

奕穆 無傳

奕螳 無傳

奕樹
生子二
粒瑒
凱瑒
嗣子一
汪

世汪

奕會 無傳

奕鎧
嗣子一
貢

世貢

彭溪亭后黃氏族譜　十三世至十七世　支圖

- 禮帝之系
  - 則護
    - 英安火
      - 世錦
- 則挽　嗣子一 鍏
  - 英鍏　子三 乙 乾 汪出嗣英樹
    - 乙
    - 乾
- 則摘　子五 鍏出嗣則然 炎殤 升 震 有
  - 英升　無傳
  - 英震　子五 切 榮 磚 貢出嗣英鏜 春
    - 切
      - 　
    - 榮　子一 清海
    - 磚
    - 巻
  - 英有　無傳

第三十帙　泉州聖教佩文石印

子二
護
飯

則飯
子一
有土

子二
奕
意

奕意外出
嗣子一
錦

奕有土
子三
盖
錦出嗣安丈
家出嗣奕南

世盖

禮赤之系
養子一
伙

則伙
子一
吉

奕吉

禮碌之系
子三
墨出嗣禮趙
鑨
筆

則鑨
子一
海

奕海

則筆

彭溪亭后黃氏族譜　十三世至十七世　支圖　第三十一帙　泉州聖教佩文石印

禮超之系
嗣子一 墨

則墨
子六 蟬 衫 轉 存 南出嗣則浪 世

奕蟬
嗣子一 棹

世棹

奕衫

奕轉
嗣子 少

世少

奕存
養子一 問

世問

奕世

禮強之系
子三 欉

則欉
子二 反

奕反
嗣子一 椽

世椽

園
田

甫出嗣則園

則園
嗣子一
甫

奕甫
子三
椽出嗣奕反
泰
步出

世泰

則田
無傳

禮鄉之系
養子一
根
生子二
勉
肯
又養子一
托

則根
子三
殊外出
袁殤
樂殤

奕殊
出洋

則勉
無傳

則肯

彭溪亭后黃氏 左　十三世至十七世　支圖　第三十二帙　泉州聖教佩文石印

則托　子一 鴿殤

禮仾之系
嗣子一 翰

則翰　子三 撻 丹 允

奕撻　出洋

奕丹　出洋

奕允　無傳

禮合之系
子四 仁 八 跧 榮出嗣禮煎

則仁　子三 眉 改出嗣則八 道出嗣則跧

奕眉　子二 潑殤 釹殤

則八　一

奕改

則跧——奕道
嗣子一 道

禮覲之系——則集
嗣子一 集

禮輕之系——則六——奕利——世帖
子二 六 集出禮覲
子一 利
子一 帖
嗣孫 樹来

禮厚之系——則枰 無傳
子一 枰

禮煎之系——則榮——奕潘

嗣子一 榮

子二 潘 欽賜殤

禮順之系——則四方——奕簡
嗣子一 四方
生子一 簡　養子一 題
奕題

禮糟之系——則浪——奕南——世家
子二 四方出嗣禮順 浪
嗣子一 南
嗣子一 家

禮賴之系——則味 無傳
子一 味

以上九世光輝長房之派

禮桂之系 攀禮 業儒 養子二 韓城 雄

韓城 則中 太學生 子一 粉

奕粉 奕巋 業儒 子五 爵 瀧 霧 烈 流

世爵 子一 相 —— 種相 子二

世瀧 世升 業儒

世霧 養子一 吟 —— 種吟 子一

世烈 養子一 典 —— 種典

世流 嗣子一 領 —— 種領 子二

彭溪亭后氏族譜　十三世至十七世　支圖　第三十四帙　泉州聖教佩文石印

國佐之系
容禮
邑庠生
子五
宗學
宗輝
宗榮
陞
蚕

宗學
則智
太學生
嗣子一
孝
生子三
文房
嘖
天賜

宗輝
則傳
太學生

則雄
廷藩
業儒
養子一
鳳儀
嗣子一
時

奕鳳儀

奕時
養子一
規出嗣奕禎
生子一
蠏

奕孝
無傳

奕文房
雁奕
業儒
養子一
晟

奕嘖
無傳

奕天賜
無傳

奕香
無傳

世蠏

世晟
子一
惟善

種惟善

養子一 香
生子一 提報

提報 恩奕 業儒
子三 緣 芴 浮

世緣 無傳

世芴 無傳

世浮 嗣子 運財
種運財

宗榮 則直 國學生
子二 泳 取

奕泳
子四 世球 嗹殤 服
草出嗣奕取
雲鳥出嗣奕佳

世球
子二 金花
運財出嗣世浮
種金花

世服
生子二 紅仕殤 誥封
種誥封

彭溪亭后黃氏族譜　十三世至十七世　支圖　第三十帙　泉州聖教佩文石印

禮梓之系　蜡禮　業儒　養子一　篤

- 則篤　養子一　及
  - 奕及　外出
- 則親
- 則奄　嗣子一　用
  - 奕用　無傳
- 則荏　則安　業儒　子三　佳　英　用出嗣則奄
  - 奕佳　子一　萬殤　嗣子一　雲烏
    - 世雲烏
  - 奕英　無傳
- 奕取　嗣子一　草
  - 世草

生子一
晚成

晚成 則壬
太學生
子二
兑
蹈

奕兑 奕孚
養子一
胆

世胆
子一
須出嗣世流
嗣孫一
書震錬

奕蹈 奕雪
子一
鄒

世鄒
子一
悦

種悦

禮掄才之系 犫才
生子三
淡
扇
員
養子一
棧

則淡 則交
子六
相
種
鉚
衡出嗣青山
孫
生

奕相 聲奕
子一
擴

世擴
外出

奕種
子三
松
竹
梅殤

世松
嗣子二
允殤
波水

種波水

種圖
世竹
子四
圖
允出嗣世松
舜日殤
波水出嗣世松

世贊
奕鄧
子四
河殤
賞殤
贊
輝殤

世奇菜
奕孫
子三
奇菜

世朝欽

則梭 則金
子二 驕 适

青山 則揚 佾生
養子一 綺
嗣子一 衡
生子四 棕

昆山出嗣奕生 朝欽

奕生
嗣子一 昆山

奕驕
無傳

奕适
子一 笑

奕綺
子二 珧 閣

奕衡

世昆山

世笑
養子一 換陽

世珧
子 扶香殤

世閣

彭溪亭后黃氏族譜　十三世至十七世　支圖　第三十七帙　泉州聖教俯文石印

禮補綻之系　釘禮　業儒
子二　著　疊

廟　社　明

則員　則圍
子一　吽

則著　則潛　業儒
子一　德望

則疊　則修
子一　川

奕棕

奕廟

奕社

奕明　聰奕　業儒

奕吽
養子一　三福

奕望　無傳

奕川
子四　經

世三福

世經　無傳

世納　無傳

禮棟之系　棟禮

子三　釵　踪　籾

則釵　無傳

則踪　養子二　尊來　洪

則籾　無傳

禮讓之系　遜禮

子二　牛　壺

則牛　全出居台灣

則壺

奕尊來　養子二　藍蕩　文韞

奕洪

世文韞　善殤　講殤　納

壹

禮涯之系　津禮

子六　魯　璧　磤　盞　堂　裕

- 則魯　無傳
- 則璧　無傳
- 則磤　無傳
- 則盞　無傳
- 則堂　則清　業儒　嗣子一　楓暘
- 則裕　嗣子一　錫
  - 奕錫　生子一　八出嗣奕恍

禮染之系　綠禮

- 掬
  - 奕曲
    - 世德

彭溪亭后黃氏族譜　十三世至十七世　支圖　第三十八帙　泉州聖教佩文石印

子二
掓
朋

子二
曲
祠

奕祠
嗣子一
德
子三
德出嗣奕曲
怡殤
潭

世潭

則朋
子四
醲殤
忧
錫出嗣則裕
楓出嗣則室

奕忧
嗣子一
八

世八

禮兵之系

則夳
外出

子二
夳

田出嗣禮昊 改名曰前

禮灘之系

則虎秋

子三 虎秋 惟永 惟和

則惟永

全出居台灣

則惟和

禮瑞之系 顯檀 業儒

生子一 毓奇 養子一 毓醇

毓奇 則賓 廩膳生

子二 雁 坦

雁 騰夹 附貢生

子四 典謨出嗣奕坦 廷猷 瞞殤 旋殤

世廷猷

奕坦

嗣子一 典謨

世典謨

養子 針

種針

彭溪亭后黃氏族譜 十三世至七世 支圖 第三十九帙 泉州聖教佩文石印

毓醇 則捧 候補巡檢
養子一 窓
生子二 師 嚴

奕窓 無傳
奕師 無傳
奕嚴 無傳

瑞草之系 珠禮
子二 希彭 哄出嗣禮數

希彭 則爾 太學生
子二 友恭 友共

友恭 維奕
友共 無傳

瑞蒲之系 藻禮
生子一 美
養子一 胖

則美
嗣子一 檜

奕檜
子二 檝 物

世檝
子二 種土碭 衍

種衍

彭溪亭后黃氏族譜　十三世至十七世　支圖　第四十帙　泉州聖教佩文石印

禮瑞藪之系

則旺　葉偏　無傳

則哄　國歡　養子一　旺

奕淍　無傳

則胖　則靜　子三　櫓出嗣則美　樶　樓

奕撬　養子一　買殤　生子一　陽

奕樓　子二　墻　凱殤

世陽

世墻

世物　子一　派

種派

嗣子一 哄

子二 洵 可

奕可 無傳

禮璠之系 則扡 珪禮 無傳

養子二 扡 豆

則豆 無傳

禮肘之系 則兒 緣禮 業儒 無傳

子三 兒 嗖 兆出嗣禮椂

則嗖 無傳

禮梗之系 則頻 奕官 無傳

嗣子一 頻

子二 官

彭溪亭后黃氏族譜　十三世至十七世　支圖　第四十一帙　泉州聖教佩文石印

生子四
滎萱
麦出嗣禮樑
正
户

滎萱　則鼓　太學生
不出嗣則户
生子四
侌手
嵩
紡
飛鳳出嗣則麦
養子三
弁
國

亣侌手
嗣子一
鏘

亣嵩
養子一
來
生子
概殤
贊國
唔殤
哇
丹

亣紡

世鏘

世來
子二
衢
漸殤

種衢

贊國　世成　高小畢業

世蛙

世丹

世招

則正
嗣子二 操 徙瑒

奕操
子一 金鈎

世金鈎

則戶
嗣子一 不

奕不
無傳

奕省

世泉

奕弁
嗣子一 拍
子二 拍出嗣奕紡 賜

世賜

奕國

彭溪亭启丑族譜　十三世至十七世支圖　第四十二帙　泉州聖教佩文石印

禮樣之系
業傑
嗣子二　麦　兜

則麥
嗣子二　飛鳳

則兜
出居台灣

禮軫之系
興禮
養子一　覽
生子一　哈

則覽
外出

則哈
子二　長年　則愛

奕公羊
無傳

長年
傳

養子一　有
子二　泵　榮彈

飛鳳
養子一　松茂
生子三　鍇出嗣奕拿　鍫　佃

榮彈

松茂

鍫

佃

公羊

禮氊之系　纖禮

養子二　繆　尺

則繆　子三　撻　甑　溜

奕撻　無傳

奕甑　子一　坪

世坪

奕溜　無傳

則尺　外出建寧

兆熊之系　瑜禮　生員

子四　噠　瓏　前　照

則噠　則道

子四　迪光　攕　盤出嗣則瓏　賀

迪光　康奕　業儒

子二　杏林殤　世後

世後

奕攕

奕賀

世河

彭溪亭后黃氏族譜　十三世至十七世　支圖　第四十三帙　泉州聖教佩文石印

世貞
子三　河　貞　帝殤

則瓏
嗣子一　盤
奕盤

則前
無傳

則照
養子一　狗
奕狗

禮紹之系
烈禮　業儒
子二　乇　秩

則乇
則倚
子一　魏
奕魏
出祖

則秩
則苗
奕肥
無傳

三房

二房

二房

子三 肥 檀 綬

奕檀 出居台灣

奕綬 無傳

禮因之系 蘊禮

則巧 無傳

子二 巧 禊

則禊 無傳

禮本之系 善禮

養子二 毛 髻告

則毛

子三 持 陡 深

奕持 出外

奕陡 無傳

奕深

則髻告 無傳

禮匹之系 方禮

則特

奕精 無傳

彭溪亭后黃氏族譜　十三世至十七世　支圖　第四十四帙

養子一 特
生子一 清

則清 則徐
養子一 精
生子一 丝
嗣子一 得

奕丝 艾奕
養子一 圖
生子一 樹

奕得
子三 碇 蛤

世圖

世樹

世碇
子三 央來
論士出嗣世江河
心水出嗣世江河

世蛤

種 央來

禮敬之系 心禮
子四 遇

則 遇
無傳

則
無傳

泉州聖教興文子印

邪 芀 壕

則芀
則采
子二 晃 槿

則蠔
無傳

鷹揚之采
敦禮
壬辰科武舉人
子四 响 帕 蕉 持

則响
則晃
子四 學 戚 串出嗣則帕 滾

奕晃
養子一 養

奕槿

奕學
無傳

奕戚
養子一 魚

奕滾

世養

世魚
子三 元 疊 鐳 桂殤

種元
子一 樹來出嗣世帖為孫

種疊

種鐳

則帕
嗣子二
串
從

則蕉　則桐
六品軍功
子三
稿
質
從出嗣則帕
爵

奕串
無傳
子一
娣娥殤

奕從
嗣子一
楷

奕稿
子三
守
文一
楷出嗣奕從

奕質　彬奕
子三
部殤
潑
笑納出嗣奕爵

世楷
子一
淄出嗣世守

世守
嗣子
淄

世文一

世潑

種淄

- 對揚系　度禮　鄉賓　子三　外　時　志出嗣禮醒
  - 則持　無傳
    - 奕爵　嗣子笑納
      - 世笑納
  - 則外　子三　傅出嗣則志　動　永
    - 奕動　子二　篇出嗣奕傳　緩
      - 世緩
    - 奕永　子一　顯
      - 世顯　子二　金定　金當出嗣世篇
        - 種金定
  - 則時　無傳

彭溪亭后黃氏譜　十三世至十七世　支圖　第四十六帙　泉州聖教佩文石印

禮褒之系 替禮 嗣子一 貯
則貯 則積 子二 胚 露
奕胚 無傳
奕露 子二 萊來殤 世嘡殤

禮醒之系 覺禮 嗣子一 志
則志 嗣子一 傳
奕傳 嗣子一 篇
世篇 嗣子一 金當
種金當

禮祀之系 錦禮 子六 額 吉 醞 貯出嗣禮褒 酵
則額 嗣子一 光手
奕光手 無傳
則吉 無傳
醞 無傳

罝

則酵
子二
桐
光于出嗣則頌

則罝
則誼
養子二
蝌
鮮

奕桐
格奕
子六
杏元
天助殤
涑文殤
奕快
軒良
劉殤

奕蝌
無傳

奕鮮
子五
澳殤
搐殤
角
燦殤
春

世杏元
子三
金鬚
堅積殤
金蒼

世奕快

世軒良

世角

世春

種金鬚

種金蒼

彭溪亭后黃氏族譜　十三世至十七世　支圖　第四十七帙　泉州聖教佩文石印

禮百祿之系 獻禮 鄉賓
子三 盼 松年 九如

則盼 則目
子二 舫 箱

松年 則進 太學生
子四 謗 眉 邦 悖

奕舫
子二 水 近

奕箱
子一 標

奕謗 依奕
養子一 昆
生子一 美

世水 無傳

世近 無傳

世標 無傳

世昆
子五 洸茂 綿两 樹冷 新地 抜領

種洸茂

種綿两

種樹冷

種新地

種抜領

奕曆　子四　声　炎　秦　等

世美　子二　泮水殤　昌禮

種昌禮

世声　嗣子一　玉樹

種玉樹

世炎

世秦　子二　玉樹出嗣世声　玉蘭

種玉蘭

世等

彭溪亭后黃氏族譜　世至十七世　支圖　第四十八帙　泉州聖教佩文石印

九如
子五
鑨
壳出嗣則
吉

生子五

奕邦
生子二
囉陽
閩陽
養子一
付

世付

奕悖
子二
鼓陽
執

世執

奕鑨
養子三
德
菜

世德

世菜

業錚

土金殤
貽殤
屆殤
祿殤
牙殤

奕吉
子一
渡殤

奕業
子五
畲殤
雁殤
進錢
顛來
柴殤

世進錢
世顛來

奕錚

禮緩之系 揖禮
則拈 則昊
子二 拈 盒
奕亮 堅奕
嗣子一 亮
養子一 湿
生子一 周瑒
世湿

則盒 則果

禮晏之系 齊禮 業儒
子七 禁 憲 繼祖 瞻 繼美 老出嗣際清 繼成
則禁
嗣子一 魚
奕魚
子五 依 厥出嗣奕真 嗑 夫 壇
世依
嗣子一 武
種武
世嗑
世夫
世壇

則慮 則思
奕清
世東

彭溪亭右黃氏族譜　十三世至十七世　支圖　第四十九帙　泉州聖教佩文石印

生子一 魚出嗣則棊

養子一 清

繼祖 則對 國學生

養子三 騫 興 登

十三 東

波生殤

麟生殤

奕騫 子三 田 猷 粽

奕興 養子一 呈

奕登 子五 遂

世田

世猷 子一 泰沅出嗣世耀

世粽

世呈

世遂

世珍

彭溪亭后黃氏譜　十三世至十七世　支圖

則瞻
養子一 淵
嗣子一 寶三

奕淵

寶三
傳奕 武庠生
子六 耀 分 機 譽 錦 芳

珍 傑 平 勇

世傑

世平

世勇

世耀
嗣子一 泰沅

世分
子二 聚出嗣世錦 土

世機

種泰沅

種土

種龍

第五十帙　泉州瞿致風之石印

繼美 則新 例貢生
嗣子一 擡
生子三 鼎
賓三出嗣則瞻
榔養
謙光

奕擡 養子一 就

奕鼎 養子四 相 造 鍚 策

世譽 子一 龍

世錦 嗣子一 聚

世芳

世就

世相 嗣子一 鈇

世策

種聚

種鈇

彭溪亭后黃氏族譜　十三世至十七世　支圖　第五十一帙　泉州聖教佩文石印

子一
鉄出嗣世相

奕樹

世叻

世定

世璇

穆出嗣奕鼎
藤出嗣贊玉

繼成 則華 庠膳生
子二 安宅 抱義

奕安宅 更出嗣奕安 國權殤
養子一 乾
嗣子一 更生

世乾
子二 曹
集雲出嗣世呠

種曹

世更生

奕抱義
子一 呠

世呠
嗣子一 集雲

種集雲

禮諧之系 和禮
子五 駒 大 猫

則駒 則元
子二 鮑 啟

奕鮑
子二 漢 沙

世漢

世沙

彭溪亭后黄氏族譜　支圖　第五十二帙　泉州聖教佩文石印

十三世至十七世

際清之系　節禮　鄉賓
嗣子一　老
生子四　班

則灶 — 奕良

則班　無傳

則老　無傳

則瓢　無傳

則熙　子一　城 — 奕城

則猫　無傳

則大　嗣子一　御　則光 — 奕御　子一　蚵 — 世蚵

奕啟　無傳

熙瓢

灶華迎

則華　嗣子一 昊　子一 元良 — 奕昊

則迎　子一 贊玉 — 奕贊玉　嗣子一 籐 — 世籐

禮爽之系　梨禮　子三 裁　老出嗣禮蔚　包錫 — 則裁　養子一 福 — 奕福　外出

禮蔚之系　藍禮　嗣子一 老 — 則老　嗣子一 真 — 奕真　嗣子一 敞 — 世敞　子二 團 — 種團

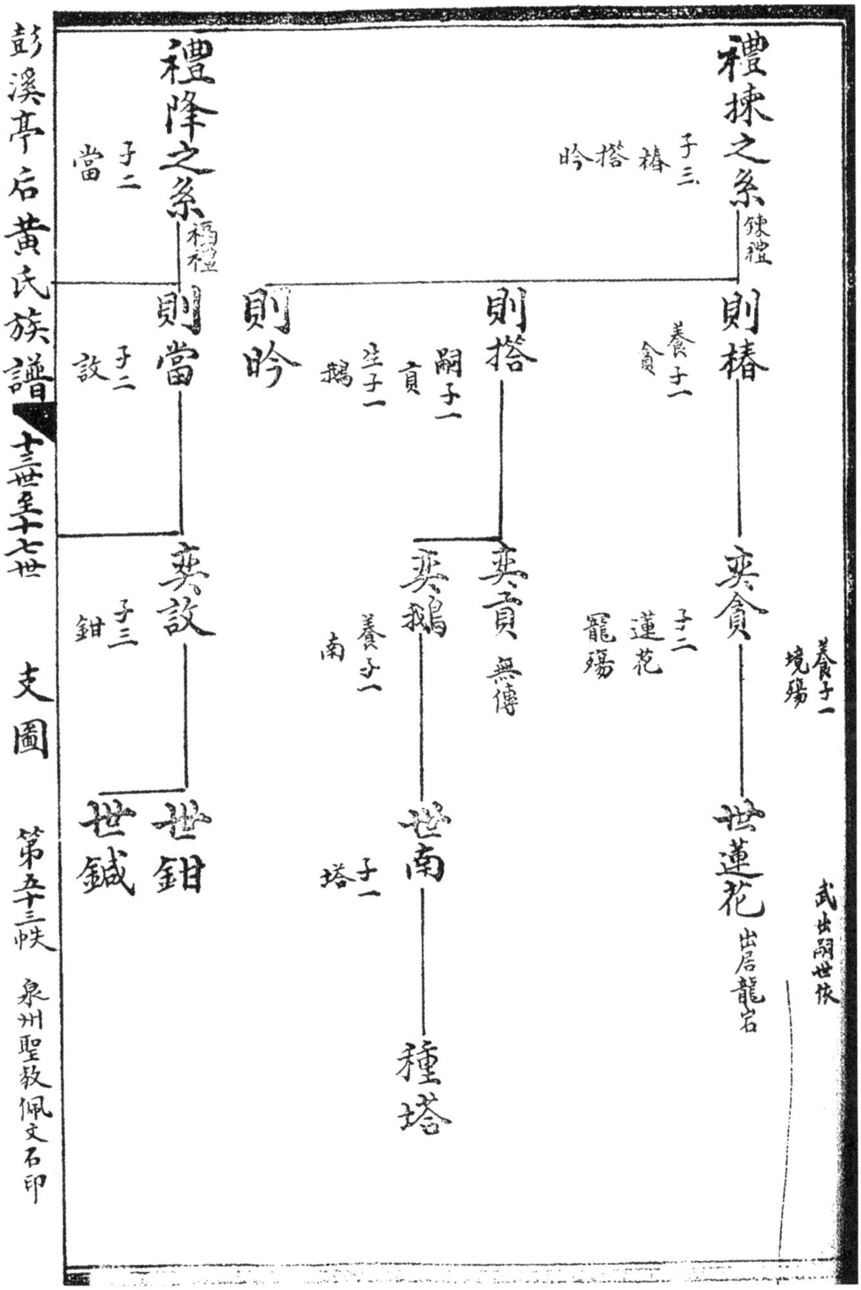
彭溪亭石黃氏族譜　十三世至十七世　支圖
第五十三帙
泉州聖教佩文石印
禮楝之系 楝禮
子三 椿 搭 昤
則椿
養子一 僉
奕僉
子二 蓮花 罷殤
養子一 境殤
世蓮花
出居龍宮
武出嗣世依
則搭
嗣子一 貢
生子一 鵜
奕貢
無傳
奕鵜
養子一 南
世南
子一 塔
種塔
則昤
禮降之系 禍禮
子二 當
則當
子二 設
奕設
子三 鉗
世鉗
世鋮

喜

莱

鋮　正莊出嗣奕莱

奕莱　嗣子一　正莊

世正莊

則喜　則悦

養子一　衛

生子四　蓮殤　杉殤　氐　文字

奕衛　子一　緶

世緶

奕氐　碑奕

子二　樹林殤　清香殤

奕文字　子一　銅劍

世銅劍

彭溪亭后黃氏族譜 十三世至十七世 支圖 第五十四帙 泉州聖教佩文后印

楊清之系 吏禮 太學生
子五 簈 扳 玲 拱 惜

則髯 則美
養子一 手
嗣子一 挺
生子一 迁

則扳 則萃 福建自治畢業
子四 眼

奕手
養子一 江河

世江河
嗣子二 協士 心水

種協士

種心水

奕挺
子二 芋根出嗣奕眼 世掚 碭

奕迁
嗣子一 等

世等

奕眼
嗣子一 芋根

世芋根

挺出嗣則彩執
保
慈

則玲
嗣士二
暖鍚
生子四
緦求玚
化龍
光祖
玉甫

奕保 出洋
奕慈 無傳

化龍
子五
温柔
萬國
太平出嗣玉甫
薛礼
好鳥出嗣玉甫

光祖 芳奕 中學畢業生
子二
川貝
曾榮

玉甫

世温柔
世萬國
世薛禮
世川貝
種金耳
子一
金耳
世曾榮
世太平

彭溪亭后黃氏族譜　三世至十七世　支圖　第五十五帙　泉州聖教佩文石印

子八
述出嗣禮遣

子一
經來

子一
天助

則拱
子三
烏淡
成

聚淡

子一

禮孔之系 昭禮

朝　徵　循　誅　糖　七　八

- 則徵　嗣子一　乞
  - 奕乞　子一　澄
    - 世澄
- 則循　子三　巢　乞出嗣則徵　睿
  - 奕巢
  - 奕睿
- 則誅　無傳
- 則糖　無傳
- 則七　無傳
- 則八　無傳
- 則東　無傳

子二 衣 山

慶清之系 問禮 生員

子四 採 尚 螺 橄

則山 子二 体 煙生

奕体

奕煙生

則探 子三 泉源 靜備 悶殤

則及

奕泉

靜備 子三 烏龍 烏腱 紅鏈

世烏龍

世烏腱

世紅鏈

則尚 無傳

則螺 無傳

則橄 無傳

彭溪亭后井族譜　十三世至十七世　支圖　第五十六帙　泉州聖教佩文石印

禮⿰石區之系 子二 雙 麗
固禮
則雙
則麗

禮高之系 養子 聚 生子二 螺金 錫金
朗禮 業儒
則聚 往台故
則螺金 往台
則錫金 在台

禮杼之系 子四 唱 區 王
悚禮
則唱 則爐
則區 子一 桃
則賜
奕桃 子二 彩 殤

彭溪亭后黃氏族譜　十三世至十七世　支圖　第五十七帙

消

潜殤

則王　子三　天星　擅出嗣継吴　真出嗣則老

奕天星　子一　背來殤

則消　無傳

禮僻之系　隱禮　子三　科　汸　驅

則科　子一　嗇薇　則甲

奕嗇薇　無傳

則汸　無傳

則驅　無傳

禮韮之系　徵禮

則尚書　無傳

泉州聖教佩文石印

定元之系

子一 尚書

定禮 邑庠生

子二 杒

諱出嗣禮仰

養子一 鎗

則杒

則義

子一 噢

養子一 綢

奕噢

子五 諸殤

亞殤

核

元出嗣奕綢

愽厚

奕綢

養子四 贈

生子二 樞永殤

世萍殤

嗣子一 元

世核

世愽厚

世贈

世元

彭溪亭后黃氏族譜　十二世至十七世　支圖

禮仰之系　慶禮

則鎗　無傳

則詁　嗣子一　詁

則訓　無傳

壽榮之系　煥禮　候補巡檢　子五　哂　汪　詳　跑　魁

則哂　子三　莉　歡出嗣則汪　慶華

奕莉　無傳

慶華　怨奕　郡庠生　養子一　線　生子一　婆

世線

世婆

則汪　嗣子一　歡

奕歡　養子一　扢

世扢

則詳

坤明　出居台灣

第五十八帙　泉州聖教佩文石印

則跑 子一 坤明 無傳

則魁 子二 鈹 田

奕鈹 子一 蔡來 出嗣奕田

奕田 嗣子一 蔡來

蔡來

禮接之系以礼 子三 臘 董 郎

則臘

則董 出台

則郎 子一 錢

奕錢 出台

藉榮之系　宜礼
則悅　子二 悅 綸　養子一 潑
奕潑

則綸　無傳

禮悅之系　悅礼 業儒
則拎　無傳

慶昇之系　登禮 例貢生　子一 拎
象儀　子一 象儀
則通　太學生　子二 玉川 玉光
玉川　清奕　子一 遷
世遷
玉光　潛奕 省五中市畢業　子一 逵
世逵

禮鈌之系　登禮
則怘

彭溪亭后黃氏族譜　十三世至十七世　支圖　第五十九帙　泉州聖教佩丈石印

子三 悳 金錄 昂

則金練

則昂

禮波之系 恩禮 業儒

養子二 蒼 崇

則蒼 則明 業儒

子三 迭 傥 飲

則崇

子一 吒

禮衍之系 昂禮 業儒

子二 虔

則虔 則恭

子一 迎

奕迭 無傳

奕傥 無傳

奕飲 無傳

奕吒 無傳

奕迎 無傳

以上九世光輝二房之派

彭溪亭后黃氏族譜　十三世至十七世　支圖　第六十帙　泉州聖教佩文石印

罩

則罩　則得　業儒　子一　榜

奕榜　無傳

禮敏之系　勉禮

則鉒　無傳　子一　鉒

志正之系　有禮　候補巡政　子五　屏　㒼　柁　家　鸞

則屏　則御　業儒　子二　注　拍

奕注　無傳

奕拍　無傳

則㒼　則税　業儒　子五　体　肩　透

奕體　無傳

奕肩　無傳

奕透

世字　仆出

饕
篹

奕饕　無傳

奕篹　無傳

養子
字

則枹　則穆
子一
閭

奕閭
子二
鴐
曾出嗣奕越

世鴐
養子一
應頎
嗣子一
塊生

種應頎

種塊生

則察　則言
子一
砂

奕砂　無傳

則巒　則器
子一
答

奕答　無傳

禮琨之系 嗣子一 培

業儒 則培 子五 瑶 漂 他 蕕 参

奕瑶 養子一 升 嗣子一 [口能]
世升 無傳
世[口能]

奕漂 無傳

奕他 子一 乘
世乘 無傳

奕蕕 子二 [口能]由嗣奕瑶 九潡
世九潡

奕参
世臬 無傳

泉州聖教佩文石印

禮琳之系　竹禮

則厠　則紱　無傳

子一　厠

子一　烹

禮斗之系　酌禮

則夏　則淳

奕吸　無傳

養子一　夏

生子三　鉅　鍾　連出嗣礼崧

則鉅　無傳

則鍾　無傳

子一　吸

禮台之系　側禮

則鏋　則晟

奕茂

子三　鏋　陳　意

子二　茂　孟出嗣則陳

彭溪后黃氏族譜　十三世至十七世　支圖　第六十二帙　泉州聖教佩石印

禮緞之系 禧礼
養子一 倩

- 則悚 嗣子一 孟
  - 奕孟 養子一 宗 生子一 清波殤
    - 世宗 子一 密
      - 種密
- 則意 無傳
- 則倩 無傳

禮悻之系 酉禮 鄉飲賓
子二 紆 纊

- 則紆 嗣子二 卯殤 鏌
  - 奕鏌
- 則纊 子六 抵 祿殤 卯出嗣則紆
  - 奕抵
  - 奕猛
  - 奕顏

猛
顏
鎮出嗣則紆

禮鴆之系 鳳禮
子一
障
則障 無傳

禮羆之系 熊礼
子一
瀨
則瀨 無傳

禮纓之系
嗣子一
煥
則煥
養子二
高
認
生子二
吧毒殤
北落

奕高
子一
適三殤

奕認

奕北落

彭溪亭右黃氏族譜　十三世至十七世　支圖　第十三帙　泉州聖教佩文石印

禮党之系——則炉　無傳
生子一　炓出嗣禮嫂
養子一　炉

禮郡之系守禮——則両　無傳
——則晩　無傳
養子一　両
生子二　晩
　　　　谷出嗣禮託

禮礪之系紙禮——則磘
子一
子二　珉　萄
——寅珉
養子一　揆
生子二　番殤
——世揆
——世洋

洋

奕萄

奕鏈
生子五
奇殤
錦蘭出嗣奕陵
襲殤
夏蘭殤
湿殤
養子一
石

世石
子一
金土

種金土
承孫種大澤

則座
則輔
子三
鏈
陵
鰻

禮託之系
寄禮
生子二
座
佾
嗣子一
芬

奕陵
嗣子一
錦蘭

世錦蘭
子三
大潭
金印
金木

種大潭出

種金印

種金木

彭溪亭后黃氏族譜　一世至十七世　支圖　第六十四帙　泉州聖教佩文石印

奕鰻　子一　闓殤

禮權之系　興礼　業儒　子四　札　垻　坪　椅

則侑　子一　港
則庭
奕港　子一　什殤

則芬　無傳

則札　養子一　在
奕在　無傳

則垻　無傳

則坪　無傳

則椅　無

禮紀之系 維礼 業儒
養子二 餘 饍

則餘 則其
養子一 兆

則饍 則玉
子二 有源 澤

奕兆
養子一 進

有源 奕料 鄉賓
子七 盤 兜 秋 但 壽 灯 天

世進
子一 金泉

世盤
子一 錫欽

世兜
養子二 怡切 金善

世秋
子一 桂枝

世但

種金泉

種錫欽

種怡切

種金善

種桂枝

種桂花

彭溪亭后黄氏族譜　十三世至十七世　支圖

世柰

養子二
純成殤
桂花

養子一
阿成

種阿成

世灯

養子五
猫
走殤
螺
連來殤
在來出嗣世天

種猫

種螺

世天

養子
在來

種在來

第六十五頁　泉州聖教佩文石印

澄標之系 含礼 邑庠生

子二 多 照

則多 則聞 例貢生

養子一 甑出嗣則照

生子二 璽 淼

則照

嗣子一 甑

禮鈗之系 連礼

則氷 則澥 業儒

奕澤

子一 傳

奕璽

奕淼

養子二 勅 廷爵

奕甑

養子一 連捷

嗣子一 連望

奕稽

世傳 出居台灣

世勅

世廷爵

世連捷

世連望

世清吉

子六
水　托　錩　泮　渼　國修

子五
揩　佐出嗣則錩　貢出嗣則榕
匡　初出嗣則托

則托
嗣子一　初
則望

則錩
嗣子一　佐

則泮
無傳

奕匡
嗣子一　清吉
嗣子一　亞昌

奕初
子四　清泉　清和
清吉出嗣奕揩
亞昌出嗣奕匡

奕佐
無傳

世亞昌

世清泉

世清和

禮梅之系 鏕礼
養子一 欑
生子三 珊瑚 琓

則侯 無傳
則修 無傳
則欑 則勤
子三 哏 江出嗣則瑚 泐出嗣則琓
則珊瑚
嗣子一 江 陞
則琓

奕哏
子三 顯 益 通
奕江
子三 連望出嗣奕甑 香 淮
奕陞
奕泐

世顯
世益
世通
世香
世淮

彭溪亭后黃氏支譜　十三世至十七世　支圖　第六十七帙　泉州聖教佩文石印

體計之系 統礼

子一綿

則綿

子三 嗄

嗚出嗣則大

乾殤

嗣子一 湯

生子一 陞出嗣則湖

奕嗄 無傳

體蓼之系 堠礼 紫儒

子四 芦

丟

衢出嗣礼菌

笨

則笋

子七 哌

寵殤

廾出嗣則銜

蹐

墻出嗣則為

贊殤

洪殤

奕哌

奕躋

子一 順局

世順局

則丢

則笨　外出身故

禮唬之系　嗥礼

養子一　日

則日　無傳

生十一　為出嗣礼菌

禮菌之系

則衢　無傳

嗣子二　衢　為

則為　嗣子一　墻

奕墻　子七　裕　得　發　興　福　盛　利

岙長裕

岙長得

岙長發

岙長興

岙長福

岙長盛

岙長利

禮啫之系（唱礼）— 則釿（子一 釿；嗣子一 井）— 奕井（無傳）

禮恩之系（經禮）— 則連（嗣子一 連）（無傳）

禮煆之系（養子一 壁）— 則壁（子二 虎、鷗）（則嘉）— 奕虎（無傳）；奕鷗（無傳）

禮寬之系（崇礼）（子二 耆、琢）— 則耆（出居台灣）；則琢（出居台灣）

大烈之系（遂禮，邑庠生）— 則掌（無傳）

生子一 掌
養子一 治

則治 外出

禮玷之系 約禮
子一 囙

則囙

禮廳之系 吟禮
子四 泉 握 坑 均

則泉
生子一 殤
養子一 欽殤

則握

則坑 早沒無傳

則均

奕土房

禮僾之系 振禮

子一 卿

則鄉 則族

子一 奕

奕欽

子一 壽

禮芑之系 獻禮

子一 莫

則莫 無傳

禮贊之系

子三 睇 宿 祖

則睇 無傳

則宿 無傳

則祖

生子一 雙殤

養子一 蔡

奕蔡

以上九世光耀三房之派

禮象之系——則順 無傳

養子一 順

禮鑑之系——則雌 出洋

子二 屐水出嗣礼沛 雌

禮沛之系——則屐水 無傳

嗣子一 屐水

禮瑶之系——則神助

養子一 神助

子一 緫殤

禮凸之系——則府 在洋歿

彭溪亭后黃氏族譜　七世　支圖　第七十帙　泉州聖教佩文石印

禮鑾之系——則俗

養十一　府

養十一　俗

禮貌之系

子　杓瑒

禮鎮之系——則桶——奕統

養十一　桶

子一　統

禮扳之系——則藻彩

子一　藻彩

禮進之系——則南——奕良

子二 南生

則生

子一 良

以上九世光輝四房之派

彭溪亭后黃氏族譜　十三世至十七世支圖　第七十二帙　泉州聖教佩文石印

禮長之系
子三
衆
鷟
市

則衆
子二
八
嬌香

奕八
子五
批
炎出嗣嬌香
乃出嗣嬌香
桂林
宣出嗣嬌香

奕嬌香
嗣子三
炎
殤

世批
子三
權
橓桂出嗣世宣
聰敏

世桂林
子二
鏤出嗣世宣
日

世乃
子二
潘

種權

種聰敏

種日

種潘

乃宣

世宣
思出嗣世宣
嗣子三
樟栳
鏤殤
思
種樟栳
種思

則鵞
子二
灶
作出嗣礼朴為孫

奕灶
子三
廩
欵殤
譽
嗣子一
降

世廩
子一
廉
種廉

世降

世譽
養子二
舟
種舟
種港

港

則市　子三　騆　漸　候

奕騆　嗣子二　亮　軟

奕漸　子五　亮出嗣奕騆　細殤　畬　邱　厝殤

奕候

世亮　子二　奕　敦

世軟

世畬

世邱

種奕

種敦

禮朴之系
嗣孫一 奕作

子三
求殤
軟出嗣奕騆
坐殤

奕作
子五
柴
土
降出嗣奕炷
存
縷殤

世柴
子四
標殤
綠出嗣世土
挑出嗣世土
味

世土
嗣子三
綠殤
挑
孔明

世存

種味

種挑
孔明

彭溪亭右黃氏族譜　十三世至十七世　支圖　第七十三帙　泉州聖教佩文石印

禮榔之系
養子一 剎
生子四 崙 兩 搢 廣

則剎
子三 由承 雙 昊

則搆
養子一 承

奕由承
子一 碧秀

奕雙 無傳

奕昊 無傳

奕承
子二 綬 麟

世綬
養子一 貢

世麟
子一 乾

種貢

種乾

子一 孔明 出嗣廿支

則兩 則儀

奕寶

世盾

種蟯

子六
寳
喜
賬瀛
玉兎
雁
瓊花

子三
盾
騰出嗣賬瀛
跡

奕喜
生子一
梅

嗣子一
硤

奕賬瀛

種貓
養子一
蟯
生子三
彭
溪殤
貓
坪出嗣世跡

世跡
嗣子一
坪
生子一
橋殤

種坪

世梅

世碟

世剣

養子一 到
世騰

奕玉兎
嗣子 月騰
子一 連陞
世連陞

奕雁
生子二 雌 雄殤
養子一 扁殤
夏水
世夏水

奕瓊花
養子一 再來
世再來

世欉

生子四
連來瑒
樸
硃出嗣奕喜
休容

世休容

則榜
生子二
送
糗
養子一
晴
嗣子一
養

奕送
子一
極出嗣奕晴

奕晴
嗣子一
極

世極

奕養 無傳

奕糗

彭溪亭后黃氏族譜　十三世至十七世　文圖　第七十五葉　泉州聖教佩文石印

禮出之系

子一 湣

則翰

子三 歷 粃 拙

英粃 子一 涼

則廣

子六 浮 桃 注 擬 蕃 附

英浮 無傳

英桃

英注 無傳

英擬 無傳

英蕃

英歷 無傳

禮入之系
子四　魁　曉　脫　禀

則魁
子三　約　椽　羮

奕拙　無傳

奕約
子二　厚　糙

奕椽
養子一　為
生子三　玉
宗　山出嗣奕却

奕羮　無傳

世厚　無傳

世糙　無傳

世為　無傳

世玉
子二　蛟殤　炭

世宗

種炭

則晓
養子一 節
生子三 和 滴

奕節
嗣子二 姜 鼠

奕和
養子一 崑
生子五 燥殤 香殤 欽賜 雪
鼠出嗣奕節

世姜
子三 撑 兕殤 硃殤

世鼠
嗣子一 漢

世崑

世欽賜
子三 活
漢出嗣世鼠
鑑出嗣世雪

世雪

種撑

種漢

種活

種鑑

則脫　子三　筬　亮　鳥

奕滴　養子一　姜出嗣奕節　生子二　聽　旭瑒

世聽　嗣子一　鑑

奕筬　養子二　六　文理

世六　子一　勞瑒

世文理

奕亮　無傳

奕鳥　無傳

則稟
養子三
助
捻

奕助
嗣子一
甘水

世甘水

奕捻
子四
量瑀
鄉瑀
甘水出嗣奕助
添

世添

禮庚之
養子十八
生子三
佃
等
庭
枰

則佃
子二
悴
屋

奕悴
養子一
謗

世謗
子一
田

禮田

奕屋
子一
鰲

世鰲

彭溪亭后黃氏族譜　十三世至十七世　文圖　第七十七帙　泉州聖教佩文石印

禮英之系 例贈修職郎
子四 苗 聯玉 律

則等 養子一 審 生子三 雅 傲 帕出嗣則枰
則庭 無傳
則枰 嗣子一 帕
則苗 養子一 通

奕審 無傳
奕雅 無傳
奕傲 玉記堂住世裁衣奉祀
奕帕 無傳
奕通 子三 鴉 全 樓

世鴉
世全 子一 柴

種柴

彭溪亭后黃氏族譜　十三世至十七世　支圖　第七十八帙　泉州聖教佩文石印

針

聯烈　則肇　例貢生
養子一　猍
生子一　嗹
嗣子二　延　蟾

奕猍
養子一　八
嗣子二　殊　九

奕嗹　鍾奕　業儒
子五　錠　韜殤　筆殤
九出嗣奕猍　鏽

世樓

世八
子一　鷄

世殊

世九
子一　精出嗣世錠

世錠
嗣子一　精

世韜

世鏽

種鷄

種精

種悦

則律
養子一　挖

奕趣
養子一　羽絨
嗣子一　碧

奕蟾
子三　押出嗣奕會
維金
錢

奕挖
嗣子一　清溪

世羽絨
子一　悅
子一　新出嗣世碧

世碧
嗣子一　新

世維金

世錢

世清溪

種新

彭溪亭

氏族譜

生子五
會
嗹
搁
蟾出嗣瀚玉
天

奕會
嗣子一
柙
世柙

奕嗹
嗣子一
月
生子四
細殤
廣殤
炝殤
霖殤
世月

奕搁
子三
清溪出嗣世挖
月出嗣奕嗹
日
世日

世　支圖

十九帙　泉州聖教佩文石印

則針
子四 欵 贍 越出嗣𧍧玉 奎殤 鱖

奕天 無傳

奕欵
子三 殊出嗣奕孫 碧出嗣奕越 草殤
養子一 吾

世吾

奕贍
生子二 科 蘇殤
嗣子一 井

世科

世井

奕鱖

世木

彭溪亭右黃氏族譜　十三世至十七世　支圖　第八十帙　泉州聖教佩文石印

禮齊之系
子二　聯陞　別

聯陞　則品　太學生
子十一　其芹　其年　其壽　桃　絲　嘮　犖　犢　鮚　其福　海出嗣則別

其芹　觀奕　邑庠生
子五　吉元殤　贊殤　祖殤　貼　樹

其年　秀奕　國學生
子五　山　三奇　鈕殤

子二　井承嗣奕轄　木

世貼
嗣子一　算

世樹
子二　菊　算出嗣世貼

世山
子六　與殤　慶元殤　金聲殤

種算

種菊

種福

金鹿

國成

田蟳出嗣奕晴

福養金鹿國成

世三奇 無傳

世田 養子二 書 肇基
- 種書
- 種肇

其壽 奕洋 國學生 養子一 泰 生子一 猷

世泰 子一 餅
- 種餅

世猷 子三 猴
- 種猴
- 種返

彭溪亭后黄氏族譜　十三世至十七世　支圖

奕耗
子二　宣　紡

世宣 無傳
返萍出嗣世英

世紡 無傳

奕棶
養子二　總　衛
生子二　雪　殤　臣

世總
養子一　榮
嗣子一　象

世衛 無傳

世臣 無傳

種榮

種象

奕嗙

世靈

種水

第廿二帙　泉州聖教佩文石印

子四　靈　鼓殤　泰　謙殤

奕胯　子二　祝　好

奕瞶

子六　火殤　水　銅殤　崇出嗣世泰　旭出嗣世濕　備

世泰　嗣子一　崇

世祝　無傳

世好

世甲

種備

種崇

彭溪亭后黃氏族譜

十三世至十七世　支圖

泉州聖教佩文石印

真福　靜奕　國學生

- **世英**
  - **種萍**

奕鯧　子六：鈞殤　天助殤　皆的殤　清　露　雨殤

- **世清**
- **世露**

(Right branch)　生子一：禱殤　養子一：甲　嗣子一：蟳

- **世蟳**　子二：鮑　象出嗣世緫　養子一：菴
  - **種鮑**
  - **種菴**

子六 錫殤 田養殤 英 壇 珠殤 金獅

世壇 嗣子一 萍

世金獅

則別 養子一 耀 嗣子一 海

奕耀 子二 呈 鏘

世呈

世鏘

奕海 子七 連 儀殤 相殤

世連 子一 矶殤

彭溪亭后黃氏族譜

十三世至十七世　支圖

第八十三帙

泉州聖教佩文石印

禮頤之糸
子五　懈輝　洸　蒜　甌　桃

懈輝
則水　太學生
子二　却　淺
嗣子一　道

則洸

奕却
嗣子二　山
養子一　維來
縲出嗣奕淺

奕道
無傳

奕淺
嗣子一　縲

奕脉

木藤
文錫
反出祖
游

世游

世山

世維來

世縲

世才

種秋月

則蒜　養子一　脉　生子四　砷　梢　貝　乾殤

奕裕　子三　才　祿殤　崑

奕卯　無傳

奕梢　子三　署出嗣奕貝　斗殤　兎

奕貝　嗣子一　署

世樹蘭　子三　秋月　流水　玉葉出嗣世崑

世兎

世署

世崑　嗣子一　玉葉

種圳

種流水

種玉葉

彭溪亭后黃氏族譜　十三世至十七世　文圖　第八十四帙　泉州聖教佩文石印

子四 裕 尋 白 扶

子三 樹蘭 蒲 增月

奕尋 子一 盖

奕白 子一 榮

奕扶

子二 加升

世蒲 子二 謙 慶春

世增月 子二 玉琴 廷金碭

世盖

世榮 子一 瑞金

世杉

種加升

種謙

種慶春

種玉琴

種瑞金

則甌 氏則錦 鄉飲賓
子四
庚
建
樣
奕殤

奕庚
子一
杉
子三
珍
維 來出嗣奕都
連

奕建
子四
潑
守
韮
再 出嗣奕樣

世珍
嗣子一
混成

世連
子二
混成 出嗣世珍
文彬 殤
養子一
伏發

世潑

世守

世韮

種混成

種伏發

彭溪亭店黃氏族譜　十三世至十七世　文圖　第八十五帙　泉州聖教佩文石印

朋既　子六　雍　龍　知　彈　西　鏜　傳

奕森　嗣子一　再

世再

奕雍　嗣子一　吟

世吟

奕龍　子四　音龍　吟出嗣奕雍　西出嗣奕西

世音龍

奕知　嗣子一　開基

世開基

世栽衣

星祥之系 甘禮 太學生

子二 聯全 光南

聯全 則維 例貢生

子五 放 底 及時 的 安樂

養子一 唼

養子一 裁衣奉祀進記奕儆

奕西

嗣子一 鴻儒

世鴻儒

奕鎧

子一 鳳儀

世鳳儀

奕放

養子一 命

生子七 渥 鷴出嗣奕詠 祖鴗 簡鴗 東鴗

世命 無傳

世渥 無傳

彭溪亭后黃氏族譜

十三世至十七世　支圖

奕唛　圖殤　誇殤　子三　坦　閒　榭

世坦　出祖

世閒

世榭

奕底　業儒　子四　賤　頭出嗣及時　戶　竹

世賤　子一　海內

種海內

世戶　嗣子一　盛水

種盛水

世竹

奕及時

世與

種勇

第八十六帙　泉州聖教佩文石印

生子一
與
嗣子二
頭
岩

奕的
子七
長
學
往出嗣奕益
秦
土

嗣子一
勇

世頭——種江河
子四
勇出嗣世與
長文殤
盛水出嗣世户
江河

世岩

世長
嗣子一
皇宮殤

世學
子一
皇宮出嗣世長

彭溪亭后黄氏族譜　十三世至十七世　支圖　第六十七帙　泉州聖教佩文石印

光南
胄監例授修職郎
生子二　疎　秀
養子一　攺

奕疎
金奕　業儒
養子二　區
嗣子二　騶　鴎
鴎　捭殤

奕安樂
子一　質

着　傑

世區
世鴎
世騶
養子一　也

世質

世傑
世着
世士
世柰

種也

奕秀
子四
厚
摔出嗣奕辣
鎮殤
澁

世厚
子一
申發殤

世澁

奕改
子六
咳
拼殤
超殤
贊殤
閃殤
宿

世咳

世宿

禮掛之系——則貼——奕花枝
無傳

禮玩之系　子五　貼　京　葵　蕊　諸

- 則毸
  - 奕啄
- 則京　養子一　花枝
  - 奕益　嗣子一　任
    - 世任
- 則葵　子二　貴出嗣則蕊　益　無傳
- 則蕊　嗣子一　貴
  - 奕貴　子二　培　土水
    - 世培　子二　鉛綫　燒灰
      - 種鉛綫
      - 種燒灰
    - 世土水
- 則諸　無傳

養子二 攏 飛

則飛 子三 啄 執出嗣則飛 暢

奕暢

嗣子一 執

奕執

禮捧之系 養子一 牽

則牽

禮擽之系 子一 烈 嗣子一 魚

則烈

則魚

禮剪之系

則徙

彭溪亭后黃氏族譜　十三世至十七世　支圖　第八十九帙　泉州聖教佩文石印

則合
子一 從
嗣子一 合

禮鈇之系
子五 雷 草 火
魚出嗣禮祿
合出嗣禮[illegible]

則雷 — 奕鰍
嗣子一 鰍

則草

則火 — 奕反
養子二 鰍出嗣則雷 反

禮谷之系

則種 — 奕從 無傳
養子一 種
子一 從

禮閎之系
養子一 卯
生子三 豹出嗣禮南 淑 篇

則卯
子二 堦 庭

則淑
養子二 聽 胘

則篇
嗣子一 居

奕堦
嗣子一 馬絹

奕庭
子一 勇

奕聽

奕胘

奕居
子二 夏蘭 馬絹出嗣奕堦

世馬絹

世勇
嗣子一 悦瑒

世夏蘭

禮南之系 —— 則豹 —— 奕與 無傳
嗣子一 豹
子三 居出嗣則箈 與 收

奕收 —— 世縛
子一 縛

世縛
子一 悦出嗣世勇

禮鎮之系 —— 則寶 外出
子二 寶 賞

則賞 —— 奕抱
養子一 抱

禮慨之系 —— 則塔 無傳
子三 塔 有出嗣禮甚 培出嗣禮琨

禮甚之系 —— 則有 無傳

彭溪亭后黃氏族譜　十三世至十七世　支圖　第九十帙　泉州聖教佩文石印

嗣子一 有

禮剖之系　嗣子一 面

則面　子四 蜨 鑑出嗣則勸 鎖 時出嗣則雄

奕蜨　嗣子一 祥碧

世祥碧

奕鎖　養子一 靚

世靚

禮洗之系　子三 定 田 能

則定　嗣子一 旺

奕旺　子五 越殤 章殤 南 艦 梯出嗣奕枝

世南

世艦

則田

奕桂

禮良之系
子一 蚊
——則蚊 無傳

禮丁之系
子二 捲 悅
——則捲 無傳
——則悅 無傳

則能
子三 枝 旺出嗣則定 桂出嗣則田
——奕枝
嗣子一 梯
——世梯

嗣子一 桂

養子一 明殤

生子一 萬殤

禮尾之系
子四　而出嗣禮剖
勸　欺　政

則勸
嗣子一　鑑
生子三　雪　瑞
光前殤

則欺
子一　稅殤

則政
子一　舒殤

則請

禮容之系

奕鑑
子三　鷄
蓋殤
祥碧出嗣奕蝬

世鷄

奕雪

奕瑞

禮求之系
子六
請
恩出嗣禮求
蝌
兵
佳
添出嗣禮求

嗣子二
恩

則蝌 無傳

則兵
嗣子一
追

則佳
養子一
隻
嗣子一
治

則恩
嗣子一
孫

子三
孫出嗣則恩
治出嗣則佳
追出嗣則兵

奕追

奕隻

奕治
養子一
泡殤

奕孫
子二
乞

世乞

泉州聖教佩文石印

添

則添

多殤

禮靈之系

嗣子一 清

則清

子二 駕出嗣則嶺 础

奕础

養子一 拱照

世拱照

禮放之系

嗣子一 望

則望

養子一 鐘

奕鐘

養子二 熊 尊

世熊

世尊

禮過之系

子三 清出嗣礼靈

則嶺

嗣子一 駕

奕駕

生子一 柚

世柚

世滮

望出嗣札放
嶺

禮令之系
子三
岳
壽田出嗣禮宇
含

則岳
子三
涤
蜓
参

則含
無傳

禮宇之系
嗣子一
壽田

壽田
則經
例授修職郎
養子一
衍
生子四
拔
擱
門
樹

奕涤
無傳
養子一
濠

奕蜓
無傳

奕参
出居漳州

奕衍
養子
吉
生子
极

奕拔

世吉
子二
芸
地

世极

世調

種芸

種地

種祥

子三 調 謨 甲

奕欄 子五 質

世謨 生子一 慨殤 嗣子一 祥
子三 重 鑽 集

世甲 子三 祥出嗣世調 赤 言

世質 出祖南安縣内

世等

種重

種鑽

種集

種赤

種言

彭溪亭后黃氏族譜　十三世至十七世　支圖　第九十四帙　泉州聖教佩文石印

奕錫 等 發 章湯

世發

奕問　子一 品

世品　世三　子二 占 經

種占

種經

奕樹　無傳

奕秦

則蕉　生子二 秦 祖出嗣則拧

禮晏之系　子三 夷出嗣禮口 蕉 拧

則拧

嗣子一 祖殤

禮口之系 —— 則夷 無傳
嗣子一 夷

禮創之系 —— 則詰
子二 詰 崴出嗣禮㤡

則詰 —— 奕井 奕汫 奕甜
子五 井 汫 甜 贊 吟

奕井 —— 世才 世郭
子三 才 郭 崐出嗣奕吟

世才 —— 種玲
養子一 玲

世郭 —— 種鰲
嗣子一 鰲

奕汫 無傳

奕甜 —— 世啟
嗣子一 啟

彭溪亭后黃氏族譜　十三世至十七世　支圖　第九十五帙　泉州聖教佩文石印

- 禮朋之系
  - 則易　嗣十一 易
    - 奕竹　嗣十一 竹　無傳
- 禮悔之系
  - 則歳　嗣十一 歳
    - 奕提　子四 提　無傳
    - 奕鹹　無傳
    - 奕贊　子三 啟出嗣廷甜 園 殤
    - 奕吟　嗣十一 崑
      - 世崑　生子三 川 七殤 婆 鰲出嗣世郭
        - 種婆

鹹
竹出嗣則易
的出嗣則清

禮頂之系
子一
易出嗣礼朋

以上九世光捷長房之派

禮玢之系
養子二
升
享

則升
嗣子一
賜

奕賜
子三
春
墻出嗣奕淡

世春
子三
潭瑒
遠
璇出嗣世墻

種遠

則亨
子三
賜出嗣則升

奕交
子一
磈

世磈

交淡

奕淡 — 世墻 — 種璇

嗣子一　墻

嗣子一　璇

禮漢之系 — 則音

嗣子一　音

禮盤之系 — 則壇　無傳

子二　壇　音出嗣礼漢

禮巧之系 — 則碑 — 奕信 — 世和 — 種宋美

子四　碑　賓　為出嗣贈淨為孫

子三　信　楓　坑

子四　書出嗣奕坑　和　埧

子一　宋美

世埧　無傳

彭溪亭后黃氏族譜　十三世至十七世　支圖　第九十六帙　泉州聖教佩文石印

鸞
合殤

奕楓　無傳

奕坑　嗣子一　書
世書

則賔　子一　在

奕在　子三　君殤
蔴粦出嗣奕冬
五一出嗣奕乇
養子一　乳
世乳

則鸞　嗣子一　冬

奕冬　嗣子一　蔴粦殤

屯

奕屯　嗣子一　五一房

則為　子三　可　系出嗣則為　焘

奕可　子三　錄　系出嗣奕焘

世錄

奕焘　嗣子一　咏

世咏

禮木之系——則塩　子一　塩

以上九世光揵二房之派

泉州聖教佩文石印

禮嵛之系　子三　頓　祥出嗣礼育　謔

則頓　子三　自出嗣則仍　棪　滿出嗣則祥

則謔　無傳

奕棪　生子三　摸　朝　岸　嗣子一　銀樹

世摸

世朝

世岸

世銀樹

禮育之系　嗣子一　祥

則祥　嗣子一　滿

奕滿　子二　扁　銀樹出嗣奕棪

世扁

禮蔭之系　養子一　仍

則仍　嗣子一　自

奕自　無傳

彭溪亭后黃氏族譜　十三世至十七世　支圖　第九十八帙

禮皇之系　養子二　鈞　拃
則鈞　子二　串　攄
則拃　子二　店　客
奕串　養子一　窸
奕攄　無傳
奕店　無傳
奕客　子一　變
世窸　子二　疊興　等意
世變　子一　書香
種疊興
種等意
種書香

禮向之系　子一　行
則行　無傳

禮位之系　養子一　胞
則胞　子一　卜
奕卜

泉州聖教佩文石印

禮膣之系 —— 則永 倚居外夷
嗣子二
永
貞

則貞 —— 奕夏賴
子三
寒文出嗣則早
傕元錫
夏賴

禮炕之系 —— 則早 —— 奕寒文
子四
永出嗣禮膣
早
貞出嗣禮膣
暇錫

則早
嗣子一
寒文

禮買之系 —— 則品 無傳
子二
吉錫

品

禮看之系 子一 居 — 則居 出祖

禮顗之系 子一 窪 — 則窪 子一 酧 — 奕酧

禮宗之系 子二 山 干 — 則山 — 則干

禮詩之系 養子一 曲 — 則曲 嗣子一 續 — 奕續 子一 賁錫

以上九世光捷三房之派

禮義之系——則行——奕沙

嗣子一

行

子二

沙

續出嗣則曲

禮鏡之系——————世上海

子二

行出嗣礼義

諒出嗣礼欏

嗣曾孫一

上海

嗣曾孫

禮欏之系——則諒——奕紗——世垵

嗣子一

諒

子一

紗

子二

垵

上海出嗣礼鏡爲曾孫

禮典之系
則礼　子二　礼　對　往承安
則對　無傳

禮輝之系
則吩　子二　吩　莿出嗣礼尧　無傳

禮尧之系
則莿　嗣子一　莿　養子一　路殤

禮案之系
則福　子二　福　開
奕開　子二　寛
世寛
世卿

水

少卿

則水

禮慈之系——則英——奕萍——世棣

子二 盞出嗣礼波 英

子二 萍 萊

嗣子一 棣

奕萊 無傳

禮波之系——則盞——奕規——世龍

嗣子一 盞

子一 規

子三 龍 棣出嗣奕萍 亮 鎊

禮錦之系——則竹 無傳

子一 竹

以上九世光模四房之派

禮愛之系 — 夏溪
子二　許出嗣禮勳　溪

禮勳之系　嗣子一　許 — 夏許　子五　栲 — 奕衍　子三　老　慈 — 世芳　子二　紹 — 禮約

禮碟之系　嗣子一　造　養子一　坍 — 夏造　子四　題出嗣則坍　鈒　鍚　軟出嗣則坍 — 奕蘭

角

則坶　嗣子二　題殤　軟殤

禮賞之系——則和　嗣子一　蛲——奕蛲　子一　義——世義

嗣子一　和

禮悦之系——則勇　無傳　嗣子一　蛲

養子一　勇

禮壬之系——則通

嗣子一　通

禮恩之系　嗣子一　鳳　生子四　香　課　贊　到

- 則鳳　無傳
- 則香　無傳
- 則課　無傳
- 則贊　無傳
- 則到　子一　瑞草
  - 奕瑞草

以上九世光文之派

禮全之系　子五　高　建　岸

- 則高　嗣子一　清安殤
- 則建

彭溪亭后黄氏族譜　十三世至十七世　支圖　第百叁帙　泉州聖教佩文石印

田出嗣礼罕
補泉殤

則岸　子一　清安出嗣則髙

以上九世光恭之派

禮法之系　子四　朕　請出嗣礼問　壇　戍

則朕　養子一　閎

奕閎　養子一　黃河

世河

則壇

則戍

禮問之系　嗣子一　讀

則讀　子一　方殤

以上九世光報之派

禮冬之系
子三　墨　孝　叅

則墨
養子一　翤
生子一　執

則孝
子四　寬　綢　賞花　廸殤

奕翤

奕執
子三　汰　綠霞
鋈英出嗣奕寬

奕寬
子二　怡
典出嗣奕綢
嗣子一　鋈英

奕綢

世汰

綠霞

世怡
生子二　壹殤　江屯殤
養子三　應殤　連枝

世鋈英

世典

種連枝

種成機

則蘥
子六
越
迎
如
双
丁蘭
栁

奕賞
嗣子一
典
養子一
南

奕越
生子一
荆殤
嗣子一
曹

奕迎
無傳

奕如
無傳

奕双
無傳

奕丁蘭
無傳

世南
子一
成機

世曹
子一
瑰生出嗣世駕

彭溪亭店黃氏族譜

十三世至十七世　支圖

禮節之系　養子二：掄元、碟；生子一：賓

掄元　則繇，太學生　子五：玉印、文德、衍慶、贊、孟盈殤、琴殤

奕鄉　無傳

玉印　璽英，業儒　子二：丕承、湿

世丕承　嗣子一：賜興
種賜興

世湿　養子一：再興
種再興

奕文德　子一：晉
世晉

奕衍慶　子二：金潑、金蘭殤
世金潑

奕贊

第百叁帙　泉州聖教佩石印

則礮
養子一
笨
生子五
擬
增
寨
挪
辛

則賓
則寅
養子一
菊

奕笨
養子一
擇瑒

奕擬
子一
甫瑒

奕增

奕寨
出祖

奕挪

奕辛

奕菊
生子一
肇基瑒

世饒

十三世至十七世　支圖

生子五　藝　煥　雅　搓　婚

奕藝　嗣子一　鐃

生子三　鐃出嗣奕菊　錬　綾出嗣奕婧

養子一　文丙

奕煥　嗣子一　純

奕雅

世錬

世文丙

世純　子四　盈礼出嗣世綫　埔種　金烘出嗣世綫　守種

世助

埔種

守種

大陞之系 上礼 大陞生
養子二 南鴉 捹
生子二

南鴉 則賢 邑庠生
子四 鉀 麒麟 尼山

奕鉀
子三 敬 甲 想

世敬
子二 清殤 金發

種金發

奕婚
生子一 紈出嗣奕熿
嗣子一 縷

世縷
嗣子二 坣礼 金烘

種坣禮

種金烘

奕桯
子一 咳殤

養子一 助
生子一 伙

世伙

彭溪亭后黃氏族譜

十三世至十七世　支圖

第百零六帙

泉州聖教佩文石印

奕全福　繼鑑

奕鴿　繼今

奕農

奕尼

奕麒麟

世想

世甲

子六 全福 鱣魚 粒積 文字 文𥘵出嗣剈正 盤塔

- 奕鱣魚
- 奕粒積 養子二 振川 漢掐
  - 世振川
  - 世漢掐
- 奕文字 子一 振安
  - 世振安
- 奕盤塔 養子一 振興 生子一壽壽
  - 世振興
  - 世壽義

水源 子三 盃

- 奕盃 子一 糖湖殤

禮雲之系
子三 濆 情 刿出嗣礼依

則濆
則情

禮譜之系
養子二 裕 濟

則裕
則濟

禮依之系
嗣子一 刿

則刿

奕籐
養子一 豬
藤 伯出嗣則文

世豬

禮梅之系　子一　拿

則拿　子四　翁　潘出嗣禮川為孫　和　滚

奕翁　子一　楓

世楓

奕和　子二　品殤　蜉

世蜉

奕滚

奕潘　生子一　當　養子一　琅殤

世當　子一　杏

禮杏

禮川之系　嗣孫　潘

以上九世光順之派

彭溪亭后黃氏族譜　十三世至十七世　支圖

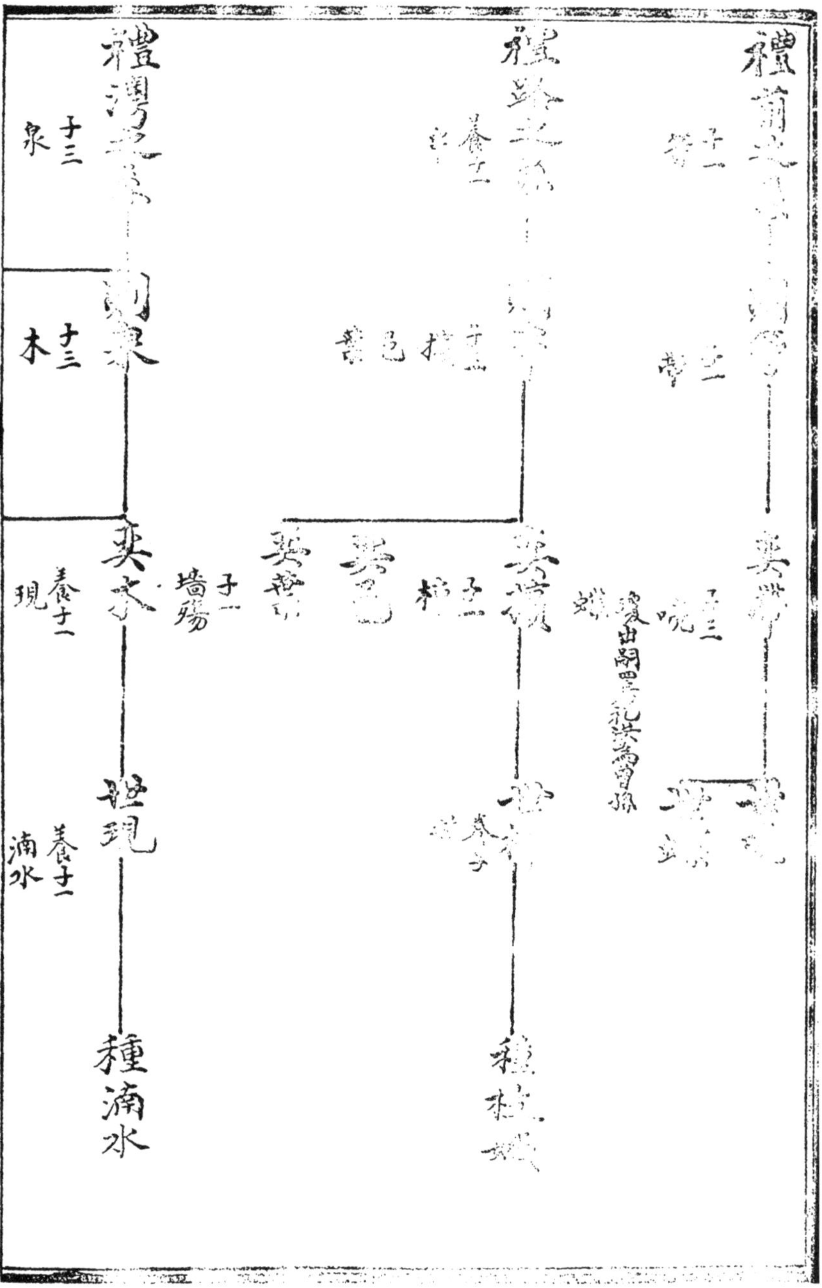

第百卷八帙　泉州聖教佩文石印

溪 治

則溪　子四　因 伏 汀 摸

蘊 汸

奕蘊　嗣子一　朝水
世朝水　養子一　杉
種杉

奕汸　無傳

奕因　嗣子一　錦山
世錦山

奕徒　養子一　錝　生子一　錦山出嗣奕因
世錝

奕汀　子二　適歸出嗣奕摸
世佩懷

則治
子三
章　藿　穖

奕模
養子一
春元鍚
嗣子一
適歸

世適歸

佩懷

奕章
養子一
主來
生子二
好來
再出嗣奕穖

世主來

世好來

奕藿
養子一
旭

世旭
子一
瓶

種瓶

奕禨　生子一 樹根　嗣士一 再殤

世樹根

禮寫之系　子二 滌 秋水

則滌　子一 嶲

奕嶲　子五 配殤 提殤 冥 泉 斜殤

世篔

世東

則秋水　子三 戶 雨 往出嗣則成玉

奕戶　養子一 金銳

奕雨

世金銳

禮剖之系
生子一 金榜
養子一 成玉

則金榜
子三 道出嗣睽輝 皆得 祺

奕皆得

奕祺
金榜一系挈眷寄居廈門

則玉成
嗣子一 往殤

禮厭之系
子一 田

則田
子一 螺

奕螺
嗣子一 西
生子一 合出嗣禮錠為曾孫

世西
子二 九殤 楠出嗣世合

禮富之系
子四 顯

則顯

則桂

則丑 坑出嗣禮在 桂丑

禮錠之系 嗣曾孫世合

○○○○

世合 嗣子一 福殤

禮在之系 嗣子一 坑

則坑 子五 踋狼謹渴高

奕踋

奕狼

奕謹

奕渴 子一 周金

世周金

奕高

禮岸之系　養子一　蠘

則蠘　子二　尺殤　纘

奕纘　子一　強殤

禮曾之系　生子一　東　養子一　克

則東　養子三　盤　燦　謙　生子一　閱

奕盤　子四　持殤　惜　業出嗣奕駕　塔

世惜　子三　漁出嗣世塔　土殤　順

種順

世塔　嗣子一　漁

種漁

奕燦

世祿

彭溪亭后黃氏族譜　十三世至十七世　支圖　第百拾壹帙　泉州聖教佩文石印

子三
祿　西出嗣奕堁
保

奕閒
子二
不
巢

奕謙
子四
珠殤
祖殤
水出嗣奕蘊

一世保
子一
丁殤

世不
嗣子一
金盛

世巢
子二
金盛出嗣世不
水明殤

世得

種金盛

彭溪亭后黃氏族譜　十三世至廿七世　支圖　第佰十三帙　泉州聖教佩文石印

禮措之系
養子二 緩 禖
生子一 凸

則克
無傳

則緩
子一 鎬

則禖

則凸
養子一 績
生子三 長 蛲 芋

奕鎬
子二 但殤 鎖殤

奕績

奕長
養子一 金蘭

奕蛲

奕芋

世金蘭

得

禮位之系

子六　乳　玲　池　詠　趋　崇

則乳

子二　端　相

奕端

奕相

則玲

則池

則詠

則趋

則崇

禮矜之系

嗣子一　朝

則朝

則冐

生子一 肖

禮揖之系——則天

子一 天

禮部之系——則玷 無傳

養子一 玷

以上九世光實之派

禮仁之系——則員——奕例

子三 員 傳 結

以上九世光山之派

則傳——奕令——世長

子一 例

子二　令　同瑒

養子一　長

則結

養子二　欽　螳

奕欽

奕螳

禮錐之系

子二　佔　搠

則佔

則搠

禮着之系

則猛

奕筈

以上九世光奏之派

彭溪[illegible]后黃氏　十三世至十七世　支圖　第百十四帙　泉州聖教佩文石印

子二 猛 宗

則宗 嗣子一 箸
子二 箸出嗣則猛 煙
奕煙 子一
世金蝎

禮軟之系 養子一 炭
則炭 無傳

禮粗之系 子一 送
則送來

禮蔌之系 子一 搬
則搬 子五 杞
奕杞
奕棸

涯 曝 彩 荼 養子一 靈

奕曝

奕彩 子一 泡 — 世泡

奕荼

奕靈

禮樋之系 嗣子二 木炎 鎮 — 則木炎

則鎮 嗣子一 駒 — 奕駒 子一 慷 — 世慷

以上九世光魁之派

禮朴之系 — 則擔 — 奕耕

子二 鎮出嗣礼捷 擔

子二 駒出嗣則鎮 耕

禮葛之系——則江 子一 江

禮續之系——則向 養子一 向 —— 奕深 子二 深 鐸 / 奕鐸

禮高之系——則偷 子一 偷 —— 奕籮 子二 籮 —— 世炎 子二 金水 錫

以上九世光疊之系

樹梅

奕樹梅

炎

禮交之系

子四 走 溜出嗣礼能 烏砂 擂

則走 無傳

則烏砂

則擂

則咜 出贅永春東門鄭姓

禮能之系

嗣子一 溜

則溜

禮餞之系

嗣子一 鏡

則鏡

養子一 當

奕當 無傳

禮柔之系

則榮　子二　錦出嗣則箱　良春殤

子四　鏡出嗣礼峨　榮　縣　箱

則縣　外出

則箱　嗣子　錦

奕錦

以下九世光佛之派

禮哄之系　和礼　業儒

則緊箴　子二　仁堪出嗣上祐　載德殤

養子一　緊箴

則天立

生子二　天立　上祐

泉州聖教佩文石印

則上祐　嗣子一 仁堪 —— 英仁堪

禮溁之系 嗣子 皆 —— 則皆 無傳

禮決之系 嗣子一 前 —— 則前 無傳
生子二 皆出嗣禮溁 搯 —— 則搯 無傳

禮南山之系 子一 返 —— 則返 無傳

禮碪之系

子三 墻 洋 拋

則墻

則洋

則拋

禮𡉅之系

養子二 黎 子 生子三 閂 當 赴

則黎 養子一 扁 —— 奕扁

則閂 養子二 扁出嗣則黎 庚 —— 奕庚

則當

則赴

子四 長 凡 軟殤 樹

則九 養子一 劍 生子三 燒 銅 在

奕燒

奕銅

奕在

則樹 子二 杏殤 泡出嗣則降

禮琮之系 — 則降 — 奕泡

禮掌之系
則委
嗣子一　降
嗣子一　泡
生子五
開塑殤
薄耒殤
泽出嗣禮琮
委
金針殤
養子一
日殤

禮岱之系
則鋤
子三
鋤
研
灥出嗣永墳
養子一
秋原
生子二
泉
仁殤

奕秋原
奕東

則研

禮多之系　嗣子一　象
- 則象　子二　尚　同
  - 奕尚
  - 奕同

禮吉之系　子四　棟殤　象出嗣禮多　進　來　着
- 則進
- 則着

禮星之系　生子三　格殤
- 則金英
- 則湧泉

禮意之系 養子二 和順 能殤 生子二 漸度 瑯殤 —— 則和順、則漸度

禮𠮷之系 養子一 笱 —— 則笱 往外洋

禮梅之系 養子一 兜 —— 則兜 無傳

禮丢之系 —— 則砂 —— 奕送來

以上九世光後之派

九世光君之派

九世光科之派

禮泮之系

子四　先　報　合　情

則先

子五　鎮　園　城殤　佔　示

則田

子二　砂　田

養子二　振業殤　送來

九世光掌之派

奕鎮

子三　增殤　炮　雪

奕園

奕佔

奕示

世炮

世雪

泉州聖教佩文石印

則報　子二　垣殤　川　養子一　忠

奕忠

奕川

則合　養子一　選

奕選

則情　養子　疊水

奕疊水

禮參之系　養子一　阿黎

則籐　子六　芸

奕芸　子一　等上

世等上

彭溪亭后黃氏族譜　十三世至十七世　支圖　第佰二十二帙　泉州聖教佩文石印

禮茂之系——則可 無傳

可出嗣禮茂

像

禮運之系——嗣省 無傳

嗣嶐 無傳

子三 碧

嗣譽 子一 伙

弈伙

子二 譽

弈恬 泰山殤 伙出嗣嗣譽

恬 欽殤

弈白

白

以上九世光定之派

禮梠之系——則權

嗣子一　可

子一　權

禮扛之系——則加祿

子二　見喜　殤

加祿

禮隔之系——則反　侄丹水奉祀

嗣子一　反

禮算之系——則光明——奕四海

子三　四海

子五　鴉　殤

奕金水

反出嗣礼閪
光明
光信出嗣礼扭
保全出嗣礼篮

全水
丹水

奕丹水

禮篮之系——則攏
生子一
攏
嗣子一
保全

禮扭之系——則光信——奕金壇
嗣子一
光信
養子一
金壇

禮動之系——則蚵——奕清溪
養子一
夜殤
生子四
訓出嗣礼鉑
子二
清溪
地春出嗣則敲

蚵 有殤
敲

則敲 嗣子一 地春
奕地春

禮鉑之系
嗣子三 坤 訓 思

則坤

則訓 養子一 合意
奕合意

則思

禮蹳之系
子一 坤出嗣礼鉑

禮桑材之系
子二 思出嗣礼鉑

州殤

禮妙之系——則取
嗣子一
取

禮軋之系——奕建成
養子一
建成出嗣礼軋爲孫

禮候之系——則容
子一
取出嗣礼妙
嗣孫奕建成

禮缺之系——奕其昌
嗣子一
容
養子一
其昌出嗣礼缺爲孫
嗣孫

禮萬之系
子一
容出嗣礼候

彭溪亭后黃氏族譜　十三世至十七世　支圖　第百二十三帙　泉州聖教佩文石印

禮漢之系——則史
嗣子一 史

禮於之系——則奪——奕維興
生子一 史出嗣礼漢
嗣子一 奪
養子一 維興

禮連枝之系——則煆 無傳
　　　　　　則禁 無傳
　　　　　　則重 無傳
子四 煆 禁 重 奪出嗣礼於

禮洪之系——○——○——世瓊

彭溪亭后黄氏族譜　十三世至十七世　支圖

嗣曾孫 世瓊

禮嶺之系
生子一 轅
養子二 文 半

則轅

則文
養子三 求 開花 悦春殤
生子一 天寶
嗣子二 楚良 伯殤

則半

奕求
嗣子一 分殤

奕楚良
子三 佛璉 鳴軫 儒秀

奕開花

奕天寶

奕載春

世佛璉

世馬軫

世儒秀

世翰琳

第百二十四帙　泉州聖教佩文石印

養子三
戴春
賜物
奕繼
嗣子一
添丁

奕賜物
子二
翰琳
松琳

奕繼

奕添丁

禮胚之系——則褒——奕蛙水
養子一
褒
嗣子一
蛙水

禮桉之系——則鉋——奕專成
養子一
鉋
生子一
登
子二
專成
漁湖殤
子一
快水殤

世松琳

彭溪亭后黃氏族譜　十五世至十七世　支圖

禮趯之系
子五
不
㧡
廩
天出嗣礼拈府

則登
子一
蛙水出嗣則袞

則不
嗣子二
誦經殤
海水

則㧡
子三
賜芳
誦經出嗣則不
金典出嗣則天

則廩
子六
冬木

奕海水

奕賜芳

奕冬木
子一
得令

世得令

第百二十五帙　泉州聖教佩文石印

開元
海棠
海水出嗣則不
海好殤
海鶴

則府
子三
清香
清雲出嗣則天
清霧

禮祠之系
子二
苑
石

則苑

則石
子二
運興殤
奕儉

奕開元
奕海棠
奕海鶴
奕清香
奕清霧
奕儉

禮措之系 — 則天 — 奕金典
　　　　　　　　　奕清雲

嗣十四　天

嗣十三　金典　清雲　養子　良錫

貴耀之系 — 則玉璽
　　　　　 則欽

礼字邀祖諱

嗣十三　玉璽　欽

貴瑶之系

子三　玉璽出嗣貴耀　山林殤

彭溪亭后黃氏族譜　十三世至十七世　支圖　第百二十六帙　泉州聖教佩文石印

貴伏之系
子一 [illegible]嗣[illegible]

貴[illegible]之系
子二 惜殤 [illegible]

則乾
子二 [illegible]山殤 産培

奕産培

則乞
養子一 鼓路

奕鼓路

貴彩之系
生子二 荻殤 長
養子一

則長
子一 金鉗

奕金鉗

則樹蘭

樹蘭

以上九世光佐之派

禮玉振之系——則再添——奕廷侯

養子一 再添

子一 廷侯

子一 建殤

禮脫之系——則問——奕却

子二 問 漂

則漂 無傳

養子一 却

禮金之系——則及——奕乒——世東連

子二 應出嗣礼琴 及

生子二 貪殤 乒 養子一

嗣子一 東連

教殤

禮班之系—則礁出祖
子二　礁　謀

則謀
子二　瑞良　俊元

奕瑞良
奕俊元

禮琴之系
嗣子一　應

則應
子一　伊

奕依
子三　採花殤　東連出嗣奕孚　發水殤

禮溪之系
嗣子一　明月

則明月

禮昂之系
嗣子一　以元殤

潤澤之系　淋礼　鄉飲賓
子七　奎衣　籛其　雩殤　林殤　撰出嗣礼盆　冬出嗣礼霞　決

則奎
養子一　鑾
生十三　蔭殤　奐

則籛　則榆
養子一　慈

則決

奕鑾
子二　乾出嗣奕奐　查

奕奐
嗣子一　乾殤

奕慈
子一　澄波

世查

世澄波

禮滚之系
子二　樸　嶺

則樸
子三　慶　螳　壁　友殤

奕慶
奕螳
奕壁

則嶺

禮味之系
子二　㡿　鵝

則㡿
子一　老成

奕老成

則鵝

禮分明之系
子一　看

則看

禮袞　則巽　孝十二　丕甲

嗣子

禮浣　則田

子三　則熟

業錫　嗣子六

禮十　則牧

子九　則狗

忠錫　則秋

狗扶　則電

糖殤
電
才殤
孰出嗣礼托

禮賞之系——則姜

嗣子一
姜

子一
大出嗣則蒼

禮遮之系——則蒼——奕火

生子一
姜出嗣礼賞

養子一
蒼

嗣子一
火

禮僅良之系——則塗　無傳
　　　　　　則留　無傳

子二
塗
留

禮珪之系

子六　高

統殤

浸出嗣礼柴

螺

岸

楓殤

則高

十一　滿殤

則螺

嗣十一　伍

奕伍

則岸

十二　伍出嗣則螺

禮禕之系

子四　聘殤

掠

映殤

俊

則掠

則俊

禮文擬之系——則佇
養子一　佇
子二

禮森之系
子三　當　垂　俱殤　載

禮萬得之系——則規祖
　　　　　　——則福
養子一　規祖
生子三　壽　彝　俱殤　福

以上九世光哲之派

以上俱四世桂公二房之派

禮益之系——則溫
子二 溫 腿
　　　　　——則腿

禮紬之系
子一 飯出嗣礼是

禮恭之系——則委
嗣子一 委

禮是之系——則飯
嗣子一 飯

以上九世光隆之派
四世桂公三房之派

禮瑞之系——則影　外出
養子一　影

禮毓之系——則迎
子一　迎

禮芹之系——則望——奕納收——世照成
子二　望
遣出嫺孔碟
養子一　納收
生子二　卓　变
養子二　照成
奕卓
奕變

禮綿之系——則嚴——奕超来
養子一　嚴
生子一　帕錫

禮摘之系　生子四：頭、厚、殊殤、戰；養子一：吩

- 則頭　養子一：超來；嗣子一：梯
  - 奕梯
- 則吩　子：蓮
  - 奕蓮
- 則厚　子三：捆、力求殤、梯出嗣則頭
  - 奕捆　子三：為業、助讓出嗣則戰為孫、鈿殤
    - 世為業
- 則戰　嗣孫一：助讓
  - 世助讓

禮罕之系——則田——奕連才

生子一 常情殤 嗣子一 田

子四 南斗殤 太乾殤 玶土殤 連才

以上九世光華之派

禮悄之系——則恚

養子一 恚

禮聰之系——則斜——奕送——世澗

子二 斜 綢

子一 送 出嗣則綢 福

奕福

子一 澗

以上九世光矽之派

彭溪亭后黃氏族譜　二十三世至二十七世　支圖　第四百三十三帙　泉州聖教佩文石印

則綢——奕山
生理殤

禮權之系——則隨
子一 隨
嗣子一 山

禮抄之系——則取
養子一 取

禮揆之系——奕光
嗣孫 光

以上九世光荷之派

禮集之系　子二　寬裕　佳

則寬裕　子五　慶賀　展来　先出嗣礼梓為孫　民瘍　長策

則佳

奕慶賀

奕展来

奕長策

禮外之系　養子一　粉

則粉

禮案之系　子三　思　張　樸

則思　子一　庇祐

奕庇祐

則張

則樓

禮鏢之系　春孫 春瞬 ○ ○ 奕春醱

禮蘄之系 — 則潜　嗣子一 潜

禮沛之系 — 則寧　子二 寧 潜出嗣礼蘄

禮柑之系 — 則川　子一 川

禮聯香之系　子二　拧　遠　出嗣礼帝
則拧

禮帝之系　嗣子一　遠
則遠

禮近之系　子三　土　名　岸
則土　養子二　宣　想
則名
則岸

則土 — 奕宣、奕想

以上九世光岳之派

禮求之系　子二　掎　藏
- 則掎　養子一　順　生子一　譜前
  - 奕順
  - 奕譜前
- 則藏　養子一　金福
  - 奕金福

禮稿之系　子二　祖　輝修
- 則祖　無傳

禮胆之系
- 則耀　無傳

以上九世光翁之派

以上俱四世林公長房之派

禮銓之系　養子一 鑵　子二 来 文

則来　無傳

則文　無傳

禮溳之系　子二 覺　本出嗣貽貞為孫

則覺　子三 樹 尚 通

則奉　貽貞嗣孫　無傳

奕樹　無傳

奕尚

奕通　子一 仙

世仙

以上九世光侯之派居高坪

禮玉之系——則勲 無傳

嗣子一 勲

禮研之系——則杞

則钱

子三 杞 钱

勲出嗣禮玉

禮晚之系——則銀——宴守

子四 銀 銅 煬

維出嗣禮孫

子二 守 管 煬

以上九世光惠之派先居芒州

以上俱四世養公之派

砌

則砌　養子一　彩

奕彩

禮孫之系　嗣子一　維

則維

禮安之系　子四　仙　鎮　水師　鬆出嗣礼時

則仙　子一　土元

則鎮

則水師　子一　文威殤

奕土元

以上九世光榜之派

禮時之系 — 則鬆 — 奕琴 外出不知

　嗣子一 鬆　　子一 琴

禮江之系 — 則良 — 奕金山

　子一 良　　生子一 井水殤　養子一 金山

禮硈之系 — 則嗔 — 奕到

　子二 嗔 蘏　　養子一 到　　子一 聰殤

則蘏 — 奕籠 — 世綀

　嗣子一 良殤

以上九世光雅之派

世奢

子二　緣　奢

奕葉

子三　衣出嗣則嗅　龍　葉

禮莧之系 — 則連

子四　連　染　越　魚殤

則染

子二　闉殤　壽殤

則越 — 奕樹

出居河市

禮墨之系 — 則瀆 — 奕趨

子一　樹

子二　流　奐錫

子一　趙

禮硯之系　子三　乙　傳　進興

則乙　子三　明　淺　琛山

則傳

奕明　子二　才　佳

奕淺　子二　英　丙

奕琛山

世才

世佳

世英

世丙

則進興　子一 仁碭

禮共之系　則得　子一 得

禮着之系　則妥　子一 妥

則妥 — 奕助　子一 助

奕助　子二 培石 培養

世培石

世培養

禮恐之系　子六 榮水 定 浮出嗣礼口

則榮水　子二 溆 鍁

奕溆

奕鍁

統　傍　況

則定

則統

則傍

則況
子三
廣出嗣則浮
盤出嗣則半
庭錫

禮口之系——則浮——奕廣
嗣子一
浮
嗣子一
廣

禮摺之系——則文謇
嗣子一
文謇

禮等之系——則信

子二　文譽出嗣礼楫　信

禮梆之系——則禡

子一　禡

禮楷之系——則廳

嗣子一　廳

禮富之系——則意誠

生子一　提殤

養子三　篇殤

以上九世光仁之派

種力之系
種杭之系
種魚之系
種定國之系
種寶之系
種燒之系——書丙
子一
丙
種曝之系
種清海之系　世居洞枝　十二書樹來

十三世礼芸之派
九世光天佑之派
十三世礼臨之派
九世有敬之派
以上十三世礼忖之派
九世光維之派
以上十三世礼奚之派
十三世礼鄢之派
十三世礼輕之派
以上俱九世光輝長房之派

種相之系——書毡
　子二　毡
　　　　書餘
　　　　餘

種吟之系——書㕔
　子一　㕔

種典之系

種領之系——書里
　養子二　里
　震鏢出嗣世胆爲孫

種惟善之系

種運財之系

以上十三世礼榁之派

第壹百五十帙　泉州聖教佩文石印

種金花之系

種誥封之系

世祖嗣孫 書震鑠

種恍之系

種波水之系

種圖之系

種針之系

種衎之系

種派之系

種衢之系

以上十二世國佐之派

以上十三世礼梓之派

以上十三世礼掄才之派

以上十三世礼瑞蓮之派

以上十三世礼瑞蒲之派

十二世礼棟之派

種安來之系

種元之系

種疊之系
生子一
樹未出嗣世梏為孫

種鐳之系

種淄之系

種金定之系

種金當之系

種金題之系

種金蒼之系

十二世礼匹之派

以上十三世膺揚之派

十三世對揚之派

十三世礼醒之派

以上十三世礼祀之派

種洗茂之系
種綿丙之系
種樹冷之系
種新地之系
種扳領之系
種昌礼之系
種玉樹之系
種玉蘭之系
種武之系
種泰洗之系

以上十三世礼百禄之派

種土之系
種龍之系
種聚之系
種鉄之系
種曹之系
種集雲之系
種園之系
種塔之系
種協士之系
種心水之系

以上十二世礼晏之派
十三世礼蔚之派
十二世礼揀之派

種金耳之系
種應顒之系
種塊生之系
種窑之系
種金土之系
種大潭之系
種金印之系
種金木之系
種金泉之系
種錫欽之系
種怡切之系

以上十二世揚清之派
以上俱九世光輝二房之派
以上十三世志正之派
十三世礼台之派
以上十二世礼託之派

種金善之系
種桂枝之系
種桂花之系
種阿成之系
種貓之系
種蟓之系
種在末之系

以上十三世礼紀之派

以上摸九世光輝三房之派

種權之系

種聰敏之系
種日之系
種淄之系
種棹桄之系
種思之系
種康之系
種丹之系
種港之系
種奭之系
種敦之系

以上十三世礼長之派

种味之系
种抛之系
种孔用之系
种贡之系
种乾之系
种蟯之系
种猫之系
种坪之系
种炭之系
种撑之系
种漢之系

以上十三世礼朴之派

以上十三世礼鄉之派

種活之系
種鑑之系
種田之系
種鷄之系
種精之系
種悦之系
種新之系
種箕之系
種葡之系
種福之系

以上十二世礼入之派
十三世礼度之派
以上十三世礼芸之派

種金鹿之系
種國成之系
種書之系
種肇之系

種猴之系
種返之系
種栄之系
種象之系
種水之系

種倫之系
種崇之系
種鮑之系
種巷之系
種萍之系
種秋月之系
種流水之系
種玉葉之系
種圳之系
種加升之系

以上十三世礼齊之派

種謙之系

種慶春之系

種玉琴之系

種瑞金之系

種混成之系

種伏發之系

種海内之系

種盛水之系

種勇之系

種江河之系

以上十三世礼願之派

種也之系
種鉛綫之系
種燒灰之系
種芸之系
種地之系
種祥之系
種重之系
種鑽之系
種集之系
種赤之系

以上十三世呈祥之派
以上十三世礼掛之派

種言之系

種占之系

種經之系

以上十三世礼宇之派

種玲之系

種鷩之系

種婆之系

以上十三世礼創之派

以上俱九　光捷長房之派

種逺之系

以上　之派

種璇之系

以　派

種宋莫之系

彭溪亭后黃氏族譜　十七世至廿一世　第壹佰卌八帙　泉州聖教佩文石印

種叠興之系
種等意之系
種書香之系
種約之系
種連枝之系
種成機之系
種賜興之系
種再興之系
埔種之系

以上俱九世光捷二房之派
以上十三世礼皇之派
以上俱九世光捷三房之派
十三世礼勛之派
九世光文之派

守種之系

種丞禮之系

種金烘之系

種金發之系

種周之系

種祥之系

種沓之系

種技娥之系

種滴水之系

種彩之系

以上十三世礼節之派

以上十三世大陞之派

以上俱九世光順之派

十三世礼川之派

十三世礼路之派

泉州聖教佩文石印

種瓶之系
種順之系
種漁之系
種金盛之系

以上十二世礼澳之派
以上十三世礼曾之派
以上俱九世光賓之派

附載安溪現存生齒支圖小序

安溪崇信里白岩村吾祖　舉公肇基故地也初　隆德公奉
旨撥歸南安縣九十都屯種而安溪七甲里班猶然照房交代輪當嗣因路途
爰有貼納之約自是以後来往漸希至有叔兄弟姪見面莫能相識者況舊譜
載始自　仁禮公迄於　隆德公以下而安溪一派全無文字豈當時創脩者因
之阻隔未嘗一至其地抑兵火焚亂之後世系莫詳故姑置而弗録歟丙申春余
人抄輯命到白岩村詳查實録而譜牒壞於兵焚神主化為煨燼歷来支派
莫稽但得一二故老言曰自先世　舉公居茲土傳有五房長因當軍之役逃居
湄里白獅坑不相来往僅有數人在亭園居住　仁禮公居南安是為爾大
今之存此處者俱是順禮一派序當三房四與五星散異方或存或亡皆不能知自

禮以下傳幾何代代幾何人又都不能遍述蓋今古所賴以相傳者恃有文字文字
廢而先後茫如矣余意欲從　舉公以下一切抄集彙為一譜而業已無據於是即
其現存生齒自曰學行以至貴字凡六世列為支圖附載簡端後有來者得從而
指之曰此吾祖家某叔某兄某弟若姪至於子孫猶得述其先祖而知其為某
行某人之系其有志尋祖者亦可執此為信不至彼此無凴則亦周易萃渙之
一道云爾

十一世孫　扶麟　敘

附載白岩祖家現存生齒支圖

日　光　夢　瑋　胤

- 光聰（子玥 棶）
  - 夢玥（子臨 詣）
    - 瑋臨
    - 瑋詣
  - 夢棶
- 光銳（子璉 琯）
  - 夢璉
  - 夢琯
- 光楊（子函 实 傍 博）
  - 夢函
  - 夢实
  - 夢傍

附載安溪現存生齒支圖

百五十一帙　泉州聖教佩文石印

- 夢博
- 光康　子廷 褒 攀 云
  - 夢廷　子蓴 芧
    - 璋蓴
    - 璋芧
  - 夢褒　子澤 衍
    - 璋澤
    - 璋衍
  - 夢攀
  - 夢云
- 光奏　子偉 仰 傕
  - 夢偉　子鏶 鏗 錬 鏡
    - 璋鏶
    - 璋鏗
    - 璋錬

彭亭紫雲黃氏族譜

附載安溪現存生齒支圖

光禮　子錯

夢仰　子鉤　鏇　鈔　錢

夢催　子欽　鐺　錠

夢錯　子椿　杞

璋鏡　璋鉤　璋鏇　璋鈔　璋錢　璋欽　璋鐺　璋錠　璋椿　璋杞

百五十二帙

泉州聖教佩文石印

光陵　子顗　彥　西　閣

夢顗　子年

璋年

夢彥　子克

璋克

夢西　子彩

璋彩

夢閣

光天　子檜　煅　準

夢檜

夢煅

夢準

彭亭紫雲黃氏族譜

附載安溪現存生齒支圖

光仙
子 軒 轂 轉

夢軒

夢轂

夢轉

夢監
子 揣

璋揣

夢起
子 鋪

璋鋪

夢模
子 勤

璋勤

百年三帙　泉州聖教佩文石印

光信　子旬　抱　抄
夢旬
夢抱　子縷
璋縷
夢抄

光宇　子箱　朝　均　等　川
夢箱
夢朝
夢均
夢等
夢川

日吉
光環
夢圭

彭亭紫雲黃氏族譜

附載安溪現存生齒支圖

子環 蕉 合

子圭

光蕉 子榜

夢榜

光合 子響 肘

夢響

夢肘

夢漢 子抖 敢

璋抖

璋敢

日默 子叠 亮

光叠 子洗 温

夢洗

夢温

百五十四帙

泉州聖教佩文石印

鎮

光堯

光鎮

光漆　子鉢　章

夢鉢

夢章

夢梧

夢棟

夢閏

夢誇

夢葵　子戫　溰

璋戫

璋溰

亭昜 → 章文（子收）

璋玉 → 胤風、胤飄（子風 飄）

璋耀

璋桐 → 胤造 → 貴隨（子造）（子隨）

璋老 → 胤參（子參）

以上順禮公派下

泉州聖教佩文石印

另有　禮公序居長房移居龍涓里白獅坑後有數人回來祖家居住并列

現存生齒於左

光富　子總妙按

夢總　子科種穆税銳

夢妙　子贍贈辰

璋科　璋種　璋穆　璋税　璋銳　璋贍　璋贈　璋辰

夢按　子耳
璋耳

夢諒　子變　雲
璋變
璋雲

夢乞　子體　跳
璋體
璋跳

以上長房派下

附記宗道公世派

宗道公原中巻二房裔也生景明景新俱早故又生景和和生男世良良生球謚偶然字武慶娶周氏又無嗣而宗道公之支派竟莫續矣　舊譜載

闕疑一案

文所以傳信也有其傳之而適以滋疑者在當時立文之人已不能自信而又不忍不傳如舊譜所載黃朝魁一派是已既畧其派而不詳其為某世某公之派後人何從而信之然而烏可沒也於是即其所傳者而傳之就原本謄附篇末不敢增損以俟後之人或有尋者可取為証云爾

十一世孫　鶴　識

一派黃朝魁係青溪祖家裔也生男元安元福元安無嗣元福生男長澄得次細

仔三惠仔惠早故細仔字武平在外不回

福生男名澄字武吉娶劉氏生男世治三郎

澄生辛巳年四月十四日辰時卒丙戌年八月初七日子時

氏生己亥年十月十九日辰時卒乙丑年七月初八日丑時

澄生男世治字仕統娶鄭氏

統生辛未年四月十三日巳時

鄭氏生甲戌年七月廿日子時

澄生男名三郎娶陳氏生女皇娘英娘

三郎生癸未年四月廿四日申時卒癸酉年十月十二日亥時

陳氏生丁亥年三月廿二日申時卒丙戌年五月十五日巳時

郎生長女皇娘配李家無甥
次女英娘配柯家生甥應仔

国家出版基金项目
NATIONAL PUBLICATION FOUNDATION

海上絲綢之路文獻集成

總主編　陳支平　陳春聲

民間譜牒編　43

主編　林　楓

海峽出版發行集團
THE STRAITS PUBLISHING & DISTRIBUTING GROUP
福建人民出版社

本册目次

［福建南安］彭亭紫雲黃氏族譜七卷存六卷譜序一卷支圖二卷（卷一至卷二）

黃建亞　鄭維徹等纂修

一世

隆德公中巷二房裔也先與景明公同下屯遂卜築於南安縣九十都亭後村娶池氏號純懿生子二長觀祖次佛賜卒嘉靖乙未年九月十二日時與景明公合葬本處舊厝後山崙之原至萬曆庚子乃附葬池氏於左景明姆蔡氏於右穴巳亥地理師擬爲蛇形其

卜勝地以肇基兮詒謀斯定守世業以裕後兮燕翼克成光祖德於流遠兮赫赫有聲衍支派於綿蕃兮英英有靈

論曰公天資朴茂最有遠謀觀其卜居形勝建立祀田遞傳而瓜瓞綿綿公爲不祧之祖詎非天有以與亭黃之族哉

二世

觀祖字敬宗號順齋隆德公長子也生乙酉十月十二日卒甲戌二月廿三日娶吳氏號慈惠生丁亥正月初一日卒戊子十一月十八日子四佛保佛生佛福佛法女一瓦棺合葬本處尾林口山之原人稱爲龜形穴

佛踼號淳齋隆德公次子也生戊子十月十三日卒丁酉

九月廿八日娶東蘇蘇氏號柔惠生戊子四月十八日卒辛丑正月初二日子四玄生連養祖居尾治女三瓦棺合葬大厝後山之原穴

三世

佛保字元蔭觀祖公長子也生巳酉七月初五日卒辛丑五月廿五日娶四都王氏生同庚六月廿五日卒甲寅七月廿五日子一名文女二萬曆戊戌瓦棺合葬罣山腹穴乙辛

佛生字元亭觀祖公次子也生壬子二月十二日卒壬申四月廿五日娶陳氏無出葬尾林口圳後山之原穴

佛福字元濤號逸然觀祖公三子也生甲寅七月十四日卒乙巳十月初八日娶鄭氏號勤慎生丁巳九月廿一日卒癸亥三月廿七日子七信槐榕梓玄夏爵信槐殤萬曆五年合葬黃壠埔蜈蚣崙穴

佛法字元祜號坦然觀祖公四子也生庚申正月初九日卒乙巳四月初八日娶永春朱氏號慎德生同庚十一月廿九日卒丙寅八月十三日子三桂林柏柏殤女三長大娘適四都王家邑庠生象晉其外孫也萬曆十四年瓦棺合葬古井尾山之原穴

玄生字元徵號陶然佛賜公長子也生戊申八月廿八日

卒巳丑四月初九日娶淩氏號慈順生庚戌二月初
一日卒丙辰六月十二日子一養女五萬曆廿五年
合葬本處芒洲垻　竹墘頭穴乾巽

連養佛賜公次子也生甲寅四月初七日卒乙丑五月廿
七日娶顔氏無出女一

祖居字元逸佛賜公三子也生戊午十一月十二日卒戊
戌十一月廿九日娶蔡氏生甲午四月十八日卒丁
酉三月初八日無出女一

尾治字元貞號毅齋佛賜公四子也生己巳五月十四日
卒壬戌五月十八日娶許氏生同庚十二月十二日

卒辛卯十月初二日子一綿繼娶陳氏號勤儉生巳
亥四月廿六日卒壬戌四月十六日子三結紳緒紺
殤葬處莫考

四世

文公字武質號樸齋佛保公子也生庚午正月廿二日卒
己巳五月初九日娶侯氏生同庚十一月十二日卒
癸酉三月十一日子一良烈與父元蔭公合葬罩山
腹公瓦棺氏木棺穴乙辛

榕公字武盛號後亭佛福公子也生壬午八月十三日卒
丁酉十二月初一日娶官園陳氏生乙酉七月二十

日子三良謨良讓良識謨殤氏於嘉靖年間因倭寇
亂離不知所終繼娶樹坑沈氏生壬辰十二月初十
日卒甲戌正月廿二日子三良誥良謀良誼女一沈
瓦棺葬古井尾穴 繼娶同氏生辛卯六月二十日
卒乙未八月二十日無出葬處失詳

梓公字武恭號桂亭佛福公次子也生乙酉四月廿五日
卒戊戌六月廿三日娶邱氏生戊子九月初六日卒
壬午二月十五日子三良華良端良仁女二葬本都
東坑內龍州埪墘頂穴丑未

玄公字武高號槐亭佛福公三子也生己丑三月十二日

卒乙未十二月十八日娶峽下羅氏生同庚正月十
五日卒戊子三月十二日子四良詔良誠良聚良評
女一瓦棺合葬鼎坑口穴

夏公字武興號四亭佛福公四子也生嘉靖壬辰四月初
二日卒萬曆丙戌六月初六日娶陳氏生嘉靖丙申
二月十九日卒萬曆丁未十一月初七日子五良偉
良咏良侯良佐良侃女　大淸三十二年癸酉瓦棺
合葬本處後坑壠汰內園後穴巳亥

爵公字武尊號西亭佛福公五子也生乙未七月廿九日
卒庚子三月廿九日娶凌氏生丙申十一月十二日

卒癸酉二月初四日子二良愷良珍愷孫女二
桂公字武都號三亭佛法公長子也生辛巳正月廿九日
卒戊戌十月初十日娶彭氏號勤儉生戊寅正月十
七日卒癸亥六月初四日子一良宇繼娶侯安侯氏
生癸巳正月初二日卒癸巳四月十五日子四良字
良才良斌良潛公自卜地本都彭林柄邢厝墟山之
原丙申年先葬二氏至巳亥公洒合焉穴寅申外甥
南安邑庠生王象晋銘曰
維公之生道貌天形剛方秉身慷慨植性好逑淑女
中饋贊成迓天之休華封衍慶申天之祜槐庭留蔭

藹哉吉人眘由天定

林公字武春號椿齋佛法公次子也生壬辰十月初五日
卒庚午三月初九日娶斗林陳氏生癸巳四月十七
日卒乙未五月廿一日子二良和晨元女一與曾孫
合葬本處後塔林畲穴巽乾

餮公字武大玄生公子也生丁丑二月廿五日卒辛酉十
二月十二日娶顏氏生巳卯三月廿四日卒辛丑十
一月初二日子一良保女一與父合葬根竹坑頭穴
乾巽

綿公字武遠號仰亭元貞公長子也生丁卯十二月三十

日卒壬子十月十一日娶官園陳氏生辛卯四月初六日卒戊戌十二月初一日無出養子一良補

結公字武實號要亭元貞公次子也生戊辰十二月廿三日卒丙辰九月十三日娶李氏號恬懿生癸丑十二月初五日卒戊辰四月廿八日子一良館女七仝葬古井尾穴亥巳

紳公字武賓元貞公三子也生壬子正月十五日卒甲寅四月十六日娶郭氏生乙卯十一月廿一日卒丙辰二月十五日子一良椿

五世

良烈字仕光號肖亭文公長子也生癸巳十月十五日卒
庚寅二月十五日娶中埔王氏生乙未十一月初七
日卒已丑七月廿七日子五宗億宗儀宗仲宗任宗
俶女二萬曆十一年出居福清縣漁溪公館鋪上郭
村養子一宗福移居洋坪

良讓字仕望號我積榕公長子也生已酉六月廿六日卒
壬子十月十二日娶陳氏生壬子正月初六日卒萬
曆甲子八月初二日子三宗相宗輔宗英女三合葬
新大涵穴北南

良識字仕達榕公次子也生戊午十月廿五日卒乙卯三

月廿五日娶曾氏生甲子十一月十一日卒己卯十
二月初四日無出繼娶大城北門郭氏生辛未七月
十九日卒甲申七月廿八日子一宗璧

良誥字仕進榕公三子也生甲子五月廿一日卒壬戌五
月廿四日娶侯氏生乙丑十月廿五日卒癸亥十二
月廿四日子一宗儼殤無傳

良謀字仕猷榕公四子也生丙寅九月廿七日卒庚戌二
月廿七日娶八都吳氏生甲戌三月十五日卒壬午
十一月二十日子二宗選宗滿女一公葬古頭山之
原穴乙辛氏葬尾林口穴坤艮

良誼字仕齊榕公五子也生乙巳五月十三日卒丙午九月廿九日娶墩兜陳氏生庚午十二月初四日卒壬申三月廿四日子一宗胤女一

良華字仕朝號東渠梓公長子也生癸丑正月廿五日卒壬子二月初七日娶宮兜陳氏生同庚正月廿二日卒丁酉八月十二日女三無傳

良端字仕道號東溪梓公次子也生丙辰四月廿八日卒丙午十二月初二日娶樓下許氏生庚申十一月初十日卒己酉三月初五日子三宗萬宗厚宗守萬殤女一葬東坑內後壠溝穴

良仁字仕恩號東泉梓公三子也生甲子十月初六日卒丁丑四月廿七日娶侯氏生己巳二月初八日卒丁亥八月廿二日子二宗富宗昇

良詔字仕澤號厚亭玄公長子也生戊申三月初九日卒戊戌十月初九日娶後溪許氏生庚戌八月初八日卒壬子八月十三日子四宗舉宗允宗瀋宗鎮籓𣩏合葬曾垵腰穴北南

良誠字仕信玄公次子也生庚戌正月二十日卒戊子二月廿六日娶樹坑陳氏生癸丑八月廿三日卒戊子八月廿三日子二宗傳宗壽女三合葬聖王山後之

原

良聚字仕集玄公三子也生丙申三月廿一日卒戊辰五月初一日娶李氏生庚申正月廿九日卒已未正月初二日子四宗麒宗麟宗諒宗環麒麟諒殤

良評字仕會號振亭玄公四子也生丁卯四月十七日卒戊辰二月十一日娶林氏生同庚二月十五日卒已已三月十二日子三宗居宗蔭宗祜祜殤

良偉字仕美夏公長子也生癸丑正月廿七日卒乙未二月初四日娶本都章氏生丁巳十二月初七日卒已亥十月廿八日子五宗憲宗耀宗翼宗智宗敏耀殤

合葬始祖宇后右畔土名牛運堀坡后穴辰戌

良啄字仕益夏公次子也生乙卯正月廿六日娶吳氏生丙子九月廿五日子三宗範宗俊宗瞻崇禎六年仝弟侯挈眷出居溫州

良侯字仕卿夏公三子也生丙寅十二月廿六日娶管氏生庚寅十月十六日飬子一宗友生子二宗孝宗丑丑殤崇禎六年仝兄啄挈眷出居溫州

良佐字仕國夏公四子也生壬申四月初十日卒甲午三月初五日娶官園陳氏生壬午九月十九日卒癸丑十一月初九日子四宗景宗甯宗卯宗寵女四丙申

年合葬彭嶺後酒池中崙穴乙辛

良侃字仕直夏公五子也生甲戌六月十七日卒乙亥九月初九日娶江氏生壬午十月初六日卒丁丑六月十三日子一宗巡葬南崑山北穴南北氏葬本處罩山腹穴南北

良珍字仕贊爵公子也生丁丑九月初九日娶李氏生戊寅三月初一日萬曆二十五年出居溫州

良宇字仕立號揚亭桂公長子也生丁未六月初十日卒辛亥十月廿三日娶員子林氏號勤慈生丙午四月十七日卒戊戌五月廿六日子四宗禮宗裕宗懋宗

譽裕嫁女一繼娶池店李氏生癸卯九月廿九日卒乙巳三月初四日丙午年合葬十七都杏田鄉桂竹崙穴丙壬

良才字仕育號登揚桂公次子也天性敏達慷慨識學有文人學士造廬倒屣懽迎與桃源太平李二鄉以屯種裔締伯仲交時常來往稱莫逆焉生丁卯閏月十四日卒乙丑七月廿九日娶張氏號貞淑生戊辰八月初七日卒乙未六月初七日子四宗興宗瑜宗瑾宗瑞女一壬辰年公葬彭嶺後木橋崙糖灶下至乙未氏合焉穴艮坤

論曰公秉性正直處家庭和

藹爲人極有幹濟雖欲奪亭居而陰謀者卒爲公鎮壓焉其黃氏之族其光大也宜哉

良斌字仕文號左石桂公三子也生壬申五月十七日卒壬辰正月十七日娶曾氏號貞順生辛酉三月初七日卒癸巳閏六月廿五葬子三宗珍宗玖宗瑗巳亥年合葬晉江四十四都土名曾林山之原穴癸丁

良潛字仕伏號闢亭桂公四子也生乙亥十月初七日卒戊寅十一月二十日娶侯氏生巳卯八月廿三日卒辛亥二月初五日子二宗璞宗寶寶殤公葬本處舊厝後罩山腹茶林內穴壬丙因康熙五十七年日鵬

遷母葬犯公議合葬仝祭掃鵬充祀田坐本處斗林
坑頭受子五升永爲輪當侯氏亦不失祀田載祀業
錄

良和字仕中號質然林公長子也生乙未九月廿九日卒
壬戌七月十四日娶溪沙同氏生甲子八月初一日
卒壬寅十一月初九日子三宗輝宗睿宗鵬女一公
氏與男輝瓦棺合葬晋江四十四都眉田鄉東尾山
之原穴巽乾氏右公左輝中

良元字仕會號振吾林公次子也生丁卯三月廿三日卒
庚午八月廿六日娶吳氏生己巳九月十九日卒戊

寅二月十四日子一宗鄰女一萬曆廿九年出居德
化縣下橋

良保字仕業號隱洲饗公子也生壬寅十一月初三日卒
乙丑十月初九日娶曾氏生甲辰七月初九日卒庚
戌九月廿六日子五宗卻宗賜宗試宗培宗五賜出
嗣良補女一丁丑年公氏與子宗試合葬十一都小
龍雲貓鼻崙穴北南

良補字仕闕綿公子也生卒葬處失詳以良保次子宗賜
爲嗣

良伯字仕登號隱亭結公子也生巳卯四月十六日卒庚

寅六月廿七日娶陳氏生庚辰閏四月廿八日卒甲
申五月初五日子七宗舜宗科宗琰宗玠宗琨宗璉
宗甡戊申年合葬十七都嶺頭鄉蓮花寨穴庚甲
銘曰桃源形勝聚於樂山武榮蓮花發祖其間委蛇
綿遞如帶斯灣秀麗冶翠如彩斯爛高峯聳峙穴大
而寬龍虎齊會東西抱丸端坐居中洋洋大觀福澤
綿亙世代衣冠

良椿紳公子也生癸卯七月廿八日卒癸巳五月初四日
娶廖氏生丁巳二月十四日子三宗朝宗法宗立俱
殤

六世

宗億字思麗良烈長子也生戊午九月十三日寅時卒庚申三月廿四日辰時娶蔣氏生癸亥十月廿二日寅時卒壬戌六月十二日戌時子一進春女二

宗儀字思敬良烈次子也生癸亥八月廿七日辰時卒乙丑九月十一日亥時娶官園陳氏生乙丑正月廿六日巳時子一進寬女二

宗仲字思魯良烈三子也生丙寅四月廿三日未時娶興化周氏

宗任字思弘良烈四子也生巳己八月廿四日寅時娶興

化蟻氏子進順
宗俶字思田良烈五子也生壬申 月十七日 億儀仲
任俶俱仝父良烈出居福清縣漁溪公館舖上郭村
宗福字思儆良烈養六子也生失詳卒九月廿二日娶王
氏生卒莫攷公葬永春二十都洋上鄉大冒山土名
貓來埔子二進友進義友殤義移居八都洋坪鄉
宗相字思贊良讓長子也生癸酉九月十一日亥時卒壬
申五月初二日卯時娶大房蔡氏生甲申十月初二
日戌時卒己丑九月廿七日辰時子三進階進陟進
東公葬本處新大涵

宗輔字　思弼良讓次子也生庚戌十月廿一日寅時卒丙申十月廿七日巳時娶蔣氏生壬子三月廿二日未時卒乙巳八月初六日亥時子四進陶進隱進皇進折皇折殤

宗英字思拔良讓三子也生崇禎甲申正月廿三日子時卒順治甲午十月初九日辰時娶田源內同氏生丙戌八月十九日丑時卒順治甲午五月十一日巳時子一進儼女二合葬張坑求仔畬穴壬丙

宗璧字思昆良識子也生巳亥四月廿一日辰時卒戊戌二月十六日寅時無傳

宗選字思衆良謀長子也生巳亥正月廿三日辰時卒莫
攷娶林氏生癸卯十月十一日寅時卒莫攷子三進
先進詔進策女二葬處失詳
宗滿字思盈良謀次子也生巳酉八月廿四日酉時卒甲
寅八月十四日卯時娶郭氏生乙巳九月初八日巳
時卒癸亥十月十六日巳時子二進八仔進緝熙八
仔殤仝寄葬龜崙脚墓仔前
宗胤字思祚良誼子也生壬辰六月廿七日午時卒莫考
娶姓氏生卒葬處失詳子二進銀進尾
宗厚字思及良端長子也生乙未五月初五日戌時卒辛

卯三月廿一日酉時娶趙氏生壬辰十一月十二日
寅時卒壬戌正月十八日午時子二進助進䶮女一

宗守字思啓良端次子也生丙申正月初五日寅時卒庚
戌六月十二日辰時娶魏氏生壬寅七月初八日辰
時卒乙卯六月十七日午時子四進經進暨進球進
環暨殤女一

宗富字思周良仁長子也生辛卯三月初五日申時卒癸
卯六月廿七日寅時娶陳氏生丁酉七月初七日寅
時卒丁亥二月十四日酉時子五進清進開進森進
祿進範範殤公葬本都將軍嶺土名云轉

宗昇字思平良仁次子也生巳亥二月二十日卯時卒甲午三月初八日寅時娶陳氏生癸卯五月十二日巳時卒丁亥十一月十九日酉時子二進祖進京俱殤女三無傳

宗舉字思政良詔長子也生癸酉九月初九日未時卒戊子四月廿六日寅時娶蔡氏生同庚七月初七日卒巳酉五月廿四日午時子二進第進楚女二公與進第合葬枯梅坑氏葬厝後

宗允字思用良詔次子也生丙子七月廿三日子時卒乙丑十二月廿九日申時娶大坝方氏生同庚八月廿

一日巳時卒戊寅十二月廿一日申時子三進長進
瑚進三三瓊
宗鎭字思定良詔三子也生丁亥十二月初九日丑時卒
辛丑七月十一日申時娶同氏生庚寅五月初五日
申時卒甲申十一月十八日未時子一進榮女三繼
娶彭氏生庚寅九月二十日戌時卒戊戌九月廿三
日戌時無出女一
宗傳字思可良誠長子也生丙子九月十四日巳時卒庚
寅十月廿六日寅時娶斗林陳氏生戊寅十一月廿
二日申時卒戊寅五月初六日午時子二進勇熊癸

撥嫂女二

宗壽字思靖良誠次子也生癸未五月廿八日戌時卒戊子四月廿一日寅時娶斗林陳氏生甲申九月十一日丑時卒癸巳六月十八日丑時子一進法

宗環字思珮良聚子也生庚寅三月十四日戌時子一進師出居沿山縣三十二都

宗居字思邦良評長子也生巳酉八月初五日巳時卒戊午三月十四日丑時娶姓氏生卒葬處均失詳子一進祿公葬新大巷穴東西

宗蔭字思典良評次子也生乙未五月初五日戌時卒甲

午年娶李氏生巳亥九月初二日寅時卒失詳子一
進昌
宗憲字思章良偉長子也生巳卯七月廿九日子時卒甲
寅七月廿七日巳時娶曾氏生壬辰三月廿三日申
時卒辛卯四月十九日辰時子一進任公瓦棺葬本
處曾墘腰穴艮坤氏瓦棺葬本處舊厝後
宗翼字思冲良偉次子也生甲申六月初二日寅時卒丁
丑三月初二日未時娶洪氏生卒失詳子一進祥殤
女一無傳
宗智字思卯良偉三子也生甲午八月初二日卒戊寅丑

月初五日寅時娶章氏生辛巳正月初九日辰時卒
甲午三月十二日子時子一進旺
宗敏字思員良偉四子也生丙申十月十四日午時卒丁
丑十一月十六日辰時娶同氏生卒莫稽子一進茂
女一
宗範良啄長子也生丙戌十一月初一日子時
宗俊良啄次子也生壬辰八月廿八日午時
宗瞻良啄三子也生乙未八月廿四日子時
宗友良俟長子也生丁酉七月初十日戌時
宗孝良俟次子也生庚子七月十八日未時

咏侯二派崇禎六年俱出居溫州

宗景字思盖號光宇良佐長子也生丁未五月十三日巳時卒乙未八月初七日丑時娶林氏生戊申四月廿四日辰時卒丙申九月廿四日子時子二進法進作女二瓦棺合葬本處后坑壠水井頭穴乙辛

宗譽字思精號靜宇良佐次子也生巳酉十月廿七日子時卒辛酉九月初三日未時娶李氏生乙卯九月十一日酉時卒甲申四月廿四日卯時子一進娘女一公葬本都姑店寨后尾湖中崙穴壬丙氏葬本都黃池寨中崙穴艮坤

宗卯字思貫號參字良佐三子也生辛亥十二月十八日卯時卒甲午九月十四日午時娶江氏生丙辰正月十九日卯時卒十一月初八日子四進廣進浪進和進暢公葬本處罩山腹穴乙辛氏葬汰內園穴甲庚子進廣附焉

宗寵字思貢號明字良佐四子也生戊午十二月二十日丑時卒乙卯八月廿八日寅時娶鄭氏生庚申九月十八日戊時卒戊寅正月初九日申時子一進福女二繼娶莊氏子一進禱公與氏葬本處烏塗崙穴東西

宗巡字思狩良侃子也生甲辰三月廿四日子時卒甲申七月廿五日申時娶顏氏生乙巳五月十五日子時卒辛巳五月廿五日巳時子二進養進明饗殮

宗禮字思重良宇長子也生辛未十二月十八日辰時卒丙子十月廿一日巳時娶林氏生甲戌六月初五日酉時卒丁丑九月廿四日戌時子四進南進綬進勇進玄女一葬十七都龍后鄉苦菜崙

宗懋字思勳良宇次子也生辛巳十月十六日辰時卒乙未五月初二日未時娶林氏生同庚七月初一日酉時卒丙辰五月廿五日辰時無出繼娶鄭氏生己丑

二月十四日寅[illegible][illegible]辛丑十月十三日巳時子二進
承進銳女二
宗譽字思謙良字三子也生甲申十一月十八日戌時卒
乙酉七月廿三日寅時娶謝氏生戊子閏六月十七
日卯時卒丁亥七月廿二日辰時子一進酉
宗典字思則號逸明良才長子也生萬曆丁亥正月廿五
日子時卒弘光乙酉三月廿九日午時娶林氏生萬
曆丁亥六月十五日午時卒萬曆己未十二月十二
日酉時子一進金舉女二繼娶廖氏生庚子十二月
廿一日丑時卒癸丑八月初五日巳時子三進金鑑

進金潤進金殿公與廖氏葬本處新頭巷穴坤艮林
氏葬本處蛇仔內
宗瑜字思璧號長明良才次子也生丁酉十月初十日酉
時卒辛丑三月十九日亥時娶吳氏生庚子十二月
十四日子時卒乙卯十二月廿日申時子八進言進
惠進犯進冕進庚進英進使進綸言犯英使殤女二
合葬本都彭林柄內湖冬田仔後畓穴丁癸
宗瑾字思懷號行三良才三子也生萬曆庚子五月十五
日卯時卒順治巳亥四月初七日子時娶林氏生癸
卯十二月初九日戌時卒十二月廿九日丑時子三

進紅進炎進紳公葬十一都竹林後崙乾隆乙未氏
附焉穴巽乾銘曰
龍雲之峯佳氣鬱葱苦竹蜿蜒廼胎穴宮陰陽會合
弼輔超宗天祚有德以需我公公歸于玆永固永臧
奕葉繩武繼緒輝煌

宗瑞字思彩號耀明良才四子也生癸卯四月廿四日巳
時卒乙巳九月初八日寅時娶陳氏生丙午九月十
七日卯時卒丙辰十一月廿七日酉時子六進烏進
礽進鼎進策進語進孟烏殮女二合葬十七都坑尾
厝後崙穴癸丁

宗珍字思聘號忠質良斌長子也生丁酉三月二十日未時卒乙未七月廿六日辰時娶廿一都埔頭溪口林氏號寬惠生丁酉三月廿二日酉時卒乙未七月初一日午時子三進取進與進燁取殤女二合葬罩山腹

宗玖字思佩良斌次子也生甲辰十月二十日亥時卒丙申七月廿六日巳時娶吳氏生丙午三月廿七日午時卒甲子八月初二日亥時無出繼娶陳氏生戊申二月初六日子時子七進路進敬進纘進任進六郎進囦部進承愷俱殤嗣子進果公與二氏葬罩山腹

宗瑗字思琅良斌三子也生戌申月廿一日寅時卒乙未五月十一日子時娶謝生巳酉三月廿一日辰時卒丁卯五月[illegible]二日巳無出繼娶李氏生壬子十月廿五日卯時卒戊戌正月初六日戌時子二進度進果果[illegible]嗣宗玖女二

宗璞字思抱良潛長子也生辛丑三月初三日子時卒甲午八月三十日辰時娶許氏生癸卯三月廿四日寅時卒辛丑十二月初四日巳時子二進默進香

宗輝字思粲號蓋亭良和長子也生甲申正月初七日辰時卒丁亥十二月十二日辰時娶同氏生乙未十月

十七日亥時卒辛未七月十八日酉時子二進金進
玉繼娶邢氏生庚子十月廿九日未時卒康熙壬子
七月廿九日申時子二進鏞進𨮁公與父母三瓦棺
葬晉江四十四都眉田鄉東尾山之原公棺下層居
中穴巽乾同氏葬姑店鄉南墘穴丙壬邢氏葬本處
鼎坑口穴乙辛

宗睿字思聰良和次子也生甲午十二月廿日丑時卒癸
未十月十一日亥時葬本處古井尾三世祖墓內畔

宗黱字思雲良和三子也生庚子十月初三日辰時卒乙
未三月廿五日申時娶四都王氏生丁未七月初七

日午時卒庚戌七月初六日未時子一進珠殤女二
葬本處畲仔園後穴丙壬無傳

宗鄰良元子也生丙午二月十二日子時卒辛丑三月廿
四日亥時娶顏氏生辛亥四月十二日辰時卒辛卯
七月十二日子時萬曆二十九年出居德化下橋

宗却字思習良保長子也生乙丑六月二十日未時卒壬
戌八月廿八日娶洪氏生巳巳十月初六日巳時卒
丁丑六月初三日辰時子六進錦進綉進綸進榮進
翀進（鼎）綸鼎殤女二葬十一都小淩雲隔坵邊穴丑未

宗試字思省良保三子也生丁丑十月廿一日戌時卒丙

辰四月廿五日巳時娶大栗同氏生庚辰八月十四日子時卒庚午十一月初三日戌時子三進綵進統進選選殤合葬十五都苦田陷尾堀崙穴酉東

宗培良保四子也生卒失詳無傳

宗伍良保五子也生卒失詳無傳

宗賜字思欽良補嗣子也生辛未十二月十九日巳時卒庚午四月廿四日辰時娶侯氏生乙亥十一月初五日未時卒丙子十月廿六日未時子二進孫進紹女一於庚午出居福清縣南洋麗灣

宗舜字思紹號贊宇良伯長子也生辛丑三月十四日辰

時卒甲辰八月十五日申時娶吳氏生乙巳九月二
十日丑時卒壬申十二月初九日申時子七進挺進
都進聰進仲進偉進[illegible]進綸都綸遵公葬本處曾坡
腰穴北南氏葬本都後坑壠大壠內漳州崙穴乾巽

宗科字思榜號心字良伯次子也生萬曆癸卯九月初六
日辰時卒順治甲午三月初六日酉時娶同氏生巳
酉二月初六日寅時卒甲辰八月廿五日亥時子三
進啓進明進顯顯殤合葬十七都枯梅坑三十七墓
外田後中崙穴壬丙

宗琰字思琌良伯三子也生丙午十月三十日未時卒辛

亥十月廿八日戌時娶大力陳氏生壬子三月廿五日未時卒癸未十月廿四日寅時子二進紫進貴繼娶陳氏生癸卯七月初五日亥時卒丙午七月初八日午時無出

宗玠字思統號福宇良伯四子也生庚戌正月十七日巳時卒丙申三月廿五日戌時娶吳氏生壬子六月初三日午時卒癸未正月初六日辰時女一繼娶陳氏生癸亥三月廿五日巳時卒九月初三日子二進戊進連連殤女一公與吳氏葬十七都枯梅坑厝後穴癸丁

宗琨字思禮號壽字良伯五子也生癸丑十二月十八日戌時卒辛亥九月初九日卯時娶陳氏原娘生崇禎巳未十一月廿三日亥時卒順治戊戌七月廿八日巳時子四進貢進德進懿進周周殤懿出嗣宗璉女一公葬本都彭林柄山大坪中心穴乾巽氏葬晉垵寨脚穴辛乙

宗璉字思吉良伯六子也生丁巳正月十九日丑時卒失詳娶李氏生辛酉閏二月初四日卒莫攷無出以宗琨第三子懿爲嗣

宗甡字思重良伯七子也生辛酉三月卒莫考娶彭氏生

康熙丁卯十月廿八日申時卒慶熙五十六年八月十七日午時子一進期

七世

進春宗億子也

進寬宗儀子也

進順宗任子也

以上三人均仝父居福淸縣生娶卒葬俱失詳

進義字尙仁思儆子也生順治丁酉月日時失詳卒康熙乙酉八月十二日丑時子日連公原葬罩雲前虎岫後遷葬八都洋坪鄉土名人交井石皮內穴坤艮

進階宗相長子也生卒莫考　傳

進陟宗相次子也生卒莫考

進東宗相三子也出居溫州

進陶宗輔長子也生卒莫攷無傳

進隱宗輔次子也出居鉛山縣三十三都

進儼字尙安宗英子也生甲子四月十八日辰時卒甲戌正月十八日巳時娶陳氏生萬曆庚午十月初五日卯時卒康熙壬寅八月十七日辰時子二日在日肇合葬黃壠邊

進先字尙祖宗選長子也生癸亥十二月十八日午時卒

辛巳十月初六日酉時娶林氏子一日奏

進詔字倘書宗選次子也生丙寅八月廿二日戌時卒正
月廿六日娶劉氏生庚午正月十九日卯時卒二月
廿六日子一日德繼娶許塘李氏生庚午十月廿二
日戌時卒八月廿六日子一日三

進策字倘計宗選三子也生己巳九月初三日酉時卒莫
斂娶陳氏生丙子二月廿四日子時卒戊子十月廿
一日巳時子三日元日什日從從殤女二

進綱熙字倘穆宗滿子也生戊子七月十九日寅時娶林
氏生辛卯八月初四日午時子四日關日御日聘日

部

進銀宗胤長子也生娶卒葬俱莫詳

進尾字倘週宗胤次子也生乙亥二月廿四日申時卒丁
丑十二月初三日未時娶侯氏生丙戌七月初七日
戌時卒巳亥正月廿六日寅時子二曰訪曰睃

進助字倘我宗厚長子也生丙寅十二月廿七日戌時娶
鄒氏生巳己八月十二日辰時子一曰老

進龍字倘瞻宗厚次子也生辛未十二月十三日午時娶
倪氏又娶陳氏生壬申二月十七日寅時子一曰起

進經字倘史宗守長子也生癸亥十二月十九日戌時卒

乙未八月廿四日巳時娶侯氏生乙丑三月初二日
子時卒丁亥九月初八日未時子一日外娶繼娶吳
氏生丙寅十二月十一日巳時卒乙未十一月廿五
日辰時子一日佳

進球字尚琳宗守次子也生乙亥十月廿七日申時卒壬
子六月廿九日午時娶鄒氏生乙酉九月十九日丑
時子二日暹日麗

進環宗守三子也生卒失詳無傳

進清字尚潔宗富長子也生萬曆丁巳十月十七日戌時
卒康熙乙巳十二月十二日亥時娶陳氏生天啓壬

戌六月廿一日寅時卒康熙甲辰九月初二日巳時
子二日餉日恰

進開字尙潤宗富次子也生癸亥正月十九日卯時娶曾
氏生戊辰四月十二日亥時子二日愷日添添出嗣

進第愷殤女一無傳

進森字尙茂宗富三子也生丙寅四月廿二日卒正月廿
六日娶錢氏生庚午七月廿二日卒巳酉八月廿八
日丑時子二日和日鼎鼎殤

進祿字尙受宗富四子也生己巳十二月初六日寅時卒
辛卯六月十四日戌時娶侯氏子一日郞

進第字倘餘宗舉嗣子也生辛丑六月廿四日亥時卒甲辰四月廿六日午時娶陳氏生丁未八月初四日午時卒甲辰七月初六日辰時無出嗣子曰添公葬十七都枯梅坑后壠仔頭穴壬丙

進楚字倘曰宗舉次子也生巳酉二月廿一日子時卒戊戌二月初二日午時娶林氏生甲子三月初三日辰時卒十月廿八日子四日京日宗日試日印印殤葬黃壠山穴巽乾

進長字倘治宗允長子也生巳亥六月初十日丑時卒乙未七月十一日卯時娶同氏生癸卯六月二十日卯

卯時卒丙申七月二十日寅時子一曰午

進瑚字尚江號然亭宗允次子也生癸卯三月十七日巳時卒戊子六月初七日卯時娶戴氏生庚戌五月十五日午時子三曰巳曰英曰申英申殤葬新頭巷穴酉東

進榮字尚華宗鎮子也生乙卯八月十四日丑時卒庚子正月廿四日戌時娶王氏生己巳閏四月初八日戌時卒庚午七月初四日申時子二曰祖曰殿女一公葬厝后氏葬罩雲下庵穴乙辛

進佛字尚祖宗傳子也生甲戌閏八月初六日丑時卒十

月廿六日寅時娶李氏生庚辰十月十五日卯時子

二日錦日湊湊殤

進法宗壽子也生卒失詳

進師宗環子也出居鉛山縣三十二都

進祿字尚著宗居長子也生壬子正月十四日申時卒乙

卯三月十一日酉時娶同氏生癸丑十二月廿八日

巳時卒戊寅正月廿九日亥時子一日管女一

進昌宗蔭子也生卒失詳娶褚氏生卒失詳無傳

進任字尚樞宗憲子也生壬子八月廿一日申時卒乙丑

七月廿三日巳時娶張氏生戊午十月十三日巳時

卒巳未五月十六日卯時子四曰昜曰祖曰逼曰向
女三瓦棺合葬本處烏土崙穴丙壬

進旺字尚密宗智子也生甲戌七月廿六日卯時卒辛酉
十二月廿一日亥時娶蔡氏生丁丑七月廿三日寅
時卒戊子四月初七日寅時子一曰亥

進茂字尚暢宗敏子也生壬申十二月十九日未時娶林
氏無出養子曰春

進法字尚紀號起龍宗景長子也生崇禎庚辰十月二十
日戊時卒雍正癸丑十二月廿一日申時享年九十
有四娶張氏生崇禎辛巳十月初七日子時卒康熙

甲辰六月初四日巳時無出女一繼娶洪氏生順治丁亥十月廿六日亥時卒雍正壬子七月初三日巳時享年八十有六子三日超日智日全公與張氏瓦棺合葬本鄉汰內園穴甲庚

進作字尚建宗景次子也生甲申正月十二日寅時卒康熙戊戌十月十六日寅時娶官園陳氏號淑慈生癸巳六月初一日卯時卒甲寅十二月十七日卯時子四日登日照日慶日㦤女一葬本處烏土崙

進娘字尚杜號世棟宗甯子也生乙亥七月廿二日子時卒甲申五月十五日子時娶陳氏大娘生丙子六月

初一日未時卒甲午二月十四日巳時子六日宣日
興日忠日增日臨日昱女二公葬本都黄池寨附祖
妣李氏右壙穴艮坤陳氏葬本鄉尾林口溪心穴辛
亥

進廣字尙厚宗卯長子也生崇禎戊寅十二月廿六日戌
時卒康熙乙卯正月初二日寅時娶林氏生巳卯七
月廿九日未時卒十一月初八日子時子三日英日
雄日界公與母江氏仝葬汰內園穴甲庚氏葬本都
崎秋穴坤艮

進浪字尙載宗卯次子也生壬午十一月十八日戌時卒

七月廿一日娶陳氏子一日鮑女一氏改醮

進和字尚平宗卯三子也生乙酉七月十六日戌時卒七月廿一日娶潘氏子一日班殤氏改醮無傳

進暢字尚茂宗卯四子也生已丑九月廿九日戌時卒康熙辛丑六月十二日寅時娶王氏號柔慈生康熙甲辰正月十五日巳時卒乾隆丙辰正月廿四日申時子三日亮奎日守業日總公葬本處汰內園中穴乙辛氏葬本處亭后畬園后

進福字尚祿宗寵長子也生丁酉十一月十一日丑時卒丁未閏三月初一日辰時娶陳氏生庚子七月三十

日卒戊辰四月十五日酉時子四日寬日斂日安日
舊女三公葬本處黄山坡穴南北氏葬烏土崙穴東
西
進禱宗寵次子也生卒失詳無傳
進明字尚光宗巡子也生乙亥二月初六日辰時卒丁亥
十一月十五日寅時娶董氏生壬午正月十九日未
時卒康熙戊戌十一月卯時子三日貴日盛日益
進南字尚昇宗禮長子也生癸巳五月初四日辰時卒甲
午五月初八日寅時娶陳氏生同庚六月十五日子
時卒戊戌十月初二日申時子一日照女二

進綏字尙珪號玄錫宗禮次子也生萬曆乙未九月廿九
日戌時卒順治甲午十一月廿八日申時娶侯氏生
萬曆戊戌八月初三日酉時卒順治甲午六月初六
日戌時子四日初日近日昆日炳女一二柩葬十七
都東青嵛穴辛乙

進勇字尙琳宗禮三子也生乙巳八月十二日戌時卒丁
卯六月初五日戌時娶陳氏生丙午六月十九日子
時卒甲戌正月初九日戌時女二繼娶吳氏生丙辰
正月初六日寅時卒辛酉二月廿八日申時子二日
豐日麗公與吳氏合葬本處古井隔東山穴子午

進玄字尚哲宗禮四子也生萬曆壬子六月初二日卒康
熙巳未十二月初十日申時娶侯氏生萬曆甲寅十
二月廿八日寅時卒順治癸巳六月十五日寅時子
一日餤女一繼娶侯氏生乙未六月廿三日寅時

進承字尚就宗懋長子也生乙巳八月廿四日辰時卒戊
戌五月二十日辰時娶侯氏生辛亥十月廿五日寅
時卒巳亥八月十六日申時子一日緝

進銳字尚鋒宗懋次子也生巳酉十一月廿二日辰時卒
戊子二月初七日寅時無傳

進酉宗譽子也生卒失詳無傳

進金攀字尚逵號亨衢宗典長子也生巳未七月十二日
戌時卒巳酉十二月初一日子時娶蔡氏生辛酉七
月初十日子時卒五月初九日子五日參日爺日老
日研日信爺老婆公瓦棺葬罩山腹穴午子氏葬大
隙后穴巽乾

進金鑑字尚古號冰衷宗典次子也生壬戌四月初九日
亥時卒丁亥八月廿六日未時娶王氏子一日續氏
改醮公葬本處罩山腹石皮后穴西北向東南

進金潤字尚熙號允鳌宗典三子也生丙寅閏六月初一
日亥時卒庚寅九月十九日申時娶鄧氏子一日遺

公順治年間瓦棺葬本處罩山腹嘉慶廿三年三月初三日重修穴遷于左畔石脚巽乾辰戌離舊穴三尺

進金殿字尙朝號金衷宗典四子也生辛未七月十四日辰時卒丙戌十一月廿八日未時娶楊氏生丙子四月十九日子時卒辛巳閏六月十二日申時子二日鵬日二郎公葬本都彭林柄虎山腰穴午子氏附葬闕亭公墓本處舊厝後罩山腹茶林內穴壬丙

進惠字尙孚號吉衷宗瑜長子也生壬戌十一月初九日寅時卒甲寅十二月初八日辰時娶林氏號純懿生

戊辰十二月初九日未時卒乙亥九月初八日寅時
子三日石日服日百女一合葬本處下厝后頭穴乙
辛

進
冕字尚爵宗瑜次子也生崇禎丁卯九月廿二日亥時
卒康熙癸未十二月初六日寅時娶陳氏號勤慎生
庚午八月廿一日酉時卒癸卯七月初六日巳時子
二日玩日映繼娶井潭梁氏號儉肅生崇禎己巳六
月初七日戌時卒康熙庚辰十二月廿七日辰時子
一日崇公瓦棺葬十八都仙掌垵畲仔池頭崙穴坤
艮陳氏瓦棺葬本都彭嶺后酒池壠口土地壇後崙

穴壬丙梁氏葬本處寨仔垵穴乙辛日崇附焉

進庚字尚先號甲衷宗瑜三子也生庚午十二月十一日亥時卒丙辰十一月初六日辰時娶陳氏生乙亥四月十五日未時卒巳丑十一月十八日巳時子五日錦日貞日菊日居日對貞對殤女二公葬本處埧巷頭穴東西陳氏葬本處曾垵山后穴南北

進綸字尚絲號經衷宗瑜四子也生壬午九月廿七日亥時卒辛亥五月十一日寅時娶侯氏子一日禮氏改醮公葬本處畬仔內穴申寅

進紅字尚寬號裕衷宗瑾長子也生癸亥三月十二日未

時卒癸丑八月廿五日巳時娶張氏生丙寅十一月
十四日午時卒丙午三月三十日辰時子二日煥日
兌女二繼娶洪氏生己巳九月十八日戌時卒庚戌
十月二十日巳時女一公與張氏合葬本處燈心坡
崙穴壬丙

進
炎字尙素號璞衷宗瑾次子也生乙丑十月初四日午
時卒辛巳正月初七日辰時娶林氏生癸酉十二月
二十日申時卒戊戌十二月初四日寅時子二日榔
日品女二公葬本處土樓后穴巽乾氏葬本處大隙
後山仔邊穴丁癸

進紳字尙薦號孝衷宗瑾三子　生壬申十二月初八日卯時卒戊辰十月十三日　時娶陳氏生巳卯正月初一日卯時卒丙申閏三[illegible]廿三日未時子二日冬日構合葬本處罩山腹穴丙壬

進礽字尙祉號貫衷宗瑞長子也生丁卯五月初三日卯時卒癸酉八月廿八日未時娶陳氏生辛未十月十二日巳時卒庚子四月廿四日寅時繼娶曾氏生丙子八月初二日寅時卒戊申七月初九日酉時子二日秀日習公與二氏葬本處古路園頭穴甲庚繼娶同氏生乙亥十月初一日卯時卒丁巳四月初一日

未時女一葬大隙后穴南北

進鼎字尚革宗瑞次子也生壬申三月十二日戌時卒庚戌十一月初十日酉時娶李氏生甲戌九月十四日戌時卒甲午四月廿二日寅時無出繼娶侯氏生庚辰二月初六日申時卒三月十八日子時子二日盤日契盤礎女一公葬曾垵後穴庚甲

進策字尚籌宗瑞三子也生甲戌五月廿六日午時卒戌寅八月初六日申時娶鄭氏生巳卯十一月十四日亥時卒康熙甲寅六月初九日亥時子二日斗日量女二合葬本處柴坪穴辛乙

進語字倘諧號回衷宗瑞四子也生順治辛巳六月初九日戌時卒壬午四月初四日巳時娶陳氏號勤慎生丁亥正月十二日未時卒辛丑三月十三日酉時子五日驤日動日裕日專日稅女二合葬本都罩雲前塗積崙穴壬丙

進孟字倘浩號然衷宗瑞五子也生順治乙酉四月十七日巳時卒康熙乙未十二月十五日子時娶蘇氏生庚寅正月廿一日午時卒康熙戊戌七月廿一日寅時子四日聯日字日政日降女二次適楊家邑庠生萬象其外孫也瓦棺合葬本處墳仔山前壁樓后穴

巽乾

進與字倘皋號玉斯宗珍長子也生萬曆甲子十一月廿五日酉時卒康熙辛巳十一月初九日卯時娶澤橋許氏生己巳三月初四日未時卒戊子九月十三日辰時子一日二殤繼娶郭氏生萬曆癸亥十二月廿九日丑時卒康熙乙亥八月廿八日午時無出以進燁次子日繼爲嗣公與二氏葬亭後畲穴丙壬

進燁字倘恬號玉賢宗珍次子也生萬曆丁卯七月初三日寅時卒康熙辛亥五月廿七日巳時娶鄭氏生丙子十一月十四日子時卒乙未六月廿九日卯時無

出繼娶李氏號慈儉生丁丑閏四月廿三日子時卒
康熙癸未十一月廿九日卯時子三日遷日繼日白
繼出嗣進與女二公葬南墘園穴南北
進果宗玖嗣子也生卒莫考無傳
進度宗瑗長子也生卒莫考無傳
進默宗璞長子也生卒莫攷無傳
進香宗璞次子也生卒莫攷無傳
進金字倘範號承啓宗輝長子也資性孝友穎悟嗜學至
晚歲不售始汲汲於纂修家乘常以知畊知讀勗諸
弟姪焉生乙卯十二月廿九日辰時卒己巳三月初

二日巳時娶陳氏生戊午五月廿五日子時卒壬戌
三月十五日申時子一日誼殤繼娶蔡氏生辛酉十
一月初七日午時卒丙午十一月十九日子時子四
日讀日君訪日君訊日君諍讀諍殤女一公葬十七
都枯梅坑穴亥巳陳氏合焉
論曰公爲人恬淡純篤處兄弟友恭凡所著作獨具
眼力觀其修造譜牒備極精詳儘見敦倫睦族至意
則承先啓後之功非公而誰與
進玉字尚璽宗輝次子也生庚申三月十二日戌時卒康
熙庚戌十一月廿七日辰時娶吳氏生庚申五月初

九日申時卒康熙庚辰七月廿六日丑時子四日講
日詠日議日諸議殤女三公葬十七都仙卓堀大坙
崙穴戌辰氏葬十七都仙卓堀大坙崙穴辛乙

進翻字尙端宗輝三子也生癸酉七月廿九日未時卒己
未八月初五日戌時娶陳氏生乙亥十月十九日辰
時卒戊子三月廿六日子時子四日讓日說日謂日
謀女二公瓦棺葬本都彭林柄內湖頭白葉寨脚中
崙穴辛乙日讓日謂合焉氏與日說日謀葬本處遷
都穴丙壬

進瀫字尙儀宗輝四子也生丙子正月十八日戌時卒丁

丑六月廿五日子時娶林氏生戊寅十二月廿二日
酉時卒丁酉十月廿三日未時無出繼娶陳氏生辛
巳十二月初二日巳時卒壬辰五月十一日戌時子
三日識日誌日試女二陳葬本山虎形后穴丙壬子
日誌附公葬陳墓下穴丙壬

進錦字尚希宗却長子也生壬辰十一月廿三日亥時

進綉字尚袞宗却次子也生戊戌十月初五日酉時

進榮字尚恩宗却三子也生丙午四月廿四日未時

以上三人出居福清縣南洋麗灣

進翀字尚騰宗却四子也生萬曆辛亥二月廿八日午

時卒康熙丁巳十二月初六日巳時娶洪氏生天啓甲子十月初四日子時卒順治巳亥十二月初六日巳時子一日志女一合葬本都茅草萍石屑嵛穴庚甲

進綵字尙玄宗試長子也生巳亥八月二十日戌時卒丁酉九月廿四日丑時娶許氏生癸卯八月初七日戌時卒丙申九月初三日酉時子三日鳳日昌日鸞

進統字尙垂宗試次子也生癸卯正月初二日未時卒壬辰四月十八日辰時娶陳氏生丙辰十一月初五日未時卒丁卯正月廿七日酉時子日祖女一

進孫宗賜長子也仝弟紹出居福清縣南洋麗灣

進紹宗賜次子也仝兄孫出居福清縣南洋麗灣

進挺宗舜長子也生壬戌九月十九日丑時卒丙午四月
廿七日戌時娶林氏生甲子二月初二日亥時卒癸
未七月十三日辰時無傳

進聰宗舜次子也生庚午二月初七日亥時卒壬寅七月
初七日午時娶蘇氏女一無傳

進仲字尚雍號世芳宗舜三子也生甲戌八月十一日寅
時卒丙寅六月初五日亥時娶陳氏生壬午六月十
二日亥時卒壬寅十二月十八日寅時無出繼娶同

氏生巳卯十一月初四日寅時卒雍正癸卯正月初
十日卯時子三日潛日佳日鎮公與同氏瓦棺葬八
都馬跡苦洋墩仔穴乾巽

進偉字尙俊宗舜四子也生卒莫攷無傳

進兩字尙平宗舜五子也生癸未三月初七日酉時卒丙
戌五月廿四日未時娶　氏子一日愈公葬本處下
厝后穴艮坤愈附焉

進啓字尙敬宗科長子也生己巳三月初八日寅時卒戊
午八月二十日午時娶陳氏生順治壬申十月初二
日酉時卒康熙丙戌十二月廿七日子時子四日愛

日戴日添日恩女一公葬本處曾垵宮後穴坤艮氏
葬十七都嶺頭坑柄大路後穴亥巳

進明宗科次子也生甲戌正月廿一日子時卒己亥五月
廿四日午時

進紫字尚氣宗琰長子也生壬申四月初六日丑時卒乙
巳正月廿二日未時娶林氏大娘生甲戌三月廿七
日巳時卒康熙己丑五月十二日未時子一日初女
二公葬嶺仔路後穴壬丙氏葬後頭園穴壬丙

進貴字尚專宗琰次子也生戊寅二月初六日辰時卒順
治巳未九月二十日寅時娶新溪鄭氏生巳卯十月

初八日辰時卒康熙癸巳一月十二日戌時子二
日贊日孔女二今葬后頭園癸丁
進戊字尚文宗玠子也生順治戊九月廿二日寅時卒
康熙乙酉七月廿日巳時娶陳氏生癸亥三月廿
五日巳時卒乙亥閏五月初三日酉時子三日泰日
肇日賜嗣子日揷合葬十七都嶺頭鄉大壠頭穴庚
甲

進貢字尚賜宗琨長子也生丁丑正月三十日申時卒康
熙丙申閏三月初十日辰時娶同氏生甲申七月十
七日寅時卒康熙壬寅七月二十日酉時無出繼娶

陳氏生丙戌六月二十日酉時卒康熙乙亥四月二十日子二日起日機女一

進德字尚道宗琨次子也生順治庚寅五月廿七日巳時卒康熙癸未四月廿六日戌時娶陳氏生庚寅五月廿七日巳時卒康熙丙午九月初五日酉時無出繼娶傅氏生丁亥四月十六日申時卒乙酉二月十一日亥時子一日寵公與傅氏葬四都橋仔頭狐狗山

進懿宗璉嗣子也生卒失詳無傳

進期宗甡子也生卒失詳無傳

八世

日運字存結進義子也生康熙甲戌十二月初一日卒乾隆戊子正月十六日娶陳氏愛娘生康熙乙酉五月初九日酉時卒乾隆甲午十一月廿六日申時子四光秉光班光易光怡公瓦棺葬洋坪鑑口山分溜宮內穴辛乙

日在字存位進儼長子也生庚寅三月廿六日巳時卒癸未三月十一日亥時娶同氏生辛亥五月十九日卯時卒壬申七月十三日巳時子一光典

日攀字存桂進儼次子也生丙申十一月廿四日卯時卒丁酉十二月初三日申時娶林氏雲娘生巳酉五月

初七日戌時卒壬子八月廿九日寅時子二光壯光
齊
日奏進先子也生卒失詳無傳
日德字存心進紹長子也生戊子五月廿二日寅時卒六
月廿九日娶吳氏生巳亥五月初五日卯時卒二月
廿二日子三光老妹光展光遠展出嗣日三女一德
外出仙遊長嶺頭
日三字存省進紹次子也生戊戌七月十五日卯時卒十
二月廿八日娶林氏無出嗣子一光展
日元進策長子也生丙申九月初一日辰時卒戊子十月

廿二日子一光興

日什進策次子也生壬寅四月初四日丑時子一光球

日闕進緝熙長子也生[illegible]無詳無傳

日御進緝熙次子也生[illegible]無詳

日聘進緝熙三子也生卒[illegible]詳

日部進緝熙四子也生卒[illegible]詳

日訪字存友進尾長子也生癸丑二月初九日卯時卒戊戌七月廿三日丑時娶阮氏生乙卯四月十七日寅時卒庚寅十月十六日辰時無出嗣子一光業

日睃字存輕進尾次子也娶陳氏子一光景氏與景外出

日老進助子也生卒失詳無傳

日起進龍子也生卒失詳無傳

日佳進經子也生卒失詳無傳

日遲字存謙進球長子也生康熙壬寅九月廿七日寅時
卒雍正甲寅六月廿七日嗣子一光補

日麗進球次子也生卒失詳無傳

日觔字存軍號公直進清長子也生崇禎壬午四月初二
日辰時卒康熙癸巳五月初七日申時娶張氏辰娘
生順治己丑五月初一日申時卒康熙庚午八月廿
八日辰時享年七十有二子一光程

日恰進清次子也生卒失詳無傳
日和字存睦進森子也生康熙癸卯十一月十五日辰時
卒康熙辛卯八月廿八日申時娶謝氏伍娘生康熙
丁卯七月十三日辰時卒康熙戊戌十月廿二日申
時子二光卿光頌合葬本鄉墘尾穴丑未
日郎字存員進祿子也生丁酉七月廿一日申時娶王氏
子二光旺光量旺量出居興化府莆田縣長嶺橋頭
猿溪舖
日添進第養子也生巳卯六月初三日辰時卒癸未六月
十五日午時娶江氏生乙亥十一月初七日酉時卒

已亥七月初九日戌時無出女二公葬厝尾園后穴

申寅無傳

日京字存都進楚長子也生壬午十一月初三日酉時卒

戊戌八月初三日辰時嗣子一光遂公葬新大巷穴

南北

日宗字存葉進楚次子也生丁亥正月初八日亥時卒丁

亥十月十八日戌時娶呂氏生丁酉十二月十一日

酉時卒丁卯正月十二日戌時子一光團女一合葬

嶺子邊穴酉卯

日試字存考進楚三子也生壬辰八月十六日午時卒丙

子六月初一日寅時娶陳氏生八月初三日子時卒
乙卯正月十一日卯時子光球光遂遂出嗣日京
女四公葬厝角穴酉卯陳合焉
日午字存馬進長嗣子也生乙十二月十三日丑時卒
丁亥二月十九日未時嗣一光暨
日巳字存忠進胡子也生辛未月十三日寅時娶江氏
生癸未八月廿一日未時無傳
日祖字存顯進榮長子也生甲申十月廿六日卯時卒丁
亥十一月初十日巳時娶陳氏生癸未八月十二日
辰時卒十一月廿九日子時子三光擇光胆光輝公

葬本處嶺仔穴亥巳孫夢卯附焉氏葬罩雲湖穴丁
癸婦楊氏附焉
日殿進榮次子也生卒失詳無傳
日錦進佛子也爲匪被斬生卒失詳無傳
日管字存仲進祿長子也生巳亥十二月廿三日戌時卒
乙未七月廿八日辰時娶謝氏子三光迎光夏光仰
女二葬新大巷穴寅申
日曷字存耀進任長子也生戌寅十二月十五日亥時卒
丁未八月初二日巳時娶林氏生壬午六月十五日
卯時卒巳酉正月十一日子一光長合葬本處大隙

后穴丙壬

日祖字存世進任次子也生辛巳八月初四日辰時卒甲寅六月初五日戌時娶陳氏子三光部光院光甘氏改醮公葬罩雲前中崙大墳下穴癸丁

日通字存家進任三子也生甲申九月初六日酉時娶蔡氏生庚寅十一月十九日寅時子三光藻光賢光實女二

日向進任四子也生庚寅正月十一日丑時卒乙酉七月廿三日寅時葬本處黃壠池頭穴未丑無傳

日亥字存子進旺子也生壬子十二月廿一日亥時娶山

尾陳氏生壬戌正月初四日戌時子三光變光天光
喜
日春進茂養子也生卒失詳無傳
日超字存海號裕昌進法長子也生康熙己酉四月廿三
日丑時卒康熙癸未十一月初三日寅時娶鄭氏子
一光蔭氏改醮公葬本處福庭前穴甲庚
日智字存楊進法次子也生康熙癸酉八月十四日卯時
卒雍正丙午十月初五日亥時娶林氏生康熙甲子
六月廿七日巳時卒乾隆辛酉十月廿七日亥時子
一光天祐林氏及婦鄭氏孫婦王氏合葬本處草埔

尾

日全字存齊進法三子也生丁巳六月初二日酉時卒乾隆庚午正月廿三日酉時娶蔣氏生康熙乙丑九月十九日酉時卒乾隆丁丑七月十四日寅時子二光扶光提女三

日登字存升進作長子也生康熙丁巳十二月廿七日丑時卒雍正丙午四月廿五日寅時娶陳氏生康熙戊辰十月初四日辰時卒乾隆戊子七月十四日午時子三光愷光猛光其女一

日照字存拱號當陽進作次子也生康熙乙丑七月十九

日巳時卒乾隆巳未二月廿一日未時娶林氏生康
熙丙子六月十三日卯時卒乾隆辛巳五月廿八日
中時子三光朝光習光錐習抱養女二
日慶字存喜號積善進作三子也生康熙戊辰二月十八
日酉時卒乾隆丁丑十月廿八日戌時娶莊氏近娘
生康熙巳卯正月十八日卯時子五光讓光對光却
光殿光妹殿妹殤女三
日愿字存信進作四子也生癸酉正月廿六日申時卒丁
未五月廿二日卯時娶林氏生康熙己卯九月廿六
日巳時卒康熙庚子九月廿九日未時無出繼娶永

春曹氏巧娘生壬午二月十一日辰時子二光奪光
祖女一
日宣進娘長子也生甲午二月十七日未時卒庚戌六月
廿二日卯時
日興字存利進娘次子也生巳亥十一月十一日辰時卒
雍正丁未七月十九日巳時娶蔡氏生庚子十二月
初四日未時卒丁卯七月初十日子二光保光顯繼
娶陳氏卒雍正壬子五月初五日女一
日忠字存謀號寅亮進娘三子也生康熙辛丑十一月廿
三日寅時卒康熙庚寅閏七月十八日辰時娶官園

陳氏二娘生康熙丁未七月十一日酉時卒康熙丁酉八月初二日巳時子三光旻光悌光儀女五合葬本都彭林柄后壠子頭中崙

日增字存置號能岱進娘四子也生康熙甲辰四月十一日寅時卒雍正甲寅六月十一日酉時娶林氏生康熙巳酉六月十一日酉時卒雍正丁未十一月廿一日巳時子三光侯光萬光乞萬殤女三瓦棺合葬本處深田邊大坵田尾穴壬丙

日臨字存莊進娘五子也生康熙壬子六月二十日巳時卒康熙庚辰三月十二日巳時娶張氏生康熙癸丑

十一月初四日申時卒康熙　六月初五日酉時
子二光胤光博
日昱字存炳進娘六子也　康熙丙辰五月十六日午時
卒雍正丙午[illegible]月十六日酉時娶王氏乃娘生康熙
戊午三月十六日寅時卒雍正壬子三月初十日未
時子二光紀光甫女二
日瑛字存敏號夙鑣進廣長子也生康熙甲辰閏六月十
九日寅時卒雍正癸丑十月廿一日卯時娶林氏生
康熙戊辰十月廿七日午時卒乾隆丙寅七月初八
日辰時子六光助光糾光果光葛光脫光穎女二次

適官園邑庠生陳志成公葬本都南墘山穴丙壬午
子氏葬本都鼓架寨脚冬田內穴丑未癸丁墓碑悞
鑄公號
日雄字存偉號邦畿進廣次子也生康熙庚戌七月廿一
日丑時卒乾隆巳卯九月廿八日巳時娶曾氏生康
熙丁卯十月十五日寅時卒乾隆已亥十二月初十
日寅時子三有敬光泮光樓女三公享年九十皇恩
三錫
日界進廣三子也生卒失詳無傳
日鮑進浪子也生卒失詳無傳

日亮奎字存明進暢長子也生康熙庚申十二月廿五日
辰時卒雍正甲辰五月十八日辰時娶林氏生康熙
甲戌四月初七日戌時卒乾隆庚辰三月初三日巳
時子二光緞光審　女三

日守業字存持進暢次子也生康熙甲子二月十四日丑
時卒雍正戊申七月初六日辰時娶林氏酉娘生康
熙辛未二月廿一日酉時卒乾隆已丑九月二十日
未時子二光均光燕

日總字存勇進暢三子也生康熙已卯十二月十七日未
時卒乾隆丙申十二月廿三日辰時娶蔣氏氣娘生

康熙庚申二月十二日卒乾隆丙申十二月十九日
酉時子四光賞光裁光位光懺女三
日寬字存厚進福長子也生康熙乙丑二月十二日午時
卒乾隆丙辰四月十九日午時娶戴氏生六月初十
日無出繼娶曾氏生康熙庚辰三月十九日丑時卒
乾隆巳未十月初四日巳時子三光騰光驕光邊女
一
日敏進福次子也生康熙戊辰九月十二日戌時卒康熙
丙戌十月十三日未時葬本處烏土崙穴南北無傳
日安字存靜進福三子也生康熙乙亥二月初五日巳時

卒雍正癸丑八月初三日辰時娶曾氏生康熙乙亥八月初九日酉時卒乾隆丙辰三月二十日子時子五光及光彩光普光詩光盖女一

日訓字存教進福四子也生康熙辛巳二月十七日辰時卒乾隆壬申九月十八日卯時娶楊氏朱娘生康熙丙戌正月初三日酉時子五光楚光陶光叟光魚光倡楚陶魚倡殤女二

日貫字存富進明長子也生康熙癸卯八月初六日辰時卒康熙癸巳十月十七日寅時嗣子一光顔

日盛字存昌進明次子也生康熙丁未三月廿八日丑時

卒康熙癸巳十月十七日寅時娶張氏生康熙辛亥正月廿三日卯時卒乾隆巳未十二月十八日戌時子三光周光顏光禪顏出嗣日貴

日益字存隆號遜卿進明三子也生康熙庚戌九月初六日寅時卒康熙壬寅八月廿七日戌時娶潘氏生康熙辛酉八月十三日丑時卒乾隆癸酉五月廿八日辰時嗣子一光受養子一光汀

日照進南子也生丙辰十二月初四日辰時卒丙戌五月廿一日戌時娶涂氏無傳

日初字存人進綏長子也生丙辰三月廿七日子時卒辛

卯閏二月廿六日申時娶彭氏生巳未四月廿九日戌時卒戊申二月二十日申時子一光賁女一合葬本處大坪后下湖崙穴癸丁

日近字存悅進綬次子也生巳未九月初十日寅時卒辛未三月廿六日亥時娶官園陳氏生甲子六月初二日戌時卒丙寅十一月初三日巳時子一光昶瓦棺合葬鬱竹椅摸乳巷穴丁癸

日昆字存燿進綬三子也生壬戌七月廿九日戌時卒乙亥六月廿一日巳時娶翁氏生丁卯六月廿三日辰時卒丙戌六月初三日巳時子三光映光丑光犄女

二
日炳字存電進緩四子也生天啓丙寅十一月十九日戌
時卒康熙癸亥六月十七日辰時娶陳氏生己巳六
月十八日辰時卒戊子十二月廿二日寅時無出繼
娶潘氏生戊辰七月十六日午時卒乙丑十一月廿
六日辰時子二光益光秀益於康熙癸亥出居福清
縣漁溪萬安里大路洋
日豐字存登號厚甫進勇長子也生順治甲申七月廿三
日卯時卒康熙癸巳四月廿七日辰時娶曾氏生順
治壬辰三月廿三日辰時卒乾隆丁巳十一月十七

日申時子四光輝光倈[illegible]稚光贈女二
日麗字存天號秀甫進勇次子[illegible]生巳丑六月十五日巳
時卒甲午八月初一日[illegible][illegible]娶許氏生戊戌十月廿
八日戌時卒庚申八月廿三日戌時子一光道
日談字存崇進玄子也生崇禎庚午三月十四日卯時卒
康熙丁巳正月廿九日娶倈氏生崇禎辛未閏十一
月廿一日戌時卒康熙甲子六月十五日午時子二
光燦光煥女一
日緝字存熙進承子也生癸未八月廿六日巳時卒乙亥
七月廿九日亥時娶　氏子一光圍

日參字存化進金譽長子也生壬午二月十七日酉時卒
甲申十一月廿四日子時娶潘氏生癸未十月十五
日卯時卒丙午十一月十四日辰時子一光快繼娶
陳氏生乙未五月十一日酉時卒巳卯二月初一日
寅時子三光夸光適光文文出嗣弟日續女三公葬
本處曾垵宮邊穴坤艮男光快附焉潘氏葬本處尾
林口厝后穴午子子婦林氏附焉陳氏葬本處新大
巷頭穴丁癸公後改葬厝後灰墓脚穴丁癸

日研字存機號元躋進金譽次子也生順治癸巳七月廿
五日戊時卒康熙丙戌十一月初七日酉時娶林氏

號勤慈生甲辰五月廿五日子時卒庚戌十一月初
四日酉時子四光定光寬光輝光捷女一合葬彭林
柄社壇后穴坤艮
日信字存忠進金輿三子也生順治戊戌二月廿二日未
時卒康熙癸卯八月初三日巳時娶林氏生乙巳五
月廿一日亥時卒巳卯二月十七日申時子一光淵
女一公葬永春二十都氏葬本處罩雲山穴甲庚光
淵附焉
日續字存徽號克清進金鑑子也生順治巳酉四月十四
日酉時卒雍正戊申六月初十日未時娶王氏生庚

寅二月十九日辰時無出繼娶蔡氏號慈懿生順治
己丑正月十二日申時卒康熙戊戌五月廿八日申
時子一光科嗣子一光文女二
日遺字存德進金閏子也生順治庚寅十二月二十日巳
時卒康熙丙申三月初一日卯時娶陳氏生康熙丁
亥八月十一日巳時卒康熙壬寅十一月初七日卯
時子二光敬光黨女五合葬本處曾垅後穴丁癸
日鵬字存經進金殿子也生順治己亥十月十三日戌時
卒雍正癸丑六月初二日戌時娶楊氏生康熙庚戌
八月廿四日未時卒乾隆壬申六月初六日巳時子

四光算光從光聰光恭女四

日二郎字存亨進金殿子也生康熙巳酉四月初九日戌
時卒康熙巳亥二月廿二日丑時嗣子一光錢

日石字存中進惠長子也生乙未三月廿一日戌時卒乙
亥九月十二日戌時娶林氏生丙申十二月初八日
丑時卒七月十九日子二光立光考女二

日服字存膺號德音進惠次子也生戊申十月初八日午
時卒雍正壬子七月初五日辰時嗣子一光盤

日百字存萬進惠三子也生康熙壬子六月廿六日申時
卒康熙丁酉正月十六日申時娶莊氏生康熙丙寅

五月初十日辰時卒乾隆戊辰十月廿六日丑時子
一光報女一合葬本處曾垵后穴坤艮
日玩字存詞號克脩進冕長子也生順治丙申九月十八
日巳時卒乾隆壬戌十月廿八日卯時享年八十有
七乾隆二年皇恩欽賜脩職郎娶許氏號濕恭生康
熙戊申年正月十七日巳時卒乾隆庚午十一月廿
五日辰時享年八十有三欽賜恩榮子四光順光贊
光山光寨公葬本都枯秋壠頭穴內坤艮外申寅氏
葬本處張坑內獅額山莑崙頭頭穴辰戌
日映字存色進冕次子也生順治已亥十月廿六日未時

卒康熙巳未十月十五日子時瓦棺葬本處大垢隔
穴艮坤姪光順光寶光山仝祀
日崇字存高進冕三子也生康熙戊申正月三十日辰時
卒康熙庚午七月十六日未時與妣梁氏合葬寨仔
垵穴乙辛姪光順光寶光山仝祀
日錦字存景進庚長子也生乙未六月初八日申時卒戊
子十一月十六日巳時娶連氏生辛亥十二月廿九
日寅時卒乾隆庚申三月初十日寅時子二光招光
奏女一公瓦棺葬本處曾垵寨腳穴北南
日菊字存秋進庚次子也生庚子六月十九日申時卒康

熙甲午八月十四日巳時娶陳氏生丁巳二月廿四
日戌時卒乾隆癸未十月初四日巳時子六光魁光
疊光璧光奎光偃光池奎池殤疊出嗣日居璧出嗣
日益瓦棺合葬本處尾林口書房后穴丙壬
日居字存諸進庚三子也生乙巳十月初八日戌時卒康
熙辛丑二月廿九日亥時嗣子一光叠葬本處龜嵡
穴東西
日禮字存履進綸子也生康熙丁未九月廿五日亥時卒
康熙四十九年十月十二日亥時娶鄭氏生康熙丁
巳二月初二日午時卒雍正丁酉八月廿八日巳時

子三光南光盤光田盤出□□服合葬曾坡寨穴丙
壬

日煥字存遠進紅長子也生巳丑七月十六日戌時卒康
熙戊午正月初三日卯時娶同氏生庚寅九月十八
日寅時公瓦棺葬古路山無傳

日兌字存悅進紅次子也生丙申四月廿九日子時娶張
氏子一光省

日柳字存海進炎長子也生順治巳亥閏三月初七日卯
時卒乾隆丙辰八月十五日未時娶張氏生康熙癸
卯五月初五日午時卒康熙丙申三月初三日酉時

子三光欣光光思光善女三氏與婦林氏合葬本鄉罩
山腹穴丙壬公葬大隙后穴乙辛
日品宇存咸進炎次子也生庚戌七月廿二日子時卒戊
子正月十五日戌時娶林氏號勤慎生癸丑二月廿
二日未時卒戊申七月十二日巳時子三光堂光佛
光接女二公葬夲處大隙後穴巽乾
日冬進紳長子也生乙卯三月十八日亥時卒庚子九月
十三日無傳
日構宇存肯進紳次子也生康熙庚申閏八月廿八日亥
時卒乾隆丙戌八月初十日午時享年八十有七娶

鄭氏生康熙乙卯八月二十日辰時卒乾隆甲子七月廿七日未時子一光梅女四

日秀字存實進礽長子也生壬寅八月十四日卯時卒雍正癸卯正月初九日巳時娶彭氏生同庚四月廿四日戌時卒甲戌三月十一日巳時子三光誠光乾光由女一繼娶柯氏生辛酉八月廿二日卒丙申八月初五日午時子二光程光海女一公葬古井尾穴壬丙柯氏葬龜尾

日習進礽次子也生乙巳十月初一日巳時卒戊辰九月廿五日戌時無傳

日契字存合進鼎子也生戊申十月初三日巳時卒雍正
丁未八月初六日申時娶侯氏生丙辰四月初七日
酉時卒乾隆巳卯正月十五日巳時子三光仙光後
光君女二公葬本處曾坡后穴坤艮氏葬本處上堀
埔穴辰戌

日斗字存平進策長子也生康熙戊申二月十一日午時
卒乾隆甲子六月廿二日酉時娶張氏生康熙壬子
閏七月初五日子時卒乾隆壬戌六月十八日午時
子二光高光超合葬本處黃壠

日量進策次子也生卒失詳無傳

日謹字存清進語長子也生康熙庚戌三月廿六日亥時
卒乾隆庚申三月初九日亥時娶蔡氏生康熙辛亥
二月初六日亥時卒康熙己卯正月廿三日巳時子
二光賓光列女一公葬本處曾垵寨脚穴北南氏葬
墳仔山穴壬丙
日勳字存功進語次子也生甲寅三月廿九日子時卒康
熙丙戌八月廿一日戌時娶陳氏生巳未七月十六
日卯時卒乾隆辛酉十月初三日戌時子三光鐩光
湊光現
日裕字存綽進語三子也生丁巳二月初十日寅時卒二

月廿八日娶吳氏生癸亥六月十二日丑時卒八月
十六日子二光杯光喬女三
曰專字存心進語四子也生壬戌十月初四日申時卒乾
隆己巳十一月初五日戌時娶張氏生康熙丁卯四
月初二日未時卒乾隆丁巳二月廿七日戌時子五
光科光衆光碧光掌光八
曰稅字存科進語五子也生康熙丙寅二月廿六日巳時
卒乾隆巳卯二月廿七日寅時娶秦氏生康熙甲戌
十一月初三日寅時卒乾隆辛巳十二月廿九日丑
時子四光壯光柳光領光堅女一合葬曾坡穴南北

日聯字存詩號書禮進孟長子也生康熙辛亥十一月初七日辰時卒雍正乙卯五月廿六日寅時娶王氏生康熙辛亥五月廿七日酉時卒康熙丁亥九月十五日寅時子一光建女四繼娶呂氏生康熙辛亥正月廿六日丑時卒乾隆辛酉六月初五日午時無出公瓦棺葬本處墳仔山后壁穴丁癸王氏瓦棺葬本處曾垵寨外穴坤艮呂氏瓦棺葬本處墳仔山後壁厝尾穴坤艮

日字字存棟進孟次子也生康熙乙卯正月廿六日巳時卒雍正壬子十月十六日未時娶林氏生康熙壬戌

十月廿五日卯時卒乾隆乙酉閏六月廿四日巳時
子四光榮光佐光哲光郁女四公瓦棺葬本處嶺子
山嶺脚後壁穴巳亥氏葬本處曾垵後尾林口後壁
日政字存德進孟三子也生康熙辛酉二月初五日未時
卒乾隆丁酉十一月初十日辰時　鄭氏生康熙辛
未八月十一日卯時卒乾隆巳丑　一月十四日亥
時子三光題光赫光鐵女五
日降進孟四子也生卒莫攷無傳
日繼字存纘進與嗣子也生康熙乙巳正月十二日巳時
卒雍正乙卯十月初九日申時娶宋氏生慶熙乙卯

八月十四日辰時卒[illegible]　庚申正月二十日巳時子

四光隆光陞光盼光芳　三合葬本都梏秋中崙穴

丁癸

日遷字存移進燁長子也生[illegible]　[illegible]十月初四日充泉州提

標鎮守廣東省

日白進燁次子也生戊申五月[illegible][illegible]日戌時外出

日君訪字存問進金長子也生巳　三月初九日午時卒

丙子八月十二日戌時娶陳氏生壬辰十月初四日

辰時卒巳丑四月初八日午時子二光著光遠女一

日君訊字存審進金次子也生癸巳九月初七日巳時卒

三月初十日娶蔡氏生巳亥十二月廿九日亥時卒
甲子七月初五日辰時子一光萬公與光萬仝葬新
大巷穴庚甲

日講字存學進玉長子也生甲申十一月三十日辰時卒
丁未六月廿一日申時娶陳氏生丙戌十二月廿一
日辰時卒丁未三月廿六日未時無傳

日詠字存紬號義高進玉次子也生巳丑七月十七日丑
時卒丁丑五月十三日未時娶施氏生順治庚寅十
月十五日辰時卒慶熙辛巳八月初四日巳時子五
光耀光卿光富光華光廉女一氏葬彭林柄崎秋蛇

仔崙穴未丑

口諸字存梁號在興進玉三子也生順治丁酉十二月廿四日戌時卒乾隆丁巳七月十四日未時娶陳氏生康熙已巳五月廿八日午時卒康熙四十六年七月十九日未時無出繼娶葉氏生康熙庚戌七月廿三日未時卒乾隆十八年五月初四日巳時子四光竹光葉光荷光岳女二公與陳氏葬本處碗崙山穴丙壬

日讓進鬴長子也生甲午十二月十八日戌時卒庚戌六月初九日未時聘突氏無傳

日說字存知號在仁進䎘次子也生庚子八月初七日巳時卒康熙庚寅十二月初五日申時嗣子一光俊
日謂進䎘三子也生甲辰四月初七日未時無傳
日謀字存袞號在義進䎘四子也生丁未正月初十日寅時卒乙未七月二十日辰時娶江氏生丙辰正月廿八日戌時卒丁酉四月初十日辰時子三光轉光俊光論俊出嗣日說女四公與母陳氏及兄日說合葬本處遷都園穴丙壬江氏與出嗣男俊合葬本處尾林口厝后穴
日識字存淑進瀲長子也生康熙乙巳八月初九日寅時

卒康熙辛卯正月十一日娶林氏子二光美光宣女

二

日誌字存處進誠次子也生康熙辛亥八月十九日戌時

卒乾隆癸　四月廿三寅時娶李氏生康熙辛酉

十二月初十日未時卒乾隆　十月十八日寅時子四

光措光陳光丁光翁丁殤

日志字存道進獅羽子也生康熙癸巳九月十六日子時

卒庚寅九月十一日丑時娶歐氏生康熙壬寅六月

廿五日亥時卒辛丑五月初八日未時子一光求者

合葬本處曾垵穴南北

日鳳字存鳴進綵長子也生癸酉十月十三日子時卒康熙甲子四月十四日巳時聘許氏生乙亥七月初四日辰時卒癸卯六月廿五日申時娶李氏生庚辰二月十五日午時卒康熙戊寅四月廿三日酉時子二光侯光舉公與弟日昌合葬高坪爛壠仔邊穴丙壬

日昌進綵次子也生己卯六月廿四日寅時卒正月廿四

日無傳

日鸞字存緣進綵三子也生癸未七月初十日丑時卒康熙閏五月初八日寅時娶吳氏生丙申七月二十日丑時卒雍正九年六月廿八日午時子五光林光惠

光助光愛光六六殤合葬本都芒州埧田后穴酉卯

日祖字存興進統子也生辛巳二月十九日寅時卒巳丑

八月廿三日丑時娶鄭氏金　生甲申正月十八日

辰時卒癸未正月廿三日丑時子一光蓮

日潛字存脩進仲長子也生康熙甲申五月初二日辰時

卒乾隆辛酉二月廿一日寅時娶同氏生康熙辛酉

正月初八日辰時卒乾隆戊辰五月廿七日寅時子

六光進光榜光三光義光培光雅義殤

日佳字存仁進仲次子也生辛亥正月十八日寅時卒乾

隆丙辰二月廿八日寅時娶柯氏生康熙戊辰六月

初三日未時卒乾隆乙亥二月十二日子時子四光
端光開光錯光肯女三
日鎮字存靜進仲三子也生康熙巳卯十二月三十日卒
康熙巳亥八月廿五日卯時娶陳氏生庚午六月十
九日亥時卒癸酉五月二十日申時子一光烟女一
日愈字存銓進兩子也生辛酉二月初八日寅時卒癸卯
九月二十日申時娶張氏生丁卯六月初四日辰時
卒乾隆戊辰四月廿七日午時子二光選光侃女一
公與父尙平公葬本處下厝後穴艮坤
日愛字存親號振林進啓長子也恩賜脩職郎生順治丁

酉九月廿九日丑時卒乾隆辛酉七月三十日未時
享年八十有五娶同氏生康熙辛亥十一月廿二日
丑時卒戊寅二月廿六日午時子一光仁女一繼娶
陳氏生康熙戊午五月廿八日午時卒乾隆丙子八
月初二日寅時子二光淑光尾公葬十七都嶺頭陳
宅園畬阿穴壬丙同氏葬后頭園中穴丑未
日䖍進啓次子也生辛丑閏七月初六日酉時卒己巳九
月十九日丑時無傳
日添進啟三子也生丙午十一月十一日巳時卒壬午九
月十二日申時娶江氏無出女一氏改醮

日恩字存榮號世蔭進啓四子也生康熙庚戌十二月初六日亥時卒乾隆丁丑十一月初一日子時享年八十有八娶許氏生康熙辛酉五月十四日戌時卒雍正乙卯七月廿三日未時子四萬春光函光睦光毛睦毛殤女三

日初字存首進紫子也生順治巳亥六月廿四日未時卒雍正戊申十月初四日丑時娶林氏生康熙巳酉十二月初九日丑時卒康熙巳丑六月初二日未時子二光恬光饔養殤女二公葬厝後穴乙辛氏與姑合葬後頭園穴壬丙

日贊字存成進貴長子也生順治辛丑十月十七日卯時
卒康熙癸巳四月十三日卯時娶陳氏生康熙壬戌
七月廿六日辰時卒乾隆丙辰二月初一日申時子
二光雲光低低出嗣日孔

日孔字存伋進貴次子也生康熙戊申三月初十日辰時
卒康熙巳亥十月十八日巳時嗣子一光低葬楓脚
園穴坐癸向丁孫夢官附焉

日泰字存伯進長子也生康熙丁巳三月三十日寅時
卒乾隆己巳六月初六日子時娶楊氏生康熙辛未
閏七月十一日亥時卒雍正乙卯八月廿五日寅時

子四光溪光潭光完光韶韶殤女一繼娶鄭氏生康熙庚午六月十九日未時卒癸未六月初六日酉時無出楊氏葬八都柯西寨后穴乾巽

日肇字存開進戊次子也生癸亥八月初三日戌時卒康熙己酉十月初八日子時娶李氏生康熙庚午十月初八日亥時卒乾隆己卯十一月廿五日酉時子二光閣光酉酉殤女四

日暘字存欽進戊三子也生康熙丁卯七月廿一日卯時卒乾隆十一月廿五日辰時娶蘇氏生康熙戊寅六月初一日酉時卒乾隆丙子十月初七日巳時子二

光員光雙雙殤女三
日揷進戊嗣四子也生卒莫考娶姓氏生卒均失詳生子
三光朁光博光泮
日起字存發進貢長子也生康熙己酉二月廿五日戌時
卒雍正壬子十一月初四日亥時娶陳氏生康熙辛
未二月廿八日巳時卒雍正乙卯十月十八日申時
子二光滔光草女一
日機字存和進貢次子也生康熙丙寅十一月十一日午
時卒乾隆壬戌十一月十二日辰時娶潘氏生康熙
丙戌六月廿六日卯時卒康熙壬寅六月初五日午

時子一光尙女一繼娶同氏生康熙戊寅三月初九日丑時卒乾隆丙申十二月十二日子二光棟光秦棟殤

日龍字存恭進德子也生康熙壬子十二月廿九日亥時卒乾隆乙丑七月廿二日子時娶林氏生康熙丁卯五月廿五日巳時卒乾隆甲子四月廿二日酉時子三光月光三省光添合葬本處厝後後頭園子月附焉

九世

光兼字明金日連長子也生雍正巳酉閏七月初九日酉

時卒乾隆癸丑十二月廿三日寅時娶龔氏氣娘生
雍正甲寅六月初六日卯時卒乾隆甲午十一月廿
四日子時子二學術夢象公瓦棺葬洋坪水尾新田
崙

光班日連次子也生卒莫考無傳

光易日連三子也生乾隆壬戌二月初六日辰時卒甲午
正月初十日未時無傳

光怡日連四子也生乾隆乙丑七月十八日辰時卒乾隆
辛亥十二月初一日巳時

光典字明謨日在長子也生己巳五月廿九日午時卒丁

巳十一月廿一日寅時娶陳氏生丁丑九月十七日午時卒乾隆壬午七月初五日巳時子二夢舉夢鬐女三

光壯日擧長子也生癸酉五月初三日卒辛亥五月廿三日寅時娶張氏生乙酉正月初七日未時卒巳酉二月廿七日寅時子一夢保殤無傳

光齊日擧次子也生乙酉五月初三日卯時卒丁未十月廿五日未時無傳

光老妹字明姻日德長子也生戊辰六月廿四日戌時娶姚氏卒三月十七日子三夢使夢盛夢開

光遠字明方曰德次子也生甲戌六月廿九日戌時卒失詳娶余氏生壬午九月廿三日卒十一月廿九日子一夢位女一

光展字明開曰三嗣子也生壬申三月廿三日酉時卒二月十三日娶林氏生庚辰八月十二日卒乾隆庚寅十月初十日丑時子一夢添女二

光興曰元子也生卒失詳無傳

光球曰什子也生卒失詳無傳

光業曰訪嗣子也娶陳氏子二夢溝夢餅溝外出餅出嗣

光烟氏改醮

光景日腰子也外出

光補字明闕日暹子也嗣子一夢衛

光程字明鵬號子思日餉子也生康熙庚寅八月三十日寅時卒雍正乙卯四月廿九日寅時娶劉氏生康熙癸酉八月初八日亥時卒莫考子四夢餘夢衛夢月夢豹月殤衛出嗣光補女二公葬本處墘底穴癸丁

光卿字明大日和長子也生康熙辛巳六月二十日辰時卒乾隆辛未九月初一日午時娶　氏子一夢升

光頌日和次子也外出

光旺日鄖長子也出居興化府莆田縣猿溪鋪長嶺橋

光量日郎次子也仝兄出居興化府莆田縣猿溪鋪長嶺
橋
光遂字明事日京嗣子也生丁丑正月十三日寅時卒十
月十六日娶陳氏生八月十二日酉時卒二月廿九
日子時子三學註夢還夢映映出嗣光溪女三
光園字明完日宗子也生康熙壬戌六月初六日申時卒
乾隆癸酉六月廿二日申時娶林氏生康熙丁丑六
月初五日午時卒乾隆甲午八月廿七日子時子五
夢新夢元夢皆夢軒夢亢元遞軒出嗣光甘女二
光球字明玗日試長子也生辛未七月初一日亥時卒丙

辰正月初六日亥時娶許氏生己卯九月廿九日巳
時卒戊午十二月十一日未時子二夢取夢貴女二
合葬黃壠田后
光鐙日午嗣子也生卒失詳無傳
光擇日祖長子也生己酉四月初九日戌時卒五月初四
日無傳
光朋字明放日祖次子也生康熙甲寅九月初十日亥時
卒康熙丁酉四月初六日卯時娶楊氏生癸亥八月
十八日卯時卒乾隆戊寅五月初九日辰時子三夢
云夢湖夢卯女二公葬畬子氏與媽合葬罩雲湖

光輝曰祖三子也生卒失詳無傳

光迎字明來號東遠曰管長子也生康熙癸酉七月廿八日巳時卒乾隆丁卯六月初　日辰時娶王氏生康熙癸未正月十三日寅時卒乾隆庚申四月十九日戌時子四夢搖夢亮夢吉夢會合葬北赤程

光夏曰管次子也生卒失詳無傳

光仰曰管三子也生卒失詳無傳

光長字明成曰昺子也生癸卯七月十九日申時卒乾隆丙寅十二月初六日卯時娶陳氏生辛亥四月廿四日未時卒乙卯九月初七日巳時子四夢麟夢于夢

酉夢綏女四氏葬本處茶心園頭穴寅申

光部日祖長子也生卒失詳無傳

光院日祖次子也生卒失詳無傳

光廿字明旨日祖三子也生壬子四月廿九日亥時卒戊午正月十六日酉時娶王氏生乙丑四月廿八日戌時卒乾隆辛卯十二月十九日未時子二夢鳳夢探嗣子一夢軒女二公瓦棺葬陳坑頭烏石穴癸丁

光藻字明梲日通長子也生巳丑六月初五日巳時卒五月初五日娶陳氏子二夢柱夢拱嗣子一夢兩

光賢字明聖日通次子也卒十月初三日娶陳氏生康熙

庚午六月廿九日寅時卒乾隆壬辰三月十八日巳
時子三夢謫夢甯夢螢女三

光實字明若日通三子也生戊午九月廿一日寅時卒壬
申九月廿九日寅時娶陳氏生失詳卒五月十九日
無出女一繼娶楊氏生康熙壬午九月初五日酉時
卒乾隆癸巳十月廿一日辰時子三夢望夢變夢兩
兩出嗣光藻女一

光變字明魯日亥長子也生巳卯十月十六日丑時卒乙
卯九月初七日酉時娶蔡氏生康熙癸未六月十三
日卒乾隆壬午八月廿九日辰時子一夢合女一

光天日亥次子也生卒失詳無傳

光喜日亥三子也出居臺灣

光蔭字明封號和生日超子也生康熙壬午十月十九日
寅時卒乾隆甲午六月初十日寅時娶楊氏生康熙
壬午十月初二日卒乾隆戊午六月廿九日辰時子
二夢才夢好女一繼娶杏山蘇氏生康熙丙戌三月
初三日辰時卒莫考子二夢延夢平

光天祐字明庇日智子也生康熙甲申四月廿五日辰時
卒雍正丁未十二月十二日辰時娶鄭氏生康熙七
月十五日巳時卒乾隆庚辰二月廿四日午時養子

一夢權生子一夢春女一公與父合葬本處汰內園
氏與姑合葬草埔尾
光扶字明持日全長子也生康□癸未九月十六日戌時
卒雍正壬子六月十四日□時娶陳氏生康熙辛巳
十二月初二日酉時卒雍正巳未九月十一日亥時
無出繼娶錢氏生康熙甲申正月十三日午時卒乾
隆巳酉二月十六日午時子一夢丁
光提字明携日全次子也生康熙巳丑十一月廿五日亥
時卒乾隆戊午十月初三日辰時娶陳氏生康熙庚
寅四月十二日寅時卒失詳養子一夢節

光愷字明悌日登長子也生康熙辛卯八月十八日亥時
卒雍正乙卯九月廿三日寅時嗣子夢決

光猛字明勇日登次子也生康熙乙未十月十三日未時
卒乾隆辛巳十二月初六日寅時娶張氏生康熙丙
申五月十五日午時卒乾隆辛巳四月廿六日亥時
子三夢決夢騷夢設決出嗣光愷女一

光其字明如日登三子也生雍正壬寅十一月初六日巳
時卒乾隆巳丑三月初三日未時娶陳氏子一夢護
女一氏改醮

光朝字明開號伯佳日照長子也生康熙丙申六月十八

日亥時卒乾隆庚午六月廿三日午時娶林氏生康熙丁酉十月初十日巳時卒乾隆癸未三月初三日子時子三夢宗夢道夢勵道出嗣光習勵殤女二

光習字明傳日照次子也生康熙辛丑十二月初九日娶林氏生失詳卒四月初五日無出嗣子一夢道

光錐字明剌日照三子也生雍正庚戌二月初五日戌時卒莫考娶李氏生雍正己酉五月二十日辰時卒莫考子三夢體夢拮夢舉拮出嗣夢鈎另載外篇

光讓字明禮日慶長子也生康熙己亥四月初一日辰時卒乾隆癸酉三月十六日巳時娶陳氏生康熙巳亥

五月初十日午時卒失詳子三夢泡夢睦夢衷女二
長適官園太學生陳振拔君

光對字明廷日慶次子也生雍正庚戌三月初一日巳時
卒乾隆戊申二月初七日午時娶陳氏生雍正壬子
七月初八日午時卒嘉慶乙丑正月初三日辰時子
六夢箴夢篆夢簿夢璉夢筍夢筆

光却字明恭日慶三子也生乾隆巳未八月十八日辰時
卒乾隆丙午二月廿五日未時娶林氏生巳未十一
月初四日申時卒乾隆庚戌三月初四日未時子四
夢腰夢從夢刋夢能女一

光尊字明魁日愿長子也　康熙壬寅　月十六日酉時

卒雍正巳卯　月廿四　寅時嗣子一夢御

光祖字明源日愿　子也生　正丙午十月十三日丑時

卒乾隆甲申　二月初一　娶曾氏生雍正庚戌二

月十八日[illegible]　卒失詳子　夢御夢駕夢贈御出嗣

光尊女一

光保字明我日興長子也生康熙　午八月廿六日午時

卒乾隆丁卯六月十六日申時娶蘇氏生康熙巳未

六月初二日亥時卒乾隆巳未正月廿六日辰時子

三夢蒲[illegible]蕫夢琴女三

光顯口興次子也生卒失詳無傳
光晏字明仲日忠長子也生康熙甲戌十二月初九日辰
時卒乾隆壬申九月初六日午時娶郭氏乃娘生康
熙乙亥九月廿八日亥時卒乾隆丁酉三月十三日
酉時子七夢昌夢漢夢揚夢創夢載夢托夢護托出
嗣光悌女二
光悌字明孝號生厚日忠次子也生康熙丙戌五月十一
日酉時卒雍正壬子七月初一日午時娶陳氏生子
一夢澤殤嗣子一夢托女一氏改醮
光儀字明威日忠三子也生康熙庚寅閏七月廿二日午

時卒乾隆戊寅五月十一日亥時娶吳氏生康熙戊戌四月初一日卒乾隆庚辰五月廿五日子時子四夢沛夢靜夢曠夢示示出嗣光審女一合葬黄塘埜林后垵崙穴東南向西北

光俟　字明伯日增長子也生康熙甲子十月十六日戌時卒乾隆甲戌六月廿七日巳時娶曾氏生康熙巳卯十二月廿二日丑時卒莫考子三夢貌夢眼夢康眼出嗣光乞女三

光乞　字明術日增次子也生康熙癸酉十月初八日巳時卒康熙巳丑三月十七日丑時嗣子一夢眼

光胤字明啓日臨長子也生康熙壬申七月十二日酉時
卒雍正壬子七月初一日酉時娶劉氏子三夢郡夢
藕夢椿藕出嗣光博女一氏改醮
光博字明學日臨次子也生康熙丁丑十一月廿七日寅
時卒乾隆癸亥正月二十日午時娶蘇氏無出女一
嗣子夢藕
光紀字明稽日昱長子也生康熙丁丑正月廿一日戌時
卒乾隆乙丑五月初七日寅時娶侯氏子二夢枹夢
杍杍出嗣光甫女一氏改醮
光甫字明端日昱次子也生康熙辛卯三月十七日酉時

卒乾隆丁卯十月廿一日寅時娶徐氏無出女一嗣
子一夢杼氏改醮

光助字明善日瑛長子也生康熙戊子十月初七日寅時
卒乾隆辛酉七月初七日巳時娶侯氏生康熙戊子
八月十九日子時卒乾隆乙酉正月廿三日亥時子
一夢掃女二

光糾字明督日瑛次子也生康熙癸巳六月十三日寅時
卒乾隆辛卯五月十八日戌時娶李氏生康熙壬辰
十一月初二日丑時卒乾隆甲子五月十二日巳時
子二夢台夢鷗女一

光果字明道日瑛三子也生康熙巳亥正月十二日未時
卒三月初七日娶陳氏送娘生康熙辛丑十二月三
十日亥時卒乾隆癸酉正月十五日寅時子二夢鵲
夢芽芽殤女二

光葛字明夏日瑛四子也生康熙壬寅八月十六日酉時
卒乾隆甲辰四月初七日申時娶陳氏葉娘生康熙
甲辰七月二十日亥時卒乾隆壬子六月廿四日子
時子五夢脉夢坤夢宅夢耕夢生女二

光脫字明超日瑛五子也生雍正乙巳十月初九日子時
卒乾隆巳未十月廿五日巳時娶鄭氏生雍正壬子

十一月廿一日寅時卒乾隆巳丑八月初九日卯時

子五夢怎夢惻夢昧夢親夢朕女一

光穎字明悟日瑛六子也生雍正戊申十一月廿七日申

時卒乾隆丙申十二月廿一日午時娶曾氏生乾隆

丁巳四月廿四日卯時卒嘉慶壬申十月十四日巳

時子四夢炎夢禮夢活夢蠶炎殤女一

有敬字明脩號莊正日雄長子也爲人朴實沈摯酷嗜詩

書屢試不售補太學生生康熙丁亥五月廿九日寅

時卒乾隆壬辰十月廿四日[illegible][illegible]娶李氏生康熙丙

戌十月初八日辰時子三夢衷夢題夢銳衷殤女三

長適辛卯科舉人李諱如金君

論曰公性行足以淑世經術足以匡時乃僅著聲成均蘊不盡杼然其訓家型俗一以孝弟爲先又善觀人爲女相攸果得東床之選是知公亦偉人矣哉

光泮字明芹號思樂日雄次子也生康熙丙申十一月十六日寅時卒乾隆庚戌正月廿八日巳時娶吳氏金娘生康熙甲午三月三十日子時卒乾隆壬子十一月初十日酉時子四夢徹夢監夢飭夢宣女二次適著賓柯天錫公三男合葬罩雲下庵坑前田墘穴甲庚兼卯酉

光樓字明闇日雄三子也生康熙庚子十月廿七日午時
卒乾隆癸卯十一月廿五日申時娶陳氏生康熙庚
子八月二十日亥時卒乾隆甲辰三月初九日戌時
子六夢樹夢庚夢熙夢兌夢甲夢陸女一適太學生
陳猷君長男

光綴字明錦日亮奎長子也生康熙辛卯八月初五日寅
時卒乾隆丙戌十二月廿三日巳時登子一夢鐈

光審字明訊日亮奎次子也生康熙癸巳八月十六日酉
時在臺卒乾隆庚辰八月十三日酉時娶蔣氏生雍
正癸丑八月初七日酉時卒乾隆巳卯三月廿五日

巳時無出嗣子一夢示

光均字明一日守業長子也生康熙丁酉十二月十九日

未時卒失詳娶朱氏生雍正巳酉　月初七日申時

卒失詳養子一夢腐生子一夢笑殤女一

光燕日守業次子也生康熙庚子四月廿九日辰時卒乾

隆巳卯五月廿五日子時娶潘氏女一氏改醮

光賞日總長子也生雍正甲辰八月廿三日酉時卒乾隆

癸酉三月十二日未時無傳

光裁日總次子也生雍正戊申六月初一日亥時卒莫致

無傳

光位字明正曰總三子也生雍正癸丑七月初四日丑時
卒乾隆巳丑三月廿二日寅時娶蘇氏女一氏改醮
無傳

光憾字明先曰總四子也生乾隆己巳七月十五日午時
卒失詳娶姚氏生乾隆丙辰八月初二日巳時卒乾
隆乙未十月廿八日丑時飬子夢引女一氏葬八都
洋坪新田畬崙穴壬丙

光騰曰寬長子也生康熙壬寅九月初三日卒莫攷無傳

光驕曰寬次子也生雍正乙巳七月十四日子時卒莫考
無傳

光邊日寬三子也生雍正戊申十二月初二日酉時乾隆丙申六月廿三日卯時在臺卒無傳

光及字明壯號忠信日安長子也生康熙五十五年四月十六日未時卒乾隆丙辰四月廿九日巳時娶陳氏無出氏改醮無傳

光彩日安次子也生康熙五十七年二月初七日未時卒乾隆戊午三月廿日子時無傳

光普字明通日安三子也生康熙庚子正月十五日辰時卒乾隆丙戌五月初一日未時娶林氏生康熙辛丑正月初十日卯時卒乾隆辛卯五月十三日未時子

一夢軫女二

光詩日安四子也生雍正巳酉三月初七日辰時卒乾隆癸巳四月十二日辰時無傳

光盖日安五子也生雍正壬子二月初七日在臺卒無傳

光斐字明長日奮子也生雍正巳酉五月廿九日寅時卒乾隆癸巳二月廿四日卯時娶侯氏生乾隆甲子十月二十日寅時卒莫攷子一夢被女二

光顏字明評日貴嗣子也生康熙甲戌三月十七日丑時卒乾隆壬戌六月廿九日辰時娶倪氏生康熙丁亥十一月初七日卯時卒乾隆庚辰三月廿一日丑時

聖教佩文承印

子六夢樞夢蜜夢突夢騧夢陶夢忽女一

光周字明彝日盛長子也生康熙癸未十月初一日丑時卒莫考娶潘氏生康熙壬午十二月廿二日辰時卒乾隆丁亥九月廿九日申時子五夢標夢鄒夢躋夢曲夢崇躋崇殤女一

光禪字明繼日盛養子也生康熙癸巳八月十六日子時卒乾隆己卯四月十六日巳時娶侯氏生康熙丁酉八月廿一日辰時卒乾隆庚辰十月十三日酉時子三夢擾夢爽夢覺女一

光受字明質日益嗣子也生康熙辛巳三月二十日子時

卒乾隆辛巳四月初三日戌時娶鄭氏生康熙庚辰
十月初六日丑時卒乾隆庚辰四月初三日申時子
五夢吟夢唇夢郤夢棗夢醉女二

光汀字明芷日益養子也生康熙癸巳閏五月廿六日亥
時卒雍正甲寅十一月初三日辰時娶陳氏生康熙
癸巳十二月初六日卒乾隆乙亥二月十八日子一
夢經

光責字明翰日初子也生庚辰閏　月廿五日子時卒乙
酉十一月廿七日酉時娶侯氏生[illegible]庚十二月十五
日辰[illegible]卒乾隆[illegible]卯十月廿八日亥時子二夢雅夢

憲合葬本處尾店山仔后穴艮坤

光㬎字明日日近子也生順治癸巳八月十四日戌時卒
康熙甲戌八月十九日午時娶陳氏生順治丁酉十
一月廿四日卯時卒康熙庚辰六月初一日午時子
二夢進學員

光映日昆長子也生卒失詳無傳

光丑字明子日昆次子也生癸卯七月十六日丑時卒戊
寅十一月初八日巳時娶氏子一夢載氏改醮

光特日昆三子也生卒失詳無傳

光盌字明利日炳長子也生庚子六月廿九日亥時卒康

熙辛卯五月初一日丑時娶鄭氏生康熙巳酉十二月十六日酉時卒雍正七月初二日巳時養子一夢傳生子一夢乞女一公葬[illegible]清漁溪萬安里甕墩穴壬丙氏葬萬安里大路洋穴亥巳

光秀日炳次子也生卒失詳無傳

光輝字明德日豐長子也生康熙巳酉九月初九日午時卒乾隆癸亥正月廿九日辰時娶陳氏生康熙乙丑十一月初三日丑時卒乾隆辛未十一月初三日辰時子四夢降夢納夢報夢寅女二

光侯字明守日豐次子也生康熙丙辰十二月十三日未

時卒雍正巳酉九月初五日寅時娶曾氏生康熙甲
子四月廿五日午時卒乾隆癸酉三月初七日巳時
子二夢棟夢佔

光維字明新日豐三子也生康熙丁卯正月十三日亥時
卒雍正戊申二月十四日午時娶侯氏生康熙乙亥
十一月初五日戌時卒莫考子三夢外夢鈞夢綵女
二

光贈字明哲日豐四子也生康熙辛未九月十八日寅時
卒乾隆己巳四月十七日申時娶莊氏生康熙壬午
十一月初五日巳時卒雍正甲寅十一月初七日戌

時子一夢祖女三合葬本處牛路溝大路后穴乙辛
繼娶鄭氏生康熙巳丑正月廿六日辰時卒莫考嗣
子一夢三女一

光道字明教日麗子也生康熙丙辰九月十六日辰時卒
乾隆丁巳三月初八日申時娶許氏生康熙甲子十
月十九日申時卒乾隆己巳正月初七日寅時子一
夢臘氏葬本處郭厝園前穴酉東

光燦字明燃日餤長子也生順治甲午七月三十日酉時
卒康熙癸未七月十七日辰時娶陳氏生順治巳亥
十二月廿二日申時卒雍正丁未閏三月十六日未

時子二夢喜夢宗

光煥字明其日餤次子也生康熙辛亥八月初七日子時
卒康熙戊戌十月十二日辰時娶楊氏生順治癸丑
七月初七日卯時卒乾隆丁卯九月初三日卯時子
四夢用夢懷夢棘夢霽合葬本處石公崙脚郭厝穴
庚甲

光圍字明苑日緝子也生卒失詳子一夢緞

光快字明意日參長子也生甲辰八月十三日丑時卒癸
亥二月廿二日申時娶陳氏子二夢都夢卓公與父
合葬本處曾垵宮邊穴坤艮氏改醮公後改葬尾林

口下厝后穴丁癸

光夸日參次子也生娶卒葬均未詳

光適日參三子也生卒失詳無傳

光定字明靜日研長子也生　熙癸亥十一月二十日巳

時卒七月初五日娶陳　生失詳卒十月廿二日子

一夢流女二

光寬字明恕號宏齋　研次子也生康熙戊辰十二月初

四日未時卒乾隆壬申十一月廿二日戌時娶同氏

號勤順生康熙庚午六月初三日酉時卒乾隆巳丑

八月初九日巳時子三學職夢請夢替女三公葬罩

雲山前狗骨埈頭穴癸丁

光輝字明彩號雲麓日研三子也爲人醇厚好施捐建文廟充祖字祀田立育才租爲子孫燈窓費年八旬餘精神矍鑠足不履公庭歲庚寅成邑侯延請鄉賓錫以匾曰齒德兼優良不誣也生康熙辛未閏七月二十日巳時卒乾隆辛丑十一月二十日未時享年九十有一娶侯氏號坤順生同庚二月十五日午時卒乾隆癸酉四月初七日子時享年六十有三子三有賚仕超夢情女二繼娶陳氏生康熙甲午十一月廿七日辰時卒嘉慶巳未正月廿七日戌時享年八十

有六子一茂德俟氏與公合葬本處罩雲山前南邊
山山芼崙穴癸丁陳氏葬彭林柄官園崎地師擬爲
剪刀形穴坤艮兼申寅

光捷
字明敏號成齋日研四子也生康熙甲戌二月廿五
日戌時卒乾隆壬寅十二月十四日寅時娶陳氏號
勤慈生康熙丙子三月初一日辰時卒乾隆庚寅二
月初八日寅時子四夢格鳳起鳳到夢毫合葬罩雲
前上壠仔中崙穴乾巽

光淵
字明家日信子也生康熙丙子九月廿六日丑時卒
乾隆壬申五月十六日未時娶林氏子一夢金女三

氏改醮公與毋林氏合葬罩雲山穴甲庚

光科日續子也生卒失詳無傳葬嶺仔新塗巷穴南北

光文字明理日續嗣子也生康熙庚午八月初七日辰時
卒乾隆丙寅十月初九日酉時娶李氏生康熙巳卯
二月初二日辰時卒乾隆丙戌八月廿八日未時子
四夢日夢正夢必夢計女一公合夢必葬新塗巷嶺
仔堀路后穴乾巽巳亥氏合夢正葬西牛望月墓下
穴申寅兼坤艮

光敬日遺長子也生丁卯十二月廿五日子時卒莫考娶
同氏生失詳卒乾隆甲戌正月十九日子二夢明夢

白女一

光黨日遺次子也生[illegible]未十月廿四日丑時卒乾隆丁卯六月十五日無傳

光算字明數日鵬長子也生康熙[illegible]未七月十五日巳時卒雍正乙卯九月十五日亥時娶林氏號勤慈生康熙辛未七月初五日丑時卒[illegible]隆癸巳四月初一日巳時子五夢慶夢江夢琭夢　夢賀棟殤女二

光從字明善日鵬次子也生康熙庚辰十二月十七日申時卒乾隆乙亥八月十八日辰時娶楊氏號勤慈生康熙壬午正月十七日未時卒雍正壬子六月初五

日巳時無出繼娶余氏生卒失詳子三夢笑夢享夢
保保出嗣光閣
光聰字明聖日鵬三子也生乙酉十一月十二日申時卒
九月廿二日辰時娶張氏生失詳卒乾隆癸酉十二
月廿六日卯時子一夢禎女二公與氏及球篤合葬
黃壠穴巳亥兼壬丙
光恭字明敬日鵬四子也生康熙甲午十月廿四日未時
卒乾隆壬戌八月十七日卯時娶林氏生康熙丙申
六月初一日辰時卒乾隆壬戌三月初四日寅時子
一夢董女二公葬本處墳仔腰穴西東氏葬墳仔橡

脚穴西東

光錢字明銀日二郎嗣子也生康熙乙酉九月廿二日寅時卒乾隆巳卯六月十八日巳時娶施氏生康熙已丑六月初九日辰時卒乾隆乙巳六月廿六日子二夢炮夢孝女二公葬八都含頭嶺腹虎形墓脚穴東西氏葬含頭嶺腹大路邊田仔后穴西東

光立字明則日石長子也生康熙丙寅十月初四日辰時卒雍正壬子二月初七日未時娶吳氏生康熙辛未四月初五日未時卒乾隆丙戌九月初八日寅時子四夢犖夢波夢令夢尹尹殤女二

光考字明試日石次子也生辛未九月廿一日子時卒雍正巳酉七月初二日寅時娶倪氏子一夢淡氏改醮

光盤字明新日服嗣子也生乙亥九月十六日亥時卒乾隆壬午正月初六日申時娶陳氏生康熙丙戌五月初九日辰時卒乾隆丙子六月初六日申時子二夢元夢餅餅殤

光報字明春日百子也生康熙丙申七月初六日午時卒乾隆辛卯七月初六日巳時娶潘氏生康熙己亥十二月廿五日申時卒乾隆庚辰三月初八日亥時子二夢本夢通女一

光順字明耳號承守日玩長子也生康熙丙寅八月廿七日戌時卒乾隆辛巳[illegible]月十四日未時享年七十有六娶許氏號貞慎生康熙癸酉正月廿八日戌時卒乾隆癸未三月十一日[illegible]　享年七十有一養子一夢頂生子一夢祿女四

光寳字明懋號業齋日玩次子　生康熙己巳九月初十日戌時卒乾隆戊子六月廿一日午時享年八十娶陳氏號孝慈生康熙戊寅六月十八日丑時卒乾隆巳丑十一月十三日辰時享年七十有二生子一夢吉養子一夢義氏葬本處曾垵寨后穴坤艮

光山字明川號興齋日玩三子也生康熙戊寅五月十八
日辰時卒乾隆乙酉七月十九日寅時娶潘氏號慈
謹生康熙壬午六月初九日酉時卒乾隆癸未五月
十七日辰時子一夢森公葬東坑鄉大湖口銅頭崙
光寨日玩四子也生康熙辛巳卒康熙辛卯七月初六日
辰時葬古路山園後姪等仝祀
光昭字明著日錦長子也生康熙癸酉六月初四日辰時
卒六月廿九日午時娶陳氏生戊子七月廿六日辰
時卒壬子六月廿九日亥時子一夢儉殤繼娶張氏
生康熙壬午四月十四日子時卒乾隆庚寅五月十

一日寅時嗣子一夢洪生子一夢明女一公瓦棺葬本處曾垵寨脚穴北南

光奏字明疏日錦次子也生康熙癸未八月廿四日戌時卒乾隆庚申四月廿八日未時娶楊氏生康熙巳丑五月廿七日子時卒乾隆丙戌十月廿七日子時子三夢然夢洪夢入洪出嗣光昭女一合葬本處曾垵后寨脚穴酉卯

光魁字明星日菊長子也生康熙壬申十一月十六日子時卒乾隆甲戌四月廿八日酉時娶羅氏生康熙巳丑正月十八日酉時卒乾隆丙申五月十四日丑時

子四夢峨夢統夢琛夢櫨

光衍字明派日菊次子也生康熙丙戌六月初七日巳時卒乾隆戊寅四月十一日午時娶侯氏生康熙己丑九月十三日酉時卒乾隆壬辰五月初四日巳時子三夢詣夢聘夢眉女一

光登字明雙日居嗣子也生康熙甲戌閏五月十四日巳時卒乾隆戊辰九月廿五日未時娶陳氏生康熙壬午閏六月十一日巳時卒乾隆丙子五月廿一日子五夢世夢光夢壬夢號夢帝女一合葬大隙後穴丙壬

光南字明紫日禮長子也生康熙癸酉八月十八日戌時
卒乾隆巳卯二月[illegible]日申時娶楊氏生康熙丁亥
十月初四日卯時卒[illegible]隆壬申六月初四日子時子
二夢弼夢瑣女三
光田日禮次子也生康熙[illegible]午正月十七日未時外出
光省字明察日[illegible]子也生丙申四月廿九日子時卒庚午
六月廿二日巳時娶張氏生卒莫考子二夢鑽夢綿
俱殤
光欣字明喜日柳長子也生甲子九月二十日申時卒雍
正丙午七月廿一日卯時娶林氏生癸酉十二月二

十日申時卒戊戌十二月初四日寅時子一夢欽另
載外篇女一繼娶陳氏生康熙己巳九月十二日戌
時卒乾隆巳卯二月十二日辰時子一夢岱女一合
葬尾林后穴丁癸

光思字明齊日榔次子也生康熙辛未五月二十日申時
在臺卒莫攷娶陳氏生康熙甲申十月十三日亥時
卒乾隆丁丑正月廿二日戌時子三夢簡夢重夢衫
重出嗣光高衫出嗣光贈

光善字明問日榔三子也生康熙乙酉十二月初一日辰
時往巴卒乾隆戊寅八月初二日酉時娶張氏生康

熙戊子正月十九日酉時卒乾隆辛巳四月十一日
寅時子三夢垢夢幸夢苟女二幸出嗣夢欽另載外
篇
光堂字明祠日品長子也生康熙甲戌九月廿五日辰時
卒乾隆丙子九月十一日卯時娶林氏生康熙壬午
閏六月廿九日午時卒乾隆戊寅十二月初二日辰
時子二夢理夢學俱殤養子一夢伯生子一夢到女
四合葬本處大隙后穴乙辛
光佛字明觀日品次子也生康熙戊寅九月三十日申時
卒乾隆癸酉十二月初三日子時娶陳氏號懿儉生

康熙戊子十一月初十日卯時卒乾隆乙酉四月十
六日戌時子六夢教夢紫夢孫夢珪夢好夢某教殤
女一

光接字明繼日品三子也生康熙甲申九月十六日亥時
卒莫攷娶陳氏生康熙巳丑二月十一日亥時卒失
詳子二夢輪夢粒女二

光梅字明舅日構子也生雍正癸卯十二月初五日戌時
卒乾隆乙未九月初七日酉時娶侯氏生雍正巳酉
五月十五日辰時卒失詳子四夢霞夢聖夢狼夢管
女二

光誠字明虔日秀長子也生[illegible][illegible]十一月十六日戌時往
臺卒娶楊氏生子二夢悟夢回氏改醮

光乾日秀次子也[illegible]卒失詳無傳

光由字明孝日秀三子也生辛未七月廿五日丑時卒乾
隆乙亥八月廿六日酉時娶陳氏生康熙丙子十二
月十四日巳時[illegible][illegible]隆甲戌五月十四日申時子五
夢國夢答夢嵩夢夸夢[illegible][illegible]三

光程日秀四[illegible]也生卒失詳無傳

光海日秀五子也生卒失詳無傳

光仙字明苑日契長子也生康熙丙子五月二十日亥時

卒乾隆十六年十月廿六日娶李氏生康熙甲申九
月十九日申時卒乾隆己卯九月十九日子二夢倣
夢占女二

光後字明前號宏截日契次子也生康熙壬午十一月十
一日酉時卒乾隆己未正月廿三日辰時娶陳氏生
康熙庚寅三月十七日辰時卒乾隆己丑六月初二
日午時子二夢朗夢蘭女一公葬本處黃壠尾穴申
寅兼坤艮氏葬本處烏塗崙穴丙壬

光君字明臣日契三子也生雍正壬辰五月廿八日未時
卒乾隆庚辰十一月廿六日卯時娶王氏生雍正丁

酉正月初九日酉時卒乾隆戊子六月初三日子時

子四夢親夢疏夢栖夢迎女二

光高字明眞日斗長子也生康熙己卯閏七月十一日卯

時卒乾隆丁丑十月初四日申時娶傅氏生康熙丁

亥正月廿二日午時卒乾隆辛卯十二月十八日戌

時嗣子一夢重公與父母合葬本處黃墷園內穴辰

戌

光趙日斗次子也生卒失詳無傳

光賓字明質日驥長子也生康熙甲戌三月廿八日寅時

卒雍正甲寅十月初三日戌時娶陳氏生康熙癸未

三月十七日酉時卒乾隆庚寅四月十三日未時子
三夢茅夢屋夢出
光列日驥次子也生卒失詳無傳
光筵日動長子也生卒失詳無傳
光湊字明補日動次子也生壬午二月初五日亥時卒乾
隆甲午十一月初四日亥時娶同氏生康熙己丑四
月廿四日亥時卒失詳子二夢貓夢鼠女二
光現日動三子也生康熙壬辰六月十五日未時往臺卒
十月十四日巳時
光杯日裕長子也生卒失詳無傳

光喬字明木日裕次子也生康熙己丑五月十三日未時卒莫考娶林氏子二夢固夢妥固婆氏改醮

光科字明合日專長子也生康熙辛卯十一月十五日亥時卒乾隆丁丑二月十[illegible]日巳時娶王氏生康熙癸巳閏五月初五日酉時卒失詳子三夢奧夢劉夢坪

女二

光衆字明多日專次子也生康熙甲午七月初七日辰時卒莫攷娶張氏生康熙己亥六月廿三日申時卒失詳子一夢庚女三

光碧字明白日專三子也生康熙丁酉八月廿九日酉時

卒乾隆庚辰十一月初十日寅時娶陳氏生雍正辛
亥八月廿一日戌時卒乾隆己酉十月初六日戌時
子一夢貼女一

光掌字明指日專四子也生康熙壬寅四月初十日戌時
卒乾隆乙未二月廿八日戌時娶張氏生雍正壬寅
八月十六日寅時卒嘉慶辛未三月十九日巳時子
五夢坦夢晃夢皇夢春夢排夢誹殤女二

光八日專五子也生雍正丙午七月十六日巳時卒八月
初八日無傳

光壯字明及日歲長子也生康熙辛卯八月初五日寅時

卒乾隆十一月二十日巳時娶陳氏無出嗣子一夢
畜女三氏改醮公葬本處厝仔后穴南北
光柳字明舞日歲次子也生康熙甲午六月廿九日亥時
卒乾隆癸卯二月廿七日子時娶楊氏生雍正丁未
七月廿九日子時卒乾隆戊辰六月廿一日申時子
二夢捌夢歉女二
光領字明引日歲三子也生康熙戊戌八月初五日戌時
卒乾隆己卯七月廿八日戌時娶陳氏生康熙辛丑
七月初八日巳時卒失詳子二夢莆夢畜畜出嗣光
壯女一

光堅字明鑽日歲四子也生十二月廿八日卒九月十六日辰時娶彭氏子一夢忠氏改醮

光建字明功號秉直日聯子也生康熙丁亥正月廿九日申時卒乾隆甲申九月十二日丑時娶吳氏號勤儉生康熙丁亥九月十二日午時卒乾隆丙戌十二月初十日寅時子三夢芳夢敦夢麟女二瓦棺合葬本處畬子內穴丙壬

光榮字明宗日字長子也生康熙己卯五月十九日巳時卒乾隆辛酉十二月初五日寅時娶呂氏子三夢岩夢軒夢篇軒殤女二公瓦棺葬本處尾林口赤庄洋

穴丙壬

光佐字明霸日宇次子也生康熙壬午正月十九日子時卒乾隆己卯十一月初四日巳時娶同氏生康熙戊子四月十八日亥時卒乾隆壬寅七月二十日子時子五夢達夢知夢木夢殿夢廷廷殤公葬本處黃壠池后垵

光哲字明且號賢齋日宇三子也生康熙丁酉三月十一日辰時卒乾隆乙巳十月初三日子時娶潘氏積娘生康熙丙申閏三月初四日亥時卒乾隆乙巳八月十六日巳時子五夢庇佑夢叩夢冉夢講夢齊女二

公葬將軍嶺龜罩崙穴乙辛氏葬石坑南北

光郁字明旦日宇四子也生康熙庚子四月初十日辰時卒雍正乙卯十月初八日巳時三兒合立洋中租佃田乙塅乙坵受子七升五合歷年值祀輪畊葬新頭巷

光顯字明聖日正長子也生康熙戊戌四月初二日巳時卒乾隆丙申九月初五日酉時娶同氏生康熙丁酉四月廿三日未時卒乾隆甲戌八月廿九日子時子三夢烈夢曹夢朶曹瓊朶出嗣光赫女二

光赫字明濯日正次子也生康熙庚子十一月初九日丑

時卒乾隆己丑六月初八日辰時嗣子夢朵

光鐵字明銅日正三子也外出同安岳口娶　氏子一玉

麟

光隆字明盛號志中日繼長子也生康熙壬申四月初十日戌時卒乾隆甲戌六月初十日巳時娶蘇氏生康熙丙午九月十七日丑時卒乾隆戊子十月初三日酉時子三夢傳夢得夢素來

光陞字明起號稱高日繼次子也生康熙戊寅三月廿二日午時卒乾隆壬申八月十七日午時娶林氏生康熙癸未十一月十二日子時卒乾隆癸酉七月十一

日寅時子三夢集夢應夢寅宗女三

光盼字明美號信德日繼三子也生康熙辛巳七月十九日寅時卒乾隆庚寅八月二十日申時娶陳氏生康熙戊子十一月十六日丑時卒乾隆甲申四月十一日申時生子一夢神佑養子一夢贊祖女二

光荔字明伏號達獻日繼四子也生康熙癸巳六月廿六日卯時卒乾隆丙戌十月十九日午時娶陳氏生康熙甲午二月十一日未時子四夢壤夢夷夢麟夢陣女三

光著字明現號爵色日君訪長子也生康熙丙寅五月十

四日辰時卒乾隆丁巳八月十六日申時娶陳氏生
庚午十一月十六日未時卒乾隆十八年五月廿六
日午時子二夢詰夢尃女三公葬本處曾坡山下厝
后壁穴北南

光遠字明近日君訪次子也生己巳十一月廿一日辰時
卒乾隆庚申三月初二日娶洪氏子二夢路夢騤氏
改醮

光萬字明千日君訊子也生康熙甲戌十一月初七日寅
時卒乾隆十八年二月廿七日酉時娶羅氏生康熙
庚寅五月初一日辰時卒莫攷子一夢刺女二次適

翁內進士洪世銓公與父仝葬新大巷頭穴庚甲

光耀字明焞日詠長子也生康熙壬子七月十五日未時
卒雍正丙午三月廿七日午時娶陳氏生康熙己未
十二月初九日辰時卒乾隆庚申十月十八日戌時
子二夢珍夢鑾女二

光卿字明爵號鼎祿日詠次子也生康熙巳未正月二十
日子時卒康熙壬辰十一月十四日戌時娶蘇氏生
康熙丙寅九月十七日辰時卒莫考子一夢僅女一
公葬本處新路巷穴丁癸

光富字明厚號朝貴日詠三子也生康熙壬戌五月初七

日酉時卒乾隆丙子正月廿九日寅時娶王氏生康熙癸酉九月十一日巳時卒乾隆戊子十一月初二日未時子二夢昆夢揀女二公葬本處嶺子頭穴壬丙

光華字明榮日詠四子也生康熙乙丑八月十三日亥時卒乾隆己巳十月十三日辰時娶侯氏生康熙戊寅九月初十日寅時卒乾隆己丑二月十五日戌時子四夢會夢走夢和夢教女二合葬本處坂仔穴巽乾

光廉字明吏日詠五子也生康熙壬申九月廿七日巳時卒乾隆戊寅八月初九日子時娶葉氏生康熙戊寅

七月十五日酉時卒雍正甲申五月十五日未時無
出繼娶張氏生康熙庚辰七月十五日申時卒乾隆
戊辰二月初二日巳時子一夢七女一

光竹字明節號永君日諸長子也生康熙戊辰八月初四
日辰時卒乾隆癸未九月初一日酉時娶陳氏生康
熙庚午十一月廿七日寅時卒乾隆甲申四月十一
日午時子二夢詳夢宰女二公葬本處嶺子南北

光治字明和日諸次子也生康熙乙亥九月初四日酉時
卒乾隆戊辰十二月初二日未時娶蘇氏生康熙辛
巳十月十二日酉時卒乾隆癸酉五月廿三日未時

子二夢珠夢理女四

光荷字明掌日諸三子也生康熙癸未九月初九日辰時
卒乾隆癸酉三月廿五日巳時娶陳氏生康熙甲辰
五月初九日午時卒乾隆乙酉十二月初一日寅時
子六夢雍夢郭夢川夢沛夢西夢北女二

光岳字明東日諸四子也生康熙戊子九月初二日戌時
卒莫考娶葉氏生康熙辛卯十月十三日丑時卒雍
正壬子閏五月初三日未時子一夢我繼娶陳氏生
同庚四月十一日申時卒乾隆丙戌六月廿六日辰
時子五夢昂夢煥夢殿夢踏夢錠女二葉氏葬本處

龜崙山穴南北

光俊日說嗣子也生丙子六月廿七日申時卒康熙辛丑十二月十二日丑時娶李氏無出氏改醮以日起子光旺爲嗣昭穆不順另載外篇

光轉字明業日謀長子也生癸酉七月初七日巳時卒壬子九月初五日午時娶傅氏生己丑十一月廿六日辰時卒乾隆辛卯正月初三日戌時子一夢添養子一夢宋女一

光論字明賜日謀次子也生康熙庚寅閏七月初八日酉時卒乾隆丁酉十月廿二日戌時娶江氏生康熙己

丑十二月廿八日丑時卒乾隆戊申四月初一日寅
時子五夢力夢六夢趣夢返夢越女一

光美字明善日識長子也生康熙丙寅十一月廿七日丑
時卒己巳正月十六日未時娶鄭氏生癸酉九月十
二日卒乾隆甲戌六月十二日未時子六夢交夢巧
夢凜夢說夢看夢妹說出嗣光陳

光宣日識次子也生康熙癸未卒十二月廿三日

光措字明次日誌長子也生康熙甲申六月初二日巳時
卒乾隆閏五月十一日午時娶李氏生失詳卒乾隆
壬申五月初三日午時子一夢潤殤嗣子一夢內女

一

光陳字明衛日誌次子也生壬辰四月十一日未時卒失
詳嗣子一夢說
光翁字明老日誌三子也生康熙壬寅六月廿九日酉時
卒莫考娶陳氏生康熙辛丑十二月廿四日申時卒
莫考子四夢初夢內夢端夢顏內出嗣光措女二
光者字明也日志子也生康熙壬午四月十四日辰時卒
乾隆壬午十二月初五日寅時娶傅氏生康熙辛卯
二月廿一日巳時卒乾隆癸巳五月二十日戌時子
二夢務夢隔隔出嗣光眞

光俟字明輝日鳳長子[illegible]生康熙庚戌十一月廿六日寅時卒雍正癸卯九月廿[illegible]日卯時養子一夢獻與弟光舉瓦棺合葬高坪鄉山坵內隔坵田角穴乙辛

光舉字明直日鳳次子也生康[illegible]癸丑十一月廿六日酉時卒雍正丁未八月十七午時與兄光俟合葬高坪鄉山坵內隔坵田角穴辛無傳

光林日鸞長子也生失詳卒十月十九日往臺故無傳

光惠字明懷日鸞次子也生康熙辛酉五月廿二日酉時卒乾隆戊辰七月十二日酉時娶許氏生康熙庚申七月廿二日酉時卒乾隆癸酉四月初四日戌時子

二夢修夢鹿鹿殤

光助字明我日鸞三子也生失詳卒莫考娶陳氏無出養子一夢添

光愛日鸞四子也往臺故生卒莫考子一夢衆亦在臺

光並字明行日祖子也生失詳卒七月廿五日娶鄭氏生亦失詳卒十二月初六日子二夢位夢章

光進字明國號士亭日潛長子也生康熙癸未五月十一日丑時卒乾隆辛巳十一月初九日寅時娶李氏號勤慎生康熙庚寅十二月初四日酉時卒乾隆甲辰八月二十日亥時子四夢賤夢仍夢讀夢檻檻殤女

二

光榜字明金號龍亭日潛次子也生康熙丙戌五月二十日巳時卒乾隆乙未十月初十日未時娶李氏生康熙甲午七月十二日丑時卒乾隆壬寅正月初六日丑時子三夢擇夢磋夢孟女二公葬本都彭林柄鄉鑄鼎后高知垵穴巳亥氏葬本都南墘山穴丙壬

光三字明得號益亭日潛三子也生康熙己丑八月初十日辰時卒乾隆甲申六月三十日寅時娶鄭氏生康熙辛丑九月十八日酉時卒乾隆丙戌十二月初四日卯時子二夢聽夢謙女二

光培字明垂號世亭日潛四子也生康熙甲午六月初八
日午時卒乾隆辛亥十二月初八日酉時娶施氏生
康熙癸亥二月初七日辰時卒乾隆丙寅五月廿一
日亥時養子一學禍氏瓦棺葬八都馬跡瓦窑壠崙
石公邊穴甲庚繼娶施氏生康熙丁酉四月十四日
申時卒乾隆乙未八月十六日酉時子一夢拔女一
公與繼妣合葬本都姑店洋圳尾穴壬丙

光雅字明言號常亭日潛五子也生康熙戊戌正月三十
日亥時卒乾隆丙子十一月廿三日辰時娶鄭氏號
淑慎生康熙丁未三月十六日子時卒乾隆戊申四

月十八日未時子三夢魏夢鴉夢擬女二公與氏合
葬本處二隙圳厂穴東西
光端字明執日佳長子也生康熙壬辰九月廿三日未時
卒乾隆己巳四月廿三日寅時無傳
光開日佳次子也生康熙乙未十一月十九日戌時往漳
浦卒失詳
光錯日佳三子也生康熙　子二月初七日未時卒乾隆
辛未二月廿七日未時無傳
光肯日佳四子也生雍正己酉十二月廿七日丑時卒乾
隆丙子十月十五日無傳

光淵字明深號高亭日鎮子也生康熙壬辰九月廿一日寅時卒乾隆丙戌十二月廿七日巳時嗣子一夢餠

光選字明元號候亭日愈長子也生康熙己丑六月初十日辰時卒乾隆乙亥正月廿八日子時娶孔氏生康熙戊戌五月初十日辰時卒乾隆戊戌六月二十日午時子二夢群夢怨群殤女三公葬本處佳鬃萊崙頭穴丙壬

光侃日愈次子也生卒失詳無傳

光仁字明德號文義日愛長子也生康熙辛未十月十七日巳時卒乾隆己卯七月廿七日酉時娶王氏生康

熙丙子五月廿八日未時卒乾隆己卯七月廿七日酉時子二夢懷夢楚女二
光叔字明敬號伯益曰愛次子也生康熙壬辰二月十九日亥時卒乾隆己丑十一月初五日戌時娶蘇氏生康熙乙未七月廿一日酉時卒乾隆癸卯七月十九日子時子二夢引夢勳女三
光尾字明首號有成曰愛三子也生康熙丙申八月初二日午時卒乾隆丙子二月初十日午時娶陳氏生康熙戊子七月初七日未時卒乾隆己卯十月廿三日酉時子一夢仕女一

熙癸巳閏五月廿八日午時卒雍正壬子九月十六
日巳時無出繼娶孫氏生康熙庚寅五月初一日寅
時卒乾隆壬辰六月十七日[illegible]時子六夢跨夢二夢
旦夢弧夢崇[illegible]香崇殤

光恬字明熙號士俻日初長子也生康熙丙寅六月廿八
日酉時卒乾隆辛酉六月十七日辰時娶林氏生康
熙丙子九月初一日卯時卒乾隆乙亥八月廿一日
申時子四夢趾夢厲夢鹿夢降鹿殤女二公與父合
葬本處厝后穴乙辛氏葬本處厝后穴子午

光雲字明龍號士開日贊長子也生康熙庚辰十二月十

四日巳時卒乾隆壬辰八月初七日巳時娶林氏生康熙甲申十二月廿四日未時卒乾隆辛亥四月初八日戌時子五夢東夢夏夢次夢午夢乾乾癸

光低字明回號士周日孔嗣子也生康熙庚寅十一月廿九日卯時卒乾隆癸卯三月二十日未時娶林氏生康熙癸巳九月初四日卯時卒乾隆乙巳三月廿三日午時子四夢一夢送夢官夢品一殤女一

光溪字明谷日泰長子也生乙未八月十九日巳時卒丙戌六月十一日未時娶林氏生卒失詳無出女一養子一夢用繼娶亦無出生卒失詳

光潭字明海日泰次子也生康熙戊戌八月十二日卯時卒乾隆丁丑十一月初八日午時娶陳氏子一夢戸女一氏改醮

光員字明備號方成日泰三子也生雍正乙巳八月初七日寅時卒乾隆庚戌十一月廿三日寅時娶王氏生乾隆己未十月初九日酉時卒嘉慶丁丑十二月廿六日丑時子六夢朮夢汙夢乞夢快夢伍夢神朮汙快殤女一

光閣字明筆日肇子也生康熙丁酉十月廿三日丑時卒乾隆戊子四月十三日寅時養子一夢保

光貞字明至日賜子也生雍正甲辰六月十二日酉時卒
乾隆丁酉十月初七日辰時娶紀氏養子一夢隔生
子五夢蓮夢嚴夢天夢作夢佔作出嗣夢帝另載外
篇女二氏改醮

光鐕日揷長子也生卒莫攷娶姓氏生卒均失詳生子一
夢春

光博日揷次子也生卒莫攷娶姓氏生卒均失詳生子一
夢芬

光泮日揷三子也生卒莫考無傳

光滔日趄長子也生康熙乙未二月初八日亥時卒乾隆

癸酉三月初九日辰時無傳
光草日起次子也生雍正卒乾隆丙戌六月初一日巳時
無傳
光尙日機長子也生康熙已亥七月十五日寅時卒乾隆
乙亥五月廿七日午時無傳
光秦號士楚日機次子也生乾隆丁巳五月初一日寅時
卒乾隆丙午三月廿四日以夢送次子璋桃爲嗣孫
光月字明子日寵長子也生康熙丙戌四月廿六日丑時
卒乾隆甲子二月十二日酉時娶余氏子一夢天素
女一月與父母合葬本處舊厝後后頭園

光三省字明瑞日寵次子也生康熙丁酉七月初五日酉
時卒乾隆庚辰四月廿二日午時娶謝氏子三夢乾
夢茂夢保女二公葬泉城東門外金厝園穴巽乾

光添日寵三子也生卒失詳無傳

十世

夢衙字球得光兼長子也生乾隆丙戌十二月初二日戌時卒道光戊子六月十六日未時娶賴氏勸娘生乾隆辛卯十一月廿二日卯時卒道光己酉十月初一日巳時子五璋同璋亥璋惜璋治璋美璋惜璦女二公瓦棺葬鑑口山西壠後穴壬丙兼子午

夢象光兼次子也生卒失詳

夢舉光典長子也生丁酉四月十六日辰時卒乾隆辛酉七月初六日辰時無傳

夢髫字球首光典次子也生雍正戊申十二月廿三日亥

聖教佩文承印

時卒莫攷娶徐氏生己酉五月十七日辰時卒失詳

養子一璋坤

夢使光老妹長子也娶楊氏子一璋琰

夢盛光老妹次子也

夢開光老妹三子也　老妹一系出居仙遊長嶺頭

夢位字球萬光遠長子也生雍正乙巳九月廿三日巳時

卒莫考娶趙氏生戊申六月十一日酉時卒甲戌十

一月初六日辰時子一璋沛繼娶石氏生甲寅四月

十三日酉時卒庚辰八月三十日申時無出繼娶林

氏生雍正壬子十二月十一日子時子二璋潛璋秋

女一出居仙遊長嶺頭

夢添字球福光展[illegible]子也生乾隆丁巳九月初一日巳時卒失詳娶蘇氏生雍正乙卯三月初一日卒乾隆辛卯五月初十日卯時子一璋泮女一出居仙遊長嶺頭

夢溝光業長子也外出

夢衛字球元光補嗣子也生康熙戊戌十二月十二日子時卒乾隆甲午十月十二日子時娶陳氏生雍正乙卯八月廿七日酉時卒失詳養子一璋素生子一璟痛女一

夢餘字球裕光程長子也生康熙辛卯十月廿九日辰時卒乾隆丁亥四月十三日午時娶林氏生康熙庚子十二月初八日丑時卒乾隆辛未正月廿七日酉時子二璋盛璋賞女二繼娶吳氏生康熙丙申九月廿七日辰時卒失詳子二璋勸璋珪

夢豹字球佐光程次子也生雍正壬子閏五月初五日辰時卒乾隆戊申五月十四日寅時娶潘氏生雍正乙卯十月初九日寅時卒乾隆壬子八月廿四日卯時子四璋量璋齊璋卒璋裕

夢升字球高光卿子也生雍正辛亥十月十一日午時卒

乾隆戊子七月廿四日巳時娶林氏子一璋滿氏改
醮

夢註光遂長子也生卒莫考無傳

夢還光遂次子也生卒莫攷無傳

夢新字球舊光團長子也生康熙丙申十二月廿八日戌
時卒乾隆[illegible]丑十二月廿五日戌時娶柯氏生九月
廿五日卒正月初[illegible]日卯時子二璋糞璋得俱殤嗣
子璋負

夢皆字球是光團次子也生雍正乙巳五月廿四日巳時
卒乾隆甲辰十一月廿二日未時娶林氏生乾隆丁

巳九月十五日寅時卒嘉慶己巳十一月廿二日未
時子二璋負璋芋負出嗣夢新女三葬本處厝尾埔
穴申寅
夢亢光團三子也生乾隆庚申正月廿三日寅時卒莫考
無傳
夢取光球長子也生康熙戊戌閏八月廿八日亥時卒六
月初六日無傳
夢貫光球次子也生雍正己酉正月初六日寅時無傳
夢云字球詩光朋長子也生康熙壬午四月廿二日巳時
卒乾隆庚子五月廿三日戌時娶李氏生康熙己丑

十二月初十日丑時卒乾隆癸卯十月廿三日巳時

子四璋貢璋禱璋鞍璋滾禱出嗣夢湖滾出嗣夢卯

女二

夢湖字球夏光胆次子也生康熙丁亥六月十九日卯時

卒乾隆壬戌四月十四日卯時嗣子一璋禱

夢卯字球兔光胆三子也生康熙甲午十一月十七日寅

時卒乾隆癸酉七月十四日卯時娶楊氏生卒失詳

繼娶羅氏生卒亦失詳俱無出嗣子一璋滾

夢搖光迎長子也生卒莫攷無傳

夢亮光迎次子也生雍正乙巳十二月十七日申時卒乾

隆癸酉十一月初七日巳時無傳

夢吉光迎三子也生卒莫考無傳

夢會光迎四子也生卒莫考無傳

夢麟字球趾光長長子也生康熙己巳二月廿六日辰時

卒乾隆丙辰三月初三日巳時娶李氏生康熙辛巳

十一月十三日巳時卒雍正甲寅十二月十一日戌

時子五璋內璋尊璋塘璋宙璋策宙出嗣夢緩女一

公葬本處赤塗崎穴北南氏葬本處畬子內穴巽乾

夢于字球京光長次子也生康熙丙子五月初四日申時

卒雍正己酉六月十五日酉時娶洪氏生康熙乙酉

八月十一日丑時卒康熙壬寅十二月十二日巳時
無出繼娶張氏生康熙甲申十月初三日巳時卒乾
隆癸酉六月初八日巳時子一璋房公葬本處曾垵
山頭穴丁癸二氏瓦棺葬本處黃壠池后穴丙壬

夢西字球二光長三子也生康熙丙戌八月廿七日酉時
卒乾隆丙寅三月初二日寅時娶彭氏生康熙辛卯
十一月廿一日申時卒失詳子四璋粉璋葵璋痛璋
王痛殤公葬本處茶後垵崙穴酉卯

夢緩字球寬光長四子也生康熙己丑四月初四日午時
卒雍正甲寅十二月初九日卯時娶侯氏子一璋嬚

殤嗣子瓊甯女　氏改醮

夢鳳字球鸞光甘長子也生康熙己丑四月十五日酉時
卒乾隆丙申三月初一日丑時娶彭氏生失詳卒十
二月廿一日無出繼娶陳氏生失詳卒三月廿二日
無出繼娶林氏生失詳卒正月初四日無出繼娶柯
氏生康熙丁未五月十三日午時卒失詳子二瓊馬
瓊挑挑殤女二

夢探光甘次子也生己亥五月廿九日亥時卒乾隆十月
初二日無傳

夢軒光甘嗣三子也生乾隆癸丑二月十六日申時卒乾

隆丙申閏五月初五日亥時無傳

夢柱光藻長子也生卒失詳無傳

夢拱光藻次子也生丁亥八月初四日辰時卒丙寅二月十六日娶鄭氏生失詳卒丙寅七月二十日無出女一無傳

夢兩字球端光藻嗣三子也生乾隆丙辰二月廿七日戌時卒失詳娶鄭氏生乾隆丁丑十一月十一日酉時卒失詳女一無傳

夢請光賢長子也生卒失詳無傳

夢穿字球安光賢次子也生康熙壬辰六月廿八日寅時

卒乾隆己丑八月十二日午時娶張氏生康熙癸卯正月初五日巳時卒乾隆乙未閏十月初九日寅時

子二璋摯璋企女一

夢螢光賢三子也生雍正己巳卒三月初一日無傳

夢望光賢長子也生卒失詳無傳

夢雙光賓次子也生雍正辛亥二月十八日亥時卒乾隆庚寅五月十九日午時無傳

夢合字球開光變子也生雍正壬子正月十七日戌時卒莫考娶林氏生乾隆壬戌二月廿五日酉時卒莫考

子三璋壯璋鄭璋暢鄭殤女二

夢才光蔭長子也生雍正己酉六月廿八日卯時卒莫攷
嗣子璋二
夢好字球樂光蔭次子也生雍正癸丑三月初三日卯時
卒乾隆甲午十月十二日辰時娶翁氏子二璋研璋
二女一二出嗣夢才氏改醮
夢延字球遲光蔭三子也生乾隆辛酉四月廿六日午時
卒失詳無傳
夢平光蔭四子也生乾隆癸亥十月十九日辰時卒失詳
無傳
夢權字球量光天祐養子也生康熙丁酉七月十七日未

時卒乾隆乙巳六月十一日未時娶王氏賀娘生雍正辛丑十一月初一日寅時卒乾隆丁丑七月初十日辰時養子璋壽繼娶蔡氏謹娘生雍正戊申十一月初八日戌時卒乾隆乙卯八月十一日寅時子三璋乾璋玉璋簾王氏與姑及媽葬草埔尾穴東西

夢春字球服光天祐次子也生雍正丁未二月初一日戌時卒乾隆庚辰三月初五日卯時娶鄭氏續娘生雍正丙午七月廿一日亥時卒乾隆庚辰三月二十日申時子二璋迫璋向養子璋贊

夢丁字球明光扶長子也生雍正己酉十月廿一日巳時

至乾隆丁亥四月十一日未時被雷打死娶吳氏丑娘號勤順生雍正癸丑三月廿八日丑時卒乾隆辛亥三月初四日寅時子一璋念女一

夢節字球度光提長子也生雍正己酉八月初六日戌時卒乾隆戊申十二月初九日亥時娶唐氏號貞順生乾隆己未二月廿九日子時卒嘉慶甲子十月十七日丑時子三璋瑞璋拱璋仙

夢決光愷嗣子也生乾隆壬戌八月十四日卯時卒乾隆庚寅二月十一日亥時無傳

夢騷字球風光猛長子也生乾隆戊辰正月廿四日戌時

卒失詳娶王氏生乾隆無傳

夢設光猛次子也生乾隆辛未七月廿二日申時卒失詳

無傳

夢戶光其子也生乾隆戊子四月十三日卯時卒道光甲

午三月十五日卯時嗣子璋亢

夢宗字球祀光朝長子也生乾隆丙子二月初三日卯時

卒失詳娶陳氏生乾隆己未五月二十日午時子一

璋葳女一

夢道光習嗣子也生乾隆乙丑九月十四日申時卒莫考

子一璋大

夢體光錐長子也生乾隆庚午二月初三日卯時

夢舉光錐次子也生乾隆丙子閏九月十八日辰時

夢泡字球仕光讓長子也生乾隆己未五月三十日戌時
卒乾隆戊戌二月初六日戌時娶陳氏位娘生乾隆
辛酉六月初九日午時卒嘉慶庚申七月廿三日酉
時子三瑋柔瑋純瑋及女三

夢睦字球和光讓次子也生乾隆庚午八月廿九日卯時
卒乾隆丁酉二月十四日未時娶陳氏未娘生乾隆
癸酉四月廿二日巳時卒道光丙申正月十二日丑
時子二瑋佳瑋重女一

聚敬佩文承印

夢衷字球濟光讓養子也生乾隆丙子九月十三日寅時
卒道光丙戌八月初八日巳時娶吳氏鈎娘生乾隆
庚辰正月十七日巳時卒嘉慶甲戌十二月初一日
辰時子三璋塵璋造璋櫆

夢譽字球纓號弈齋光對長子也恩授鄉飲賓生乾隆庚
午正月初十日未時卒嘉慶丙子閏六月廿六日戌
時娶陳氏謹娘號温恭生乾隆己巳十月十七日卯
時卒道光癸巳正月廿七日酉時子五璋譽璋桑璋
士璋杯璋明士出嗣夢葷女一

夢篆字球香光對次子也生乾隆辛未七月十四日寅時

卒乾隆戊申正月二十日戌時娶李氏忝娘生乾隆壬申四月十二日卒乾隆己丑八月初四日亥時繼娶林氏生乾隆丙子十月廿八日酉時

夢簿字球正光對三子也生乾隆癸酉九月廿九日丑時卒嘉慶丁卯九月廿七日酉時娶李氏號懿花生乾隆癸酉六月初五日辰時卒道光癸未八月十九日

子一璋居

夢犖字球車光對四子也生乾隆乙亥正月十五日丑時卒乾隆乙未三月初八日丑時娶陳氏改醮嗣子璋

土

夢筍光對五子也生娶卒葬均失詳

夢筆光對六子也生乾隆辛卯五月初四日辰時卒道光壬辰五月十八日未時娶潘氏生乾隆庚子七月十一日辰時卒道光己酉四月廿一日辰時子一璋長

夢腰號長亭光却養長子也生乾隆辛巳五月廿六日午時卒嘉慶丁丑二月廿七日巳時娶鄭氏生乾隆壬午九月初六日亥時卒道光丙午六月十九日辰時子五璋斜璋言璋殊璋納璋和和出嗣夢能

夢從號寶亭光却次子也生乾隆甲申十二月廿八日戌時卒道光戊戌二月十一日酉時娶林氏攀娘生乾

隆甲申十二月初二日亥時卒道光癸巳二月廿一
日巳時子四璋令璋躂璋衣璋我我出嗣夢衍

夢衍光却三子也生乾隆丁亥八月十九日丑時卒道光
戊申五月十三日辰時嗣子璋我

夢能光却四子也生乾隆庚寅九月十九日午時卒道光
己丑二月十四日戌時嗣子璋和

夢御光奪嗣子也生乾隆己巳正月廿一日戌時卒失詳
養子璋變

夢駕光祖長子也生乾隆辛未九月初四日申時卒失詳
嗣子璋答

夢贈光祖次子也生乾隆辛巳二月初五日申時卒失詳
無傳

夢蒲字球綠光保長子也生康熙癸未五月初四日辰時
卒乾隆己卯正月初六日未時娶林氏生康熙己丑
十月十七日戌時卒乾隆癸巳十月初十日卯時子
三璋德璋綢璋益益出嗣夢琴

夢萑光保次子也生乾隆十月廿三日未時卒失詳娶柯
氏女一氏改醮無傳

夢琴字球瑟光保三子也生康熙癸巳閏五月卒乾隆六
月初九日巳時嗣子璋益

夢昌字球盛光晏長子也生康熙癸巳五月廿五日丑時卒乾隆癸酉正月十五日巳時娶陳氏[illegible]娘生康熙已亥十月初十日寅時卒乾隆[illegible]戌五月十七日午時[illegible]二[illegible]料璋雪璋羣女二公葬本處黃壠山媽亦葬黃竈山

夢漢字球束光晏次子也生康熙乙[illegible]十二月十七日酉時卒乾隆甲戌六月初一日丑時娶李氏生康熙庚子八月廿八日酉時卒乾隆壬辰七月初八日酉時子四[illegible]虎璋橫璋循璋柱循璦

夢[illegible][illegible][illegible]光晏三子也生康熙戊戌九月十四日酉時

卒乾隆丁酉九月廿二日申時娶陳氏夏娘生康熙
乙巳三月廿三日卯時卒莫考子三璋寵璋忍璋燕
女三

夢創字球業光晏四子也生雍正甲辰六月初十日寅時
卒莫考娶陳氏生卒失詳子三璋成璋齊璋系齊系
殤

夢載字球釆光晏五子也生雍正甲辰二月初十日寅時
卒乾隆戊子九月初九日辰時娶陳氏生卒失詳子
一璋獻

夢祜字球篤光晏七子也生雍正癸丑九月廿二日戌時

卒嘉慶癸酉四月二十日未時娶郭氏招娘生乾隆丙辰十月初七日寅時卒嘉慶癸酉六月廿九日巳時子三璋淳璋圓璋卯女三

夢托字球付光悌嗣子也生雍正丙午十一月初二日亥時卒失詳娶陳氏生雍正辛亥二月初五日亥時卒失詳子五璋色璋妥璋閃璋回璋午色殤回出嗣夢入女二

夢沛光儀長子也生乾隆庚申五月廿三日戌時

夢靜光儀次子也生乾隆甲子正月廿六日未時

夢嚷光儀三子也生乾隆丙寅十二月十六日酉時

夢貌字球形光侯長子也生康熙壬寅五月廿五日丑時卒乾隆壬申十二月初七日戌時娶傅氏生雍正甲辰四月初八日寅時卒失詳子三璋蘊璋蚶璋田

夢康字球泰光侯次子也生乾隆庚申三月十九日亥時卒乾隆甲辰七月三十日寅時娶林氏生乾隆乙丑二月十七日丑時卒失詳子四璋吅璋紹璋英璋獺

紹𡣞女一

夢眼字球龍光乞嗣子也生雍正乙卯五月十四日申時卒乾隆巳酉八月初四日酉時娶王氏生乾隆癸亥三月十八日巳時卒嘉慶庚申十月廿六日酉時子

七璋　昔璋　靛璋　次璋　丑璋　貴璋　座璋　度　靛　貴　座　殤　女一

夢郡光胤長子也生康熙甲午七月廿八日往臺卒乾隆壬戌五月初三日

夢椿字球大光胤次子也生雍正乙巳六月初三日卯時卒莫考養子璋在

夢藕字球蓮光博嗣子也生康熙戊戌四月十八日申時卒失詳娶郭氏子璋東女三

夢枹光紀子也生乾隆丙辰十月十八日寅時

夢抒光甫嗣子也生乾隆庚申八月初九日寅時

夢掃字球應光助長子也生雍正乙卯十一月廿八日午
時卒乾隆甲辰五月廿七日戌時娶侯氏煥娘生乾
隆戊午九月十二日巳時卒乾隆庚子四月初三日
亥時子四璋京璋快璋連璋時

夢台字球旌光糾長子也生雍正癸丑六月初六日亥時
卒乾隆庚子三月初六日亥時娶侯氏尾娘生乾隆
壬戌二月廿八日午時卒嘉慶乙亥三月廿一日未
時子四璋綿璋賓璋邦璋腴邦出嗣夢脉

夢鷗字球益號敦厚光糾次子也生乾隆庚申七月十八
日寅時卒乾隆乙巳十二月十六日辰時娶曾氏姜

娘生乾隆癸酉五月初八日酉時卒道光己丑九月十九日卯時子一璋遠

夢鵲字球屏光果子也生乾隆辛酉四月廿九日巳時卒乾隆甲辰閏三月初七日戌時養子𢇍來

夢脉號發圃光葛長子也生乾隆乙丑正月廿一日亥時卒失詳嗣子璋邦

夢坤字球艮光葛次子也生乾隆丙寅十月廿七日巳時卒嘉慶丙子十二月初八日巳時娶王氏捲娘生乾隆丙戌十一月十三日午時卒道光戊子九月初十日午時子一璋猜

夢宅號柳圃光葛三子也生乾隆己巳十二月廿二日辰
時卒乾隆己丑七月初四日午時無傳
夢腁字球彝光葛四子也生乾隆壬申六月初八日寅時
卒嘉慶元年二月廿七日巳時無傳
夢生光葛五子也生乾隆甲戌十二月二十日卯時卒乾
隆辛丑八月廿二日寅時無傳
夢恖字球厚光脫長子也生乾隆癸酉九月初六日寅時
卒嘉慶丁丑二月初七日子時娶蔡氏好娘生乾隆
癸未三月初四日丑時卒道光丙戌十月十九日申
時子三璋塔璋便璋亮便出嗣夢昧

夢惻號隱德光脫次子也生乾隆丁丑九月二十日辰時
卒嘉慶丙子八月初四日戌時娶徐氏合娘生乾隆
壬午十月十四日亥時卒道光甲辰十月十三日辰
時子四璋任璋奕璋元璋顏女一

夢昧號克讓光脫三子也生乾隆辛巳二月十一日子時
卒道光庚寅六月廿五日巳時嗣子璋便

夢親號人國光脫四子也生乾隆癸未十二月十九日酉
時卒道光癸巳四月廿九日辰時養子璋虔

夢朕字球琴光脫五子也生乾隆丁亥五月廿二日寅時
卒道光庚子三月十一日酉時養子璋面

夢禮字球義光穎長子也生乾隆癸未八月初五日酉時
卒乾隆十月廿五日無傳
夢活字球生光穎次子也生乾隆己丑十一月二十日丑
時卒乾隆年月日時失詳無傳
夢蠶號獻廷光穎三子也生乾隆甲午五月十四日卯時
卒道光癸巳二月廿八日辰時娶潘氏要娘生乾隆
庚子四月十八日寅時卒道光戊戌正月廿四日未
時生子璋密養子璋廿女四
夢題字球標有敬長子也生雍正癸丑十月初九日子時
卒嘉慶丙寅十一月十九日卯時娶陳氏生同庚十

月初九日子時卒嘉慶庚午十月十一日巳時子三
璋堂璋錦璋軒公與氏合葬本都龜罩山穴巽乾兼
辰戌

夢睿字球智有敬次子也生乾隆丙辰十月初一日寅時
卒乾隆壬子十一月十四日寅時娶吳氏姜娘生同
庚九月十二日辰時卒嘉慶丁巳四月十六日申時
嗣子璋芽生子璋滿璋典

夢徹字球瑩號質齋思樂長子也生乾隆庚申七月十二
日巳時卒嘉慶庚午八月初五日巳時娶鄭氏香娘
生乾隆辛酉二月十九日戌時卒嘉慶辛未六月初

九日未時子四璋恭璋探璋朝璋別璋抵別瓊女二

夢鑑字球察思樂次子也生乾隆丙寅九月廿二日未時卒嘉慶庚辰三月初八日未時娶潘氏專娘生乾隆丙寅六月廿一日酉時卒嘉慶甲戌四月廿六日申時子三璋闓璋驥璋布嗣子璋西驥殤女二

夢飭字球雅思樂三子也生乾隆庚午六月廿一日午時卒嘉慶丁卯十二月廿一日子時娶侯氏素娘生乾隆壬申九月十一日子時卒道光丙戌十二月初四日申時子三璋聰璋劍璋添女一葬本處大路寨后穴辛乙兼酉卯

夢宣字球昭思樂四子也生乾隆甲戌七月十四日午時卒乾隆丁未九月初一日丑時娶鄭氏爾娘生乾隆己卯正月廿五日寅時卒嘉慶癸亥二月廿四日申時子三璋榮璋蘇璋西西出嗣夢鑑公葬本都東坑內后壠溝口路后穴辛乙兼酉卯氏葬責仔頭內路脚穴坤艮兼未丑

夢樹字球珠光樓長子也生乾隆癸亥五月十一日戌時卒乾隆辛亥十月初一日午時娶李氏生乾隆甲子四月初十日卒嘉慶己未四月初十日未時子四璋温璋深璋涔璋沙涔出嗣夢熙

夢賡字球歌光樓次子也生乾隆乙丑十二月初八日寅
時卒乾隆戊申四月廿四日午時嗣子璋基
夢熙號昭明光樓三子也生乾隆己巳四月廿五日戌時
卒嘉慶甲戌十一月廿九日未時嗣子璋洊
夢兌字球澤光樓四子也生乾隆壬申五月初十日午時
卒嘉慶壬申十一月廿九日寅時娶唐氏有娘生乾
隆辛巳八月初三日巳時卒嘉慶庚辰十一月十四
日亥時子二璋尊璋管管出嗣夢陞
夢甲號明科光樓五子也生乾隆乙亥五月二十日辰時
卒道光壬辰十二月初一日辰時娶陳氏粉娘生乾

隆甲申四月十二日巳時卒嘉慶丙寅九月十八日
未時子一璿轉
夢陸號球平光樓六子也生乾隆庚辰三月初七日巳時
卒嘉慶甲子五月廿六日寅時嗣子璿管
夢矯字球國光緞養子也生乾隆庚申十二月十一日酉
時卒失詳娶林氏生乾隆辛酉十月初七日寅時卒
失詳子四璿哖璿貪璿等璿由女一
夢視光審子也生乾隆辛未十一月初三日酉時卒失詳
娶鄭氏生卒莫考子璿勉女一
夢腐光均養子也生乾隆壬午十月十五日子時卒失詳

娶洪氏生卒莫考養子璋衆璋掝女一
夢引光懺養子也生乾隆壬辰四月初六日亥時卒失詳
娶戴氏生卒莫攷子二璋承璋塘女一
夢彰光普子也生乾隆壬申四月十二日巳時卒失詳娶
李氏生乾隆癸未月日卒失詳
夢祓光叟子也生乾隆辛巳七月廿九日亥時卒失詳娶
何氏生卒莫攷子一璋遥
夢樞字球北光顏長子也生康熙壬寅十二月初六日卯
時卒乾隆庚辰四月廿八日未時娶鄭氏生雍正庚
戌正月初四日寅時卒乾隆甲戌二月廿三日巳時

嗣子一璋雩女二

夢密字球甘光顏次子也生乾隆甲辰十月十七日未時

卒乾隆庚辰三月十一日申時娶曾氏子二璋石璋

賊石殤氏改醮

夢突光顏三子也生乾隆丁未九月十四日戌時卒乾隆

庚辰三月十一日申時無傳

夢騳光顏四子也生乾隆癸丑十月初七日寅時卒失詳

無傳

夢陶光顏五子也生乾隆丁巳八月初一日卯時卒乾隆

庚辰三月初二日戌時無傳

夢忽光顏六子也生乾隆辛酉二月廿三日午時卒失詳
無傳
夢標字球奪光周長子也生康熙辛丑十二月初九日亥
時卒乾隆丁丑九月十七日巳時娶鄭氏生卒莫考
子二瑄塔瑄雩雩出嗣夢樞女二
夢綁光周次子也生雍正丁未六月廿一日丑時卒莫考
無傳
夢曲光周三子也生乾隆戊午八月廿八日巳時卒莫攷
幼娶陳氏殤
夢稷光禪長子也生乾隆丙辰八月十六日酉時外出卒

莫攷無傳

夢爽光禪次子也生乾隆己未八月十八日亥時卒莫考

無傳

夢覺光禪三子也生卒莫攷無傳

夢吟字球詠光受長子也生康熙壬寅正月十八日辰時

卒失詳娶李氏生康熙癸卯十二月十五日亥時卒

乾隆丁丑十月初二日未時子一璋茹女二

夢唇字球齒光受次子也生甲辰十一月初一日戌時子

璋鮑璋池鮑殤

夢郤光受三子也生雍正丁未五月初七日戌時卒乾隆

庚辰四月初七日未時無傳
夢棗字球枚光受四子也生雍正甲寅正月初二日酉時
卒乾隆壬辰七月廿二日酉時娶戴氏子璋與女一
氏改醮
夢醉光受五子也生乾隆庚辰正月廿三日午時卒乾隆
丙戌十月三十日午時無傳
夢經字球綸光汀子也生雍正乙卯三月初四日寅時卒
乾隆丁丑六月初六日酉時娶唐氏生雍正甲寅二
月初十日巳時卒莫考子四璋遇璋芽璋禱璋斗芽
出嗣夢睿禱出嗣夢元女二

夢雅光責長子也生壬寅十月初三日亥時卒失詳無傳

夢憲字球法號喜謨光責次子也生康熙壬子六月廿八日巳時卒雍正甲戌三月十三日卯時娶侯氏生康熙甲戌二月初四日卯時卒乾隆庚辰八月初八日酉時子三璋煌璋添璋延女一

夢進字球往光㬢長子也生康熙甲戌八月初二日申時卒乾隆辛酉二月十一日申時娶楊氏生七月廿三日卒正月初七日卯時子二璋福璋愛女二

夢員字球至光㬢次子也生康熙丁丑三月廿七日巳時卒乾隆乙亥二月初五日申時娶陳氏生康熙丁丑

九月十九日丑時卒雍正丙午八月三十日亥時子
二璋孫璋睃女三

夢載字球車光丑子也生康熙乙亥七月廿三日辰時卒
乾隆丁巳四月廿二日戌時娶林氏子一璋璽氏改
醮

夢傳字球言號積善光益養子也生康熙戊寅十二月十
一日巳時卒乾隆丁亥七月十七日卯時娶王氏生
康熙丁丑正月廿七日卒康熙戊戌三月廿八日午
時無出繼娶陳氏生康熙戊子九月初一日辰時卒
乾隆戊子正月初九日酉時子五璋韜璋旺璋三璋

清璜添女二

夢乞字球遂光益次子也生辛巳四月十七日巳時卒七月十四日娶陳氏生卒莫攷子二璜石璜英

夢降字球等光輝長子也生康熙甲申正月十七日卒乾隆七月廿一日亥時娶王氏生康熙癸巳十二月廿九日酉時卒失詳嗣子一璋年生子二璋九[illegible]璜百

蘭女二

夢納字球朵光輝次子也生康熙庚寅十一月初三日寅時卒乾隆戊寅十二月十五日酉時娶羅氏生康熙戊戌八月初八日寅時卒未詳子三璟玉璋年璜與

年出嗣夢降與出嗣夢楝

夢報字球喜光輝三子也生康熙辛丑正月初五日戌時卒失詳娶陳氏生雍正庚戌九月初四日寅時卒乾隆癸酉三月十八日寅時子一璋敏殤養子一璋檜氏瓦棺葬本處郭厝園穴庚甲

夢寅字球春光輝四子也生雍正甲辰七月初五日寅時卒乾隆辛卯六月初五日亥時娶李氏子一璋瑣女一氏改醮

夢楝字球隆光侯長子也生康熙壬寅月日時並卒失詳嗣子璋與

夢估光侯次子也生雍正戊申九月十五日辰時卒莫考
無傳
夢外字球成光維長子也生康熙乙未正月初七日亥時
卒乾隆戊申七月廿三日寅時娶戴氏生康熙甲午
五月十一日申時卒乾隆己卯閏六月十四日辰時
子六璋悖璋誥璋茂璋情璋冉璋猜誥情冉猜俱殤
女二
夢鈞字球金光維次子也生康熙庚子九月十四日丑時
卒嘉慶辛未十月廿八日午時娶陳氏生雍正丁卯
十一月廿五日卒乾隆壬寅八月廿六日卯時子三

璋環璋綿璋藻環殤女三
夢緎字球謹光維三子也生雍正癸卯七月初六日午時
卒嘉慶甲戌正月廿五日酉時娶陳氏生雍正庚戌
二月初十日午時卒嘉慶壬申正月初七日子時子
三璋礽璋愴璋孕女一
夢祖字球業光贈長子也生雍正甲辰十月十三日巳時
卒失詳娶侯氏生同庚七月初四日卯時卒失詳子
璋奧女三
夢三字球文光贈養子也生雍正壬子三月廿二日辰時
卒嘉慶庚申八月初七日卯時娶莊氏生雍正辛亥

十月三十日辰時卒乾隆己丑五月廿九日寅時子
二璋切璋是女一
夢鵬字球蛟光道子也生康熙戊子十月初四日午時卒
乾隆丁丑十月十九日戌時娶鄭氏生康熙乙未二
月廿一日申時卒失詳子二璋迎璋參女三
夢喜光燦長子也生康熙戊辰十月初六日寅時卒康熙
丙申七月廿二日寅時無傳
夢宗字球廟光燦次子也生康熙庚辰六月初一日午時
卒雍正壬子四月十六日午時嗣子一璋頭
夢用字球行光煥長子也生康熙丁未八月十四日寅時

卒乾隆甲戌七月初十日辰時娶陳氏生康熙五月十三日卒乾隆己丑十月十八日子四璋奏璋盖璋頭璋汀頭出嗣夢宗女三

夢懷字球心光煥次子也生康熙乙酉三月初七日卒乾隆丙戌十二月廿一日未時娶楊氏生康熙丁亥十二月十五日卒乾隆癸酉五月十五日子二璋辭璋宋女一

夢棘字球闈光煥三子也生康熙辛卯三月初九日辰時卒乾隆十二月廿八日娶陳氏子二璋投璋墉女一氏改醮

夢霽字球月光煥四子也生康熙丙申二月廿一日亥時卒失詳娶陳氏生康熙辛丑二月初三日酉時卒乾隆壬午四月初三日酉時子二璋[illegible]璋隨女一

夢綴光[illegible]子也生卒失詳無傳

夢都字球城號建邑光快長子也生康熙癸酉十二月十六日申時卒乾隆丙戌八月十一日午時娶林氏謹娘生康熙癸酉七月初六日辰時卒雍正庚子十一月[illegible]三日戌時無出女一繼娶陳氏欣娘生康熙癸未十一月二十日酉時卒乾隆丁酉十二月初三日午時[illegible]二璋其璋賽其殤女三公後改與日參公合葬

尾林口厝后灰墓脚穴丁癸兼未丑林氏陳氏合葬
本處厝角柿后穴　申寅兼坤艮
夢卓光快次子也外出
夢流字球波光定子也生康熙庚寅十一月十五日丑時
卒二月十九日巳時娶唐氏生失詳卒七月廿九日
子璋蘗
夢職字球勳號竹亭光寬長子也生康熙戊戌十月三十
日戌時卒乾隆壬申十二月十五日未時娶林氏生
康熙庚子十二月十二日辰時卒乾隆乙巳十月初
三日寅時子四璋鸞璋黍璋切璋轆公葬罩雲山前

舊厝內風鼓石內穴

夢請字球迎號和亭光寬次子也生雍正己酉正月十一日卯時卒乾隆丙午五月廿六日子時娶林氏生雍正辛亥九月初一日辰時卒乾隆辛卯四月十九日午時子六璋郁璋爾璋杜璋守璋飽璋龐龐出嗣夢替女一適太學生鄭啟蔚君

夢替字球說號待祫光寬三子也生雍正乙卯三月初八日卯時卒乾隆癸巳十月十七日巳時娶陳氏生乾隆丁巳八月十九日未時卒嘉慶壬戌七月十五日寅時養子一璋修嗣子一璋龐生子一璋于女二公

葬杏山宮后壠邊穴北南

有賛 諱 夢桃字球英號實亭光輝長子也恩授鄉飲賓生
康熙乙未十一月十八日戌時卒乾隆甲辰七月廿
八日巳時娶侯氏生康熙丁酉三月十四日酉時卒
乾隆乙酉八月初五日子時子三琮鳳琮灣琮軋女
二繼娶吳氏生雍正壬子正月三十日卯時卒嘉慶
乙卯四月十三日酉時子一琮暢公與侯氏合葬八
都馬跡黃金石穴戌辰兼辛乙吳氏葬罩雲山前虎
岫厝后穴壬丙

仕超字球顯號約靜光輝次子也至性孝友處家族柔而

善斷常以文章事嚴課子姪雖有子在庠必令朝夕毋倦以期遠到壯歲嗜學累試弗售補太學生生雍正癸卯四月廿三日未時卒乾隆丙午十一月初四日酉時娶傅氏號勤懿生雍正丙午九月廿四日子時卒乾隆甲寅十二月初三日辰時子四拔元鶴翰音爲山女二長適鄉飲賓陳利麟君次男公葬葵山四都湖邊泉淵後穴巳亥兼巽乾傅氏葬本都馬槽鄭姓厝角穴

夢情字球性號善亭光輝三子也夙志攻書未售雖理家務而仍精搆文藝識者奇其才焉生雍正甲寅正月

十八日卯時卒乾隆丁酉九月廿七日辰時娶陳氏號柔嘉生乾隆丁巳閏七月三十日卯時卒乾隆丁未九月初四日酉時子五拔萃拔魁琮乾琮謙琮耀女一氏葬姑店寨后燈心垵穴辛乙兼戌辰公葬

茂德字球南號恕齋光輝四子也至性孝友愛姪如子好施與睦鄉里課兒孫知讀知耕授太學生享年六十有六生乾隆丁丑十二月廿九日戌時卒嘉慶戊寅八月廿六日辰時娶陳氏號溫惠生乾隆己卯二月十五日巳時卒乾隆甲辰二月十二日酉時嗣子鴻生子琮君繼娶雷氏號和慈生乾隆辛巳七月廿六

日巳時卒道光庚子十月十九日辰時子三琮闖琮
敲琮涉女一適社壇邑庠生葉學海君長男側室柯
氏素姊號淑慎生乾隆壬午十二月初四日亥時卒
嘉慶丁丑六月初五日午時子五琮趨琮戌琮庚琮
柿琮丙公葬本都張坑口擄脚尾穴丙壬兼巳亥陳
氏葬本都羅木墘穴壬丙兼子午雷氏葬罩雲山狗
骨坡穴　柯氏葬本處山仔腰穴

夢格字球言號知亭光捷長子也爲人慷慨尚義鄉族有
事輒爲解忿釋爭人多愛慕之生康熙丁酉十月初
六日午時卒乾隆甲午五月十五日午時娶林氏號

勤順生康熙丙申五月十九日午時卒乾隆己未十一月十二日亥時子一璋意女一繼娶吳氏儉順生康熙丁酉四月十六日申時卒乾隆癸丑二月十九日卯時子四璋儼璋葉璋藁璋瑚公與林氏合葬單雲山墳仔頭仙人騎鶴穴戌辰兼乾巽

銘曰卓彼雲峯佳氣蔚葱蜿蜒磅礴迺胎穴宮室壙開敞形魄斯藏鍾靈毓秀俾熾俾昌　吳氏葬本都嶺頭后芒州山葛坑頭名鳳髻穴午子兼丁癸

鳳起

字球萬光捷次子也賦性不羈家貲頗饒常於鄉黨有濟補太學生生康熙庚子八月十八日辰時卒乾

隆丙午十一月廿六日戌時娶李氏號慈和生康熙
辛丑閏六月十三日酉時卒嘉慶丁巳九月初七日
辰時子五璋藹璋印璋汴璋抄璋沃女一適太學生
吳汝玉君次男側室羅氏生乾隆癸酉二月廿七日
卯時卒道光庚寅十一月二十日巳時子三璋璐璋
偶璋三元璐殤

鳳到字球參號至亭光捷三子也天性豪舉最有奇幹捐
題書院膏火董修縣治溝池丙戌歲謀諸兄弟倡築
始祖祠又篤嗜書香補太學生生雍正甲辰三月十
九日戌時卒乾隆壬辰正月初六日酉時娶陳氏號

慎和生雍正乙巳九月初九日酉時卒乾隆甲寅二月十三日亥時子三璋備璋咨璋誨女一適邑庠生陳珝君長男側室董氏生乾隆癸亥三月十一日午時卒道光丙戌五月初五日未時子二璋取璋排葬本處罩雲山麓王山鄉墩仔前穴庚甲舉人李如金銘曰雲山蒼蒼毓秀鍾靈蜿蜒磅礡萃此佳城龍脉保護久而彌貞啟佑後人以莫不興

論曰公慷慨樂施局度寬宏凡舉事有大過人遠近皆愛敬之公亦偉人矣哉

夢毫字球醇號洪邁光捷四子也生乾隆辛酉五月十五

日酉時卒乾隆辛卯五月十三日卯時娶張氏號淑
貞生乾隆壬戌七月初八日巳時卒嘉慶己未七月
十一日戌時子三璋申璋進璋韜女一公葬南安三
都松仔嶺九皋橋龜山穴庚甲兼酉卯氏葬本處山
楓樹穴乾巽兼亥巳

夢金光淵子也生乾隆辛未十一月廿三日申時卒莫考
無傳

夢日字球升光文長子也生康熙己亥六月廿七日巳時
卒十月十一日午時娶盧氏號慎慈生雍正癸卯十
月十七日辰時卒乾隆丁亥三月初三日亥時子四

璋窰璋堯璋瓦璋塗塗出嗣夢計女一公與氏合葬
黄壠埔后

夢正字球端號守仁光文次子也生雍正甲辰正月初一
日酉時卒乾隆癸巳五月初一日午時娶林氏生雍
正癸丑六月初六日戌時卒乾隆庚戌十二月十九
日巳時子三璋談璋猊璋樂女二公與氏合葬西牛
望月祖墓下

夢必字球達光文三子也生雍正庚戌四月初六日丑時
卒乾隆壬申六月初六日巳時無傳

夢計字球謀光文四子也生乾隆丙辰三月廿四日卯時

夢賀

夢琛字球擲光算三子也生乾隆七月初九日巳時卒乾隆丙戌八月十一日寅時娶吳氏子一璋望氏改醮

夢賀字球承光算四子也生雍正庚戌三月初一日卒乾隆壬子十一月初二日嗣子一璋三

夢笑光從長子也生雍正乙卯閏四月三十日亥時卒乾隆己卯八月日時失詳無傳

夢享字球禮光從次子也生乾隆戊午九月初九日巳時卒乾隆五月廿一日未時娶陳氏生乾隆庚午四月廿六日巳時卒道光戊子九月初八日午時子三璋

欵璋量璋祭女二

夢韻字球祥光聰子也生乾隆庚申六月廿八日巳時卒乾隆乙卯六月初九日戌時娶潘氏子三璋看璋臨璋胥臨出嗣萼董氏改醮

夢蓮字球督光恭子也生乾隆己未十二月初七日卯時卒嘉慶辛未十二月十七日戌時娶林氏生乾隆癸亥四月十七日子時卒嘉慶辛未十二月十九日子時嗣子二璋臨璋外

夢炮字球烟光錢長子也生雍正甲寅十二月初五日午時卒乾隆甲寅十一月廿一日養子一璋旋

夢孝字球入光錢次子也生乾隆庚申正月十四日辰時
卒乾隆乙卯五月初三日卯時娶施氏生乾隆甲戌
四月初一日酉時卒乾隆庚戌十二月初四日卯時
子四璋廳璋肯璋辭璋外辭殤外出嗣夢董女一

夢羣光立長子也生丙申二月十五日酉時卒葬失詳無
傳

夢波光立次子也生康熙戊戌八月初十日戌時卒失詳
無傳

夢令光立三子也生康熙辛丑八月十一日卯時卒十月
廿七日酉時無傳

夢淡光考長子也生康熙壬寅五月三十日申時卒四月
十三日酉時無傳

夢元字球[illegible][illegible]盤長子也生乙巳正月[illegible]九日戌時卒乾
隆　申六月廿九日寅時嗣子璋禱瑒養子璋靛

夢本字球善光報長子也生乾隆庚申十月十六日申時
卒乾隆丁未十月初六日巳時養子璋英

夢通光報[illegible]子也生乾隆壬申六月初六日巳時卒失詳
養子[illegible]瑚

夢頂[illegible][illegible]弦號惠尙光順長子也生康熙壬寅九月十[illegible]
日[illegible][illegible]卒乾隆丙戌三月廿六日酉時娶陳氏號[illegible]

柔生康熙辛丑閏六月十七日巳時卒乾隆乙巳十
月十一日午時子四璋景璋圭璋允璋則女二

夢祿字球中號惠在光順次子也生雍正乙巳九月廿八
日午時卒乾隆己丑六月初四日辰時娶陳氏號勤
範生雍正壬子七月廿一日寅時卒嘉慶乙亥十二
月十四日辰時子三璋巧璋清璋標標出嗣夢然公
與氏合葬本處墳仔下穴乙辛辰戌

夢吉字球琳號惠廸光寶長子也性至孝恬雅善文章才
不獲展而有子繼志學士文人多爲慶幸焉生康熙
己亥八月初四日亥時卒乾隆壬午十月廿九日辰

時娶陳氏生同庚十二月二十日申時卒乾隆戊申
六月廿三日未時子四扶麟璋魯璋篤璋特女一適
太學生陳懷周君三男
夢義字球理號惠有光實養子也生康熙己亥十月十二
日辰時卒乾隆丁亥六月廿一日午時娶唐氏生康
熙戊戌八月廿三日辰時卒乾隆壬寅正月三十日
巳時子五璋福璋勇璋乾璋珍璋珽乾殤女一
夢森字球巖號惠貫光山養子也生康熙辛丑十二月初
一日戊時卒乾隆丙申七月十五日未時娶侯氏生
康熙庚子十月十九日酉時卒乾隆丙申六月廿三

日申時子五璋確璋彩璋晏璋魚璋躍女一
夢洪字球大光照嗣子也生雍正壬子正月初八日未時
卒乾隆戊子正月初四日卯時娶連氏子一璋初女
一氏改醮
夢朋光照子也生乾隆丁卯十一月初三日卯時卒正月
十九日無傳
夢然字球友光奏長子也生雍正己酉五月廿九日申時
卒乾隆己酉九月十二日辰時娶張氏生雍正甲辰
九月初九日巳時卒嘉慶辛酉四月廿五日申時嗣
子一璋嫖

夢入字球孝光奏次子也生乾隆丙辰四月十九日巳時
卒乾隆戊子七月初六日卯時嗣子璋回
夢莪字球青光魁長子也生雍正壬子二月廿九日戌時
卒乾隆戊申五月十一日辰時娶林氏生乾隆癸亥
四月十七日未時卒道光辛巳三月十五日辰時子
璋向璋辰辰殤女一
夢統字球垂光魁次子也生雍正乙卯三月初四日午時
卒乾隆甲寅二月廿七日酉時娶蘇氏生乾隆辛酉
五月十七日子時卒乾隆丁未十月廿九日酉時生
子璋午殤養子璋表璋楓璋劍女二

夢琛字球環光魁三子也生乾隆己未三月十八日巳時
卒嘉慶壬戌五月初二日午時娶張氏生乾隆乙亥
二月廿二日辰時卒嘉慶甲戌十一月廿六日未時
子五璋勸璋亮璋忍璋狐璋潑潑出嗣夢樾女一

夢樾光魁四子也生乾隆乙丑九月初八日酉時卒乾隆
乙卯四月二十日丑時嗣子一璋潑

夢詣光衍長子也生乾隆丁巳七月十六日辰時卒失詳
無傳

夢聘光衍次子也生乾隆庚申正月初六日戌時卒失詳
養子璋趁

夢眉光衍三子也生乾隆丙寅八月十四日辰時卒失詳無傳

夢世字球發光耷長子也生雍正乙巳七月十七日巳時卒乾隆丙申三月廿六日酉時娶鄭氏生雍正癸丑八月廿三日酉時卒乾隆丙子正月廿六日午時無出繼娶鄭氏生雍正庚戌七月十七日巳時卒乾隆戊申八月廿五日戌時養子璋慮

夢光字球輝光耷次子也生雍正己酉十二月廿七日寅時卒嘉慶己未七月廿七日寅時娶陳氏生同庚十月初三日寅時卒乾隆丁酉十月十九日辰時子五

璋海璋琰璋强璋綿璋檜琰强殤女四

夢壬字球丙光叠三子也生雍正壬子十二月十三日辰

時卒嘉慶丁巳十一月初二日午時娶鄭氏生雍正

甲寅四月十三日酉時卒乾隆壬子三月初十日卯

時子三璋物璋聳璋逆逆殤女二

夢號字球貴光叠四子也生乾隆丙辰十月廿三日酉時

卒乾隆乙卯四月初二日巳時娶林氏生乾隆庚午

九月十六日午時卒道光壬午三月十六日申時子

三璋勤璋儉璋添

夢帝光叠五子也生乾隆辛酉正月十五日酉時卒十一

月十二日
夢弼字琭時光南長子也生雍正己酉七月初三日未時
卒乾隆庚辰十二月初四日戌時娶楊氏生雍正庚
戌九月十二日申時卒失詳子二璋慶璋愈
夢瓚光南次子也生雍正壬子二月廿二日往臺
夢岱字琭淮光欣次子也生康熙戊戌十一月十三日丑
時卒失詳娶莊氏生雍正戊申十月初九日寅時卒
乾隆庚寅五月十四日辰時子四璋遠璋內璋執璋
末女二
夢簡字琭策光思長子也生雍正甲辰二月十九日丑時

卒失詳娶陳氏生乾隆己未十二月十三日亥時卒

失詳子璋準璋蕩養子璋滿璋審女一

夢坵光善長子也生雍正己酉十月初十日辰時卒莫考

無傳

夢嵩光善次子也生乾隆癸亥正月初四日辰時卒莫攷

無傳

夢伯字球佐光堂養長子也生雍正戊申十一月十七日

戌時卒乾隆甲子十一月廿四日巳時嗣子璋志

夢到字球稱光堂次子也生乾隆己未十一月初五日寅

時卒乾隆己巳六月廿九日午時娶蔡氏生乾隆癸

亥九月廿四日子時卒道光辛卯七月初十日午時
子璋智璋志璋若志出嗣夢伯女一

夢紫字球南光佛長子也生雍正庚戌二月初七日申時
卒乾隆甲辰二月初九日辰時娶陳氏生乾隆戊午
十一月十五日辰時卒乾隆乙亥五月初二日巳時
無出養子璋得嗣子璋歡

夢孫字球遠光佛次子也生雍正乙卯四月十六日寅時
卒乾隆庚寅七月廿二日溺海卒娶鄭氏生乾隆已
未二月十七日酉時卒嘉慶庚午四月初六日申時
子三璋解璋系璋歡歡出嗣夢紫

夢珪字球珀光佛三子也生乾隆戊午二月廿五日巳時卒嘉慶壬申正月初二日酉時娶莊氏生乾隆辛未十月初一日丑時卒道光辛卯六月廿七日辰時子六璋勳璋起璋琴璋佇璋瓊璋專起出嗣夢好

夢好字球所光佛四子也生乾隆辛酉七月十七日酉時卒乾隆庚寅六月廿三日酉時嗣子璋起

夢某字球在光佛五子也生乾隆甲子十二月廿二日子時卒嘉慶丁卯六月初五日未時娶蘇氏生乾隆辛巳二月十二日未時卒道光丁酉六月廿七日子五璋蟾璋紹璋化璋味璋盾

夢輪字球興光接長子也生乾隆庚申二月十八日巳時
無傳
夢粒字球邦光接次子也生乾隆乙丑十一月十八日寅
時卒失詳娶鄭氏生乾隆乙亥八月廿六日寅時卒
失詳無傳
夢霞字球雲光梅長子也生乾隆己巳十月初十日巳時
卒失詳娶陳氏生乾隆甲戌三月初三日戌時卒失
詳子璋關
夢聖光梅次子也生乾隆甲戌三月廿八日午時卒莫考
無傳

夢狼光梅三子也生乾隆癸未正月十二日亥時卒莫考
無傳
夢管光梅四子也生乾隆丙戌八月初八日卯時卒莫攷
無傳
夢悟光誠長子也生卒失詳無傳
夢回光誠次子也生卒失詳無傳
夢國字球課光由長子也生康熙戊戌七月十五日巳時
卒乾隆丙申十一月初六日戌時嗣子璋側
夢詧光由次子也生康熙辛丑八月十七日亥時卒乾隆
壬辰八月廿四日子時無傳

夢嵩光由三子也生雍正戊申八月十六日亥時卒十二月廿二日子時無傳

夢奎光由四子也生雍正癸丑正月十四日辰時卒乾隆乙亥七月廿七日未時無傳

夢甲光由五子也生乾隆壬戌八月廿四日丑時卒乾隆庚子二月廿七日無傳

夢傚字球績光仙長子也生雍正壬子五月廿八日巳時卒嘉慶十一月初十日娶李氏生雍正乙卯六月廿二日卯時卒嘉慶戊寅正月初六日子四璋苗璋梯璋億璋再再出嗣茂德女一

夢占光仙次子也生乾隆辛酉四月廿六日戌時卒乾隆
丁亥十月廿三日丑時無傳
夢朗字球蟾光後長子也生雍正甲寅十一月初七日寅
時卒嘉慶己巳二月三十日酉時娶吳氏快娘生乾
隆丙寅七月初四日卯時卒乾隆戊申八月廿九日
辰時子三璋爺璋賜璋三賜出嗣夢蘭女三
夢蘭光後次子也生乾隆己未九月十四日戌時卒乾隆
丙午二月廿五日戌時嗣子璋賜
夢親光君長子也生失詳卒正月十四日無傳
夢琉字球意光君次子也生乾隆庚申十二月十五日未

時卒嘉慶年間十一月廿九日娶陳氏生同庚九月
十七日寅時卒乾隆辛巳五月十九日申時子璋宦
繼娶戴氏生乾隆戊午六月二十日卒嘉慶辛酉十
月廿五日申時嗣子琼兵
夢栖光君三子也生乾隆癸亥十一月初十日辰時卒嘉
隆壬辰三月初二日寅時
夢迎光君四子也生乾隆乙亥十二月廿六日申時卒嘉
慶丙午六月廿三日巳時
夢董字球輕光高嗣子也往臺養子璋不
夢芧字球綸光賓長子也生雍正甲辰六月十八日亥時

卒失詳娶楊氏生乾隆丁巳九月廿一日巳時卒失

詳子三璋血璋駿璋嚴嚴婆女一

夢屋字球潤光賓次子也生雍正戊申十二月初九日丑

時卒失詳養子璋戶

夢出光賓三子也生雍正辛亥十二月初四日丑時卒莫

考無傳

夢貓光湊長子也生雍正乙卯十一月初八日子時卒莫考

無傳

夢鼠光湊次子也生乾隆戊午六月初七日子時卒莫考

無傳

夢安光喬子也生乾隆庚申十一月十二日寅時外出漳州

夢奐字球深光科長子也生乾隆壬戌十月廿九日戌時卒失詳娶鄭氏生乾隆戊寅九月初十日酉時卒失詳子四璋剩璋塅璋盼璋砌

夢劉光科次子也生乾隆乙丑十二月廿一日巳時卒失詳娶林氏生子三璋照璋尊璋鎮尊出嗣夢春氏改醮

夢坪光科三子也生乾隆壬申十月三十日寅時卒失詳娶曾氏生子璋直氏改醮直同往

夢庚光衆子也生乾隆丙寅六月十五日巳時卒失詳娶
　李氏子璋井氏改醮并仝往
夢貼光碧子也生乾隆丙子十二月十八日卯時卒十二
月十八日娶傅氏生乾隆癸未四月廿三日丑時卒
失詳嗣子璋理
夢坦光掌長子也生乾隆甲戌六月初五日午時卒嘉慶
庚午五月二十日巳時娶施氏生乾隆乙酉二月廿
一日亥時卒道光辛丑三月十二日未時子四璋維
　璋實璋育璋轉女四
夢晃光掌次子也生乾隆丙子十一月廿五日辰時卒乾

隆乙卯五月廿二日巳時娶林氏生乾隆丙戌正月初一日辰時卒乾隆乙巳九月初二日未時繼娶施氏生乾隆己丑二月廿六日巳時卒乾隆戊申七月十九日巳時養子璋滕

夢墪光掌三子也生乾隆庚辰十一月初四日寅時卒嘉慶丁巳八月三十日巳時娶鄭氏生乾隆辛卯六月廿八日寅時卒道光壬寅五月初九日寅時嗣子璋倚養子璋旺

夢春光掌四子也生乾隆丁亥六月二十日寅時卒乾隆戊申十二月初六日午時嗣子璋尊

夢畜光壯嗣子也生乾隆己巳八月二十日辰時卒乾隆
庚午八月廿二日巳時娶唐氏生卒失詳無傳
夢捌光栁長子也生乾隆己巳七月十二日戌時卒嘉慶
己巳正月十六日申時無傳
夢[illegible]光栁次子也生乾隆癸酉十月初二日寅時卒失詳
養子璋徙
夢莆光領子也生乾隆丙寅正月初六日丑時卒失詳無
傳
夢忠光堅子也生卒莫考無傳
夢芳字球朴光建長子也生雍正丙午九月十七日亥時

卒乾隆庚子六月廿七日卯時　養子成家襲嗣子璋
贊成
夢敦字球厚光建次子也生乾隆戊午二月初四日戌時
卒乾隆乙卯八月初二日巳時娶陳氏生乾隆丙寅
二月十三日午時卒道光己丑七月十七日申時子
四璋天保璋贊成璋喜璋季贊成出嗣夢芳女二
夢麟字球鳳光建三子也生乾隆己巳十二月初四日卯
時卒乾隆丁未十月初二日巳時娶蔡氏生子璋言
氏改醮
夢岩字球山光榮長子也生康熙壬寅六月廿五日未時

卒乾隆戊子十月初十日辰時娶呂氏生同庚八月十一日午時卒乾隆辛未九月十一日巳時子二璋

茂璋往

夢篇字球誠光榮次子也生雍正癸丑四月廿七日未時卒失詳娶陳氏生乾隆戊午二月初十日酉時卒失詳子二璋輯璋使女二

夢達字球上光佐長子也生雍正辛亥十一月十二日酉時卒乾隆癸卯三月廿四日寅時娶陳氏生雍正甲寅十一月十七日寅時卒嘉慶年間十二月十八日未時子四璋兵璋武璋觴璋曾兵殤女一

夢知字球德光佐次子也生雍正乙卯閏四月廿二日巳時卒嘉慶乙丑九月廿六日寅時娶陳氏生乾隆辛酉十月廿五日吉時卒乾隆乙未七月廿四日午時子三璋修璋拮璋香女一繼娶楊氏生乾隆壬戌九月初三日辰時卒嘉慶庚辰十一月十七日未時子二璋闕璋甑

夢來字球志光佐三子也生乾隆丙辰十月十四日午時卒道光甲申二月初二日酉時娶林氏生乾隆甲子八月初三日子時卒乾隆甲寅十一月十三日丑時子四璋朮璋潤璋稆璋禮女一繼娶傒氏生乾隆辛

丑五月初七日丑時卒嘉慶庚辰六月廿二日酉時

夢殿字球鑾光佐四子也生乾隆壬戌九月廿二日寅時卒失詳娶唐氏生乾隆乙丑五月十一日辰時卒嘉慶乙丑六月十二日卯時子三璋寬璋郡璋揖女一

夢庇佑字球持號志亭光哲長子也生乾隆庚申九月廿四日午時卒乾隆乙酉八月廿九日午時娶異氏生乾隆丁卯十一月初八日寅時卒嘉慶己巳正月廿七日酉時嗣子璋熱生子璋詿璋老女一

夢卯字球端號怡亭光哲次子也生乾隆壬戌十二月初一日寅時卒道光丙戌七月廿四日辰時娶林氏生

乾隆辛未四月十二日午時卒乾隆戊戌十一月初一日未時繼娶陳氏生乾隆丙寅四月初十日寅時卒嘉慶己卯十一月初二日酉時養子三璋參璋惠璋井

夢冉字球有號穀亭光哲三子也生乾隆乙丑六月十九日丑時卒嘉慶戊午十二月初五日卯時娶鄭氏生乾隆癸酉十一月十七日戌時卒道光辛卯八月廿三日寅時子六璋甲璋瓜璋衫璋壽璋博璋蘭女二公葬本都相公崙穴巽乾兼巳亥氏葬本處相公崙穴午子兼丁癸

夢講字球約號鑒亭光哲四子也生乾隆丁卯十一月初五日酉時卒嘉慶壬申五月十一日戌時娶鄭氏生乾隆甲戌十一月廿八日亥時卒道光壬辰九月十八日戌時子四璋鳳璋朝璋成璋營

夢齊字球思號思亭光哲五子也生乾隆丙子閏九月十八日辰時卒乾隆丁未十一月初二日巳時娶楊氏生乾隆戊寅五月十一日亥時卒道光辛卯八月初一日子時子三璋上璋晒璋治女一

夢烈字球文光顯長子也生乾隆己未四月初九日亥時卒失詳娶林氏生乾隆丁卯二月廿七日未時卒乾

隆癸巳二月廿三日辰時繼娶楊氏生乾隆辛未八
月十九日酉時卒失詳子璋招

夢烝光赫嗣子也生乾隆戊辰四月二十日丑時卒莫考
無傳

夢玉麟光鐵子也與父同住同安岳口

夢傳字球賢光隆長子也生康熙己亥八月十七日酉時
卒乾隆戊辰七月十二日午時娶侯氏子璋瑞玉氏
故醮

夢得光隆次子也生卒莫考無傳

夢素來字球朴光隆三子也生雍正乙卯五月廿六日辰

時卒乾隆辛丑四月初五日寅時娶夏氏生乾隆乙
丑六月十四日辰時卒乾隆辛丑八月初四日未時
子璋揷璋他

夢集字球迎光陞長子也生雍正甲辰七月初六日寅時
卒乾隆甲辰十一月十五日卯時娶林氏生雍正丁
未五月初七日戌時卒乾隆乙卯十二月十三日卯
時子四璋請璋天寶璋棟璋轂請轂殤

夢應字球允光陞次子也生乾隆丙辰正月十九日寅時
卒失詳娶唐氏生乾隆乙丑十一月廿八日丑時卒
失詳子一璋銓女一

夢寅宗光壁三子也生乾隆丙寅三月初十日午時卒失
詳無傳
夢神佑字球保光盼長子也生乾隆丙辰正月廿六日巳
時卒乾隆乙巳十二月初五日寅時娶諸氏生乾隆
戊午十二月初七日寅時卒乾隆乙未六月廿五日
申時子三璋午璋老璋報報殤
夢贊祖光盼養子也生乾隆壬申正月十三日未時卒莫
考聘張氏無傳
夢讓字球遜光荔長子也生乾隆戊午四月初八日卯時
卒嘉慶丁巳九月初十日娶陳氏生乾隆庚申九月

十三日辰時卒乾隆丙戌十月十四日午時子璋迎

媛女一繼娶陳氏生乾隆己巳三月初六日巳時卒

乾隆年間四月初七日子四璋劣璋兵璋準璋端兵

出嗣夢疏

夢夷光荔次子也生乾隆辛酉三月十九日酉時卒失詳

無傳

夢麟光荔三子也生乾隆丙寅八月初八日卯時卒乾隆

丙戌正月廿一日未時無傳

夢陣光荔四子也生乾隆癸酉五月初二日未時卒失詳

無傳

夢詰字球訓光著長子也生康熙己亥二月初三日寅時卒乾隆癸巳二月廿二日巳時娶蔡氏生雍正庚戌五月二十日酉時卒乾隆辛巳三月初五日午時子一璋蹉

夢尃字球韡光著次子也生康熙辛丑十二月十七日酉時卒乾隆己酉九月初三日申時娶李氏生雍正庚戌十月三十日亥時卒嘉慶丁卯八月十一日子時子一璋而女一

夢路光遠長子也生康熙壬寅七月初二日寅時卒乾隆十八年五月廿六日無傳

夢眣光遠次子也生康熙乙巳四月十七日丑時外出安

海

夢剌字球覲光萬子也生乾隆丙寅五月十八日亥時卒

失詳娶莊氏生乾隆庚午五月廿六日卒失詳子璋

赤

夢珍字球寶光耀長子也生康熙癸未月日時失詳卒乾

隆年間正月初九日養子一璋監

夢鑾光耀次子也生康熙丁酉卒乾隆甲戌四月十二日

無傳

夢欒字球書光卿子也生康熙戊子正月初九日卯時卒

乾隆丙戌八月初四日酉時娶陳氏生康熙乙未七月初四日午時卒乾隆戊寅十月十三日卯時子四瑋廣瑋長瑋喜瑋慱女三

夢琨字球瑤光富長子也生康熙癸巳正月初六日未時卒失詳娶陳氏生康熙丙申三月廿七日未時卒乾隆己丑二月廿六日酉時子七瑋瑙瑋敏瑋萋瑋女瑋謨瑋超瑋安超出嗣夢揀氏葬十七都姑梅坑大分崙穴

夢揀字球擇光富次子也生雍正壬子五月十八日辰時卒失詳娶陳氏生雍正癸丑五月初二日寅時卒乾

隆己丑正月十三日寅時嗣子璋超女二次適邑庠生楊宗濂君次男

夢會字球友光華長子也生康熙壬寅七月三十日未時卒失詳娶侯氏生康熙辛丑九月初五日亥時卒乾隆乙丑八月三十日午時子一璋約

夢走字球步光華次子也生雍正戊申六月廿七日巳時卒失詳娶吳氏生雍正庚戌九月初二日卯時卒失詳子四璋古璋覓璋搬璋照照出嗣夢教

夢和字球貴光華三子也生雍正壬子六月十二日巳時卒失詳娶楊氏生雍正庚戌三月二十日寅時卒乾

隆癸巳九月十七日巳時子二璋楓璋鬆

夢教字球四光華四子也生乾隆丁巳正月初十日寅時卒失詳娶羅氏生乾隆丙寅九月廿四日巳時卒乾隆己丑二月十五日戌時嗣子璋照女一

夢七字球仕光廉子也生雍正己酉十月廿七日子時卒失詳娶鄭氏生雍正庚戌正月廿八日未時卒失詳子四璋天璋蟾璋朝璋示示殤女二

夢祥字球福光竹長子也生康熙壬辰八月廿五日子時卒失詳娶楊氏生康熙乙未六月初三日酉時卒失詳子五璋宗璋祖璋佑璋夏璋參女三

夢宰字球相號昌餘光竹次子也生康熙丙申五月十七日亥時卒乾隆辛未十月十二日丑時娶林氏子璋一女一氏改醮

夢珠字球寶光治長子也生康熙戊戌五月廿六日申時卒乾隆戊子十二月初二日酉時娶侯氏生雍正甲辰二月初四日辰時卒失詳子二璋月璋孕女四

夢理字球文光治次子也生乾隆丙辰五月初四日寅時卒乾隆甲午四月初八日酉時子璋固

夢雍字球面光荷長子也生雍正壬寅十二月二十日巳時卒乾隆丁未十月廿四日辰時娶潘氏生雍正戊

申五月初十日未時卒乾隆丙戌十月三十日未時
子三璋揖璋敢璋進女二
夢郭光荷次子也生雍正丙午七月廿二日子時乾隆乙
酉三月初一日午時在巴卒
夢川字球上光荷三子也生雍正己酉十二月初六日辰
時卒乾隆甲午六月廿四日辰時娶蔡氏子二璋鉠
璋穌祿嫪女一氏改醮
夢沛字球澤光荷四子也生雍正癸丑六月二十日亥時
卒乾隆丙午三月十九日未時娶吳氏生雍正壬子
四月三十日卯時卒乾隆乙未九月初七日卯時子

璋拱女一

夢西字球金光荷五子也生乾隆丙辰九月十六日寅時
卒乾隆丙午五月初五日戌時娶吳氏生乾隆庚申
五月二十日未時卒嘉慶辛未七月十九日亥時養子
璋蜀生子璋老

夢北字球南光荷六子也生乾隆癸亥閏四月廿五日卯
時卒嘉慶甲戌十月十一日卯時娶林氏生乾隆癸
酉三月十七日卯時卒失詳子璋乾

夢我字球戈光岳長子也生雍正壬子五月廿五日寅時
卒乾隆丙午十二月十三日未時娶鄭氏生雍正癸

丑五月十九日卯時卒乾隆戊申五月廿四日巳時
子三瑋綏瑋飲瑋點綏殤
夢昂字球軒光岳次子也生雍正癸丑十二月廿九日辰
時卒乾隆丁未十一月廿四日辰時娶陳氏生乾隆
丙辰四月初四日巳時卒乾隆乙巳八月初八日卯
時子五瑋淸瑋乾瑋壁瑋乞瑋賞淸乾壁俱殤女一
夢煥字球文光岳三子也生乾隆丙辰二月十三日午時
卒失詳娶吳氏生乾隆辛未十一月十一日酉時卒
失詳子二瑋慈瑋歸女一
夢殿字球登光岳四子也生乾隆壬戌七月十一日亥時

卒嘉慶己卯八月初五日未時娶陳氏生乾隆癸酉二月初二日巳時卒乾隆乙未七月初七日酉時無傳

夢踏字球雲光岳五子也生乾隆乙丑二月二十日辰時卒乾隆乙卯四月初二日未時娶王氏生乾隆乙亥八月初一日寅時卒道光癸未七月十九日卯時子二璋抵璋糖抵出嗣夢杭

夢錠光岳六子也生乾隆辛未八月十四日酉時卒乾隆乙卯四月二十日辰時無傳

夢添光轉子也生雍正丁未九月廿七日午時卒失詳以

光旺子夢垂爲嗣昭穆不順另載外篇

夢宋光轉養子也外出臺灣

夢力字球用光論長子也生雍正辛亥七月十二日辰時
卒失詳娶李氏生乾隆丙戌七月十四日酉時卒失
詳

夢六光論次子也生雍正癸丑八月廿二日辰時卒乾隆
乙未十二月初四日午時無傳

夢趣字球昧光論三子也生雍正乙卯十月廿四日子時
卒失詳娶張氏生年失詳二月十四日卒莫考無傳

夢返字球來光論四子也生乾隆戊午六月十七日子時

卒失詳娶陳氏生乾隆乙亥七月廿七日酉時卒失
詳子四璋石璋套璋砂璋薑

夢越字球吳光論五子也生乾隆癸亥七月初二日戌時
卒莫考無傳

夢交光美長子也生莫攷卒乾隆乙丑正月初十日午時
無傳

夢巧光美次子也外出

夢凜光美三子也生莫攷卒乾隆廿三年三月初七日無
傳

夢看字球仰光美五子也生乾隆庚寅九月十五日未時

卒嘉慶乙丑十月廿九日巳時養子璋㩚
夢姝光美六子也生乾隆丙寅十月二十日寅時卒莫考
無傳
夢內字球署光措嗣子也生乾隆壬申九月廿八日戌時
卒失詳娶陳氏生乾隆乙亥十月初五日申時卒失
詳養子璋動
夢說光陳嗣子也生乾隆丁巳閏九月廿四日申時卒莫
考無傳
夢初字球服光翁長子也生乾隆丙寅十二月廿六日戌
時卒失詳娶唐氏生乾隆丁丑四月十二日酉時卒

失詳子二璋嚷璋龐

夢端字球正光翁次子也生乾隆乙亥八月廿六日丑時卒失詳娶羅氏生乾隆辛巳八月十五日午時卒失詳養子璋開

夢顏字球回光翁三子也生乾隆辛巳八月初二日子時卒失詳娶陳氏生乾隆甲申五月初二日辰時卒失詳子璋規

夢務光者子也生乾隆戊午九月十七日寅時卒莫攷無傳

夢獻字球文光侯養子也生康熙己卯六月三十日申時

卒乾隆乙未十二月十三日午時娶紀氏生康熙乙
酉十月廿五日亥時卒乾隆庚午二月廿六日亥時
子三璋總璋授璋援公葬本都林坑墩兜穴癸丁氏
葬本都彭嶺頭后大溜脚舊厝對面石砌頭田后穴
酉卯

夢修字球身光惠子也生康熙壬辰七月廿四日子時卒
乾隆癸酉十一月十三日卯時娶吳氏生戊戌七月
廿七日酉時卒失詳子二璋宋璋敦

夢添光助養子也外出臺灣

夢衆光愛子也外出臺灣

夢位光並長子也生莫考卒八月初九日無傳

夢章光並次子也生莫攷卒十一月初十日無傳

夢賤字球謂號齊秀光進長子也生雍正辛亥四月十九
日午時卒乾隆癸卯十二月初五日子時娶蔡氏生
乾隆己未三月十九日午時卒乾隆戊申五月三十
日未時子四璋什璋荷璋凛璋鋏凛殤女一

夢仍字球因號德秀光進次子也生乾隆丁巳九月初六
日戌時卒嘉慶辛酉十二月廿一日辰時娶李氏生
乾隆癸亥八月初五日辰時卒嘉慶庚午五月廿五
日戌時生子璋苧養子璋佔女三

夢讀字球誦號詩秀光進三子也生乾隆庚申九月十七日亥時卒乾隆乙未三月初一日丑時娶林氏子璋措螺女一氏改醮

夢擇字球仁號恩秀光榜長子也生乾隆壬戌三月三十日申時卒嘉慶丙寅六月初六日未時娶潘氏生乾隆丙寅九月十七日午時卒乾隆丁未十二月十一日無出養子璋吝女二繼娶鄭氏生乾隆癸亥三月廿七日酉時卒嘉慶辛未二月廿六日亥時

夢磋字球晹光榜次子也生乾隆丁卯十一月初六日巳時卒嘉慶丁丑四月十四日午時娶方氏生乾隆戊

辰十月廿二日卯時卒道光丁亥十月十四日子二
璋長璋葉女二
夢孟字球宗光榜三子也生乾隆庚午六月十七日戌時
卒嘉慶壬申四月初四日辰時娶紀氏生乾隆乙酉
六月初二日午時卒嘉慶壬申三月初七日午時養
子璋彭生子璋雷養子璋鹽生子璋算璋辣女二
夢聽字球聰號士耳光三長子也生乾隆丁卯八月十八
日辰時卒嘉慶甲子七月廿四日丑時娶鄭氏生乾
隆辛未二月十一日辰時卒乾隆戊戌八月十二日
戌時子二璋耀璋復耀殤女一

夢謙字球撝號兼秀光三次子也生乾隆辛未五月十六日亥時卒嘉慶戊午正月十六日寅時娶鄭氏生乾隆卒嘉慶丁巳十一月初七日子時養子二璋黨璋詮

夢禓字球寬光培養子也生乾隆壬申二月廿六日申時卒嘉慶甲戌二月廿七日娶陳氏子二璋興璋自女一氏改醮

夢拔字球利光培子也生乾隆壬午九月廿九日戌時卒失詳娶林氏生乾隆辛卯八月初十日酉時卒嘉慶丁巳閏六月初六日酉時子一璋極女一繼娶侯氏

生乾隆辛巳十二月十四日巳時卒失詳子二璋徙

璋宇

夢魏號長秀光雅長子也生乾隆乙丑八月初六日未時

卒乾隆庚寅閏五月廿六日未時嗣子璋乃

夢鴉字球慈光雅次子也生乾隆丁卯十月廿三日子時

卒道光壬午八月廿三日未時娶唐氏生乾隆戊辰

九月廿二日卯時卒乾隆戊申六月初九日辰時子

三璋千璋乃璋𤩽乃出嗣夢魏女二

夢擬字球定號盛秀光雅三子也生乾隆庚午十月十三

日戌時卒嘉慶庚申三月十八日酉時娶蔡氏生乾

隆丁亥十一月三十日申時卒乾隆己酉五月廿五
日酉時無出繼娶唐氏女一氏改醮
夢餅字球大光淵嗣子也生乾隆壬戌九月初九日巳時
卒道光壬午十月初三日戌時娶林氏生乾隆癸亥
五月廿六日亥時卒乾隆甲寅七月十八日卯時子
三璋趕璋吉英璋再趕殤女二公葬永春十四都漈
兜山穴酉東
夢怨字球多光選子也生乾隆甲子五月初十日未時卒
嘉慶庚午四月廿三日亥時娶王氏生卒失詳
夢懷字球玉號有德光仁長子也生康熙丁酉六月廿五

日中時卒乾隆丁亥四月廿四日申時娶陳氏生康
熙壬寅六月十五日卯時卒失詳子四璋檀璋根璋
樸璋榻樸媛榻出嗣夢楚女三

夢楚字球語號寶書光仁次子也生雍正辛亥七月廿八
日子時卒乾隆戊戌六月廿六日辰時娶傅氏生乾
隆戊午五月廿六日戌時卒乾隆戊戌五月初一日
丑時養子璋親嗣子璋榻女一

夢引字球紳光叔長子也生乾隆乙丑五月初八日戌時
卒嘉慶戊辰八月二十日卯時娶鄭氏子一璋準氏
改醮

夢動字球畢光叔次子也生乾隆己巳正月初八日辰時
卒乾隆癸巳正月初六日未時娶　氏女一氏改醮

夢仕字球朝光尾子也生乾隆庚午六月十八日巳時卒
失詳娶鄭氏生乾隆壬午六月廿二日丑時卒乾隆
丙午二月廿五日戌時養子璋敬

夢擔字球荷號克任萬春長子也生雍正丁未正月廿四
日未時卒乾隆丙午五月廿四日未時娶陳氏生雍
正乙巳五月十八日午時卒乾隆戊戌十一月廿九
日戌時子三璋燦璋輝璋熾女三

夢佾字球看號實立萬春次子也生乾隆庚午八月十八

日午時卒乾隆丙辰四月廿三日巳時娶鄭氏生乾隆戊寅九月廿六日申時卒失詳子二璋當璋塊塊出嗣夢俊女一

夢俊萬春三子也生乾隆丁丑五月卄一日午時卒莫考嗣子璋塊

夢跨字球夏號怡然光函長子也生乾隆丁巳閏九月十九日酉時卒乾隆壬子七月二十日卯時娶劉氏生乾隆丙辰三月廿一日戌時卒失詳子四璋全璋聲璋熱璋凸熱出嗣夢庇佑聲出嗣夢二

夢二光函次子也生乾隆己未五月初六日子時卒乾隆

庚寅三月十四日寅時嗣子𤩽㽜

夢旦光函三子也生乾隆辛酉七月廿八日午時卒乾隆己丑八月廿一日亥時娶陳氏子𤩽飯氏改醮

夢瓠字球貉光函四子也生乾隆甲子六月初九日午時卒乾隆戊午十一月廿一日申時娶高氏生乾隆壬申十月廿六日卯時卒失詳子𤩽爻瓊女一

夢香字球進光函五子也生乾隆壬申正月初一日巳時卒乾隆辛亥五月廿七日寅時無傳

夢趾字球麟號鳳生光恬長子也生康熙戊戌八月十二日巳時卒乾隆丁亥二月初三日亥時娶林氏生康

熙辛丑十二月廿二日卯時卒乾隆丁亥二月二十
日酉時子四璋檜璋武璋尋璋唱檜武尋殤女一合
葬本處后頭園穴子午
夢厲光恬次子也生康熙壬寅三月廿七日午時卒乾隆
丁丑十一月廿七日酉時與母林氏合葬本處厝后
穴子午無傳
夢降光恬三子也生康熙丁未二月廿四日巳時卒乾隆
丁巳十一月廿五日巳時無傳
夢東字球道號順秋光雲長子也生雍正丙午十二月十
二日午時卒乾隆辛卯四月二十日午時娶巤氏生

乾隆庚申七月十八日辰時卒乾隆乙巳八月初八
日卯時子二璋水璋丁亥丁亥出嗣夢午女二
夢夏光雲次子也生雍正己酉四月初十日申時卒乾隆
乙亥八月三十日午時無傳
夢次光雲三子也生雍正辛亥九月初五日申時卒乾隆
戊辰十二月初四日辰時無傳
夢午號元中光雲四子也生雍正乙卯十二月初一日巳
時卒嘉慶庚申正月十三日巳時嗣子璋丁亥
夢遂字球君光低長子也生乾隆癸亥四月十六日午時
卒乾隆庚戌三月十六日未時娶辛氏生乾隆辛酉

十月十五日午時卒失詳子三璋大璋桃璋李大出

嗣夢道桃出嗣光秦爲孫李出嗣夢貼

夢宫光仾次子也生乾隆戊辰六月十二日辰時卒乾隆

辛巳十月十二日戌時與祖日孔合葬本處楓脚園

穴癸丁無傳

夢品光仾三子也生乾隆癸酉正月初一日辰時卒乾隆

壬子正月二十日戌時無傳

夢用光溪養子也生乾隆丁卯正月十九日巳時外出

夢戶光潭子也生卒失詳無傳

夢乞號諸與光完長子也生乾隆丙戌十一月十八日巳

時卒嘉慶丙寅七月十八日巳時嗣子璋英好

夢五光完次子也生乾隆癸巳五月十八日辰時卒嘉慶
廿年十二月廿三日嗣子璋乜

夢臣[illegible]字球君光完三子也生乾隆丁酉七月初二日巳
時卒道光癸巳十二月十九日辰時娶雷氏生嘉慶
丙辰正月廿八日亥時卒道光乙巳八月十五日亥
時子三璋檨璋蹏璋乜乜出嗣夢五女一

夢保字球定號發生光閣嗣子也生乾隆丁卯九月廿六
日辰時卒乾隆癸丑十二月廿一日未時娶李氏生
乾隆己巳四月廿四日酉時卒乾隆癸丑十月廿一

日子時子一璋集女一

夢隔光真養長子也生卒失詳無傳

夢蓮光真次子也生乾隆丙子三月初三日午時卒莫考

無傳

夢巖光真三子也生乾隆丁亥九月十八日戌時卒莫考

無傳

夢天光真四子也生乾隆甲午三月廿五日午時卒莫攷

無傳

夢佔光真五子也生乾隆丁酉十月十一日丑時卒莫攷

無傳

夢春光簪子也生卒莫攷　嗣子璋勤

夢芬光博子也生卒莫攷娶姓氏生卒均失詳子四璋商

　璋錐璋隨璋歸

夢天素字球位光月子也生乾隆庚申二月廿七日戌時

卒失詳娶陳氏生乾隆壬申八月初一日辰時卒失

詳子二璋傳璋臨臨殁女三出居泉城

夢乾光三省長子也生乾隆戊辰五月十九日戌時

夢茂光三省次子也生乾隆乙亥十月二十日午時

夢保光三省三子也生乾隆丁丑正月初六日亥時乾茂

保兄弟三人出居泉城

十一世

璋同字繹圖夢衡長子也生嘉慶庚申三月十八日辰時卒咸豐乙卯六月十九日午時娶彭氏好娘生嘉慶辛未十月初九日丑時卒光緒乙酉二月廿七日戌時子四貽秋貽程貽鵬貽咸女一公瓦棺葬鑑口西壠格外穴巽乾兼辰戌

璋亥字臨圖夢衡次子也生嘉慶壬戌十月十七日戌時卒咸豐辛亥十一月初一日亥時娶鄭氏子貽文女一氏改醮公葬洋坪水尾新田崙

璋治字國圖夢衡三子也生嘉慶己巳十月廿二日酉時

卒咸豐戊午十一月廿六日酉時娶李氏生道光癸未
四月十四日申時卒咸豐甲寅九月十四日酉時子
三貽東貽華貽椿

璋美字吉圖夢衙四子也生嘉慶乙亥七月初二日未時
卒同治甲戌三月十一日戌時娶林氏生道光庚寅
三月十六日酉時卒莫攷養子貽潞銀生子貽謹貽
洪

璋坤字成圖夢馨養子也生乾隆丁丑十月廿七日子時
卒莫攷娶陳氏生乾隆庚辰八月廿二日巳時卒莫
考無傳

瑋琰夢使長子也與父出居仙遊長嶺頭

瑋沛字河圖夢位長子也生乾隆戊辰六月初二日辰時

　娶陳氏生乾隆辛未七月十三日酉時子貽膚貽道

瑋潛夢位次子也生乾隆乙酉二月廿五日午時

瑋秋夢位三子也生乾隆己丑七月廿四日戌時

瑋泮夢添子也生乾隆丁丑八月初一日酉時

　瑋琰以下至此現居仙遊長嶺頭

瑋素夢衛養子也生乾隆乙亥正月初三日午時卒乾隆

　丙申六月廿二日未時無傳

瑋犏夢衛子也生乾隆壬辰五月十九日巳時卒莫考無

卒失詳娶吳氏生乾隆己卯八月初四日卯時卒失

詳子貽友

璋量夢豹長子也生乾隆己卯閏六月十四日辰時卒乾

隆戊申四月廿一日寅時子貽尾

璋齊夢豹次子也生乾隆甲申正月初四日辰時娶林氏

生乾隆丙午八月初七日卯時子貽旋

此派同孫禮淩禮讀出居尤溪縣

璋卒夢豹三子也生乾隆壬辰四月十一日卯時卒莫攷

無傳

璋裕夢豹四子也娶　氏子二貽想貽每女一仝子出居

尤溪縣

璋滿　夢升子也生乾隆辛巳六月十五日卯時卒莫攷無傳

璋負　夢新嗣子也生乾隆丙子八月十三日午時卒莫考無傳

璋芋　夢皆子也生乾隆庚寅十一月十四日酉時卒道光癸卯三月初三日辰時養子貽聘嗣子貽尾

璋貢　字賦圖　夢云長子也生雍正戊申九月初六日亥時卒失詳娶蔡氏生乾隆己未四月廿四日戌時卒失詳子二貽年貽寅寅出嗣璋鞍女三

璋鞍字掛圖夢云次子也生乾隆辛酉七月十一日丑時
　卒失詳嗣子貽寅
璋禱夢湖嗣子也生雍正乙卯七月初二日未時卒莫攷
無傳
璋滚字沸圖夢卯嗣子也生乾隆甲子六月十五日辰時
卒失詳娶　氏生卒莫考子貽顒貽記顒出嗣拔魁
璋內夢麟長子也生康熙庚子五月初四日亥時卒雍正
甲寅三月初二日未時無傳
璋尊夢麟次子也生康熙壬寅六月初二日寅時往臺卒
莫攷

璋潜字池圖夢麟三子也生雍正甲辰九月十六日酉時
卒失詳娶陳氏生雍正丙午九月廿七日戌時卒乾
隆己丑十二月初八日申時子三貽信貽崇貽着崇
出嗣璋策着出嗣璋房

璋策字殿圖夢麟四子也生雍正庚戌正月三十日申時
卒莫考嗣子貽崇

璋房字俊圖夢子嗣子也生雍正乙巳五月十二日酉時
卒失詳娶葉氏生雍正辛亥三月十六日亥時卒乾
隆癸未二月初六日巳時女一嗣子貽着

璋粉字紅圖夢酉長子也生雍正壬子二月廿一日巳時

卒乾隆癸酉四月十八日午時娶唐氏生乾隆丙寅
卒道光辛卯十月十三日酉時子四貽廚貽獺貽窓
貽球獺出嗣璋葵女一
璋葵字向圖夢酉次子也生乾隆己未六月十七日卯時
卒莫攷嗣子貽獺
璋王夢酉三子也生乾隆甲子正月初一日子時卒道光
壬午正月廿六日申時嗣子貽詠
璋宙字世圖夢綏嗣子也生雍正丁未六月廿六日寅時
卒乾隆乙亥十月初六日娶林氏子貽片氏改醮
璋馬字驥圖夢鳳子也生乾隆戊辰閏七月廿六日戌時

卒失詳娶方氏生乾隆甲戌正月廿五日酉時卒乾
隆癸巳八月十五日巳時無出繼娶吳氏生乾隆戊
辰七月廿五日酉時卒莫考子貽丹
璋攀夢寧長子也生乾隆戊寅十一月初四日午時卒失
詳娶鄭氏生卒莫考子貽螺貽糠
璋金夢寧次子也生乾隆甲申三月初八日未時卒失詳
無傳
璋壯夢合長子也生乾隆壬午十一月十八日申時卒莫
攷無傳
璋暢夢合次子也生乾隆乙未十二月廿九日戌時卒莫

改無傳

璋二夢才嗣子也生乾隆甲午四月初八日午時卒莫考

無傳

璋研夢好子也生乾隆辛卯五月初八日寅時卒嘉慶庚

午七月三十日酉時子貽租

璋壽字寧圖夢權養長子也生乾隆戊辰九月初五日酉

時卒失詳娶侯氏生乾隆癸酉五月初一日寅時卒

失詳子二貽賢貽添添出嗣璋瑚

璋乾字坤圖夢權次子也生乾隆庚辰十月二十日子時

卒嘉慶丙辰八月十九日未時娶潘氏子貽華氏改

醮

璋
玉夢權三子也生乾隆甲申五月初六日午時卒道光
戊申四月廿一日戌時養子貽報

璋
簾夢權四子也生乾隆丁亥五月初八日巳時卒道光
己亥正月十七日卯時嗣子貽懷

璋
迫夢春長子也無傳

璋
向夢春次子也無傳

璋
贊夢春養三子也革出外

璋
念字經圖夢丁長子也生乾隆癸未十一月十五日戌
時卒道光己丑十二月十八日酉時娶王氏生乾隆

已丑正月廿三日寅時卒嘉慶癸酉九月初三日未
時嗣子貽創

璋瑞字源圖夢節長子也生乾隆辛巳九月十一日戌時
卒乾隆丁未五月三十日戌時娶唐氏生同庚九月
十一日戌時卒乾隆丁未正月初二日子時嗣孫禮
慌

璋拱字立圖夢節次子也生乾隆乙酉四月十五日辰時
卒道光乙酉正月二十日辰時娶鄭氏月娘生乾隆
丁亥七月初三日辰時卒道光辛卯七月初九日子
時子貽恢

璋仙學節三子也生乾隆辛卯九月初六日丑時卒道光
癸巳四月初五日未時無傳

璋亢夢戶養子也生乾隆庚戌十月十六日辰時卒道光
癸巳十月二十日寅時娶陳氏生乾隆甲寅七月十
二日寅時卒道光己酉六月初十日卯時子五貽墻
貽竹貽敏貽捷貽崎竹出嗣璋蘇捷出嗣璋塵崎出
嗣璋我

璋歲夢宗子也生乾隆壬辰九月初十日午時卒莫攷

璋大夢道子也生卒莫攷娶傅氏非娘生卒莫考生子貽
珠

璋柔號振温夢泡長子也生乾隆己卯六月廿三日辰時
卒嘉慶丙子閏六月十二日辰時娶李氏狠娘生乾
隆乙酉二月初七日午時卒嘉慶丙辰正月廿一日
戌時繼娶吳氏趕娘生乾隆癸未二月十四日寅時
卒嘉慶辛酉五月廿三日午時子貽逕元
璋純字直圖夢泡次子也生乾隆甲申八月三十日辰時
卒道光辛卯六月十四日寅時娶王氏敎娘生乾隆
辛卯三月初七日辰時卒道光壬午六月十二日申
時子二貽迎貽褒
璋及夢泡三子也生乾隆甲午二月初六日未時卒失詳

子貽圓

璋佳夢謚長子也生乾隆甲午九月初四日酉時卒道光
丙申十一月十一日子時無傳

璋重夢謚次子也生乾隆丁酉九月十三日寅時卒莫攷
無傳

璋塵夢袁長子也生乾隆乙巳九月三十日卯時卒咸豐
辛亥八月初七日子時養子貽通嗣子貽捷

璋造夢袁次子也生嘉慶丙辰十一月十一日子時卒咸
豐丁巳四月初十日巳時嗣子貽舖

璋榶夢袁三子也生嘉慶癸亥閏二月十一日寅時卒咸

豐辛亥八月十七日未時娶陳氏耽娘生嘉慶甲戌
八月初三日卯時卒咸豐戊午十二月初九日卯時
子貽提

璋譽夢鬙長子也生乾隆戊子八月初六日戌時卒道光
甲午十二月十六日未時娶陳氏雪娘生乾隆己亥
卒道光壬寅七月十七日子二貽買貽分

璋霜號振文夢鬙次子也生乾隆甲午正月十九日亥時
卒道光丁未七月十五日辰時娶蔣氏縣娘生乾隆
乙未十月初八日巳時卒道光丁未十一月初二日
午時子三貽奪貽活貽力

月廿三日午時卒光緒庚辰十二月十七日酉時子
貽並嗣子貽光
璋伊夢從三子也生嘉慶丙辰十二月廿七日未時卒咸
豐辛亥二月初五日午時娶葉氏慶娘生嘉慶辛酉
九月十七日午時卒同治己巳五月初七日子貽慈
璋我夢衍嗣子也生嘉慶庚申十月初七日戌時卒同治
戊辰正月初七日酉時嗣子貽崎
璋和夢能嗣子也生嘉慶壬戌八月十三日亥時卒道光
戊戌二月二十日辰時無傳
璋燮夢御養子也生卒莫攷無傳

璋杯號敦敏夢贊四子也生乾隆甲辰十二月十四日亥
時卒道光甲午八月廿三日午時娶王氏雪娘生嘉
慶戊午六月廿六日卯時卒同治丁卯十一月十七
日戌時子貽配女一

璋明號善安夢贊五子也生乾隆丁未十月初四日亥時
卒同治庚午二月廿五日亥時娶李氏銀娘生乾隆
己未七月初一日酉時卒同治丁卯五月廿三日酉
時子二貽鋪貽笑鋪出嗣璋造笑出嗣璋元

璋居字處圖夢簿子也生乾隆庚子十月初四日未時卒
嘉慶庚辰十月廿五日午時娶蔣氏滿娘生乾隆丁

酉十月初二日戌時卒道光癸未七月廿七日酉時
子三貽存貽此貽泉此出嗣璋溶
璋士號敦仁夢輦嗣子也生乾隆丙申十一月十六日午
時卒道光癸卯九月初三日辰時娶王氏四娘生乾
隆癸丑六月十五日午時卒同治壬戌八月初三日
申時子二貽論貽煖
璋長夢筆子也生嘉慶辛未十一月十九日卯時卒咸豐
乙卯十一月十九日卯時娶潘氏子貽奚氏改醮
璋斜字金圖夢腰長子也生乾隆甲辰二月初四日巳時
卒咸豐辛亥八月廿六日巳時娶吳氏兼娘生嘉慶

璋答夢駕子也生卒莫攷娶方氏金娘生卒莫考子貽錘
女二
璋德夢蒲長子也生乾隆壬子五月初四日戌時卒莫攷
無傳
璋綢夢蒲次子也生乾隆乙卯七月初十日巳時卒乾隆
甲戌二月廿六日丑時無傳
璋登字進圖夢琴嗣子也生乾隆己未十一月十四日子
時卒失詳娶傅氏生乾隆乙丑十一月十一日卯時
卒失詳子貽灶
璋科字登圖夢昌長子也生乾隆庚申二月十四日辰時

卒乾隆戊戌四月十五日丑時娶王氏仕娘生同庚
七月十五日巳時卒嘉慶乙丑九月廿七日卯時子
四貽慈貽縷貽潘貽藹慈歿藹出嗣璋羣女一合葬
本處黃壠山
璋雪字白圖夢昌次子也生乾隆乙丑二月廿九日丑時
卒失詳娶唐氏踐娘生乾隆己巳八月廿二日申時
卒失詳子貽爻
璋羣字居圖夢昌三子也生乾隆戊辰十一月十二日寅
時卒嘉慶辛酉四月廿九日卯時娶曾氏月娘生乾
隆己卯九月十八日辰時卒嘉慶庚午四月廿三日

戌時嗣子貽藹生子貽蚊
瑋虎夢漢長子也生乾隆壬戌十一月十一日午時卒莫
攷
瑋横夢漢次子也生乾隆乙丑十一月初七日寅時卒莫
攷
瑋柱夢漢三子也生乾隆癸酉十二月十五日丑時卒莫
考
瑋寵字愛圖夢容長子也生乾隆己巳正月十三日未時
卒失詳娶林氏生乾隆戊辰四月十九日未時卒失
詳子貽蠢

聖教佩文承印

璋浮夢祜長子也生乾隆辛巳五月十九日卯時卒道光癸巳五月廿一日午時娶陳氏朱娘生乾隆壬辰三月廿一日辰時卒道光乙巳十月初八日戌時子貽苧貽井井出嗣璋燕公與三弟璋卯合葬東坑內橄欖姑山內垵大使宮後穴壬丙

璋圓字方圖夢祜次子也生乾隆甲申八月二十日午時卒嘉慶丙子六月廿六日丑時娶吳氏賓娘生乾隆戊戌三月初五日酉時卒道光戊申十一月初一日酉時子四貽葉貽牙貽亭貽斗斗出嗣璋蘇公葬本都吳蘇隔垳脚穴戌辰兼乾巽氏葬本都東坑內橄

欖姑山豎路內

璋卯夢祐三子也生乾隆丁亥七月初九日巳時卒道光
戊戌二月十七日酉時娶李氏姜娘生乾隆年月日
時失詳卒嘉慶乙丑二月廿四日亥時子貽亮公與
兄合葬東坑內橄欖姑山內埯大使宮後穴壬丙

璋妥夢托長子也生乾隆丁丑十二月初二日午時卒莫
考無傳

璋閃夢托次子也生乾隆庚辰十月廿八日丑時卒莫攷
無傳

璋午夢托四子也生乾隆癸巳六月廿七日寅時卒莫攷

無傳

璋蘊字[illegible][illegible]夢貌長子也生乾隆甲子六月十七日亥時
卒乾隆辛丑六月十七日申時娶張氏生乾隆丙子
閏九月十六日辰時卒乾隆庚子正月初二日辰時
子貽仰嗣子貽盞

璋酬字樂圖夢貌次子也生乾隆戊辰三月十八日戌時
卒乾隆乙巳正月三十日亥時娶鄭氏生乾隆辛巳
四月十七日酉時卒嘉慶九年正月廿九日午時子
貽荔貽盞盞出嗣璋蘊

璋田夢貌三子也生乾隆辛未正月廿一日丑時卒莫考

無傳

璋叫夢康長子也生乾隆辛卯七月廿二日未時卒莫考

無傳

璋英學康次子也生乾隆丁酉八月十四日戌時卒莫攷

無傳

璋獺夢康三子也生卒莫攷無傳

璋昔夢眼長子也生乾隆丁丑三月初四日子時卒乾隆

辛亥十月初七日酉時娶陳氏生卒失詳子二貽的

貽肥

璋次字第圖號厚樸夢眼次子也生乾隆辛巳九月十六

璋東夢藕子也生乾隆甲戌正月十四日申時卒莫攷無
傳
璋京字城圖夢掃長子也生乾隆丁丑七月初四日亥時
卒乾隆丙午六月廿九日亥時以瓦棺葬八都馬跡
鑑口坵樹林外穴艮坤
璋快號爽齋夢掃次子也皇恩修職郎生乾隆辛巳九月
廿四日戌時卒嘉慶癸亥九月十九日巳時娶林氏
睢娘生乾隆丙戌十一月廿一日戌時卒嘉慶癸亥
九月十九日巳時子三貽竭貽運貽忠女一公葬南
墘山穴南北氏葬亭后畬埔後

璋連字雙圖夢掃三子也生乾隆戊子八月十四日寅時
卒道光癸卯九月初十日卯時娶李氏且娘生乾隆
庚子十月廿六日寅時卒道光壬寅七月十七日丑
時子二貽塊貽水女一

璋時號循齋夢掃四子也生乾隆己亥四月廿九日午時
卒道光乙酉三月三十日酉時嗣子貽進以瓦棺葬
高殿桑后形號螳螂照日穴

璋綿號飏圖夢台長子也生乾隆乙酉七月廿五日亥時
卒嘉慶甲子三月十四日巳時

璋賓號雅純學台次子也生乾隆戊子正月廿一日丑時

卒道光己丑正月初九日辰時養子貽共

璋腴號厚純夢台四子也生乾隆丙申五月十一日卯時

卒嘉慶丙子十二月初五日卯時

璋遠字逘圖夢鷗子也生乾隆丁酉十月初七日未時卒

道光乙未五月廿七日子時娶唐氏善娘生乾隆辛

丑九月十七日卒道光己未十月初八日酉時子二

貽約貽桃女一

璋參來號廷贊夢鵲子也生乾隆丁酉八月十五日酉時

卒嘉慶丁巳六月十九日巳時

璋邦字民圖夢脈嗣子也生乾隆壬辰八月初四日亥時

卒道光丁酉九月十六日未時嗣子貽興

璋猜號倘親學坤子也生乾隆辛亥七月廿一日寅時卒
道光癸卯五月二十日寅時娶郭氏審娘生乾隆辛
亥十一月初八日辰時卒咸豐戊午十二月廿八日
辰時子四貽姜貽興貽本貽鶴興出嗣璋邦公葬八
都樂山寺口古接官亭地氏瓦棺葬八都坂尾苦坑
蛇仔崙穴

璋塔號文峯夢怎長子也生乾隆辛亥正月初二日辰時
卒道光戊戌九月十三日子時娶林氏改醮養子貽
春

璋亮字光圖夢憑次子也生嘉慶己未七月廿七日酉時
　卒同治丁卯三月初四日巳時養子貽註
璋任號實齋夢側長子也生乾隆己酉七月初二日巳時
　卒道光庚戌二月初十日辰時娶謝氏銀娘生乾隆
　戊申十月初八日午時卒道光庚寅閏四月十九日
　巳時子三貽悻貽晃貽困女一
璋奕字世圖夢側次子也生乾隆壬子正月十八日寅時
　卒道光乙巳十二月廿六日巳時娶林氏賞娘生嘉
　慶丁卯四月十四日辰時卒道光己丑三月十七日
　辰時子貽伋繼娶李氏秀娘生卒失詳

璋原字惠圖學側三子也生乾隆乙卯十一月十六日巳時卒道光甲午九月初一日未時嗣子貽笑

璋顏字色圖夢側四子也生嘉慶丙寅三月十九日寅時卒光緒辛巳七月初九日午時娶倪氏生嘉慶乙亥七月廿七日卯時卒光緒戊戌四月十一日酉時子二貽往貽剥女一

璋便字言圖夢昧嗣子也生嘉慶丙辰十月十三日寅時卒道光丙午七月初三日午時娶潘氏生嘉慶癸亥閏二月廿一日卯時卒道光庚子四月十二日酉時子三貽風貽昆貽淡

璋虔字誠圖夢親養子也生嘉慶庚申四月廿八日戌時
卒道光己酉八月初一日巳時娶高氏改醮無傳
璋面字貌圖夢朕養子也生嘉慶癸亥正月初三日卯時
卒道光戊申正月初三日卯時娶高氏改醮無傳
璋密字察圖夢蠶長子也生嘉慶庚申五月初五日亥時
卒同治癸亥九月廿三日申時娶陳氏生嘉慶壬戌
八月十四日辰時卒同治甲戌正月十二日酉時子
三貽簡貽跡貽市
璋甘字旨圖夢蠶養次子也生嘉慶己巳十二月十三日
子時卒光緒己卯六月初十日酉時娶施氏生嘉慶

己卯四月十三日辰時卒光緒己丑八月十四日申
時子三貽道貽問貽喜

璋望字仰圖號悠然夢題長子也生乾隆丁丑九月初六
日亥時卒道光己丑十二月初二日未時娶陳氏生
乾隆戊寅七月初七日巳時卒道光辛卯七月初六
日辰時子三貽范貽治貽直女一

璋錦號敦美夢題次子也生乾隆丁亥七月廿八日卯時
卒嘉慶庚午四月初四日巳時娶侯氏生乾隆庚午
四月初四日巳時卒嘉慶戊辰閏五月十七日申時
子四貽考貽老貽文貽品女一公葬責仔頭氏與祖

媽李氏合葬本洋八分穴甲庚兼寅申

撐

軒號允齋夢題三子也生乾隆癸巳三月十四日辰時卒道光壬辰十一月廿五日戌時娶雷氏生乾隆己亥九月廿三日寅時卒道光丁未三月十三日丑時子貽禱貽垂養子貽接公瓦棺葬后坑壠水井後穴東西氏瓦棺與媽李氏葬本洋八分穴甲庚兼寅申

瑋

芽夢睿長子也生乾隆戊寅九月初四日寅時娶林氏貝娘生乾隆壬午六月十一日卯時卒乾隆甲寅八月初三日申時繼娶林氏套娘生乾隆戊寅十二月十二日亥時卒嘉慶己巳七月十八日未時子貽笋

父子出居尤溪縣

璋滿字春圖夢睿次子也生乾隆戊子三月廿五日寅時卒嘉慶戊寅四月廿八日申時娶張氏壽娘生乾隆辛卯二月廿三日午時卒道光丙申十一月廿六日寅時子二貽萃貽赫赫出嗣璋典女一

璋典號世恭夢睿三子也生乾隆癸巳三月十六日未時卒道光辛卯八月初七日寅時嗣子貽赫

璋恭字敬圖號敦肅夢徹長子也生乾隆庚辰八月十四日戌時卒道光壬辰九月初五日未時娶林氏煥娘生乾隆甲申三月十一日酉時卒道光癸卯五月十

七日寅時子六貽錯貽開貽潛貽請貽僊貽朋僊出
嗣拔魁曰興宗朋出嗣璋抵
璋探字善圖夢徹次子也生乾隆癸未二月十八日巳時
卒道光辛巳十一月十六日午時娶彭氏却娘生乾
隆戊子十月初九日戌時卒嘉慶甲子九月廿三日
寅時子二貽皓貽責
璋朝號敦祿夢徹三子也生乾隆己丑二月二十日酉時
卒道光癸巳正月廿九日丑時娶鄭氏惜娘生乾隆
庚寅十二月廿五日寅時卒道光丁酉七月十七日
酉時子二貽胖貽牡女二

璋抵號才美學徹四子也生乾隆己亥十一月初十日卒
嘉慶戊寅四月廿三日未時嗣子貽朋
璋圖字作圖夢鑑長子也生乾隆己丑二月初九日寅時
卒乾隆戊申九月廿一日辰時無傳
璋布字帛圖夢鑑次子也生乾隆丁酉正月廿九日未時
卒道光癸巳五月廿一日寅時娶林氏佑娘生乾隆
甲辰五月初十日申時卒咸豐戊午十二月初十日
未時子貽低女一
璋西夢鑑嗣三子也生卒莫考無傳
璋聰字明圖夢飭長子也生乾隆癸巳三月廿八日巳時

卒嘉慶丁巳九月廿八日未時娶陳氏返娘生乾隆甲辰十一月初五日亥時卒嘉慶辛酉十月十一日亥時嗣子貽思

璋劍號正賢夢篩次子也生乾隆乙未十月廿七日寅時卒道光丁未三月廿七日午時娶許氏端娘生乾隆壬子十二月初八日辰時卒同治戊辰十一月初六日酉時子五貽普貽全貽思貽偏貽好思出嗣璋聰

女二

璋添字才圖夢篩三子也生乾隆壬子十一月十七日辰時卒同治乙丑十二月廿六日寅時娶陳氏𡟒娘生

乾隆戊午七月十五日辰時卒光緒乙亥正月廿二日酉時子三貽等貽玉貽穴女二

璋榮號金齋夢宣長子也生乾隆己亥十月廿二日寅時卒道光丙午十二月初九日戌時養子貽王

璋蘇號秦齋夢宣次子也生乾隆壬寅十二月初十日未時卒咸豐乙卯五月十八日丑時嗣子貽斗貽竹公瓦棺葬八都坂尾暗橋墩穴坤艮兼申寅

璋溫號尚釀夢樹長子也生乾隆乙酉六月初一日子時卒嘉慶丙辰六月初三日亥時無傳

璋深號尚精夢樹次子也生乾隆乙酉六月初一日子時

卒道光乙酉八月初三日寅時無傳
璋沙號尙寶夢樹四子也生乾隆己亥九月廿五日酉時
卒道光戊子正月十二日戌時養子貽頭
璋基號肇和夢更子也生乾隆辛丑十月初七日酉時卒
嘉慶丁巳十一月十一日寅時無傳
璋溶號彩元夢熙嗣子也生乾隆丙申八月十四日寅時
卒道光丁酉十一月廿四日辰時嗣子貽此
璋尊號正齋夢兌子也生乾隆甲寅十二月廿七日寅時
卒咸豐丁巳五月十七日卯時娶李氏翕娘生嘉慶
壬戌四月初六日午時卒道光甲午八月十四日戌

時生子貽海

璋轉字展圖夢甲子也生乾隆己酉十二月廿九日戌時
卒道光壬辰五月初二日戌時娶曾氏近娘生乾隆
甲寅九月初六日辰時卒光緒己卯六月廿九日寅
時子貽定女一

璋管字弦圖夢陞嗣子也生嘉慶庚申八月初二日丑時
卒光緒乙亥五月十一日戌時娶吳氏梅娘生嘉慶
壬申十一月十五日未時卒光緒庚寅九月初三日
丑時子貽科女三

璋許夢矯長子也生乾隆庚辰四月十五日亥時卒莫考

無傳

墇貪夢獳次子也生乾隆癸巳二月十五日申時卒莫考

無傳

墇等夢獳三子也生卒莫攷無傳

墇由夢獳四子也生卒莫攷無傳

墇勉夢視子也生乾隆丁未十二月初八日午時卒道光

癸卯三月初七日酉時娶侯氏生乾隆癸丑五月十

九日辰時卒咸豐癸丑七月十二日戌時子二貽儼

貽坂

墇衆夢腐養子也生卒莫考無傳

璋掝夢腐養子也生卒莫攷無傳

璋承夢引長子也生卒莫攷無傳

璋塘夢引次子也生卒莫攷無傳

璋迤夢被子也生卒莫攷無傳

璋雩夢樞嗣子也生卒莫攷無傳

璋賊夢密子也生卒莫攷無傳

璋塔夢標子也生乾隆己巳二月十六日巳時卒莫攷無傳

璋茹夢吟子也生乾隆乙丑二月十七日寅時卒莫攷無傳

璋池夢唇子也生乾隆壬申七月初五日丑時卒莫攷聘
氏生乾隆丙戌八月十三日寅時無傳
璋與夢棗子也生乾隆辛卯七月廿四日辰時卒莫考無
傳
璋遇夢經長子也生乾隆辛未十月十九日辰時卒莫考
無傳
璋斗夢經四子也生乾隆戊子四月二十日寅時卒莫攷
出居尤溪縣
璋煌字輝圖夢憲長子也生康熙戊戌九月十二日卯時
卒乾隆乙亥十一月廿九日寅時娶嚴氏子貽春氏

改醮

璋添字加圖夢憲次子也生雍正甲辰十一月初七日酉時卒乾隆丙戌二月廿九日辰時娶林氏子貽衞氏

改醮

璋延字賓圖夢憲三子也生雍正戊申十二月卒乾隆辛卯七月初八日巳時娶王氏子一貽聯登氏改醮

璋福夢進長子也爲匪在監身故無傳

璋愛夢進次子也生乾隆丁巳四月廿五日亥時卒失詳

養子貽成

璋孫字千圖夢員長子也生康熙丙申六月十一日巳時

卒乾隆辛未二月十九日巳時娶詹氏生康熙庚子
七月廿一日戌時卒失詳子貽回
璋暖字輕圖夢員次子也生康熙辛丑六月十七日巳時
卒乾隆癸酉十一月十七日卯時娶李氏子貽磋女
一氏改醮
璋璽字節圖夢載子也生雍正壬子八月初一日酉時卒
失詳嗣子貽寀
璋韜字文圖夢傳長子也生雍正己酉三月初六日未時
卒失詳娶洪氏生雍正壬子十月十四日丑時卒失
詳子三貽發貽城貽寧寧出嗣璋璽女二

璋旺字考圖夢傳次子也生雍正癸丑十二月十九日亥時卒失詳娶曾氏生乾隆辛酉七月廿八日辰時卒失詳子二貽詮貽銘女二

璋三字元圖夢傳三子也生乾隆庚申八月初五日亥時卒失詳娶劉氏生乾隆壬戌二月十九日午時卒失詳子二貽全貽鹿女一

璋湍字揚圖夢傳四子也生乾隆乙丑十月初九日辰時卒失詳娶謝氏生乾隆丁卯十一月十一日未時卒失詳子二貽浴貽淳

璋添字丁圖夢傳五子也生乾隆戊辰六月十四日辰時

璋石夢乞長子也生雍正辛亥十月十七日巳時卒乾隆

卒失詳娶葉氏

丙申三月十三日巳時無傳

璋英夢乞次子也生卒失詳無傳

璋年夢降嗣子也生乾隆庚午十二月廿九日亥時卒失

詳子貽曹

璋九二夢降次子也生乾隆甲戌十一月初七日辰時

璋百蘭夢降三子也生乾隆己卯八月廿五日辰時

璋玉夢納子也生乾隆甲子三月廿五日辰時

璋檜夢報養子也生乾隆丁丑八月十七日已時

璋瑣夢寅子也生乾隆己卯二月十五日未時
璋與學棟嗣子也生乾隆甲戌九月初六日戌時
璋惰夢外長子也生雍正癸丑四月廿六日卯時卒乾隆
壬午九月初九日午時娶侯氏嗣子貽綢氏改醮
璋詁夢外次子也生乾隆戊午十一月十三日未時卒乾
隆庚辰六月廿一日酉時無傳
璋茂字暢圖夢外三子也生乾隆辛酉六月十九日辰時
卒乾隆辛亥八月初一日辰時娶鄭氏生乾隆丙子
三月初七日巳時卒道光辛丑八月初七日子時子
貽斗

璋環夢鈎長子也生乾隆辛未十二月十三日卯時卒乾
隆癸未八月初九日卯時無傳
璋綿字遠圖夢鈎次子也生乾隆癸未十一月初九日子
時卒道光壬午七月初二日巳時娶李氏生乾隆戊
子八月初三日未時卒道光戊申十二月廿三日未
時子二貽排貽崗公與氏合葬路口園穴申寅兼庚
甲
璋蘗夢鈎三子也生乾隆辛卯三月廿八日申時卒嘉慶
辛未三月三十日娶巽氏生乾隆甲午九月初十日
丑時卒道光丙戌五月十八日未時子四貽貞貽墻

貽瓜貽撥

璋礽字雲圖夢緘長子也生乾隆辛未六月廿三日巳時
卒嘉慶丁卯十月廿八日寅時娶羅氏生乾隆辛巳
九月廿三日申時卒嘉慶己未七月初三日辰時子
四貽梛貽溪貽撻貽雜

璋愴字神圖夢緘次子也生乾隆癸酉十月十九日戌時
卒道光壬辰七月十一日申時娶蘇氏生乾隆甲申
九月初六日亥時卒道光丁未十月廿七日酉時子
五貽合貽井貽溢貽管貽語女一

璋卒夢緘三子也生乾隆壬午八月廿一日辰時卒嘉慶

戊午十一月初八日辰時娶倪氏生乾隆戊子七月初十日卯時卒道光乙未六月廿四日辰時子三貽恐貽東貽店

璋

奧夢祖子也生乾隆庚午正月二十日亥時卒失詳娶王氏生乾隆壬午正月初八日酉時卒失詳子二貽妍貽秀

璋

切夢三長子也生乾隆癸未正月十三日戌時卒嘉慶庚申二月初八日巳時娶羅氏生失詳卒嘉慶丁巳十月初二日巳時子二貽如金貽葱

璋

是夢三次子也生卒失詳

璋迎字禧圖夢騰長子也生乾隆辛酉七月廿五日巳時
卒失詳娶翁氏生乾隆壬申正月二十日卯時子貽
課

璋參夢騰次子也生乾隆辛未九月廿六日巳時卒莫攷

璋頭夢宗嗣子也生雍正辛亥七月廿六日申時卒乾隆
戊子十二月初八日巳時娶陳氏無出女二氏改醮

璋奏夢用長子也生康熙戊戌六月十九日未時卒乾隆
辛未三月初八日未時娶陳氏女一無傳

璋蓋夢用次子也生康熙庚子十月廿八日卒乾隆甲午
六月廿九日無傳

璋汀夢用三子也生雍正乙卯五月初九日酉時卒乾隆
戊子正月廿五日子時無傳

璋辭字百圖夢懷長子也生乾隆戊午四月十六日酉時
失詳娶詹氏生卒莫攷養子貽着女一

璋宋字在圖夢懷次子也生乾隆辛酉卒莫考娶陳氏生
卒莫考無出嗣子貽御

璋投字我圖夢棘長子也生雍正庚戌卒乾隆四月十四
日巳時娶唐氏子貽雪氏改醮

璋塘字沚圖夢棘次子也生雍正甲寅十二月初四日亥
時卒失詳娶鄭氏生乾隆丁卯十一月初五日戌時

卒失詳子二貽欸貽珍
璋財夢齊長子也生乾隆己未九月初六日巳時卒莫攷
無傳
璋隨夢齊次子也生乾隆辛酉八月十五日卯時卒莫攷
無傳
璋賽字報圖夢都次子也生乾隆己未三月廿八日辰時
卒乾隆辛亥七月十五日辰時娶吳氏集娘生乾隆
戊午四月廿六日卯時卒乾隆甲寅六月十三日申
時子二貽院貽愷女一公與氏合葬本處曾坡宮邊
左畔穴申寅兼坤艮

璋蓁號晉明夢流子也生乾隆壬申四月廿七日丑時卒嘉慶丁丑三月十二日午時娶褚氏生乾隆壬午二月十四日寅時卒道光戊戌九月十五日未時子五貽歛貽省貽習貽辦貽僭習出嗣論道女四第三女適山美陳君例貢生字賓老公葬本處黃壠墓下穴南北氏葬本處姑店寨仔馬鼻穴

璋鶩夢職長子也生乾隆辛酉四月初九日午時卒乾隆庚戌三月十七日亥時無傳

璋黍字丸圖號趨義夢職次子也生乾隆癸亥十一月廿七日辰時卒乾隆庚戌二月十五日亥時娶楊氏生

乾隆戊辰四月廿四日辰時卒乾隆乙未四月十二
日戌時子貽奪
璋切字實圖號貞吉夢職三子也生乾隆丙寅七月廿六
日辰時卒道光丙戌十二月初一日巳時娶李氏生
乾隆戊辰二月廿三日亥時卒乾隆己亥八月初九
日辰時子貽名女一
璋轂號善作譽職四子也生乾隆庚午十月初四日寅時
卒嘉慶甲子八月廿五日未時娶陳氏生乾隆乙丑
五月十三日未時卒嘉慶甲子八月十八日未時子
貽天

璋郁字文圖號惟孝夢請長子也生乾隆己巳十月初一日未時卒嘉慶己未四月十九日亥時娶林氏生乾隆辛未七月廿二日丑時卒乾隆丙午十二月廿四日酉時子三貽乃貽準貽緝

璋爾號惟忠夢請次子也生乾隆辛未九月初九日丑時卒乾隆乙卯五月十七日午時無傳

璋桂夢請三子也生乾隆辛巳正月廿三日亥時卒乾隆辛亥六月廿六日申時無傳

璋守號惟順夢請四子也生乾隆癸未十二月廿八日戌時卒嘉慶戊申九月初五日戌時無傳

璋飽號惟爕夢請五子也生乾隆丁亥五月廿五日酉時
卒道光丙戌十月二十日寅時娶楊氏生乾隆丁亥
十一月廿九日未時卒嘉慶乙丑八月廿一日丑時
繼娶謝氏生乾隆甲申二月十九日卒嘉慶癸酉六
月廿二日丑時子貽褒女一

璋修夢替養長子也生乾隆辛巳二月廿六日亥時卒失
詳無傳

璋麗號惟能夢替嗣次子也生乾隆辛卯四月初六日未
時卒嘉慶己未三月初四日未時無傳

璋于號惟友夢替三子也生乾隆癸巳九月初二日辰時

卒道光庚戌二月廿八日酉時娶陳氏生乾隆丙申
五月初一日午時卒道光壬辰六月初三日子時子
二貽瑛貽萃

琮雁字來圖有賚長子也生乾隆己未六月十二日戌時
卒嘉慶丙寅三月十六日子時娶陳氏生乾隆甲子
四月廿四日寅時卒乾隆甲寅六月初三日申時子
三貽色貽貫貽邁女一

琮灣字思圖有賚次子也生乾隆壬戌正月三十日亥時
卒乾隆甲辰閏三月十八日巳時娶陳氏生乾隆甲
子七月十三日寅時卒乾隆乙巳二月廿三日卯時

子五貽鄰貽廉貽梧貽祛貽猛女一
琮軋字軼圖有賛三子也生乾隆乙丑正月廿二日午時
卒乾隆乙巳七月廿五日巳時娶王氏生乾隆戊辰
九月[redacted]廿五日酉時卒嘉慶戊辰十月初十日未時
子五貽全貽機貽突貽鑽貽元

論道諱琮暢號曉園字叙圖有賛四子也恩錫鄉飲賓生
乾隆丁亥十二月廿九日未時卒道光壬辰九月十
六日申時娶王氏生同庚十二月十三日申時卒道
光丁酉五月初十日申時子貽繞貽達貽堪嗣子貽
習女一

拔元諱琮頭字鰲圖號樸齋仕超長子也生性正直潔己淸操治家嚴肅享壽古稀以俊秀舉國學生生乾隆乙丑十月初八日巳時卒嘉慶甲戌二月廿六日未時娶李氏號純徽生乾隆丁卯六月廿一日巳時卒乾隆乙卯七月十二日寅時子四際泰際熙貽閒貽闕[illegible]繼娶雷氏號恭徽生乾隆戊寅九月初三日巳時卒嘉慶庚辰四月十六日亥時無出李氏葬葵山烏壠穴丙壬兼巳亥公與雷氏瓦棺合葬本都彭林柄鄉大坪穴

鶴諱琮汀字立圖一字世蘭號正齋仕超次子也正氣浩

然鄉閭咸頌聰明穎異經史皆通治詩補優增生以
子登恩進士司鐸八庠覃恩誥贈修職郎生乾隆庚
午十月廿八日巳時卒嘉慶壬申正月二十日申時
娶永春東關太學生陳汝器君長女號惠慎淑範宜
家令儀昌後早相夫而教子俾移孝以作忠覃恩誥
贈正八品太孺人生乾隆辛未十一月廿六日子時
卒嘉慶己卯十月十八日寅時子三逢龍逢曦逢夔
公葬本都東坑鄉後壠溝瓦窰崙穴艮坤兼寅申氏
葬本都彭嶺頭苦菜壠穴乾巽兼戌辰
賜進士出身欽點禮部郎中宗世姪孫謀烈論曰

公往矣而念公之才則見聰明獨擅思公之學則知
涵養特深其立心也忠而且恕其制行也端而且莊
黌序早著蜚聲棘闈屢邀鶚薦一經教子　論語頻
膺百忍治家太和自致技能活人良醫一如良相時
逢凶歲散粟亦且散財他若立祀事之田馨香常留
萬世修族人之譜筆削長在千秋則公之爲人誠可
謂儒林中之卓卓者此篤讓可風魏邑侯故由特書
以示獎樂善不倦張宗師所以賜匾而揚徽也

翰音
諱琮喝字聲圖號竹齋仕超三子也以俊秀舉國學
生性極剛直守正不阿好賓客除盜賊精醫道工音

律嗜書香捐師教篤兒孫採芹攀桂大慰厥心隱北巖嘗雨夜救人爲神鬼欽服其正氣有如此焉生乾隆壬申十月十八日丑時卒　光丁酉五月廿五日巳時娶戴氏號孝莊生乾隆甲戌五月十五日午時卒道光丙申九月十二日申時子七貽恰成名成裕成文貽忻成存成中女一公葬本都大墳穴乾巽兼戌辰氏葬

爲山諱琮艮字兼圖號潔齋仕超四子也以俊秀舉國學生生乾隆己卯二月初三日午時卒嘉慶庚辰五月十九日亥時娶林氏生同庚十二月初二日亥時卒

嘉慶乙卯十二月初十日午時子盛業盛恩側室張氏生乾隆丙戌九月初二日辰時卒道光乙巳二月廿一日酉時子盛朝貽擯貽涼貽勘女一適延陵太學生吳贇舍令郎張氏葬本都牛嶺大路頂形號樑上燕穴癸丁兼丑未

論曰公才優億中經營業比陶朱性守忍和居處景同公藝考試延師視姪猶子饑賑財粟待疎若親凡有義舉無不欣從公之爲人誠不凡矣

拔萃

諱琮俊字位圖號植齋善亭長子也至性孝友豪舉倘義雅愛儒生施棺槨以周窮乏遇荒歲以賑饑寒

凡諸義舉無不欣從恩錫鄉飲賓以子貴誥封武德佐騎尉生乾隆乙亥正月初三日酉時卒嘉慶庚辰九月初一日子時娶陳氏號純慈誥封五品太宜人生乾隆甲戌二月初六日巳時卒嘉慶癸酉六月十一日巳時子四時芳時忻貽炮貽祥炮出嗣琮乾繼娶許氏號淑慈生乾隆丁酉七月初三日午時卒道光甲辰二月十三日戌時子貽佃側室封氏號慈惠生乾隆丁亥十一月廿四日午時卒乾隆戊午五月初四日丑時子時憲貽羅公與陳氏瓦棺合葬本都東坑鄉鼓架寨后壠溝墟仔穴

拔魁諱琮偉字英圖號杰齋善亭次子也賦性孝友篤嗜書香居家勤儉處族慈和嘗以文章事嚴課子姪必令朝夕無倦屢試弗售恩錫鄉飲賓生乾隆丁丑七月初八日戌時卒道光辛卯二月廿三日未時享年七十有五娶王氏號恭惠生乾隆壬午七月十一日未時卒乾隆戊戌四月初五日丑時繼娶楊氏號順惠生乾隆壬午二月十九日酉時卒道光丙戌十一月十五日卯時嗣子興邦興宗宗出嗣琮耀生子二貽蘇貽溢公葬

琮乾字廷圖號正忠善亭三子也篤學善爲文生乾隆乙

酉七月廿九日寅時卒乾隆乙丑七月廿六日酉時
娶陳氏改醮嗣子貽炮

琮謙號尊齋善亭四子也生乾隆庚寅二月十八日丑時
卒道光丁酉十二月廿四日酉時養子貽還

琮耀號炳文善亭五子也生乾隆壬辰七月廿七日丑時
卒乾隆丁卯七月廿一日巳時嗣子興宗

鴻諱琮裁字重圖號志園茂德嗣子也爲人溫厚和藹居
家庭孝而勤儉處鄉族柔而明決常爲閭里排難解
紛范邑侯舉爲族正英年以武試補邑庠生生乾隆
乙未九月初二日亥時卒道光丙午十一月廿二日

亥時娶李氏號愼徽生乾隆丁酉正月二十日亥時卒嘉慶壬申六月初五日申時子貽酉貽甲繼娶劉氏號恭順生乾隆丁酉五月初四日辰時卒嘉慶乙亥八月初七日巳時繼娶潘氏號淑儀生乾隆壬寅正月初二日酉時卒道光丙戌九月十一日未時子廷璧貽茅公葬本處罩雲山山茔崙穴甲庚兼卯酉李氏葬八都馬跡風散隔穴巽乾兼巳亥劉氏葬本處鴈翼尾穴艮坤兼寅申潘氏葬本處罩雲山狗骨坡穴乙辛兼辰戌

琮君字太上號篤行茂德次子也篤嗜詩書屢拔前茅弗

售素志生乾隆壬寅四月初三日丑時卒道光戊子
八月初六日酉時娶潘氏號淑貞生乾隆癸卯四月
十四日酉時卒道光乙丑十月初七日申時嗣子貽
澄生子貽匣

琮趨號昭質茂德三子也生乾隆丙午二月初九日未時
卒道光丙戌四月廿五日未時娶陳氏號柔和生乾
隆戊申三月十七日卯時卒道光己丑五月初一日
子時嗣子貽冒子貽夢

琮戊號昭篤茂德四子也生乾隆庚戌八月十八日戌時
卒道光壬辰十月初一日未時娶蘇氏號順徽生乾

隆辛亥四月十九日卯時卒道光庚寅六月十九日
末時子貽濕
琮庚號篤誠茂德五子也生乾隆癸丑三月十二日巳時
卒道光癸巳十一月廿三日亥時娶陳氏號柔慈生
嘉慶丙辰九月十九日辰時卒道光癸卯二月十三
日巳時子貽查
琮閬號昭善茂德六子也生乾隆甲寅二月十二日寅時
卒道光壬辰五月廿六日卯時娶李氏號恭淑生同
庚正月廿七日辰時卒嘉慶乙卯四月十三日卯時
繼娶李氏號恭徽生嘉慶癸亥二月廿八日酉時卒

道光甲午九月十二日卯時養子類

琮柹號昭敏茂德七子也生乾隆乙卯十月初二日巳時卒道光甲午五月廿二日申時娶蘇氏號徽懿生乾隆乙卯十一月日辰時卒道光癸未三月初三日申時養子貽通

琮丙號敦恪茂德八子也業儒生嘉慶戊午六月十一日酉時卒道光丙申七月廿二日酉時娶李氏號淑愼生嘉慶癸亥十月初二日辰時卒同治甲子四月廿二日戌時養子貽染貽肴

琮敲字照圖號志善茂德九子也生嘉慶己未十月初四

日巳時卒同治戊辰十一月初四日未時娶林氏號
肅恭生嘉慶甲子八月初六日申時卒同治丁卯八
月廿七日未時子五貽畽貽漂貽閩貽表貽劣漂出
嗣琮涉
琮涉字溱圖號積善茂德十子也業儒生嘉慶壬戌正月
二十日巳時卒咸豐丙辰十一月十七日卯時娶林
氏號溫和生嘉慶甲子三月初八日丑時卒道光壬
寅四月廿六日亥時嗣子貽漂子貽餞
璋意字心圖號念軒夢格長子也生乾隆丙辰十二月廿
七日卯時卒乾隆甲寅正月初四日申時娶吳氏號

慈徽生乾隆戊午十月初四日亥時卒乾隆甲午十一月十一日酉時子貽業貽深女一繼娶戴氏號慈順生乾隆壬申五月十四日辰時卒道光辛巳十月十六日未時子貽近貽粧貽伍貽東伍出嗣璋瑚女一側室林氏號慈謹生乾隆丙辰五月初九日午時卒隆乾甲午五月十八日巳時子貽遠貽語語出嗣璋儼戴氏葬本洋崎仔穴乙辛兼辰戌林氏葬三落厝后穴

璋儼字望圖號德望夢格次子也生乾隆辛酉七月初五日巳時卒乾隆辛巳八月初七日午時娶吳氏無出

氏改醮嗣子貽語養子貽究

璋葉字其圖號毓秀夢格三子也補太學生生乾隆甲子七月廿九日卯時卒乾隆己酉三月初二日子時娶陳氏生乾隆乙丑七月廿四日午時卒道光甲辰九月初十日戌時子四貽詠貽甲貽僚貽琰女一

璋蘗字茂圖號常茂夢格四子也生乾隆丁卯八月十三日寅時卒乾隆辛卯十月初八日酉時娶彭氏生乾隆丙寅八月十五日卯時卒乾隆丙戌四月初八日未時養子貽謹繼娶陳氏生乾隆丁卯十月初十日寅時卒乾隆甲寅十二月二十日戌時生子貽選

璋瑚字樹圖號商華夢格五子也生乾隆辛未三月廿三日酉時卒乾隆丙申八月初八日戌時娶鄭氏號令儀生乾隆壬申十二月廿二日辰時卒道光癸未七月廿一日午時養子貽角嗣子貽添貽五女一

廷璧諱璋藹字多圖鳳起長子也補太學生生乾隆辛酉八月廿八日丑時卒嘉慶丙辰四月廿三日辰時娶陳氏生乾隆壬戌十月十八日酉時卒隆乾辛丑閏五月初六日申時子貽安贊美貽聯芳貽四菊貽登科繼娶吳氏生乾隆壬申正月廿一日寅時卒乾隆甲寅十二月廿二日巳時子貽鰍貽七

璋印字綬圖鳳起次子也生乾隆癸亥十一月廿七日辰
時卒乾隆己卯十月十七日巳時養子貽成貽載

璋法字律圖鳳起三子也生乾隆辛未閏五月三十日卯
時卒乾隆甲午十月十五日寅時娶陳氏生乾隆辛
未七月初七日午時卒道光吉年五月初四日戌時
子貽招貽助

璋抄字錄圖鳳起四子也生乾隆甲戌十月廿三日辰時
卒嘉慶乙丑閏六月二十日酉時娶陳氏生乾隆乙
亥九月十五日巳時卒嘉慶辛酉十月廿九日巳時
子四貽驟貽芮貽凈貽籲

璋沃字邑圖鳳起五子也生乾隆戊寅二月初六日午時卒乾隆庚戌十一月十二日午時娶鄭氏生乾隆丁丑正月初二日寅時卒道光壬辰八月廿五日申時子三貽矜貽乙貽懷懷出嗣璋韜

璋璐鳳起六子也生乾隆甲午十月初十日未時卒失詳

璋偶鳳起七子也生乾隆戊戌二月廿四日巳時卒失詳娶劉氏生同庚十二月初八日辰時卒失詳子二貽百貽慶女一

璋三元鳳起八子也生乾隆庚子三月廿八日戌時卒道光己丑十月廿五日辰時娶楊氏生乾隆癸卯正月

子五貽武貽鉗貽犖貽中貽汪女二

廷珪諱璋備字順圖鳳到長子也補太學生生乾隆庚午五月廿二日巳時卒嘉慶戊辰正月十九日亥時娶陳氏生同庚五月廿八日酉時卒道光丙戌十一月十八日亥時子貽斐養子貽瑤

璋客字而圖鳳到次子也生乾隆甲戌閏四月廿一日酉時卒嘉慶丁巳十二月廿六日寅時娶陳氏生同庚十月廿一日酉時卒道光辛巳七月十一日辰時子貽賢

璋

璋誨號士季字集圖鳳到三子也生乾隆壬午三月十二

日申時卒嘉慶辛酉六月初三日申時娶鄭氏生乾
隆癸未四月初二日申時卒道光壬辰十一月三十
日戌時子三貽訓貽戒貽秩

璋取字義圖號義亭鳳到四子也生乾隆甲申九月初七
日丑時卒道光壬辰五月廿四日亥時娶林氏生乾
隆癸未十月十六日未時卒嘉慶甲子七月十七日
午時子貽樑貽得得殤女一

璋排號烈亭鳳到五子也生乾隆己丑二月初七日寅時
卒道光癸未四月十六日未時娶潘氏生乾隆甲午
九月三十日戌時卒道光壬辰五月廿九日戊時子

四貽周貽祿貽旦貽見女一

璋新字明圖號垂端夢毫長子也生乾隆辛巳十一月十六日亥時卒道光甲申十一月初十日巳時娶謝氏生乾隆壬午三月廿四日巳時卒道光丙戌六月十九日未時子五貽宰貽璉貽同貽邑貽道女一

璋進字修圖號廷玉夢毫次子也生乾隆丙戌正月十二日亥時卒嘉慶丁巳三月廿八日未時娶潘氏號温惠生乾隆丁亥十二月十三日午時卒乾隆庚戌四月廿六日戌時子貽湊貽砂繼娶張氏生乾隆乙酉五月初六日未時卒道光丁未四月十九日申時無

出潘氏葬本處后坑壠寨仔山穴乾巽兼巳亥公葬
本處院口張氏葬罩雲前后池墳
璋韜字經圖號垂忠夢亳三子也生乾隆己丑三月初二
日亥時卒道光戊子四月十五日寅時娶李氏生乾
隆戊子三月十二日未時卒咸豐壬子二月十九日
巳時嗣子貽懷生子貽狻貽佑女一公葬姑店洋沙
母崎穴丙壬兼巳亥
璋窰字動圖夢日長子也生乾隆癸亥十一月廿三日辰
時卒嘉慶甲子七月十一日巳時娶陳氏號淑恭生
失詳卒道光丙戌七月初二日子二貽煨貽炒合葬

赤土崎穴乾巽

璋堯字舜圖夢日次子也生乾隆丁卯正月初一日寅時
卒嘉慶甲　五月廿一日無傳

璋瓦字上圖夢日三子也生乾隆癸酉七月初四日巳時
卒道光甲申五月十一日寅時娶夏氏號儉順生乾
隆庚寅十二月廿二日未時卒道光丙戌二月廿八
日未時子二貽桄貽浪女三

璋談字言圖夢正長子也生乾隆己卯七月十九日辰時
卒嘉慶丙辰十二月十一日巳時娶王氏號勤儉生
乾隆丁亥十一月廿三日亥時卒道光辛卯十月廿

三日戌時子貽稽

璋豧字淑圖夢正次子也生乾隆癸未八月初一日辰時卒嘉慶丙子九月初二日酉時娶林氏號勤順生乾隆辛卯三月十六日午時卒道光庚子二月廿六日未時子四貽葱貽蟶貽蚵貽佛蚵出嗣璋樂女二

璋樂字驕圖夢正三子也生乾隆辛卯八月十八日亥時卒道光癸巳七月初八日午時嗣子貽蚵

璋塗號禰興夢計嗣子也生乾隆戊寅六月三十日未時卒道光丙戌八月初四日卯時娶楊氏號懿慈生乾隆丙戌二月初六日酉時卒嘉慶年月日時失詳子

四貽撥貽艾貽闊貽巷女二公葬本山烏土田角穴
丙壬兼巳亥

璋**興**夢江長子也生乾隆甲戌六月初六日未時卒乾隆
壬子十二月初四日申時無傳

璋**望**夢豚子也生乾隆癸未正月初六日寅時卒嘉慶戊
寅八月初二日巳時嗣子貽成

璋三夢**賀**嗣子也生乾隆壬午六月初二日酉時卒莫攷
無傳

璋**款**夢享長子也生乾隆甲午十一月廿三日酉時卒道
光乙未十二月廿五日巳時無傳

璋量夢亨次子也生乾隆丙申八月二十日丑時卒莫攷
無傳

璋祭夢亨三子也生乾隆己亥十月初六日卯時卒道光
己酉十二月十九日亥時娶林氏生乾隆乙巳十二
月十六日午時卒咸豐辛亥二月廿七日巳時子二
貽虢貽欄欄出嗣璋令

璋看夢禎長子也生乾隆辛卯八月廿七日未時卒莫考
無傳

璋胥夢禎次子也生乾隆丙申七月初一日未時卒嘉慶
丙辰七月初六日未時無傳

璋臨蓼董嗣子也生乾隆癸巳九月初八日寅時卒嘉慶
辛酉八月廿六日未時無傳

璋外號內和學董嗣子也生乾隆丁未正月初八日卯時
卒咸豐庚申六月十七日戌時娶林氏生乾隆丁未
五月十三日未時卒道光丙午十二月廿三日戌時
子三貽勞貽編貽族編出嗣璋肯女三公葬曾埈寨
角古井墓頂穴癸丁兼子午氏葬本山龜崙穴壬丙

璋旋夢炮養子也生乾隆壬午二月初一日子時卒乾隆
乙卯五月無傳

璋聽夢孝長子也生乾隆丁酉四月十六日未時卒嘉慶

壬申四月初三日辰時無傳

瑋肯夢孝次子也生乾隆己亥八月初八日卯時卒道光
庚寅十月十七日丑時嗣子貽編

瑋靛夢元養子也生乾隆丙戌卒莫攷養子貽旦

瑋英夢本養子也生卒失詳養子貽創

瑋瑚夢通養子也生卒失詳嗣孫禮門奉祀

瑋景字覲圖學頂長子也生乾隆乙丑四月廿二日戌時
卒嘉慶乙丑五月初八日辰時娶陳氏生乾隆丙寅
七月十五日巳時卒乾隆己丑六月初七日申時繼
娶張氏生乾隆己巳九月二十日酉時卒嘉慶壬申

七月初八日戌時子貽持貽胆

璋士字賓圖號振忠夢頂次子也生乾隆己巳九月三十日丑時卒嘉慶丙子十一月十五日酉時娶王氏生乾隆丙子三月廿二日巳時卒嘉慶戊午八月十二日午時子貽干觀國繼娶王氏生失詳卒嘉慶己卯九月廿四日戌時子貽尋公瓦棺葬本山寨仔尖下穴己亥兼巽乾氏葬本處墳仔山路內穴乙辛兼卯酉

璋允字執圖號振亭夢頂三子也生乾隆戊寅十月初八日寅時卒嘉慶戊辰十二月廿四日卯時娶戴氏生

乾隆辛卯四月十七日巳時卒道光辛卯十月廿四日午時子五貽最貽鵬貽合貽善貽譽

璋則字參圖號振以夢頂四子也生乾隆甲申六月十八日丑時卒嘉慶丙子十月十三日未時娶林氏生乾隆甲午七月廿九日未時卒咸豐丙辰二月初三日午時子貽力貽靜貽坐貽宜貽不

璋巧夢祿長子也生乾隆辛未九月初四日午時卒乾隆壬午九月十九日未時無傳

璋淸夢祿次子也生乾隆丁丑七月十九日卒嘉慶丙子三月初十日未時餮子貽天恩

扶麟字玉圖夢吉長子也至性孝友治家和藹處鄉族事柔而明决遠近多信從之嫻習經書英年以武試冠軍補邑庠生生乾隆丙辰四月廿五日巳時卒嘉慶乙丑五月初八日辰時娶邑庠生王伯君三男之長女生乾隆丙辰八月廿一日午時卒乾隆己亥十二月初三日申時子五貽亞貽藻貽鑾貽綏貽啓綏出嗣璋魯女二

璋魯字侯圖號振卿夢吉次子也生乾隆己未四月十五日亥時卒乾隆丙戌四月初一日酉時娶李氏生乾隆戊午十月初六日巳時卒乾隆戊申五月初六日

戌時子貽蕃嗣子貽紱女一

璋篤字信圖夢吉三子也生乾隆丁卯十一月十四日巳時卒道光辛丑十月廿五日寅時娶陳氏生乾隆庚午四月廿一日卯時卒道光壬午十月十三日丑時子二貽兜貽補

璋特夢吉四子也生乾隆戊寅十一月十九日丑時卒乾隆乙卯五月初三日寅時聘楊氏生卒失詳無傳

璋福字祥圖夢義長子也生乾隆己未七月二十日巳時卒乾隆戊申四月初七日巳時娶李氏生乾隆壬戌十二月二十日申時卒嘉慶庚午七月初一日寅時

子五貽府貽仰貽僩貽點貽美仰殤點出嗣璋珍

勇字健圖夢義次子也生乾隆乙丑十一月初八日寅時卒乾隆甲辰三月十二日戌時娶林氏生乾隆丙寅八月十五日戌時卒乾隆庚子三月十六日巳時

子三貽夜貽宅貽飽

璋珍字席圖夢義三子也生乾隆丙子九月十四日未時卒乾隆甲辰四月十六日辰時娶莊氏生乾隆壬午三月廿一日卯時卒乾隆癸卯十月廿一日午時嗣子貽點

璋璲夢義四子也生乾隆庚辰正月初一日子時卒乾隆

乙卯五月十七日午時娶洪氏生失詳卒道光壬寅
二月廿六日卯時子二貽活貽所

璋
確字敬圖夢森長子也生乾隆辛酉八月廿四日丑時
卒嘉慶戊寅九月初八日亥時娶傅氏生乾隆壬戌
八月三十日未時卒乾隆己丑七月初七日申時子
三貽萬貽象貽胞

璋
彩字筆圖夢森次子也生乾隆辛未七月廿八日丑時
卒嘉慶丙寅六月初七日酉時娶陳氏生乾隆甲戌
四月初十日寅時卒嘉慶丙寅十一月初三日辰時
子貽枹

璋晏夢森三子也生乾隆乙亥三月初八日辰時卒乾隆
乙卯五月廿五日卯時無傳

璋魚夢森四子也生乾隆己卯十二月廿八日辰時卒道
光丁亥九月十九日未時無傳

璋躍夢森五子也生乾隆己卯十二月廿八日辰時卒道
光丙申十一月初一日午時無傳

璋初夢洪長子也生乾隆丙戌六月十四日巳時卒嘉慶
十一月十五日巳時無傳

璋嫖學然嗣子也生乾隆壬午七月十六日子時卒嘉慶
丁卯三月初一日酉時娶陳氏生乾隆丙戌五月十

四日亥時卒道光癸巳九月初七日亥時子三貽鑽
貽月貽用用出嗣璋楓

璋回夢入嗣子也生乾隆丁亥十二月十九日卯時卒失
詳有娶不知其終養子貽思

璋向夢莪子也生乾隆丙戌六月初一日戌時卒嘉慶戊
午十一月初三日辰時嗣子貽詩

璋表夢統養子也生乾隆戊子八月廿二日寅時卒道光
甲午五月廿二日午時娶張氏生乾隆甲午七月十
三日辰時卒道光庚戌十月十六日戌時子五貽炮
貽秦貽鈎貽鄧貽進鄧出嗣璋君進出嗣璋勸

璋楓夢統養子也生乾隆戊戌四月初八日子時卒嘉慶辛酉十二月初五日辰時嗣子貽用

璋劒夢統養子也生乾隆辛丑七月廿一日午時卒嘉慶己卯五月十七日巳時無傳

璋勸夢琛長子也生乾隆乙未八月廿九日巳時卒道光甲申十月廿七日辰時娶張氏生乾隆丁酉九月廿一日亥時卒咸豐庚申四月十一日子時嗣子貽進

璋亮夢琛次子也生乾隆壬寅六月初一日亥時卒嘉慶己巳二月廿八日巳時無傳

璋忍夢琛三子也生乾隆壬子四月十三日巳時卒道光

甲辰十月初七日辰時娶鄭氏生嘉慶癸亥八月十四日卒咸豐壬子二月初七日酉時子二貽聽貽課

璋狐夢琛四子也生嘉慶戊午三月十一日卯時卒道光戊申七月初六日戌時嗣子貽坎

璪潑夢樾嗣子也生卒失詳養子貽賦

瑦趁夢聘養子也生卒失詳養子貽權貽承祖

璋慮夢世子也生乾隆丁丑十一月初十日巳時卒嘉慶庚辰四月廿二日未時娶蘇氏生卒失詳繼娶王氏生乾隆戊辰二月十一日卒道光癸未十一月廿九日亥時子貽郭

瑋海夢光長子也生乾隆戊辰十一月三十日寅時卒嘉
慶辛未九月初五日午時娶蔡氏生乾隆壬午十月
初九日亥時卒道光乙未九月廿九日未時子貽定
貽桓貽輕桓出嗣瑋檜輕出嗣瑋曾

瑋強夢光次子也生乾隆戊寅七月十四日丑時卒乾隆
乙未十月十四日酉時無傳

瑋綿夢光三子也生乾隆丁亥七月初五日辰時卒乾隆
丁未十月初九日子時無傳

瑋檜夢光四子也生乾隆庚寅二月廿三日巳時卒道光
甲申四月十三日巳時嗣子貽桓

璋
物夢壬長子也生乾隆戊子七月廿七日午時卒失詳
娶鄭氏生乾隆壬午十一月十二日戌時卒嘉慶戊
寅八月初十日辰時子貽總

璋贅夢壬次子也生乾隆庚寅十一月初八日申時卒年
失詳四月初四日巳時無傳

璋勤夢號長子也生乾隆庚寅三月二十日未時卒十一
月十五日申時娶林氏生乾隆四月初三日午時卒
莫攷無傳

璋儉夢號次子也生乾隆丁酉五月二十日午時卒年失
詳八月廿六日巳時無傳

璋添夢號三子也生乾隆乙巳十二月廿九日子時卒嘉
慶丙子十一月廿四日酉時無傳

璋慶夢弼長子也生乾隆丙子二月廿五日卯時卒莫攷
無傳

璋愈學弼次子也生乾隆戊子三月廿二日辰時卒莫考
娶　氏改醮子貽務

璋速夢岱長子也生乾隆己巳六月初五日酉時卒失詳
娶王氏生卒失詳子三貽竹貽花貽旺

璋內夢岱次子也生乾隆甲戌五月初二日寅時卒莫考
無傳

璋執夢岱三子也生乾隆丙子十二月十九日丑時卒莫
攷娶氏姓名生卒失詳子貽文

璋滿夢簡養子也生乾隆戊子十二月十八日酉時卒莫
考無傳

璋審夢簡子也生卒莫考無傳

璋志夢伯嗣子也生乾隆甲午七月初八日亥時卒道光
辛丑四月初七日戌時

璋智夢到子也生乾隆甲申十月初一日戌時卒道光癸
卯二月廿五日午時養子貽貨

璋若夢到次子也生乾隆甲辰四月廿五日亥時卒咸豐

乙卯八月廿八日卯時娶楊氏生乾隆辛亥十月廿
三日酉時卒同治庚午五月初一日午時子二貽且
貽桃女一

璋得夢紫養子也生乾隆丙戌二月十四日申時卒道光
辛巳正月初六日卯時養子貽洽

璋歡夢紫嗣子也生乾隆己丑五月十二日亥時卒道光
丙申八月初十日辰時娶高氏生乾隆丙申十月初
九日午時卒嘉慶乙亥七月十二日辰時子四貽寵
貽追貽薔貽象女一

璋解夢孫長子也生乾隆乙卯九月十五日午時卒嘉慶

癸亥十一月廿二日辰時娶鄭氏生乾隆癸亥十一月廿一日辰時卒道光丁酉五月初十日卯時子三貽驕貽產貽秀女二

璋綦　夢孫次子也生乾隆丙戌五月廿三日寅時卒道光戊戌三月廿五日卯時娶陳氏生乾隆庚寅六月十七日卯時卒咸豐癸丑十二月廿六日酉時子三貽簡貽宙貽把把出嗣璋起

璋勛　夢生長子也生乾隆庚寅六月十七日丑時卒乾隆乙卯十月初五日酉時嗣子貽瓶

璋琴　夢珪次子也生乾隆丙申六月初三日寅時卒嘉慶

己未九月初四日巳時
璋佇夢珪三子也生乾隆庚戌六月初四日辰時卒嘉慶
辛未五月廿八日酉時
璋璣夢珪四子也生卒莫考
璋專夢珪五子也生卒莫考養子貽岩
璋起夢好嗣子也生卒莫攷娶尤氏生卒莫攷嗣子貽把
璋蟾夢某長子也生乾隆甲辰十月廿三日辰時卒咸豐乙
卯三月初一日亥時娶嚴氏生失詳卒嘉慶丁卯十
月十九日養子貽祠
璋紹夢某次子也生乾隆戊申六月廿二日卯時卒道光

戊戌三月十六日戌時嗣子貽琛

璋化夢某三子也生乾隆甲寅四月廿一日丑時卒道光

癸巳十二月廿三日卯時無傳

璋味夢某四子也生莫攷卒年失詳六月十七日無傳

璋盾夢某五子也生莫考卒年失詳八月初九日無傳

璋闢夢覺子也生乾隆甲午四月十五日亥時卒失詳養

子貽却

璋側夢國嗣子也生乾隆戊寅七月初四日卒失詳無傳

璋苗學做長子也生乾隆己卯八月初五日未時卒莫攷

養子貽環

璋梯夢傚次子也生乾隆癸未八月十四日巳時卒莫考

無傳

璋億夢傚三子也生乾隆辛卯三月廿七日未時卒莫考

無傳

璋爺字老圖夢朗長子也生乾隆乙丑八月十四日午時

卒道光己亥三月十七日亥時娶蔡氏生乾隆癸巳

八月十九日巳時卒咸豐己未十二月十七日子時

子五貽屐貽波貽額貽係貽宅女二

璋三夢朗三也生乾隆辛丑八月廿一日未時卒道光己

亥二月十五日未時娶陳氏生乾隆壬子九月初五

日申時卒同治庚午二月初八日戌時子二貽培貽
宣女二公葬曾坡埔穴癸丁氏葬張坑口旂尾穴乙
辛

璋賜夢蘭嗣子也生乾隆丁酉三月廿一日未時卒道光
丁亥十二月初六日酉時娶陳氏生乾隆癸卯二月
初九日酉時卒道光丙午三月廿四日亥時子三貽
華貽耀貽奕女三公葬本鄉埧墘溝頭穴庚甲酉卯
氏葬祠堂後園埔內穴

璋宜蓼疏長子也生乾隆己丑六月廿四日寅時卒嘉慶
丙辰七月初七日巳時娶李氏生乾隆丙申月日時

失詳卒嘉慶丁亥閏五月廿九日餋子貽打

璋兵夢疏次子也生乾隆甲午七月二十日午時卒道光

癸巳九月十四日戌時養子貽粮

璋不夢重養子也生乾隆丁亥六月初六日辰時卒莫攷

無傳

璋血夢茅長子也生卒莫考無傳

璋睃夢茅次子也生乾隆癸未七月十七日辰時卒莫攷

無傳

璋戶夢屋餋子也生乾隆乙酉九月十六日酉時卒莫考

無傳

璋劍夢奐長子也生乾隆壬寅五月廿三日戌時卒莫考
無傳
璋琨夢奐次子也生乾隆辛亥五月初六日酉時卒道光
丙午八月初七日丑時娶陳氏生卒失詳無傳
璋盼夢奐三子也生乾隆丁巳四月初八日酉時卒莫攷
無傳
璋砷夢奐四子也生卒莫攷無傳
璋照夢劉長子也生乾隆壬寅七月廿二日酉時卒失詳
嗣子貽淵
璋鎮夢劉三子也生乾隆辛亥七月廿三日巳時卒莫考

無傳
璋理夢貼嗣子也生卒莫考無傳
璋怡夢坦長子也生乾隆庚子八月十五日巳時卒道光甲午十一月初一日辰時娶施氏生乾隆癸丑二月十九日亥時卒道光丁未九月廿二日酉時子貽淵貽清淵出嗣璋照
璋實夢坦次子也生嘉慶戊午十二月廿六日卯時卒道光丁亥正月二十日未時娶陳氏無傳氏改醮
璋育夢坦三子也生嘉慶辛酉二月十七日寅時卒道光庚寅九月廿四日巳時無傳

璋轉夢坦四子也生嘉慶癸亥十二月十一日酉時卒光
緒乙亥十一月初七日未時娶王氏生嘉慶丙寅十
月初一日申時卒咸豐己未十二月初四日申時子
三貽吩貽扯貽持

璋滕夢晃養子也生乾隆乙巳十二月廿五日丑時卒嘉
慶辛未二月廿六日丑時無傳

璋倚夢篁嗣子也生乾隆癸丑七月廿五日丑時卒道光
壬辰正月二十日巳時無傳

璋旺夢篁養子也生嘉慶甲子九月廿五日巳時卒光緒
庚寅八月廿二日亥時娶高氏生嘉慶辛未三月三

十日午時卒道光甲午三月初六日午時養子貽玩
柱

璋尊夢春嗣子也生乾隆丙午八月初四日巳時卒道光
辛卯六月十二日辰時娶潘氏生乾隆戊申二月廿
二日酉時卒同治乙丑十月十七日酉時子貽雄貽
尾尾出嗣璋芓

璋徙夢歎養子也生乾隆甲寅卒道光己亥十一月十七
日亥時無傳

璋贊夢芳嗣子也生乾隆癸巳九月廿七日酉時卒道
光壬午九月初九日未時嗣子貽欺

璋天保夢敦長子也生乾隆戊子六月廿四日申時卒失
詳娶許氏生乾隆辛卯三月十五日酉時卒失詳無
傳
璋喜夢敦三子也生乾隆戊戌四月初五日巳時卒道光
己酉十一月初三日未時娶朱氏生乾隆庚戌十月
十六日戌時卒道光辛卯五月十一日辰時養子貽
應生子貽棒
璋季夢敦四子也生乾隆辛丑正月廿六日戌時卒道光
丙戌七月廿一日未時無傳
璋言夢麟子也生卒失詳無傳

璋茂字松圖夢岩長子也生乾隆甲子九月十三日寅時
卒乾隆己丑十二月十七日寅時娶陳氏生乾隆戊
辰十一月十五日寅時卒失詳子貽傳

璋往字仁圖夢岩次子也生乾隆己巳三月廿七日卯時
卒失詳娶林氏生乾隆丙子五月初七日申時卒失
詳女一無傳

璋輯夢篇長子也生乾隆戊子二月十三日戌時卒失詳
養子貽展

璋使夢篇次子也往漳生卒失詳無傳

璋武夢達長子也生乾隆壬午閏五月初五日卒道光己

丑正月廿六日巳時娶陳氏生同庚三月初九日卒
卒道光癸巳五月廿一日丑時子六貽泰貽豁貽典
貽擾貽有貽擯擾出嗣璋鵠
璋鵠夢達次子也生乾隆己丑八月十三日申時卒嘉慶
丁巳六月初九日巳時娶王氏改醮嗣子貽擾
璋增夢達三子也生乾隆乙未五月初一日戌時卒道光
丁亥十月十一日未時娶鄭氏生乾隆辛丑十一月
廿六日酉時卒咸豐壬子二月廿七日午時子四貽
卿貽拙貽闊貽淺女二
璋脩號成理夢知長子也生乾隆丙戌七月初八日丑時

卒道光丁酉五月初十日寅時娶許氏生乾隆庚寅
六月十八日酉時卒道光丁酉五月初一日巳時子
四貽[illegible]貽詩貽密貽枹詩出嗣璋向密出嗣璋歆枹
出嗣璋他女二

璋拮夢知次子也生乾隆己丑六月十二日酉時卒莫考
無傳

璋香夢知三子也生乾隆壬辰六月二十日巳時卒道光
壬寅三月十八日辰時娶雷氏生乾隆戊戌五月初
二日辰時卒嘉慶壬申九月十三日巳時子三貽跳
貽顏貽欺欺出嗣璋贊成女二

璋厥夢知四子也生乾隆己亥八月初八日辰時卒咸豐辛亥八月初二日午時娶洪氏生乾隆癸卯九月初一日丑時卒嘉慶戊寅十二月十八日亥時子二貽綿貽藉女二

璋甑夢知五子也生乾隆甲辰二月廿二日戌時卒道光丁酉四月初八日酉時娶陳氏生乾隆丙午九月十二日酉時卒道光己酉九月初十日寅時子三貽咸貽呑貽便女一

璋朮號成轂夢來長子也生乾隆乙酉十二月初八日丑時卒道光癸未三月初四日申時娶陳氏生同庚五

月廿九日酉時卒咸豐癸丑四月初七日未時子三
貽魏貽元貽今女一

璋潤夢來次子也生乾隆辛卯九月十五日未時卒嘉慶
壬戌四月十八日戌時娶陳氏生乾隆丙申十一月
初六日寅時卒嘉慶丁巳十一月初七日戌時子貽
守

璋程夢來三子也生乾隆庚子正月十八日辰時卒道光
乙巳十月初九日戌時娶鄭氏生乾隆甲辰九月十
七日辰時卒道光乙未閏六月廿二日午時子七貽
伯貽習貽厘貽毛貽買貽艮貽⿰扌胡
⿰扌胡殤繼娶陳氏生

乾隆辛亥八月廿七日寅時卒咸豐辛酉六月初二日辰時

璋禮夢來四子也生乾隆乙巳八月十三日未時卒道光丁酉四月初十日午時娶雷氏生乾隆甲寅八月十七日寅時卒咸豐癸丑九月廿二日卯時子二貽余貽正女一

璋寬夢殿長子也生乾隆庚寅十月初六日辰時卒莫考無傳

璋郡夢殿次子也生乾隆甲午三月廿五日午時卒失詳娶唐氏生卒失詳子貽租貽佃女二

璋揖夢殿三子也生卒莫攷無傳

璋熱號允質夢庇佑嗣子也恩錫鄉飲大賓生乾隆丁亥六月初八日午時卒道光己酉三月十七日酉時娶卓氏生乾隆己丑五月十四日丑時卒道光戊戌閏四月初三日午時子二貽隕貽其其出嗣璋注女二

璋注夢庇佑次子也生乾隆庚子五月十六日酉時卒道光壬辰三月廿三日巳時嗣子貽其

璋老夢庇佑三子也生乾隆丁酉三月初七日辰時卒嘉慶庚申十月初八日寅時養子榮宗

璋忝號允貞夢卯長子也生乾隆甲申十一月十二日辰

時卒道光壬午五月廿六日巳時娶潘氏生乾隆癸巳九月十二日卯時卒道光戊戌四月十四日酉時子二貽綽貽揀女四

瑶惠夢卯養次子也生乾隆癸巳十月初二日午時卒莫考無傳

璋井夢卯三子也生乾隆甲寅三月十一日寅時卒道光年間四月廿六日娶唐氏生乾隆乙巳三月十五日丑時卒道光乙酉六月十三日養子貽團子貽宿貽天

璋甲夢冉長子也生乾隆乙未七月十七日未時卒道光

庚子六月廿三日寅時娶吳氏生乾隆癸巳正月初
一日辰時卒道光辛卯二月十三日午時子貽鏡女
一

璋瓜夢冉次子也生乾隆甲辰五月初五日子時卒道光
戊子六月初十日卯時娶唐氏生同庚九月十四日
巳時卒嘉慶辛未閏三月十四日子貽諒女一繼娶
藏氏生乾隆乙卯六月十三日子時卒道光丙戌七
月廿四日

璋杉號允補夢冉三子也生乾隆丙午十二月廿三日戌
時卒咸豐甲寅十二月初三日巳時娶陳氏生乾隆

丁巳十二月初九日子時卒光緒辛巳二月廿五日午時子二貽荅貽想女二

璋壽號允仁夢冉四子也生乾隆己酉十二月廿八日午時卒道光丁亥十二月初六日卯時娶林氏子二貽赤貽米女一氏改醮

璋博號允溥夢冉五子也生性和藹治家儉勤處鄉族柔而明決遠近多信從之恩錫鄉飲賓享年七十有三生嘉慶丙辰八月三十日寅時卒同治戊辰八月廿八日戌時娶鄭氏生嘉慶癸亥十月初六日亥時卒道光辛丑九月廿五日亥時子貽科歲貽回女一

璋蘭號允香夢冉六子也生嘉慶己未六月廿七日寅時卒咸豐乙卯十月十七日亥時娶陳氏生嘉慶戊辰五月初三日卯時卒光緒甲午二月三十日寅時子二貽錦貽談

璋鳳號允飛學講長子也生乾隆丁酉十一月十七日寅時卒道光辛丑十一月十四日寅時娶陳氏生乾隆壬寅八月初七日卯時卒道光壬午三月廿一日午時子三貽池貽蔭貽品

璋朝號允廷夢講次子也恩授鄉飲賓生乾隆乙巳十二月十五日子時卒咸豐甲寅九月十五日辰時娶李

氏生同庚十二月初三日戌時卒咸豐己未十二月十三日子時子三貽榔貽長興貽長順女二

璋成號允賜夢講三子也生乾隆癸丑九月廿三日辰時卒道光乙巳九月二十日子時娶李氏生乾隆甲寅十一月初三日酉時卒同治壬申五月廿七日寅時子二貽泡貽泉女二

璋營號允勝夢講四子也生乾隆己未三月廿四日丑時卒咸豐壬子六月初五日戌時娶戴氏生嘉慶戊辰七月初二日卯時卒同治乙亥十一月十三日子時子二貽舉貽珍女一

瑋尚號允存夢齊長子也生乾隆戊戌八月十六日申時
卒道光乙酉六月十四日酉時娶羅氏生子貽扶女
一氏改醮

瑋哂學齊次子也生乾隆癸卯五月廿九日巳時卒嘉慶
戊寅三月初五日無傳

瑋治夢齊三子也生乾隆丙午七月十三日子時卒嘉慶
戊寅四月十四日戌時無傳

瑋招夢烈子也生乾隆丁酉四月十七日未時卒莫攷無
傳

瑋端玉夢傳子也生乾隆辛酉九月十一日寅時卒在漳

平縣莫考

璋揷夢素來長子也生乾隆甲午正月十二日戌時卒道光丁酉四月初十日寅時嗣子貽密

璋他夢素來次子也生乾隆戊戌五月廿三日午時卒道光乙巳正月廿二日巳時嗣子貽枹

璋天寶夢集長子也生乾隆辛未十二月廿七日午時卒莫考無傳

璋棟夢集次子也生乾隆丁丑十月十四日申時卒莫攷無傳

璋銓夢應子也生乾隆辛卯四月十八日未時卒莫考無

聖教佩文承印

傳
璋午夢神佑長子也生乾隆癸未六月廿九日巳時卒莫
考無傳
璋老夢神佑次子也生乾隆庚寅正月廿九日寅時卒莫
考無傳
璋芳夢壤長子也生乾隆辛卯十月廿三日午時卒道光
己丑四月廿九日午時娶林氏生乾隆乙酉正月初
三日卒道光丙申二月初一日卯時嗣子貽接
璋準夢壤三子也生乾隆丁酉九月十四日卒莫攷無傳
璋端夢壤四子也生乾隆壬寅正月初四日卒咸豐辛亥

十二月初五日戌時無傳

璋磋　夢詰子也生乾隆辛未十一月廿四日寅時卒乾隆
壬子五月初六日午時娶許氏生乾隆壬午五月初
一日未時卒失詳子貽蜂

璋而　夢蕚子也生乾隆甲申七月十九日酉時卒莫考無
傳

璋赤　夢剌子也生卒莫考娶張氏生卒莫攷子三貽石貽
武貽文女一

璋監　夢珍養子也生卒莫攷嗣子貽催

璋廣　字胖圖夢僅長子也生乾隆己未十月十四日申時

卒乾隆辛丑正月初三日亥時娶陳氏生乾隆癸亥五月初十日未時卒嘉慶壬申二月初二日丑時子三貽爲貽察貽倩

璮長字潔圖夢僅次子也生乾隆壬戌十二月廿一日巳時卒乾隆丁未三月初九日午時娶王氏生乾隆丁卯四月初五日卯時卒道光癸未六月十一日卯時飬子貽盖貽田

璮喜字懽圖夢僅三子也生乾隆乙丑十月廿五日巳時卒乾隆庚戌吉月十五日寅時娶陳氏生乾隆乙亥正月初一日酉時卒乾隆甲午七月初十日酉時[redacted]

璋博字宏圖夢僅四子也生乾隆己巳四月廿五日巳時卒乾隆吉年六月廿三日酉時娶蘇氏生乾隆丁丑六月初二日卒乾隆戊申四月初六日巳時子貽苧

璋腦字首圖夢琨長子也生雍正壬子十一月初七日戌時卒於乾隆己丑四月廿八日酉時娶褚氏生乾隆丙辰六月十五日未時卒道光甲申三月初五日戌時子三貽侃貽勃貽牡

璋敏字求圖夢琨次子也生乾隆丙辰十二月初二日丑時卒乾隆壬子十一月十九日未時娶唐氏生乾隆己未十月十一日酉時卒乾隆癸未六月廿六日午

時繼娶張氏生雍正乙卯三月初五日午時卒乾隆庚寅四月十一日午時子貽爵

璋娶字胥圖夢琨三子也生乾隆辛酉二月二十日卯時卒乾隆庚子十月初十日巳時娶姚氏生乾隆乙丑卒乾隆年間五月初六日未時繼娶潘氏生乾隆庚午七月廿八日亥時卒失詳子貽全女一

璋女字坤圖夢琨四子也生乾隆癸亥十一月十七日戌時卒乾隆戊申六月初六日寅時娶侯氏生乾隆癸酉十一月十九日寅時卒嘉慶丙辰十一月廿一日辰時子二貽近貽廩女一

璋譔字典圖學琨五子也生乾隆丙寅六月初九日卒乾隆乙卯十月廿三日午時娶陳氏生乾隆丁卯六月廿八日卯時卒失詳子貽多女一

璋安字恭圖夢琨六子也生乾隆甲戌五月廿四日丑時卒嘉慶年間四月十八日娶陳氏生乾隆年月日失詳卒嘉慶年間四月十三日子貽宴

璋超字然圖夢揀嗣子也生乾隆已巳正月十四日寅時卒嘉慶年間四月十六日娶陳氏生乾隆乙亥十二月初九日午時卒嘉慶庚申二月初六日戌時子貽孔

璋約字禮圖夢會子也生乾隆甲子七月十四日丑時往
臺卒莫敀娶彭氏改醮

璋古夢走長子也生乾隆丙子正月初九日戌時卒道光
丁酉六月廿三日辰時娶侯氏生乾隆丙戌二月十
三日卒道光丁酉十一月十一日寅時子三貽壇貽
月貽瓶月出嗣璋度瓶出嗣璋勛女一

璋覓夢走次子也生乾隆辛巳正月廿三日寅時卒嘉慶
戊辰十月十六日辰時無傳

璋搬夢走三子也生乾隆甲申八月廿一日辰時卒道光
甲午二月初三日辰時娶陳氏生卒失詳子二貽綴

貽洸

璋楓夢和長子也生乾隆辛巳八月廿三日寅時卒道[illegible]

乙酉十月初十日寅時娶李氏生失詳卒年失詳[illegible]

月廿三日繼娶唐氏生乾隆己卯四月廿六日辰[illegible]

卒道光己亥五月初九日未時子三貽爽貽坪貽[illegible]

女一

璋鬆夢和次子也生乾隆乙酉五月十二日辰時卒[illegible]

己未三月初五日午時娶侯氏生乾隆癸巳八[illegible]

四日寅時卒道光庚寅十月十三日辰時子貽[illegible]

璋照夢教嗣子也生乾隆辛卯正月十九日辰時卒道光

丁酉六月二十日卯時娶唐氏生乾隆癸巳八月十五日卯時卒道光庚寅十月十四日巳時子三貽麵貽器貽鈔女一

璋天字地圖夢七長子也生乾隆丁卯七月廿四日巳時卒嘉慶辛未十二月初七日巳時娶蔡氏生乾隆己巳九月廿五日戊時卒乾隆戊子七月初二日未時嗣子貽樟

璋蟾夢七次子也生乾隆己卯正月十七日子時卒嘉慶庚申三月廿八日辰時娶唐氏生乾隆庚寅四月廿六日辰時卒嘉慶乙丑十二月初二日辰時子三貽

與貽樟貽星樟出嗣璋天星出嗣璋朝
璋朝夢七三子也生乾隆壬午十月初九日戌時卒嘉慶
壬申五月初四日午時嗣子貽星
璋示夢七四子也生乾隆辛卯十二月廿七日亥時卒乾
隆丙申九月十五日巳時
璋宗字親圖夢祥長子也生乾隆戊午九月廿三日辰時
卒乾隆乙卯六月初三日卯時娶唐氏生雍正乙卯
九月廿八日未時卒乾隆壬子十二月十三日巳時
養子貽欽子貽標
璋祖夢祥次子也生乾隆甲子十二月廿二日亥時卒乾

隆己丑五月初四日未時無傳

璋祐字蔭圖夢祥三子也生乾隆丁卯九月十五日子時
卒乾隆乙卯七月十七日娶陳氏生乾隆戊寅十二
月廿九日戌時卒乾隆丁酉十二月初七日戌時子
貽周

璋夏夢祥四子也生乾隆庚午六月初六日午時卒乾隆
乙卯二月二十日卯時娶陳氏生乾隆癸未八月初
五日申時卒道光辛卯六月初八日巳時子二貽生
貽串

璋參夢祥五子也生乾隆甲戌四月初四日申時卒乾隆

辛卯七月三十日午時無傳

璋乙學宰子也生乾隆戊辰六月十八日酉時卒乾隆甲
午十一月初七日申時無傳

璋月夢珠長子也生乾隆己卯五月廿八日丑時卒莫攷
無傳

璋孕夢珠次子也生乾隆壬午四月廿五日午時卒莫考
無傳

璋固夢理子也生乾隆甲申正月十四日戌時卒莫考無
傳

璋揖夢雍長子也生乾隆乙亥九月十七日亥時卒乾隆

壬辰九月初九日子時無傳
璋敢夢雍次子也生乾隆戊寅九月廿八日亥時卒嘉慶
丙寅四月二十日丑時娶羅氏生乾隆甲申二月初
二日巳時卒道光辛丑八月初七日午時子五貽閣
貽再貽紀貽桐貽姜姜出嗣璋快
璋進夢雍三子也生乾隆壬午閏五月初八日酉時卒乾
隆庚戌七月廿四日午時無傳
璋快夢川子也生乾隆丁亥正月廿九日巳時卒道光壬
辰七月初七日未時嗣子貽姜
璋拱夢沛子也生乾隆癸未正月初四日亥時卒乾隆丙

午四月十三日戌時無傳

璋蜀夢西養長子也生乾隆庚寅二月初三日辰時卒莫考無傳

璋老夢西次子也生乾隆甲辰六月二十日巳時卒道光己丑三月廿九日戌時無傳

璋乾夢北子也生乾隆庚寅六月十六日子時卒道光己丑三月廿三日丑時娶潘氏生乾隆丁酉八月廿一日午時卒嘉慶丙寅十月十五日寅時子貽車貽侑女一繼娶鄭氏生乾隆戊子十一月十一日申時卒嘉慶丙子九月廿六日戌時

璋欽夢我長子也生乾隆戊子六月廿九日戌時卒道光己亥十月廿一日聘李氏生乾隆甲午十一月初十日寅時卒莫考娶楊氏生乾隆庚子卒咸豐辛亥十月初一日辰時子二貽巧貽唇女一

璋點夢我次子也生乾隆辛卯三月初九日未時卒嘉慶乙亥四月十七日未時養子貽平

璋乞夢昂長子也生乾隆己丑十月廿六日申時卒道光己丑正月十九日卯時娶陳氏生乾隆癸巳九月初七日亥時卒道光辛丑九月十四日卯時子六貽好貽扶貽黑貽榜貽六貽貢女一

璋貫夢昂次子也生乾隆丁酉十月初二日辰時卒莫考
無傳
璋慈夢煥長子也生乾隆庚寅八月十六日戌時卒莫考
無傳
璋歸夢煥次子也生乾隆乙未十月十五日丑時卒莫考
無傳
璋糖夢踏子也生卒莫考無傳
璋石夢返長子也生乾隆甲午三月廿三日子時無傳
璋套夢返次子也生乾隆丁酉十月初八日未時無傳
璋砂夢返三子也爲匪受戮生卒莫考養子貽滿貽芥

璋薑夢返四子也生卒莫攷養子無傳

璋椽夢看養子也生乾隆庚寅九月十五日未時卒莫考

無傳

璋勳夢內養子也生乾隆丁酉八月廿八日戌時卒莫攷

無傳

璋讓夢初長子也生乾隆戊戌四月十六日辰時卒道光

丁未九月初十日酉時娶陳氏生乾隆癸丑二月廿

一日未時卒道光甲午八月初六日卯時子貽進貽

法貽眞進出嗣璋時法出嗣璋寵

璋寵夢初次子也生乾隆丙午月日失詳卒道光丁酉六

月初三日嗣子貽法
璋開壆端養子也生乾隆庚子十一月卒道光己丑正月
十三日丑時娶陳氏女一氏改醮
璋規夢顏嗣子也外出尤溪縣生卒莫考無傳
璋總字制圖夢獻長子也生雍正己酉五月十七日申時
卒乾隆戊申三月三十日申時娶鄭氏生雍正丁未
五月初四日酉時卒乾隆壬寅二月廿六日未時子
二貽塲貽塊
璋授字法圖夢獻次子也生雍正壬子四月十五日酉時
卒乾隆丙午四月十四日卯時嗣子貽增

瑋授字上圖夢獻三子也生乾隆丁巳十一月十四日亥
時卒乾隆丁未十二月廿一日未時娶鄭氏生乾隆
乙亥卒乾隆己丑六月二十日酉時餋子貽玷
瑋宋字南圖夢脩長子也生乾隆己未十一月十九日午
時卒失詳娶張氏生乾隆癸亥三月十三日巳時卒
失詳子三貽聘貽乾貽靛靛出嗣瑋齊女一
瑋敦字親圖夢脩次子也生乾隆辛未三月二十日酉時
卒莫攷子貽活
瑋雜夢賤長子也生乾隆辛巳九月十六日子時卒嘉慶
丁丑四月十　日餋子貽茂

璋荷號連登學賤次子也生乾隆乙酉七月廿九日午時
卒嘉慶癸亥正月廿一日戌時無傳
璋鈫夢賤三子也生乾隆壬辰八月廿二日卯時卒嘉慶
丁丑十二月十九日酉時無傳
璋苧夢仍長子也生乾隆壬辰七月廿四日未時卒莫考
無傳
璋佔夢仍養子也生乾隆戊申四月初三日戌時卒道光
癸卯十一月十八日未時嗣子貽疊
璋措夢讀子也生乾隆庚寅三月十八日丑時卒莫攷無
傳

璋客字且圖夢擇賽子也生乾隆戊戌閏六月十四日巳時卒道光己酉閏四月十七日戌時娶張氏生乾隆壬子閏二月初七日丑時卒道光丁亥五月初一日申時子二貽綠貽赤赤出嗣璋極女三

璋長夢礎長子也生乾隆庚子十月廿五日巳時卒道光乙酉四月廿二日子時無傳

璋葉夢礎次子也生卒莫考無傳

璋彭字賢圖夢孟賽長子也業儒生乾隆壬寅六月十七日寅時卒道光丙申二月十五日巳時娶李氏生乾隆壬寅七月廿八日丑時卒咸豐乙卯正月十九日

酉時子貽煥貽呈貽羣貽坎养子貽育坎出嗣璋狐

女二

璋雷字電圖學孟次子也生乾隆辛亥正月初六日戌時

卒道光乙酉十月三十日申時娶陳氏生子貽貢女

一氏改醮

璋鹽字舉圖夢孟饔三子也生乾隆甲寅正月十六日申

時卒失詳娶柯氏子貽叠出嗣璋佔氏改醮

璋算字合圖夢孟四子也生嘉慶癸亥二月廿四日亥時

卒失詳娶陳氏生卒失詳子貽貌出嗣璋乃

璋辣字盖圖夢孟五子也生嘉慶甲子十二月初三日戌

時卒失詳娶鄭氏改醮無傳

璋復字禮圖夢聽子也生乾隆乙未十月十九日寅時卒失詳娶歐氏生乾隆卒嘉慶庚申二月十六日酉時無傳

璋黨夢謙養長子也生卒失詳無傳

璋詮夢謙養次子也生乾隆己酉月日時并卒失詳無傳

璋興夢裼長子也生乾隆癸巳九月初一日丑時卒嘉慶丙寅十一月廿九日戌時無傳

璋自夢裼次子也生乾隆己亥四月廿三日子時外出永福

璋極夢拔長子也生乾隆癸丑五月十五日巳時卒失詳
嗣子貽赤
璋徙夢拔次子也生嘉慶庚申八月初二日未時卒莫攷
無傳
璋宇夢拔三子也生嘉慶甲子九月廿六日未時卒莫考
無傳
璋乃字萬圖夢魏嗣子也生乾隆丙申六月初六日辰時
卒失詳嗣子貽貌
璋千字百圖夢鴉長子也生乾隆癸巳三月廿八日辰時
卒道光癸卯三月二十日巳時娶洪氏生乾隆甲辰

二月十七日辰時卒咸豐己未正月初六日巳時飱

子貽炭

璋糕字古圖夢鶏次子也生乾隆壬寅十月十五日子時

卒道光乙巳八月十七日辰時娶林氏生嘉慶丙辰

三月廿四日寅時卒咸豐壬子三月廿三日寅時子

貽坪貽郡女一

璋吉英夢餅長子也生乾隆己亥十一月十四日丑時外

出臺灣

璋再夢餅次子也生乾隆丙午八月廿七日申時卒嘉慶

丙寅三月廿九日酉時在臺

璋檀字樹圖號克恭夢懷長子也生乾隆戊辰正月初一
日辰時卒乾隆癸丑十二月初四日未時娶陳氏生
乾隆丁卯十二月廿七日卯時卒乾隆戊戌六月廿
五日未時子貽忠女一

璋棖字申圖夢懷次子也生乾隆甲戌十一月十八日丑
時卒道光辛巳四月初一日娶霅氏生乾隆壬午七
月初四日酉時卒道光丙申六月十一日子五貽邊
貽挽貽配貽鷄貽甜女二

璋親字友圖號克信夢楚養子也生乾隆庚辰十二月廿
七日辰時卒嘉慶戊午十二月十一日酉時娶楊氏

生乾隆甲申正月初十日辰時卒道光辛巳正月十
三日寅時養子貽露

璋楄字案圖夢楚嗣子也生乾隆辛巳十二月初一日巳
時卒道光乙酉十一月廿一日巳時娶倈氏生乾隆
壬辰二月十四日巳時卒嘉慶丙辰二月初九日辰
時子貽皇繼娶王氏生乾隆戊子九月廿一日亥時
卒嘉慶丁巳十二月十五日巳時子貽風

璋準號便圖夢引子也生乾隆甲辰五月初五日辰時卒
失詳娶林氏改醮養子貽珪

璋敬號恭圖夢仕養子也生乾隆辛丑八月初十日寅時

卒失詳養子貽智

璋燦字著圖夢擔長子也生乾隆丁卯五月初六日午時

卒失詳娶李氏生乾隆庚午七月廿九日寅時卒失

詳子三貽便貽表貽誅便殤誅出嗣璋王

璋輝字煌圖夢擔次子也同胎生乾隆丁卯五月初六日

午時卒失詳娶鄭氏改醮無傳

璋熾號當亭夢擔三子也生乾隆乙酉五月十二日巳時

在臺卒失詳養子貽塘山

璋當號初圖學佇子也生乾隆癸卯六月十七日辰時卒

莫考無傳

璋塊號布圖夢俊嗣子也生乾隆戊申二月十八日申時
卒莫考無傳

璋全號壽圖夢跨長子也生乾隆庚辰十二月十八日戌
時卒莫攷無傳

璋凸號粉圖夢跨四子也生乾隆辛卯正月初九日申時
卒嘉慶壬戌三月二十日巳時無傳

璋聳號賢圖夢二嗣子也生乾隆癸未六月十二日寅時
卒乾隆壬子七月初一日巳時無傳

璋飯夢旦子也生卒莫攷無傳

璋爻號樂圖夢瓠子也生乾隆壬辰正月初九日戌時幼

殤無傳

璋唱夢趾子也生乾隆丁丑三月三十日亥時卒莫考無傳

璋永夢東子也生乾隆壬午正月廿八日戌時卒失詳養子貽蹁

璋丁亥字卯圖夢午嗣子也生乾隆丁亥十二月廿八日戌時卒失詳娶許氏生乾隆甲午正月十三日卯時卒失詳無傳

璋英好夢乞嗣子也生嘉慶庚申閏四月初十日卒外出莫考娶林氏生嘉慶甲子十月廿四日辰時卒道光

年間十二月初一日申時無傳

璋也夢五嗣子也生道光庚寅五月初七日辰時卒光緒壬寅正月初七日子時

璋樸號正直夢臣長子也生嘉慶丙子七月十二日申時卒咸豐丙辰九月廿一日辰時娶鄭氏生嘉慶戊寅五月初四日丑時卒光緒乙亥十一月廿一日辰時無傳

璋蹠號正忠夢臣次子也生嘉慶己卯三月廿四日辰時卒咸豐辛酉九月廿二日巳時

璋集夢保子也生卒失詳無傳

璋勤夣睿嗣子也生嘉慶乙丑月日時失詳卒同治庚午[illegible]

正月初二日子時娶杜氏生嘉慶甲戌閏二月廿三[illegible]

日戌時卒光緒壬辰六月十五日未時子二貽謝[illegible]

蓮女一

璋商夢芬長子也生年號缺己未八月廿二日酉時卒[illegible]

號缺壬寅十月初七日亥時娶郭氏生年號缺[illegible]

正月十四日吉時卒年號缺庚戌十月廿九日[illegible]

子貽聰

璋錐夢芬次子也生卒莫考嗣子貽案貽協

璋隨夢芬三子也生卒莫考無傳

璋歸夢芬四子也生卒莫攷無傳

璋桃光秦嗣孫也生乾隆庚子八月初十月巳時卒

娶　氏生卒莫考子貽見

璋傳夢天素子也生卒莫攷出居泉城

国家出版基金项目
NATIONAL PUBLICATION FOUNDATION

海上絲綢之路文獻集成

總主編 陳支平 陳春聲

民間譜牒編 44

主編 林楓

海峽出版發行集團
THE STRAITS PUBLISHING & DISTRIBUTING GROUP
福建人民出版社

本册目次

［福建南安］彭亭紫雲黄氏族譜七卷存六卷譜序一卷支圖二卷（卷三至卷四）

黄建亞　鄭維徹等纂修

十二世

貽秋瑋同長子也生道光甲午五月初九日未時卒咸豐
丙辰四月廿二日寅時無傳

貽程瑋同次子也生道光乙未九月初二日子時卒宣統
辛亥正月十七日辰時娶潘氏生道光甲辰正月廿
三日卯時卒民國壬子三月初九日申時子四禮量
禮法禮煉禮樹法出嗣貽鵵女三

貽鵵瑋同三子也生道光丁酉九月十七日巳時卒民國
壬子正月廿五日巳時嗣子禮法

貽咸瑋同四子也生道光壬寅十一月初六日寅時卒咸

豐戊午三月廿六日未時無傳

貽文瑋亥子也生道光己亥十二月廿八日寅時卒光緒
乙酉十月十八日戌時養子二禮興禮針興出祖

貽東瑋治長子也生道光辛丑十一月廿四日卯時卒光
緒丙申六月初五日巳時無傳

貽華瑋治次子也生道光丙午九月十六日戌時卒民國
戊午十二月初一日子時無傳

貽椿瑋治三子也生道光己酉七月廿一日申時卒光緒
辛丑五月初九日未時娶陳氏生女三氏改醮養子
禮楚

貽添銀瑋美養長子也生道光癸卯九月十六日卯時卒
同治戊辰五月十九日卯時無傳
貽謹瑋美次子也生咸豐丁巳正月廿五日寅時卒光緒
甲午五月初十日戌時娶仙遊　氏改醮養子成材
貽洪瑋美三子也生同治壬戌十一月初六日辰時卒民
國丙寅五月二十日辰時娶陳氏生同治丙寅月日
時莫攷卒光緒乙巳十一月十四日吉時生女一繼
娶姚氏生卒未詳無傳
貽庸瑋沛長子也生乾隆己丑三月二十日申時
貽道瑋沛次子也生乾隆丙申三月廿三日辰時

貽庸貽道俱出居仙遊長嶺頭

貽場璋盛子也生乾隆庚寅四月二十日辰時卒莫考無

傳

貽友璋珪子也生卒莫考無傳

貽尾璋量子也生卒莫攷無傳

貽靛璋齊嗣子也生乾隆乙未十一月十九日未時娶張

氏子三禮凌禮住禮讀住出嗣觀國凌讀全父出居

尤溪縣

貽想璋裕長子也出居尤溪縣

貽每璋裕次子也出居尤溪縣

貽聘璋芋養長子也生卒莫考無傳

貽尾璋芋嗣次子也生道光壬辰二月十四日丑時卒光緒庚子十月廿八日辰時娶陳氏生道光辛丑四月廿七日寅時卒光緒甲辰四月十七日寅時子二禮江禮趕

貽年璋貢子也生乾隆戊子正月廿一日寅時卒莫攷無傳

貽寅璋鞍嗣子也生乾隆癸巳正月廿四日寅時卒莫攷無傳

貽記璋滚子也生乾隆己酉九月廿八日申時卒同治年

缺十二月初九日酉時無傳

貽信璋墉子也生乾隆戊寅十一月十八日戌時卒失詳
娶洪氏名英娘生卒失詳生子禮投嗣子禮榜

貽崇璋策嗣子也生乾隆壬午六月廿三日午時卒嘉慶
戊寅二月初九日巳時娶陳氏生乾隆戊子八月十
五日辰時卒嘉慶丙寅十一月十七日未時子一禮
雍

貽着璋房嗣子也生乾隆丁亥九月初六日戌時卒莫考
無傳

貽廚璋粉長子也生乾隆戊子十一月初九日卯時卒道

光丙申三月初八日酉時養子一禮二

貽宏璋粉次子也生乾隆甲午十月初一日巳時卒失詳養子一禮堪

貽求璋粉三子也生乾隆丁酉八月十一日酉時卒道光庚寅七月十二日午時養子禮樓

貽獺璋葵嗣子也生卒莫考無傳

貽詠璋王嗣子也生卒莫攷娶林氏名栽娘生卒莫攷養子禮領無傳

貽片璋宙子也生乾隆壬申七月初四日未時卒莫考無傳

貽丹璋馬子也生卒莫考無傳
貽螺璋攀長子也生卒莫考無傳
貽糠璋攀次子也生卒莫考無傳
貽租璋研子也生卒莫考無傳
貽賢璋壽子也生卒莫考無傳
貽華字周榮璋乾子也生乾隆癸卯十一月初七日戌時
卒咸豐戊午二月十七日巳時娶張氏生乾隆辛丑
二月初八日午時卒咸豐壬子二月初九日卯時子
二禮芸禮仁女一
貽報璋玉養子也生卒失詳無傳

貽懷璋籐嗣子也生嘉慶壬戌七月初五日申時卒咸豐乙卯三月初四日酉時娶潘氏生嘉慶己卯五月廿九日辰時卒光緒丙戌五月十五日巳時子禮店

貽創璋念嗣子也生卒莫考無傳

貽恢璋拱子也生嘉慶丙寅正月廿五日辰時卒光緒甲申九月十六日卯時娶雷氏生嘉慶癸亥十一月廿六日酉時卒光緒丙子十二月初六日亥時子二禮食禮慌慌出嗣璋瑞爲孫

貽墻璋亢長子也生嘉慶癸酉七月廿六日戌時卒道光癸卯九月廿七日子時娶陳氏無出氏改醮養子禮

勝

貽斂璋亢三子也生道光甲申九月十八日寅時卒光緒甲申三月十九日戌時娶蔡氏生子禮攀出嗣貽竹氏改醮養子禮岸

貽珠璋大子也生卒莫考無傳

貽迓元璋柔子也生嘉慶丙辰月日時失詳卒咸豐乙卯八月十五日午時養子禮爲才

貽迎璋純長子也生卒莫考無傳

貽褒璋純次子也生卒莫攷無傳

貽圓璋及養子也生卒莫考無傳

貽通璋塵養長子也生卒莫考無傳

貽捷璋塵嗣次子也生道光丁亥九月二十日卯時卒莫

考嗣子海瑞

貽鋪璋造嗣子也生道光丙戌八月十五日寅時卒莫攷

娶王氏生道光壬辰正月初十日卯時卒莫攷子二

禮得禮嵋得出嗣貽提

貽提璋榚子也生道光辛丑九月初十日子時卒咸豐壬

戌十二月初三日酉時嗣子禮得

貽買璋礐長子也生卒失詳娶陳氏生嘉慶己巳六月廿

一日酉時卒光緒庚寅九月十二日酉時養子禮交

貽分璋譽次子也生卒莫考無傳

貽奪璋霜長子也生嘉慶癸未二月初十日午時卒道光己酉十月廿二日丑時娶羅氏生嘉慶庚辰十月廿一日卯時卒同治丁卯十二月十七日卯時子二禮欣禮[口欣][口欣]出嗣貽力

貽活璋霜次子也生嘉慶丁卯二月廿五日子時卒同治乙丑十月十二日巳時無傳

貽力璋霜三子也生嘉慶庚午十月廿一日酉時卒咸豐戊午十月十三日未時嗣子禮[口欣]

貽配璋杯子也生卒莫考

貽存璋居長子也生嘉慶己巳餘莫考無傳

貽泉號順德璋居次子也生嘉慶己卯三月廿六日未時
卒光緒辛巳正月十四日卯時娶潘氏號貞淑生道
光戊子七月廿七日酉時卒宣統己酉九月十二日
辰時子一禮浪

貽論字周評璋土長子也生嘉慶己卯十二月初八日辰
時卒光緒丙申正月十八日寅時娶蘇氏生道光戊
子八月十三日卯時卒光緒甲午九月十七日子時
子三應時登科海瑞應登出嗣貽煖瑞出嗣貽捷

貽煖字周飽號溫成璋土次子也生道光壬辰七月廿七

日丑時卒咸豐癸亥十二月初二日巳時嗣子二應
時登科
貽奚璋長子也生卒莫攷無傳
貽耶璋斜長子也生道光壬午正月廿三日子時卒咸豐
壬戌正月初二日吉時娶鄭氏生子禮髮氏改醮
貽見璋斜次子也生道光庚寅正月初一日戌時卒咸豐
壬戌三月初八日吉時無傳
貽欄璋令嗣子也生道光丁亥三月初九日寅時卒光緒
戊申十二月初九日酉時無傳
貽莆璋蹉長子也生道光乙未六月廿五日巳時卒同治

庚午五月廿七日未時嗣孫則堆山

貽光璋躂嗣次子也生卒莫考無傳

貽慈璋伊長子也生道光丁酉四月廿八日巳時卒光緒
戊寅九月十八日戌時無傳

貽崎璋我嗣子也生道光辛卯九月廿二日申時卒同治
丁卯九月日時吉無傳

貽銀璋咨子也生卒莫攷無傳

貽灶璋益子也生卒莫考無傳

貽縷號正是璋科長子也生乾隆癸未十二月十九日戌
時卒道光庚子正月初十日酉時娶蔡氏生乾隆乙

未二月初十日酉時卒道光己酉九月廿五日巳時
子三禮益元長壽金貞壽出嗣貽潘公葬本處碗崙
頭穴丙壬午子

貽潘璋科次子也生乾隆丁亥正月廿六日卯時卒嘉慶
壬申五月廿二日吉時嗣子禮長壽

貽爻璋雪子也生乾隆丙申十月廿三日卯時卒莫攷無
傳

貽藹璋羣嗣長子也生乾隆庚寅十二月十九日未時卒
嘉慶丁巳八月十一日吉時無傳

貽蚊璋群次子也生乾隆癸丑八月十九日卯時卒道光

丁未九月十九日酉時養子禮江

貽蠢璋寵子也生乾隆甲午八月二十日辰時卒莫考無

傳

貽鴿璋燕長子也生乾隆壬子正月廿八日卯時卒咸豐

丙辰九月初二日寅時娶鄭氏生嘉慶辛酉十月十

一日巳時卒同治丁卯十月十八日巳時子二禮寶

禮伴女二

貽井璋燕嗣次子也生卒莫攷養子禮熟

貽蘭璋献嗣子也生卒莫考養子禮恐

貽苧璋浮子也生嘉慶庚申正月廿二日辰時卒咸豐癸

丑正月十一日酉時養子禮溪

貽葉字周成璋圓長子也生嘉慶己未六月十七日未時卒同治辛未正月廿九日未時娶鄭氏生嘉慶甲戌九月廿一日酉時卒道光壬寅三月十四日巳時子二禮裁禮培女一

貽牙璋圓次子也生嘉慶壬戌四月十二日酉時卒道光己亥十二月初十日戌時瓦棺葬本都將軍嶺芸轉內無傳

貽亭璋圓三子也生嘉慶乙丑正月初二日寅時卒道光庚戌七月十六日戌時娶陳氏生子禮合氏改醮公

葬東坑內大使宮后

貽亮璋卯子也生嘉慶癸亥五月初八日寅時卒同治壬申正月初七日巳時娶陳氏生嘉慶丙子九月十二日丑時卒光緒庚子九月廿七日辰時子二禮塤禮久女一

貽仰璋蘊長子也生卒莫考無傳

貽盥璋蘊嗣次子也生乾隆己亥二月初三日卯時卒道光甲辰五月廿六日吉時嗣子禮樹

貽荔璋酣子也生乾隆戊戌六月十五日亥時卒道光癸卯閏七月三十日丑時娶陳氏生乾隆甲寅正月初

六日辰時卒道光癸巳五月二十日申時子三禮欉
禮樹禮挑樹出嗣貽盞
貽的璋昔養子也生卒莫考無傳
貽肥璋昔次子也生卒莫攷無傳
貽廷璋次長子也生乾隆己酉十一月初五日卯時卒道
光庚子七月初一日辰時養子禮掃
貽緣璋次二子也生嘉慶己未二月十三日辰時卒咸豐
丙辰十一月初四日辰時娶侯氏生嘉慶丁丑六月
廿二日午時卒咸豐癸丑七月初九日未時子禮網
貽札璋丑子也生卒莫攷無傳

貽月[illegible]度嗣長子也生嘉慶丙寅八月十八日吉時卒同治辛未十月廿二日吉時娶高氏生嘉慶壬申九月十九日吉時卒咸豐丁巳四月初六日　時子三禮抛禮雜禮生

貽法璋度嗣次子也生道光壬午五月十三日　時卒失詳無傳

貽竭字周[illegible]號俊秀璋快長子也生乾隆辛亥二月十三日戌時卒道光己丑十一月初二日酉時娶詹氏生乾隆甲寅正月十三日巳時卒同治辛未九月廿九日寅時子二禮傳禮寶

貽運字周掌瑋快次子也生乾隆癸丑九月初四日午時
卒同治辛未十一月廿九日申時娶林氏生嘉慶辛
酉八月初十日卯時卒咸豐辛酉九月十三日午時
生子四禮福禮祿禮祠禮祝養子禮建女二

貽忠字周良瑋快三子也生嘉慶丙辰八月十五日卯時
卒光緒己卯二月初三日巳時娶林氏生嘉慶乙丑
二月廿七日辰時卒同治庚午十一月廿五日辰時
子五禮雲禮霧禮霞嗣子禮頂禮舉雲出嗣貽進女
三

貽塊字周結瑋連長子也生嘉慶乙丑八月廿六日丑時

卒咸豐乙卯五月十四日巳時娶陳氏生嘉慶己巳
二月初七日寅時卒光緒己丑十月十六日丑時子
四禮柴禮情禮康禮奎奎出嗣四房貽長舆

貽水號朝宗璋連次子也生嘉慶丁丑五月廿六日未時
卒咸豐庚申三月十九日辰時娶蔣氏生卒莫考無
傳

貽進字周貢璋時嗣子也生嘉慶癸酉二月初三日戌時
卒道光丁未十月十二日午時娶鄭氏生嘉慶乙亥
二月十三日戌時卒道光壬辰七月廿一日酉時無
出繼娶傅氏生嘉[illegible]亥三月廿三日亥時卒同治

聖教佩文承印

丁卯十月初七日卯時嗣子禮雲禮扁

貽共字周合璋賓養子也生嘉慶乙亥月日失詳卒同治丙寅七月廿四日午時娶陳氏生嘉慶丙子三月十二日子時卒道光癸卯二月初十日未時子禮踏

貽約璋遠長子也生卒莫攷無傳

貽桃字周李璋遠次子也生道光癸未十二月十四日卯時卒光緒甲午二月二十日巳時娶陳氏生道光壬午十一月廿三日辰時卒光緒辛卯四月廿九日亥時子二禮于禮義女一

貽興字周旺號克仁璋邦嗣子也爲人忠直以勤持身以

廉處世一飲一啄皆由自己汗血換來古所謂聖之
清者公其庶幾近之補太學生生嘉慶乙亥十月三
十日寅時卒光緒己亥十一月十二日辰時娶陳氏
號溫莊生嘉慶丙子正月初九日寅時卒咸豐庚申
三月二十日辰時生子禮再禮固固出嗣貽姜繼娶
林氏號淑莊生道光辛巳七月十六日辰時卒光緒
癸卯七月廿三日子時生女一適墩兜歲進士陳遇
春君令三弟
論曰公賦性忠直軀幹偉大耕田而食鑿井而飲不
貪過量之杯不取非分之財一生守己安分未嘗與

人爭論是非或遇橫逆之來則忍而受之大有唾面自乾之風人故嘖嘖以善人稱之洵無愧已晚年次子守堅公海外經營捆載而歸納粟爲公補太學生頂戴榮身享受清福壽至八十有五此卽爲善獲報之効也至其後嗣森森竹立布滿階前猶屬餘事次孫綬曾孫德音父子篤志芸窓書香踵起植品儒林名馳中外張大門閭丕建鴻業更足令人健羨九京可作當亦含笑而起歟

貽姜字周咸號順孝璋猜長子也補太學生生嘉慶己巳十月初八日申時卒道光壬辰十二月廿七日酉時

娶潘氏生女一氏改醮嗣子禮固

貽本字周業號克讓璋猜三子也恩授修職郎鄉飲賓生
道光丙戌九月三十日戌時卒光緒戊戌十一月初
三日申時娶侯氏號儉莊生道光己丑十二月初九
日酉時卒咸豐己未八月初六日卯時生子禮賢繼
娶王氏號勤莊生道光辛卯十月十四日辰時卒同
治戊辰九月廿九日酉時養子禮門

貽鶴號一鳴璋猜四子也恩授鄉飲賓生道光甲午四月
初二日未時卒光緒乙未九月初五日寅時

貽春璋塔養子也生道光己丑三月十二日酉時卒光緒

丙子六月初十日酉時娶陳氏生女一氏改醮娶禮蔡奉祀

貽註璋亮養子也生道光乙酉十月初一日酉時卒同治庚午正月廿七日巳時娶陳氏生道光辛巳十一月初八日卯時卒光緒戊子十一月初三日寅時養子禮蔡

貽悻璋任長子也生嘉慶己卯閏四月十九日巳時卒咸豐壬子八月初八日寅時無傳

貽晃璋任次子也生道光壬午三月十三日戌時卒道光乙巳八月初六日巳時無傳

貽囷璋任三子也生道光甲申三月十五日未時卒同治
甲戌月日失詳無傳
貽伋璋奕子也生道光丙申四月廿七日辰時卒咸豐壬
子八月初一日寅時無傳
貽笑璋原嗣子也生道光癸未七月二十日戌時卒光緒
戊子四月十三日寅時無傳
貽往璋顏長子也生道光癸巳三月廿一日辰時卒光緒
甲申二月初二日申時養子禮茂
貽剁字周辰號崇德璋顏次子也生咸豐壬子二月初三
日辰時卒宣統庚戌八月初六日卯時娶李氏生咸

豐己未五月十二日酉時卒光緒辛巳正月十二日巳時生女一繼娶李氏生同治壬戌正月初三日午時卒失詳生子二禮玉璽禮揚女一

貽風璋便長子也生道光丙戌九月初五日酉時卒光緒丙申十二月十五日午時娶矦氏生女一氏改醮無傳

貽昆璋便次子也生道光己丑十月廿六日辰時卒失詳無傳

貽淡璋便三子也生道光壬辰七月初二日未時卒同治壬戌九月初九日卯時無傳

貽簡璋密長子也生道光丙戌三月初三日辰時卒同治
癸亥十一月初一日亥時娶陳氏生道光庚寅三月
初五日辰時卒宣統庚戌八月初八日申時子二禮
玲禮曜曜出嗣貽市女一

貽跡璋密次子也生道光壬辰十一月初十日辰時卒光
緒甲辰七月廿三日辰時養子禮絆女一

貽市璋密三子也生道光乙未六月廿八日亥時卒光緒
丁未十二月初八日酉時嗣子禮曜

貽道璋甘長子也生道光己亥十一月初四日亥時卒光
緒丙辰二月十一日辰時在菲律濱娶　氏生子答

首嗣子禮疊

貽問璋廿次子也生道光乙未四月廿二日申時卒於南湖月日失詳無傳

貽喜璋廿三子也生同治壬戌八月廿五日亥時娶鄭氏生同治丁卯二月初九日戌時卒光緒丁未四月廿三日寅時生子禮疊禮點禮低禮楓禮烏狗疊出嗣貽道點低楓狗俱殤繼娶陳氏生光緒乙亥八月廿九日申時卒民國戊午十月初四日戌時三娶羅氏生光緒戊寅七月十二日亥時

貽范璋望長子也生乾隆丙午四月初五日卯時卒道光

丁亥七月廿五日酉時娶林氏生乾隆庚戌七月十
二日寅時卒道光甲申正月十五日辰時子二禮藹
禮業

貽治璋望次子也生乾隆辛亥二月初四日亥時卒道光
乙未正月二十日巳時娶吳氏生嘉慶丁巳二月初
九日辰時卒同治己巳十一月廿三日子時子二禮
乳禮宴

貽直璋望三子也生乾隆癸丑十二月初十日寅時卒嘉
慶丙子閏六月十四日未時無傳

貽考號履吉璋錦長子也生乾隆戊申十一月初五日午

時卒道光甲午正月初二日子時娶陳氏生乾隆辛亥八月十一日戌時卒道光庚戌八月初二日戌時子四禮臨禮順禮恁禮乍恁出嗣貽老女一

貽老號定安璋錦次子也生乾隆甲寅七月初二日巳時卒嘉慶丙子閏六月十一日酉時嗣子禮恁

貽文號周熙璋錦三子也生嘉慶辛酉九月廿三日辰時卒咸豐戊午十月初七日巳時娶鄭氏生嘉慶丙寅十一月初九日亥時卒道光己亥正月十七日子時子二禮禩禮山

貽品號周上璋錦四子也生嘉慶癸亥八月廿六日丑時卒

咸豐甲寅正月廿九日申時娶陳氏生子禮杜殤女
一氏改醮

貽藹號周祈璋軒長子也生嘉慶庚申五月二十日丑時
卒咸豐乙卯四月初十日戌時娶林氏生嘉慶乙丑
六月初十日酉時卒光緒戊寅八月廿三日酉時子
四禮岳禮團禮仰禮遷女一公瓦棺葬本處寮仔前
下穴甲庚兼卯酉

貽垂字周裕璋軒次子也業儒生嘉慶甲子二月十六日
巳時卒道光辛丑八月廿七日子時娶侯氏生子二
禮爐禮流女一氏改醮

貽接璋軒養三子也生嘉慶戊寅三月十七日外出莫考

貽笋璋芽子也仝父出居尤溪縣

貽萃字周拔璋滿子也生嘉慶丙辰九月初六日丑時卒

道光癸巳十一月廿六日巳時無傳

貽赫璋典嗣子也生嘉慶辛酉正月十三日午時卒咸豐

丁巳閏五月廿七日未時無傳

貽錯璋恭長子也生乾隆癸卯五月初一日卯時卒道光

丁未十二月十七日巳時葬在永福縣養子禮班

貽開璋恭次子也生乾隆丙午七月十九日子時卒咸豐

甲寅六月十七日未時娶洪氏生子禮寓氏改醮

貽潛瑋恭三子也生乾隆庚戌十一月十一日戌時卒道光丙午十一月廿八日酉時葬在永福縣養子禮天賜

貽請瑋恭四子也生嘉慶庚申十二月廿四日卯時卒咸豐甲寅六月初十日午時葬在永福縣養子禮求

貽皓瑋探長子也生乾隆癸丑八月初六日戌時卒道光癸巳閏六月十四日辰時娶陳氏生嘉慶己未二月初二日酉時卒同治戊辰八月廿二日卯時子四禮佰禮許禮法禮冷許殤冷出嗣貽責公葬鐘寓坑舊厝后

貽責璋探次子也生嘉慶己未正月初四日寅時卒同治
己巳五月廿四日未時嗣子禮洽

貽胖字周朱璋朝長子也生乾隆壬子正月十七日辰時
卒道光乙巳九月十九日未時娶倪氏生嘉慶丙寅
正月十二日午時卒光緒乙未十一月廿五日吉時
子禮宴

貽牡璋朝次子也生嘉慶壬申三月初五日酉時卒道光
戊申六月廿七日辰時養子禮飲

貽朋字周友璋抵嗣子也生嘉慶甲子三月廿四日丑時
卒道光庚子九月廿五日辰時娶林氏生嘉慶己巳

四月廿二日酉時子禮撊女二

貽低字周高璋布子也生嘉慶戊辰八月初四日寅時卒
咸豐甲寅七月廿二日戌時養子禮麟

貽思璋聰嗣子也生嘉慶己卯三月初五日酉時卒同治
乙丑十月初五日巳時無傳

貽曾璋劍長子也生嘉慶甲戌二月廿九日丑時卒同治
丙寅四月十九日申時娶潘氏生嘉慶己卯四月十
七日卯時卒咸豐戊午八月廿三日未時子禮述女
一

貽全璋劍次子也生嘉慶丙年九月廿六日午時卒失

詳無傳

貽偏璋劍四子也生道光壬午七月廿六日丑時卒咸豐
丁巳閏五月廿五日未時娶洪氏生道光乙酉七月
初七日辰時卒咸豐壬子三月十一日未時女一

貽好璋劍五子也生道光壬辰七月十七日巳時卒光緒
乙巳二月廿七日未時娶林氏生道光乙未六月十
三日午時卒咸豐乙卯二月十五日辰時無傳

貽等璋添長子也生道光癸未三月廿四日卯時卒光緒
壬辰九月廿五日申時嗣子禮圳

貽玉璋添次子也生道光丙戌四月廿二日辰時卒道光

癸卯九月初四日午時無傳

貽穴號信義璋添三子也生道光庚子正月十八日寅時
卒光緒丙午十月二十日寅時娶施氏生道光戊申
十月廿四日酉時卒宣統庚戌九月初七日辰時生
子四禮圳禮潭禮杞禮磚圳出嗣貽等女二

貽王字周上號政城璋榮養子也恩授鄉飲賓生道光癸
未七月初五日寅時卒宣統己酉正月廿三日申時
娶林氏生道光甲午五月十四日辰時卒光緒甲午
八月廿四日酉時生子一禮服女二

貽斗字周玉號慎厚璋蘇嗣長子也性靈敏謀而能斷公

而無私鄉里鼠牙雀角之爭一經剖決立見和解又
好義舉歲光緒庚辰提倡續修譜牒身任幇修之事
荒（心）採訪搜抉靡遺厥功偉矣生嘉慶壬申九月廿七
日巳時卒光緒壬午十一月廿二日申時娶陳氏號
徽恭生嘉慶庚午八月廿五日巳時卒道光庚戌五
月十九日巳時生子二禮乃禮國繼娶羅氏號徽敬
生嘉慶戊辰十一月十四日酉時卒同治癸亥五月
十四日亥時生女一公葬后坑壠水井頭穴陳氏葬
鐘寓坑厝後穴乙辛卯酉
貽竹號斯城璋蘇嗣次子也生嘉慶丁丑八月十七日戌

時卒同治庚午九月十二日戌時娶林氏生道光壬午八月十六日戌時卒光緒丙子十月十四日申時
生子禮備嗣子禮攀女一
貽頭璋沙養子也生卒莫考無傳
貽此字周源璋洊嗣子也生嘉慶壬申十月十五日戌時
卒光緒辛巳八月廿七日亥時飬子禮日
貽海字周江璋尊長子也生道光辛卯六月廿四日辰時
卒光緒壬辰二月初十日申時娶陳氏生道光丁酉
正月初九日辰時卒光緒丁未四月廿三日午時生
子禮睦女二

貽定璋轉子也生道光甲申十月廿九日戌時卒宣統庚
戌九月十三日卯時養子禮呼

貽科璋管子也生道光壬辰二月十一日亥時卒光緒戊
寅正月十八日亥時無傳

貽儼璋勉長子也生卒莫考娶　氏生子禮才禮共共出
嗣貽坂才出居福清舘口氏改醮

貽坂璋勉次子也生卒莫攷嗣子禮共出居福清舘口

貽春璋煌子也生乾隆己巳八月十八日未時卒莫攷無
傳

貽衛璋添子也生乾隆丁丑十一月初八日酉時卒莫考

貽聯登璋延子也生乾隆壬子正月廿一日吉時卒莫考
無傳
貽成璋愛養子也生卒莫考嗣子禮纘
無傳
貽回璋孫子也生乾隆壬戌四月十五日巳時卒莫攷養
子禮艾
貽磋璋賧子也生卒莫攷無傳
貽寧璋璽嗣子也生乾隆壬辰七月十二日巳時卒莫考
無傳
貽發字周式璋韜長子也生乾隆壬申二月十八日丑時

娶王氏生乾隆甲戌三月十九日寅時子禮湖出居
福清漁溪大路洋

貽城璋韜次子也生乾隆丙子二月十四日戌時

貽銓璋旺長子也生乾隆戊子十月十三日巳時

貽銘璋旺次子也生乾隆壬辰六月十一日未時

貽全璋三長子也生乾隆辛卯八月初五日辰時

貽鹿璋三次子也生乾隆丙申二月十五日酉時

貽浴璋清長子也生乾隆丁亥十二月十八日辰時

貽淳璋清次子也生乾隆甲午正月初十日戌時

貽發以下至此俱出居福清漁溪大路洋

貽曹璋年子也生卒莫攷無傳
貽綢璋脩嗣子也生卒莫考無傳
貽斗璋茂子也生乾隆甲午八月初一日酉時卒道光辛
卯九月十七日子時娶劉氏生乾隆辛卯十一月十
九日申時卒嘉慶丁卯八月廿五日戌時子二禮配
禮挑
貽排字周徊璋綿長子也生乾隆丙午十月廿六日未時
卒咸豐甲寅八月十四日午時娶李氏生乾隆己酉
十二月廿五日巳時卒同治壬戌正月十六日卯時
子禮忖禮浪嗣子禮岩

貽齒璋綿次子也生乾隆己酉四月十八日申時卒道光
丙申十月廿六日酉時娶李氏生卒失詳子四禮埔
禮遇禮頂禮岩岩出嗣貽排
貽貞璋蘂長子也生卒失詳娶林氏生嘉慶戊午十一月
十五日卯時卒道光庚子七月初五日戌時養子一
禮案生子三禮桂禮山禮坤
貽墻璋蘂次子也外出臺灣
貽瓜璋蘂三子也外出臺灣
貽撥璋蘂四子也生卒莫攷無傳
貽柳璋礽長子也生乾隆壬寅六月初十日卯時卒道光

丁未八月十七日未時娶林氏生乾隆壬寅十一月廿三日申時卒咸豐己未十二月廿三日酉時子三禮崔禮衿禮寧女一

貽溪璋礽次子也生乾隆丙午四月十七日吉時卒咸豐辛酉四月初一日寅時娶李氏生乾隆癸丑十二月初九日巳時卒咸豐辛亥七月廿五日酉時子四禮緝禮水禮纘禮周纘出嗣貽成

貽撻璋礽三子也生乾隆庚戌六月初七日巳時卒道光癸巳五月十一日子時娶陳氏生乾隆癸丑六月初五日巳時卒道光甲辰十二月十八日戌時子禮提

禮拋
貽雜璋礽四子也生卒莫攷無傳
貽令璋愴長子也生卒莫考無傳
貽井璋愴次子也生乾隆甲寅七月初七日亥時卒咸豐
庚申九月廿五日亥時娶陳氏生嘉慶辛酉九月廿
三日卯時卒同治辛未正月廿五日午時子禮寬
貽溢璋愴三子也生嘉慶丁巳十一月廿九日戌時卒同
治辛未五月十二日戌時娶鄭氏生嘉慶甲子九月
初六日酉時卒同治庚午三月十四日辰時子六禮
請禮信禮賢禮蔭禮奎禮恁信出嗣貽語賢出嗣貽

葱恁出嗣貽管

貽管璋愴四子也生嘉慶壬戌十一月十二日申時卒咸豐辛酉九月十七日亥時娶陳氏生嘉慶己巳十月十二日寅時卒光緒己亥正月初十日辰時嗣子禮恁生子禮蹸養子禮贈女二

貽語璋愴五子也生嘉慶丁卯九月十八日辰時卒道光壬辰七月二十日辰時嗣子禮信

貽恐璋孕長子也生乾隆丁未十月初七日午時卒道光辛卯正月十四日戌時娶倪氏生子禮興氏改醮

貽車璋孕次子也生乾隆庚戌十月十七日午時卒道光

己亥十一月廿六日辰時娶鄭氏生嘉慶壬戌九月
初五日申時卒同治癸亥十一月廿六日未時子二
禮泉禮石

貽店璋孕三子也生乾隆丙辰九月十四日午時卒道光
丁亥三月初五日辰時養子禮串

貽妍璋奥長子也生乾隆壬寅六月廿二日卯時卒咸豐
乙卯五月十一日戌時娶陳氏生乾隆乙巳七月廿
四日申時卒同治甲子九月初八日卯時子四禮坑
禮瀨禮亮禮春來春來出嗣貽秀女二

貽秀璋奥次子也生乾隆壬子十一月初十日巳時卒道

光戊子正月十九日戌時嗣子禮春來

貽如金璋切長子也生乾隆戊申月日時失詳在臺卒道光戊申七月初四日酉時

貽葱璋切次子也生嘉慶丁巳三月十五日申時在臺卒道光戊申七月初四日未時嗣子禮賢

貽課璋迎子也生乾隆甲午十二月廿一日巳時卒莫考無傳

貽着璋辭養子也生乾隆壬午月日時卒俱莫攷無傳

貽御璋宋嗣子也生乾隆辛卯五月初五日寅時卒莫攷無傳

貽雪璋投子也生乾隆癸未十二月十六日子時在臺卒
莫考無傳

貽欸璋塘長子也生乾隆丁亥閏七月初八日未時卒莫
考無傳

貽珍璋塘次子也生乾隆乙未八月廿三日亥時卒莫考
養子禮忽

貽院璋賽長子也生乾隆庚寅十一月初八日午時卒道
光戊戌七月三十日未時養子禮賞

貽愷字周南璋賽次子也生乾隆甲午十一月三十日卯
時卒道光辛丑四月初四日酉時娶劉氏生乾隆甲

午九月十四日巳時卒道光丁未十一月初九日戌
時養子　素
貽歛字周袛藥長子也生乾隆壬寅七月廿三日午時
卒道光[illegible]酉四月二十日午時娶陳氏生乾隆甲辰
四月十[illegible]日吉時卒咸豐己未九月十三日亥時子
四禮重禮[illegible]禮仰禮册忽出嗣[illegible]珍仰出嗣盛朝女
一
貽省字周事璋藥次子也生乾隆丙午九月初八日亥時
卒道光庚戌十月初八日辰時娶許氏生乾隆庚戌
九月十九日辰時卒同治癸酉九月廿七日寅時子

禮寢女二

貽辨字周備璋䕬三子也生乾隆壬子二月十七日吉時娶蔡氏生子禮仾出嗣貽猛女一氏改醮公犯案出罪陝西省平樂縣在陝娶　氏生子禮聯譽禮聯貞俱回籍公卒年莫攷六月十三日仝氏卒在陝

貽僭字周權璋䕬四子也生嘉慶戊午九月廿六日辰時卒同治癸酉三月廿二日巳時娶侯氏生嘉慶丙子十一月十六日酉時卒同治庚午十月廿八日寅時無出嗣子禮墘養子禮偶

貽奪號秉正璋黍子也生乾隆丙申五月初三日午時卒

道光壬午正月廿三日巳時娶謝氏生子三禮世禮浮禮垂氏改醮

貽名號誠德璋切子也生乾隆癸卯十月十三日戌時卒道光己酉五月十五日酉時娶施氏生嘉慶辛酉十二月初五日卯時卒光緒己卯六月初九日卯時子二禮魚禮或

貽天號亭厚璋輟子也生乾隆丁未十一月十六日丑時卒咸豐乙卯正月十八日巳時娶鄭氏生嘉慶壬戌十一月廿六日辰時卒光緒戊子正月十八日卯時子六禮教禮袋禮象禮黨禮柑禮筭女一

貽乃號宣和璋郁長子也生乾隆癸巳十一月廿一日巳時卒嘉慶丁巳十一月十五日巳時無傳

貽準璋郁次子也生乾隆己亥六月初五日戌時卒道光癸卯七月十九日亥時無傳

貽緝璋郁三子也生失詳卒道光癸卯九月初八日午時無傳

貽褒號玉亭璋飽子也生嘉慶辛亥七月初六日寅時卒同治癸酉四月十八日午時娶柯氏生嘉慶庚午十二月廿一日未時卒光緒戊寅十一月初七日辰時子二禮韜禮粿女二

貽英璋于長子也生嘉慶戊辰閏五月二十日亥時卒道
光乙未三月初七日申時無傳
貽萃璋于次子也生嘉慶乙亥十一月十七日申時卒咸
豐乙卯四月初十日卯時娶李氏生子禮粽氏改醮
貽色琮雁長子也生乾隆癸未七月廿七日子時卒嘉慶
己卯二月初六日酉時娶侯氏生乾隆甲申十一月
廿九日卯時卒乾隆庚戌七月廿五日辰時子禮綢
繼娶李氏生乾隆己丑五月廿五日未時卒道光丁
酉五月初二日酉時子四禮石禮惠禮滴禮輭滴出
嗣貽貫女一

貽貫號淳洹琮雁次子也生乾隆辛卯七月廿九日丑時
卒道光丁酉三月廿六日辰時娶陳氏生乾隆壬辰
九月十三日巳時卒嘉慶丁卯五月廿四日巳時養
子禮脇嗣子禮滴女一

貽邁字周昭琮雁三子也生乾隆丁酉十一月廿一日丑
時卒道光戊戌五月十七日申時娶雷氏生乾隆戊
申二月廿六日酉時卒咸豐甲寅正月十六日午時
子四禮容禮文禮諒禮葛

貽鄰號醇厚琮灣長子也生乾隆癸未六月初三日酉時
卒嘉慶庚申七月初三日酉時娶陳氏生乾隆丙戌

九月廿三日未時卒道光戊申十月初十日酉時生
子禮奚嗣子禮所
貽廉號守潔琮瀠次子也生乾隆庚寅五月廿九日戌時
卒乾隆戊申三月初八日子時無傳
貽梧號居仁琮瀠三子也生乾隆丁酉十月廿四日酉時
卒嘉慶丁丑五月十四日丑時娶王氏生乾隆丙申
九月廿三日巳時卒道光丁未十一月初二日戌時
子五禮郭禮所禮地禮赤禮磦所出嗣貽鄉
貽祛號玉庭琮瀠四子也生乾隆庚子十一月廿三日辰
時卒道光丁亥十一月十六日未時娶鄭氏生乾隆

辛亥正月十七日戌時卒同治壬申十一月廿八日辰時子三禮超禮強禮獅女一

貽猛號順義琮瀯五子也生乾隆甲辰九月初三日未時卒嘉慶己卯正月十八日寅時娶陳氏生女一氏改醮嗣子禮低

貽全號慎守琮軋長子也生乾隆丁亥七月十六日寅時卒嘉慶庚午十二月三十日酉時娶陳氏生乾隆庚子七月十七日吉時卒道光乙巳十一月十七日亥時養子禮合生子禮勁女一

貽機號肇化琮軋次子也生乾隆庚寅二月初十日亥時

卒嘉慶丙寅正月初十日子時娶王氏生乾隆甲午
六月十四日申時卒道光癸未二月廿八日午時子
二禮覯禮輕女一
貽突號奕德琮軋三子也生乾隆甲午三月初六日午時
卒道光乙未十二月十八日亥時娶王氏生乾隆壬
寅二月初八日寅時卒咸豐庚申十月初十日戌時
子二禮厚禮煎女二
貽鑽字周解琮軋四子也生乾隆庚子四月初九日巳時
卒道光丙申二月十六日丑時娶王氏生嘉慶丙辰
十一月初八日辰時卒道光壬辰七月廿三日午時

養子禮順生子禮冷禮曹曹出嗣貽元

貽元號氣宇琮軋五子也生乾隆癸卯四月初八日辰時

卒嘉慶甲戌六月十九日未時嗣子禮曹

貽繞號篤信論道長子也生乾隆丁未六月十六日辰時

卒道光庚子八月廿一日寅時娶王氏生乾隆壬子

四月廿七日卯時卒同治甲子正月十四日寅時子

四禮垵禮崎禮賴禮平

貽習號宜信論道嗣次子也生嘉慶戊午十月初十日酉

時卒道光癸卯十月初八日吉時娶鄭氏生嘉慶己

未五月廿一日申時卒道光己丑五月十九日寅時

子禮擺

貽達號有德論道三子也生嘉慶甲子二月初八日寅時卒光緒庚辰六月廿五日未時娶李氏生嘉慶壬戌十月十四日酉時卒光緒辛未十月初一日卯時子二禮淺禮寸

貽堪號有能論道四子也生嘉慶庚午二月十三日酉時卒光緒戊寅六月十九日寅時娶王氏生嘉慶丁丑七月初三日亥時卒咸豐己未七月廿二日巳時子二禮誇禮汧

際泰諱貽開字周啓號明義拔元長子也存心忠厚植品

恢宏孝事父母友篤弟兄居家勤儉處世和平太邱之望彥方之聲允推世範無忝國生以俊秀舉國學生生乾隆癸巳三月初三日午時卒道光壬辰二月十八日酉時娶永春東關陳復卿君之女號慈惠生同庚十二月十九日午時卒咸豐癸丑正月廿五日子時享年八十有一子三禮桂國佐禮梓女一公葬本邑廿二都蘇軍門土名碓尾山穴丁癸兼未丑

際熙諱貽閱字周簡號明仁拔元次子也恩授鄉飲賓生乾隆辛丑十二月廿六日子時卒道光戊申三月十四日未時娶林氏生乾隆壬寅五月十六日寅時卒

同治丙寅十月初九日辰時子二禮掄才禮補綻公
與氏合葬高殿寨仔穴巳亥兼丙壬
貽閑字周謨號明善拔元三子也生乾隆甲辰八月十七
日戌時卒咸豐丁巳二月十六日戌時娶鄭氏生乾
隆甲辰三月十四日午時卒嘉慶己卯五月廿五日
戌時子禮棟禮讓繼娶鄭氏生嘉慶丙辰十月十一
日卯時卒道光戊子七月初五日未時側室王氏生
嘉慶年月日時失詳卒咸豐己丑五月十七日未時
養子禮舉
貽闆字周廣號明德拔元四子也業儒生乾隆丙午九月

十一日子時卒道光丙午七月初二日子時娶李氏
生乾隆丁未七月廿四日子時卒咸豐辛酉十月初
一日未時生子四禮涯禮染禮兵禮灘公葬卓雲山
石皮仔穴卯酉兼甲庚

逢龍諱貽昌字周熾號志巖正齋長子也登嘉慶己未科
恩進士授修職郎歷任大田尤溪羅源屏南連江永
定教諭特授上杭縣訓導調臺灣府訓導享壽七十
有一生乾隆壬辰七月初七日酉時卒道光壬寅十
一月廿九日未時娶潘氏號慈恭勅封正八品孺人
生乾隆癸巳五月廿四日辰時卒道光癸未八月二

十日申時子四禮瑞莖禮瑞草禮瑞蒲禮瑞藪側室
吳氏號柔徽生嘉慶辛酉正月初三日午時卒道光
癸卯十一月十八日午時公葬卓雲山鳳鼓崙穴巽
乾兼巳亥潘氏葬八都青塘宮前祖厝洋后溪山穴
巽乾兼辰戌

探花及第出身欽點翰林編修宗世姪貽楫論曰
公孝友性成忠廉天授克盡家脩無慚　廷獻束髮
受師鯉庭稟訓垂髫食餼黌序蜚聲敦倫飭紀恢脩
齊而闔治平胙史枕經貫古今而通天地老原如壯
黃卷忍拋窮且益堅青雲自志探桂苑於九秋屢邀

鶚薦經棘闈之百戰未遂鵷搏乃分貢樹之香樓修五鳳旄植儒林之臯堂集三鶴振鐸八庠到處懸扶風之帳彈冠四紀隨時開立雪之門懔夙夜於寅淸敢厭堆盤苜蓿澄甄陶之炳鑒自多入籠參苓連水流徽標絳紗之雅望杭川崇祀奉山斗以長生將遷羅邑而制圖曾呼叔度再蒞晏湖而攝篆復頌登州義舉且兼西席不廢丹黃講堂別作南風遂拖靑紫允矣公才公望宜乎經師人師

逢曦諱貽㬎字周雅號誠圃正齋次子也孝慈無忝友恭克敦忍以待人唾面導婁公之訓誠以持己守身懔

衛武之箴雖理家務亦精文墨補太學生生乾隆丁酉六月廿八日戌時卒道光庚子三月二十日辰時娶陳氏號温恭生乾隆己亥三月初七日酉時卒咸豐辛酉十月廿一日巳時嗣子禮璠子禮時禮梗禮樣女一

逢夔諱貽曇字周烱號倚巖正齋三子也讀書守分飭紀敦倫孝事父母友篤弟昆儒林植品棘院冠軍鵬搏未遂驟顧屢聞歧黃夙擅履素超群恩授鄉飲賓生乾隆己酉正月廿九日亥時卒道光癸卯正月二十日未時娶蘇氏號純恭生乾隆辛亥三月二十日卯

時卒道光戊子六月廿五日未時子禮髟禮氈兆熊禮圈繼娶陳氏號勤恭生乾隆己酉十二月廿二日辰時卒咸豐癸丑五月廿九日午時飬子禮漚蘇氏葬卓雲山下寮后池墳龔箕坡穴卯酉兼乙辛

貽恰字周扶號直毅翰音長子也孝友兩篤才學兼優精書法善文章才不獲展早赴僊鄉學士文人爲之惋惜者多焉生乾隆甲午七月十二日申時卒嘉慶己巳十一月十四日辰時娶戴氏號孝貞生乾隆甲午七月初十日午時卒道光癸巳三月廿七日辰時子四克紹克因克本克四

成名諱貽恬字周引號饔軒翰音次子也孝於親慈於衆和平居己正直待人爲善則司馬是遵廉靜則公綽是訓韜畧身克光麟閣淵源子又紹鯉庭穿揚貫札遊其門者無不登名迄今人往風微四方猶稱頌不置焉登嘉慶甲子科武闈中式舉人享年八十有一生乾隆丁酉正月廿五日寅時卒咸豐丁巳八月廿三日子時娶戴氏號慈和生同庚十一月初三日酉時卒道光丁酉七月初九日子時子五禮敬鷹揚對揚禮褒禮醒

成裕諱貽忱字周誠號直溫翰音三子也以俊秀畢國學

生生乾隆庚子六月廿五日戌時卒嘉慶辛未十一月十三日午時娶陳氏號柔貞生乾隆庚子九月十三日戌時卒道光丁亥二月初四日辰時子三禮袍禮百禮綬女一公與氏合葬姑店洋箭翼穴壬丙兼子午

成文

諱貽齒字周齡號荆庭翰音四子也登道光癸卯科歲進士候選儒學例授修職郎生乾隆癸卯四月十四日己時卒咸豐辛亥五月十六日戌時娶葉氏號嗣徵例封八品孺人生乾隆辛丑五月初三日子時卒道光己亥二月十八日寅時子三禮晏禮譜際淸

女一適杏塘武舉人陳恭老令郎邑庠生　君

論曰公孝於親弟於長慈於衆以此修身即以此教

家而修齊之道備焉矣至於學問一途格致則切磋

琢磨盡其力誠正則瑟僩赫喧發其光明明德以止

至善大學所謂三綱領八條目雖未各見諸實事而

究其本原則已無或有遺憾此所以實至名歸身遊

黌序之中香生貢樹之上而爲閭里所欽崇也夫

貽忻字周然號直承翰音五子也業儒生乾隆丁未九月

廿四日辰時卒道光壬午十二月廿二日午時娶陳

氏號柔愼生乾隆己酉十一月初一日亥時卒道光

壬辰閏九月初六日巳時子二禮爽禮蔚

成存諱貽性字周恒號誠軒翰音六子也其人温柔其量寛洪孝于父母友于弟兄鄉里則爲排難解紛兒孫則教以耕田讀書手揮子史則廣進田庄胸儲甲兵則身遊黌序治家處世一以忍而已補邑庠生生乾隆庚戌三月廿三日戌時卒咸豐丁巳八月初六日戌時娶陳氏號柔順生乾隆庚戌五月初五日子時卒嘉慶己卯正月十二日寅時子禮揀禮降繼娶李氏號慈順生乾隆癸丑十一月十六日子時卒咸豐戊午正月十九日巳時子三揚清禮這禮看

成中諱貽慨字周治號悅亭翰音七子也性孝友豈淵涵視侄猶子遇不足輒濟焉好讀書屢試不售棄儒就商大有鮑子之風延師教子名列膠庠吳宗師鍾駿授以院賓贈義方訓子匾額流芳生嘉慶戊午四月十四日未時卒同治癸酉八月十一日戌時娶李氏號慈順生嘉慶己未十二月十三日未時卒嘉慶丁丑三月初一日巳時繼娶爐内例貢生潘乃愛君胞妹號淑順生嘉慶己未二月廿二日子時卒道光壬午十月廿五日未時繼娶陳氏[illegible]恭順生嘉慶壬戌二月初三日亥時卒同治丁卯十月十一日子時飬

子禮孔生子慶淸禮碣女一適爐內候補照磨潘本
台君次男

盛業諱貽潤字周澤爲山長子也業儒補太學生生乾隆
庚子三月十五日酉時卒道光己酉六月廿二日午
時娶蘇氏生同庚七月十八日卯時卒道光庚戌四
月初三日申時子二禮高禮杼

盛恩諱貽濟字周彬爲山次子也恩錫鄉飲賓生乾隆甲
辰八月廿九日辰時卒咸豐辛亥三月十七日巳時
娶李氏生乾隆乙巳十月初八日酉時卒咸豐辛亥
八月廿三日申時子禮僻禮倩禮署倩署殤餋子禮

韮女一

盛朝諱貽端字周萬號莊修爲山三子也恩錫鄉飲賓享壽七十有三生乾隆丁未八月初四日戌時卒咸豐己未七月廿九日亥時娶洪氏號柔慈生同庚同月同日同時卒道光丁未十月初一日丑時子定元壽榮嗣子禮仰繼娶劉氏號柔恭生嘉慶己巳十月初四日亥時卒光緒壬辰十月二十日巳時子禮坂洪氏葬卓雲山院口鄉龜頭崙穴辛乙兼酉卯

論曰事其母愼厥終謀寢室叩蒼穹其孝行可風焉平生嗜功名習武藝神射莫匹屢拔前茅受其教者

皆成妙技雖未及身而顯而子列膠庠亦不負其素
志之切也然又懷同氣友弟恭兄視姪猶子理家計
務勤尚儉瘠私肥公所謂毫無遺憾至若遇紛難力
爲排解見急危不辭扶濟更爲鄉里欽仰世有其人
誠足重哉迨年六十陳邑侯舉以鄉賓獎給重望鄉
閭以旌之實無愧矣

勵修諱貽擯字周用爲山四子也業儒生乾隆庚戌十二
月十一日寅時卒嘉慶丙子六月廿八日吉時娶亭
山鄉飲賓以子武舉鄭占魁貴封武署騎尉鄭彬仲
君之女號　生同庚十一月初十日卯時卒咸豐

丁巳三月十三日未時氏自二十七歲苦楚甘心守冰霜之節成柏舟之操享年六十有七於同治十三年蒙賜進士出身禮部郎中黃謀烈忝屬世誼不忍湮沒會同賜進士出身刑部郎中蔡賡良題請

天旌節孝勅封六品安人給金建坊以傳後世子一禮接養子一藉榮女一適太學生鄭和淸君長男公於同治戊辰蒙呂仙師賜一吉地形號蜈蚣追蛇在八都坂尾穴甲庚兼寅申公葬焉詩曰奇龍拙穴坐山東俗眼那知是蜈蚣案外峯生高第一堂前水到美無雙穿田過峽狼貪秀落脈分支个字工此地若能

謀得就兒孫遠代定侯封

貽凉字周納號清修爲山五子也生乾隆癸丑十二月廿四日午時卒道光丁未十一月廿七日戌時娶蘇氏生同庚二月十五日巳時卒同治丁卯四月廿八日巳時子三禮忖禮愰禮慊

貽勘字周點號純修爲山六子也業儒例贈修職郎生嘉慶甲子二月初十日午時卒道光庚子二月初三日未時娶蘇氏生嘉慶癸亥十月十一日酉時卒咸豐丁巳閏五月廿五日亥時子三慶昇禮缺禮讀

論曰　公論其性素敦孝弟論其學才炳琳瑯束身

風雅篤志縹緗作文以理法爲宗不背先正繩尺其與爲友者畢生無間言吳宗師孝銘歲試經取入設因額滿見遺卒爲佾生誠足惜哉然亦不愧爲儒雅中人矣

時芳諱貽春字周丕號濬圃拔萃長子也天姿穎悟品行端嚴弱冠補邑庠生拔一等十一次凡諸義舉踴躍倡捐豈特捐建文廟之可欽哉生乾隆乙未正月廿六日未時卒道光庚寅十月廿七日亥時娶賴氏號順德生乾隆丁酉三月初九日寅時卒咸豐丙辰三月初九日午時養子禮波生子禮衍女一側室陳氏

聖敎風文承印

號貞淑生乾隆丁未七月十五日酉時卒道光壬子
十一月初九日申時嗣子禮敏

時忻諱貽笑字周喜號兩堂拔萃次子也至性孝友器量
寬洪温和處世廉正持躬其樂善好施遠近被澤者
猶嘖嘖稱道焉嘉慶己巳科賜進士出身欽點衛守
府授武德騎尉歷任三沙海澄中軍府兼三沙左協
副總府享年六十有二生乾隆己亥三月初九日卯
時卒道光庚子七月初九日子時娶李氏號和泰諡
封五品宜人生乾隆戊戌七月初三日丑時卒咸豐
丁卯九月廿四日辰時子禮理禮琨女一適彭口邑

庠生李君宗沆廩膳生慶高其外甥也側室邱氏號順莊生乾隆甲寅八月十五日寅時卒咸豐乙卯四月初四日酉時養子禮琳公與李氏瓦棺合葬本都東厝鄉五斗頭穴坤艮兼申寅

時憲諱貽妍字周清號昭圃拔萃四子也慈愛居心修葺道路嘗憫負債之棄妻而代還以全兩美嫺習弓馬補邑庠生生乾隆戊申十月初二日寅時卒咸豐戊午十二月初六日辰時享年七十有一娶鄭氏號順徽生乾隆甲戌六月廿九日巳時卒道光乙未二月十六日卯時嗣子禮斗側室王氏號和慎生嘉慶戊

辰十月初十日午時卒咸豐乙卯十一月初一日未時養子禮台生子禮緞禮悻禮鴆禮羆禮纓禮黨禮和鄭氏瓦棺葬坑柄鄉大崙尾坪路后穴辛乙兼戌辰

貽耀字周平號禧　拔萃五子也生乾隆乙卯十一月廿一日未時卒道光丙戌二月十三日寅時娶蘇氏號貞信生嘉慶丁巳八月十二日酉時卒同治辛未十月初八日酉時養子禮郡生子禮礪公葬彭林柄蚯仔崙穴

貽祥字周岳號純禧　拔萃六子也生嘉慶己未三月廿四

日酉時卒道光丙戌二月十三日寅時娶俟氏號順慈生嘉慶丁巳三月廿六日酉時卒同治庚午六月初五日午時氏自三十歲甘心苦楚守冰霜之節成柏舟之操享年七十有四於同治十三年蒙賜進士出身體部郎中黃謀烈忝屬宗親不忍湮沒會同賜進士出身刑部郎中蔡賡良題請

天旌節孝勅封六品安人給金建坊以傳後世養子二

禮託禮權

貽佃字周田號鑑圃拔萃七子也業儒生嘉慶丙子閏六月廿七日戌時卒咸豐甲寅九月廿三日酉時娶傳

氏號順義生嘉慶乙亥九月十六日酉時卒咸豐庚
申三月廿一日酉時子四禮誾禮海禮錯禮鋤女一
適彭口恩貢生李春光
興邦諱貽頤字周若號孚修拔魁嗣子也嫺習弓馬補邑
庠生生乾隆甲辰七月初六日午時卒同治癸亥七
月二十日亥時享年八十娶王氏生同庚同月同日
卯時卒道光戊申十月十四日巳時子禮杞澄標禮
釓禮雪梅繼娶李氏生嘉慶丙辰四月廿三日辰時
卒同治乙丑五月廿四日子時公葬彭林柄鄉帝君
宮后崙穴　王氏葬本都嶺頭大隔寨獅[illegible]

穴壬丙兼亥巳

論曰公純孝無忝友于克敦器量宏而識達操躬正而性剛構華屋置良田以廓先人遺志立詩書精弓馬以課後世兢行存恕以撫僕婢解紛而和鄉閭心通孫吳之畧身列黌序之班得其業者咸登虎榜是以次子澄標得冠軍補邑庠生至於憫所生之式微而爲之立後者屢矣豈非公之孝友足徵焉

貽蘇字周鼎號義修拔魁三子也生嘉慶戊午四月初七日未時卒道光丙午閏五月廿二日亥時娶王氏生嘉慶辛酉五月廿四日卯時卒道光癸未正月十九

日酉時嗣子禮計繼娶蘇氏生嘉慶丙寅七月廿四
日未時卒道光庚寅九月廿五日未時子禮蓼三娶
吳氏生嘉慶丁卯八月十八日寅時卒咸豐壬子十
一月十一日寅時子禮喨禮菌

貽溢字周纓號潔修拔魁四子也業儒生嘉慶癸亥閏二
月初四日戌時卒道光庚子六月十八日未時娶葉
氏生嘉慶甲子二月廿九日酉時卒咸豐甲寅三月
初一日酉時子二禮噫禮悳

貽炮字周榮號亮哲琮乾嗣子也生乾隆丙午十二月初
七日寅時卒道光庚戌五月十九日未時娶林氏號

莊勤生乾隆己酉七月初二日寅時卒咸豐辛酉十月初五日午時子四禮篆禮寬大烈禮曾

貽還字周探號純篤琮謙養子也生嘉慶乙亥十一月十九日亥時卒道光丁酉十月初五日酉時娶施氏號明懿生嘉慶丙子五月十三日酉時卒道光乙未閏六月初十日戌　繼娶林氏生嘉慶戊寅二月廿六日未時卒光緒　月日時失詳生子禮琽　子禮聽

興宗諱貽僊周任號篤圃　應嗣子也忠厚正直孝友慈恭英　以武試補邑　庠生生乾隆甲寅三月廿三日卯時卒道光丁未十一十日丑時娶李氏號慎

恭生乾隆乙卯七月十四日酉時卒道光庚戌三月
初一日寅時生子二禮儇禮邑嗣子禮閬
貽西字周斯號義亭鴻長子也生嘉慶丁巳四月十九日
戌時卒咸豐辛亥閏八月初九日丑時娶蘇氏號宜
貞生嘉慶戊午二月廿三日丑時卒嘉慶戊寅八月
廿五日亥時繼娶羅氏號宜慈生嘉慶壬戌十一月
初三日卯時卒咸豐戊午九月初三日辰時養子禮
贊成生子禮象禮鑑
貽甲號純恪鴻次子也生嘉慶丙寅六月廿八日亥時卒
道光乙酉十月廿八日戌時娶陳氏無出氏改醮養

子禮沛

廷璧諱貽趙字周珀號如珪鴻三子也恩錫鄉飲賓生嘉慶戊寅十月十三日卯時卒光緒丙戌十月廿五日申時娶潘氏號宜順生同庚六月十八日亥時卒光緒壬午六月廿二日巳時子四禮楸禮芽禮麪禮洋麪出嗣貽茅

貽茅號承珪鴻四子也生道光壬午正月十八日巳時卒光緒庚寅二月十六日酉時嗣子禮麪

貽澄號敦義琮君嗣長子也生嘉慶己巳九月初六日申時卒道光甲辰四月廿二日卯時娶楊氏號宜懿生

嘉慶甲戌四月初九日丑時卒同治丁卯正月十六
日未時子二禮瑤禮北

貽匣號義和琮君次子也生嘉慶癸酉九月廿五日申時
卒道光庚戌十一月初四日卯時娶潘氏無出氏改
醮嗣子禮馳

貽冒號敦講琮趨長子也生嘉慶甲戌十月廿九日丑
時卒道光甲辰十二月十九日酉時娶張氏生子禮
凸禮孫禮馳凸出嗣貽涇馳出嗣貽匣孫往臺氏改
醮

貽夢號賞軒琮趨次子也生道光癸未二月廿九日丑時

卒同治丙寅六月初七日戌時娶陳氏生道光壬辰
吉月日時卒於臺灣莫稽子三禮廷禮雍禮虎俱出
居臺灣

貽涇號桑阿琮戊子也生嘉慶乙亥三月十七日丑時卒
道光丁酉七月初四日辰時娶詹氏無出氏改醮嗣
子禮凸

貽查號愼德琮庚子也生嘉慶甲戌八月初一日午時卒
光緒乙亥九月廿七日申時無傳

貽類琮闖養子也生道光乙酉七月廿一日巳時卒莫考
娶鄭氏生子禮朕氏改醮

貽通琮柿養子也生嘉慶庚辰二月初九日申時卒莫攷
無傳
貽染號義德琮丙養長子也生嘉慶戊寅六月初一日未
時卒同治甲戌五月十六日巳時娶張氏生道光乙
未十一月十七日未時卒光緒壬午二月十七日巳
時養子二禮鑾禮樧女四
貽肴號思正琌丙次子也生道光壬辰七月廿九日未時
卒光緒戊戌正月初五日酉時養子禮貌
貽疃字周町號淳義琮敲長子也生道光甲申七月初五
日亥時卒道光癸卯十一月十二日卯時娶林氏無

出氏改醮無傳

貽闖字貽省號思明琮敲三子也生道光己丑五月十二日未時卒同治壬戌十二月十五日未時娶范氏生子禮海殤氏改醮

貽表字周正號思忠琮敲四子也生道光己亥三月初二日酉時卒光緒戊申二月初六日寅時娶李氏號純德生咸豐庚申正月初十日丑時養子禮樓生子禮鎮禮胡禮鵬禮埕鵬埕俱殤

貽劣號思義琮敲五子也生道光辛丑七月十三日酉時卒民國壬子十月十八日酉時娶林氏號純懿生咸

豐甲寅六月初三日寅時卒光緒癸未正月廿五日
未時繼娶莊氏號純靜生同治丙戌正月廿一日寅
時卒光緒己巳十月十二日巳時子三禮攀禮爲禮
程爲程殤女二

貽漂琮涉嗣長子也生道光丙戌十月廿一日巳時卒光
緒壬午九月初五日丑時娶高氏生子禮喝氏改醮

貽鈸號思直琮涉次子也生道光壬辰九月初四日巳時
卒於頂府十四都街失詳娶葉氏號純和生道光己
亥六月初四日申時卒同治戊辰五月廿三日寅時
女一繼娶劉氏生道光己亥十二月廿五日亥時從

夫卒於頂府莫稽養子禮進禮朝安俱在尤溪縣十
四都西洋街

貽業號垂統璋意長子也生乾隆己卯八月廿四日卯時
卒嘉慶癸亥十一月廿二日未時娶林氏號愼慈生
乾隆辛巳五月初五日寅時卒道光丁亥十一月十
三日卯時子三禮長禮璞禮槨女一

貽遠號行德璋意次子也生乾隆甲申三月廿八日戌時
卒乾隆戊申八月初三日未時娶林氏生同庚六月
初三日辰時卒嘉慶乙亥九月廿八日寅時子二禮
出禮入入出嗣貽深

貽深號周淵璋意三子也生乾隆壬辰二月三十日酉時
卒乾隆戊申八月初七日酉時聘戴氏未娶改適嗣
子禮入公葬卓雲山前大壠內公山田後穴乾巽兼
亥巳

貽近字周悅號存德璋意四子也生乾隆丁酉二月十八
日未時卒道光辛巳十二月十九日未時娶吳氏號
順徽生乾隆丁酉十二月廿七日戌時卒道光丁未
九月廿八日午時子四禮庚禮芸禮齊禮顧女二癸
與氏合葬本處碗崙鏡面穴巽乾兼辰戌

貽粧字周美號明德璋意五子也生乾隆己亥三月十九

日巳時卒嘉慶辛未五月初三日午時娶李氏生子
二呈祥禮掛氏改醮公葬卓雲嶺頭寨脚
貽東號温恭璋意六子也生乾隆癸丑正月廿一日巳時
卒道光乙巳五月初二日寅時娶傅氏號勤慈生嘉
慶戊午四月初二日未時卒同治壬戌八月初一日
戌時子四禮玩禮攥禮剪禮鐵養子禮捀女二
貽語璋儼嗣長子也生乾隆辛丑五月廿三日戌時卒乾
隆癸卯五月初五日亥時嗣子禮各
貽究號念猷璋儼養次子也生乾隆辛巳八月二十日巳
時卒嘉慶壬申八月十九日未時娶彭氏生乾隆壬

午十月初三日子時卒道光丙午八月廿四日辰時子三禮各禮問禮南各出嗣貽語

貽詠字周瑞號義士璋葉長子也生乾隆甲申八月三十日巳時卒道光甲申正月十六日未時娶陳氏生乾隆丁亥七月初六日未時卒嘉慶甲子六月十九日未時養子禮鎮生子禮胚女一

貽甲字周太號敦和璋葉次子也生乾隆戊子十二月十一日寅時卒嘉慶辛酉八月三十日辰時娶戴氏生乾隆丁亥正月十四日未時卒乾隆乙卯五月十一日戌時子二禮慨禮甚

貽僚號敦成璋葉三子也生乾隆丁酉二月十一日午時
卒道光辛卯十月初七日戌時娶陳氏生乾隆丁酉
七月初九日巳時卒道光丙申正月十九日寅時子
六禮剖禮洗禮團禮丁禮良禮尾

貽琰號順德璋葉四子也生乾隆己亥七月廿九日辰時
卒道光乙巳十月廿七日卯時娶陳氏生乾隆戊戌
七月廿九日巳時卒嘉慶乙亥四月廿一日卯時子
二禮密禮求女一

貽謹號端莊璋藁養長子也恩錫鄉飲賓生乾隆己丑九
月初四日卯時卒咸豐癸丑九月初七日酉時娶林

氏生乾隆戊戌二月初二日巳時卒道光己丑閏四
月初十日酉時子三禮靈禮放禮曷

貽選號純篤璋纂次子也生乾隆庚寅正月十八日卯時
卒嘉慶己卯九月十八日丑時娶李氏生乾隆辛卯
四月初五日戌時卒道光丙午五月初六日亥時子
六禮令禮宇禮蘇禮晏禮魁禮口女一

貽角號正善璋瑚養長子也生乾隆辛卯八月十五日午
時卒道光庚寅四月十四日未時娶李氏生乾隆甲
午十二月十七日卯時卒咸豐丙辰十二月廿五日
巳時子五禮創禮朋禮浸禮悖禮頂女二

貽添璋瑚嗣次子也生乾隆乙未閏十月廿九日巳時卒
莫考無傳

貽五號正嘉璋瑚嗣三子也生乾隆辛丑五月初三日午
時卒嘉慶己卯十一月初七日午時娶戴氏生子二
禮顏禮妙氏改醮

貽安號全華廷璧長子也生乾隆癸未九月廿六日戌時
卒道光庚寅十月初五日寅時娶李氏生乾隆壬午
九月初四日卯時卒嘉慶丁卯二月廿三日卯時子
五禮寅禮呈禮珍禮科禮煖

貽賓美延璧次子也生乾隆丙戌十月二十日亥時卒失

詳娶林氏生乾隆戊子正月十七日巳時卒乾隆丁
未十二月初二日未時無傳
貽聯芳廷璧三子也生乾隆辛卯七月初十日卯時卒道
光丁酉三月廿四日吉時娶陳氏生同庚十一月廿
一日卯時卒道光甲申十一月初十日寅時子禮秀
貽四菊廷璧四子也生乾隆甲午十月初二日亥時卒失
詳娶鄭氏生乾隆乙未四月十六日寅時卒失詳子
二禮條禮敏敏出嗣時芳女二
貽登科廷璧五子也生乾隆丙申十一月初四日戌時卒
失詳娶鄭氏生乾隆辛亥十一月日時卒俱失詳子

四禮管禮貢禮江禮朗朗殤

貽鰍廷璧六子也生乾隆壬寅七月十二日酉時卒道光

甲午三月初八日酉時無傳

貽七廷璧七子也生乾隆乙巳六月初七日酉時卒莫考

無傳

貽成璋印養長子也生乾隆丁丑八月廿九日辰時卒莫

攷無傳

貽載璋印養次子也生乾隆甲申七月十一日辰時卒莫

攷無傳

貽招璋法長子也生乾隆辛卯三月十五日丑時卒嘉慶

甲戌二月廿五日午時娶陳氏生同庚九月十四日
寅時卒嘉慶乙亥正月初六日亥時子禮漢
貽助璋法次子也生乾隆甲午十月十二日午時卒失詳
娶李氏生乾隆丙申九月廿八日辰時卒嘉慶甲子
三月十八日亥時子禮盤
貽騍璋抄長子也生乾隆乙未五月初五日未時卒莫考
無傳
貽芮璋抄次子也生乾隆己亥二月廿六日亥時卒道光
戊戌三月十八日戌時娶李氏生同庚九月廿四日
亥時卒嘉慶戊寅正月二十日未時子二禮巧禮霓

霓殤女二

貽淨璋抄三子也生乾隆癸卯十一月十七日申時卒失詳嗣孫則爲

貽簽璋抄四子也生乾隆壬子十二月三十日吉時卒莫考無傳

貽矜璋沃長子也生乾隆乙巳正月廿四日酉時卒失詳娶莊氏生嘉慶癸亥九月初九日酉時卒道光丙午八月十六日戌時子一禮否女一

貽一璋沃次子也生乾隆己亥九月廿四日寅時卒莫攷無傳

貽百璋偶長子也生嘉慶丁卯八月十八日未時卒失詳
娶劉氏生嘉慶乙丑十月廿四日卯時卒失詳子二
禮課禮珠女一

貽慶璋偶次子也生嘉慶丙子十一月初九日巳時卒同
治丁未三月十九日酉時娶陳氏生嘉慶丙子八月
廿二日卯時卒光緒乙酉三月十一日未時子三禮
服禮榮禮木女一

貽武璋三元長子也生嘉慶壬戌三月十七日寅時卒道
光己酉十月初一日未時無傳

貽鉗璋三元次子也生嘉慶乙丑五月廿三日亥時卒失

詳無傳
貽犟璋三元三子也生嘉慶辛未十一月初四日巳時卒
失詳娶蔡氏生道光壬午四月十九日午時卒咸豐
辛亥九月廿七日巳時女一無傳
貽中璋三元四子也生道光壬午二月十九日巳時卒失
詳無傳
貽汪璋三元五子也生道光丁亥四月十四日申時卒失
詳無傳
貽斐廷珪長子也生乾隆庚寅十一月初九日卯時卒嘉
慶丙子閏六月初二日丑時娶陳氏生同庚正月十

五日丑時卒道光戊戌二月初十日亥時子四禮裔

禮育禮蔭禮汝蔭出嗣貽瑤

貽瑤廷珪養次子也生乾隆丁酉四月初六日丑時卒嘉

慶戊午六月十三日申時嗣子禮蔭

貽賢璋客子也生乾隆己亥八月廿六日辰時卒道光辛

酉三月初九日辰時娶蔡氏生子禮皇氏出繼娶鄭

氏生乾隆壬子四月初一日卯時卒同治己巳九月

十八日午時養子禮向女一

貽訓號玉山璋諱長子也生乾隆壬寅八月初一日寅時

卒咸豐乙卯九月廿五日卯時娶郭氏生嘉慶辛酉

六月初八日午時卒同治辛未十月二十日卯時子
三禮旺禮坪禮鑿坪出嗣貽戒鑿出嗣貽秩
貽戒號謇予璋誨次子也生乾隆戊申十月廿六日巳時
卒道光戊申七月初二日丑時嗣子禮坪
貽秩號金成璋誨三子也生乾隆癸丑九月初七日寅時
卒咸豐戊午三月廿五日卯時嗣子禮鑿
貽櫟璋取子也生乾隆庚戌九月初二日寅時卒同治丁
卯正月十三日巳時無傳
貽周號盛德璋排長子也生嘉慶乙卯九月十三日辰時
卒咸豐己未九月廿一日巳時娶林氏生嘉慶丙寅

十一月初一日午時卒光緒辛卯二月十四日巳時
養子禮位嗣子禮臆生子禮炕女一
貽祿號純德瑋排次子也生嘉慶壬戌十一月廿六日酉
時卒道光庚戌十二月初八日午時娶陵氏生嘉慶
乙丑九月廿二日寅時卒同治癸酉十二月十三日
午時養子禮買女一
貽旦號一德瑋排三子也生嘉慶辛未九月廿一日亥時
卒莫攷無傳
貽見號聞德瑋排四子也生嘉慶丙子二月廿二日寅時
卒莫考無傳

貽宰璋新長子也生乾隆庚子四月初六日辰時卒道光丙申九月廿四日酉時娶陳氏生乾隆庚子九月十四日未時卒道光丁酉四月廿一日子時子三禮算禮看禮獺女一

貽曈號仲爽璋新次子也生乾隆甲辰七月初四日未時卒嘉慶辛未十二月廿八日辰時娶陳氏生子禮顯氏改醮公葬卓雲前山赤土崎頭穴壬丙兼子午

貽同璋新三子也生乾隆己酉七月廿一日辰時卒道光乙酉正月廿二日戌時娶鄭氏生乾隆戊申十月初八日未時卒道光甲辰十二月初一日卯時子三禮

宗禮憲禮詩

貽邑璋新四子也生乾隆辛亥十月十二日申時卒道光
己亥正月初六日未時娶侯氏生乾隆壬子十月十
三日丑時卒咸豐乙卯十二月初四日未時子四禮
忽禮義禮鏡禮櫳

貽道璋新五子也生嘉慶庚申五月初一日卯時卒道光
甲辰十一月廿六日午時無傳

貽湊璋進長子也生乾隆丁未七月三十日寅時卒道光
庚寅正月初六日戌時娶李氏生乾隆丙午二月初
四日申時卒同治戊辰三月廿七日巳時子三禮賓

禮非禮堯女一

貽砂號玉壺璋進次子也生乾隆乙酉九月初一日辰時卒道光己酉十一月十三日子時娶郭氏生乾隆甲寅十一月二十日巳時卒光緒丙戌八月初二日卯時子禮案女二

貽懷璋韜嗣長子也生乾隆戊申九月廿六日辰時卒咸豐乙卯十一月初四日巳時娶陳氏生同庚十月初八日午時卒道光戊申三月十五日辰時子四禮慈禮波禮抵禮朝

貽狡璋韜次子也生嘉慶丁巳正月二十日辰時卒同治

癸亥六月初六日酉時娶柯氏號恭順生嘉慶庚申十一月三十日寅時卒嘉慶己卯三月十二日未時無出繼娶陳氏生嘉慶癸亥四月十六日午時卒咸豐己未九月廿九日亥時子四禮錦禮墘禮粒禮棹女一

貽佑號成愿璋韜三子也生嘉慶庚申正月十五日戌時卒咸豐庚申四月廿九日卯時娶陳氏生嘉慶壬戌十一月十二日未時卒道光壬午八月初六日未時無出繼娶鄭氏生嘉慶乙丑十一月廿三日辰時卒同治乙丑正月初十日午時子二禮奎禮侃

女二

貽熼字周煆璋窰長子也生乾隆甲辰三月十三日亥時卒道光壬寅十一月廿二日子時娶陳氏生乾隆丁未四月十六日辰時卒同治辛未八月初八日寅時子三禮愛禮觔禮磔女三

貽炒字周香璋窰次子也生乾隆庚戌月日時失詳卒道光壬寅七月初七日吉時養子禮的

貽桄字周斛璋瓦長子也生乾隆癸丑六月初一日辰時卒道光丁未十二月二十日吉時娶鄭氏生嘉慶丙辰九月十九日卯時卒道光丁亥四月初三日酉時

女二

貽浪字周波璋瓦次子也生嘉慶己未十月十九日吉時卒道光乙巳八月廿二日未時娶李氏生嘉慶壬辰正月初五日亥時卒道光己丑十月廿七日丑時無傳

貽稽字周圳璋談子也生乾隆壬子十二月三十日吉時卒咸豐丙辰十月初九日吉時娶王氏生嘉慶丁巳十二月十八日寅時卒失詳養子禮抱

貽葱璋⿱穴能長子也生嘉慶丁巳七月廿五日吉時卒道光庚戌七月廿五日吉時娶林氏生嘉慶甲子七月十

日酉時卒道光丁亥三月初一日巳時養子禮賞

貽蟶　璋兖次子也生嘉慶壬戌三月廿三日戌時卒道光
乙未十月十三日寅時娶陳氏無出改醮無傳

貽佛　璋兖三子也生嘉慶己巳十一月初七日辰時卒道
光乙未九月十九日寅時娶林氏無出改醮無傳

貽蚵　璋樂嗣子也生嘉慶乙丑三月初三日辰時卒道光
庚子六月十五日未時娶陳氏生子二禮水禮梅氏
改醮

貽撥　字周傳璋塗長子也生乾隆丙午十二月日時失詳
卒咸豐乙卯四月十九日卯時娶陳氏生乾隆庚戌

四月廿五日未時卒同治辛未十一月初五日巳時
子禮悅
貽艾璋塗次子也生嘉慶年月日時卒俱失詳娶蔡氏生
嘉慶庚申六月初一日辰時卒道光庚寅三月初一
日巳時子禮舉女二
貽闔璋塗三子也生嘉慶丙辰十一月廿二日辰時卒咸
豐壬子六月十八日巳時娶吳氏生子禮莉氏改醮
貽巷璋塗四子也生嘉慶丙寅十月十三日酉時卒道光
甲午十月初三日巳時娶林氏生子禮壬氏改醮
貽成璋望嗣子也生乾隆甲辰四月廿九日卯時卒莫攷

無傳

貽褫璋祭子也生道光壬午八月十九日卯時卒道光戊
戌十一月初四日卯時無傳

貽勞璋外長子也生嘉慶丙寅十月十五日未時卒光緒
壬午五月初十日辰時養子禮恩

貽族璋外三子也生道光甲申四月廿六日丑時卒光緒
壬寅十一月廿七日巳時嗣子禮全

貽編璋肯嗣子也生嘉慶己卯二月廿六日辰時卒光緒
辛巳閏七月初六日酉時娶許氏生道光丁亥七月
十一日辰時卒光緒壬午十二月十九日未時無出

繼娶曾氏生嘉慶丁亥十二月十七日戌時卒光緒
辛巳七月十六日酉時子禮仰禮仝全出嗣貽族女
一
貽旦璋靛養子也生卒莫攷無傳
貽創璋英養子也生乾隆戊申二月初一日寅時卒同治
丙寅八月廿八日巳時娶侯氏生嘉慶丙辰五月廿
九日巳時卒光緒戊寅正月廿三日辰時子禮法禮
門門出嗣璋瑚爲孫女二
貽持字周美璋景長子也生乾隆庚子十月廿五日亥時
卒嘉慶癸亥十月三十日未時無傳

貽胆字周熊璋景次子也生乾隆乙巳三月十九日辰時
卒道光癸未二月廿五日巳時娶陳氏生子禮宗氏
改醮
貽千璋圭長子也生乾隆丁酉十月十五日午時卒道光
己亥三月廿七日未時娶王氏生乾隆庚子十一月
十二日寅時卒光道丁未十月十八日卯時養子禮
教
觀國諱貽心字周良號德齋璋圭次子也其持己也儉而
樸其待人也溫而恭白手成家名著南宮之望華屋
丕構堂開北海之樽恩授國子監貢生例授修職佐

郎享年七十有三生乾隆甲辰五月十二日吉時卒
咸豐丙辰四月廿五日未時娶李氏號淑慈享年七
十有九生乾隆庚戌八月廿六日亥時卒同治戊辰
十月初一日丑時葬子禮冬禮節嗣子大陞

貽尋璋主三子也生乾隆壬子二月初一日辰時卒莫攷
無傳

貽最字周進璋隱嗣子也生乾隆戊申二月廿七日辰時
卒道光乙未六月廿七日申時娶李氏生乾隆辛亥
三月初二日吉時卒道光丙午四月初五日未時子
三禮雲禮白禮邱陵

貽鴳字周霄璋隱次子也生乾隆乙卯二月初一日辰時
卒道光丙午五月十四日申時娶侯氏生嘉慶丙辰
四月十七日寅時卒道光壬寅正月十六日申時嗣
子禮稅女二

貽合璋隱三子也生嘉慶辛酉正月初三日申時卒嘉慶
丁丑三月廿五日酉時無傳

貽善璋隱四子也生嘉慶癸亥十二月十二日丑時卒道
光甲午十月初四日亥時娶侯氏無出改醮無傳

貽髻璋隱五子也生嘉慶庚午十二月初五日卯時卒咸
豐己未十月廿九日寅時嗣子禮譜

貽力璋則長子也生嘉慶丁巳五月廿五日午時卒道光
庚戌十一月十九日丑時娶施氏生嘉慶庚申十二
月初十日吉時卒光緒丁丑四月十八日卯時子禮
降
貽靜璋則次子也生嘉慶辛酉七月初十日巳時卒光緒
丙子九月初九日未時娶陳氏生嘉慶甲戌十二月
日時失詳卒道光辛卯六月廿四日午時無傳
貽坐璋則三子也生嘉慶癸亥十二月十二日丑時卒咸
豐辛亥二月初七日子時無傳
貽宜璋則四子也生嘉慶丁卯九月十二日未時卒同治

丙寅二月初一日戌時娶吳氏生嘉慶戊辰五月廿一日辰時卒道光壬辰六月十一日吉時無傳

貽不璋則五子也生嘉慶癸酉正月初五日未時卒道光戊戌七月十二日午時無傳

貽天恩璋清養子也生乾隆壬寅八月初三日吉時卒道光庚寅三月十四日寅時娶鄭氏生乾隆辛亥十一月初九日酉時卒道光丁酉四月廿七日未時子二

禮瓜禮城女一

貽亞扶麟長子也生乾隆乙亥八月廿七日戌時卒乾隆癸丑十一月十六日未時娶鄭氏生乾隆丙子四月

十六日丑時卒乾隆甲辰四月廿四日亥時生子禮
勛繼娶賴氏生乾隆丙子正月十八日吉時卒道光
丁酉十二月十七日酉時子禮羆

貽藻扶麟次子也生乾隆乙酉四月十五日辰時卒嘉慶
辛未十月廿八日午時娶陳氏生乾隆戊子十一月
十四日申時卒道光壬午七月初九日申時子六禮
班禮茹禮脉禮蓮禮梅禮乙梅出嗣貽啟

貽鑾扶麟三子也生乾隆庚寅三月廿六日卯時卒道光
甲午七月初六日未時娶楊氏生乾隆壬寅九月初
一日寅時卒咸豐戊午十月廿四日巳時子二禮壽

禮流女一

貽啓扶麟四子也生乾隆丁酉三月初五日丑時卒道光
壬午十一月二十日午時娶陳氏生嘉慶丁巳七月
初七日申時卒道光丁亥閏五月十一日戌時嗣子
禮梅生子禮川禮具

貽蕃璋魯長子也生乾隆壬[illegible]十月十八日寅時卒道光
癸卯十二月初七日[illegible]時娶倪氏生乾隆甲申四月
初三日申時卒道光[illegible]辰六月初三日巳時子三禮
前禮路禮瀠女一

貽綏璋魯次子也生乾隆癸[illegible]五月初二日戌時卒道

光戊戌正月十一日辰時娶戴氏生子禮認氏改醮

貽兜璋篤長子也生乾隆己丑二月初四日丑時卒道光
辛丑十二月初一日未時娶李氏生乾隆甲午十一
月初八日酉時卒嘉慶己卯二月十三日亥時子三
禮懇禮鉗禮矽矽出嗣貽點

貽補璋篤次子也生乾隆辛丑八月廿八日戌時卒嘉慶
乙丑閏六月廿七日亥時無傳

貽府璋樞長子也生乾隆癸未三月初三日酉時卒道光
甲辰十一月十九日亥時娶陳氏生乾隆丙戌十月
初九日辰時卒乾隆癸丑四月十一日辰時女一養

子禮倫繼娶曾氏生乾隆甲申十二月廿七日酉時
卒道光辛巳九月廿九日亥時子禮寫禮剖

貽僴璋福次子也生乾隆丙申正月十七日巳時卒道光
丁亥十月初五日申時無傳

貽美璋福三子也生乾隆丁未三月初五日未時卒嘉慶
丙子十二月初三日午時無傳

貽夜璋勇長子也生乾隆戊子九月初二日辰時卒道光
癸未十一月初五日卯時娶陳氏生乾隆辛丑七月
廿一日丑時卒道光丙申八月初四日酉時子五禮
厭禮富禮錠禮在禮岸女一

貽宅瑋勇次子也生乾隆辛卯七月二十日丑時卒道光戊申三月初二日丑時娶吳氏生乾隆辛丑七月廿一日丑時卒同治甲子十二月十八日戌時子三禮曾禮措禮位女一

貽飽瑋勇三子也生乾隆甲午八月十七日巳時卒嘉慶丁亥十二月初三日申時無傳

貽點瑋珍嗣子也生乾隆辛丑閏五月廿四日子時卒道光癸巳四月十六日寅時嗣子禮砱

貽活瑋斑長子也生莫攷卒年失詳七月廿三日吉時娶鄭氏生子禮套禮雪氏改醮

貽所璋珽次子也生乾隆甲寅十月廿一日辰時卒道光丙申七月廿五日巳時娶鄭氏生嘉慶甲子二月廿八日酉時卒道光甲辰十一月初一日辰時子禮摺

貽萬璋確長子也生乾隆壬午八月十八日巳時卒嘉慶丁丑三月十六日戌時娶潘氏生乾隆己丑二月初八日卯時卒道光乙酉六月十五日辰時子四禮部禮屢禮正禮麗屢出嗣貽象

貽象璋確次子也生乾隆甲申正月廿六日吉時卒道光壬辰正月初九日酉時嗣子禮屢

貽胞璋確三子也生乾隆丁亥十一月十一日丑時卒嘉

慶丁丑二月廿八日午時無傳

貽抱璋彩子也生乾隆辛丑二月初八日亥時卒道光戊
戌十月十九日申時娶林氏生乾隆乙巳五月十四
日戌時卒咸豐丙辰十一月初五日辰時子三禮塲
禮曲禮禮騰女一

貽鑽璋嫖長子也生乾隆丙午六月初二日未時卒道光
庚子六月初十日午時娶李氏生子禮仁氏改醮

貽月璋嫖次子也生嘉慶年失詳三月廿八日寅時卒同
治癸酉閏六月十四日卯時養子二禮杯禮錐

貽思璋回養子也生失詳卒咸豐癸丑七月十一日未時

無傳

貽詩瑋向嗣子也生嘉慶壬戌九月初七日辰時卒嘉慶

庚辰九月廿六日丑時無傳

貽炮瑋表長子也生嘉慶丙辰十二月十五日子時卒咸

豐癸丑九月初十日吉時嗣子禮獺

貽秦瑋表次子也生嘉慶壬戌九月二十日寅時卒同治

壬戌六月十一日寅時娶李氏生嘉慶庚午十一月

初四日卯時卒光緒庚寅七月初一日卯時子四禮

着禮獺禮棹禮軟獺出嗣貽炮

貽鈎瑋表三子也生嘉慶乙丑十月廿四日子時卒同治

戊辰八月十七日寅時娶侯氏生道光戊子八月廿
七日巳時卒光緒甲午二月廿一日酉時子二禮巧
禮秠女一

貽用璋楓嗣子也生嘉慶丁巳十一月廿五日亥時卒咸
豐庚申十月十六日寅時餋子禮萁生子禮攑

貽進璋勸嗣子也生嘉慶己巳九月廿六日吉時卒同治
辛未八月初五日巳時娶姚氏生子禮名女二氏改
醮

貽聽璋忍長子也生道光庚寅四月廿七日辰時卒同治
己巳七月廿三日戌時無傳

貽課璋忍次子也外出生卒莫考無傳

貽坎璋狐嗣子也生卒莫攷無傳

貽賦璋潑養子也生卒莫攷無傳

貽權璋趁養子也生卒莫考無傳

貽承祖璋趁養子也生卒莫考無傳

貽郭璋慮子也生乾隆辛亥九月廿九日巳時卒道光辛卯七月廿三日巳時娶李氏生嘉慶丁巳五月初三日辰時卒同治丁卯八月二十日酉時子二禮忭禮

葛葛出嗣貽總

貽定璋海子也生嘉慶丙辰十二月廿三日午時卒嘉慶

己卯七月初八日酉時無傳

貽桓璋檜嗣子也生卒莫考無傳

貽總璋物子也生嘉慶己巳四月廿四日申時卒道光甲午十二月十六日未時嗣子禮葛

貽務璋愈子也生嘉慶癸亥十二月十四日巳時卒同治己巳八月初一日子時養子禮奚

貽竹璋速長子也生卒莫考無傳

貽花璋速次子也生卒莫考娶鄭氏生卒失詳子禮寶女一

貽旺璋速三子也生卒莫考無傳

貽文璋執子也生卒莫考無傳

貽貨璋智養子也生道光甲申六月十一日丑時卒同治癸亥二月十五日酉時娶林氏生同庚十一月廿七日酉時卒同治癸亥正月初八日未時子禮核禮信

信殤女一

貽且璋若長子也生嘉慶癸酉十月二十日巳時卒道光辛丑八月廿四日辰時無傳

貽桃璋若次子也生道光丁亥十月廿二日戌時卒光緒癸卯六月初十日卯時娶鄧氏生道光辛卯四月十一日亥時卒失詳子禮礁女二

貽治璋得養子也生乾隆己酉正月廿一日辰時卒莫考

無傳

貽寵璋歡長子也生嘉慶壬戌十一月初一日巳時卒同治癸亥六月廿二日寅時娶潘氏生嘉慶乙丑正月廿一日辰時卒道光己丑八月初二日亥時嗣子禮

續

貽追璋歡次子也生嘉慶甲子六月初三日戌時卒咸豐壬子十月廿五日子時娶鄭氏生卒失詳無傳

貽惢璋歡三子也生嘉慶丁卯十月初六日寅時卒同治乙丑十一月廿七日酉時娶高氏生同庚十月初二

日酉時卒同治辛未八月廿一日寅時子四禮高禮
續禮爻禮能續出嗣貽寵女一
貽象璋歡四子也生嘉慶己巳十一月廿二日巳時卒道
光丙午十二月初十日酉時無傳
貽驕璋解長子也生乾隆壬寅十一月廿一日亥時卒咸
豐己酉八月十五日寅時養子禮曦
貽產璋解次子也生嘉慶辛酉四月初九日酉時卒同治
乙丑六月廿九日巳時娶林氏生嘉慶壬申正月初
九日未時卒咸豐丙辰二月廿四日巳時子禮柔女
一

貽秀璋解三子也生失詳卒年缺七月二十日辰時無傳
貽筒璋系長子也生乾隆甲寅六月廿七日吉時卒咸豐
癸丑十二月十三日辰時娶潘氏生嘉慶丙寅九月
初二日酉時卒道光丁亥六月初六日寅時養子禮
言女一
貽宙璋系次子也生嘉慶己未十月日時失詳卒同治壬
申正月初五日丑時娶陳氏生嘉慶壬子八月十一
日吉時卒道光辛丑二月三十日辰時女一繼娶侯
氏生卒失詳無傳
貽瓶璋勵嗣子也生失詳卒同治己巳十二月初一日卯

時無傳

貽岩璋專養子也生卒葬娶均未詳

貽把璋起嗣子也生嘉慶癸亥月日時失詳卒咸豐壬子

十一月廿四日吉時養子禮嵩

貽祠璋蟾養子也生卒莫考無傳

貽琛璋紹嗣子也生道光戊子十二月廿三日酉時卒光

緒庚辰四月廿三日未時娶莊氏生道光丙戌月日

時失詳卒同治丁卯十一月初八日子時養子禮從

貽却璋闢養子也生卒莫考無傳

貽褭璋苗養子也生乾隆己亥正月廿四日亥時卒道光

丙辰八月十七日未時無傳

貽展字貽親號逸忠璋爺長子也生嘉慶丁巳十一月十
三日卯時卒道光壬寅正月廿七日辰時娶李氏生
嘉慶庚申九月廿三日酉時卒光緒乙酉七月初四
日酉時子五禮世澤禮哄禮南山禮竅禮善南山出
嗣貽係女一

貽波璋爺次子也生嘉慶庚申九月廿八日寅時卒咸豐
乙卯六月廿四日戌時娶林氏生嘉慶乙卯十一月
十一日卯時卒道光乙酉十一月廿九日申時繼娶
陳氏生嘉慶戊午正月廿三日戌時卒同治庚午九

月初九日未時子二禮綏禮丁女一

貽緬璋爺三子也生嘉慶乙丑八月廿七日酉時卒同治甲子正月廿五日未時娶林氏生嘉慶甲戌六月初十日巳時卒光緒辛卯十月初五日酉時子二禮湅禮決

貽係璋爺四子也生嘉慶戊辰正月十七日子時卒道光癸卯六月初二日巳時娶李氏生嘉慶庚辰三月廿七日巳時卒道光己亥二月廿三日酉時嗣子禮南山

貽宅璋爺五子也生嘉慶己巳十二月初五日亥時卒光

緒丁亥八月初八日寅時娶李氏生道光乙酉正月
廿九日酉時卒光緒丁亥正月廿一日戌時子四禮
加油禮廣禮獅禮磋女一

貽培璋三長子也生嘉慶乙亥四月初二日卯時卒道光
丁亥五月二十日巳時嗣子禮呼

貽宣時號周齋璋三次子也恩授鄉飲賓生道光己丑二
月十七日戌時卒光緒癸卯九月二十日戌時娶侯
氏生道光丁酉正月初四日巳時卒民國癸亥七月
十八日亥時子五禮灶禮宗禮琛禮掌禮呼呼出嗣
貽培

貽華
璋賜長子也生嘉慶辛未六月十六日子時卒同治
己巳三月十二日午時嗣子禮岱

貽耀
號周切璋賜次子也生嘉慶甲戌十月二十日申時
卒同治辛未三月初八日子時養子禮多

貽奕
號周移璋賜三子也生道光乙酉十月初十日申時
卒光緒辛丑八月初十日申時娶吳氏生道光丙申
九月初一日子時卒民國乙丑十月廿一日未時子
六禮岱禮吉禮星禮壙禮章禮意岱出嗣貽華女二
公葬本鄉畬仔山穴丁癸未丑

貽打
璋宜養子也生乾隆癸卯二月初九日酉時卒失詳

無傳

貽粮璋兵養子也生嘉慶乙丑月日時失詳卒同治庚午十二月初十日辰時娶唐氏生嘉慶庚申月日時失詳卒同治癸亥四月十二日酉時子禮呌

貽淵號上面璋照嗣子也生嘉慶丁丑十月廿三日酉時卒光緒丁丑十一月初三日寅時娶陳氏生嘉慶己巳二月十五日丑時卒光緒丁丑二月十九日子時養子二禮梅禮伍

貽淸號珠顧璋怡次子也生道光丁亥五月二十日寅時卒光緒壬辰七月初六日巳時嗣子禮丢

貽吩璋轉長子也生道光乙未三月初五日巳時卒光緒
己卯閏三月三十日丑時娶林氏生道光丁亥四月
初四日午時卒光緒戊戌二月初三日酉時養子禮
遷女三

貽扯璋轉次子也生道光癸卯四月初七日巳時卒光緒
癸未七月十五日丑時娶林氏無出改醮無傳

貽持璋轉三子也生道光庚戌正月廿五日申時卒光緒
己卯九月初四日子時

貽柱號卓樑璋旺養子也生道光癸卯九月十九日丑時
卒光緒壬午十月初三日午時養子禮胡

貽雄璋尊子也生嘉慶甲戌九月廿一日戌時卒同治乙
丑正月廿七日寅時娶李氏生失詳卒年失詳四月
二十日吉時繼娶康氏生嘉慶庚申八月初八日酉
時卒同治庚午十二月初八日巳時養子禮梓
貽欺璋贊成嗣子也生嘉慶乙丑十月十五日丑時卒咸
豐辛酉十月廿一日亥時娶林氏生嘉慶壬申十月
初十日戌時卒道光丙午十二月十四日未時子二
禮居禮自
貽愿號忠心璋喜養長子也生嘉慶丙子九月二十日午
時卒光緒丙申八月初二日巳時娶林氏生道光乙

酉十月十一日辰時卒光緒丁未十月初三日午時
子二禮泮禮參參出嗣貽棒公葬本鄉張坑胡仔穴
寅申兼艮坤

貽棒
璋喜次子也生道光辛巳三月廿一日巳時卒同治
甲戌九月十二日酉時嗣子禮參

貽傳
璋茂子也生乾隆庚寅閏五月十二日丑時卒失詳
娶李氏生乾隆丙申三月十三日巳時卒失詳無傳

貽展
璋輯養子也生卒莫考無傳

貽泰號瞻岩
璋武長子也生乾隆癸卯九月初十日巳時
卒道光辛丑九月十二日申時娶王氏生乾隆乙卯

九月初一日亥時卒咸豐年缺十月廿八日辰時養子禮運

貽豁號捷得　獐武次子也生乾隆丙午正月廿五日巳時卒道光癸巳五月初八日亥時娶施氏生嘉慶戊午正月十七日亥時卒道光甲申閏七月廿四日子時養子禮茂女一

貽典號經史　獐武三子也生乾隆己酉八月二十日酉時卒道光癸卯六月廿九日午時娶俞氏生嘉慶己未八月十六日辰時卒同治乙丑五月廿八日卯時子禮祥熙

貽有璋武四子也生失詳卒道光年缺八月三十日吉時
娶許氏生子禮迎氏改醮
貽擯璋武五子也生嘉慶戊午六月十八日亥時卒嘉慶
丙子閏六月初五日巳時無傳
貽擾號春波璋鵠嗣子也生乾隆辛亥四月初六日午時
卒咸豐壬子二月初九日亥時娶李氏生嘉慶壬戌
正月十九日戌時卒咸豐庚申九月三十日酉時子
三禮招禮隨禮梓
貽卿號敦仕璋增長子也生嘉慶甲子八月廿五日吉時
卒同治乙丑四月初六日申時娶曾氏生嘉慶己巳

正月初六日酉時卒光緒庚寅十一月十三日辰時

養子禮寄女二

貽拙號學道瑋增次子也生嘉慶丁卯八月廿六日酉時

卒咸豐壬戌二月十五日酉時娶侯氏生卒失詳繼

娶名玉娘姓氏生卒俱失詳子禮扛

貽闊號廣厚瑋增三子也生嘉慶庚午十一月十五日亥

時卒咸豐辛酉五月十四日辰時無傳

貽淺號和厚瑋增四子也生嘉慶甲戌正月初四日亥時

卒光緒戊寅十一月廿三日戌時娶陳氏生道光癸

未十一月廿五日卯時卒年失詳十月廿三日戌時

子禮揪女二
貽瑀璋修長子也外出臺灣
貽跳號登龍璋香長子也生嘉慶己未七月十一日戌時
卒道光乙巳四月初二日辰時娶嚴氏生嘉慶庚午
十二月廿二日酉時卒光緒丙戌正月十五日卯時
子四禮鑑禮隔禮筭禮扭鑑扭俱出嗣貽顏公葬黃
壠埔穴乙申兼卯酉氏葬大路橐脚穴午子兼丁癸
貽顏號登聖璋香次子也生嘉慶壬戌三月廿八日吉時
卒道光乙巳九月廿七日寅時嗣子二禮鑑禮扭
貽綿號榮遠璋闕長子也生嘉慶庚午二月初四日寅時

卒同治癸亥十一月初四日未時娶洪氏生道光癸未十月初四日子時卒光緒乙巳九月廿四日卯時子四禮動禮鉑禮躨禮桑材女二

貽藉號榮蘊瑋闕次子也生嘉慶甲戌八月廿五日寅時卒光緒甲申十月十四日申時娶林氏號謹修生道光庚寅四月十七日巳時卒光緒庚子七月初九日戌時子三禮直禮妙禮軋

貽咸號一德瑋甑長子也生嘉慶戊辰十月十四日戌時卒同治丁卯二月初三日子時娶蘇氏生嘉慶壬申二月廿五日未時卒咸豐辛亥四月廿四日戌時子

二禮報禮然

貽吞號秀榮瑋甑次子也生嘉慶己卯五月初四日卯時
卒咸豐戊午四月廿二日子時瀆娶陳氏生道光己
丑二月初四日戌時卒光緒壬午九月廿五日辰時
子二禮候禮缺

貽便瑋甑三子也生道光丁亥六月廿四日戌時卒光緒
辛卯八月十八日辰時養子禮哎禮萬

貽魏號建安瑋朮長子也生乾隆丁未十月初二日未時
卒道光癸未五月初一日午時娶李氏生乾隆甲寅
五月初八日卯時卒道光丙戌二月廿三日未時子

三禮漢禮於禮連枝女一

貽元號周良璋朮次子也生嘉慶丙辰五月十七日申時
卒道光戊午六月初二日未時娶戴氏生嘉慶己未
十二月十七日辰時卒咸豐年缺十二月廿四日亥
時子二禮永禮洪

貽今璋朮三子也生嘉慶庚申七月初七日吉時卒同治
甲戌正月廿七日辰時無傳

貽守號善道璋潤子也生嘉慶丙辰七月二十日辰時卒
同治癸酉十二月初四日辰時娶許氏號徽恭生嘉
慶十二月廿七日午時卒道光癸未八月十六日酉

時生女二繼娶陳氏號恭敬生嘉慶戊午正月廿七日卯時卒同治甲子十一月廿九日丑時生子二禮嶺禮切女一

貽伯號篪塤璋程長子也生嘉慶癸亥十二月廿三日子時卒道光己酉八月初二日巳時娶陳氏生嘉慶乙丑十一月初七日酉時卒道光丁未六月廿二日未時養子禮春生子禮廉

貽習號思繹璋程次子也生嘉慶戊辰二月廿二日午時卒咸豐庚申十二月初五日亥時娶林氏生嘉慶甲戌四月廿八日申時卒咸豐壬子十一月初九日辰

時子五禮胚禮梭禮趯禮裥禮拈

貽鼇號醇厚璋程三子也生嘉慶辛未正月二十日申時
卒道光壬辰八月十六日戌時無傳

貽毛號羽軒璋程四子也生嘉慶癸酉九月初五日丑時
卒道光丁未十二月十一日巳時娶傅氏生嘉慶戊
寅十月廿八日辰時卒道光丙午十一月初二日酉
時女一無傳

貽買號思園璋程五子也生道光癸未五月十七日辰時
卒同治己巳四月廿九日申時娶陳氏生嘉慶戊寅
七月十七日辰時卒咸豐辛亥十二月初八日寅時

女一無傳

貽民號藏密璋程六子也生道光戊子六月十五日未時
卒咸豐戊午六月十一日午時無傳

貽余號有思璋禮長子也生嘉慶壬申七月十五日午時
卒同治癸酉二月十六日卯時聘陳氏生嘉慶戊寅
四月十二日午時卒道光壬辰正月十五日吉時娶
李氏生嘉慶甲戌四月初五日辰時卒光緒丙申七
月初四日未時養子貴羅生子貴瑹貴伏女二

貽正號貽宗璋禮次子也生嘉慶戊寅五月十五日酉時
卒光緒乙酉五月廿七日酉時娶戴氏生道光乙酉

十一月十二日申時卒同治甲戌十一月十二日寅
時子二貴護貴彩女一
貽租瑋郡長子也生卒莫攷無傳
貽佃瑋郡次子也生卒莫攷無傳
貽隕號文道瑋熱長子也生嘉慶戊午五月初七日巳時
卒道光甲辰十一月廿九日酉時娶林氏號陞順生
嘉慶丁卯十一月廿三日子時卒道光丁亥三月初
八日酉時繼娶李氏生嘉慶丙寅八月初一日辰時
卒道光丙午十一月廿九日吉時子三禮玉振禮鏗
禮擶擶出嗣貽粕

貽其璋注嗣子也生嘉慶丙寅十二月初二日亥時卒咸豐辛亥十一月初五日寅時娶李氏生嘉慶庚午十一月初三日寅時卒光緒庚寅三月三十日申時養子禮銳生子禮金禮班禮琴女二

貽榮宗璋老養子也外出

貽綽璋參長子也生乾隆癸丑八月初二日酉時卒失詳娶陳氏生嘉慶甲子四月初七日午時卒道光癸未九月十九日子時養子禮富

貽揀璋參次子也生嘉慶庚午十二月初二日寅時卒道光年月日時失詳娶陳氏生卒失詳無傳

貽團璋井養長子也生嘉慶戊辰九月十九日辰時卒道光己丑三月十六日戌時無傳

貽宿璋井次子也生嘉慶壬申四月初七日巳時卒同治丁卯七月廿七日卯時養子禮通

貽天璋井三子也生嘉慶庚辰月日時卒失詳無傳

貽鏡璋甲子也生嘉慶戊寅二月廿九日酉時卒咸豐辛亥四月廿五日戌時娶陳氏生子禮溪禮瀨氏改醮

貽諒璋瓜子也生嘉慶戊辰六月十八日申時卒同治乙丑三月十八日吉時娶鄭氏生嘉慶辛未七月十六日酉時卒光緒庚寅九月廿六日卯時子禮丕

貽荅璋衫長子也生嘉慶戊寅九月初七日子時卒同治
壬戌二月廿五日酉時娶李氏生道光辛卯四月初
十日辰時卒光緒丙申十月十三日午時子三禮撑
禮木禮昂撑出嗣貽想女一

貽想璋衫次子也生道光戊子六月十八日卯時卒道光
辛丑十月十一日子時養子禮歷嗣子禮撑

貽赤璋壽長子也生道光乙酉十一月初一日未時卒咸
豐癸丑八月初七日申時嗣子禮水

貽米璋壽次子也與赤同胎生道光乙酉十一月初一日
未時卒光緒戊寅正月十六日戌時娶吳氏生道光

己丑十二月廿五日巳時子二禮水禮磚水出嗣貽
赤
貽科歲字貽登號敬忠國慶長子也其性剛方其心正直
儉以治家和以處衆愛姪如子親疎一體待賓客以
禮遇義舉而勇爲里有事故輒爲之和解使之兩造
息爭歲庚辰倡修族譜踴躍力行身雖抱恙猶不辭
其勞瘁以此觀公昭祖德垂後人和鄉黨睦宗族可
爲族之懿範邦之望人矣獨惜不能享上壽年僅六
十有一生嘉慶庚辰十二月十六日戌時卒光緒庚
辰十二月廿九日辰時娶陳氏號勤直生道光戊子

八月廿八日亥時卒光緒己丑七月初十日未時子三禮潤禮滚禮味女二公葬龜肩墓内形似蛇穴丁癸兼未丑妣葬晉垵寨内穴壬丙兼亥巳

貽回字周顏號勁直國慶次子也生道光壬辰閏九月十三日午時卒光緒丁丑五月廿九日申時娶張氏生道光乙未六月十九日卯時卒同治己巳九月十一日辰時子二禮分明禮盈水女一

貽錦字周絅號勁文璋蘭長子也生道光己丑五月廿四日巳時卒光緒丁酉九月初二日巳時娶陳氏號溫信生道光丙申十月廿九日寅時卒光緒辛丑十月

初三日辰時子二禮托禮寸女三公葬本鄉嶺腳厝
尾穴坤艮申寅妣葬仝處穴丙壬午子
貽談字周心號勁愼璋蘭次子也生道光辛丑八月十四
日戌時卒宣統辛亥四月十四日卯時娶柯氏號溫
儉生道光乙巳正月十三日丑時卒民國癸丑三月
初六日酉時養子禮賞花生子禮遮禮鏞禮鶱禮規
禮敬規殤女二公葬張坑口厝後穴　妣葬
張坑口厝右畔穴
貽池璋鳳長子也生嘉慶戊辰九月初一日巳時卒失詳
無傳

貽蔭瑋鳳次子也生嘉慶辛未五月廿五日申時卒失詳
無傳
貽品瑋鳳三子也生嘉慶戊寅月日時卒俱失詳無傳
貽柳瑋朝長子也生嘉慶乙丑七月十七日辰時卒同治
丙寅九月初七日巳時嗣子禮加良公葬本處張坑
内穴
貽長興字貽起瑋朝次子也生嘉慶甲戌正月初三日寅
時卒光緒甲申四月初八日辰時娶曾氏生道光已
丑十一月廿八日寅時卒光緒壬寅正月三十日申
時嗣子禮珪生子加良禮樟加良出嗣貽柳女一

貽長順號雨有璋朝三子也生嘉慶丙子八月二十日卯
時卒同治甲戌六月廿七日申時娶施氏生道光丙
申二月初六日巳時卒光緒壬寅四月廿一日酉時
養子二禮文擬禮森女一

貽泡璋成長子也生嘉慶五月初一日戌時往臺卒光緒
丙子正月十七日酉時無傳

貽泉號源流璋成次子也生道光丁亥九月十六日寅時
卒光緒辛巳閏七月十六日寅時娶雷氏生道光乙
巳六月十八日巳時卒光緒壬寅四月初六日戌時
子禮萬得禮鵬鵬出嗣貽珍女一

貽舉璋營長子也生道光庚子九月廿六日寅時卒光緒丁酉二月十二日午時無傳

貽珍璋營次子也生道光丙午四月初八日巳時卒光緒丁亥四月十五日申時嗣子禮鵬

貽扶璋尙子也生嘉慶癸酉六月廿一日寅時往漳州卒莫考無傳

貽密璋揷嗣子也生嘉慶丁卯十二月十九日巳時卒同治庚午四月廿六日申時養子禮益

貽枹號周桔璋他嗣子也生嘉慶癸酉十二月廿五日酉時卒同治丁卯七月十九日未時娶林氏生嘉慶庚

午正月初八日酉時卒光緒甲申六月初六日午時
養子三禮柚禮恭禮是
貽接璋芳嗣子也生嘉慶戊辰十一月廿四日辰時卒道
光丁酉四月十一日申時無傳
貽蜂璋磋子也生卒莫攷養子禮瑞
貽石璋赤長子也生卒莫考無傳
貽武璋赤次子也外出臺灣
貽文璋赤三子也外出臺灣
貽催璋監嗣子也生乾隆已巳月日時失詳卒嘉慶乙亥
五月廿五日午時養子禮津

貽爲璋廣長子也生乾隆癸未九月十七日吉時卒道光丙午正月廿六日亥時娶陳氏生乾隆辛巳二月二十日亥時卒道光庚寅十一月廿九日申時無傳

貽察璋廣次子也生乾隆辛卯三月十四日寅時卒莫考無傳

貽倩璋廣三子也生乾隆庚子十月廿一日午時卒嘉慶己未六月十二日申時無傳

貽蓋璋長長子也生乾隆甲午十二月十三日子時卒莫攷無傳

貽田璋長次子也生卒莫考無傳

貽荢璋博子也生乾隆丁酉四月廿二日未時卒莫攷無傳

貽侃璋腦長子也生乾隆丁丑二月廿八日午時卒嘉慶丁卯五月廿四日丑時娶施氏生乾隆乙酉三月初五日卯時卒道光癸巳二月廿七日午時子二禮民禮良

貽勃璋腦次子也生乾隆癸未十一月十七日戌時卒失詳娶羅氏生乾隆丁亥八月十三日亥時卒莫考飬子禮蚋女一

貽牡璋腦三子也生乾隆丙戌十一月廿一日卯時卒乾

隆戊申九月十一日巳時養子禮立

貽爵璋敏子也生乾隆乙酉七月廿七日戌時卒失詳娶

姚氏生卒莫考子二禮璠禮英璠出嗣逢曦

貽全璋姜子也生乾隆乙未九月初六日巳時卒莫攷無

傳

貽近璋女長子也生乾隆丙申十月十一日戌時外出臺

灣

貽廩璋女次子也外出德化縣

貽多璋讜子也生卒莫攷無傳

貽宴璋安子也生卒莫考無傳

貽孔璋超子也生乾隆乙未十月廿九日辰時卒莫考

貽壇璋古子也生卒莫考無傳

貽緞璋搬長子也生乾隆癸丑六月初二日巳時卒失詳

　養子禮快

貽洗璋搬次子也生卒莫考無傳

貽爽璋楓長子也生乾隆癸丑三月十一日亥時卒光緒
辛巳十二月廿一日戌時娶李氏生嘉慶壬戌三月
廿四日吉時卒咸豐癸丑九月十八日寅時子三禮
貌禮節禮牙女二

貽坪璋楓次子也生乾隆乙卯十一月廿一日戌時卒同

治己巳正月廿三日未時娶方氏生嘉慶辛酉月日
時失詳卒道光壬寅九月十七日未時子二禮芹禮
綿
貽粕璋楓三子也生嘉慶壬戌六月十九日巳時卒道光
庚戌八月十八日申時娶戴氏生嘉慶甲戌二月初
十日寅時卒道光壬辰閏九月十六日戌時繼娶鄭
氏生嘉慶己巳八月初二日酉時卒道光戊戌十一
月十五日寅時三娶潘氏生嘉慶甲戌八月十八日
丑時卒同治庚午五月十二日辰時嗣子禮摘
貽蟳璋鬆子也生乾隆壬子十月初五日辰時卒同治乙

丑四月初二日卯時無傳
貽麵璋照長子也生嘉慶壬戌五月二十日吉時卒道光
己丑十二月十八日巳時無傳
貽器璋照次子也生嘉慶乙丑七月初四日吉時卒咸豐
戊午六月十四日巳時娶陳氏生嘉慶甲戌正月廿
五日申時卒道光丁未五月廿九日酉時子禮雝禮
楊繼娶陳氏生嘉慶壬申十一月廿五日午時卒同
治壬戌六月廿四日未時子禮罕公葬本處大嶺穴
卯酉兼乙辛
貽鈔璋照三子也生嘉慶辛未四月廿四日丑時卒光緒

辛巳閏七月十二日戌時葬石坑桔桐垵土名石硫
墓穴丑未兼艮坤無傳
貽樟璋天嗣子也生卒莫攷無傳
貽與璋蟾子也生卒莫考無傳
貽星璋朝嗣子也生卒莫攷無傳
貽欽璋宗養長子也生乾隆甲午正月十六日辰時卒嘉
慶丁巳十月初三日申時無傳
貽標璋宗次子也生乾隆庚子六月初九日午時卒道光
庚子十月十二日卯時娶翁氏生乾隆甲寅九月廿
五日寅時卒失詳子四禮悄禮虵禮音禮唱

貽周璋祐子也生卒莫考無傳

貽生璋夏長子也生乾隆丁未二月初一日巳時卒咸豐辛酉十一月十六日酉時娶雷氏生嘉慶戊申二月十一日卯時卒道光丁未十一月廿三日酉時養子禮起女一

貽串璋夏次子也生乾隆年間九月初七日吉時卒道光年間六月廿八日辰時娶陳氏生子禮亂氏改醮

貽閣璋敢長子也生乾隆壬寅十月廿七日午時卒咸豐丙辰正月廿八日丑時娶鄭氏號勤懿生乾隆壬子十二月廿八日酉時卒咸豐丙辰二月初三日亥時

子三禮窓禮語禮權權出嗣貽紀

貽再璋敢次子也生乾隆乙巳十二月十三日酉時卒道
光庚寅九月廿二日辰時無傳

貽紀璋敢三子也生乾隆壬子四月初十日巳時卒咸豐
丁巳十月初十日子時嗣子禮權

貽桐璋敢四子也生乾隆丁巳閏六月二十日未時卒光
緒辛巳十一月十五日午時無傳

貽姜璋快嗣子也生乾隆庚申十二月初二日戌時卒莫
攷無傳

貽車璋乾長子也生乾隆甲寅八月十二日未時卒道光

甲辰十二月初一日未時娶陳氏生嘉慶癸亥正月
初六日巳時卒光緒甲申二月初六日卯時養子禮
輂

貽恀號周敬璋乾次子也生嘉慶癸亥三月初五日午時
卒同治戊辰十一月十八日巳時娶陳氏生嘉慶壬
戌十月十五日寅時卒道光乙未正月十三日巳時
子禮抄

貽巧璋飲長子也生嘉慶乙丑正月廿二日午時卒同治
癸亥二月十一日巳時娶潘氏生嘉慶壬申五月十
三日辰時卒失詳子禮奏女一

貽辱璋飲次子也生嘉慶丁卯四月廿一日辰時卒光緒乙亥九月初十日子時娶傅氏生嘉慶乙亥三月初一日巳時卒失詳子三禮海禮餅禮挨女一

貽平璋點養子也生嘉慶戊午十月十五日寅時卒同治丁卯四月十二日申時娶王氏生嘉慶甲子十月十六日吉時卒道光辛卯九月十八日酉時子禮集

貽好璋乞長子也生嘉慶辛酉四月初三日未時卒道光己丑十二月廿九日酉時娶林氏生同庚九月廿九日亥時卒咸豐癸丑八月初三日吉時養子禮郁女一

貽符璋乞次子也生嘉慶壬戌十月初三日辰時卒同治
壬申八月十一日酉時娶侯氏生嘉慶丁卯八月初
一日酉時卒失詳子二禮喊禮外女二
貽黑璋乞三子也生嘉慶丙寅十月十二日戌時卒咸豐
癸丑七月十七日卯時娶林氏生子禮案氏改醮
貽榜璋乞四子也生嘉慶壬申十一月廿八日寅時卒同
治丙寅十二月初五日未時娶陳氏無出改醮無傳
貽六璋乞五子也生嘉慶甲戌十二月廿七日戌時卒同
治乙丑八月初十日吉時娶蔡氏生莫考卒道光丁
未九月廿八日吉時　子禮鏢

貽貢璋乞六子也生嘉慶丙子十二月廿一日寅時卒光緒戊寅十一月初七日丑時娶陳氏生道光壬午正月廿六日辰時卒失詳子三禮蘄禮沛禮柑

貽滿璋砂養長子也生嘉慶癸酉十二月廿五日申時卒失詳

貽荅璋砂養次子也生嘉慶辛未七月　日　時

貽貞璋囔三子也生嘉慶庚辰二月初三日巳時卒光緒戊寅三月廿九日巳時娶王氏生道光丙申八月十七日午時卒光緒丙戌正月廿六日戌時餋子禮聯香生子禮帝禮黎

貽法號周文璋麗詞子也生嘉慶乙亥十月初九日未時
卒光緒乙亥九月廿八日申時娶張氏生道光己丑
十二月初五日丑時卒光緒癸卯八月初五日巳時
子三禮近禮來禮稿女二

貽塲璋總長子也生乾隆壬午二月初一日寅時卒道光
乙未六月初六日未時娶鄭氏生乾隆乙酉十二月
廿九日辰時卒道光庚寅四月廿四日未時子四禮
胆禮銓禮灣禮標

貽塊璋總次子也生乾隆己丑五月初七日丑時卒年缺
四月廿九日吉時無傳

貽增璋授嗣子也生乾隆丙戌六月十五日卯時卒道光
庚子九月十五日未時嗣孫則奉
貽玷璋授餋子也生乾隆辛巳六月廿二日寅時卒失詳
無傳
貽聘璋宋長子也生乾隆己丑正月廿六日酉時卒莫考
娶謝氏生卒莫攷生子二禮笑禮玉女一
貽乾璋宋次子也生乾隆壬辰八月廿八日辰時卒莫攷
娶鄭氏生卒莫考生子二禮研禮羽女二
貽活璋敦子也生卒莫考餋子禮綗
貽茂璋雜餋子也外出臺灣

貽叠璋佔嗣子也生嘉慶丁丑十一月廿六日子時卒道
光癸卯十一月十八日午時無傳

貽綠璋咨長子也生嘉慶乙亥七月十四日午時卒光緒
己丑九月十五日未時嗣子禮晚

貽煥璋彭褰長子也生嘉慶丁卯十二月廿八日亥時卒
道光壬辰八月廿三日未時娶林氏無出改醮無傳

貽呈璋彭次子也生嘉慶庚午十月初九日戌時卒失詳
聘李氏生嘉慶壬申十一月初七日吉時卒莫考娶
彭氏生嘉慶壬申十月初五日辰時卒光緒庚辰十
月廿六日申時子禮孫

貽犖瑝彭三子也生嘉慶乙亥十月十五日卯時外出臺灣

貽育瑝彭養四子也生嘉慶癸酉十二月廿六日酉時卒光緒乙未九月十八日酉時無傳

貽貢瑝雷子也生卒莫考無傳

貽赤瑝極嗣子也生道光辛巳月日時失詳卒咸豐辛酉十月廿七日寅時娶陳氏生道光丙戌九月廿五日辰時卒咸豐癸丑十月廿八日丑時子三禮寄禮晚禮丢晚出嗣貽綠丢出嗣貽清

貽貌瑝乃嗣子也生道光丁亥六月十一日寅時卒光緒

丙申七月十四日申時無傳

貽炭璋千養子也生嘉慶癸酉七月廿八日辰時卒咸豐丙辰正月十八日吉時娶吳氏生嘉慶丙子七月十二日子時卒光緒戊子正月十九日酉時子二禮安禮時女二

貽坪號世成璋𤏸長子也生道光甲申七月初三日未時卒同治庚午九月初二日未時聘林氏生卒莫考養子禮來興

貽郡璋𤏸次子也生道光甲午四月十六日丑時卒光緒丙戌四月初十日未時娶李氏改醮養子禮江

貽忠璋檀子也生乾隆癸巳五月初一日丑時卒莫攷無
傳

貽邊璋根長子也生乾隆戊申十月十六日辰時卒咸豐
辛亥八月初九日戌時娶嚴氏生嘉慶丁巳三月初
五日巳時卒同治戊辰十月十三日未時子四禮[illegible]
禮莧禮壘禮硯女

貽撓璋根次子也生乾隆辛亥七月二十日丑時娶吳氏
生子禮擿仝出居沙縣八都鳳池

貽配璋榐三子也生乾隆年月日時卒俱失詳娶李氏生
嘉慶年月日時卒俱失詳無傳

貽鷂璋棖四子也生乾隆丙午九月初一日寅時卒同治癸亥六月初十日午時娶李氏無出改醮無傳

貽甜璋棖五子也生嘉慶庚戌二月十三日亥時卒道光戊申二月初九日吉時娶陳氏無出改醮無傳

貽露璋親養子也生乾隆辛亥三月初六日巳時卒咸豐己未正月初四日亥時娶傳氏生嘉慶己未十一月初八日亥時卒光緒庚辰正月十四日子時子三禮提禮周禮寶女二

貽皇璋㮾長子也生乾隆庚戌十二月初七日寅時卒道光辛丑三月初七日午時娶陳氏生乾隆癸丑八月

十四日巳時卒道光丁亥二月初三日亥時子禮共
嗣子禮着女一

貽風璋榻次子也生乾隆癸丑八月廿九日午時卒同治
己巳十一月初一日巳時娶侯氏生嘉慶丁巳十一
月廿八日酉時卒同治丁卯十二月十三日未時子
四禮恐禮口禮摺禮等

貽珪璋準養子也生嘉慶丙辰六月廿一日辰時卒道光
乙未三月二十日寅時娶林氏生嘉慶己未七月初
七日辰時卒道光壬寅五月十九日申時子禮義

貽智璋敬養子也生嘉慶壬申二月初四日辰時卒莫考

無傳
貽表璋燦子也生乾隆乙未二月初十日卯時卒莫攷無
傳
貽塘山璋熾養子也生嘉慶己未月日時卒俱失詳娶李
氏生嘉慶壬戌九月十五日巳時卒年失詳十一月
廿八日酉時子禮墘禮着墘出嗣貽僭着出嗣貽皇
貽蹁璋水養子也生卒莫考無傳
貽拋璋勤長子也生道光丙申正月廿八日戌時卒民國
癸丑十月初八日子時娶侯氏生道光壬寅月日時
失詳卒光緒丁丑三月三十日酉時子四禮榔禮富

禮麥禮稽富出嗣貽蓮麥殤

貽蓮琿勤次子也生道光庚子正月初八日戌時卒民國
庚寅正月十六日未時嗣子禮富

貽聰琿商子也生道光己亥六月初五日未時卒光緒丙
申十月十五日亥時娶林氏生道光庚子九月十五
日辰時卒民國乙卯二月廿五日寅時養子禮智

貽案琿錐長子也生辛巳七月初一日丑時卒
壬辰閏六月初七日未時無傳

貽協琿錐次子也生丙戌三月十二日巳時卒
癸亥十一月十八日未時嗣孫則降

貽見璋桃子也生卒莫詳外出

十三世

禮量貽程長子也生同治己巳十一月初九日申時卒民國丙寅六月初六日卯時娶林氏生光緒癸未十一月廿二日寅時子四則敬則賢則山則買山出嗣禮煉買出嗣禮樹女二

禮煉貽程三子也生光緒丁丑二月初二日辰時卒民國辛酉九月十四日亥時嗣子則山

禮樹貽程四子也生光緒辛巳二月十八日子時嗣子則買

禮法貽鵬嗣子也生同治辛未九月三十日卯時娶彭氏

生光緒丁亥十月二十日申時子則泉則連女四

禮與貽文養長子也出祖

禮針貽文養次子也生光緒庚辰十一月廿四日卯時僑
居南洋

禮楚貽椿養子也生光緒庚子八月廿二日吉時卒民國
戊午十二月初六日吉時無傳

禮成材貽洪養子也生光緒丁未三月十五日未時

禮浚貽靛長子也

禮讀貽靛次子也與兄浚出居尤溪縣

禮江貽尾長子也生咸豐己未十二月三十日辰時卒年

月日時缺娶陳氏生同治甲戌十月廿六日亥時卒
光緒庚子十月廿八日辰時繼娶　氏生年月日時
缺養子則杜
禮趕貽尾次子也生光緒丁丑三月初六日卯時卒光緒
甲辰四月廿三日午時無傳
禮投貽信長子也生卒莫考無傳
禮榜貽信嗣次子也生卒莫考無傳
禮乘貽崇子也生卒莫考無傳
禮二貽廚養子也生卒莫考無傳
禮堪貽窓養子也生卒莫考娶吳氏生卒莫考子則樧則

粽粽出嗣禮樓

禮樓貽求養子也生卒莫攷嗣子則粽

禮領貽詠養子也生卒莫考無傳

禮芸貽華長子也生嘉慶壬申十月十一日寅時卒光緒
壬午四月初五日吉時娶陳氏生嘉慶己卯十一月
十九日亥時卒光緒戊戌十二月廿一日吉時子三
則大則準則眼眼出嗣禮仁女一公葬尾墳前穴乙
辛辰戌氏葬責仔頭穴丙壬午子

禮仁貽華次子也生嘉慶戊寅十月初十日未時卒道光
甲辰六月初六日寅時養子則奎嗣子則眼葬本鄉

后坑壠穴坤艮未丑

禮店貽懷子也生道光庚寅八月十八日卯時卒光緒丁
酉十月初四日丑時養子則呺

禮慌璋瑞嗣孫也生道光丁酉四月十七日丑時卒光緒
甲辰二月初九日吉時娶林氏生道光己亥四月十
二日巳時卒年缺三月廿九日子時子則厚女三

禮食貽恢子也生道光辛卯十一月初七日辰時卒失詳
養子則稅

禮勝貽墻養子也生卒莫攷無傳

禮岸貽斂養子也生咸豐戊午十月初十日戌時卒民國

癸亥十二月廿五日巳時娶侯氏生同治丁卯二月
十二日未時卒民國丁卯七月初七日未時子則池
則面面殤女三

禮爲才貽送元養子也外出

禮海瑞貽捷嗣子也生咸豐癸亥十二月廿七日辰時卒
失詳無傳

禮嵋貽鋪子也生同治辛未七月廿五日寅時卒失詳無
傳

禮得貽提嗣子也生同治壬戌五月初二日寅時卒失詳
無傳

禮交貽買養子也生道光辛丑正月初二日子時卒宣統己酉正月初七日卯時嗣子則釵

禮欣貽奪子也生道光庚子十二月初三日辰時卒同治甲戌七月初三日戌時在德化被虎咬身亡娶林氏生道光癸卯九月初七日戌時卒光緒壬辰七月廿四日未時子則嫌女二

禮啉貽力嗣子也生道光丙午閏五月十七日辰時卒同治癸酉十二月初三日未時養子則田

禮浪貽泉子也生同治戊辰八月廿四日未時卒民國甲寅五月十八日申時娶潘氏生同治己巳八月初十

日巳時子五則堆山則金鈫則玉兎則窓則仲突堆
山出嗣貽並爲孫金鈫出嗣禮交女一
禮應時貽煖養子也生咸豐甲寅八月二十日辰時卒民
國壬戌正月初二日丑時娶李氏生道光己酉八月
初四日子時卒同治庚午十月初三日戌時無出繼
娶謝氏生同治乙丑閏五月廿五日申時卒民國甲
寅閏五月初五日寅時嗣子則飲生子則泰山則雙
成女一
禮登科貽煖嗣子也生咸豐庚申七月初六日辰時卒民
國乙卯五月初五日亥時娶李氏生同治丁卯七月

初八日卯時卒光緒乙巳十一月初八日亥時子二
則欽則壞欽出嗣禮應時女二

禮鬆貽耶子也生道光壬寅六月十三日巳時卒同治甲
戌四月廿四日辰時娶鄭氏生道光己酉正月廿三
日酉時卒同治己巳十二月十九日酉時無傳

禮謚元貽妻長子也生嘉慶丁巳閏六月廿八日未時卒
道光己酉十二月廿五日酉時娶陳氏生嘉慶庚午
月日時失詳卒咸豐丁巳五月十二日卯時嗣子則
寅生子則緘女一公妣合葬本都秋坑橋獻牲豬崙
穴丁癸兼未丑

禮金貞貽婁三子也生嘉慶庚午二月初三日子時卒光緒己丑十一月十三日未時娶王氏生嘉慶己卯三月初七日辰時卒道光丙午八月廿六日未時生子則掊繼娶張氏生嘉慶乙亥四月初三日辰時卒光緒乙酉八月廿六日未時　子則鳳女一

禮長謗貽潘嗣子也生嘉慶壬戌六月初一日戌時卒道光戊戌六月初三日申時娶李氏生嘉慶己巳月日時失詳嗣子則朗生子則美俱仝母往臺

禮江貽蚊養子也外出臺灣

禮寶貽鶴長子也生道光丁亥三月初六日丑時卒光緒

戊寅四月二十日亥時娶傅氏生道光辛卯十二月
廿二日酉時卒光緒庚子七月廿五日吉時子則韮
女一
禮件貽鎢次子也往尤溪
禮熱貽井養子也生卒莫考無傳
禮恐貽蘭養子也生卒莫考無傳
禮溪貽葶養子也生卒莫攷無傳
禮裁貽葉長子也生道光癸巳六月初九日戌時卒光緒
丙辰七月十四日酉時娶林氏生道光甲午十月初
八日未時卒光緒丙午正月初六日酉時子三則云

則錢則清女二

禮培　貽葉次子也生道光丁酉十二月十一日亥時卒光緒癸未五月初五日子時娶吳氏生道光壬寅四月廿五日午時氏仝夫營業永福卒莫攷養子則開來

禮合　貽亭子也生道光戊戌二月廿四日酉時卒光緒戊子十二月廿一日卯時娶林氏生道光己亥三月初三日吉時卒光緒癸巳七月廿六日酉時養子則等

禮塤　貽諒長子也生道光乙未六月初三日未時卒光緒戊戌正月三十日吉時娶林氏生道光戊申七月十五日巳時卒光緒甲申七月廿八日卯時養子則永

生子則委則汫則胡則甜則山甜嫫

禮久貽諒次子也生道光丙午正月廿二日未時卒光緒丁酉九月初一日未時娶李氏生咸豐乙卯二月初五日申時卒民國甲子五月初一日辰時養子則異香生子則乞則園則田女一

禮樹貽盞嗣子也生嘉慶甲戌閏二月廿二日寅時卒同治甲戌八月廿三日申時娶高氏生道光戊子四月十一日卯時卒同治庚午十二月十七日巳時子三則蔭則儉則貞儉出嗣禮欉

禮欉貽荔長子也生嘉慶辛未七月初四日未時卒失詳

娶陳氏生嘉慶戊寅十月初五日午時卒道光丙申四月初四日酉時子則八纖娶李氏生嘉慶己卯十月廿一日巳時卒同治甲戌九月初五日戌時嗣子則儉養子則天發

禮挑貽荔三子也生道光癸未九月廿四日戌時卒光緒乙亥九月廿一日申時無傳

禮掃貽廷養子也生卒莫考無傳

禮網貽緣子也生道光癸卯六月廿二日未時卒光緒己卯七月初一日未時娶李氏生道光丙申十一月十一日巳時卒失詳子二則自來則進來

禮拋貽月長子也生道光丙申月日時卒俱失詳養子則
進木
禮礫貽月次子也生卒莫考無傳
禮生貽月三子也生道光庚戌十月十五日吉時卒年缺
五月廿九日吉時無傳
禮傳貽竭長子也生嘉慶乙亥四月初十日辰時卒失詳
無傳
禮寶貽竭次子也生道光乙酉五月十一日丑時在尤溪
卒失詳娶蘇氏生道光年月日莫考卒咸豐辛酉五
月十八日巳時養子則秀女一

禮福貽運長子也生嘉慶庚辰十二月廿五日戌時卒道
光丙午閏五月十五日未時娶林氏生嘉慶庚辰九
月十八日未時卒光緒壬辰二月初九日吉時子則
撻女一
禮建貽運養次子也生嘉慶庚辰九月初四日寅時卒同
治己巳二月初七日申時養子則窰則睒窰殰
禮祿貽運三子也生道光癸未六月廿八日亥時卒莫致
無傳
禮祠貽運四子也生道光癸巳三月廿七日酉時卒莫致
無傳

禮祝貽運五子也生道光丙申二月廿一日未時卒莫考

無傳

禮霧貽忠次子也生道光戊子四月十六日巳時卒同治戊辰七月十九日辰時娶李氏號貞一中年丈夫見背矢志柏舟家無立錐甘心苦楚上事翁姑下撫孤兒均取辦於十指節至孝盡鄉黨賢之惜其子未能表揚懿行發潛德以闡幽光殊可憾耳生道光甲午十月初三日未時卒光緒庚戌九月廿七日午時子

則却

禮頂貽忠嗣三子也生道光辛丑八月廿一日丑時卒於

建字無傳

禮霞來貽忠四子也生道光甲辰六月廿八日寅時卒民國壬子十月初五日巳時娶陳氏生咸豐丙辰六月初一日巳時卒民國癸丑五月廿一日辰時嗣子則冬

禮舉貽忠嗣五子也生道光庚戌十一月初八日酉時卒在外夷娶許氏生咸豐丁巳十二月十八日酉時子則拿女一

禮棠貽塊長子也生道光丁亥七月廿四日亥時卒失詳嗣子則浸

禮情貽塊次子也生道光乙未三月十九日未時卒光緒
壬寅六月十五日午時養子則秋吉

禮康貽塊三子也生道光戊申三月十二日亥時卒光緒
癸未三月初五日巳時無傳

禮雲貽進嗣長子也生道光乙酉八月廿三日丑時卒光
緒丙午三月十四日巳時娶潘氏生道光庚寅十一
月十一日寅時卒咸豐乙卯三月廿六日巳時繼娶
陳氏生道光甲午十二月十七日卯時卒光緒庚子
十二月廿一日申時子二則三則寮女三

禮扁貽進次子也生道光壬寅正月廿二日寅時卒光緒

己亥二月十八日申時娶陳氏生道光己酉正月初
五日午時子四則戶則萍則成則嶂女三
禮踏貽共子也生道光辛丑八月廿八日午時外出
禮于貽桃長子也生咸豐癸丑八月十一日未時卒光緒
甲辰二月廿九日辰時嗣子則擇
禮義貽桃次子也生同治癸亥八月十二日午時卒光緒
丁未四月廿九日未時娶陳氏生光緒甲戌十月二
十日卯時生子三則侯則擇則儲儲殤擇出嗣禮于
禮載字華禮號棣華貽興長子也恩授鄉飲賓生咸豐壬
子六月廿三日戌時卒民國戊午六月廿三日辰時

娶李氏號慈恭生同治丙寅十二月初九日辰時卒
民國甲寅五月十九日巳時生子三則曠則鏈則鋌
鋌錫
禮固字守禮號守堅貽姜嗣子也性聰穎善貨殖起家貧
乏尤好施與後循例補太學生然延師課督子姪故
其子若孫書香接踵而起是即公好學之報也生咸
豐乙卯八月初二日巳時卒光緒壬寅二月廿七日
巳時娶陳氏號貞恭生同治甲子九月初一日寅時
生子四龍震砥梅女二長適山美次適良美例貢生
陳君卿岱三男崑謀官公瓦棺葬本都過溪山相公

崙土名貓空口穴巽乾巳亥氏壽域擇在本都過溪山土名相公崙土地公坡穴己亥丙壬

勅授徵仕郎直隸州州判宣統己酉科拔貢周葆眞論曰君天性孝友齠齡失恃不獲奉事其母而於繼慈也馨膳潔餐晨昏無閒於伯氏也推黎讓棗塤篪協奏然家故清貧少時無力就傳因輟舉子業習計然術爲居停所器故文理未諳竟能曉簿記精算術非天姿穎悟曷克臻此弱冠後航海南洋經營英屬雪蘭莪卒能捆載而歸振起門楣延師課子頓成佳器至其樂善好施扶危濟困尤其餘事耳後雖援例補

太學生而享年不永壽僅四十有八至今閭里猶惜之娶陳孺人號貞恭相夫子以道事翁姑以孝於子女養之教之兩無缺焉四子梅幼殤長子龍三子砥尤以年少而亡遺下孤兒呱呱而泣太孺人撫育幼孫恩情備至此尤人所難能者生平儉以自持荊釵布裙若將終身焉其德澤所貽次子震一經成就馳譽儒林次孫德音善讀父書不減韓家之玉如太孺人者其殆古所稱女中堯舜歟公如有知其亦含笑九京

禮門號謹防貽本養長子也恩授鄉飲賓生咸豐壬子五

月初二日寅時卒民國丙寅五月廿九日丑時娶林氏號順恭生咸豐己未五月十一日酉時卒民國戊午七月廿八日卯時生子則攤則爲則虧則深則宙則東虧出嗣禮賢攤深宙俱殤女二

禮賢字智禮號思齊貽本次子也恩授鄉飲賓生咸豐丙寅四月廿六日午時卒民國壬子四月廿九日午時娶李氏號莊恭生同治戊辰正月廿二日酉時卒光緒甲申八月十九日辰時嗣子則虧繼娶陳氏號淑恭生同治丙辰正月十五日辰時卒光緒乙未二月廿二日辰時生子則聘女一

禮蔡貽註養子也生道光甲辰八月十五日酉時卒光緒
甲辰三月廿九日未時娶吳氏生咸豐甲寅四月初
一日戌時卒光緒甲辰十一月初六日辰時養子則
着生子則謹則秋則婆則柑則訓則墻謹訓殤女二

禮茂貽往養子也生光緒庚辰九月初二日巳時卒民國
丙辰正月十五日午時先娶　氏繼娶彭氏生卒莫
攷養子瓊林殤

禮玉璽字印禮貽剝長子也生光緒辛卯三月十六日巳
時卒光緒丁未四月十五日巳時聘陳氏生卒失詳
養子則恩典

禮揚字名禮貽剝次子也生光緒丁酉二月初六日申時
卒宣統庚戌四月廿七日丑時無傳
禮玲貽箭長子也生咸豐辛亥六月十三日午時於光緒
辛巳卒在菲律濱嗣子則眼則置
禮綷字禮正貽跡養子也生同治己巳四月廿一日寅時
娶陳氏生同治癸酉十月廿五日辰時卒民國壬子
五月十二日巳時生子則鳥則置則抽則椿鳥抽殤
置出嗣禮玲女二纖娶李氏生光緒己丑正月二十
日子時生子則振則產女一
禮猻貽市嗣子也生咸豐庚申十月十八日寅時卒民國

乙卯五月廿六日酉時娶陳氏生同治甲子七月廿
三日辰時卒光緒戊申十一月初六日酉時生子二
則眼則樟養子則法來眼出嗣禮玲女一
禮答首貽道長子也生同治丙寅九月初五日午時僑居
菲律濱
禮疊貽道嗣子也生光緒甲午四月十五日巳時娶侯氏
生光緒辛丑五月廿一日巳時養子超羣
禮藹貽范長子也生嘉慶甲戌十月初一日寅時卒道光
己亥七月初三日未時無傳
禮業貽范次子也生道光壬午四月廿二日寅時卒咸豐

庚申六月十四日亥時娶李氏生子則賜氏改醮

禮乳貽治長子也生嘉慶戊寅十月十四日辰時卒光緒

壬午正月十一日辰時饗子則腸

禮晏貽治次子也生道光乙酉八月初三日亥時卒光緒

丙申四月初四日未時無傳

禮臨貽考長子也生嘉慶己巳八月二十日午時卒同治

己巳二月初八日子時嗣子則鄒

禮順貽考次子也生嘉慶癸酉十月廿四日亥時卒道光

丙午三月廿二日戌時娶潘氏生子則兜則鄒鄒出

嗣禮臨氏改醮

禮乍貽考四子也生道光丙戌六月廿四日丑時卒同治
壬申八月十四日辰時娶侯氏生道光丁亥八月初
四日辰時卒同治壬申十月初二日丑時子則綴
禮恁號善忍貽老嗣子也生道光辛巳三月初四日寅時
卒光緒甲辰二月十五日辰時娶羅氏生道光甲申
正月初三日丑時卒光緒辛巳八月十八日丑時子
二則清則嫣女一公葬本都后壠斜仔冬田內穴壬
丙兼子午氏葬本鄉寨仔山穴申寅兼坤艮
禮襖貽文長子也生道光己丑正月初一日酉時卒咸豐
甲寅八月十九日戌時無傳

禮山貽文次子也生道光壬辰三月初十日戌時卒光緒己亥十一月廿五日卯時無傳

禮岳貽禱長子也生道光乙酉三月初十日亥時卒光緒庚寅十一月廿七日丑時娶林氏生道光戊子九月十三日丑時卒同治丙寅四月廿九日酉時子二則撰則絹

禮團貽禱次子也生道光壬辰閏九月十四日寅時卒民國癸丑八月十七日酉時娶楊氏生道光丁酉五月廿四日寅時卒同治壬申十月初三日卯時子則紹女一

禮仰貽禱三子也生道光丙申三月廿三日辰時卒宣統辛亥四月廿二日未時餐子則魷

禮遷貽禱四子也生道光癸卯三月初五日申時卒光緒戊申五月廿四日申時嗣曾孫世萬殤

禮嫗貽垂長子也生道光庚寅七月廿九日寅時卒同治癸酉八月廿五日卯時娶陳氏生道光庚子十月初九日寅時卒光緒乙亥七月初五日午時子則鏡女一

禮流貽垂次子也生道光辛丑正月十九日辰時外出

禮班貽錯長子也生道光辛卯三月十九日午時卒同治

乙丑九月十五日卯時無傳

禮寓貽開子也生道光乙酉三月十九日午時卒同治壬
戌十月初五日午時無傳

禮天賜貽潛養子也出居永福

禮求貽譎子也生道光丙午四月初八日寅時卒光緒壬
辰正月初二日巳時娶陳氏生咸豐己未二月初四
日午時子一殤

禮佰號萬家貽皓長子也生嘉慶丙子三月二十日亥時
卒同治壬戌九月廿六日未時娶陳氏生道光壬辰
九月二十日卯時卒光緒乙酉正月十三日辰時嗣

聖教佩文承印

子則取生子則担則衫担出嗣禮法公葬祠堂公山
返崙穴庚甲兼酉卯氏葬卓雲山下庵坑穴甲庚兼
寅申

禮法
貽皓次子也生道光乙酉四月初一日酉時卒道光
甲辰十月初七日未時嗣子則担則津

禮領
貽責嗣子也生道光己丑三月初八日寅時卒光緒
癸未九月十四日寅時娶柯氏生道光癸巳五月初
三日酉時卒光緒癸卯七月初九日丑時子三則波
則津則灘則沃沃殤津出嗣禮法

禮曇
貽胖子也生道光丙申正月廿八日巳時卒光緒戊

寅九月十八日寅時娶倪氏無出改醮無傳
禮飯貽牡養子也生道光辛卯十二月廿六日巳時卒光
緒丁丑正月十六日寅時養子則地
禮捫貽朋子也生道光戊戌三月初十日戌時卒光緒丁
未七月初六日申時養子則掟
禮麟號聖瑞貽低養子也生道光戊戌正月廿一日寅時
卒光緒乙巳十二月初四日巳時娶柯氏生道光辛
丑十月初二日午時卒光緒丁未四月十七日亥時
子四則冰則澎則輝則經澎出嗣禮日女一
禮逑貽普子也生咸豐辛亥閏八月初五日申時卒民國

甲寅九月初十日未時無傳

禮圳貽等嗣子也生同治丁卯八月廿七日酉時卒光緒癸卯五月十八日亥時娶林氏生光緒己卯九月初六日亥時卒光緒庚子五月廿八日寅時繼娶李氏無出改醮嗣子則煆

禮潭貽穴次子也生同治辛未九月十四日辰時卒光緒戊戌十二月初十日吉時無傳

禮杞貽穴三子也生光緒癸未正月初二日戌時娶陳氏生光緒庚寅五月廿三日辰時子則煆則顯煆出嗣

禮圳女一

禮磚貽穴四子也生光緒丙戌六月十五日卯時卒民國
丙寅二月初十日吉時聘張氏生光緒甲午正月十
四日辰時卒宣統己酉八月初一日辰時

禮服號德賢貽王子也生咸豐丁巳二月三十日戌時卒
民國甲寅五月十六日丑時娶陳氏出繼娶侯氏生
咸豐壬戌十二月初一日卯時子四廷瑚則鑣則環
則麗鑣麗殤女三

禮乃貽斗長子也生道光戊戌七月十四日亥時卒光緒
辛丑九月十六日亥時娶陳氏生道光庚子三月初
十日巳時卒光緒戊申八月初十日卯時子三則呈

則花則閩女二

禮國貽斗次子也生道光壬寅九月初十日巳時卒光緒甲辰四月初五日申時聘林氏生卒莫考娶陳氏生道光己酉十二月十三日寅時卒光緒甲午七月二十日戌時子則高陞

禮備字齊禮號炳光貽竹長子也恩授鄉飲賓生道光甲辰十月十二日辰時卒宣統庚戌九月廿四日卯時娶鄭氏號謙順生道光丙午八月廿三日午時卒光緒丁未七月十六日申時子二則鑾則友女一

禮拳號炳輝貽竹嗣子也生咸豐丙辰十月廿九日酉時

卒宣統己酉八月廿九日酉時娶鄭氏生咸豐庚申
三月廿五日辰時卒光緒戊寅七月十五日酉時無
出繼娶林氏生同治甲戌　月　日　時養子則
根則天發

禮日貽此養子也生道光戊戌五月二十日辰時卒同治
癸亥十二月十六日未時嗣子則澎

禮睦貽海子也生咸豐乙卯十二月初八日未時卒光緒
丙午閏四月廿八日巳時娶陳氏生同治乙丑四月
廿三日吉時卒失詳繼娶李氏生咸豐庚申三月十
九日午時卒光緒癸未十一月十八日未時無傳

禮呼貽定養子也生光緒戊寅二月廿二日寅時卒光緒戊申十一月十六日卯時無傳

禮才貽儼子也出居福清館口

禮共貽坂嗣子也出居福清館口

禮纘貽成嗣子也生道光癸未三月廿一日未時卒失詳無傳

禮艾貽回養子也生卒莫考嗣子則鶴

禮湖貽發子也出居福清漁溪大路洋

禮配貽斗長子也生嘉慶辛酉十一月廿九日戌時卒道光乙巳十一月十七日未時娶許氏生嘉慶丁卯三

月廿八日午時卒道光甲辰六月十六日午時子則
垻
禮挑貽斗次子也生嘉慶丁卯二月二十日辰時卒光緒癸
未五月十一日申時娶陳氏生嘉慶乙亥十一月廿
三日巳時卒光緒庚子八月十八日卯時子則添進
女一
禮忖貽排長子也生嘉慶辛未十月初七日巳時卒於
漳州娶陳氏生子則仁和氏改醮養子則以
禮浪貽排次子也生嘉慶己卯七月十一日卯時卒光緒
辛卯正月初十日酉時娶陳氏生道光癸未七月十

九日亥時卒道光辛丑十一月廿五日酉時繼娶陳氏生道光甲申九月十六日戌時卒光緒乙未八月初一日亥時子五則協則條則連則拿則淸淸殤

禮岩貽排嗣三子也生道光丁亥正月二十日酉時卒於漳州無傳

禮埔貽齒長子也生嘉慶乙卯二月十四日卯時卒道光乙未五月十六日午時無傳

禮遇貽齒次子也外出台灣

禮頂貽齒三子也生道光壬辰七月二十日巳時卒光緒丁丑四月廿六日辰時養子則法

禮案貽貞養長子也生道光辛巳三月初七日午時卒光緒庚子二月初七日丑時娶雷氏生道光辛卯六月十三日酉時卒光緒庚子閏八月十九日午時子六則放則綴則秋則箕則鰻則垂綴出嗣禮桂公葬茶林崙穴辛乙

禮桂貽貞次子也生道光乙酉月日時卒俱失詳娶陳氏生道光庚寅六月十五日午時卒道光甲辰八月廿九日巳時嗣子則綴

禮山貽貞三子也生道光戊子十一月十五日酉時卒失詳娶李氏生卒失詳無傳

禮坤貽貞四子也生失詳卒於建寧莫考娶李氏生卒失
詳子三則發則洗則火
禮崔貽柳長子也生乾隆丁卯六月初五日子時卒咸豐
癸丑十一月十九日申時無傳
禮矜貽柳次子也生嘉慶庚午二月十七日申時卒光緒
己卯七月初三日酉時娶羅氏生嘉慶丙子二月初
六日巳時卒道光庚戌七月初三日酉時子則渺
禮寧貽柳三子也生嘉慶戊寅九月十九日辰時卒光緒
己卯八月初八日午時娶鄭氏生嘉慶己卯十二月
廿八日卯時卒光緒辛丑五月初三日午時養子二

則山則祥

禮緝貽溪長子也生嘉慶辛未九月初九日亥時卒失詳

娶羅氏生卒失詳養子則擲

禮水貽溪次子也外出漳州

禮周貽溪三子也生道光辛卯七月廿一日吉時卒失詳

娶　氏生女二氏改醮無傳

禮提貽撻長子也生嘉慶庚辰九月初十日丑時卒同治

甲子四月十四日酉時嗣子則拂

禮抛貽撻次子也生卒失詳無傳

禮寛號安問貽井子也生道光己丑十月廿七日亥時卒

光緒丙午十月初五日丑時娶羅氏號慈順生道光
乙未六月十七日午時卒民國辛酉六月初十日子
時子五則開則捭則田則深則戶開出嗣禮泉捭出
嗣禮提田磚女一

禮請貽謚長子也生道光辛巳八月廿七日丑時卒光緒
戊寅正月初八日子時無傳

禮蔭號受福貽謚四子也生道光甲午六月初六日辰時
卒光緒己亥十二月初八日戌時娶陳氏生道光己
亥五月初十日寅時卒光緒壬寅十二月初四日辰
時養子則意生子則福則䟦福出嗣禮信

禮奎貽謚五子也生道光甲辰四月十二日寅時卒同治壬申四月十四日申時娶李氏生子則漣女一氏改醮

禮恁貽管嗣長子也外出

禮蹤貽管次子也恩授鄉飲賓生道光己亥十一月十六日丑時娶鄭氏號恭儉生道光甲辰正月廿八日寅時卒光緒丙午五月十一日酉時葬

禮璇字旋禮號振芳貽管次子也恩授鄉飲賓生道光己亥十一月十六日丑時娶鄭氏號恭儉生道光甲辰正月廿八日寅時卒光緒丙午五月十一日酉時葬

子則得生子則雙喜則漂則面女三

禮贈貽管三子也生道光甲辰十月初五日寅時卒光緒癸未正月十一日申時娶鄭氏生咸豐壬子十月廿

五日子時卒民國丙寅七月廿二日卯時子二則成

則壙女一

禮信眙語嗣子也生道光庚寅九月初五日寅時卒同治

乙丑正月十二日申時嗣子則福

禮興眙恐嗣子也出居臺灣

禮泉眙車長子也生道光丙戌六月初八日巳時卒光緒

庚辰正月十七日吉時嗣子二則開則榮木

禮石眙車次子也生道光癸巳二月十一日寅時卒光緒

丙申正月二十日未時娶林氏生道光癸卯十一月

初四日午時卒民國甲寅閏五月初三日卯時子七

則寅則着則榮木則來則土地則川則軟榮木出嗣

禮泉來出祖女一

禮串貽店子也生道光甲申正月二十日已時卒同治辛未六月廿四日吉時無傳

禮坑貽妍長子也生嘉慶戊辰七月初六日辰時卒道光戊申五月廿八日午時娶陳氏生嘉慶壬申七月廿一日子時卒光緒壬午十一月十五日寅時子三則淵泉則寶則玉山玉山出嗣禮獮

禮獮貽妍次子也生嘉慶庚午三月初六日巳時卒同治庚午六月廿四日未時娶邱氏生嘉慶丙戌八月廿

五日未時卒宣統己酉十二月十八日子時嗣子玉
山賚子則慈
禮亮貽妍三子也生嘉慶癸酉九月初八日亥時卒光緒
癸巳七月初一日巳時娶鄭氏生嘉慶乙酉八月廿
五日未時卒光緒辛丑五月十三日未時子四則能
則五則審則照女一
禮春來貽秀嗣子也生嘉慶丁丑正月初七日亥時卒失
詳娶許氏生嘉慶庚辰九月二十日丑時卒失詳子
二則文則算算出嗣禮偶
禮賢貽葱嗣子也生道光甲申十一月廿七日午時卒同

治庚午十一月廿六日午時無傳

禮忽貽珍嗣子也外出

禮賞號厚賜貽院餋子也生嘉慶甲子五月十五日辰時

卒嘉慶戊寅九月初一日午時養子則妹

禮素號厚圃貽愷養子也生嘉慶戊辰十二月廿六日寅

時卒同治癸亥十一月廿八日午時娶潘氏號勤莊

生嘉慶庚午五月十二日寅時卒光緒甲申十一月

廿三日卯時子五則益則卿則亞則曝則油水女二

公葬石坑山四崙穴

氏葬石坑山米糕河內穴丁癸未丑

禮重號厚輕貽歛長子也生嘉慶丁丑四月初十日吉時
卒道光乙酉四月初六日吉時無傳

禮册號厚註貽歛四子也生嘉慶年間十二月十二日吉
時卒在陝西平樂縣莫考無傳

禮寢號厚予貽省子也生道光丙戌正月初六日辰時卒
咸豐丁巳四月十一日戌時姪則然奉祀

禮聯譽貽辦長子也無傳

禮聯貞號厚祥貽辦次子也生道光辛丑月日時失詳卒
咸豐丁巳二月十一日　時無傳

禮𡺸號厚勳貽僭嗣子也生嘉慶己卯三月初十日戌時

卒光緒丁亥九月二十日巳時娶嚴氏生道光乙酉
五月十九日辰時卒光緒辛丑八月初三日未時子
四則然則波則酙則和和出嗣禮賞女一適彭口武
生李君茂對長男

禮偶號厚才貽僭養子也生道光壬辰八月十六日辰時
卒同治癸酉四月初三日卯時娶陳氏生道光戊戌
八月十八日巳時卒光緒壬寅五月十九日亥時嗣
子則算生子則戶則通養子則坐通出嗣禮壬女一

禮世貽奪長子也生乾隆庚午川日時失詳卒年莫考九
月廿八日吉時無傳

禮浮貽奪次子也生乾隆癸酉月日時失詳卒年莫考十
二月初四日吉時無傳
禮垂貽奪三子也生嘉慶乙亥十月十三日巳時卒同治
甲戌十二月十五日辰時娶陳氏生道光丁亥三月
十五日酉時卒失詳子則擡女一
禮魚貽名長子也生嘉慶戊寅正月二十日子時出贅德
化縣後撥一子歸宗名曰則拧
禮或貽名次子也生道光戊子四月初四日子時卒同治
壬戌七月十九日丑時無傳
禮教貽天長子也生道光壬午正月十一日戌時卒光緒

辛丑八月十七日卯時娶陳氏生道光辛卯十月十四日丑時卒同治丙寅七月初三日子時子則擷則跨女一繼娶吳氏生道光壬午六月初十日酉時卒光緒癸未二月廿三日未時

禮袋　貽天次子也生道光丁亥八月廿四日辰時卒失詳娶李氏生道光癸巳七月初七日酉時卒光緒戊寅六月初九日未時子三則返則員則抹抹出嗣禮黨

禮象　貽天三子也生道光辛卯七月初四日午時卒光緒辛丑十二月十八日午時娶陳氏生道光丁酉十月廿一日辰時卒同治庚午正月初五日辰時生子則

擘繼娶戴氏生道光丙戌八月廿八日午時卒光緒甲辰三月十七日巳時

禮黨貽天四子也生道光己亥二月初九日辰時卒宣統壬子五月二十日辰時娶李氏生道光壬寅九月廿七日辰時卒光緒己亥正月十八日亥時嗣子則抹生子則鈺則酒酒出嗣禮筭繼娶陳氏生

禮柑號志臨貽天五子也生道光辛丑九月廿一日午時卒光緒戊戌二月十九日辰時娶林氏生咸豐癸丑四月初一日巳時子三則嗅則雹則先女一

禮筭貽天六子也生道光乙巳三月廿四日寅時卒民國

乙卯九月廿五日午時娶林氏生咸豐丁巳六月初
七日未時嗣子則酒生子則倆則扯則星則霜

禮翕貽褒長子也生道光丙申正月十二日未時卒同治
戊辰十一月初八日丑時嗣子則嘆

禮粿貽褒次子也生道光庚子九月廿九日辰時卒同治
辛未十一月初一日未時娶李氏生子則嘆則關嘆
出嗣禮翕女二氏改醮

禮粽貽萃子也　生道光丁未月日時及卒俱莫考無傳

禮綢號纏綿貽色長子也生乾隆甲辰十一月初六日申
時卒嘉慶丙子七月初五日戌時嗣子則鰲

禮石號碓謹貽色次子也生乾隆壬子十一月十四日亥
時卒咸豐甲寅三月十七日酉時娶陳氏生乾隆己
卯二月十九日巳時卒道光癸巳八月十七日未時
子則梯則鰲鰲出嗣禮綢繼娶紀氏生乾隆癸丑五
月日時缺卒道光丁酉五月十二日申時三娶湯氏
生嘉慶甲子七月初二日時及卒失詳

禮惠號行敏貽色三子也生乾隆乙卯五月初十日卯時
卒道光丁酉六月初一日午時娶傅氏生子則溪氏
改醮

禮輭號和平貽色四子也生嘉慶甲子五月廿九日未時

卒咸豐庚申七月初四日午時娶陳氏生嘉慶癸酉
七月初七日丑時卒光緒戊戌七月十三日未時子
則薄女一

禮脇號滋育貽貫羕長子也生乾隆乙卯正月初四日巳
時卒道光丁酉三月初六日午時娶陳氏生嘉慶己
巳五月廿八日酉時卒同治戊辰八月廿四日寅時
子則挑養子則活水

禮滴號篤圃貽貫嗣次子也生嘉慶辛酉三月初三日酉
時卒道光丁酉四月初二日戌時娶林氏生子則醋
氏改醮

禮容號有度貽邁長子也生嘉慶乙丑九月二十日寅時
卒道光辛卯十一月廿七日巳時嗣子則先

禮文號昭明貽邁次子也生嘉慶壬申六月十七日亥時
卒失詳無傳

禮諒號友直貽邁三子也生嘉慶戊寅九月廿八日亥時
卒光緒乙亥七月初七日未時娶李氏生嘉慶己卯
五月初一日午時卒咸豐庚申二月初四日亥時子
則先則交先出嗣禮容

禮葛貽邁四子也生道光壬午六月十七日亥時卒失詳
無傳

禮奚號敦謹貽璘長子也生乾隆庚戌五月初一日巳時卒嘉慶丙子十一月二十日午時娶陳氏生乾隆壬子六月廿五日未時卒同治壬申八月十七日午時生子則綽養子則琛女一

禮所號敦善貽璘嗣次子也生嘉慶辛酉八月十五日酉時卒同治癸亥八月廿六日巳時娶李氏生嘉慶壬戌十二月十七日卯時卒同治丙寅八月廿七日亥時子三則蚶則敦則翰翰出嗣禮低

禮郭號醇良貽梧長子也生嘉慶戊午四月初四日亥時卒同治壬戌九月初二日申時娶陳氏生嘉慶辛酉

五月初十日酉時卒道光己酉七月廿六日丑時子

七則挨則儒則鋭則白則然則挽則搞

禮帝號正善貽梧次子也生嘉慶甲子七月初二日未時

卒道光庚戌十月初五日未時娶楊氏生嘉慶戊辰

四月十六日巳時卒同治癸亥九月初九日午時子

二則護則飯女一

禮赤號克善貽梧三子也生嘉慶庚午九月廿四日寅時

卒光緒庚辰六月三十日申時娶鄭氏生道光壬午

十一月初九日巳時卒道光丁未七月初二日未時

養子則伙

禮碟號守義貽梧四子也生嘉慶丙子六月廿二日申時
卒咸豐癸丑十一月十二日辰時娶李氏生道光甲
申二月初八日未時卒光緒甲申十一月廿七日未
時子三則壘則鑨則肇壘出嗣禮超

禮超號貽祛長子也生嘉慶丁丑八月廿八日寅時卒光緒
辛卯八月十二日亥時娶林氏生道光辛卯七月十
五日巳時卒道光戊申四月初六日酉時嗣子則壘

禮強號剛健貽祛次子也生嘉慶己卯十一月初九日未
時卒同治壬戌三月初三日子時娶林氏生道光丁
亥七月十五日戌時卒光緒甲辰二月初四日酉時

子三則𥗉則圜則田
禮獅貽祛三子也生道光丁亥正月十四日寅時卒光緒癸巳六月初六日丑時娶林氏生道光戊戌八月初三日卯時卒民國癸丑正月二十日子時養子則根生子則𠡠則肯養子則托女一
禮㡳貽猛嗣子也生嘉慶乙亥九月廿九日酉時在臺卒同治癸亥八月初二日巳時嗣子則翰
禮合號純和貽全養長子也生乾隆庚戌十二月初六日未時卒道光己亥四月初三日未時娶陳氏生嘉慶年缺四月廿三日未時卒同治年缺四月初三日未

時子四則仁則八則踥則榮榮出嗣禮煎女一

禮勁號昭直貽全次子也生乾隆辛亥三月十七日卯時

卒嘉慶戊辰正月廿五日酉時無傳

禮靚號和義貽機長子也生乾隆甲寅十一月初四日酉

時卒同治辛未六月廿三日午時嗣子則集

禮輕號行義貽機次子也生嘉慶己未五月十一日辰時

卒道光戊申七月初八日未時娶吳氏生嘉慶壬申

二月初四日辰時卒光緒乙未九月初二日申時子

二則六則集集出嗣禮靚

禮厚號純和貽突長子也生嘉慶己巳四月初八日巳時

卒道光己酉八月初四日巳時娶高氏生子則枰氏
改醮
禮煎號藝園貽突次子也生嘉慶壬申十二月初二日戌
時卒光緒戊寅八月初四日巳時嗣子則榮
禮順號正直貽鑽養子也生嘉慶戊辰五月初一日吉時
卒道光丙戌二月十三日寅時嗣子則四方
禮冷號敬直貽鑽次子也生嘉慶己卯十二月初一日亥
時卒咸豐癸丑九月十一日吉時無傳
禮曹貽元嗣子也生道光壬午八月初十日酉時卒同治
壬戌十月初七日未時娶陳氏生道光丙戌九月十

四日酉時卒同治壬戌十一月初九日戌時子二則
四方則浪四方出嗣禮順
禮垵號積善貽繞長子也生嘉慶辛未九月初一日亥時
卒咸豐乙卯二月廿二日申時無傳
禮崎貽繞次子也生嘉慶乙亥五月廿八日丑時卒失詳
無傳
禮賴貽繞三子也生嘉慶乙卯九月初二日卯時卒同治
甲戌六月初三日吉時娶陳氏生子則味氏改醮
禮平貽繞四子也生道光癸巳九月初一日午時卒光緒
己卯正月十六日辰時無傳

禮擺貽習子也生道光辛巳八月廿一日酉時卒莫攷無傳

禮淺貽達長子也生道光丙戌七月二十日戌時卒莫考無傳

禮寸貽達次子也生道光癸卯十月初九日卯時卒失詳無傳

禮謗貽堪長子也生道光乙未五月二十日寅時卒咸豐己未九月十三日未時無傳

禮湃貽堪次子也生道光庚戌十月廿四日寅時在台卒莫考無傳

禮桂字攀禮號月軒際泰長子也業儒生乾隆癸丑五月
十七日丑時卒咸豐庚申九月廿六日未時娶蔡氏
號徽貞生乾隆甲寅正月十四日戌時卒光緒辛巳
二月廿六日午時葬子二翰城則雄

國佐諱禮樹字密禮際泰次子也英年以武試補邑庠生
生嘉慶壬戌正月初七日戌時卒咸豐乙卯十月初
十日辰時娶蘇氏生嘉慶壬戌八月初四日酉時卒
咸豐己未八月初四日戌時子五宗學宗煇則杜則
笆則蚤

禮梓字蟾禮號月波際泰三子也業儒生嘉慶癸亥十一

月廿八日丑時卒咸豐辛亥五月初一日午時娶李
氏生嘉慶丙寅八月初八日酉時卒同治乙丑三月
十二日辰時養子則篤生子則晚成

禮掄才字能禮號勤信際熙長子也生嘉慶辛酉正月廿
一日亥時卒咸豐丙辰四月廿八日酉時娶林氏號
慈恭山坪太學生　君長女也生嘉慶壬戌六月廿
五日未時卒咸豐辛亥十一月初八日巳時子則淡
青山則員養子則棱繼娶蘇氏號慈惠生嘉慶庚申
十一月十六日巳時卒咸豐己未十月二十日丑時
公與林氏合葬八都坂尾掘手穴酉卯兼庚甲

禮補綻字針禮際熙次子也業儒生嘉慶癸酉正月初三日寅時卒道光甲午九月初九日巳時娶陳氏生嘉慶甲戌五月十五日午時卒光緒乙亥十月十六日午時子二則箸則叠

禮棟字樑禮貽閒長子也生嘉慶丁卯十二月廿九日辰時卒同治己巳五月初三日巳時娶柯氏生同庚九月十七日酉時卒同治庚午閏十一月初四日寅時子三則釵則踪則粝

禮讓字遜禮貽閒次子也生嘉慶壬申六月十五日酉時在台卒咸豐辛酉十月初八日吉時娶林氏生嘉慶

癸酉月日失詳卒咸豐庚申八月初五日酉時子二
則牛則壺
禮舉貽閑養子也生道光辛卯七月十三日午時卒咸豐
辛亥八月廿八日辰時無傳
禮涯字津禮貽闊長子也生嘉慶壬申六月廿日亥時卒
光緒庚辰七月二十日戌時娶葉氏生嘉慶辛未四
月廿九日卯時卒道光戊戌四月廿三日辰時子三
則魯則髮則礦繼娶潘氏生嘉慶甲戌五月廿日寅
時卒咸豐庚申七月十二日酉時子三則盞則堂則
裕葉氏葬北岩格角穴子午兼癸丁

禮染字綠禮貽闢次子也生嘉慶丙子六月廿九日戌時卒同治戊辰十二月廿三日酉時娶林氏生嘉慶丁丑十一月十二日辰時卒咸豐庚申五月廿二日申時子二則搠則朋女一

禮乒號留厚貽闢三子也生道光壬午十二月廿一日亥時卒光緒癸未十月廿八日子時娶鄭氏號靜恭生道光壬午八月初三日未時卒道光丙午四月廿一日酉時繼娶余氏號靜莊生道光丁亥正月廿九日巳時卒光緒乙酉四月二十日午時子則套則田田出嗣禮决女一

禮灘貽闕四子也生道光戊子九月十七日亥時卒光緒
己卯十月廿八日子時在臺娶柯氏生子三則虎秋
則惟永則惟和俱在臺氏改醮

禮瑞莖字穎禮號孝毅逢龍長子也性至孝善文章才不
獲展子能繼志學士文人多爲慶幸焉生乾隆乙卯
六月廿五日戌時卒道光癸卯十一月十八日午時
娶南安北門外賜進士出身請改汀州府教諭傅君
卓齋公之三女號純淑生乾隆乙卯十二月初一日
卯時卒同治壬申七月廿三日酉時生子毓奇養子
毓醇公與氏合葬八都馬跡洸米坑鷄罩山穴

形號美女抱脚内姪副舉人傳步墀論曰恭維　我
翁儒門廼緒文苑標名詩書世澤孝友家聲託孤六
尺教子一經傾貲慷慨創業經營忘私公爾與奢儉
寧瀾迴川障砥柱天擎如斯善積宜有餘亨

禮瑞

諱字珠禮號篤愼逢龍次子也生嘉慶丁巳十一月
初五日申時卒道光甲午三月廿三日酉時娶西頭
邑庠生以子陳璋君登恩進士例封修職郎陳繼程
君長女號貞淑生嘉慶丁巳十一月廿日寅時卒同
治甲戌九月初五日亥時氏自十八歲來歸心誠孝
養罔敢怠於舅姑四一年守志節勵冰霜遂変推乎

鄕里嘆夫弟之夭其年不忍我傳彼滅分次子以綿其嗣足稱仁至義全享壽七十有八於同治十三年蒙賜進士出身禮部郎中黃謀烈忝屬世誼不忍湮沒會同賜進士出身刑部郎中蔡廣良題請

天旌節孝勅封六品安人給金建坊流芳百世生子二希彭則哄哄出嗣禮瑞藪公與氏光緒乙亥仲夏以瓦棺合葬高殿寨張口垵穴丁癸兼未丑

禮瑞蒲字藻禮號篤厚逄龍三子也業儒生嘉慶庚申十一月廿六日戌時卒道光辛卯十月初三日卯時娶蔡氏生嘉慶辛酉十二月廿一日丑時卒光緒年缺

八月十五日申時生子則羹養子則胖
禮瑞藪號篤學逢龍四子也業儒生嘉慶戊辰六月廿七
日戌時卒道光辛巳三月初一日辰時養子則旺嗣
子則哄
禮瑶字珪禮號玉亭逢曦嗣長子也生嘉慶辛酉十二月
三十日申時卒道光己亥五月廿八日酉時娶李氏
號塞淵生嘉慶壬戌二月十七日寅時卒道光癸未
六月廿六日辰時繼娶李氏號貞順生嘉慶丁卯十
月廿六日申時卒道光甲午三月廿四日午時三娶
林氏號柔順生嘉慶甲戌六月十五日酉時卒同治

丁卯六月初三日午時養子二則抛則亞。

禮肘字緣禮號遜庭逢曦次子也業儒生嘉慶丁卯正月廿一日丑時卒咸豐庚申七月十一日午時娶林氏號徽柔生嘉慶丁卯十月廿八日巳時卒道光丁亥閏五月廿三日寅時繼娶陳氏號孝淑生嘉慶丙寅正月初七日午時卒道光庚子十二月十七日辰時三娶趙氏號純淑生嘉慶庚辰七月十九日午時卒咸豐辛酉七月十五日酉時生子三則賜兒則兜則暖兜出嗣禮樣

禮梗字作禮號良庭逢曦三子也生嘉慶己巳十一月十

五日辰時卒道光庚戌十月十四日午時娶潘氏生
嘉慶己巳八月廿九日巳時卒光緒壬辰二月初五
日申時嗣子則頫生子則噴則麥則正則戸麥出嗣
禮樣公葬本處龍蝦脚穴辛乙兼卯酉氏葬本鄉蛇
仔崙內支龍穴丙壬午子

禮樣號確孳逢曦四子也生嘉慶癸酉四月初六日戌時
卒道光丙戌六月十三日[illegible]時嗣子則麥則兜

禮軫字興禮號恭順逢夔長子[illegible]生嘉慶戊辰七月初一
日辰時卒同治壬申三月廿五日酉時娶高氏號溫
和生嘉慶己巳十月初五日未時卒失詳養子則覽

生子則唸女一

禮琶字織禮號勁直逢夔次子也生嘉慶庚午十二月廿九日子時卒咸豐甲寅閏七月十五日亥時娶陳氏號貞愼生嘉慶癸酉五月十九日卯時卒光緒戊寅二月初六日丑時養子二則繆則尺公葬本鄉蛇仔崙穴丁癸兼未丑

兆熊諱體璉字瑜禮逢夔三子也宗師吳鍾駿咸豐癸丑歲試補弟子員公學業宏富才華卓犖英年入庠黌序蜚聲方冀龍門一躍青雲直上詎料文場終困蹭戰棘闈不能一售僅以一衿終老當時士論惜之至

今猶令人心折云生嘉慶甲戌十二月十五日寅時
卒光緒己丑三月初七日亥時娶陳氏號謙德生嘉
慶丙子四月十三日酉時卒光緒庚辰五月初七日
寅時子四則達則瑞則前則照女一

禮圜號恭德逢夔四子也生道光乙酉九月十九日申時
卒同治戊辰四月十二日未時於道光癸卯年出居
台灣

禮漚號和厚逢夔五子也生道光丁亥八月十四日卯
時卒道光甲辰十一月十七日卯時無傳

禮克紹字烈禮號石隱貽恬長子也業儒生嘉慶丙辰二

月初三日辰時卒咸豐辛亥四月初四日寅時娶永
春尾坂庠生鄭高振君之女號令儀生嘉慶戊午正
月十九日卯時卒道光癸未七月廿六日未時子則
屯則秧繼娶林氏生嘉慶庚申五月廿六日卯時卒
咸豐乙卯六月初三日辰時

禮克因字蘊禮號明廉貽恰次子也生嘉慶戊午九月十
五日未時卒道光己亥正月初一日辰時娶楊氏號
令懿生同庚十一月初一日午時卒咸豐辛亥十二
月十二日酉時子二則巧則契

禮克本字善禮號明敏貽恰三子也生嘉慶癸亥四月十

一日巳時卒道光乙酉五月廿六日酉時娶陳氏號潔順生嘉慶辛酉五月初七日卯時卒道光癸卯四月廿二日辰時養子二則毛則髦

禮克匹字方禮號明順貽恰四子也生嘉慶丙寅十二月廿七日卯時卒同治壬戌七月廿八日巳時娶戴氏生嘉慶丙寅七月初十日午時卒同治戊辰八月廿五日巳時養子則特生子則清

禮敬秀字心禮號慎誠成名長子也生嘉慶丁巳七月十八日午時卒道光己酉九月十八日子時娶雷氏號惠宣生同庚十一月初七日丑時卒咸豐辛亥十月

初五日卯時子四則遇則那則苻則蟓

鷹揚諱實秀字敦禮號篤毅成名次子也登道光壬辰科武闈中式舉人生嘉慶己未六月二十日未時卒咸豐己未四月廿三日寅時娶顏氏號淑德生嘉慶己未十一月十五日申時卒同治己丑五月初三日辰時子四則响則怕則蕉則持公葬卓雲山黃池穴甲庚氏葬高殿案山尾墳尖穴丁癸未丑

對揚諱長秀字度禮成名三子也恩授鄉飲賓生嘉慶甲子五月初五日申時娶蘇氏號儉順生同庚正月十三日亥時卒同治壬申八月廿六日卯時子三則外

聖敬佩文承印

則志則時志出嗣禮醒

禮褒字贊禮號有慎成名四子也生嘉慶丁卯六月十三日卯時卒咸豐辛亥八月初八日辰時娶鄭氏生女一氏改醮嗣子一則貯

禮醒字覺禮號有生成名五子也業儒生嘉慶戊寅四月十二日亥時卒同治癸亥三月廿七日亥時娶林氏無出改醮嗣子則志

禮袍字錦禮號寬圖成裕長子也生嘉慶己未十二月三十日卯時卒咸豐甲寅三月十八日寅時娶戴氏號勤順生嘉慶庚申二月十一日卯時卒道光丁亥五

學敬佩文承印

月初八日辰時子則額繼娶侯氏號淑順生嘉慶丁卯五月廿一日辰時卒同治辛未十月初六日子時子五則吉則醲則貯則酵則囂貯出嗣禮褒女一

禮百祿字猷禮號和圃成裕次子也恩授鄉飲賓生嘉慶癸亥四月十四日卯時卒同治乙丑十月三十日巳時聘陳氏號淵淑生嘉慶甲子月日時失詳卒嘉慶丙子七月初七日巳時娶潘氏號淵徽生嘉慶甲子九月初九日戌時卒道光乙未二月初一日辰時生子二則盼松年繼娶林氏號淵靜生嘉慶壬戌二月十五日寅時卒光緒己卯四月廿二日巳時生子則

九公與林氏合葬本鄉坛內穴坤艮未丑潘氏葬本
都卓雲山土名石碣下穴
禮綬字揖禮號輝圃成裕三子也生嘉慶丁卯十二月十
三日辰時卒咸豐癸丑十一月十八日吉時娶鄭氏
號積淑生嘉慶丁巳六月十六日巳時卒道光丁未
六月廿一日巳時子二則拈則盒
禮宴字齊禮號明志成文長子也業儒生嘉慶戊辰二月
廿三日卯時卒同治乙丑十月初五日丑時娶潘氏
號恭懿生嘉慶辛未七月廿二日午時卒光緒癸未
六月初十日戌時子七則禁則慮繼祖則瞻繼美則

老繼成老出嗣際清女一公葬蔡營塋穴

論曰以公之德眞莫能名矣處己寬容待人忠厚凡子臣弟友之經無不期於各盡觀人者或以爲平淡無奇而不知已合聖人中庸之大道也雖曰中庸惟聖者能然就公之存心而論直欲終身遵道而行斷不使半途而廢矣至於鷄窓刻苦天府終不登其名亦能自安于天命又幸訓子有義方繼繼繩繩書香賴以不墮者則公守先垂後之大業也歟

禮諸字和禮號明直成文次子也生嘉慶庚午六月廿五日卯時卒咸豐辛酉五月廿九日子時娶鄭氏號淑

儀生嘉慶壬申四月初十日酉時卒光緒己卯正月
初八日未時子五則駒則大則貓則熙則瓢

際清諱禮孝字節禮號明善成文三子也恩授鄉飲賓生
道光甲申九月廿三日丑時卒光緒戊戌閏三月十
五日卯時娶林氏號守靜生道光丙戌二月初五日
戌時卒光緒壬午十一月初八日卯時嗣子則老生
子則班則灶則華則迎女一繼娶陳氏號恒謹生失
詳卒光緒甲午五月初九日午時

禮爽字梨禮號純和貽忻長子也生嘉慶丁卯十月初七
日未時卒咸豐丁巳六月十九日戌時娶洪氏號儉

慈生嘉慶丁卯十月十五日午時卒同治甲戌九月廿五日巳時子三則裁則老則包包殤老出嗣禮蔚女一

禮蔚字籃禮號純義貽忻次子也生嘉慶丁丑四月廿三日辰時卒道光丙午閏五月初六日未時娶柯氏無出改醮嗣子則老

禮揀字鍊禮號秉義成存長子也生嘉慶辛未二月初五日巳時卒咸豐辛亥三月廿一日丑時娶陳氏生嘉慶庚午七月十一日巳時卒道光己丑十二月初三日子時繼娶李氏生嘉慶癸丑九月十三日辰時卒

光緒丙子六月十二日丑時子三則椿則搭則昑女

一

禮降字福禮號秉直成存次子也生嘉慶甲戌八月廿二日戌時卒咸豐戊午九月十四日申時娉陳氏生嘉慶癸酉二月十五日午時卒道光辛卯十月三十日午時娶林氏生嘉慶己卯十月十五日丑時卒道光丁未四月十一日辰時生子則當繼娶洪氏生嘉慶己卯二月十五日卯時卒同治壬戌十一月初九日亥時生子則喜公葬大墳穴

揚清諱禮判字吏禮號剛毅成存三子也業儒補太學生

生道光癸未五月初一日寅時卒光緒己丑三月十一日巳時娶陳氏生道光戊子十一月初一日丑時卒光緒壬辰九月十三日午時子五則犇則拔則玲則拱則惜惜嫁女一

禮道成存四子也生道光乙酉十月廿七日酉時卒失詳娶辜氏生道光庚寅八月十五日吉時卒咸豐癸丑七月十五日酉時嗣子則逑

禮看字識禮號儉圃成存五子也生道光庚寅六月初八日亥時卒光緒戊戌七月廿一日午時娶林氏號錦添生道光庚寅九月廿九日辰時卒光緒壬辰五月

十二日酉時子八則述則朝則徵則循則詠則糖則
七則八述出嗣禮這
禮孔字昭禮號勤篤成中養長子也生道光乙酉正月二
十日未時卒咸豐戊午十月十四日子時娶林氏生
道光丙戌六月初九日酉時卒光緒甲午五月初九
日午時子二則衷則山
慶淸諱金渠字問禮號鑑塘成中次子也宗師吳鍾駿[illegible]
咸豐癸丑歲試補弟子員公學問深純文章彪炳蚤
歲入庠騰聲黌序雖屢戰棘闈不能高折蟾桂僅以
白首靑氈一衿終老然其才猷奮發經濟宏富觀其

捍衛鄉閭峻拒外侮不滅烈烈大丈夫況存心公平
物我無閒氣度雍容猶令人稱道弗衰歲光緒庚辰
續修譜牒經營盡瘁其敬宗睦族之意厥功尤偉云
生道光丙戌九月十二日戌時卒光緒戊子九月廿
五日午時娶李氏號勤正生道光戊子七月廿二日
巳時卒光緒辛丑十一月廿五日未時子四則探則
尙則螺則檄女一

禮⿰石區字固禮號正圖成中三子也生道光庚寅七月初七
日巳時卒光緒庚寅五月十三日午時娶鄭氏號靜
恭生道光丁酉三月二十日戌時卒光緒戊子八月

初三日子時子二則雙則麗女一

禮高字朗禮號昂軒盛業長子也業儒生嘉慶庚申十一
月十七日卯時在臺歿莫考娶陳氏號志仁生嘉慶
辛酉五月初六日酉時卒道光己巳正月廿七日申
時養子則聚繼娶陳氏從公出居臺灣生子則螺金
則錫金

禮杍字懷禮號教軒盛業次子也生嘉慶己巳三月十五
日卯時卒同治乙丑六月十三日辰時娶蘇氏號順
正生嘉慶戊辰八月初十日辰時卒光緒戊子五月
初九日辰時子四則唱則匾則王則滑

禮僻字隱禮號居仁盛恩長子也恩授鄉飲賓生嘉慶庚午正月十七日辰時卒光緒乙酉七月廿九日巳時娶陳氏號儉淑生嘉慶庚午二月十七日午時卒道光甲辰五月廿二日午時子則科則汸則驪繼娶謝氏號儉順生嘉慶己巳十一月十一日寅時卒咸豐丙辰七月廿三日午時生女一適劉林太學生侯淨書君

禮菲字徵禮盛恩養次子也生嘉慶乙亥八月十五日酉時卒道光丁未八月十四日吉時娶戴氏生子則尙書氏改醮

定元諱禮着字定禮號雪波盛朝長子也自少歧嶷不凡卽卓犖有大志殖貨財而得計然術興家立業習弓矢而效由基法貫札穿揚而其名望久推于閭里者爲其人善居鄉排解紛難者也吳宗師孝銘歲試取進南安學第三名生嘉慶辛未二月初一日寅時卒同治癸亥十月初五日丑時娶葉氏號柔順生同庚六月廿三日戌時卒光緒癸巳十月初七日巳時子則栩則詰養子則鎗詰出嗣禮仰

禮仰字慶禮號溫厚盛朝嗣次子也生嘉慶丙子十二月初五日亥時卒道光庚子七月初九日午時娶吳氏

無出改醮嗣子則詰

壽榮諱禮炳字煥禮號古懇盛朝三子也業儒懇授登仕郎候補巡檢生道光辛巳八月廿八日辰時卒光緒辛巳正月十二日巳時娶陳氏號淑德例封九品孺人生道光癸未三月初七日巳時卒同治丁卯十一月二十日卯時子則嗰則汪則詡則跑女一繼娶顏氏號淑範生道光甲午十一月廿七日亥時卒光緒乙酉十一月初六日辰時子則魁女一陳氏葬卓雲山

禮坂號柔厚盛朝四子也生咸豐壬子正月初三日子時

卒光緒戊子二月初九日未時無傳

禮接字以禮勵修長子也生嘉慶辛未三月廿二日丑時卒光緒戊寅五月十八日丑時娶王氏生同庚八月廿八日寅時卒道光癸卯九月廿五日丑時子三則蠻則董則鄖繼娶邱氏生嘉慶癸酉三月初六日未時卒道光丙午五月初一日辰時

韡棨諱彪字宜禮號博軒勵修養次子也天資穎敏學業精明屢試不售同治甲戌捐納職員生嘉慶乙亥三月廿一日寅時卒光緒壬辰正月廿七日辰時娶侯氏號勤柔生嘉慶丁丑三月初四日寅時卒光緒癸

巳九月初三日未時子二則幌則韜女一

禮忖字切禮貽涼長子也生嘉慶乙亥八月三十日酉時卒失詳娶林氏號慈恭生嘉慶丁丑九月廿九日酉時卒道光己亥九月十九日亥時繼娶蔡氏號和恭生嘉慶乙亥十月二十日丑時卒光緒戊子五月十四日巳時無傳

禮悅字悅禮貽涼次子也業儒生道光癸未九月初十日亥時卒同治丁卯五月初十日卯時娶陳氏生子則撈女一氏改醮

禮慊貽涼三子也生道光壬辰九月廿五日午時卒失詳

無傳

慶昇諱禮殿字登禮貽勘長子也恩授例貢生生道光戊子十月廿九日酉時卒光緒丙戌四月初六日巳時娶吳氏生道光己丑五月十一日辰時卒民國癸丑三月十九日子時子則賾

禮缺字選禮貽勘次子也生道光甲午十二月十四日午時卒宣統辛亥六月十四日午時娶李氏生道光丁酉八月初三日吉時卒同治甲子二月十五日午時繼娶陳氏生道光癸卯八月廿六日吉時卒失諱子則蕙則金練女一

禮讀貽勘三子也生道光戊戌六月廿二日辰時往夷卒

光緒年月日時失詳無傳

禮波字恩禮號正誼時芳養長子也業儒生嘉慶庚申正月廿五日辰時卒嘉慶庚戌九月初八日卯時娶陳氏號昭惠生同庚十二月廿五日卯時卒咸豐辛亥五月十九日酉時養子二則蒼則崇公瓦棺葬十六都洋炙口土名金交椅穴未丑兼坤艮

禮衍字易禮號修士時芳次子也業儒生嘉慶乙丑九月廿四日丑時卒道光丙戌二月十三日寅時娶葉氏號貞愼生嘉慶甲子十二月初四日未時卒咸豐丁

巳十二月初三日辰時子二則虔則罩

禮敏字勉禮號遜志時芳嗣三子也生嘉慶乙亥三月二
十日辰時卒道光丁未九月十七日未時娶李氏生
嘉慶丙子十一月十六日子時卒同治戊辰四月廿
八日卯時子則鉎

志正諱禮理字有禮號泰軒時忻長子也恩授登仕郎候
選巡政廳生嘉慶己未九月十四日辰時卒光緒庚
辰三月十九日酉時娶陳氏例封九品孺人號勤徽
生嘉慶庚申十月十四日午時卒同治庚午十月廿
九日辰時子五則屏則繭則枹則察則鑾女一

禮琨號思軒時忻次子也業儒生嘉慶甲子六月十四日酉時卒嘉慶丁卯十一月十四日寅時嗣子則培

禮琳字竹禮時忻養三子也生嘉慶甲戌八月廿八日酉時卒光緒己卯二月廿七日酉時娶林氏號徽恭生嘉慶丁丑五月初七日丑時卒道光己酉十二月初一日酉時子一則廁

禮斗字酌禮號恭厚時憲嗣長子也生嘉慶癸酉八月初十日寅時卒咸豐丙辰三月廿五日卯時娶李氏號慈和生同庚二月十九日巳時卒同治庚午十月廿四日辰時養子則夏生子三則鉅則鍾則連連出嗣

生子則獨女一適彭口太學生李　君次郎氏改適

禮纓號泉義時憲七子也生道光壬寅六月廿七日亥時卒同治丙寅六月十三日申時娶吳氏無出改醮嗣子則煥

禮黨號中軒時憲八子也生道光甲辰十一月初十日亥時卒光緒戊戌三月十九日未時娶鄭氏號順慈生道光庚戌六月十八日巳時卒民國癸丑四月十三日申時子則煥出嗣禮纓養子則爐女一

禮和號順軒時憲九子也生道光戊申十一月廿九日亥時卒光緒戊辰九月廿六日酉時無傳

禮郡字守禮號堯山貽羅養子也生嘉慶己卯六月初二
日寅時卒光緒癸未五月初十日卯時娶蘇氏生同
庚二月十六日寅時卒失詳養子則兩生子則睆則
芬芬出嗣禮託女一
禮礪字砥禮號景山貽羅次子也生道光癸未十月十三
日未時卒咸豐癸丑十月廿三日戌時娶李氏號貞
志生道光乙酉二月廿五日午時卒同治癸酉四月
初九日申時子則硈
禮託字寄禮號卓山貽祥養子也生嘉慶庚辰十月十五
日丑時卒咸豐壬子三月十七日申時娶蘇氏號儉

勤生嘉慶庚辰三月十四日酉時卒咸豐己未正月
廿八日寅時子二則座則佾嗣子則芬女一

禮權字與禮號守志貽祥次子也生道光甲申二月初三
日未時卒同治庚午十一月廿三日戌時聘侯氏號
貞烈生道光乙酉三月十八日午時卒道光庚子十
一月十一日寅時娶吳氏號儉順生道光丁亥二月
十七日寅時卒失詳子四則札則瑱則垰則椅女二

禮閭貽佃長子也生道光丁酉二月十七日辰時外出

禮海貽佃次子也生道光乙巳月日時失詳出居外洋

禮錯貽佃三子也生道光丁未月日時失詳出居外洋

禮勷貽佃四子也生道光年月日時失詳出居外洋

禮紀字維禮號哲士興邦長子也業儒生嘉慶丁卯十二月廿六日辰時卒道光丙戌二月十三日寅時娶李氏號莊惠生嘉慶戊辰正月廿一日寅時卒光緒庚辰十一月十四日巳時氏十九歲而寡矢志冰霜事姑倍篤於前訓子堪垂於後至光緒辛丑　蒙學憲題請

天旌節孝恩准註册入節孝祠并賜匾額古井盟心四字以垂不朽養子二則餘則鎴公葬在本都石坑盡尖山頭穴巽乾兼巳亥

日戌時卒同治甲戌六月初一日酉時娶李氏號儉
慈生嘉慶癸酉正月初六日酉時卒同治庚午九月
初六日寅時子六則冰則托則錩則泮則鍭則國

禮雪梅字鑣禮號潔士興郛四子也業儒生嘉慶庚辰二
月初九日卯時往夷卒咸豐辛酉十二月廿二日未
時娶傅氏號勤柔生道光辛巳三月廿四日辰時卒
光緒甲申正月十三日巳時養子則欉生子則[illegible]瑚
則琬女一

禮計字統禮號良直貽蘇嗣子也生道光壬午閏三月十
二日酉時卒咸豐甲寅二月二十日酉時娶葉氏生

嘉慶庚辰十一月十七日午時卒道光己酉十一月初八日亥時子則聯

禮蓼字僕禮號正直貽蘇次子也業儒生道光己丑十二月初二日亥時卒光緒年月日時失詳娶李氏號綿徽生道光庚寅十二月十三日丑時卒光緒丁丑六月初四日辰時子四則箏則丢則衢則笨衛出嗣禮菌丢殤

禮嘵字嘹禮號振音貽蘇三子也生道光壬辰十二月初一日丑時卒同治壬戌三月廿六日卯時娶王氏號貞烈心切同穴忍舍子於週年志無異念直殉夫於

旬日其節烈之可欽惜褒封之弗獲惟望令嗣之克彰厥志焉生道光癸巳十二月十九日辰時卒同治壬戌四月廿三日午時養子則日生子則爲爲出嗣

禮菌女一

禮菌號守志貽蘇四子也生道光辛丑十二月初七日寅時卒咸豐己未五月初三日巳時嗣子則衢則爲

禮咭字唱禮號純篤貽澁長子也生道光甲申閏七月十二日亥時卒道光己酉七月十四日巳時娶李氏生子則訢氏改醮

禮悳字經禮號致慊貽澁次子也業儒生道光己丑六月

十一日辰時卒光緒壬午十二月初十日辰時娶傅氏號和恭生道光戊子十月十八日巳時卒光緒庚子四月廿四日申時嗣子則連女一

禮煆設志士貽炮長子也業儒生嘉慶丁卯十二月廿六日亥時卒道光丙戌二月十三日寅時娶林氏生嘉慶丁卯七月廿四日午時卒失詳養子則璧

禮寬字洪禮號圖南貽炮次子也業儒生嘉慶庚午六月十六日未時卒道光巳巳七月初八日未時娶蘇氏號儉順生嘉慶辛未六月二十日吉時卒咸豐庚申十二月十九日未時子二則者則琛

大烈諱禮喬字遠禮號志仁貽炮三子也賦性溫和大有遠謀練習弓馬英年以武試補邑庠生生嘉慶壬申十月初八日卯時卒道光壬寅三月初五日卯時娶林氏生嘉慶甲戌五月廿七日酉時卒失詳生子則掌養子則治

禮曾貽炮四子也生道光庚寅六月廿一日巳時外出番邦

禮珺字約禮貽還長子也生道光丁酉十月十五日亥時卒同治己巳九月十一日巳時娶陳氏生子則固女一氏改醮

禮聽字吟禮貽還養次子也生道光己亥十月十八日辰時卒光緒戊申正月廿八日巳時娶吳氏生道光甲辰十月廿四日丑時卒民國甲寅四月十七日巳時子四則泉則握則坑則均女一

禮儍字振禮號直溫興宗長子也生嘉慶丁丑五月十八日巳時卒道光丁未十二月廿八日戌時娶楊氏號儉恭生嘉慶丙子十月廿七日未時卒咸豐庚申五月初三日子時生子則鄉女一

禮邑字獻禮號直成興宗次子也生嘉慶己卯七月初九日未時卒同治壬申六月初八日酉時娶侯氏號勤

慈生嘉慶庚辰九月十四日寅時卒同治辛未九月廿七日午時子一則算

禮閱號德成興宗嗣三子也生道光丁亥十二月二十日午時卒道光癸卯五月十八日午時無傳

禮贊成號修德貽西養長子也生道光辛卯正月初二日午時卒光緒乙巳十一月初十日寅時娶李氏號居直生道光丙午十一月初十日子時卒光緒己亥二月廿七日辰時子三則瞬則宿則租女一

禮象號存和貽西次子也生道光甲午四月初三日辰時卒光緒丁丑七月廿七日辰時養子則順

禮鑑號循義貽西三子也生道光辛丑九月十八日辰時
卒光緒丁丑四月初二日吉時娶柯氏號守惠生咸
豐丁巳十二月三十日酉時卒光緒丁未三月十一
日戌時子二則屘水則𣳾屘水出嗣禮沛

禮沛貽甲養子也生道光甲申三月初五日酉時卒道光
戊申八月初三日未時嗣子則屘水

禮愀廷璧長子也生道光戊戌九月初十日戌時卒於番
邦無傳

禮芽廷璧次子也生道光己酉二月十六日卯時卒同治
辛未十一月廿九日戌時無傳

禮洋廷璧四子也生咸豐戊午三月初二日戌時卒於外夷無傳

禮麵號存心貽茅嗣子也生咸豐壬子十二月十九日辰時卒光緒戊子六月初五日巳時無傳

禮瑤貽澄長子也生道光癸巳七月廿一日午時卒光緒庚寅四月廿一日丑時餐子則神助

禮北號云禮貽澄次子也生道光丙申十一月十七日亥時卒光緒年月日時失詳無傳

禮旭貽匣嗣子也生道光年間閏八月初四日午時卒咸豐年間五月初六日戌時無傳

禮孫貽冒三子也生道光辛丑九月十九日未時卒臺灣
禮廷貽夢長子也生道光庚戌四月廿五日巳時在台卒
民國餘莫考無傳
禮雍熙號明德貽夢次子也生咸豐壬子八月初四日午
時卒光緒戊寅五月十三日吉時無傳
禮虎貽夢三子也生咸豐辛酉月日時失詳卒於台灣無
傳
禮凸貽濕嗣子也生道光丙申十一月廿五日午時卒光
緒丙戌六月十二日寅時養子則府
禮朕貽類子也生道光丙午九月廿一日寅時卒失詳

禮鑾字雍禮號晉秋貽染養長子也生咸豐戊午十月十
七日午時卒光緒丙戌五月初九日巳時娶陳氏生
咸豐己未三月廿一日酉時卒民國丁巳正月初八
日未時養子則熟女一

禮糍貽染養次子也生同治壬戌十二月十二日未時卒
在台灣莫稽

禮貌貽肴養子也生同治癸亥四月廿三日辰時卒宣統
己酉九月廿六日丑時娶林氏生子一則杓瓊氏改
醮

禮樓號芳亭貽表養長子也生光緒辛巳八月廿七日未

時卒光緒戊戌四月廿四日戌時無傳

禮鎮字守禮號國才貽表次子也生光緒癸未正月十二日寅時娶陳氏號柔和生同庚十二月十八日辰時卒光緒戊申十一月廿八日未時繼娶陳氏號恭和生光緒己丑十一月十六日戌時養子則桶

禮胡號水亭貽表三子也生光緒癸巳六月廿九日申時卒宣統庚戌十一月十二日申時無傳

禮攀號桂亭貽劣子也生光緒己丑八月十一日寅時卒民國五月廿四日戌時娶李氏號順儉生光緒丁酉十月廿一日午時卒民國丁巳二月十四日未時子

藻彩

禮禍貽漂子也生道光庚戌九月初三日吉時卒在頂府
十四都街莫考
禮進貽䬫養長子也生同治乙丑三月初五日卯時娶潘
氏生同治己巳五月廿一日寅時子二則南則生俱
在尤溪縣十四都西洋街
禮朝安貽䬫養次子也生同治癸酉正月廿一日辰時卒
卒在尤溪縣十四都街莫考
禮長號昭義貽業長子也生乾隆壬寅十二月十七日寅
時卒咸豐辛亥十一月十八日辰時娶陳氏號貞純

生乾隆癸卯十月廿四日丑時卒咸豐甲寅九月廿
四日巳時子三則衆則鵝則市女二陳氏葬卓雲山
風鼓石三脚木內穴甲庚兼卯酉

禮樸號玉石貽業次子也生乾隆壬子九月十三日寅時
卒年缺七月廿一日辰時嗣孫奕作

禮榔號篤義貽業三子也生嘉慶丙辰六月十七日辰時
卒道光乙巳十一月初九日申時娶李氏號貞淑生
嘉慶戊辰十月初一日午時卒光緒乙酉二月初八
日未時養子則剣生子則萬則兩則榜則廣女一

禮出號存義貽遠長子也生乾隆甲辰十一月三十日夲

時卒道光壬午九月廿五日酉時娶鄭氏生乾隆丙午正月初四日酉時卒道光甲申二月廿三日辰時子則緒女一

禮入號莊圓貽深嗣子也生乾隆丁未十月廿一日午時卒道光己丑三月十一日卯時娶鄭氏號淑靜生乾隆辛亥五月十三日辰時卒道光辛巳三月初六日未時生子則甝則曉繼娶彭氏號淑貞生嘉慶甲子正月十三日卯時卒光緒己丑十月初三日丑時生子則脫則稟女一公與父貽深合葬卓雲前大壠內穴乾巽兼亥巳鄭氏葬本都白銀崙穴壬丙兼子午

禮度號義圃貽近長子也生嘉慶戊午四月十七日申時卒道光丙午六月初一日子時娶傅氏號淑徽生嘉慶辛酉十一月初五日巳時卒道光庚子十一月初七日辰時飬子則佃生子則等繼娶施氏號温恭生嘉慶年缺四月十七日巳時卒光緒丙子閏五月初七日申時子則庭則枰

禮芸號和圃貽近次子也例贈修職郎生嘉慶辛酉十月廿二日卯時卒道光庚戌七月十六日巳時娶鄭氏號恭順例封太孺人生嘉慶戊辰正月廿四日酉時卒光緒己丑七月十三日午時子四則苗聯玉則律

則針女二長適墩兜鄉例貢生陳維晉君長郎太學宏立君辱外甥歲進士遇春論曰緬吾外祖之爲人也敬以事長孝以事親慈以撫幼讓以持身其治家也克勤克儉其處衆也克寬克仁雖百齡難望中歲辭塵而孫孫子子蟄蟄振振好學好耕先猷克紹肯堂肯構華廈鼎新見之旣可令人重聞之亦足令人珍

禮齊號修圃貽近三子也生嘉慶甲子十二月初五日巳時卒咸豐己未四月廿六日丑時娶李氏號恭淑生嘉慶丙子三月十七日亥時卒光緒己卯閏三月二

十日寅時子二聯陞則別公葬本處黃壠穴巽乾兼
巳亥
禮願號善圖貽近四子也生嘉慶丁卯正月廿一日辰時
卒同治甲子六月初四日未時娶邱氏號恭懿生嘉
慶丁丑十月十六日巳時卒同治丁卯三月初一日
寅時子五聯輝則洗則蒜則甌則祧公葬本都坑中
溝穴甲庚兼寅申氏葬本都彭林柄大坪穴丑未兼
午子論曰吾翁之性兮愷悌温良吾翁之行兮宏毅
剛強周旋閭閻兮孝友不忘優游鄉黨兮禮義爲坊
克勤克儉兮創業永昌苟完苟美兮居室有方桂枝

有五兮冉冉標香蘭玉最盛兮卓卓非常爰爲卜之
曰積善之家必有餘慶

呈祥諱旨字甘禮號敬亭貽粧長子也例封修職郎誥太
學生生嘉慶乙丑十二月十八日戌時卒光緒庚寅
九月十一日未時娶王氏號溫柔例贈太孺人生嘉
慶癸酉十一月廿二日酉時卒同治癸酉閏六月十
六日未時子二聯奎則摘氏葬嶺頭燊苦尞壠穴壬
丙兼子午論曰恭維我翁孝慈成性仁讓宅衷威儀
嚴肅器度寬洪持身則克勤克儉創業乃欽始欽終
大廈鼎新光增閭里良田多買畝遍南東瞻矍鑠之

形容遐齡永錫天上緬衆多之孫子四代同處閫中
則吾翁之爲人故難與之同語吾翁之受福亦難與
之比隆

禮掛號敬齋貽粧次子也生嘉慶戊辰十月初七日申時
卒同治甲戌二月初四日巳時娶林氏號溫惠生嘉
慶己卯十二月廿三日酉時卒光緒壬午六月廿六
日未時子五則貼則烹則葵則葱則諸女一

禮玩號仁和貽東長子也生嘉慶丁丑二月初九日亥時
卒道光庚子五月十五日酉時娶[illegible]氏號徽淑生嘉
慶丁丑十一月初四日巳時卒咸豐辛酉五月十五

日亥時養子則擢則飛

禮捀號義和貽東養次子也生道光甲申七月廿三日辰時卒年缺五月廿四日吉時娶葉氏生道光丙戌九月十三日未時卒年缺五月十九日申時養子則牽女二次適彭口附貢生李君邦開

禮擽號禮和貽東三子也生道光丁亥四月廿五日申時卒咸豐乙卯十二月初九日卯時娶陳氏生子則烈嗣子則魚氏改醮

禮剪號智和貽東四子也生道光辛卯十二月廿八日辰時卒光緒戊寅三月廿九日亥時娶李氏號靜淑生

道光甲午十二月初九日辰時卒同治丁卯五月二
十日午時生子則徙嗣子則合女一
禮鉄貽東五子也生道光丙申八月二十日申時卒光緒
辛丑六月廿三日巳時娶侯氏生道光戊戌四月廿
一日申時卒失詳子五則雷則草則火則魚則合魚
出嗣禮擽合出嗣禮剪

卒道光癸卯九月初九日巳時養子則種
禮問號善裕貽究長子也生乾隆己酉十一月十九日戌
時卒道光己酉十二月十一日卯時娶李氏生嘉慶

甲寅十二月廿二日巳時卒同治庚午五月廿五日
申時養子則卯生子則豹則淑則篇豹出嗣禮南
禮南貽究次子也生乾隆壬子十月初一日卯時卒道光
辛巳七月十八日酉時嗣子則豹
禮鎮貽詠長子也生嘉慶庚申九月初二日卯時卒咸
豐癸丑八月廿八日亥時娶陳氏生嘉慶庚申四月
初八日辰時卒咸豐癸丑四月十二日未時子二則
寶則賞女一
禮胚貽詠次子也外出生卒莫考無傳
禮慨號必誠貽甲長子也生乾隆己酉六月初四日卯時

卒道光戊申十月十八日寅時娶鄭氏生嘉慶丙辰
四月十三日寅時卒道光庚寅八月初二日子時子
則塔則有則培有出嗣禮甚培出嗣禮琨

禮甚號幸然貽甲次子也生乾隆壬子九月十五日寅時
卒道光壬辰正月十二日卯時娶林氏生嘉慶癸亥
二月廿九日戌時卒道光癸未七月十七日戌時嗣
子則有

禮剖號存克貽僚長子也生嘉慶己未四月十八日戌時
卒同治丙寅九月十一日卯時娶吳氏生嘉慶辛酉
二月初六日巳時卒同治壬申九月初三日酉時嗣

子則面

禮洗號潔齋貽僚次子也生嘉慶辛酉十一月初四日寅
時卒道光庚戌七月廿八日戌時娶蘇氏生嘉慶庚
辰閏五月十七日午時卒咸豐庚申五月廿一日卯
時子三則定則田則能女一

禮圖貽潔三子也生嘉慶癸亥十月十三日午時卒咸豐
丙辰四月廿一日戌時娶林氏生道光丙戌十月十
三日午時卒道光己酉五月廿二日申時女一

禮丁號正直貽僚四子也生嘉慶丙寅十二月初四日丑
時卒咸豐乙卯九月十九日巳時娶張氏生嘉慶戊

辰八月初一日巳時卒光緒丙戌月日失詳子二則
捲則悅女一
禮良號德賢貽僚五子也生嘉慶辛未十月十七日丑時
卒咸豐丙辰十二月初十日戌時娶陳氏生同庚三
月十六日卯時卒同治壬申七月廿五日巳時子則
蚊女一
禮尾號溫仕貽僚六子也生嘉慶丙子正月十四日卯時
卒光緒戊戌五月初五日辰時娶李氏號慈和生道
光甲申三月初八日酉時卒光緒丁亥七月二十日
戌時子四則面則勸則欺則政面出嗣禮淵

禮密貽琰長子也生嘉慶癸亥正月初九日卯時卒光緒
壬子七月初八日午時娶鄭氏生嘉慶甲子七月初
八日午時卒咸豐丙辰二月初七日子時子六則請
則恩則蟹則兵則佳則添恩添出嗣禮求

禮求貽琰次子也生嘉慶乙丑五月廿九日申時卒咸豐
癸丑四月十一日寅時嗣子則恩則添

禮靈號江水貽謹長子也生嘉慶辛酉六月廿五日未時
卒道光辛亥五月廿四日辰時嗣子則清

禮放號登文貽謹次子也生嘉慶甲子五月初一日卯時
卒道光庚戌六月廿八日未時嗣子則望

禮遏號存仁貽謹三子也生嘉慶辛未五月十四日午時卒同治辛未八月初六日酉時娶傅氏號儉順生嘉慶癸酉三月初六日卯時卒道光戊申正月十二日卯時子三則淸則望則嶺淸出嗣禮靈望出嗣禮放

禮令號趙中貽選長子也生乾隆癸丑十月十一日丑時卒道光丙申十月廿六日巳時娶張氏生乾隆癸丑十月十一日丑時卒咸豐丁巳八月十九日申時子三則岳壽田則含壽田出嗣禮字

禮字號春膏貽選次子也生嘉慶己未正月十四日亥時卒同治丙寅五月初八日巳時嗣子壽田

禮蘇號趙孝貽選三子也生嘉慶辛酉十月廿一日亥時
卒道光丁未四月十六日子時無傳

禮宴號趙和貽選四子也生嘉慶癸亥八月初二日酉時
卒同治辛未十月初五日丑時娶蘇氏生嘉慶己卯
四月初六日辰時卒光緒丙申四月十四日戌時子
三則夷則蕉則拧夷出嗣禮口

禮魁號趙圳貽選五子也生嘉慶乙丑七月十八日亥時
卒同治戊辰九月廿一日巳時無傳

禮口號趙義貽選六子也生嘉慶辛未正月十九日酉時
卒道光壬寅正月十二日申時嗣子則夷

禮創號成業貽角長子也生乾隆癸丑三月初十日午時卒咸豐乙卯八月廿二日酉時娶李氏生乾隆甲寅五月十四日寅時卒光緒辛巳三月廿一日午時子二則詰則歲歲出嗣禮恂

禮朋號貽角次子也生嘉慶癸亥三月十七日亥時卒道光己亥九月十三日午時嗣子則易公葬本鄉獅豹頭坐北向南

禮浸號篤質貽角三子也生嘉慶丙寅六月廿一日巳時卒道光辛卯七月廿四日卯時葬本鄉三落后黍仔園埔坐北向南

禮惰貽角四子也生嘉慶己巳七月十四日寅時卒道光
己丑十一月初三日酉時嗣子則歲
禮頂貽角五子也生嘉慶戊寅四月二十日寅時卒同治
丙寅五月十九日戌時娶林氏生道光乙酉正月初
七日申時卒咸豐丙辰十二月初八日亥時生子則
易出嗣禮朋女一
禮顏貽伍長子也生嘉慶乙丑七月廿一日午時卒咸豐
乙卯五月初七日未時娶王氏生嘉慶戊寅二月初
二日巳時卒道光乙巳十月十八日戌時子則銃殁
公與氏合葬曾坡腰坐北向南

鼎敦佩文承印

禮妙貽伍次子也生嘉慶癸酉正月初八日寅時卒道光癸巳六月廿二日辰時葬本處白銀器坐北向南

禮寅貽安長子也生乾隆壬寅四月十五日午時卒道光丁酉三月十五日午時無傳

禮呈貽安次子也生卒失詳無傳

禮珍貽安三子也生乾隆辛亥四月十一日戌時卒道光庚寅十一月十七日寅時娶鄭氏生嘉慶辛酉八月廿一日寅時卒道光丙戌十二月初八日酉時繼娶蘇氏生嘉慶丙辰九月廿四日戌時卒同治癸酉正月廿九日巳時養子二則聲則享

禮科貽安四子也生嘉慶丙辰十二月十三日酉時卒嘉
慶己卯正月廿七日戌時無傳
禮燰貽安五子也生嘉慶壬戌四月初五日辰時卒嘉慶
壬午閏三月十五日辰時無傳
禮秀貽聯芳子也生嘉慶己未正月初七日未時卒莫考
無傳
禮絛貽四菊子也生嘉慶甲子六月十九日辰時卒莫攷
娶鄭氏無出改醮無傳
禮管貽登長子也生嘉慶庚午八月初八日戌時卒道光
辛丑五月初三日午時娶潘氏生嘉慶辛未二月十

二日吉時卒道光辛丑月日時失詳無傳

禮貢貽登次子也生嘉慶乙亥八月廿三日亥時卒道光壬辰八月初四日未時無傳

禮江貽登三子也生嘉慶庚辰十一月初十日戌時卒莫考無傳

禮漢貽昭子也生嘉慶壬戌二月廿五日午時卒同治癸酉正月初六日吉時嗣子則音

禮盤貽助子也生嘉慶戊午三月廿四日未時卒失詳娶林氏生嘉慶癸亥九月十九日酉時卒失詳子二則壇則音音出嗣禮漢

禮巧號明善貽芮子也生嘉慶癸亥六月初一日辰時卒
同治庚午三月十七日卯時娶傅氏生嘉慶戊寅六
月初八日未時卒光緒丁酉二月廿六日子時子四
則碑則賓則爲則鶱爲出嗣貽淨作孫

禮否貽矜子也外出生卒莫考

禮課貽百長子也生道光庚寅七月初九日巳時卒失詳
無傳

禮珠貽百次子也生道光乙未二月十七日寅時卒失詳
無傳

禮服貽慶長子也生道光己亥九月十八日巳時卒光緒

丙子九月初十日亥時無傳

禮榮貽慶次子也生道光乙巳十月廿八日亥時卒光緒己亥十二月初五日戌時無傳

禮本貽慶三子也生咸豐癸丑六月十九日卯時卒民國甲寅十一月廿八日辰時娶謝氏生同治癸酉四月廿八日辰時子則盥女一

禮裔號儉和貽斐長子也生乾隆癸丑十二月初三日丑時卒道光庚戌五月初一日辰時娶陳氏生嘉慶癸亥二月廿六日申時卒咸豐丙辰十二月十七日亥時子三則頤則祥則請祥出嗣禮育

禮育貽斐次子也生嘉慶丁巳八月廿二日丑時卒道光甲午五月十三日巳時嗣子則祥

禮汝貽斐三子也生嘉慶丁卯九月十四日戌時卒同治辛未七月十六日未時無傳

禮蔭貽[illegible]嗣子也生嘉慶庚申四月廿七日辰時卒同治己巳十[illegible][illegible]十九日丑時娶陳氏生嘉慶巳巳十一月廿二[illegible][illegible]時卒道光己亥七月三十日寅時養子則仍

禮皇貽賢長子也生嘉慶癸亥九月十二日酉時卒同治乙丑正月廿一日丑時娶楮氏生嘉慶壬申十一月

十九日戌時卒同治癸酉閏六月初六日辰時發子
二則鈞則祚

禮向貽賢養次子也生嘉慶丁丑二月十一日卯時卒失
詳娶傳氏生子則行氏改醮

禮旺貽訓長子也生嘉慶庚辰十月三十日亥時卒道光
辛丑十一月廿五日丑時無傳

禮坪貽戒嗣子也生道光癸未九月初三日未時卒咸豐
甲寅六月廿四日酉時無傳

禮鋆貽秩嗣子也生道光丙申九月初三日午時卒光緒
壬寅正月日時失詳無傳

禮位貽周長子也生道光壬辰閏九月廿二日寅時娶鄭氏生同庚九月廿四日辰時卒光緒丙午九月十一日卯時養子胞女二

禮牓貽周次子也生道光乙未閏六月廿一日酉時卒光緒壬午十一月廿一日丑時娶李氏生道光戊戌八月初二日申時卒宣統辛亥五月十九日戌時嗣子則永則貞

禮烒貽周三子也生道光乙巳九月三十日巳時卒光緒庚寅三月廿六日酉時娶潘氏生道光丁未十一月廿三日午時卒光緒丁未二月十四日巳時子則永

則早則貞則眼眼殤永貞出嗣禮膣女一

禮買貽祿餐子也生道光丙戌十一月十三日戌時卒失詳娶蘇氏生道光乙未閏六月十二日午時卒失詳子則告則品告殤女四

禮算貽宰長子也生嘉慶庚申十二月十二日丑時卒道光癸巳六月廿六日吉時無傳

禮看貽宰次子也生嘉慶己巳六月廿七日申時卒咸豐庚申十二月初九日吉時娶陳氏生子則居氏改醮

禮獨貽宰三子也生道光辛巳月日時及卒外出莫考

禮顯貽噠子也生嘉慶庚午九月初一日申時卒光緒庚

辰十一月初七日酉時娶陳氏生嘉慶丁丑十一月廿五日辰時卒光緒丙戌九月初二日丑時子則窓

禮宗 貽同長子也生嘉慶庚午九月初九日申時卒同治戊辰七月初九日未時娶陳氏生嘉慶丁丑三月十一日卯時卒同治己巳正月廿九日卯時子則山則

子女一

禮憲 貽同次子也生嘉慶甲戌八月廿四日亥時往台

禮詩 貽同三子也生嘉慶丁丑十月初三日巳時卒光緒戊戌十一月十一日亥時娶李氏生道光戊子二月十一日午時卒同治庚午五月廿五日申時無出繼

娶郭氏生道光乙酉九月初五日未時卒光緒庚子
三月廿八日巳時葬子則出
禮忽號仲義貽邑長子也生嘉慶癸酉六月廿一日辰時
卒咸豐丁巳二月廿四日巳時無傳
禮義貽邑次子也生道光辛巳十月初七日戌時卒同治
辛未七月十五日酉時嗣子則行
禮鏡貽邑三子也生道光丙戌二月廿三日子時卒光緒
壬辰二月初六日丑時娶林氏生道光庚寅十一月
初八日丑時卒同治戊辰九月廿二日戌時子則行
則諒行出嗣禮義諒出嗣禮欉

禮攤貽邑四子也生道光壬辰閏九月十三日丑時卒光
緒乙巳五月廿八日丑時嗣子則諒

禮興貽湊長子也生嘉慶辛未三月十二日未時卒同治
壬戌四月十六日丑時娶陳氏生嘉慶丙子二月十
三日午時卒同治壬戌十一月十九日酉時子二則

禮則對

禮輝貽湊次子也生嘉慶甲戌六月十八日卯時卒同治
丙寅十二月十七日未時娶陳氏生嘉慶己卯六月
初五日辰時卒同治甲子四月初八日酉時子二則
吩則莉莉出嗣禮堯女一

禮堯貽湊三子也生道光甲申七月十四日戌時卒同治
甲戌三月三十日寅時娶鄭氏生道光甲申十月初
一日辰時卒失詳嗣子則莿

禮案號順德貽砂子也生道光壬午六月十一日子時卒
光緒丁亥七月十九日卯時娶葉氏生道光丁亥七
月廿四日巳時卒道光庚戌八月廿七日亥時無出
繼娶李氏生道光癸未七月初七日巳時卒同治戊
辰五月初七日辰時子二則福則水女一

禮慈貽淮長子也生嘉慶辛未十一月十二日未時卒咸
豐乙卯七月十一日丑時娶李氏生嘉慶己卯十月

初四日戌時卒同治乙丑正月初二日丑時子二則
盪則英盪出嗣禮波女一
禮波貽淮次子也生嘉慶己卯五月初八日午時卒道光
甲辰四月初五日吉時嗣子則盪
禮甁貽淮三子也生道光癸未四月初一日辰時卒失詳
無傳
禮朝貽淮四子也生道光丙戌六月十二日丑時卒道光
庚戌九月初十日戌時無傳
禮錦貽狻長子也生道光癸未二月初一日申時卒光緒
戊子十一月廿四日卯時娶張氏生道光丁亥九月

初五日午時卒光緒甲辰二月十九日辰時子則竹

女一

禮墘貽[犭發]次子也生道光己丑二月初六日卯時卒失詳

無傳

禮粒貽[犭發]三子也生道光乙未閏六月初五日辰時卒光

緒己卯十二月十四日吉時無傳

禮棹貽[犭發]四子也生道光癸巳三月十四日卯時卒失詳

無傳

禮堊貽佑長子也生道光戊子五月三十日丑時卒咸豐

丙辰二月二十日申時無傳

禮侃貽佑次子也生道光戊戌十二月十六日丑時卒道
光己卯七月廿五日酉時無傳
禮愛號厚欲貽煨長子也生嘉慶壬申八月初五日辰時
卒光緒丙戌七月二十日卯時娶吳氏生道光甲申
八月廿九日寅時卒同治庚午十月初九日酉時子
二則許則淫許出嗣禮勑女一
禮勑貽煨次子也生道光辛巳九月十一日卯時卒同治
庚午九月十九日戌時娶周氏生女一氏改醮嗣子
則許
禮碟貽煨三子也生道光丁亥閏五月初六日辰時卒光

緒己亥二月初九日子時娶陳氏號柔恭生道光丁酉二月初三日寅時卒咸豐丁巳二月十八日申時

嗣子則造養子則坍

禮的貽炒餈子也生道光壬辰九月十五日卯時卒咸豐辛亥八月十二日巳時無傳

禮抱貽稽餈子也生嘉慶庚辰五月初五日午時卒同治壬戌四月十五日丑時娶林氏生道光癸巳八月初八日午時卒咸豐乙卯正月廿六日辰時女一

禮賞貽葱餈子也生道光辛卯五月初一日巳時卒光緒戊戌三月十九日辰時嗣子則和

禮水貽蚵長子也生道光乙未十月廿三日寅時卒失詳
無傳
禮梅貽蚵次子也生道光己亥五月二十日戌時卒失詳
無傳
禮悅貽撥子也生嘉慶壬申十月十七日戌時卒咸豐癸
丑十二月初五日巳時娶李氏生失詳卒道光庚戌
月日莫考養子則勇
禮舉貽艾子也生道光乙酉九月廿六日戌時卒失詳無
傳
禮莉貽閣子也生道光庚寅九月初四日未時外出

禮壬貽巷子也生道光庚寅七月廿九日卯時卒光緒壬
辰正月廿五日未時嗣子則通

禮恩字榮禮貽勞養子也生道光戊子八月十三日午時
卒光緒己酉三月二十日戌時娶林氏生道光午丙
十一月十八日寅時嗣子則鳳生子則香則課則賫
則到女三

禮全字修禮貽族嗣子也生咸豐乙卯二月十八日丑時
卒民國丙寅八月初五日戌時娶陳氏生咸豐己未
四月廿九日巳時卒光緒庚子七月初十日午時生
子則高則建則岸則田則補泉田出嗣禮罕補泉殤

女一繼娶郭氏生道光庚戌十二月十六日酉時卒
民國甲子十二月十六日酉時
禮仰字彌禮貽編子也生咸豐辛亥二月初二日辰時卒
失詳娶蘇氏生女二氏改醮
禮法貽創長子也生道光甲申十二月十九日子時卒光
緒壬午三月初四日辰時娶蔡氏生道光辛卯二月
初六日午時卒光緒甲辰八月初二日未時子四則
朕則讀則壇則戌讀出嗣禮門女一
禮門璋瑚嗣孫也生道光己丑三月廿三日辰時卒光緒
壬寅五月廿六日午時嗣子則讀

禮宗貽胆子也生卒莫考無傳

禮教貽干養子也生卒莫考無傳

禮冬字夏禮號嚴圃觀國飱長子也生嘉慶丁卯四月廿一日寅時卒同治癸亥八月廿二日戌時娶陳氏號淑恭生嘉慶辛未三月初四日酉時卒光緒戊子十二月十九日巳時子三則墨則孝則簽女一適亭山太學生鄭肅宗君長郎

禮節字時禮號定和觀國飱次子也生嘉慶乙亥正月初十日寅時卒道光庚戌二月廿五日申時娶陳氏號順徽生嘉慶丙子正月二十日巳時卒光緒癸巳三

月初二日酉時養子掄元則礦生子則賓女一

大陞諱禮聚字上禮號高攀觀國嗣三子也補太學生生
道光甲申九月初三日寅時卒光緒辛卯五月十八
日巳時娶謝氏號柔徽生道光甲申正月二十日辰
時卒光緒丁亥三月初九日午時養子南鎬則拵生
子綱鑑永源女一

禮雲貽最長子也生卒失詳娶詹氏生子則瀆則倩則到
到出嗣禮瓜氏改醮

禮白貽最次子也生卒失詳無傳

禮邱陵貽最三子也生道光己丑二月初九日亥時卒失

詳無傳

禮稅貽鵬嗣子也生卒失詳無傳

禮譜貽鬐嗣子也生道光戊申十月初三日卯時卒光緒乙未三月十七日戌時養子則裕則濟

禮降貽力子也生道光辛巳九月廿八日吉時卒光緒乙亥正月十六日辰時無傳

禮瓜貽天恩長子也生嘉慶丙子二月十八日子時卒失詳嗣子則到

禮城貽天恩次子也生道光丙戌十一月廿八日酉時卒光緒辛巳六月廿八日未時無傳

禮勛貽亞長子也生乾隆丙申正月十九日子時卒嘉慶庚午八月十八日未時無傳

禮羆貽亞次子也生乾隆壬寅十月廿二日申時卒嘉慶庚午四月十六日酉時無傳

禮班貽藻長子也生乾隆己酉九月初五日巳時卒嘉慶庚午二月初十日戌時無傳

禮茹貽藻次子也生乾隆壬子九月十一日丑時卒咸豐辛亥三月廿四日辰時娶林氏無出改醮

禮脉貽藻三子也生嘉慶丙辰十一月十六日酉時卒道光壬辰七月十六日酉時無傳

禮蓮貽藻四子也生嘉慶戊午六月廿日巳時卒道光丙午二月廿七日巳時無傳

禮乙貽藻五子也生卒失詳無傳

禮雩貽鑾長子也生嘉慶乙亥十一月初一日辰時卒失詳無傳

禮流貽鑾次子也生道光壬午九月十五日午時卒失詳瀆娶李氏生嘉慶己卯二月十八日辰時卒光緒戊寅九月十二日戌時無傳

禮梅貽啓嗣子也生嘉慶辛酉八月二十日子時卒同治庚午正月十四日丑時娶陳氏生嘉慶甲子四月十

九日亥時卒道光己丑四月二十日亥時子則拿繼
娶雷氏生嘉慶庚辰正月廿三日巳時卒光緒丁丑
七月廿一日午時女一
禮川貽啓次子也生道光辛巳六月初二日辰時卒失詳
嗣孫奕湍
禮具貽啓三子也生道光壬午七月十二日巳時卒失詳
無傳
禮前貽蕃長子也生乾隆辛亥八月初三日巳時卒道光
乙巳十月廿三日未時娶蔣氏生嘉慶庚申十一月
廿四日卯時卒咸豐辛亥二月初二日酉時子則等

女二

禮路貽蕃次子也生嘉慶庚申九月初五日寅時卒同治己巳四月初九日未時餋子則串

禮灣貽蕃三子也生嘉慶甲子三月初十日戌時卒同治乙丑正月十五日卯時娶陳氏生嘉慶己巳五月十六日酉時卒同治己巳十一月初六日寅時子三則泉則溪則治

禮認貽綏子也生卒莫考無傳

禮懇貽兜長子也生嘉慶丙辰九月十二日吉時卒道光年間十一月初一日吉時無傳

禮鉗貽兜次子也生嘉慶庚申七月廿七日巳時卒莫考
無傳

禮倫貽府養子也生嘉慶戊午三月初十日未時卒咸豐
丁巳六月廿六日吉時無傳

禮寫貽府次子也生嘉慶己未九月初一日戌時卒咸豐
辛亥十二月初十日未時娶張氏生嘉慶癸亥十二
月廿九日酉時卒光緒辛巳十月初三日未時子二
則係則秋水

禮剖貽府三子也生嘉慶己巳八月廿七日巳時卒光緒
乙亥十月十八日未時娶李氏生嘉慶壬申十月初

六日卯時卒道光戊申五月初二日午時子則榜繼娶鄭氏生嘉慶癸酉十一月十九日辰時卒失詳養子則成玉女一

禮厭貽夜長子也生乾隆辛亥八月廿八日亥時卒咸豐丁巳閏五月十九日未時娶陳氏生嘉慶庚申五月十二日酉時卒道光戊戌十二月廿五日戌時子則田女一繼娶陳氏生嘉慶丁巳八月廿五日戌時卒咸豐己未十一月十七日巳時

禮富貽夜次子也生乾隆甲寅三月十三日辰時卒咸豐壬子二月初二日丑時娶姚氏生嘉慶壬戌七月十

七日午時卒咸豐辛酉八月初五日巳時子四則顯則坑則桂則丑坑出嗣禮在

禮錠貽夜三子也生嘉慶己未十一月十七日午時卒失詳娶李氏生嘉慶戊辰十一月十一日子時卒失詳
嗣曾孫世合

禮在貽夜四子也生嘉慶乙丑十月初一日巳時卒同治己巳七月廿三日申時娶林氏生嘉慶癸亥十一月廿四日戌時卒同治戊辰十月初七日戌時嗣子則坑

禮岸貽夜五子也生嘉慶己巳八月二十日亥時卒道光

壬寅七月初九日卯時養子則蚋

禮曾字参禮貽宅長子也生嘉慶丙寅十一月十五日戌時卒光緒甲申十月廿六日子時娶鄭氏生嘉慶庚午十一月十六日酉時卒光緒甲午十月初一日卯時　生子則秉養子則克

禮措字舉禮貽宅次子也生嘉慶丙子三月十二日未時卒同治癸酉正月廿九日辰時娶李氏生嘉慶己卯七月十七日戌時卒同治庚午六月十四日卯時養子則緩則穟生子則凸女二

禮位貽宅三子也生道光癸未三月廿六日酉時卒光緒

戊子正月廿六日未時娶李氏生道光乙酉五月初
二日辰時卒卒同治丁卯六月十三日巳時子六則
乳則玲則池則詠則趨則崇繼娶李氏生嘉慶丁丑
七月廿二日辰時卒同治癸酉七月初十日酉時

禮矜貽點嗣子也生嘉慶癸亥正月初一日戌時卒咸豐
己未正月初八日酉時娶王氏嗣子則朝生子則冒
女一氏改醮

禮套貽活長子也生卒失詳

禮雪貽活次子也生嘉慶己卯正月十一日辰時卒咸豐
癸丑九月廿三日吉時無傳

禮摺貽所子也生道光辛卯四月廿九日卯時卒失詳娶
陳氏生道光甲辰七月廿四日申時卒失詳生子則
天
禮部貽萬長子也生乾隆甲午十二月廿三日辰時卒咸
豐癸丑七月十九日寅時養子則玷
禮正貽萬次子也生卒莫考無傳
禮麗貽萬三子也生卒莫考無傳
禮慶貽象嗣子也生嘉慶庚申九月廿三日戌時卒咸豐
丙辰九月廿七日吉時無傳
禮塲貽抱長子也生嘉慶戊辰七月十一日辰時卒失詳

無傳

禮曲貽抱次子也生嘉慶癸酉三月廿三日巳時卒道光甲辰三月十八日戌時無傳

禮臏貽抱三子也生道光戊子正月廿三日卯時卒宣統己酉閏二月初五日子時無傳

禮仁貽鑽子也生嘉慶癸酉十一月十五日寅時卒同治甲子八月廿五日戌時娶陳氏生道光辛卯九月初五日酉時卒光緒丙子五月十九日未時子三則員則傳則則結女一

禮杯貽月養長子也生失詳卒咸豐乙卯十一月十五日

吉時無傳

禮錐貽月饔次子也生道光乙酉九月初八日戌時卒光
緒辛卯月日缺娶潘氏生道光丙申十月初四日丑
時卒光緒癸巳三月十五日戌時子二則佔則搠女
一

禮獺貽炮嗣子也生道光乙未九月初八日午時卒宣統
庚戌正月十二日酉時無傳

禮着貽秦長子也生道光庚寅二月初七日申時卒光緒
丙戌四月廿五日未時娶傅氏生道光庚子三月廿
一日戌時卒光緒辛丑八月十三日申時子二則猛

則宗女二

禮棹貽綦次子也生道光癸卯三月廿六日午時卒宣統己酉四月廿四日卯時無傳

禮軟貽綦三子也生道光戊申六月廿七日巳時卒宣統辛亥六月二十日丑時養子則炭

禮巧貽鈞長子也生卒失詳無傳

禮粧貽鈞次子也生同治乙丑三月廿九日子時娶賴氏生卒莫考繼娶蕭氏生同治己巳七月十五日吉時卒民國丑乙正月廿七日子時子則送來賴氏葬德化桂楊鄉官山蕭氏葬德化上湧山柄鄉禮粧及子

送來俱居德化

禮蕻貽用饔長子也生道光癸卯四月初六日辰時卒光緒丁酉八月廿四日辰時娶姚氏生道光戊申十一月廿五日未時卒光緒庚子五月廿四日酉時子則撳

禮搓號直義貽用次子也生道光丙戌七月廿一日巳時卒道光乙巳六月廿九日未時嗣子則木炎則鎮

禮名貽進子也生卒失詳無傳

禮忭貽郭子也生道光癸未四月廿一日巳時卒光緒辛巳十月廿六日戌時娶吳氏生道光癸未五月廿二

日寅時卒光緒己丑四月初六日戌時子二則鎮則

擔鎮出嗣禮撻女一

禮葛貽總嗣子也生道光辛卯八月廿一日寅時卒同治

壬申二月廿九日戌時娶林氏生道光丙申四月初

一日亥時卒同治丁卯九月初六日未時子則江

禮奚貽務養子也生咸豐己酉六月廿九日亥時卒失詳

無傳

禮寶貽花子也生卒莫考無傳

禮核貽貨子也生道光戊辰四月十四日丑時卒失詳無

傳

禮礁貽桃子也生同治壬戌九月初四日戌時卒失詳無傳

禮續貽寵嗣子也生道光癸巳十月廿六日巳時卒光緒丁亥八月初十日寅時娶陳氏生道光庚子正月廿一日卯時卒咸豐辛酉七月初十日寅時養子則向繼娶高氏生道光丙申二月初十日卯時卒光緒乙未二月廿五日酉時女一

禮高貽藎長子也生道光庚寅五月十八日子時卒光緒辛巳正月廿六日酉時娶許氏生道光丙申十月十五日午時卒光緒乙巳正月十九日子時子則偷女

一

禮文貽蒞次子也生道光壬寅正月廿七日辰時卒光緒
戊戌三月初七日未時娶鄭氏生咸豐辛亥十二月
廿九日寅時卒光緒庚子六月十六日申時子五則
走則溜則沙則擋則咤溜出嗣禮能

禮能號隆信貽蒞三子也生道光丙午十二月廿四日寅
時卒光緒戊子十月初十日巳時嗣子則溜

禮巇貽驕養子也生道光甲申二月初二日巳時卒咸豐
癸丑十二月初五日午時嗣子則鏡

禮柔貽產子也生道光辛丑八月廿九日寅時卒光緒

子三月十九日丑時娶鄭氏生道光戊申九月廿五日辰時卒光緒庚子二月十八日卯時子四則鏡則榮則縣則箱鏡出嗣禮蟻女二

禮言貽筒養子也生道光丁亥八月初一日辰時卒失詳無傳

禮嵛貽把養子也生卒莫考無傳

禮從貽豤養子也生光緒戊寅五月初二日巳時卒失詳無傳

禮世澤貽展長子也生嘉慶庚辰七月廿六日午時往台卒莫攷娶林氏生女一氏改醮無傳

禮哄字和禮號唱齋貽展次子也業儒恩授鄉飲賓生道
光甲申十一月廿六日辰時卒光緒己亥三月廿八
日巳時娶潘氏號而賢生道光庚寅九月二十日亥
時卒同治丙寅七月初三日辰時無出繼娶潘氏號
而尊生道光癸巳十二月初八日未時卒光緒壬寅
八月十二日午時子則天立則上祐

禮竅貽展三子也生道光丁酉二月初三日未時往頂府
卒莫考無傳

禮善貽展四子也生道光庚子十月初三日巳時卒同治
己巳六月十三日未時無傳

聖教佩文承印

禮緩貽波長子也生道光辛丑四月十四日丑時卒光緒
庚辰月日時失詳無傳

禮丁貽波次子也生道光己酉正月十一日未時卒失詳
無傳

禮涷貽顋長子也生道光丙申九月廿七日午時卒咸豐
乙卯九月十二日辰時娶傅氏無出改醮嗣子則皆

禮決貽顋次子也生道光壬寅三月廿八日寅時往夷卒
莫攷娶高氏生同庚十月初七日午時卒失詳嗣子
則前生子則皆則搖皆出嗣禮涷女一

禮南山號禮壽貽係嗣子也生道光戊子正月初三日亥

時卒光緒戊戌十二月初三日酉時娶陳氏生道光
庚寅十一月初九日酉時卒民國丙辰十二月廿三
日寅時子則返女二

禮加油貽宅長子也生道光乙巳十一月廿九日午時卒
失詳無傳

禮廣貽宅次子也生咸豐甲寅閏七月初三日辰時卒失
詳無傳

禮獅貽宅三子也生咸豐辛酉正月十五日亥時卒失詳
無傳

禮磋號本善貽宅四子也生同治甲子十一月初三日未

時娶雷氏號恩德生光緒庚辰十一月廿五日辰時
卒民國丙寅三月初三日巳時子三則墻則洋則拋
女三
禮呼貽培嗣子也生光緒戊寅正月廿七日丑時卒失詳
無傳
禮灶字室禮號炎軒貽宣時長子也生同治癸亥十一月
初八日卯時卒民國辛酉七月十九日子時娶施氏
生同治癸亥九月初六日丑時卒光緒己丑七月初
九日申時生女三繼娶林氏生光緒乙亥十一月初
二日酉時卒民國癸丑三月十四日辰時養子則黎

生子則閈則當則跧女一三娶林氏生光緒戊寅四月二十日酉時卒民國戊辰六月廿四日戌時養子則茆女一公葬張坑內李仔埔穴乙辛兼辰戌先妣葬石坑內新蔗湖穴癸丁繼妣葬黃壠埔蜈蚣崙脚穴巽乾兼辰戌

禮宗號炎保貽宣時次子也生同治丙寅十月初六日子時卒民國丁卯十一月十七日巳時娶李氏生同庚九月初九日吉時子四則長則九則欶則樹欶殤女二

禮琛貽宣時三子也生同治庚午九月初三日辰時卒光

聚敦佩文承印

往台卒莫考嗣子則象

禮吉貽翼次子也生咸豐戊午八月初二日巳時娶鄭氏生同治己巳十月廿九日子時子則棟則象則進來則着棟殤象出嗣禮多女四

禮星貽翼三子也生同治壬戌十月二十日酉時娶鄭氏生光緒乙亥五月十一日亥時卒光緒壬寅五月廿四日寅時無出繼娶陳氏生光緒庚辰三月廿七日寅時生子則格則滿堂則的興俱殤養子則金英則湧泉

禮壙號全壽貽翼四子也生同治乙丑十一月初六日午

時卒光緒庚子二月廿六日寅時娶陳氏無出改醮

嗣子則濫則鼓嶼

禮章號全文貽翼五子也生同治壬申五月二十日未時

娶林氏生光緒甲辰閏五月十二日未時卒光緒戊

戌四月初六日申時無出繼娶李氏生光緒庚辰五

月初四日未時卒光緒辛丑八月廿四日申時無出

三娶李氏生光緒丁亥八月廿二日戌時養子則挿

花生子則鬇則和水則鼓嶼和水殤鼓嶼出嗣禮壙

女四

禮意號全愛貽翼六子也生光緒庚辰正月十二日丑時

娶李氏生光緒丁亥八月初十日戌時卒宣統己酉
三月廿六日辰時無出繼娶李氏生光緒己丑十月
廿四日卯時卒民國丁巳十月初八日寅時飬子則
和順則飽生子則漸度飽殤女一三娶蘇氏生光緒
戊戌二月十六日辰時生子則椰殤

禮叫貽粮養子也生道光庚子三月廿八日酉時卒民國
癸亥正月十一日吉時飬子則筍

禮梅貽淵飬長子也生卒失詳養子則兜

禮伍貽淵養次子也生道光壬子十二月十二日戌時卒
失詳無傳

禮丟貽消嗣子也生咸豐乙卯十一月十二日寅時卒光緒辛丑十二月廿二日申時娶林氏生咸豐戊午十二月初五日午時卒失詳子二則砂則田

禮遷貽吩養子也生同治甲子三月廿八日子時卒光緒甲午二月廿三日丑時無傳

禮胡貽杜養子也生咸豐戊午八月十五日午時卒光緒辛卯四月十一日申時無傳

禮梓貽雄養子也生道光丙申正月初五日酉時卒光緒戊子九月初八日丑時無傳

禮居貽歎長子也生道光丙申七月初三日丑時卒同治

壬申六月初十日午時無傳

禮自貽欺次子也生咸豐己亥七月初一日丑時卒同治

甲戌六月廿六日申時無傳

禮泮貽願長子也生咸豐癸丑十二月廿五日戌時卒民

國庚申七月初七日戌時娶林氏生咸豐丁巳七月

初二日未時卒民國甲寅閏五月初八日丑時子四則

先則報則合則猜女二

禮參貽棒嗣子也生咸豐丁巳六月十一日酉時卒光緒

辛丑八月廿八日巳時娶陳氏生咸豐戊午十二月

廿二日吉時卒民國癸丑三月初三日巳時養子則

篠生子則譽氏葬本處中崙穴乙辛兼卯酉

禮運號際昌貽泰飬子也生嘉慶丁丑十月初九日辰時
卒光緒戊寅十二月二十日辰時娶陳氏生道光壬
午四月十八日戌時卒光緒庚子十月十一日巳時
子三則碧則可則僚可出嗣禮茂

禮茂號宜春貽轄養子也生道光辛巳九月十四日吉時
卒同治乙丑五月初十日申時嗣子則可

禮祥熙貽典子也生道光丁亥七月廿九日巳時卒光緒
丁未四月廿二日辰時無傳

禮迎貽有子也外出

禮招貽擾長子也生道光辛巳七月廿一日丑時卒光緒甲午十一月十七日卯時娶柯氏生道光辛巳八月十三日酉時卒光緒己亥七月十八日午時子則權

禮隨貽擾次子也生失詳卒在德化莫考無傳

禮梓貽擾三子也生道光辛丑月日時卒失詳無傳

禮寄貽卿養子也生道光己酉五月十五日吉時卒宣統辛亥正月二十日卯時無傳

禮扛貽拙子也生咸豐辛亥十月初十日戌時卒宣統辛亥二月十四日辰時娶陳氏生同治辛未九月日時失詳卒光緒壬寅四月廿四日子時子二則見喜則

嘉祿喜殤女一

禮楸貽淺子也生卒失詳無傳

禮隔貽跳次子也生道光乙未二月十五日辰時卒光緒癸卯五月十二日戌時嗣子則反復

禮筭字雙禮號和衷貽跳三子也生性友愛痛昆季之無後分諸子以延祧雖或有成有不成不無有數存焉然其爲人和靄可親不露圭角歷七十四春秋未嘗與人較長論短是殆有古先民之遺焉耳生道光庚子九月廿三日亥時卒民國癸丑六月十七日酉時娶鄭氏生咸豐丁巳正月十一日寅時卒民國丁卯

十二月廿五日戌時子五則鴉則反則光明則光信
則保全鴉殤反出嗣禮隔信出嗣禮扭全出嗣禮鑑
女三公與氏合葬鼎坑口崙穴丙壬兼巳亥

禮鑑貽顏嗣長子也生道光戊子十月初九日巳時卒光
緒戊子十月初三日辰時娶劉氏生道光戊子八月
十四日巳時卒光緒乙未九月廿四日未時生子則
擺嗣子則保全全殤女一

禮扭貽顏嗣次子也生道光癸卯八月十四日巳時卒光
緒庚寅六月三十日丑時嗣子則光信

禮動貽綿長子也生道光辛丑六月初一日辰時卒光緒

庚子八月廿三日子時娶陳氏生道光庚戌十二月十三日未時卒民國甲寅三月十三日丑時養子則夜生子則訓則蚵則有則敲夜有殤訓出嗣禮鉑女二

禮鉑貽綿次子也生道光乙巳二月初三日巳時卒光緒丁丑正月十五日酉時嗣子三則坤則訓則思

禮蹬貽綿三子也生道光戊申七月十八日卯時卒光緒丁酉五月廿六日亥時娶鄭氏生咸豐己未三月初三日辰時卒光緒戊戌八月廿二日午時子則坤出嗣禮鉑

禮桑才貽綿四子也生咸豐甲寅正月十一日子時卒民國
丙寅八月十三日亥時娶張氏生同治癸亥三月初
三日巳時卒光緒庚子十月初八日酉時生子則思
則州州殤思出嗣禮鉑繼娶鄭氏生失詳卒民國甲
子五月廿四日午時

禮直貽藉長子也生咸豐壬子四月廿二日寅時卒民國
丙辰六月十六日卯時無傳

禮妙貽藉次子也生同治癸亥二月初八日未時卒光緒
己亥六月十九日卯時娶李氏無出改醮嗣子則取

禮軋貽藉三子也生同治丁卯七月二十日辰時卒民國

丙辰二月廿五日巳時娶李氏生光緒辛巳五月十
六日午時卒宣統己酉十月十六日戌時生子則取
出嗣禮妙養嗣孫奕建成

禮赧貽咸長子也生道光壬寅九月初四日寅時卒同治
壬戌十二月廿六日酉時無傳

禮然貽咸次子也生道光乙巳十一月二十日巳時卒光
緒丁丑十二月十一日寅時娶林氏生咸豐壬子十
月廿三日戌時卒光緒癸未三月初二日巳時女一

禮倏貽呑長子也生咸豐甲寅十二月初五日子時卒光
緒甲申四月十七日戌時嗣子則容

禮缺貽吞次子也生咸豐丁巳七月十二日午時卒光緒
甲午十二月廿七日卯時娶陳氏生同治丁卯七月十
一日申時卒光緒庚寅十月十六日午時生子則容
出嗣禮候女一
禮吷貽便養長子也生道光庚戌月日時失詳外出卒莫
考
禮萬貽便養次子也生同治甲戌七月二十日酉時僑居
菲律濱
禮漢貽魏長子也生嘉慶壬申八月十三日酉時卒同治
庚午十月廿四日亥時濆娶陳氏生嘉慶己卯三月

初十日亥時卒光緒丙戌正月十三日未時嗣子則
吏

禮**於**貽魏次子也生嘉慶甲戌十一月十一日卯時卒光
緒癸未八月初十日丑時娶陳氏生嘉慶丙子二月
十一日子時卒光緒癸巳十月廿四日巳時生子則
吏嗣子則奪吏出嗣禮漢

禮**連**枝號同氣貽魏三子也生嘉慶丁丑六月初八日寅
時卒光緒己卯七月初四日午時娶李氏生道光庚
寅八月十三日酉時卒光緒甲午七月廿四日申時
子四則煅則奪則禁則重奪出嗣禮於女一

禮永號錫福貽元長子也生嘉慶丙戌八月初七日酉時
卒光緒丁酉二月初四日未時娶李氏生道光乙未
十二月初八日卯時卒失詳女一
禮洪字赫禮號白牡貽元次子也生道光己丑五月初八
日亥時卒光緒丙申七月廿六日午時嗣曾孫世瓊
禮嶺號義山貽守長子也生道光丁亥十二月初八日午
時卒同治癸酉十二月初八日丑時娶李氏號有益
[illegible]生道光壬辰十月初二日戌時卒同治庚午十月廿
三日辰時生子一則輾養子二則文則牛
禮切號明士貽守次子也生道光乙未十一月十二日子

時卒同治壬申七月初九日辰時無傳
禮春貽伯養長子也生失詳外出
禮廉貽伯次子也生卒失詳無傳
禮胚號經進貽習長子也生道光甲午八月廿八日子時
卒同治丙寅十二月十八日未時濆娶陳氏生道光
壬寅九月初五日卯時卒光緒癸卯九月二十日申
時養子則褒
禮梭號經員貽習次子也生道光丙申七月初一日巳時
卒光緒乙巳正月初九日辰時娶林氏生道光甲辰
七月初二日丑時卒民國乙卯六月十七日申時養

子則鉋生子則登女一
禮趯號走進貽習三子也生道光己亥二月廿一日戌時
卒光緒乙未十月初七日酉時娶李氏生道光丁未
六月廿六日卯時卒光緒丙午十一月初二日酉時
子五則不則摭則稟則天則府天出嗣禮拈女二
禮祠號號經得貽習四子也生道光癸卯六月廿五日卯
時卒光緒庚申三月初一日子時娶曾氏生道光丙
午十二月十三日辰時子二則苑則石
禮拈號度善貽習五子也生道光戊申五月十二日丑時
卒光緒戊子正月初四日丑時嗣子則天

貴糴貽余養長子也生道光辛丑六月初六日午時卒光緒己丑十二月廿一日寅時嗣子則玉璽則金釵

貴瑙貽余次子也生咸豐甲寅七月廿一日戌時卒光緒丙申八月廿三日午時娶李氏生同治丁卯十二月初五日酉時子則玉璽則山林餋子則樹蘭林殤璽出嗣貴糴蘭出嗣貴彩

貴伏貽余三子也生咸豐丁巳二月廿一日戌時卒光緒庚子二月廿六日卯時娶王氏生子則金釵出嗣貴糴氏改醮

貴護貽正長子也生道光甲辰十一月十六日戌時卒光

緒壬寅四月廿五日巳時娶陳氏生道光己酉八月
初五日酉時卒宣統庚戌四月初四日申時子三則
情則執則乞情殤女三
貫彩貽正次子也生道光戊申八月廿五日酉時卒光緒
丁未十二月十五日巳時娶鄭氏生同治壬戌二月
初一日辰時卒宣統己酉三月二十日酉時生子則
菻則長嗣子則樹蘭菻殤女三
禮玉振字珠禮貽隕長子也生道光己丑十月初十日戌
時卒光緒丙午九月初五日辰時娶李氏號温恭生
道光庚寅閏四月十四日巳時卒光緒癸未十一月

十二日酉時飧子則再添

禮鏗
貽隕次子也生道光乙未正月十一日戌時卒光緒
辛卯八月廿三日丑時無傳

禮銳
貽其養長子也生道光壬午十月廿一日辰時卒光
緒甲申八月初四日戌時娶陳氏生道光壬午十一
月十九日巳時卒咸豐甲寅四月廿二日辰時生子
則問繼娶陳氏生道光辛巳四月初七日午時卒咸
豐辛酉二月廿八日丑時生子則漂

禮金
貽其次子也生道光己丑十月初十日子時卒同治
壬申九月廿五日酉時娶羅氏生道光癸巳八月十

五日辰時卒光緒丙申三月十一日辰時子二則應
則及應出嗣禮琴女二

禮班貽其三子也生道光戊戌三月廿五日午時卒光緒
壬寅四月初三日巳時娶潘氏生道光戊申十月十
八日巳時卒光緒壬寅十一月初七日未時子二則
綵則謀

禮琴貽其四子也生道光壬寅七月初一日寅時卒同治
庚午四月初七日丑時娶李氏無出氏改醮嗣子則
應

禮富貽緯養子也生卒莫考無傳

禮通貽宿饗子也生道光己酉八月十五日酉時出祖

禮溪貽鏡長子也生道光癸巳十二月廿一日戌時卒同治戊辰八月三十日酉時嗣子則明月

禮瀨貽鏡次子也生道光丙申九月十五日午時卒光緒丙戌五月初五日戌時娶李氏號貞慎生咸豐庚戌五月初四日酉時卒光緒癸未九月二十日巳時生子則明月出嗣禮溪

禮丕貽諒子也生道光己丑五月十三日丑時卒同治丙寅七月十八日未時娶王氏生女一氏改醮無傳

禮木貽苓次子也生咸豐壬子九月廿九日寅時卒光緒

壬寅四月十四日未時娶施氏生子則雙元出嗣禮
昂氏改醮
禮昂貽苓三子也生咸豐乙卯八月初四日亥時卒光緒
辛丑七月廿五日未時嗣子則雙元遐
禮歷貽想養長子也生道光丁酉三月十五日子時卒同
治丙寅二月十二日辰時無傳
禮撑貽想嗣次子也生道光庚戌二月初六日酉時卒光
緒壬寅四月廿一日酉時娶王氏生咸豐戊午四月
十四日亥時卒光緒癸卯十一月初三日亥時無傳
禮水貽赤嗣子也生咸豐乙卯三月初二日亥時卒光緒

乙未九月二十日丑時無傳

禮磚 貽米次子也生咸豐壬戌十二月廿七日辰時卒光緒乙酉十二月十八日巳時無傳

禮潤 澤字滋禮號下惠貽科歲長子也恩授鄉飲賓秉性堅決不畏強禦不爲威屈無論己事鄉事皆挺身而與之爭觀於爲王父遺骸而與強隣爭壙塋爲鄉人交訟而面斥官斷之不公在在爲人所不敢爲宜乎爲一鄉之人所欽仰也生道光丁未八月十八日戌時卒民國壬戌五月初一日戌時娶李氏號端莊生道光己酉六月初一日午時卒民國庚申九月初四

日子時子七則蚕衣則簸則霉則林則鏌則冬則泱
霉林殤鏌出嗣禮盆冬出嗣草埔禮叚公葬本鄉張
坑口厝後穴庚甲兼申寅妣葬在本鄉尾林口厝後
穴丁癸兼未丑
勑授徵仕郎直隷州州判宣統己酉科拔貢周葆眞論
曰有定識然後有定力彼鹵莽滅裂之夫不論理之
是非事之曲直任意妄爲卒至破壞不可收拾如君
者見理眞而繼以毅力故雖強隣結黨迫遷祖塋獨
懔然與之爭而不讓貪官示威判斷不公獨抗然推
翻公座而不少挫非定識定力曷克至此殆孟子所

謂威武不能屈謂之大丈夫歟宜其享年七十有六無疾而終也娶隴西名族幼閑姆訓長習禮儀事翁姑以孝處妯娌以和宜其誕生令子則篏能補父志之未逮董理重修祖宇及修輯族譜等事所謂有其父者必有其子今觀則篏之和宗族輯睦鄰里詎是非別良莠不少阿私益信乃父乃母之令德矣

禮滾號清泉貽科歲次子也生咸豐乙卯九月初八日亥時卒光緒甲辰正月十六日卯時娶陳氏號肅莊生同治甲子十一月廿一日丑時生子二則樸則嶺女二公葬本鄉曾坡寨脚穴乾巽兼巳亥

禮味號奇珍貽科歲三子也生同治癸亥七月初四日辰時卒民國甲寅閏五月十二日辰時娶陳氏號正莊生同治辛未四月十七日午時卒民國辛酉三月廿六日戌時子二則雁則鵝女四

禮分明貽回長子也生咸豐庚申六月初一日午時卒民國癸丑四月初八日卯時娶李氏生同治癸亥十一月初八日卯時卒光緒丁未五月初七日巳時子則看女一

禮盆水貽回次子也生同治甲子九月十八日子時卒於南洋莫考嗣子則鏌

聖教佩文承印

禮託貽錦長子也生咸豐壬戌四月廿九日巳時卒民國癸丑正月十九日丑時娶陳氏生同治丁卯九月十八日辰時卒光緒戊戌九月廿九日午時生子則田則業則管業管殤女一繼娶陳氏生同治丁卯九月廿五日寅時卒民國甲寅閏五月十二日卯時嗣子則熟

禮寸字方禮號吟樓貽錦次子也生同治乙丑六月初四日申時娶謝氏號懿莊生光緒乙亥十月十五日寅時子九則雙則忠則榜則狗則秋則糖則電則才則熟忠榜糖才殤熟出嗣禮託

禮賞貽談饗長子也生同治壬申十二月三十日申時卒
光緒乙未九月十五日午時娶陳氏無出改醮嗣子
則姜
禮遮貽談次子也生光緒乙亥五月十五日戌時娶陳氏
生光緒壬午五月初四日寅時卒光緒丁未五月初
四日寅時生子則姜出嗣禮賞女三繼娶李氏生光
緒壬午十二月初四日卯時卒民國壬戌九月初二
日卯時饗予則蒼
禮鏞貽談三子也生光緒戊寅八月初十日午時卒光緒
丙午閏四月十七日寅時

禮鴛鶩貽談四子也生光緒辛巳七月初六日丑時娶俞氏生光緒甲午八月初三日亥時卒宣統己酉七月十六日巳時

禮敬貽談五子也生光緒庚寅八月二十日酉時卒民國戊午三月十八日卯時

禮佳良貽榔嗣子也生咸豐甲寅三月廿九日亥時卒光緒戊申四月廿三日未時娶蘇氏生咸豐戊午九月十二日酉時子二則塗則留女一

禮珪號白璧貽長興嗣長子也生道光庚戌六月廿七日酉時卒民國丙辰七月十五日酉時娶陳氏生咸豐

丁巳七月廿三日午時卒民國壬戌十月十一日[illegible]
時生子六則高則統則浸則螺則岸則楓統楓殤浸
出嗣草埔禮柴女一

禮樟貽長興三子也生同治丁卯二月十五日申時娶陳
氏生子則聘則掠聘殤氏出繼娶朱氏生卒莫考三
娶陳氏生光緒辛巳八月廿四日午時生子則映則
俊映殤

禮文擬貽長順養長子也生咸豐丁巳七月初一日巳時
卒光緒丁亥十二月廿七日申時娶施氏生咸豐己
未五月十六日寅時卒光緒壬寅四月十四日亥時

聚敬佩文承印

養子則佇

禮森貽長順養次子也生同治丁卯三月十七日酉時卒光緒壬寅四月十九日未時養子則當則垂則藏俱殤

禮萬得貽泉子也生同治壬戌六月初三日亥時卒民國甲寅二月十六日午時娶陳氏生同治庚午十月二十日子時卒光緒壬寅四月初四日未時生子則壽香則規祖香殤繼娶李氏生道光癸未七月初六日午時生子則福

禮鵬貽珍嗣子也生光緒甲申九月十五日寅時卒光緒

丁未七月初八日申時無傳

禮瑩貽密養子也生道光庚子正月廿八日卯時卒失詳

娶劉氏生道光丙申五月初七日酉時卒失詳子則

溫則腿女一

禮籼貽抱養長子也生道光戊戌二月十二日辰時卒光

緒月日時吉娶林氏生道光庚戌四月十八日亥時

卒光緒辛巳三月初三日未時子則飯出嗣禮是

禮恭貽抱養次子也生道光癸卯三月廿六日巳時卒道

光丁卯五月初十日未時嗣子則委

禮是貽抱養三子也生道光丙午八月十七日辰時卒闕

洽十歲　四月廿六日未時嗣子則飯

禮榴貽謨[illegible]子也生卒莫考養子則彩

禮寧貽權鑑子也生卒莫攷無傳

禮民貽侃長子也生卒莫攷無傳

禮良貽侃次子也生卒失詳娶林氏生卒失詳子則科殤

無傳

禮物貽勃養子也生卒莫考無傳

禮立貽牡養子也生乾隆甲辰月日時失詳卒嘉慶丙子

三月廿九日酉時娶唐氏生乾隆甲辰月日時時失

詳卒嘉慶戊辰九月初五日巳時子則鶴出嗣禮艾

禮英貽爵子也生卒莫考無傳
禮扶貽緞養子也生失詳出居建甯府
禮貌貽爽長子也生道光丙戌五月廿七日戌時卒失詳
娶陳氏生道光丙申五月十一日午時卒光緒丁亥
二月十七日申時子則迎女一
禮節貽爽次子也生道光己丑七月十九日巳時卒光緒
乙酉四月廿三日亥時無傳
禮牙貽爽三子也生道光壬寅二月廿九日未時卒同治
甲子十一月初十日未時無傳
禮芹貽坪長子也生道光丙戌十二月廿五日戌時卒同

治丙寅七月初三日寅時娶柯氏生道光癸巳五月
十二日寅時卒光緒戊子四月十四日寅時子則望
則造造出嗣禮碟女一
禮綿貽坪次子也生道光己丑十月初十日巳時卒光緒
戊戌十月十八日申時葬子則嚴
禮摘貽粕嗣子也生道光壬寅八月十七日巳時卒民國
乙卯七月初八日巳時娶李氏生道光己酉正月廿
五日午時卒光緒甲辰四月廿四日辰時生子則頭
則厚則殊則戰養子則吩殊殤女四
禮雌貽器長子也生道光癸巳七月廿二日申時卒同治

癸亥三月十八日卯時娶蔡氏生子則鳳出嗣禮恩
氏改醮

禮陽貽器次子也生道光癸卯正月初五日辰時卒同治
癸亥二月廿三日卯時無傳

禮罕貽器三子也生咸豐癸丑十二月廿一日卯時卒民
國壬戌正月廿一日酉時娶唐氏生道光丁巳十月
二十日酉時卒光緒癸巳十月廿三日辰時生子則
常情嗣子則田常情殤女二

禮悄貽標長子也生嘉慶丁丑十月初六日辰時卒失詳
娶陳氏生道光乙丑二月十九日戌時卒失詳繼子

則燕

禮砌貽標次子也生嘉慶己卯五月初一日申時卒失詳

無傳

禮音貽標三子也生嘉慶辛巳七月初二日未時卒同治

甲戌九月十六日申時無傳

禮唱貽標四子也生道光戊子十月初九日辰時卒咸豐

己未十月十四日子時無傳

禮起貽生嗣子也生失詳卒咸豐乙卯四月初七日卯時

無傳

禮亂貽串子也生卒失詳無傳

禮窓字禮明貽閣長子也生嘉慶壬申十二月十八日午時卒同治辛未六月十二日巳時娶陳氏號柔順生嘉慶乙酉十二月初九日戌時卒民國乙卯八月初六日卯時子二則[illegible]則綢女三

禮語貽閣次子也生嘉慶戊寅九月初八日巳時卒光緒辛巳四月廿四日卯時無傳

禮權貽紀嗣子也生道光甲申閏七月廿九日巳時卒同治丙寅十二月初四日亥時娶蔡氏生道光壬寅正月十六日巳時卒民國甲寅七月廿二日亥時子則隨

禮輦貽車養子也生道光戊子四月初二日巳時卒失詳無傳

禮抄貽脩子也生道光乙酉三月廿一日戌時卒失詳娶郭氏生嘉慶壬申八月初七日辰時卒失詳養子則取

禮奏貽巧子也生道光壬寅七月初九日戌時卒失詳無傳

禮海貽唇長子也生道光丙辰十月初二日午時卒同治戊辰十二月初三日辰時無傳

禮餅貽唇次子也生道光辛丑十二月廿六日戌時卒同

治辛未四月十二日午時無傳

禮挨貽孱三子也生道光丙午六月廿四日戌時卒光緒
甲辰六月廿三日戌時嗣孫奕先

禮集號祥雲貽平養子也生道光甲申閏九月廿三日酉
時卒宣統己酉七月初八日吉時娶雷氏號靜徽生
道光戊子七月初三日辰時卒光緒癸亥八月初九
日巳時子二則寬裕則佳女二

禮郁貽好養子也生卒失詳

禮贓貽扶長子也生道光丁亥十一月十四日丑時卒咸
豐甲寅七月十四日丑時無傳

禮外貽扶次子也生道光丙申五月十三日未時卒失詳
娶羅氏生咸豐丙午二月十五日寅時卒失詳養子
則粉

禮案貽黑子也生道光甲辰三月初四日丑時卒民國甲
寅閏五月十四日亥時娶陳氏生咸豐丁巳二月十
七日寅時卒民國乙丑七月初七日午時子則思則
張則樓

禮鏢貽六子也生道光丁未五月廿九日戌時卒民國壬
子七月初四日吉時養孫奕春聯

禮靳號篤厚貽貢長子也生道光己酉十一月十五日辰

時卒光緒壬午十月廿四日巳時娶李氏無出改醮
嗣子則潛公葬在漳州海澄八坑猪母壠坐東向西

禮沛貽貢次子也生咸豐甲寅正月初五日申時卒失詳
娶河市人　氏生卒失詳子二則寧則潛潛出嗣禮
靳女一

禮柑貽貢三子也生同治甲子十一月廿二日申時卒失
詳濆娶陳氏生卒失詳生子則川女一

禮聯香貽眞養長子也生道光庚戌八月初一日卯時往
夷娶陳氏生道光壬子月日時缺卒民國丙辰七月
初六日申時子二則拧則遠遠出嗣禮帝女一

禮帝貽員次子也生同治丁卯正月十四日戌時卒民國
壬子三月初四日申時嗣子則遠
禮梨貽員三子也生光緒乙亥四月廿九日午時卒失詳
無傳
禮近號篤信貽法長子也生道光戊申正月廿七日辰時
卒民國甲寅六月十六日未時娶鄭氏生道光戊申
三月廿一日辰時卒光緒辛巳七月廿一日申時子
三則土則名則岸
禮來號篤義貽法次子也生咸豐己未三月廿七日辰時
卒民國戊午五月廿四日未時娶施氏生咸豐丁巳

三月十一日子時卒民國庚申九月廿七日子時子
二則椅則藏女一
禮稿貽法三子也生同治甲子四月十三日酉時卒民國
癸亥十月十四日丑時娶鄭氏生同治戊辰八月初
九日戌時卒光緒癸卯九月初一日午時子二則輝
則祖輝殤女二
禮胆貽塲長子也生乾隆二月十四日寅時卒同治壬申
七月初五日辰時養子則耀
禮銼貽塲次子也生嘉慶己未七月初五日戌時卒同治
丁卯十二月初十日未時娶林氏號淑慎生卒莫考

子則來則文女二
禮澪貽塲三子也生嘉慶癸亥六月初四日未時卒同治
戊辰正月十七日未時娶吳氏生卒莫攷子二則覺
則奉奉出嗣貽增爲孫
禮標貽塲四子也生嘉慶丁卯正月初四日卯時卒道光
辛巳十一月初六日酉時無傳
禮笑貽聘長子也生卒莫考無傳
禮玉貽聘次子也生卒莫考嗣子則勳
禮研貽乾長子也生卒莫考娶鄭氏生卒莫攷子三則杷
則錢則勳勳出嗣禮玉

禮羽貽乾次子也生卒莫攷無傳
禮緆貽活餋子也生卒莫攷無傳
禮晚貽綠嗣子也生咸豐壬子二月十四日寅時卒光緒
戊申十一月十一日午時娶陳氏生咸豐辛酉六月
十三日午時卒民國丙辰十月初七日丑時子四則
銀來則銅則維則砌銅殤維出嗣禮孫女二
禮孫貽垦子也生道光壬寅正月十九日辰時卒光緒庚
辰七月十二日巳時嗣子則維
禮寄貽赤長子也生道光戊申月日時卒失詳無傳
禮安號治禮貽炭長子也生道光戊戌十二月廿四日寅

時卒光緒壬寅十月初七日子時娶陳氏號勤儉生咸豐乙卯七月廿二日辰時卒光緒己亥八月廿二日未時子四則仙則鬆則鎭則水師鬆出嗣禮時

禮時貽炭次子也生道光丙午五月廿一日未時卒民國壬子正月初八日亥時嗣子則鬆

禮來興貽坪養子也生光緒戊寅七月十六日辰時卒民國戊午七月十四日吉時無傳

禮江貽郡養子也生同治甲子二月初九日寅時卒光緒丁酉八月初四日丑時娶周氏生同治丙寅六月十八日酉時卒光緒乙巳十一月廿三日辰時子則良

女一

禮硈貽邊長子也生嘉慶戊寅九月初九日辰時卒咸豐乙卯十二月十二日卯時娶陳氏生道光甲申十月初七日辰時卒光緒庚辰十二月初五日寅時子二則嶼則地女三長適嶺兜例貢生陳肇基仝次男太學生爾水君

禮莧貽邊次子也生道光辛巳九月廿一日戌時卒光緒壬辰三月十八日丑時娶林氏生道光甲午八月十四日寅時卒光緒丙戌九月十六日酉時子三則連則染則越則魚魚殤女三

禮壂貽邊三子也生道光戊子正月初五日辰時卒光緒
戊戌九月十九日未時娶李氏生道光辛巳十月初
十日卯時卒光緒乙巳十二月初一日丑時子則濆
則奚奚殤女二
禮硯貽邊四子也生道光辛卯三月初一日寅時卒光緒
戊戌閏三月初九日未時娶陳氏生道光戊戌八月
十七日未時卒光緒己卯十一月廿七日寅時子三
則一則傳則進興女二
禮摘貽挽子也出居沙縣
禮提貽露長子也生嘉慶己卯二月十八日巳時卒同治

丙寅五月廿六日辰時無傳

禮周貽露次子也生道光丙戌十月十五日卯時卒光緒壬辰五月廿四日寅時娶倪氏生道光戊子十月十八日戌時卒光緒乙未三月十九日午時

禮寶貽露三子也生道光己亥十二月廿一日戌時卒同治丙寅八月二十日午時無傳

禮共貽皇長子也生嘉慶己卯正月廿五日戌時卒道光庚戌七月十二日未時娶林氏生子則得氏改醮

禮着貽皇嗣子也生道光丙戌九月廿三日卯時卒光緒丁丑十月十六日申時娶陳氏生道光乙酉十二月

廿四日亥時卒光緒丁酉七月廿三日巳時子則安
禮恐號愼修貽風長子也生嘉慶庚辰正月十五日丑時
卒光緒庚辰十月廿六日未時娶林氏號慈恭生道
光甲申月日時失詳卒道光壬寅十二月初七日午
時無出繼娶方氏號慈順生道光乙酉五月廿九日
巳時卒宣統辛亥十二月廿四日午時子六則榮水
則定則浮則純則傍則沉浮出嗣禮口女一
禮口貽風次子也生道光癸未十二月十九日巳時卒道
光辛丑八月十五日巳時嗣子則浮
禮搢貽風三子也生道光丙戌十二月十七日寅時卒道

光庚戌十月廿一日午時嗣子則文譽

禮等號炳光貽風四子也生道光癸巳四月廿三日戌時
卒光緒己亥九月十六日申時娶陳氏生道光丙申
五月二十日酉時卒民國壬子三月初三日寅時子
二則文譽則信文譽出嗣禮摺女一

禮義貽珪子也生道光丙戌五月初八日亥時卒咸豐辛
酉十二月廿五日戌時無傳

禮榔貽拋長子也生同治丁卯八月十三日亥時卒民國
甲子四月廿四日酉時娶賴氏生光緒戊寅五月十
三日酉時卒民國癸丑四月廿三日酉時子則禩女

女二

禮稽貽拋四子也生光緒戊寅九月廿五日寅時卒民國丁巳十月十二日戌時娶陳氏生光緒己丑八月廿八日巳時卒民國癸丑四月初十日酉時嗣子則廳

女三

禮富貽蓮嗣子也生同治癸酉三月十一日戌時娶陳氏生光緒乙酉十二月二十日亥時生子則捷養子則篇則廳則意誠捷篇殤廳出嗣禮稽

禮智貽聰養子也生同治戊辰十二月廿一日辰時卒民國癸丑四月十八日寅時娶潘氏生同治己巳四月

廿六日寅時卒民國甲寅五月廿一日寅時子四則
塤則淵則降則替淵替殤降出嗣貽協爲孫女一

海上絲綢之路文獻集成

總主編　陳支平　陳春聲

民間譜牒編　45

主編　林　楓

海峽出版發行集團
THE STRAITS PUBLISHING & DISTRIBUTING GROUP
福建人民出版社

国家出版基金项目
NATIONAL PUBLICATION FOUNDATION

本册目次

［福建南安］彭亭紫雲黄氏族譜七卷存六卷譜序一卷支圖二卷（卷五至卷六）

黄建亞　鄭維徹等纂修

十四世

則敬禮量長子也生光緒辛丑四月十二日巳時卒民國

丁巳七月十七日未時無傳

則賢禮量次子也生光緒甲辰三月初五日亥時娶姚氏

生民國癸丑正月十一日亥時

則山禮煉嗣子也生宣統辛亥二月廿一日巳時

則買禮[illegible]嗣子也生民國壬戌九月十四日亥時

則泉禮注長子也生宣統己酉十一月廿九日寅時

則聯禮法次子也生民國乙卯十二月廿二日戌時

則杜禮江賽子也生光緒庚子　月　日　時娶林

氏生光緒己亥　月　日　時生子奕提女二

則樧禮堪子也生道光丙申十二月十四日戌時卒

月　日　時娶吳氏生道光甲辰九月廿三

日申時卒　月　日　時子奕豬奕循

奕旋女一

則粽禮樓嗣子也生道光辛丑三月廿一日戌時卒

月　日　時

則大禮芸長子也生道光己亥九月初九日子時卒光緒

乙巳六月十八日卯時娶曾氏生卒失詳無出繼娶

吳氏生同庚十二月初十日巳時卒光緒丙申八月

十七日未時子四奕挨奕香付奕飯[illegible]女一公葬
大路寨胡穴丁癸午子先妣葬溜內園后穴乙辛卯
酉繼妣葬大路寨內穴癸丁丁午
則準禮芸次子也生道光庚戌十月初二日巳時卒光緒
癸卯十一月初七日卯時娶林氏生咸豐乙卯十二
月廿九日寅時卒民國乙卯五月廿二日寅時子二
奕滴奕鎮女三公葬責仔頭穴坤艮未丑妣葬福庭
埔穴丙壬午子
則奎號碧玉禮仁養子也生道光乙巳七月初一日卯時
卒宣統[illegible][illegible]四月初五日卯時娶李氏號溫和生咸

豐辛亥二月廿二日辰時卒光緒甲辰三月初四日子時子五奕朝奕雁奕純奕祿奕紅女二合葬大路峯脚穴甲庚寅申

論曰公爲人忠直敢言里有不平事無論誰曲誰直則侃侃而談不少規避而性又至孝服勞奉養菽水盡歡終其身無閒言娶李氏秉性絕類乃公誕生令子奕純抱陶朱之異才執商業之牛耳身雖託於海外而志切乎報本之思信用昭著言重九鼎於是提倡重修大祖私祖及修輯族譜等事果言出而響應均奏厥成惜公與妣享壽不永不克覩其子之光功

祖宗爲可慨矣
則眼禮仁嗣子也生同治甲子五月初七日酉時卒年缺
十月初三日吉時娶陳氏生失詳卒年缺三月十六
日吉時嗣孫世深女二合葬大路寨內穴壬丙亥巳
則哼禮店養子也生道光庚戌四月廿五日午時卒民國
乙丑六月廿二日申時娶潘氏生子奕來氏改醮
則厚禮慌子也生同治丙寅十月初九日巳時卒民國乙
卯六月初八日午時娶陳氏出繼娶林氏生卒失詳
三娶林氏無出改醮養子奕鈇奕嘉女一
則稅禮食養子也生道光戊申十一月初八日子時卒光

緒乙未正月十九日吉時娶林氏生咸豐乙卯十月
十三日申時卒光緒年缺五月初六日吉時子二奕
西奕蓮女二

則池禮岸子也生光緒庚寅十二月廿一日未時娶李氏
生光緒己亥八月十四日吉時養子奕埔生子馥蘭
女二

則釵禮交嗣子也生光緒乙未六月廿五日巳時卒民國
乙卯十月二十日子時

則嫌禮欣子也生光緒乙亥七月廿四日酉時卒民國甲
子十一月三十日吉時出贅琥璫後撥一子歸宗名

奕詩聰

則田禮嗽養子也生光緒丙戌四月初十日未時卒失詳

則兔禮浪三子也生光緒戊戌閏三月初一日未時娶吳
氏生光緒乙巳正月十六日卯時子沛水

則窓禮浪四子也生光緒壬寅二月廿二日辰時

仲突禮浪五子也生光緒甲辰二月十九日午時卒民國
甲寅閏五月初五日巳時

則飲禮應時嗣子也生光緒戊子二月廿四日卯時卒民
國丁卯正月十三日吉時娶陳氏生光緒辛卯月日
時失詳卒民國甲子八月廿一日申時子一奕中原

女一

則泰山禮應時次子也生光緒庚寅閏二月廿三日辰時

娶孫氏生光緒庚寅正月廿五日寅時卒民國乙卯

五月十八日未時女二

則雙成禮應時三子也生光緒丙午三月初七日寅時卒

民國辛酉五月初六日申時娶張氏生光緒丙申十

月十五日丑時

則壞禮登科次子也生光緒辛卯三月初一日辰時娶陳

氏生光緒丁酉　月　日　時子奕信音

則堆山貽韮嗣孫也生光緒壬辰二月初三日巳時卒民

國戊辰三月十五日酉時娶戴氏生光緒庚子四月初七日巳時卒民國己未五月廿六日辰時無出繼娶林氏生光緒癸巳七月廿一日吉時卒民國甲子五月初四日申時子奕流水

則寅禮益元嗣長子也生道光庚寅五月十一日辰時卒咸豐辛酉九月十一日戌時娶莊氏無出改醮

則緘禮益元次子也生道光壬寅五月廿五日巳時卒光緒庚子三月十三日辰時娶侯氏生道光戊申十月初五日巳時卒民國癸丑八月十九日亥時子奕梳女三長適 山國學生鄭肅藝次郎佾生維芹

則培禮金鐘長子也生道光戊戌十一月廿二日未時卒
同治己巳六月初七日巳時無傳
則鳳禮金鐘次子也生道光己酉正月初五日戌時卒光
緒丙申十一月廿九日卯時娶陳氏生子奕改氏改
醮
則朗禮長壽嗣長子也生道光辛巳五月初十日巳時卒
光緒戊寅八月初二日巳時
則美禮長壽次子也出居臺灣
則菲禮實子也生同治癸亥十一月廿四日戌時出祖德
化撥一子奕鶯歸宗後與父同歿德化

則云禮裁長子也生咸豐戊午十二月十二日巳時往永
福卒莫考

則錢禮裁次子也生咸豐壬戌二月初一日丑時卒宣統
己酉十一月日時失詳無傳

則清禮裁三子也生同治乙丑閏五月初九日巳時卒永
福莫攷娶林氏生同治壬申十一月廿六日酉時卒
民國丙辰九月初三日酉時子奕贊

則開來禮培養子也生咸豐壬戌十一月二十日辰時往
永福養子奕送喜

則等禮合養　也生卒莫考

則水禮塤饕長子也生咸豐己未正月初十日午時卒永
福失詳
則委禮塤次子也生同治己巳二月十五日戌時出居永
福
則泮禮塤三子也生光緒乙亥十月初二日戌時卒光緒
甲午九月十五日酉時
則胡禮塤四子也出居永福
則山禮塤五子也生光緒辛未十月十六日戌時卒失詳
無傳
則巽香禮久饕長子也生同治庚午十月廿二日戌時卒

於永福

則乞禮久次子也生光緒乙亥十月廿九日丑時卒光緒

壬寅六月十六日亥時無傳

則園禮久三子也生光緒丙戌七月十一日辰時卒光緒

丁未四月廿六日戌時無傳

則田禮久四子也生年缺十月初一日巳時卒失詳

則蔭禮樹長子也生道光己酉正月十六日午時卒光緒

戊戌二月十六日寅時娶潘氏出繼娶陳氏生子奕

達殤女一氏改醮

則貞禮樹三子也生治壬戌八月初十日未時卒光緒

丁酉十月廿六日戌時無傳

則八禮欉長子也生道光甲辰二月廿四日亥時卒同治

辛未五月初四日亥時無傳

則儉禮欉嗣次子也生咸豐丙辰二月初九日寅時卒失

詳娶林氏生同治丙寅五月初七日卯時卒光緒丁

酉十月二十日戌時子奕良

則天發禮欉養三子也生咸豐辛酉十一月廿一日寅時

出居福州卒莫攷

則自來禮綢長子也生咸豐丁巳十二月廿七日寅時出

居福州

則進來禮網次子也生同治丁卯八月十四日未時卒光
緒己卯六月廿三日辰時無傳
則進木禮抛養子也出居福州
則秀禮寶養子也生卒莫考無傳
則撥號明德禮福子也生道光壬寅三月初八日巳時卒
宣統己酉六月廿二日巳時娶羅氏生同治戊辰二
月初十日未時卒民國乙卯五月十八日申時嗣子
奕謙養子奕苗
則蹼號信齋禮建養子也生道光己酉十二月十八日亥
時卒宣統[illegible]酉十一月廿七日子時娶林氏生咸豐

庚申三月十六日辰時卒光緒戊戌正月十九日卯
時子五奕謙奕佇奕考奕府奕魯謙出嗣則擬府魯
殤女一

則窑禮建[illegible]次子也生咸豐戊午十一月初九日亥時卒
同治壬申八月十八日酉時

則却禮霧子也生同治乙丑九月二十日丑時娶林氏生
子奕螺殤女一氏出

則冬字則啓號白雪禮霞嗣子也業儒生光緒己丑九月
初七日戌時卒光緒丁未六月初二日丑時娶陳氏
生光緒戊子十一月十三日卯時卒宣統庚戌十一

月十九日辰時養子三奕意奕沅奕韜沅殤

則拿禮舉子也生光緒甲申十二月廿六日子時卒宣統

　年缺六月十七日子時

則浸禮紫嗣子也生光緒甲申十月十八日丑時卒民國

丁巳三月初十日申時娶鄭氏生光緒癸巳十月初

一日辰時生子璇璣養子佩玉璇璣殤女二

則秋吉禮情養子也生光緒甲午三月廿五日子時

則三禮雲長子也生同治癸亥二月初四日酉時嗣子常

　來

則寮禮雲次子也生同治庚午四月十六日寅時往夷卒

莫考

則戶禮扁長子也生同治己巳五月初六日午時往夷卒

光緒丙申六月十九日巳時娶林氏無出改醮

則莽禮扁次子也生光緒戊寅二月廿三日辰時卒光緒

丁未五月初四日亥時娶鄭氏生子常來出嗣則王

氏改醮嗣孫鎭藩

則成禮扁三子也生光緒壬辰五月初九日寅時卒於巽

鄉莫考

則睡禮扁四子也生光緒甲午八月初一日午時往夷卒

民國戊午七月廿九日戌時娶　氏生女一氏改醮

則擇禮于嗣子也生光緒丁酉五月初四日寅時卒民國
甲子六月初七日子時娶姚氏生女一氏改醮
則俟禮義長子也生光緒甲午正月廿一日午時幼娶楊
氏生光緒乙未八月日時失詳卒光緒丁未五月初四
日未時
則曠字則安號宅心禮載長子也生光緒癸巳四月初二
日未時往夷卒民國癸丑十一月初五日吉時娶李
氏無出改醮養子緝熙
則䤘字則重號鐵擔禮載次子也生光緒乙未四月十二
日辰時往夷卒宣統辛亥九月廿九日吉時養子延

熙

則龍字則鯉號雲從禮固長子也生光緒丙戌九月初七日子時卒光緒甲辰十月廿八日子時娶陳氏號靜嫻生光緒丙戌十一月十三日子時卒光緒戊申七月十九日辰時養子四奕玉汀奕永裕奕增高奕南音玉汀永裕遷

震名晦字則遵號端甫禮固次子也清彭溪高等小學校畢業優等第二名獎勵增生生光緒己丑二月初三日巳時娶潘氏號莊順生光緒己丑十一月十七日申時養子德音翰音生子綸音女二

［福建南安］彭亭紫雲黄氏族譜　卷五

砥字則直號坦平禮固三子也爲人忠直寡言以世亂爲
已憂棄家渡洋甫登岸而即抱疴未兼旬而卒於實
叻埠之旅舍甚可痛也生光緒辛卯三月廿六日未
時卒民國丙寅八月三十日巳時娶陳氏號肅順生
光緒己亥二月初二日酉時養子朗音八音女三
則梅禮固四子也生光緒己亥正月十八日酉時卒光緒
丙午正月初七日申時
則爲字則治號希舜禮閂長子也生光緒辛巳十一月初
三日未時往叧卒民國丙辰十二月廿八日吉時娶
鄭氏生子叭甫氏改醮

則東禮門三子也生失詳往處卒莫考

則虧字則滿號合圓禮賢嗣長子也生光緒甲申八月十
九日辰時卒民國丙辰五月廿一日巳時幼娶林氏
生卒失詳娶李氏生子玉盒女二氏改醮

則聘字則請號雍和禮賢次子也生光緒乙未二月廿二
日巳時在南洋婚娶姓氏生傳未詳

則着禮蔡養長子也生同治壬申出居南洋

則秋禮蔡次子也生同治癸酉十月十四日午時卒失詳
無傳

則婆禮蔡三子也生光緒戊子十月初九日午時卒民國

丙辰八月十七日申時娶李氏生子杏壇殤氏改醮
嗣子金鍊
則柑禮蔡四子也生光緒癸巳閏三月十四日申時娶陳氏
生光緒辛丑三月初五日未時子金鍊金錶鍊出嗣
則婆女一
則墻禮蔡五子也生光緒丁酉十一月廿九日未時娶施
氏生光緒乙巳八月廿八日寅時養子金針
則恩典禮玉璽養子也生光緒丙申十二月廿九日酉時
娶鄭氏生宣統庚戌吉月吉日吉時
則限禮玲嗣長子也生光緒甲申九月初九日未時往夷

卒光緒庚子五月廿一日申時幼娶陳氏生卒失詳

則買禮玲嗣次子也生光緒丁酉正月廿九日辰時卒民國壬戌七月廿五日酉時娶林氏生光緒辛丑十一月三十日酉時女一

則椿禮絣次子也生光緒戊申八月初九日辰時

則振禮絣三子也生民國庚申三月初一日辰時

則產禮絣四子也生民國壬戌五月廿四日寅時

則發來禮猻螽子也生光緒甲午六月十九日巳時

則超羣禮螽養長子也生民國丁卯十月廿二日卯時

則賜禮業子也生咸豐戊午二月初三日亥時卒光緒乙

酉十月十九日巳時無傳

則陽禮[illegible]養子也生同治戊辰三月二十日丑時卒民國
戊辰五月十九日戌時娶鄭氏生光緒癸未十月十
八日卯時卒民國戊辰五月廿八日巳時嗣子奕綢
養子得路生子名標榮華奕琴標華俱殤女一

則鄒禮隨[illegible]子也生道光癸卯二月十八日亥時卒光緒
甲午正月初八日丑時嗣子奕糗

則兜禮順長子也生道光己亥十月十六日亥時卒光緒
甲寅正月廿二日丑時娶李氏生道光丁未九月十
九日巳時卒光緒壬寅七月初二日申時子四奕糗

奕出奕長奕桃糗出嗣則鄒出殤女一

則緞
禮乍子也生咸豐辛酉二月十八日酉時卒於臺灣
莫攷無傳

則清
禮恁長子也生道光戊申八月初四日寅時卒同治
癸亥三月廿一日午時繼奕碧奉祀

則樢
字則合
禮恁次子也生咸豐丙辰十二月廿九日子
時娶羅氏生咸豐庚申九月初六日卯時卒光緒丙
子十二月廿一日寅時繼娶林氏生同治乙丑七月
廿九日酉時子七奕碧奕楮奕敲奕綱奕餘孫芸奕
鐵綱出嗣則陽楮敲芸俱殤女二

則撰禮岳長子也生咸豐辛亥正月初六日戌時卒光緒
乙未十二月廿八日卯時嗣子奕堅

則絹禮岳次子也生咸豐癸丑十二月廿七日戌時卒民
國甲寅閏五月十九日未時娶楊氏生咸豐庚申十
一月二十日酉時卒民國甲寅五月廿九日辰時子
二奕堅奕展展殤堅出嗣則撰女二

則紹禮圖子也生同治甲子八月初六日未時卒光緒壬
寅七月十七日寅時娶陳氏生同治己巳十二月廿
四日午時卒民國壬子四月十四日辰時子二奕勇
奕省女一

則鰍禮仰養子也生光緒乙亥七月初五日午時卒光緒戊申十一月十一日申時娶陳氏生光緒壬午五月廿六日巳時生子奕豵養子奕穩穩出嗣則鏡女一

則鏡禮嫗子也生同治丁卯閏月廿五日寅時卒民國丙辰十二月初三日酉時幼娶陳氏生同治壬申三月初十日未時卒失詳娶隙氏生光緒丙子四月十七日酉時卒光緒甲辰三月十五日酉時生子同謀養子眞水俱殁女一繼娶張氏生光緒甲申吉月吉日吉時生子蚌珠殤養子奕穩

則取禮佰鬮長子也生咸豐壬子七月初一日未時卒光

緒丙子九月廿四日吉時無傳

則衫禮佰三子也生同治癸亥三月十七日戌時卒宣統庚戌七月廿三日子時娶李氏生女一氏改醮養子承祖

則担禮法嗣長子也生咸豐戊午十二月初三日酉時卒光緒乙未正月十四日卯時娶陳氏生子奕概奕祥祥殤氏改醮

則津禮法嗣次子也生咸豐庚申六月初六日亥時卒光緒壬寅二月廿七日戌時無傳

則波禮領長子也生咸豐[illegible]辰六月廿三日午時卒光緒

己亥正月十一日吉時娶張氏生咸豐戊午八月二十日午時卒光緒癸巳十二月十五日未時子奕宜
則灘禮領三子也生同治甲子七月二十日亥時卒莫考
則地禮皦養子也生光緒丙子八月廿九日午時卒光緒
己亥正月十四日巳時無傳
則梴禮擱養子也生光緒辛巳六月十七日辰時卒民國
壬戌正月二十日辰時娶陳氏生光緒庚寅十二月
初十日未時卒民國甲寅五月十四日卯時子奕稽
女一
則冰禮麟長子也生同治甲子十月廿八日酉時卒光緒

乙巳十一月廿八日寅時娶陳氏生光緒己卯十一
月十九日申時卒光緒乙巳十二月初十日卯時無
傳

則輝禮麟三子也生光緒壬午八月初一日酉時娶林氏
生光緒甲戌二月初四日巳時卒民國戊午九月十
三日辰時養子奕向

則經禮麟四子也生光緒乙酉三月廿二日亥時娶吳氏
生光緒戊戌二月十四日未時

則煅禮圳嗣子也生宣統己酉九月初九日未時娶林氏
生民國癸丑九月初一日戌時

則顯禮杞次子也生民國乙丑八月初八日亥時
廷瑚名玉樹字則器號拙亭禮服長子也泉郡中學校畢
業生生光緒庚寅二月十一日子時娶林氏生光緒
戊戌十一月十四日子時生子奕承烈女二
則環禮服次子也生光緒壬辰十一月初六日辰時娶吳
氏生光緒庚子八月初七日子時養子奕承平
則呈禮乃長子也生同治癸酉三月初四日辰時卒光緒
庚寅六月十七日吉時
則花禮乃次子也生光緒己卯九月廿八日亥時卒光緒
丁酉月日時失詳

則閭禮乃三子也生光緒丁亥正月初一日子時娶郭氏生光緒丙申九月初一日丑時女一

中諱高陞字則敬禮國子也福建自治科畢業生生同治辛未四月十九日子時卒民國癸丑九月二十日午時娶李氏生光緒丙子三月十五日午時卒光緒乙巳十二月初五日巳時子奕啓奕部俱殤女一

則孿禮備長子也生同治丙寅八月廿八日辰時娶鄭氏生光緒庚辰十一月十八日巳時卒光緒丙午九月十二日寅時子二奕連奕謀繼娶王氏生光緒庚辰四月廿七日丑時

則友禮備次子也生同治癸酉三月三十日丑時幼娶鄭氏生卒失詳娶林氏生光緒戊子二月廿八日午時生子奕昌養子奕濱女二

則根禮攀養長子也生光緒丁亥十月廿三日辰時往英卒民國壬戌七月廿三日吉時

則天發禮攀養次子也生宣統己酉　月　日　時

則澎禮日謫子也生同治戊辰八月十六日卯時娶涂氏生同治甲戌十二月廿三日寅時卒民國乙卯十一月廿五日寅時繼娶蘇氏生光緒庚辰八月初五日未時

則鶴禮艾嗣子也生卒莫考無傳

則垻禮配子也生卒莫攷無傳

則添禮挑子也生道光乙巳三月十七日未時卒光緒己
亥九月廿五日吉時養子奕撰

則八和號德宗禮忖長子也生道光甲午正月廿八日未
時卒光緒乙未五月初五日午時娶嚴氏生道光己
亥九月十六日午時卒光緒丙申九月十四日酉時
子四奕建奕卿奕喨奕塔奕閣閣殤

則以禮忖養次子也生道光庚子五月廿六日酉時卒民
國甲寅五月廿[illegible]日未時無傳

則協號同力禮浪長子也生道光乙巳十一月初五日午時卒民國癸丑九月廿八日辰時娶詹氏生道光己酉正月初一日酉時卒光緒乙酉十月初四日酉時生子三奕蒼奕敍奕衫敍出嗣則連女一

則條號同回禮浪次子也生道光庚戌十月廿二日亥時卒民國癸丑正月二十日未時娶潘氏生咸豐丁巳正月廿九日子時卒民國庚申七月初二日戌時子五奕盤奕水源奕桃奕錦[illegible]春奕炎錦春殤

則連禮浪三子也生咸豐癸丑八月初九日子時卒光緒丁丑八月初二日未時嗣子奕敍

則𨥟號華山禮浪四子也生咸豐丙辰三月十六日酉時
卒民國丙辰五月初二日子時娶林氏生咸豐壬子
二月廿五日巳時卒光緒丁未十月十七日酉時子
四奕賜奕縻奕油奕橫縻[illegible]

則法禮頂養子也生咸豐辛酉二月廿四日巳時卒失詳
無傳

則放禮案長子也生道光庚戌十二月十二日丑時卒同
治辛未正月廿七日申時無傳

則秋禮案次子也生咸豐丙辰六月初十日子時卒光緒
辛丑正月十五日午時娶陳氏生同治戊辰二月廿

五日丑時卒民國甲寅閏五月初五日丑時子奕婆

則笋禮案三子也生咸豐辛酉二月初八日辰時卒民國丁巳五月初五日戌時無傳

則鰻禮案四子也生同治乙丑二月廿三日巳時嗣子奕後殤

則垂禮案五子也生同治庚午五月廿三日寅時娶吳氏生光緒癸未九月十六日亥時卒宣統辛亥三月二十日未時生子奕後奕釗奕濤後繼嗣則鰻濤出繼

則緞禮娶李氏生光緒壬午八月初一日卯時生子奕梧桐女二

則緞禮桂嗣子也生咸豐癸丑六月十八日午時卒民國甲寅閏五月初九日巳時娶林氏生同治丁卯十二月初七日寅時卒民國甲寅五月廿五日卯時生子

奕狗嗣子奕清

則發禮坤長子也外出

則洗禮坤次子也外出

則火禮坤三子也生光緒乙亥四月廿三日巳時卒光緒戊申八月十五日亥時娶王氏生光緒壬午四月十二日卯時卒民國壬子正月十八日子時無傳

則渺禮矜子也生道光戊戌七月廿一日申時卒光緒年

月日時失詳無傳

則山禮甯養長子也生道光甲辰二月初四日卯時卒民國癸丑正月二十日午時娶　氏生卒失詳養子奕教

則祥禮甯養次子也生咸豐甲寅正月廿三日子時卒民國壬戌二月十六日酉時娶詹氏生光緒年缺五月吉日酉時卒民國壬戌閏五月廿一日酉時子二奕勇奕湍女二

則擲禮絹養子也生道光己酉三月二十日午時卒民國乙丑二月廿七日吉時

則拂禮提次子也生同治辛酉十月十八日巳時卒光緒
壬午五月初六日卯時無傳
則田禮寬長子也生同治庚午三月初九日午時卒同治
癸酉七月廿四日午時無傳
則深禮寬次子也生同治丁卯正月初三日巳時卒失詳
無傳
則戶號高門禮寬三子也生光緒乙亥八月十五日亥時
卒民國丙寅正月二十日酉時娶陳氏生光緒壬寅
十月初六日辰時卒民國甲寅五月二十五日辰時歸
子奕電

則意禮蔭養長子也生同治甲子三月十二日吉時娶王
氏生光緒癸未月日時失詳卒民國癸丑三月廿四
日酉時生子奕的承嫡
則跕禮蔭次子也生同治癸酉五月初五日辰時娶陳氏
生光緒戊子八月初二日吉時卒民國癸丑三月廿
四日酉時生子奕海奕長閩子奕先螢海長殤
則漣禮奎子也生卒失詳
則得禮蹤養長子也生咸豐壬子十月初十日吉時卒於
漳州莫考娶鄭氏無出改醮
則雙喜禮蹤次子也生同治甲子七月初七日卯時娶陳

氏生同庚十月廿八日寅時生子奕譽奕勝奕合養
子奕隱勝合殤女三
則漂禮鑑三子也生光緒丙子三月十九日辰時卒民國
甲寅閏五月廿八日申時娶李氏生光緒己卯六月
廿九日未時子三奕科奕娥奕茶娥殤女四
則面禮鑑四子也生光緒辛巳二月十五日丑時娶柯氏
生光緒丙戌四月廿四日子時子奕居殤
則成禮贈長子也生光緒己卯九月廿九日未時卒民國
丙寅四月二十日未時娶林氏生光緒丙戌二月吉
日吉時卒民國乙丑三月十四日酉時生子奕年出

嗣則壙繼娶施氏生光緒丁亥閏四月初九日戌時

養子奕墻

則壙　禮贈次子也生光緒壬午四月廿一日未時卒光緒

庚子五月廿八日子時嗣子奕年

則福　禮信嗣子也生同治庚午正月初七日子時娶莊氏

生光緒甲申十月廿八日丑時子三奕城奕電奕先

奕電出嗣則戶奕出嗣則跕

則開　字則明禮泉嗣長子也生咸豐乙卯十二月廿六日

午時出嗣洪瀨

則榮　本禮泉嗣次子也生同治己巳十一月初六日巳時

娶陳氏生光緒丁丑二月十七日亥時子奕再服奕
高奕林奕灶俱殤女一
則宣禮石長子也生同治甲子十[illegible]月初二日巳時娶陳
氏生同治己巳十二月初八日辰時子奕經女二
則着禮石次子也生同治丁卯七月初四日申時卒宣統
庚戌三月廿八日辰時娶林氏生子奕角氏改醮
則來禮石三子也生同治癸亥十二月廿八日申時出繼
則土禮石四子也生光緒丙子正月三十日卯時出居
春嗣子奕家富
則川石太子也生光緒庚[illegible]月十三日申時娶李氏

生光緒甲午八月二十日寅時子奕家富奕家聽奕

家侯家富（殁）出嗣則土地女二

則軟禮石太子也生光緒甲申八月廿二日亥時（以辛巳民國廿三年三月初四日酉時）（过嗣則益翁之子。）

則淵泉禮坑長子也生道光丙申六月二十日寅時卒年

缺十月二十日吉時娶侯氏生道光辛丑五月十五

日未時卒民國甲子九月廿八日丑時生子一奕鑾

生子二奕和奕梅香梅香殁女二

則寶禮坑次子也生道光己亥七月初九日未時卒光緒

乙未十二月初三日申時娶林氏生道光甲辰七月

十七日辰時卒光緒丁未四月十七日未時子五奕

知奕水奕有奕彩奕火火殤

則玉禮獺嗣長子也生道光辛丑十一月初二日子時
卒光緒丙申正月初八日寅時養子奕稼

則慈禮獺養次子也生咸豐辛亥五月廿五日未時卒光
緒甲午五月初一日巳時娶許氏生子奕曾殤女一
氏改醮

則能禮亮長子也生道光庚戌八月初八日亥時卒同治
甲戌十一月初五日辰時娶李氏無出改醮嗣子奕
狗奕金釵

則五禮亮次子也生咸豐丙辰三月初五日巳時卒光緒

已亥四月十五日酉時娶張氏生咸豐丁巳七月廿九日申時卒光緒戊子十一月廿一日丑時生子奕狗嗣子奕萬成狗出嗣則能女一繼娶鄭氏生卒莫考嗣子奕沙嗣

則審禮亮三子也生咸豐庚申二月初十日戌時卒光緒丁未五月初七日酉時娶林氏生同治戊辰十月十六日亥時生子六奕金鈫奕剝奕沙奕汪奕楚良奕泠承金鈫出嗣則能沙出嗣則五楚良出嗣四房則文女二

則照禮亮四子也生同治乙丑六月十五日丑時卒於惠

安莫考娶施氏隨夫營業惠安生卒莫攷生子萬成
出嗣則五
則文禮春來子也生咸豐甲寅六月廿七日寅時卒於臺
灣莫攷無傳
則妹號敦義禮賞養子也生嘉慶乙亥五月廿九日酉時
卒同治癸亥七月三十日子時娶鄭氏號溫慈生道
光辛卯四月初四日申時卒咸豐戊午十月初三日
辰時養子萬福
則益字則進號敦元禮素長子也生道光戊子三月初九
日申時卒光緒丙午十月廿八日酉時娶蔡氏號溫

和生道光癸巳八月廿一日子時卒同治戊辰四月
廿五日亥時生子奕蝶柰奕晗晗出繼則曙繼娶林
氏號溫恭生道光癸巳十二月十二日午時卒光緒
丁亥七月廿六日巳時養子奕呈

則喞字則給號敦仁禮素養次子也生道光乙未十月廿
九日戌時卒光緒辛丑十一月二十日酉時娶羅氏
號溫儉生道光庚子正月十五日寅時卒民國癸亥
十月廿五日酉時子奕富女三

則亞字則魁號敦德禮素三子也生道光丁酉七月十四
日午時卒同治丁卯七月初三日午時娶鄭氏生文

一氏改醮嗣子奕粒公葬本鄉寮仔前穴巳亥兼丙
壬
則曒
字則竹號敦慎禮素四子也生道光辛丑正月初二
日申時卒光緒甲午五月初一日未時娶陳氏號淑
淑生道光乙巳十二月初一日子時卒同治丙寅三
月廿七日酉時養子奕引嗣子奕啥
則油
水字則纓號敦遠禮素五子也生道光丁未五月初
十日巳時卒民國丙寅九月十七日亥時娶羅氏號
溫純生咸豐乙卯五月初六日巳時卒光緒甲辰九
月初一日酉時子三奕知奕粒奕操粒出嗣則亞操

山
嗣則正氏葬本鄉長縣后穴丙壬午子

則然字則言號捷陞禮墩長子也生咸豐辛亥三月初三日巳時卒光緒丁未九月廿八日午時娶陳氏號孝宗生同治癸亥二月三十日午時子四奕足奕是奕斗奕學足是俱出嗣則波學奕女二

則波號守慎禮墩次子也生咸豐乙卯七月廿六日卯時卒光緒庚辰十月廿七日辰時嗣子奕足奕是奕抵

抵嗣

則畤字則獻禮墩三子也生咸豐己未十月二十日寅時卒民國癸丑八月初八日子時娶倪氏生同治壬申

二月廿一日辰時子四奕抵奕蟯奕開奕朱弁抵首
闔則波蟯出嗣則和開殤女二
嗣算號守義禮偶嗣子也生咸豐戊午十一月初七日巳
時卒同治甲戌九月初一日卯時無傳
則戶源禮偶次子也生同治壬戌閏八月廿二日午時卒
於非律濱莫考嗣子奕嫦娥殤
則坐禮偶長子也生光緒戊寅八月廿三日丑時卒民國
己未正月十四日卯時娶林氏生光緒丁丑十一月
十八日戌時卒光緒丁未十一月初二日午時子奕
闔奕嫦娥娥出嗣則戶源

則撜禮垂子也生道光庚戌七月初十日酉時出居德化

則狞禮魚子也生同治壬戌六月十四日戌時仝父出居

德化

則擷禮教長子也生道光庚戌六月十八日未時卒光緒

癸巳正月初十日卯時娶陳氏生咸豐辛亥八月初

四日辰時卒光緒壬寅六月廿三日申時子二奕點

奕攜攜出嗣則跨女一

則跨禮教次子也生咸豐丙辰十一月初七日巳時卒光

緒丁未五月初六日巳時嗣子奕攜

則返禮袋長子也生同治甲子九月初四日亥時出居臺

瀞

則員號則威禮袋次子也生同治己巳五月二十日丑時
卒光緒辛丑三月廿八日卯時

則攀號桂枝禮象子也生豐戊申十月初三日丑時卒
光緒乙巳七月十五日寅時娶侯氏生同治丁卯七
月十四日未時養子奕拔

則抹禮黨嗣長子也生同治丁卯正月十七日卯時卒失
詳

則鈺禮黨次子也生光緒丙子四月廿三日辰時娶陳氏
生光緒甲申五月廿二日戌時卒光緒癸卯十一月

廿三日未時

則嗅禮柑長子也生光緒乙亥十二月初七日酉時卒光緒丙申八月廿三日戌時嗣子奕檨

則芑禮柑次子也生光緒丁亥五月初三日申時娶李氏生光緒癸巳九月初九日申時卒民國丁巳二月初五日申時生女一繼娶潘氏生光緒乙未十一月十七日卯時養子買來生子奕檨檨出嗣則嗅

則先禮柑三子也生光緒庚寅六月十四日戌時娶李氏生光緒戊戌十一月十二日卯時卒民國戊午六月初三日戌時繼娶曾氏生光緒丙申六月初八日戌

時子烟苗殤女三
則酒禮篺嗣長子也生光緒戊寅七月初十日戌時卒於
南洋莫考
則倆禮篺次子也生光緒庚辰正月十八日卯時卒宣統
庚戌八月初九日辰時養子奕長發
則扯禮篺三子也生光緒癸未二月十九日戌時卒光緒
丁未四月十八日戌時
則星禮篺四子也生光緒丁亥四月廿七日辰時卒光緒
甲辰三月初三日丑時
則霜禮篺五子也生光緒庚寅正月十三日子時卒光緒

甲辰三月初三日寅時
則嘆禮侖嗣子也生同治戊辰正月廿一日亥時
則關禮粿次子也生同治庚午四月十五日未時
則鰲禮綢嗣子也生道光戊子正月初七日寅時卒光緒
丙申四月廿五日吉時無傳
則梯禮石長子也生道光癸未十二月二十日寅時卒光
緒己卯四月十八日酉時無傳
則溪禮惠子也生道光己丑八月廿三日子時卒光緒庚
辰七月初七日巳時幼娶陳氏生卒莫攷繼娶陳氏
生子奕的氏改醮

則薄禮幰子也生道光丙申二月初二日丑時卒失詳配
子奕妹
則挑禮脇長子也生嘉慶戊寅十一月初五日辰時卒道
光丁酉四月初六日申時幼娶鄭氏生卒莫攷
則活水禮脇養次子也生道光庚寅六月十一日申時卒
光緒辛丑二月初一日酉時娶劉氏生卒失詳生子
奕蟻
則醋禮滴子也生道光丙申二月初七日卯時卒光緒戊
戌八月十六日寅時娶李氏生道光辛丑十月十九
日巳時卒光緒戊戌五月十五日巳時子二奕親奕

妹妹出嗣則薄

則先禮容嗣子也生卒葬考無傳

則交禮諒子也生道光戊申四月十七日寅時卒光緒癸
巳三月十八日午時無傳

則綽禮奚長子也生嘉慶壬申正月十五日戌時卒光緒
壬辰二月初六日申時娶陳氏生嘉慶甲戌十一月
廿九日酉時卒光緒壬午十一月廿三日巳時子奕
溢

則㝅禮奚次子也外出

則蚶禮所長子也生道光乙酉二月廿七日亥時卒光緒

甲申十月初五日酉時娶李氏生道光戊戌九月十
二日亥時卒光緒丙午十月廿七日酉時養子奕田
生子奕水
則欽禮所次子也生道光壬辰三月初三日卯時卒光緒
丙子正月十八日未時娶姚氏生道光丙午六月初
二日未時卒光緒丙子十二月初十日子時子二奕
跕奕卷
則挨禮郭長子也生嘉慶庚辰八月初四日亥時卒同治
丁卯六月初二日午時無傳
則儒禮郭次子也生道光乙酉三月廿九日亥時卒光緒

丙戌二月初十日亥時嗣子奕拐

則銳禮郭三子也生道光戊子十一月廿九日寅時卒民國丁巳正月三十日巳時娶陳氏生道光己亥五月初三日辰時卒同治戊辰十月初九日申時子三奕勤奕藹奕拐拐出嗣則儒

則白禮郭四子也生道光庚寅十一月廿七日申時卒光緒甲午十一月廿七日寅時娶李氏生道光甲寅七月十四日巳時卒民國癸丑八月廿四日未時子六奕穆奕蟬奕鏗奕海奕樹奕會鏗出嗣則挽海出嗣則鑑

則然禮郭五子也生道光甲午六月十九日亥時卒光緒
庚子正月二十日午時嗣子奕鏜
則挽禮郭六子也生道光丙申十月二十日亥時卒民國
甲寅五月十五日未時嗣子奕銓
則福禮郭七子也生道光己亥四月十六日亥時卒光緒
己亥九月廿七日卯時娶蘇氏生咸豐甲寅五月廿
五日吉時卒光緒壬寅八月十七日卯時子五奕鏜
奕劣奕井奕霞奕有鏜出嗣則然劣殤女二
則護禮帝長子也生道光辛卯七月初六日辰時卒光緒
辛卯十一月十八日申時娶陳氏生道光壬寅九月

十六日午時卒光緒甲申九月廿一日未時子二奕
火奕意女一
則飯醴帝次子也生道光辛丑十二月初七日寅時卒光
緒己亥正月十七日戌時娶王氏生咸豐甲寅十二
月十三日辰時卒光緒己卯五月十八日巳時子二奕
有土
則伙醴赤養子也生咸豐癸丑二月廿四日亥時娶吳氏
生同治甲子十二月十四日辰時卒光緒丁未二月
初三日酉時子奕吉
則飲醴碟長子也生道光癸卯八月十九日亥時卒光緒

癸未九月廿一日酉時嗣子奕海

則筆　禮碟次子也生咸豐辛亥十月廿五日巳時卒光緒

癸卯八月廿四日寅時

則墨　禮超嗣子也生道光丁未九月初三日戌時卒民國

癸丑五月廿五日寅時娶林氏生咸豐戊午十月初

八日戌時卒民國辛酉十月初九日寅時子六奕蟬

奕衫奕轉奕存奕南奕世南出嗣則浪

則欑　禮強長子也生咸豐癸丑十一月廿一日戌時卒光

緒辛丑十一月初九日卯時娶林氏生咸豐辛酉三

月初五日午時卒光緒甲辰二月初三日申時子二

翠教佩文承印

奕反奕甫甫出嗣則圜女二

則圜禮強次子也生咸豐丁巳二月十九日巳時卒民國

甲寅五月初八日申時嗣子奕甫

則田禮強三子也生咸豐辛酉十一月廿八日戌時卒宣

統己酉十月三十日卯時娶李氏生同治甲戌月日

時失詳卒民國癸丑五月廿二日申時

則根禮獅養子也生同治癸亥十一月初一日辰時卒民

國甲寅五月十二日巳時娶方氏生同治丙寅九月

二十日辰時生子三奕殊奕囊奕樂囊樂殤女二

則勵禮獅次子也生同治庚子十二月廿一日卯時卒光

緒辛丑十月初十日卯時

則肯禮獅三子也生光緒辛巳正月廿七日丑時卒光緒

辛丑六月十九日未時

則托禮獅養四子也生同治辛未十一月廿九日子時卒

民國壬子五月廿四日卯時娶林氏生子奕鴿殤女

二氏改醮

則翰禮低嗣子也生道光壬寅正月廿九日巳時卒光緒

丁未十月初八日申時娶陳氏生咸豐辛亥十一月

初二日午時卒失詳子三奕撻奕丹奕允女一

則仁禮合長子也生嘉慶乙亥九月初七日酉時卒光緒

乙未九月十二日巳時娶洪氏生道光庚寅十月廿
八日卯時卒光緒乙未九月初八日丑時子一奕利
女一
則杯禮厚子也外出莫考幼娶陳氏生卒莫攷
則榮禮箋嗣子也生道光丙申十月十二日戌時卒光緒
甲辰十一月初八日戌時娶潘氏生咸豐甲寅八月
初三日子時卒光緒甲午十月十五日申時子二奕
潘奕欽賜賜殤女一
則四方禮順嗣子也生道光乙巳十一月廿九日戌時卒
光緒壬寅十一月三十日寅時娶王氏生咸豐戊午

五月廿一日午時卒光緒丙戌十一月十五日辰時
生子奕簡養子奕題
則浪禮糟次子也生咸豐丁巳五月十六日未時卒民國
辛酉二月初一日戌時嗣子奕南
則味禮賴子也生咸豐己未六月初三日戌時卒失詳無
傳
韓城諱則頗字則中號泉菴禮桂馥養長子也補太學生
生嘉慶丙子七月廿四日子時卒同治辛未十一月
廿六日辰時娶戴氏號循矩生嘉慶乙亥九月廿七
日酉時卒光緒辛卯六月初六日未時子奕粉

廷藩諱雄字則健號勁菴禮桂馥養次子也業儒恩授六品軍功生道光丙戌正月三十日寅時卒光緒壬辰正月廿五日申時娶王氏安人號循靜生道光戊子五月十三日亥時卒光緒壬辰正月廿五日子時養子鳳儀嗣子奕時

宗學諱好字則智號敏菴國佐長子也補太學生生道光壬辰十月廿八日寅時卒光緒癸巳八月初四日酉時娶彭口鄉國學生李才色君之女號儉莊生道光己丑十二月初八日子時卒同治壬申正月十一日子時嗣子奕孝生子奕文房奕嘖女一繼娶陳氏號

純莊生道光丙辰十一月廿四日巳時卒民國癸丑十一月初四日巳時生子奕天賜女一李氏葬樂山南台祖師胡穴癸丁子午

宗輝諱再字則傳國佐次子也補國學生生道光丙申十一月廿四日子時卒光緒壬寅三月三十日申時娶社壇鄉太學生葉國俊君次女生道光丙申八月初七日戌時卒光緒庚寅七月十四日午時養子奕香生子奕捷報女一

宗榮諱杜字則直號錦堂國佐三子也補國學生生道光戊戌十月初五日午時卒光緒丁酉七月二十日未

時娶陳氏號儀正生道光乙巳十二月初九日亥時
卒宣統己酉九月廿五日申時子二奕泳水奕取文
一
則笓字則衡國鎣國子也業儒生道光庚子十月廿七日
寅時卒同治甲戌七月初一日未時娶葉氏生道光
庚子四月十七日亥時卒光緒乙酉六月初三日卯
時子三奕佳奕英奕用用出嗣則畚
則畚號桑楂國佐五子也生道光壬寅十月十七日卯時
卒同治壬申七月廿九日巳時嗣子奕用
則篤字則親禮梓養子也生道光甲申六月廿五日巳時

卒道光甲辰十一月廿二日亥時娶陳氏生女一養子奕及氏改醮

晚成

諱泡字則壬號筠菴禮梓次子也業儒補太學生生道光乙酉六月初十日申時卒光緒乙酉三月十二日丑時娶林氏號淑惠生道光丙戌五月廿一日卯時卒道光庚戌十一月廿八日亥時生子奕兌繼娶鄭氏號淑懿生道光癸未七月十七日寅時卒咸豐甲寅閏七月初五日辰時三娶陳氏號淑慈生道光丙戌十月廿四日吉時卒光緒年缺正月廿七日寅時子奕踏林氏葬本鄉尾嵜石鼻穴丁癸

則淡字則交號素菴禮掄才長子也生道光丁亥五月二十日亥時卒光緒甲申七月廿五日辰時娶李氏號肅莊生道光丙戌九月廿五日亥時卒同治辛未十一月初一日戌時子六奕相奕種奕鉀奕孫奕衡奕生衡出嗣青山

則梭字則金號織機禮掄才養次子也生道光壬辰三月十一日辰時卒光緒己亥九月初三日酉時娶李氏生道光甲午十月初五日巳時卒咸豐丙辰正月十三日酉時繼娶李氏生道光戊戌六月初八日未時卒民國癸丑五月十一日巳時子二奕驕奕适女一

青山諱扇字則揚號芳菴禮掄才三子也生平力學不倦焚膏繼晷枕經葄史諸子百家靡不綜覽無遺獨惜其終困童隊不獲博一衿以榮身至年已古稀僅以佾生終抑亦李廣數奇已生道光壬辰十月廿三日寅時卒光緒丁未三月廿四日亥時娶山坪國學生林仕高君之女號順慈生道光甲午八月十一日辰時卒光緒戊申七月初十日戌時養子奕縝嗣子奕衡生子奕棕奕廟奕社奕明女一

則圓字則圓禮掄才四子也生道光丁酉十二月廿八日戌時卒外夷娶林氏號謙順生道光丙申月日時失

詳卒咸豐丁巳十一月初四日子時無出繼娶李氏
號謙和生道光甲辰四月初五日巳時卒同治丁卯
十一月廿四日戌時生子奕吗

則著字則潛禮補綻長子也業儒生道光壬辰九月廿一
日丑時卒咸豐壬子十二月初三日卯時娶林氏生
子奕望氏改醮

則叠字則修號和菴禮補綻次子也生道光甲午六月十
七日巳時卒咸豐丙辰八月十三日未時娶林氏號
貞義生道光乙未四月初九日巳時卒光緒辛卯四
月初十日戌時子奕川

則釵禮棟長子也生道光癸巳九月十三日未時卒同治
己巳六月廿一日未時
則蹤號康菴禮棟次子也生道光丁酉八月廿三日酉時
卒宣統庚戌十二月廿一日午時養子奕尊來奕洪
則粉禮棟三子也生道光壬寅十一月十四日巳時卒同
治乙丑九月廿六日酉時無傳
則牛禮讓長子也外出臺灣
則湖禮讓次子也外出臺灣
則魯號政菴禮涯長子也生道光壬辰三月廿三日寅時
卒光緒己巳八月廿四日辰時

則髮禮涯次子也業儒生道光癸巳六月廿一日丑時卒
道光庚戌六月初三日申時葬本都尾崙山仔穴壬
丙子午
則礦禮涯三子也生道光丁酉十一月廿九日未時卒臺
灣葬考
則盞禮涯四子也生咸豐己酉二月十八日寅時卒於外
夷莫攷
則堂字則淸禮涯五子也業儒生咸豐壬子九月十五日
亥時卒光緒辛卯三月初九日酉時娶陳氏生女三
氏改醮嗣子奕楓殤

則裕號泉菴禮涯六子也生咸豐丁未五月廿八日卯時卒光緒丁未十月初一日巳時娶陳氏生失詳卒年缺三月初六日吉時繼娶潘氏號肅徽生同治壬申十一月廿七日丑時卒光緒己亥十一月二十日酉時嗣子奕錫

則掬號源菴禮染長子也生道光戊戌二月廿五日巳時卒同治甲戌十月初八日戌時娶陳氏號儉和生道光壬寅七月二十日辰時卒光緒己亥十月廿五日戌時子二奕曲奕嗣

則朋禮染次子也生咸豐甲寅八月廿九日申時卒民國

乙卯二月廿六日亥時娶林氏生同治壬申四月廿四日巳時卒民國戊午五月廿三日巳時子四奕𧮰奕恍奕錫奕楓錫出嗣則裕楓出嗣則堂𧮰殤

則奎禮乒長子也生咸豐丁巳三月十四日酉時外出

則虎秋禮灘長子也生咸豐己未九月十七日子時外出臺灣

則惟永禮灘次子也生同治丁卯十月初七日辰時出居臺灣

則惟和禮灘三子也生同治庚午八月廿二日申時出居臺灣

毓奇諱上品字則寶號喬生禮瑞埜長子也宗師吳鍾駿道光己亥科試補弟子員宗師黃贊湯科試取錄一等第一名現補廪膳生生嘉慶丙子五月廿八日巳時卒咸豐甲寅五月廿四日巳時聘吳氏號貞懿生嘉慶戊寅十一月初四日卯時卒道光甲午十一月廿八日寅時娶永春橋頭鋪歲進士施光凱君長女號貞莊生嘉慶戊寅十一月十一日巳時卒失詳子二鴈奕坦女二長適彭口廪生李亮翼君三郎次適爐內邑庠生潘君萃英公葬八都馬跡護界隔穴癸丁兼丑未

論曰慧由天悟秀徹風神岳翁之才可謂大矣維[illegible]孜孜窮年兀兀岳翁之學可謂勤矣才與學兼優宜其爲文章而字挾風霜作詩賦而聲成金石令人讀之而百回不厭者其居家也惟存孝慈仁愛其持己也不外忠厚和平本公心以處世評月旦者一一交推設絳帳以聚徒聆風聲者于于而至則德行之最優者又莫若岳翁歲方弱冠遂遊泮水而菜芹名甲羣英且補廪元而食餼維時縉紳先生望其才學並欽其德咸爲預卜曰步雲梯登月殿此其選也豈特如此而已乎不意鶚荐屢邀鷂搏未遂竟以壯歲而

赴玉樓殊足惋惜臨終時顧吾岳母而囑之曰五世書香予之望其相續不絕者惟賴子持之而已岳母承其顧命惓惓不忘遂擇嚴師命子從學其子名鵬已於孫宗師科試冠童子軍則雖岳母之功而亦岳翁之盛德所貽也予忝半子於是焉序之

愚女婿南安邑庠生潘萃英拜撰

毓醇諱瓜綿字則捧號愷亭禮瑞埜養次子也恩授登仕郎候補巡檢生道光辛巳四月初四日辰時卒光緒庚辰三月廿九日亥時娶葉氏例封九品孺人號純和生同庚十二月初八日辰時卒同治庚午八月十

九日申時養子奕窓生子奕師諱嚴文二

希彭諱鏗字則爾號琴堂禮瑞草長子也自幼勵志讀書惟命與時乖不獲博一衿乃循例而補太學生至晚年尙在鄉授徒講學培養童蒙有春風化雨之意焉最可嘉者具有水源木本之思行年五十餘歲乃主任纂修族譜費三年之苦衷成一篇之家乘俾此次得以繼續修明綱紀備詳昭穆不紊可爲後世之信史者皆出諸先生前次修輯之力也惜乎世傳不永至其子而失祀爲可痛耳生道光甲辰十二月廿七日辰時卒光緒□子二月廿二日午時娶王氏□淑

柔生道光乙酉五月十一日戌時卒道光辛未三月
初五日巳時繼娶林氏號温柔生道光辛卯十月十
九日辰時卒光緒戊申三月初五日巳時子二奕友
恭奕友共女一

則虁號梅園禮瑞蒲長子也業儒生道光癸未正月初九
日寅時卒道光辛丑四月廿九日亥時嗣子奕檜

則胙字則靜號和合禮瑞蒲養次子也生道光乙酉六月
初六日午時卒同治辛未十一月初四日巳時娶林
氏號貞惠生道光戊子三月初八日酉時卒光緒丁
酉正月初四日酉時子三奕檜奕搖奕樓檜出嗣則

養女一適亭山太學生鄭維珍君長郎

則旺號淑儀禮瑞藪養長子也生道光戊子十二月三十日酉時卒道光癸卯十一月十八日午時無傳

則哄字則動號恪信禮瑞藪嗣次子也生道光己丑三月廿三日巳時卒同治己巳五月初四日巳時娶林氏號貞愼生道光己巳二月初八日辰時卒光緒丁未二月二十日未時子奕淘奕可

則拋號寬厚禮璠養長子也生道光甲午九月十八日酉時卒同治戊辰正月十五日酉時娶彭氏號慈順生道光戊戌十二月廿二日酉時卒咸豐戊午五月初

九日申時無傳
則亞禮璠餐次子也生道光癸卯三月三十日申時卒失
詳無傳
則兒字爾養禮肘長子也生道光辛丑十一月二十日子時
卒光緒丁丑八月十六日寅時娶林氏無出改醮無
傳
則暖禮肘三子也生道光丙午五月初二日酉時歿於臺
灣無傳
則頻字則步禮梗嗣子也生道光癸巳三月十一日未時
卒失詳娶陳氏號靜順生道光戊戌十一月初四日

卯時卒失詳子奕管奕不不出嗣則戶女二

榮萱諱嘖字則鼓號稱金禮榎次子也補太學生生道光丙申四月三十日酉時卒光緒已亥九月廿二日酉時娶陳氏號明愼生道光已亥二月十三日亥時卒光緒辛卯正月初五日子時繼娶莊氏號淑愼生道光乙巳月日時失詳卒光緒丁未三月初十日卯時生子奕拿奕畜飛鳳奕紡養子奕弁奕國飛鳳出嗣則麥女一公與陳氏合葬本處牛嶺形似過路蜈蚣穴壬丙子午

則正字則氣禮梗四子也生道光乙巳六月廿三日卯時

卒光緒戊戌正月初五日申時娶潘氏號孝順生道
光庚戌六月廿五日酉時卒光緒乙巳六月初三日
辰時嗣子奕操奕徙徙殤

則戶禮梗五子也生道光己酉四月初六日辰時卒光緒
己亥五月廿四日未時娶鄭氏生失詳卒光緒戊戌
十一月初一日酉時嗣子奕不養子奕省公葬本鄉
土名下寮后穴壬丙子午

則麥號寬洪禮樣嗣長子也生道光庚子九月廿六日亥
時卒光緒甲申閏五月初三日巳時嗣子飛鳳

則兜禮樣嗣次子也生道光癸卯十月十八日巳時出居

臺灣

則覽禮軫養長子也生道光辛卯八月十五日子時外出

則啥字則愛禮軫次子也生道光辛丑四月廿六日卯時卒失詳娶蘇氏生道光壬寅六月二十日丑時卒光緒甲申十月初六日巳時子二長年公羊

則繆號成篤禮鐙養長子也生道光壬寅七月十九日酉時卒同治辛未十一月二十日丑時娶陳氏生道光癸巳二月初九日戌時卒失詳子奕撻奕甑奕溜女一

則尺禮鐙養次子也生道光壬寅六月初三日酉時外出

建寧卒莫考
則嗟字則道號厚篤光熊長子也生道光甲辰正月廿五
日酉時卒光緒庚子四月廿九日申時娶鄭氏號輕
愼生道光甲辰正月十八日寅時卒民國甲子十一
月初五日辰時子四廼光奕擳奕盤奕貿盤出嗣則
瓏女一
則瓏光熊次子也生道光丙午十月初一日辰時卒光緒
辛卯六月廿一日酉時嗣子奕盤
則前光熊三子也生咸豐癸丑八月廿三日辰時卒光緒
庚子十一月初六日酉時娶陳氏無出改醮

則照號蓉光光熊四子也生咸豐丙辰十月廿九日辰時
卒民國癸亥五月十二日巳時娶沈氏生同治甲戌
八月十四日未時卒光緒丁酉七月廿八日辰時繼
娶李氏生失詳卒民國丙辰八月初八日酉時養子
奕烏九

則屯字則椅號行正禮紹長子也生嘉慶丁丑九月初六
日亥時卒咸豐辛亥閏八月初二日戌時娶俞氏生
子奕魏女一氏改醮

則秧字則苗號承德禮紹次子也生道光壬午正月十五
日申時卒光緒甲申三月初八日寅時娶林氏號自

儉生道光乙未三月廿二日巳時卒光緒己丑十一
月初六日戌時生子三奕肥奕檀奕綏女二
則巧號行直禮因長子也生道光壬午六月初四日午時
卒道光己酉十二月廿七日酉時無傳
則契禮因次子也生道光丁亥十月初四日卯時卒光緒
丁亥十一月初五日申時無傳
則毛號德輶禮本饔長子也生道光辛巳六月初九日亥
時卒光緒丙子十月初五日子時娶鄭氏號成事生
道光乙酉五月十二日巳時卒光緒庚子六月十二
日辰時子三奕持奕陡奕深

則曾號德雙禮本養次子也生道光乙酉十二月廿四日
亥時卒咸豐乙卯六月廿八日戌時娶林氏號淑慎
生道光丁亥九月廿六日卯時卒道光戊申十一月初六日子時
則特號行義禮匹養長子也生道光壬辰十一月廿一日
子時卒同治戊辰十一月初八日酉時養子奕精
則淸字則徐號明義禮匹次子也恩授鄉飲賓生道光戊
戌三月初八日未時卒光緒壬寅五月十八日酉時
娶李氏號善直生道光辛丑五月初七日卯時卒光
緒壬寅五月初二日酉時生子奕休嗣子奕得女二
則遇號明恪禮敬長子也生嘉慶庚辰七月廿八日戌時

卒道光乙巳三月十五日卯時

則那字則猗號篤厚禮敬次子也生道光癸未十月十四日子時卒咸豐乙卯十一月十三日辰時娶陳氏號恭慎生道光壬午九月廿二日未時卒道光戊戌八月十六日未時繼娶戴氏無出改醮

則荇字則棻禮敬三子生道光庚寅正月初八日寅時卒失詳娶何氏號恭和生道光乙未七月初一日寅時卒咸豐己未四月十二日未時生子奕冕繼娶柯氏生道光戊子十二月廿三日丑時卒失詳生子奕橿

則蠔號海波禮敬四子也生道光乙未五月十一日丑時

卒同治庚午七月初六日戌時

則响字則嘵號志亭鷹揚長子也生道光甲申九月初四日申時卒光緒壬午八月廿七日卯時娶林氏號順慈生道光甲申七月初七日寅時卒光緒壬辰二月廿六日辰時子四奕學奕威奕串奕滾串出嗣則帕

女一

則帕號正善鷹揚次子也生道光庚寅十一月廿八日巳時在台卒光緒壬辰五月日時失詳嗣子奕串奕從

則蕉字則桐號梧亭鷹揚三子也捐納六品軍功生道光壬辰十一月廿一日丑時卒光緒乙未九月初二日

未時娶李氏號柔慈生道光乙巳七月廿五日辰時卒光緒辛丑正月廿七日辰時子四奕稿奕質奕從奕足從出嗣則帕

則持號常善鷹揚四子也生道光丙申十一月二十日寅時卒同治乙丑七月初九日未時遷葬本都下寮后穴無傳

則外號順成對揚長子也生道光戊戌二月廿八日巳時卒光緒壬寅八月初三日未時娶李氏生道光乙未九月初九日寅時卒光緒庚子十一月廿三日巳時子三奕傳奕動奕永傳出嗣則志女一

則時對揚三子也生道光乙巳五月初六日戌時卒光緒己卯十一月初十日亥時無傳

則貯字則積禮褒嗣子也生道光癸巳十月初三日午時卒光緒壬寅五月初十日酉時娶李氏生道光丙申三月初四日酉時卒光緒乙巳正月十四日酉時子二奕胚奕露

則志禮醒嗣子也生道光辛丑八月廿八日戌時卒光緒己丑十一月初五日丑時嗣子奕傳

則韜號嘉錫禮袍長子也生嘉慶庚辰十月初七日卯時外出建郡卒葬考嗣子奕光子

則吉號嘉善禮袍次子也生道光己丑八月廿三日子時
外出番邦卒莫攷
則醴號嘉銘禮袍三子也生道光辛卯五月廿四日戌時
卒咸豐己未九月初九日巳時
則酵號嘉義禮袍四子也生道光甲午十一月廿二日辰
時卒光緒辛丑四月廿四日巳時娶王氏號勤儉生
道光辛丑二月初八日巳時卒民國戊午十一月廿
五日丑時子二奕同奕光于于出繼則額
則醫字則誼號嘉興禮袍五子也生道光己亥二月廿二
日巳時卒光緒戊戌三月初一日卯時娶潘氏號正

直生道光己酉二月十二日寅時卒光緒戊戌四月
初六日寅時養子二奕蟹奕鮮
則昐字則目號純積禮百祿長子也六品軍功生道光甲
申十一月初七日戌時卒光緒丁酉十一月初十日
戌時娶顏氏號柔儉生道光丁亥二月十五日戌時
卒光緒丙戌七月十八日寅時子二奕魴奕箱
松年諱乍字則進號嘉賓禮百祿次子也補太學生生道
光丁亥十一月廿八日亥時卒光緒己亥八月廿七
日酉時娶林氏號純慈生道光丁亥九月廿六日卯
時卒道光壬申十一月初六日子時繼娶嚴氏號純

恭生道光乙未六月初十日卯時卒光緒甲辰正月
初六日戌時子四奕謗奕曆奕邦奕悴女二俱嚴氏
出

則九字則最號善隆禮百祿三子也生道光癸卯四月初
一日卯時卒光緒己丑七月廿二日未時娶戴氏號
儉淑生道光乙巳十一月廿三日寅時卒光緒甲辰
五月十二日午時子五奕鏕奕壳奕古奕業奕錚壳
出嗣則拈公葬本都半嶺土名酒瓶墒氏葬本都大
隔口穴乾巽亥巳

則拈字則美號守忠禮綏長子也生道光辛卯正月十一

日辰時卒道光己酉七月十四日未時嗣子奕亮
則盒字則果號守義禮綏次子也生道光癸卯閏七月初
五日辰時歿在臺灣
則禁明志長子也生道光辛卯七月十一日卯時卒道光
庚戌十月十七日酉時嗣子奕魚
則慮號思慎明志次子也生道光癸巳十月廿三日亥時
卒光緒己卯三月初十日未時娶李氏號溫宗生道
光乙未八月十二日寅時卒光緒辛丑七月廿二日
戌時生子奕魚養子奕淸魚出嗣則禁
繼祖諱池字則對號儼溫明志三子也國學生生道光丁

酉三月初十日寅時卒宣統庚戌九月廿二日寅時
娶潘氏號淑靜生道光乙巳二月十五日巳時卒民
國丙辰二月初五日丑時養子三奕鶱奕興奕登女
一適社壇鄉邑庠生葉乃惠君

則瞻號思義明志四子也生道光庚子二月十八日酉時
卒同治戊辰四月廿三日未時娶潘氏無出改醮養
子奕淵嗣子寶三

繼美諱則苟字則新號儼忠明志五子也制行醇謹事父
母以孝處昆仲以誠家故清貧至壯年設商肆於霞
溪建殊勳於閭里垂統則燕謀翼翼創業而夏屋渠

渠光緒己酉竭力募捐董造彭溪石橋以便行旅往來是亦善念彌綸也又復酷嗜書香延師課督期振家聲以故少弟游泮水三子列黌宮雖次子天年不永猶幸五子畢業於羅溪學校成績之優美爲全校冠足見書香踵起蘭玉盈庭孫枝並茂未始非公修德積善之所致也由國學而補例貢生生道光辛丑十一月廿六日戌時卒民國丙辰六月初五日巳時娶潘氏號守貞生咸豐辛亥六月初七日巳時卒光緒丁丑二月初五日申時繼娶林氏號宣惠生咸豐乙卯十一月廿一日戌時卒民國丙寅十二月廿六

日戌時嗣子奕擔生子奕鼎寶三謙光養子奕栁寶
三出嗣則噡女二公葬本都姑店林穴壬丙子午
繼成諱四牡字則花號捷軒明志六子也馮宗師光緒丙
子科試補弟子員孫宗師戊寅科試取錄一等第二
名現補廩膳生生咸豐辛亥五月廿五日午時卒光
緒丁亥二月廿三日卯時娶侯氏生咸豐癸丑二月
十七日卯時卒光緒辛丑三月十七日午時子三奕
安奕義女一
則駒字則元禮諸長子也生道光丙申九月十三日巳時
卒光緒丁丑二月廿五日亥時娶羅氏生咸豐壬子

二月初一日午時卒光緒戊戌五月十六日卯時嗣
子奕飽奕啓
則大字則光禮諸次子也生道光戊戌六月廿三日卯時
卒光緒壬寅八月廿六日未時養子奕御
則貓禮諸三子也生道光丙午十二月初十日卯時卒光
緒庚寅十月十九日巳時娶林氏無出改醮
則熙禮諸四子也生道光庚戌二月初五日申時卒民國
乙卯六月十六日亥時娶施氏生咸豐庚申三月初
二日酉時卒民國丁巳八月廿五日巳時子奕城女
二

則瓢禮諸五子也生咸豐丁巳六月二十日申時卒光緒
丁丑八月廿一日午時無傳
則老際清長子也生道光丙午正月廿五日卯時卒同治
壬申六月初二日申時無傳
則班際清次子也生道光己酉八月二十日戌時卒同治
甲戌九月十七日酉時無傳
則灶際清三子也生咸豐丙辰六月廿三日卯時卒光緒
己酉九月初十日未時娶侯氏生同治戊辰月日時
失詳卒光緒甲辰三月三十日午時子奕元良女四
則華際清四子也生咸豐庚申二月廿八日卯時卒光緒

乙未閏五月初一日未時娶李氏無出改醮嗣子奕
具

則迎際淸五子也生同治己巳六月十九日巳時卒民國
甲子六月初十日丑時娶林氏生同治癸酉三月二
十日未時卒光緒丁未三月十四日丑時繼娶林氏
生光緒戊子十月十二日午時子一奕贊玉

則裁禮爽長子也生道光丁亥十二月廿一日申時卒失
詳養子奕福

則老號壽亭禮蔚嗣子也生道光庚寅五月廿八日戌時
卒光緒壬申六月初二日申時嗣子奕眞

則椿禮揀長子也生道光甲午八月初七日酉時卒同治
乙丑十月初十日酉時養子奕貪
則搭禮揀次子也生道光己亥正月初三日戌時卒民國
庚申十二月初一日吉時娶陳氏生道光甲辰八月
廿一日丑時卒民國壬子四月十四日申時嗣子奕
貢生子奕鵝女二
則晗禮揀三子也生道光癸卯二月初三日酉時卒失詳
則當號尙義禮降長子也生道光辛丑六月初八日戌時
卒光緒乙未十月二十日申時娶蔡氏號勤儉生道
光乙巳三月初七日辰時卒光緒乙酉六月廿三日

寅時子奕試奕棻女二

則亨字則倪號樂義體降公子也少失怙恃依兄成立後輟舉子業習計然術開設商肆霞竭力經營不數年而生理發達寒素之家遂成殷實矣迨分爨時以千金報乃兄撫育之功兄弗受乃置良田爲父母祭祀之費其友愛之誠亦末世所難得矣生咸豐丙辰六月十六日子時卒光緒己亥四月十六日巳時娶林氏號龍思生咸豐庚申二月初五日寅時卒光緒壬寅五月十八日寅時葬子奕衛生子奕蓮奕衫奕瓦奕文字蓮衫殤女二公葬黃壠池後穴已亥丙壬

則彝字則美號守東揚清長子也生道光丙午四月十三日酉時卒光緒辛卯六月廿六日酉時娶鄭氏號居敬生道光己酉八月廿二日卯時卒光緒己丑四月初九日寅時養子奕手嗣子奕挺生子奕迂文三

則扱字則萃揚清次子也業儒福建自治科畢業生生咸豐乙卯四月初一日卯時卒民國壬子十月廿一日丑時娶林氏生咸豐甲寅二月初八日戌時卒失詳子奕眼奕挺奕保奕慈挺出嗣則彝女一繼娶梁氏生同治己巳十月廿三日吉時後查林氏卒光緒壬辰正月初七日亥時

則玲字則藍揚清三子也生咸豐丁巳閏五月十五日酉

時娶謝氏生同治癸亥十二月[illegible]時[illegible]子奕

璇生子懇求化龍光祖奕甫璇[illegible]

則拱號福星揚清四子也生咸豐庚申[illegible]初十日寅時

卒民國癸丑三月廿七日申[illegible]生同治甲子

五月廿九日辰時卒光緒壬寅[illegible]廿九日未時子

奕淡奕賊奕伽伽殤

則惜香揚清五子也生同治辛未五月三十日午時卒光

緒丁丑三月初三日亥時

則述體道嗣子也生道光庚戌九月初八日巳時卒失詳

[illegible]陳[illegible]生于癸[illegible]

則朝禮看次子也生咸豐丙辰四月十二日子時卒光緒
壬午七月廿一日子時娶陳氏生子奕經來氏改繼
則徽禮看三子也生咸豐己未九月十九日子時卒失詳
嗣子奕乞
則循禮看四子也生同治壬戌九月廿四日辰時娶施氏
生咸豐乙丑二月初一日未時生子奕巢奕乞奕齊
乞出嗣則徽女二
則詠禮看五子也生同治乙丑二月初十日午時在東卒
莫考
則緒禮看六子也生同治庚午正月初三日卯時卒光緒

癸卯六月初三日辰時娶李氏改醮

則七禮看七子也生同治癸酉二月廿五日子時在南洋

卒光緒辛丑七月日時失詳

則凡禮看八子也生光緒乙亥六月十五日卯時卒民國

癸丑二月十四日卯時娶林氏無出改醮

則袁號明居禮孔長子也生道光戊申七月十四日酉時

卒光緒乙巳七月十四日巳時無傳

則由禮孔次子也生咸豐壬子三月廿六日戌時娶侯氏

生光緒戊寅二月初八日午時子奕體奕烟生

則探字則及號坤直慶淸長子也生咸豐丁巳七月初二

日卯時卒民國乙卯三月廿六日卯時娶柯氏號存
福生同治丁卯五月初一日酉時卒光緒甲辰十一
月初八日卯時繼娶李氏生道光己酉八月初九日
寅時卒民國戊午六月十五日辰時生子奕泉奕備
奕門門殁女二

鵬倘舖慶淯次子也生同治癸亥六月十六日申時殁於
南洋

鵬螺慶淯三子也生同治丁卯三月二十日寅時卒於南
洋

鵬樶慶淯四子也生同治庚午九月廿七日子時卒於南

洋
則雙號明文禮碣長子也生咸豐戊午七月廿二日酉時
卒於南洋
則寵禮碣次子也生同治丙寅正月十八日寅時僑居南
洋
則聚禮高長子也生道光甲申三月　日　時僑居臺
灣
則螺金禮高次子也
則錫金禮高三子也兄弟俱往臺
則唱字則臚禮杼長子也生道光戊子五月初十日戌時

卒光緒乙未十月十七日吉時

則匾　字則賜禮杍次子也生道光乙未三月初二日午時
卒光緒辛卯六月廿七日辰時娶蘇氏生道光壬辰
四月廿二日丑時卒光緒丁未三月十二日巳時子
奕挑

則王　禮杍三子也生道光戊戌九月初二日子時卒光緒
庚子四月廿三日卯時娶蕭氏生道光己亥三月初
八日午時卒民國壬戌五月二十[redacted]日未時生子奕
星奕員奕擔員出嗣則老擔出嗣繼美

則滑　禮杍四子也生道光甲辰十月十一日辰時卒失詳

聘李氏未娶而歿生道光丙午二月初三日酉時卒
同治乙丑七月十九日未時
則科字則甲號德順禮僻長子也生道光己丑四月十二
日丑時卒同治己巳四月初七日巳時娶陳氏號楨
和生道光庚寅十一月廿一日未時卒咸豐丙辰二
月廿五日丑時繼娶陳氏號儉勤生道光丙申十二
月十五日亥時卒光緒己亥十一月十二日酉時生
子奕薔
則汸禮僻次子也生道光壬辰六月十九日吉時卒失詳
則驅禮僻四子也生道光乙未六月初八日戌時卒失詳

則尚書禮韮子也生道光丁酉十月十九日戌時卒失詳
則枒字則義號正義定元長子也生道光癸巳十月二十
日酉時卒咸豐丁巳二月廿五日未時娶侯氏號
天旌節孝生道光壬辰五月十五日午時卒民國
壬子五月十三日巳時生子奕嗊養子奕網
則鎗定元養子也生咸豐乙卯月日時吉卒失詳
則誥字則訓禮仰嗣子也生道光辛丑三月廿九日未時
卒失詳娶李氏生同庚十月廿二日未時女一
則哂字則快號樂軒壽榮長子也例授登仕郎生道光壬
辰二月初四日巳時卒光緒丙午八月十六日亥時

娶李氏號儉意生道光壬辰八月十七日申時卒光
緒戊申九月廿四日戌時生子奕莉奕歡奕擺歡出
嗣則汪

則汪壽榮次子也生道光己酉五月廿三日戌時卒同治
戊辰七月初六日酉時嗣子奕歡

則詳號仁德壽榮三子也生咸豐壬子二月初六日辰時
在臺灣臺甲娶林氏生子奕坤明

則跑號有德壽榮四子也生同治癸亥十一月十五日寅
時卒於漳州

則魁號存厚壽榮五子也生同治癸酉五月廿七日丑時

卒光緒甲辰十一月廿五日申時娶林氏生光緒丁
丑十一月十四日亥時生子奕撥奕回
則臘禮接長子也生道光庚寅五月廿三日寅時卒失詳
則董禮接次子也生道光壬辰十一月初二日戌時卒同
治乙丑八月廿三日戌時娶鄭氏無出改醮
則郎禮接三子也生道光戊戌五月廿六日辰時卒同治
壬申八月廿三日未時在台娶林氏生子奕錢
則幌字則紗藉榮長子也生道光戊戌十月初三日卯時
卒光緒丁未十月初五日酉時娶林氏號勤順生道
光丙午十月十一日寅時卒同治壬申七月三十日

寅時養子奕潑

則韜字則南藉榮次子也生道光戊申十月廿七日辰時卒光緒辛巳十月十一日酉時娶陳氏生咸豐己未五月十九日卯時卒失詳

則撈禮愰子也生咸豐丙辰十二月廿三日寅時卒失詳

象儀諱蹟字則通號捷春廷夫長子也業儒補太學生在永以星命爲業嘗見星命家多以訣詞博名利惟公則不然據其生平學識依理批評百不失一故其在永也無老幼踵趾相接遠至海甸華僑函具庚書敦請推算迄無暇日公之因學得名因名而得利豈偶

然哉至其見大處尤爲鄉族所推稱支祖祀產積久蕩如公慭焉心憂獨力贖歸輪供祀事幽明賴之又如勸善諸書不惜巨資刊刷分送數十年如一日公之以一誠貫徹物我有如此者生咸豐乙卯九月十七日寅時卒民國乙卯五月初三日丑時娶戴氏號恭懿生同治癸亥九月廿八日酉時卒民國辛酉六月廿六日戌時妣葬本都牛嶺兩亭邊彭厝角生子二玉川玉光女一

附永春歲貢生陳鴻文跋曰

公少敏於學不求應試而遁於星學一途旋入永以

命卜題於時嘗見山美鄉林氏學子時方妙齡每試必題公於其庚書旁批恐有眼疾又西門陳氏褓中兒公則斷以或恐痘災是時羣種牛痘鮮羅是阸者咸謂公言必妄乃未幾一以溺苦於學而致盲矣一以未及種而傳染殞矣諸如此類靡不如響斯應由是聲名籍甚男婦塡門踵相接也極至海外華僑函幣請推幾於日不暇給然此特公之緒餘耳猶未足觀公之大也本支派如潔齋公所有祀業未及公身先已蕩盡公力籌已貲贖歸公管使幽明有所依畀若夫勸善諸書公復刋刷佈送至老弗懈子二公皆

因材而篤長玉川宜於守使之襲父業以紹家聲次
玉光宜於創使之肄學業而恢門第曾以省立中學
畢業生歷任永春縣教育局局長暨縣政務委員會
委員等職凡在地有需著作皆出渠手無有越其右
者兄弟相佐爲理在永春大馬路尾建築樓房數椽
移眷居焉惜乎公未及見也悲夫

則悳禮缺長子也生同治壬申正月十一日酉時外出南
洋

則鍊禮缺次子也生光緒丙子五月十三日辰時外出南
洋

則昂禮鉄三子也生光緒乙酉六月初一日酉時卒光緒
辛丑八月十四日申時
則聰字則明號靜修禮波養長子也業儒生嘉慶丙子四
月十五日辰時卒咸豐己未十一月十六日巳時娶
陳氏號淑德生嘉慶戊寅十二月十九日午時卒道
光壬寅正月廿八日巳時生子奕迓奕倪繼娶李氏
生子奕飲女一氏改醮
則崇字則倘號桂義禮波養次子也生道光甲申四月廿
八日辰時卒光緒庚寅五月十三日丑時娶林氏號
莊儉生道光丁亥十月初三日申時卒光緒壬辰十

月初十日戌時子二奕叱奕孝孝出嗣宗學
則虔字則恭號忠厚禮衍長子也生道光甲申閏七月初
九日寅時卒道光乙巳九月廿五日亥時娶陳氏生
子奕迎氏改醮
則罩字則德號文山禮衍次子也業儒生道光乙酉十月
二十日卯時卒咸豐戊申二月廿三日戌時娶侯氏
號節義生道光乙酉十月廿七日巳時卒光緒壬午
十一月初三日未時子奕榜
則鉼禮斂子也生道光庚子二月十二日子時卒失詳
則屏字則御號作藩志正長子也業儒生嘉慶己卯十二

月十八日辰時卒光緒丁丑正月廿一日午時娶蘇氏號孝懿生嘉慶庚辰二月初四日亥時卒道光丁未正月十三日申時生子奕注繼娶吳氏號孝儉生道光己丑五月初八日午時卒光緒甲申十一月初二日未時生子奕招女一

則繭

字則稅號敦厚志正次子也業儒誥授修職郎生道光甲申九月十七日寅時卒光緒甲午三月十九日辰時娶陳氏號孝貞生道光癸未十一月廿八日午時卒光緒丙子九月初五日午時生子奕體奕盾奕透奕灃奕篔

則檍字則穆號作安志正三子也生道光丁亥六月十二日巳時卒光緒甲午七月初十日寅時娶李氏號孝順生道光戊子五月廿一日酉時卒咸豐丁巳八月初一日酉時生子奕閒女一

則察字則言號正直志正四子也生道光癸巳正月十八日酉時卒光緒庚子二月十六日卯時娶陳氏號孝慎生道光己亥五月廿一日戌時卒光緒乙酉六月二十日辰時生子奕砂女四

則鑾字則器號篤厚志正五子也生道光庚子七月初六日亥時卒光緒壬辰正月初九日酉時娶戴氏號孝

義生道光己亥十一月二十日丑時卒同治壬申十
月初五日辰時生子奕答
則培字則暫號作瑞禮琨[illegible]子也生道光甲申二月廿一
日辰時卒光緒戊戌六月廿四日午時娶侯氏號孝
德生道光壬午四月廿二日巳時卒光緒戊寅八月
初六日申時子五奕瑙奕漂奕他奕[illegible]奕參女一
則廁字則級號繞山禮琳子也生道光丙申五月廿五日
辰時卒光緒庚辰十月廿二日丑時娶陳氏號柔徽
生道光壬辰正月二十日未時卒同治癸酉六月初
七日未時無傳

則夏字則淳號成友禮斗義長子也生道光乙未正月廿一日辰時卒光緒壬午十一月初二日申時娶李氏號貞恭生道光乙未十二月十五日申時卒宣統己酉八月廿一日申時生子奕吸女一

則鉅號成業禮斗次子也生道光甲辰十月十一日亥時卒失詳無傳

則銛號成功禮斗三子也生道光庚戌八月廿一日申時卒失詳無傳

則鏞字則城號存義禮台長子也生道光癸卯八月初十日午時卒光緒庚辰十一月初三日辰時娶戴氏號

靜慎生道光癸卯八月初十日午時卒光緒丙申八月廿五日吉時生子奕茂奕盂盂出嗣則陳

則陳號正義禮台次子也生咸豐壬子十一月二十日卯時卒光緒丁丑六月二十日卯時嗣子奕盂

則意號慎義禮台三子也生同治壬戌九月初一日亥時卒光緒己丑十月十五日辰時無傳

則倩號善義禮綴養子也生咸豐丙辰十一月十五日酉時卒光緒丙午十一月十三日卯時

則紆號正忠禮悖長子也生咸豐丁巳九月初五日子時卒光緒戊戌三月廿一日酉時娶温氏改醮嗣子奕

砌奕鏌砌硉

則纊號守忠禮悻次子也生同治壬戌八月廿八日申時卒民國戊辰五月廿三日未時娶林氏號慈信生同治癸酉五月廿四日午時卒民國甲寅閏五月初四日子時生子奕抵奕祿奕砌奕猛奕顔奕鏌祿殤砌鏌出嗣則紆繼娶林氏號慈惠生同治壬申七月十三日辰時卒民國失詳三娶林氏生光緒庚辰十一月廿一日午時卒光緒丙寅六月初九日午時

則障禮嫡子也生咸豐己未六月初七日午時卒光緒戊子二月十九日吉時

則獮禮熊子也生同治乙丑九月十八日未時卒民國乙
卯二月初五口吉時
則煥禮纓嗣子也生同治己巳十一月十三日戌時娶陳
氏生光緒庚辰八月初四日丑時養子奕高奕認生
子奕吧壽奕北落吧壽殤
則爐號守信禮黨養子也生光緒辛巳四月十二日卯時
卒民國丙寅八月十三日酉時
則兩號養成禮郡養長子也生道光甲辰十二月十九日
卯時卒失詳
則晚號壽育禮郡次子也生道光己酉正月初十日辰時

卒失詳

則砳號成玉禮勵長子也生道光乙巳十月廿四日辰時卒光緒年缺十一月初七日吉時娶吳氏號純徽生道光戊申十月十六日酉時卒民國丁巳正月三十日戌時生子奕珉奕蔔女一

則座字則黼號端陽禮托長子也生道光癸卯九月十五日辰時卒光緒壬午八月十六日午時娶陳氏號恭惠生道光乙巳八月廿六日辰時卒民國壬戌正月初二日卯時生子奕鏟奕陵奕鰻

則傍字則廷號端莊禮托次子也生道光丁未三月廿五

日巳時卒光緒癸未正月十六日巳時娶林氏號儉
順生道光丁未十月廿四日卯時卒光緒乙亥八月
初三日午時生子奕港女一
則芬號端泰禮托嗣子也生咸豐壬子二月廿五日酉時
卒光緒丁亥月日時失詳
則札號存修禮權長子也生道光甲辰八月初二日午時
卒光緒庚寅五月初四日巳時養子奕在
則埙號存德禮權次子也生道光丁未七月廿八日酉時
卒同治癸酉十二月十一日子時無傳
則坪號存孝禮權三子也生咸豐甲寅閏七月廿一日巳

時卒光緒乙亥二月十七日辰時無傳

則椅號存仁禮權四子也生咸豐丁巳八月初十日巳時卒光緒癸巳十月十三日酉時無傳

則餘字則其號潛修禮杞養長子也生道光壬午二月廿五日戌時卒道光丙午七月初五日申時娶雷氏號貞德生道光癸未四月廿四日午時卒咸豐甲寅九月初一日丑時養子奕光公葬卓雲風鼓崙橫路穴巽乾辰戌

則鏓字則玉號斂德禮杞養次子也業儒生道光丙戌十一月初五日丑時卒光緒己卯七月十四日卯時娶

侯氏號貞順生道光丙戌四月初七日卯時卒光緒
丁未三月初三日亥時生子二奕科奕澤公葬本都
嶺頭內土名大壠崙穴午子丁癸氏葬本鄉獅形崙
後穴壬丙子午

啓慎諱多字則聞號焞士澄標長子也生平以義爲重不
存偏見遇公益事無論用財用力均所弗惜業商兼
究地理改住宅以裕後昆擇吉壤以綏先祖兩全其
美光緒辛丑洪水爲災慨捐賑濟獎給例貢生生道
光壬寅七月廿七日戌時卒光緒壬寅四月十七日
巳時娶李氏號柔徽生道光癸卯十一月廿五日午

時卒光緒戊申十月廿一日申時養子奕文甑生子
奕璽奕淼文甑出嗣則照女一俱葬祠堂後土名黄
壠埔穴午子丁癸

則照號宣義澄標次子也生咸豐辛亥九月初三日戌時
卒光緒丙戌六月初八日申時嗣子奕文甑

則冰字則淵號敦仁禮鈚長子也業儒生道光癸巳十一
月廿八日未時卒光緒癸未十一月初六日巳時娶
傅氏號淑德生道光乙未五月二十日未時卒咸豐
丙辰八月十七日巳時繼娶劉氏號淑惠生道光丁
酉十一月二十日未時卒道光癸卯十二月廿二日

辰時子五奕稽奕佐奕貢奕匡奕初佐出嗣則錩貢
出嗣則搭初出嗣則托女三三適彭口李雅琬
則托字則望號義繩禮鈊次子也生道光丙申九月十三
日辰時卒同治庚午十月廿六日巳時娶陳氏改醮
嗣子奕初
則錩號準繩禮鈊三子也生道光壬寅七月廿一日卯時
卒咸豐丁巳九月初九日戌時嗣子奕佐
則泮禮鈊四子也生道光丙午九月初二日酉時卒於實
叻莫攷
則侯禮鈊五子也生道光己酉正月十三日午時卒於實

叻莫考

則修禮鈥六子也生咸豐辛亥六月廿六日申時卒於實

叻莫攷

則攢字則勤號儉德禮雪梅養長子也生道光甲辰正月
初四日辰時卒光緒庚辰三月十八日未時娶楊氏
號貞淑生道光癸卯十月廿四日申時卒光緒己亥
七月初九日戌時子三奕[illegible]奕江奕湠江出嗣則珊
瑚湠出嗣則琬女三

則珊瑚字則燦號儉守禮雪梅次子也生道光丁未八月
十二日申時卒光緒戊戌八月十九日辰時娶鄭氏

號靜德生咸豐壬子七月十二日酉時卒光緒辛丑
二月三十日申時嗣子奕江奕陞
則琬禮雪梅三子也生道光庚戌六月三十日辰時卒光
緒癸卯九月廿七日巳時娶陳氏生咸豐乙卯四月
十二日辰時卒光緒丁丑九月初六日亥時繼娶戴
氏生同治丙寅正月十六日辰時嗣子奕湍生子奕
陞陞出嗣則瑚
則聯號成山禮計子也生道光甲辰七月廿四日申時卒
光緒辛卯六月十三日巳時娶李氏號勤慈生道光
庚戌吉月廿六日辰時卒民國壬子八月廿三日寅

時子二奕嗄奕嗚奕乾嗚出嗣則大乾殤

則笋字則根禮蓼長子也生咸豐壬子五月初六日酉時卒民國壬子二月廿五日申時娶吳氏生咸豐己卯七月十七日酉時卒光緒壬寅四月廿一日吉時生子奕呱奕寵奕井奕躋奕墻奕贊奕洪井出嗣則新墻出嗣則爲寵贊洪俱殤

則丟禮蓼次子也生咸豐乙卯六月廿八日午時卒同治癸酉六月初五日酉時無傳

則笨禮蓼四子也生同治戊辰三月初六日辰時卒於異鄉

則日禮喨養子也生咸豐丁巳二月初四日寅時卒於巽
鄉
則衢禮菌嗣長子也生咸豐戊午十一月廿六日酉時卒
於巽鄉
則爲禮菌嗣次子也生咸豐己未十月十四日酉時卒光
緒庚寅七月二十日寅時嗣子奕墻
則飭禮啱長子也生道光甲辰八月十九日寅時卒失詳
嗣子奕井
則連禮悪嗣子也生咸豐甲寅五月初八日巳時卒於巽
鄉

則璧字則嘉禮煆養子也生道光甲申閏七月廿七日酉時外出莫攷娶林氏號柔順生道光丙戌五月廿二日辰時卒咸豐甲寅十月初二日巳時子二奕虎奕謳

則者禮寬長子也生道光辛卯三月十二日寅時往臺卒莫考

則琛禮寬次子也生道光甲午正月廿一日戌時往臺卒莫攷

則掌大烈長子也生道光甲午六月二十日辰時在漳州詔安卒咸豐甲寅四月廿一日吉時

則治大烈養次子也生道光丁未八月初七日未時外出

則固禮玷子也生咸豐己未五月初七日丑時卒同治甲戌十二月廿二日酉時

則泉禮聽長子也生同治己巳二月十六日未時卒於外洋娶陳氏號順德生光緒丁丑正月十四日卯時卒光緒戊戌四月初九日申時繼娶林氏號懿德生同治壬申正月初七日巳時卒光緒丁未二月三十日寅時三娶潘氏生子　廢養子奕欽殤

則握號恭直禮聽次子也生同治甲戌二月初四日酉時卒光緒年月日時失詳

則坑禮聽三子也生光緒庚辰正月初六日戌時無傳

則均禮聽四子也生光緒甲申十月廿五日亥時娶陳氏

生光緒乙未　月　日　時生子土旁

則鄉字則族禮儍子也生道光戊戌五月廿一日寅時往

番邦娶李氏生子奕[illegible]氏改醮

則算禮藷子也生道光丙午五月初五日丑時卒失詳無

傳

則䀡禮成長子也生同治丁卯九月初五日申時卒光緒

辛巳九月十一日酉時

則宿禮成次子也生光緒丙子五月十一日子時卒光緒

癸卯二月十五日申時娶李氏無出改醮

則租禮成三子也生光緒丙戌八月廿二日辰時娶鄭氏

生光緒辛卯十月十八日午時生子奕雙養子奕葵

雙殤女二

則順禮象養子也生同治丁卯十月廿三日寅時卒失詳

則疵禮鑑次子也生光緒乙酉正月十七日寅時出洋

則扆水禮沛嗣子也生光緒庚辰九月二十日戌時卒光

緒餘失詳

則神助禮瑤養子也生同治癸酉三月十八日辰時娶李

氏號恬莊生同治甲戌九月十五日辰時卒光緒甲

午八月廿六日酉時生子奕總殤繼娶姚氏號恬靜
生光緒己丑七月二十日巳時卒民國乙卯五月十
五日巳時女二
則府禮凸養子也生光緒丁丑十月初五日午時卒於南
洋莫攷
則熟號和慶禮鑾養子也生光緒丁亥二月廿五日子時
卒光緒戊戌四月十五日卯時無傳
則桶禮鎖養子也生光緒丁未七月十六日巳時娶林氏
生同庚五月廿七日卯時生子奕統
則藻彩禮攀子也生民國甲寅五月十七日卯時卒民國

甲子三月二十日辰時
則南禮進長子也生光緒癸巳六月十四日酉時娶陳氏
生光緒丁未三月廿七日申時生子奕良
則生禮進次子也生光緒丙申九月十八日戌時卒民國
丙寅月日時失詳
則衆號篤實禮長長子也生嘉慶丙寅十二月十五日辰
時卒光緒癸未十月廿六日午時娶陳氏號篤善生
嘉慶丁卯十一月初六日卯時卒光緒己卯十一月
初六日亥時子二奕八奕嬌香
則鵝號謙恭禮長次子也生嘉慶庚辰十月十七日巳時

卒咸豐戊午九月十三日辰時娶陳氏生道光庚寅十一月廿一日酉時卒光緒己未十一月十四日酉時子二奕灶奕作作出嗣禮璞爲孫

則市號温和禮長三子也生道光丙戌八月十六日午時卒光緒丁亥閏五月廿一日未時娶陳氏號温惠生道光庚子二月十四日未時卒同治庚午閏十月廿六日巳時子三奕騶奕漸奕候氏葬卓雲山土名[illegible]心湖穴乾巽亥巳

則斜號瑞南禮櫛養長子也生道光庚寅九月初十日酉時卒同治甲戌四月十三日申時娶鄭氏生道光辛

卯三月十五日子時卒宣統己酉九月廿一日子時
子三奕由來奕雙奕昊女三
則萬號順德禮榔次子也生道光甲午十一月十三日午
時卒咸豐丙辰七月廿四日辰時娶陳氏無出改醮
養子奕承公葬卓雲前獅豹頭穴壬丙子午
則兩字則儀號剛直禮榔三子也七歲失怙賴母成人懷
大志成鴻業十六歲時承買地基一所甫弱冠即與
諸兄弟籌度經營築成大厦人所謂吾家千里駒者
不是過歟生道光己亥七月十四日午時卒光緒己
亥正月廿七日午時娶陳氏號慎儉生道光己亥七

崇敎儀文承印

月廿二日巳時卒光緒壬寅十二月十八日午時子
六奕寶奕喜奕䁗地奕玉兔奕雁奕瓊女一
則榜字則元號登元禮榔四子也生道光壬寅三月十五
日戌時卒光緒丁酉二月十四日未時娶潘氏生道
光甲辰三月廿二日未時卒光緒丙午四月十一日
卯時生子奕送奕䙡養子奕晧嗣子奕蓑女二
則廣字則居號安德禮榔五子也生道光甲辰五月廿五
日卯時卒光緒戊子十一月廿七日巳時娶侯氏生
道光甲辰三月十三日辰時卒光緒庚子十一月初
六日酉時子六奕浮奕梯奕注奕擬奕養奕附養出

嗣則榜女二

則緒號學齋禮出子也生嘉慶戊辰十二月廿八日酉時卒同治己巳九月十七日卯時娶林氏號勤莊生道光壬午十一月廿一日卯時卒同治辛未十月十二日巳時子三奕歷奕糀奕拙女一

則魋號寬齋禮入長子也生嘉慶庚午七月十六日卯時卒咸豐甲寅九月廿一日酉時娶李氏生道光丁丑七月十四日辰時卒光緒己卯五月廿三日寅時子三奕約奕擽奕羹

則曉禮入次子也生嘉慶壬申正月廿九日寅時卒光緒

甲申七月初九日亥時娶陳氏號慈祥生嘉慶丁丑
十月初五日丑時卒光緒癸未八月初七日午時葬
子奕節生子奕和奕滴女二

則脫禮入三子也生道光甲申七月十六日酉時卒光緒
辛卯九月廿四日辰時娶李氏號善齋生道光丙戌
八月二十日巳時卒光緒乙未十二月二十日酉時
子三奕筱奕壳奕鳥

則稟號命齋禮入四子也生道光己丑正月十一日申時
卒同治乙丑十月十五日巳時娶潘氏生道光甲午
七月初七日酉時卒同治庚午四月初二日未時葬

子奕助奕捻
則佃禮庚養長子也生道光壬午月日時失詳卒光緒己
丑二月初五日酉時娶林氏生道光辛卯二月初五
日寅時卒失詳子二奕悖奕屋
則等禮庚次子也生道光甲午十月廿一日巳時卒失詳
娶潘氏生道光己酉二月初九日午時卒失詳養子
奕審生子奕雅奕帕奕傲帕出嗣則枰
則庭號月軒禮庚三子也生道光辛丑九月初一日亥時
卒同治壬申二月十四日申時無傳
則枰號平軒禮庚四子也生道光丙午正月初六日酉時

卒同治庚午二月初六日酉時嗣子奕帕

則苗字則秀禮芸長子也生道光壬辰五月廿九日卯時
卒咸豐辛亥九月十七日酉時娶李氏無出改醮餐
子奕通

聯玉諱謦字則聲號寬忠禮芸次子也恩授例貢生生道
光戊戌五月十六日辰時卒光緒庚子八月初二日
卯時娶陳氏號柔懿生道光壬寅八月二十日辰時
卒民國甲寅五月十四日辰時養子奕豨生子奕嗹
嗣子奕厭奕蟾公葬高殿寨尾墳穴午子丙壬氏葬
本鄉土名墳仔頭穴艮坤寅申

則律號寬友禮芸三子也生道光壬寅六月二十日寅時卒光緒辛丑九月初三日未時娶張氏生道光乙巳六月廿四日未時卒光緒壬寅六月初九日戌時葬子奕挖生子奕會奕睡奕槅奕蟾奕天蟾出嗣聯玉合葬祠堂後穴巳亥巽乾

則針號寬厚禮芸四子也生道光丙午十月初十日亥時卒光緒丁酉三月初七日未時娶吳氏號慈勤生道光己酉十月十六日未時卒光緒戊子三月廿八日未時生子奕欵奕𧨽奕瓜瓞奕杢奕㼌瓜瓞出嗣聯玉杢婆女二繼娶張氏號慈儉生咸豐辛亥八月廿

一日酉時卒光緒丙申九月十四日卯時

聯陞諱伋字則品號敬庵禮齋長子也補太學生生道光乙未正月十三日辰時卒光緒庚子七月廿四日辰時娶郭氏號柔慈生道光乙未十二月初五日寅時卒民國丙辰十月十二日午時子十一其芹其年其壽奕挑奕絿奕嘮奕誇奕犢奕鮨其福奕海海出繼則別公葬長泰尾穴壬丙子午氏葬祠堂後穴

論曰公白手成家以農致富聰明天亶不學而能少嫺古聖六藝之文長精陶朱理財之道勤儉持躬利平處世敬老慈幼救困扶危其德配郭孺人尤能體

公之意好行善德如恤孤寡賑貧寒解義囊助公益種種義舉蜚聲閭里積善之家必有餘慶明德之後自有達人故公家道興隆子孫蕃衍而爲一鄉之冠公計生十一子長子覲奕身列黌宫次子秀奕名噪學界三子其壽十子其福則身入國學領袖閭閻其餘諸子亦均能立業成家以繼乃父之志公知修德行仁必得天報後世子孫定見昌熾於是手建三進大屋思高大門楣以爲子孫棲息之所廈屋渠渠美輪美奂今猶巍巍屹峙於彭亭溜底之間過其處者莫不知係公之手澤而歎公之能爲公之沒也遐邇

聞知莫不悲悼臨葬之日執拂隨送者絡繹於途緜延數里之遙其生榮死哀實都中不數覯焉

則別號旌德禮齊次子也生道光壬寅正月廿五日午時卒同治癸亥十二月初一日未時娶侯氏號淑慎生道光癸卯五月廿五日午時卒同治癸亥五月初九日午時繼娶李氏號淑慈生道光乙巳十一月十六日卯時卒同治丙寅十二月廿四日亥時養子奕耀[illegible]子奕海

聯輝諱洊字則水號敦仁禮願長子也自少岐嶷不凡及長即卓犖有大志席先人遺業經其手而增置田園

建築華厦以公諸弟古所謂創業難守成亦不易如
君者可謂能兼之矣至樂善好施排難解紛猶爲本
懷所固有也後援例補太學生生道光戊戌五月十
三日亥時卒光緒壬寅三月廿七日吉時娶李氏號
和慈生道光壬寅十月十四日亥時卒光緒丙子七
月廿七日戌時生子奕却繼娶李氏號純慈生咸豐
辛亥十一月初二日辰時卒光緒壬寅三月廿一日
吉時嗣子奕道奕淺來女一
勅授徵仕郎直隸州州判宣統己酉科拔貢周葆眞
論曰有其作之必有繼之如君之經營建設能承先

志殆古所謂善繼人之志善述人之事者矣

則洗號敦義禮顯次子也生道光壬寅三月十七日未時卒光緒己丑三月廿七日申時娶林氏號溫慈生道光丙午十月十五日丑時卒光緒庚子六月初一日未時餐子奕脉生子奕卯奕稍奕貝奕乾乾錫女一

則蒜號敦禮禮顯三子也授恩鄉飲賓生道光乙巳十月十五日辰時卒光緒壬寅七月廿七日子時娶施氏號良慈生道光戊申十月廿四日未時卒光緒庚子十月廿一日酉時子四奕裕奕尋奕白奕扶女一

則碯字則錦號敦智禮顯四子也恩授鄉飲賓生咸豐壬

子八月初四日戌時卒民國己未十二月初二日丑時娶林氏號淑貞生咸豐甲申四月十七日辰時卒民國丙寅七月初四日辰時子四奕庚奕建奕樣奕炎炎炎殤女一

則祧字則延號敦信禮顧五子也平生以禮讓爲主治家處衆均以讓爲周旋昆季有五同居時則讓衣讓食分爨時則讓產讓器爲農則讓畔出行則讓路宜乎後嗣熾昌如瓜瓞之緜緜螽斯之蟄蟄也生咸豐乙卯九月廿七日申時卒光緒壬寅六月廿五日卯時娶陳氏生同庚九月廿四日酉時子六奕雍奕龍奕

知奕蟬奕西奕鎧蟬殤女一公葬牛厝後碗崙擴脚
穴丙壬午子
勅授徵仕郎直隸州州判宣統己酉科拔貢周葆眞
論曰讓美德也泰伯讓天下夷齊讓國百世下猶豔
稱之况後世爭風日熾君[redacted]能事事以讓爲主亦晚
近來不可多得宜其造福子孫寢熾寢昌已
聯奎諱牛字則維號思池呈祥長子也授恩例貢生生道
光壬辰正月初五日辰時卒光緒癸巳十月廿一日
子時娶李氏號端和生道光癸巳十二月廿二日辰
時卒光緒辛丑十二月初一日酉時養子奕唛生子

奕放奕底奕及時奕的奕安樂女一適亭山例貢生
鄭肅從君長郎維新

光南
諱擒字則豔號思善呈祥次子也例授修職郎生道
光辛丑四月初九日寅時卒光緒戊申三月廿七日
未時娶李氏號淑德生道光庚子八月廿一日子時
卒光緒癸卯閏五月廿四日巳時生子奕辣奕秀養
子奕改女一

則貼
號玉田禮掛長子也生道光戊戌十月初六日亥時
卒同治癸亥五月廿四日午時娶鄭氏生道光庚子
十月十九日未時卒同治甲子八月十一日未時葬

子奕花枝

則烹禮掛次子也生道光癸卯七月廿六日巳時卒宣統
己酉七月初三日午時娶俞氏生道光癸卯四月十
三日未時卒光緒壬午十一月初九日酉時生子奕
貴奕登貴貴出嗣則葱女一繼娶許氏生道光庚子七
月廿六日酉時卒宣統辛亥五月初九日戌時

則葵禮掛三子也生咸豐壬子九月十九日未時卒失詳

則葱禮掛四子也生咸豐乙卯九月十八日午時卒同治
辛未十二月初三日酉時嗣子奕貴

則諸禮掛五子也生咸豐己未九月初二日辰時卒失詳

無傳

則擺禮統養長子也生道光庚子二月十七日辰時卒失
詳娶李氏生道光庚子五月廿八日戌時卒光緒丁
丑十二月十一日卯時子三奕啄奕執奕暢耽出嗣

則飛女一

則飛禮玩養子也生道光辛丑七月廿八日寅時卒失詳
嗣子奕執

則牽禮捧養子也生咸豐辛亥八月初六日酉時卒年失
詳四月十二日吉時

則烈禮操長子也生咸豐壬子八月十八日未時卒失詳

則魚禮擽嗣次子也生同治癸酉七月廿三日午時卒失
詳
則徙禮剪長子也生咸豐丙辰十月十七日寅時卒光緒
丙子七月廿六日子時
則合禮剪嗣次子也生光緒乙亥十月初九日申時卒失
詳
則雷禮鐵長子也生咸豐辛酉十一月初十日亥時卒失
詳娶高氏生卒俱失詳養子奕鰍
則草禮鐵次子也生同治戊辰十二月初六日卯時卒民
國庚申五月十五日辰時先娶繼娶姓氏生卒俱失

詳
則火禮鐵三子也生同治丁卯八月十三日子時卒於詔
安養子奕反
則種號秀茂禮各養子也生嘉慶庚辰九月廿九日辰時
卒道光庚戌四月初七日亥時娶林氏生道光癸未
十一月廿七日寅時卒咸豐己未正月廿五日子時
子一奕從
則卯號和合禮問養長子也生道光乙酉九月初九日丑
時卒光緒辛卯九月廿五日午時娶林氏生道光丙
戌二月初八日酉時卒光緒戊戌八月廿三日辰時

子二奕堦奕庭女二

則淑號善正禮問三子也生道光乙未三月廿九日巳時

卒同治戊申八月初八日子時娶彭氏生道光丙戌

九月初九日巳時卒失詳養子奕聽奕胚

則篇字則章禮問四子也生道光戊戌六月初六日午時

卒光緒壬辰閏六月初一日未時嗣子奕居

則豹號全盛禮南嗣子也生道光壬辰六月初一日午時

卒光緒丙申三月初三日未時娶陳氏號柔惠生道

光己亥三月十七日巳時卒光緒辛丑八月初一日

午時生子奕居奕奥奕收居出嗣則篇

則寶禮鎮長子也生失詳外出卒莫考

則賞號花誠禮鎮次子也生道光丁未四月十三日卯時
卒光緒辛卯四月十四日戌時養子奕抱

則塔禮慨長子也生嘉慶乙亥九月廿三日卯時卒光緒
戊寅六月十三日戌時無傳

則有禮甚嗣子也生嘉慶戊寅十二月廿八日戌時卒光
緒甲午二月初三日卯時無傳

則面號紛承禮剖嗣子也生道光癸卯九月初九日卯時
卒光緒乙酉九月十四日巳時娶李氏號恭綢生道
光戊申十一月十二日酉時卒光緒辛丑六月十一

日辰時子四奕蝭奕蹤奕鎖奕時蹤出嗣則勸時出
嗣則雄女一
則定號貽發禮洗長子也生道光乙未正月十三日未時
卒同治乙丑五月廿四日申時嗣子奕旺
則田號楊園禮洗次子也生道光戊戌九月十一日午時
卒咸豐乙卯六月十五日辰時嗣子奕桂
則能號龍興禮洗三子也生道光丁未五月十二日未時
卒光緒戊申十一月初二日巳時娶李氏號儀和生
咸豐乙亥二月廿七日酉時卒光緒庚子六月初六
日戌時子三奕旺奕桂奕枝旺出嗣則定桂出嗣則

田女一

則捲號澤憶禮丁長子也生道光丙申八月十四日丑時

卒光緒戊寅正月十四日酉時無傳

則悅號澤愛禮丁次子也生道光庚子正月廿六日辰時

卒於南洋無傳

則蚊號賚興禮良子也生道光辛丑四月十八日巳時外

出卒莫考無傳

則勸號敬忠禮尾次子也生道光丁未十一月廿五日寅

時卒光緒甲辰正月初四日巳時娶高氏號閒菊生

道光壬子六月十九日辰時卒宣統己酉十一月十

二日丑時嗣子奕蹤生子奕雩奕瑞奕光前前殤

則欺禮尾三子也生咸豐戊午九月初四日戌時卒光緒癸卯十二月廿四日卯時娶張氏生同治癸酉正月十六日亥時卒光緒丁未十一月廿三日辰時子奕穩殤女二

則政號賁然禮尾四子也生咸豐辛酉十二月初三日亥時卒民國壬戌二月廿六日亥時娶陳氏生子奕夤殤氏改醮

則請號玉亭禮密長子也生道光己丑十一月廿七日未時卒光緒壬午正月十六日丑時娶陳氏生道光庚

寅七月初七日巳時卒光緒癸巳七月廿六日午時
子三奕孫奕治奕追孫出嗣則恩治出嗣則佳追出
嗣則兵

則蟹號石亭禮密三子也生道光癸巳十二月三十日亥
時卒道光戊申十月十三日丑時無傳

則兵禮密四子也生道光丁酉五月十八日辰時卒民國
庚申十一月初七日午時嗣子奕追養子奕隻

則佳號德進禮密五子也生道光辛丑十月初二日申時
卒同治壬戌五月二十日巳時嗣子奕治奕菘奕次

則恩號德軒禮求嗣長子也生道光辛卯二月初十日戌

時卒光緒戊戌三月初二日丑時　子奕孫

則添號玉雲禮求嗣次子也生道光辛丑十月初二日戌

時卒光緒辛丑六月十四日亥時娶戴氏無出改醮

則清號良儉禮靈嗣子也生道光庚子十月廿八日未時

卒光緒丁未四月廿四日巳時娶陳氏生道光壬寅

六月廿九日子時卒民國己未七月初九日申時子

奕駕奕硒駕出嗣則嶺

則望號遠志禮放嗣子也生道光癸卯二月廿三日丑時

卒光緒年缺八月初五日午時養子奕鐘

則嶺號承坪禮過三子也生道光乙巳十月十四日丑時

卒光緒丙申十月二十日戌時嗣子奕駕

則岳號仰高禮令長子也生嘉慶己卯九月廿六日子時

卒光緒丁丑九月初九日巳時娶顏氏號雲英生道

光丙申六月二十日辰時卒光緒己酉八月十九日

未時子三奕淚奕蠷奕參

則含號慎德禮令三子也生道光丁亥十二月十八日丑

時卒光緒丁未三月廿六日申時

壽田諱我字則姬號慎軒禮字嗣子也恩授修職郎生道

光壬午九月廿六日辰時卒光緒庚子二月廿八日

辰時娶林氏號柔儉生道光壬辰三月十四日卯時

卒光緒乙未九月廿一日申時養子奕衍生子奕拔
奕欄奕門奕樹女一

則蕉號接成禮宴次子也生咸豐辛亥十二月十一日丑
時卒光緒辛丑十月初九日子時娶侯氏號玉蘭生
同治戊辰二月初二日寅時生子奕秦奕租租出嗣
則拧女一

則拧號行善禮宴三子也生咸豐甲寅七月二十日丑時
卒光緒丁亥十月初七日巳時嗣子奕租殤

則夷號憶成禮□嗣子也生道光戊申六月初三日寅時
卒失詳

則詰禮創長子也生道光丙戌五月初十日寅時卒光緒
壬寅九月廿六日寅時娶陳氏號淑慎生道光己亥
四月初八日申時卒同治乙丑十月十三日巳時生
子奕井奕汫繼娶陳氏生道光丁酉十一月十八日
午時卒光緒壬寅五月十六日酉時生子奕甜奕贊
奕吟
則易號德軒禮朋嗣子也生咸豐辛亥十一月廿一日子
時卒光緒丁酉八月初一日丑時嗣子奕竹
則歲號淑信禮脩嗣子也生道光辛卯六月初八日寅時
卒光緒乙未八月初十日巳時娶曾氏號淑諒生道

光癸巳七月十六日辰時卒光緒辛卯正月廿九日
辰時子四奕提奕鹹奕竹奕的竹出嗣則易的出嗣
則淸女一
則升禮珍養長子也生道光辛巳九月十一日巳時卒莫
考嗣子奕賜
則享禮珍養次子也生道光乙酉四月初一日辰時卒光
緒乙未正月廿五日卯時娶林氏生道光辛卯九月
廿四日辰時卒光緒甲午九月十二日戌時子三奕
賜奕交奕淡賜出嗣則升女一公葬本處上壠藔穴
辛乙酉卯氏葬本處山雞腿穴丑未艮坤

則壇禮盤長子也外出生卒莫考無傳

則音禮漢嗣次子也外出生卒莫攷無傳、

則碑號昌熾禮巧長子也生道光乙未十月廿三日子時

卒光緒戊戌十一月十七日亥時娶鄭氏號温厚生

道光丙申二月二十日戌時卒同治己巳四月初八

日戌時子三奕信奕楓奕坑女一

則賓號厚儀禮巧次子也生道光甲辰三月十九日卯時

卒光緒乙巳六月初四日酉時娶李氏生子奕在氏

改醮

則鶯禮巧四子也生道光戊申九月廿七日未時卒光緒

壬寅五月廿八日巳時娶李氏號和親生咸豐丙辰十一月廿八日丑時卒光緒戊戌十二月十六日巳時嗣子奕褱生子奕屯女三

則爲號善德貽淨嗣孫也生道光丙午八月十八日丑時卒光緒辛卯十月初八日巳時娶陳氏號慈和生咸豐甲寅正月初九日酉時卒光緒庚寅九月廿一日卯時子奕可奕褱奕焘褱出嗣則鶱女三

則鹽禮木子也生光緒癸卯五月廿日寅時

則頓號倘謙禮裔長子也生道光甲申四月初六日酉時卒光緒辛卯九月廿七日辰時娶鄭氏生道光壬辰

九月初七日子時卒光緒庚寅九月初五日申時子
三奕自奕樵奕滿自出嗣則仍滿出嗣則祥女一
則謔禮裔三子也生道光甲辰七月廿八日申時卒莫考
無傳
則祥禮育嗣子也生道光丙申六月初一日酉時卒於南
洋嗣子奕滿
則仍禮蔭養子也生道光己丑十月十九日辰時卒咸豐
乙卯二月初六日午時嗣子奕自
則鈞號金山禮皇養長子也生道光辛卯五月十三日午
時卒同治戊辰七月初十日申時娶李氏生道光壬

辰十一月初三日亥時卒光緒戊申五月廿八日戌
時子奕串奕摭女一

則拃號溫厚禮皇養次子也生道光癸巳十二月十一日
酉時卒光緒甲辰七月廿二日巳時娶侯氏生道光
丙申二月十一日午時卒同治丙寅十一月十七日
戌時生子奕店奕客繼娶張氏生道光乙未九月廿
四日寅時卒宣統己酉十一月十四日卯時

則行禮向子也生道光辛丑八月十八日戌時卒失詳無
傳

則胞禮位養子也生同治乙丑正月廿九日酉時卒民國

丙辰六月廿二日未時娶彭氏生光緒丁丑十二月
初三日午時生子奕卜女一
則永禮臁嗣長子也生同治庚午正月初八日丑時僑居
南洋
則貞禮臁嗣次子也生光緒丙子九月十六日丑時娶鄭
氏號坤正生光緒丁亥三月十二日亥時卒光緒壬
寅三月廿六日酉時繼娶張氏生光緒辛巳閏七月
初二日巳時子三寒文催元夏賴文出嗣則早元𡨋
女三
則早號純直禮炕次子也生同治癸酉三月廿一日辰時

卒光緒甲午十月初五日申時嗣子寒文

則品禮買子也生同治丁卯十二月廿七日未時卒失詳

則居禮看子也出祖

則窰禮顯長子也生道光壬寅四月十七日午時卒光緒
壬辰十二月廿四日巳時娶劉氏生道光戊戌九月
十三日未時卒民國戊午十一月初九日卯時子奕
酎

則山禮宗長子也生咸豐癸丑四月十五日辰時卒民國
庚辰五月初一日辰時娶楊氏生光緒癸酉十月廿
二日巳時卒民國乙卯六月初九日辰時女一

則干禮宗次子也生咸豐丙辰十二月初七日辰時卒光
緒己卯七月廿五日午時
則曲禮詩養子也生同治甲子七月初一日寅時卒光緒
己卯二月十四日午時嗣子奕續
則行禮義嗣子也生咸豐丙辰六月廿二日酉時卒光緒
己丑十一月廿九日酉時娶曾氏生光緒丙子五月
廿一日子時卒光緒丙申十月十五日子時生子奕
沙奕續續出嗣則曲
則諒禮攤嗣子也生同治甲子十二月初六日巳時卒光
緒壬寅六月三十日吉時娶鄭氏生同治壬申二月

壬辰十二月初六日巳時養子奕路

則福字則德號壽山禮案長子也生咸豐丙辰十一月初十日辰時娶陳氏號恭莊生同治辛未七月十八日酉時卒光緒丁酉十二月二十日酉時生子奕開女一繼娶潘氏號溫莊生光緒戊寅十月初五日巳時卒光緒壬寅五月十七日卯時陳氏葬雁翼尾穴巳亥水出辛

則水禮案次子也生咸豐己未三月廿九日巳時卒於南洋

則英號勤善禮慈次子也生道光甲辰四月初五日辰時

卒光緒辛丑正月十八日丑時娶鄭氏生咸豐庚申六月十五日巳時卒光緒壬寅六月十二日寅時子奕萍奕棻

則烈禮波嗣子也生道光己亥九月廿六日丑時卒民國癸丑八月初七日卯時娶林氏生咸豐乙卯九月十一日酉時卒光緒辛巳閏七月十二日未時生子奕規繼娶謝氏生咸豐庚戌十二月初六日巳時卒光緒壬寅五月十三日申時

則竹禮錦子也生道光乙巳二月初二日戌時卒失詳無傳

則淫禮愛次子也生道光乙巳八月初五日未時卒民國
壬子三月初九日辰時
則許禮觔嗣子也生道光辛丑八月初一日亥時卒光緒
丁丑正月初五日酉時娶陳氏生道光丙午四月廿
八日辰時卒光緒丁未五月初二日巳時子奕杇女
一
則造禮碟嗣子也生同治甲子八月十六日戌時卒民國
戊午六月廿二日辰時娶鄭氏生光緒庚辰七月初
六日卯時子四奕題奕欽奕軟奕角題軟出嗣則坍
欽殤女五

則坍禮磔養子也生同治丁卯五月十一日巳時卒光緒
乙未九月十四日卯時嗣子奕題奕軟俱殤
則和禮賞嗣子也生同治癸亥九月初五日戌時卒民國
庚申五月初六日申時嗣子奕蟯
則勇禮悅饔子也生道光丁酉五月十八日寅時卒光緒
辛巳八月十六日寅時
則通禮壬嗣子也生同治己巳正月初八日申時娶陳氏
生光緒丁丑月日時失詳卒光緒丙申六月初四日
辰時
則凰禮恩嗣長子也生同治壬戌六月初四日戌時卒失

詳無傳
則香禮恩次子也生同治己巳四月二十日丑時卒民國
壬戌二月初九日酉時娶　氏無出改醮無傳
則課禮恩三子也生同治癸亥五月十九日戌時卒光緒
丙戌二月初一日未時無傳
則贊禮恩四子也生光緒丁丑八月十六日亥時卒宣統
辛亥八月初九日辰時
則到禮恩五子也生光緒戊寅六月十五日寅時卒民國
癸亥三月廿六日巳時出贅彭口尾園攏一子瑞草
歸宗

則高禮全長子也生光緒丁丑五月十三日戌時卒光緒
乙未八月初七日未時嗣子清安殤
則建禮全次子也生光緒庚辰正月十六日子時卒民國
丙辰十一月二十日戌時娶林氏生子清安出嗣則
高氏改醮
則岸禮全三子也生光緒甲申七月十三日酉時卒民國
壬子九月初五日戌時
則騤禮法長子也生咸豐己未正月廿九日子時在德化
卒光緒癸未十一月十五日吉時娶李氏生同治乙
丑十月十四日吉時養子奕悶

則境禮法三子也生同治丙寅七月十四日辰時卒光緒甲辰五月初四日午時娶林氏生同治己巳七月十二日辰時卒光緒庚寅二月二十日辰時無傳

則戊禮法四子也生同治壬申十月初八日未時卒光緒己丑六月廿一日寅時無傳

則讀禮門嗣子也生咸豐辛酉二月廿七日午時卒宣統辛亥二月十六日午時養子奕方殤

則壘號思軒禮冬長子也生道光壬辰十二月初一日辰時卒同治壬戌八月二十日午時娶傳氏號豪傑生道光丙申十月廿二日辰時卒民國甲寅五月初四

日酉時養子奕䳠生子奕執

則孝號敦友禮冬次子也生道光丙申九月十三日戌時卒光緒丁未四月十二日未時娶李氏號儉素生道光庚子正月二十日未時卒光緒乙未二月初五日辰時子四奕寬奕網奕賞花奕勵勵殤女一

則斎禮冬三子也生道光己亥六月初四日辰時卒民國乙卯二月初八日午時娶林氏生道光辛丑九月十九日亥時卒光緒癸卯五月廿一日辰時養子奕越生子奕迎奕奕如奕雙奕丁蘭奕柳女三

掄元諱麻字則絲號冕廷禮節養長子也補太學生生道

光乙未三月初一日戌時卒宣統己酉四月廿四日寅時娶林氏號貞靜生道光乙未九月初一日亥時卒光緒乙酉五月初一日未時子五玉印文德衍慶奕玉盞奕琴盞琴殤女一適亭山鄉州司馬鄭作舟君三郎維條君

聯偲

號昆山禮節養次子也生道光戊戌五月十四日辰時卒光緒己卯六月廿五日卯時娶郭氏號慈恩生道光壬寅二月十六日午時卒光緒壬寅五月廿五日未時養子奕笨生子奕擬奕增奕褰奕挪奕辛女三

則賓字則寅號質美禮節三子也生道光庚子八月十八日戊時卒光緒庚寅十月初三日巳時娶李氏號敬莊生道光己亥六月廿八日午時卒光緒壬寅八月廿三日辰時養子奕菊生子奕藝奕煥奕雅奕揑奕

婿女三

南鵰諱擇選字則賢號彩南大陞餐長子也武試補邑庠生生道光丙午五月廿七日未時卒光緒壬寅六月十一日丑時娶彭口國學生李成飛君長女號懿恭生道光乙巳五月初三日戊時卒光緒甲申五月初四日巳時生子奕鉀奕麒麟奕尼山奕鴛鴦鴦殤女

一適嶺兜國學生陳爾水君三男繼娶陳氏號正恭
生道光戊申八月廿九日亥時卒光緒己巳十月十
八日戌時
則搒號呈曜大壁養次子也生咸豐甲寅十月廿七日子
時卒光緒戊戌五月十四日酉時娶林氏號清正生
咸豐戊午正月初六日巳時卒光緒甲辰九月廿六
日巳時養子奕鴿生子奕農女一
綱鑑字則照號周亭大壁三子也生咸豐庚申九月廿一
日丑時卒光緒壬寅六月廿七日戌時娶李氏號柔
嘉生咸豐己未十一月廿九日辰時生子六全福

魚粒積文字文祿弁塔祿出嗣則正女二
水源號敬祖大陞四子也生同治癸亥六月初九日丑時
卒民國甲寅四月廿六日戌時娶彭口國學生李亮
衿君之女號成德生同治壬戌四月十五日戌時子
三奕盜奕篠厚伯伯出嗣四房則文女一
則瀆禮雲長子也生道光戊戌五月初六日戌時卒失詳
無傳
則情禮雲次子也生道光庚子十一月廿日丑時卒失詳
無傳
則衿禮譜養長子也生光緒乙亥八月十五日午時卒失

詳無傳
則濟禮譜養次子也生卒失詳無傳
則到禮瓜嗣子也生道光癸卯十二月十二日吉時卒失
詳
則拿禮梅子也生道光丙戌九月初九日戌時卒同治壬
申五月廿七日巳時娶李氏生道光乙酉十月十四
日巳時卒宣統己酉七月初四日酉時子四奕翁奕
潘奕和奕滾潘出嗣禮川為孫女一
則等禮前子也生道光丁亥正月初二日辰時卒同治庚
午十月初七日卯時娶鄭氏生道光壬辰五月十六

日酉時卒民國癸丑十月廿三日寅時子奕帶

則串禮路養子也生道光戊子十二月二十日寅時卒同治己巳三月廿三日酉時娶李氏生道光丙申四月十七日酉時卒同治壬戌閏八月廿九日戌時子三奕擯奕邑奕葉女一

則泉禮灣長子也生道光甲午二月廿九日戌時卒光緒癸卯八月廿八日戌時娶李氏生道光丙申十月二十日子時卒光緒乙亥三月十五白酉時子三奕木奕蘊奕汸

則溪禮灣次子也生道光戊戌四月二十日午時卒光緒

癸巳五月廿一日辰時娶謝氏生道光乙巳十二月
廿五日卯時卒光緒丁未四月廿六日未時子四奕
因奕徒奕汀奕摸

則治禮灣三子也生道光庚子十月二十日戌時卒光緒
丁未四月廿七日酉時娶陳氏生道光戊申十月十
四日未時卒光緒癸卯四月二十日申時子三奕章
奕藿奕薇女二

則保禮寫長子也生道光庚寅三月初十日未時卒光緒
壬辰七月廿三日午時娶侯氏生道光丁亥十月初
十日辰時卒光緒丁未五月初十日未時子奕駕女

一

則秋水號淸流禮寫次子也生道光丙午五月廿二日未
時卒光緒丙午九月初三日辰時娶鄭氏號溫厚生
同治乙丑二月十三日巳時卒光緒戊申二月十二
日未時子三奕戶奕兩奕往往出嗣成玉

則金榜禮剖長子也生道光癸卯正月廿八日戌時卒於
廈門莫攷娶林氏生咸豐辛酉二月十九日丑時子
三奕道奕皆得奕棋道出嗣聯輝女一林氏及皆得
奕棋現住廈門

則成玉禮剖養次子也生咸豐丙辰六月廿一日辰時卒

民國乙卯八月廿一日午時嗣子奕往
則田禮厭子也生嘉慶庚辰三月初二日丑時卒咸豐辛
酉十一月廿九日未時娶陳氏生道光甲午六月廿
四日亥時卒咸豐辛酉六月初五日午時子奕螺
則顯禮富長子也生道光癸未七月十八日辰時卒咸豐
戊午九月初四日卯時無傳
則桂禮富次子也生道光甲午九月初四日辰時卒同治
甲子十一月十九日辰時無傳
則丑禮富三子也生道光辛丑十一月十六日巳時卒光
緒壬寅五月廿五日巳時無傳

則坑禮在嗣子也生道光丙戌六月初四日卯時卒光緒
癸卯十一月廿三日戌時娶葉氏生道光壬辰十月
初二日辰時卒咸豐庚申八月廿七日辰時生子奕
𨂿女二繼娶侯氏生道光乙未十月十五日戌時卒
光緒癸卯十一月初六日申時子四奕狠奕謹奕渴
奕高

則蠟禮岸養子也生道光丙戌三月十六日卯時卒同治
壬申二月十六日酉時子奕纘

則秉禮曾長子也生道光辛卯六月十八日午時卒光緒
戊子十一月廿四日辰時娶張氏生道光丙申二月

十三日戌時卒光緒丙子二月廿五日卯時養子奕
盤奕燦生子奕閬女一適彭口武庠生李俊哲君繼
娶潘氏生道光庚子五月三十日酉時卒光緒戊子
六月十三日申時養子奕謙三娶方氏生道光丁未
六月初九日卯時卒民國丙寅二月初四日未時

則克禮曾養子也生道光戊申月日時缺卒光緒甲午十
一月初十日辰時無傳

則綏禮措養長子也生道光丙午正月十六日丑時卒光
緒壬寅二月十二日申時娶張氏生道光戊申四月
廿四日亥時卒宣統己酉十一月十二日丑時子奕

鵄女一

則穕禮措飬次子也生咸豐丙辰三月初五日吉時卒光緒丁酉五月十三日吉時無傳

則凸禮措三子也生咸豐己未九月廿一日未時娶張氏生咸豐庚申十一月十七日巳時卒光緒壬寅五月廿五日申時生子奕長奕蟯奕芋女三繼娶羅氏生咸豐壬戌二月十八日未時卒民國戊午七月廿一日申時飬子奕績

則乳禮位長子也生道光壬寅十月十二日午時卒失詳娶侯氏生道光乙巳正月十七日巳時卒光緒己卯

閏三月十八日辰時子二奕端奕相
則玲禮位次子也生道光乙巳六月廿一日寅時卒光緒
乙亥十二月廿一日未時無傳
則池禮位三子也生道光戊申四月廿二日辰時卒咸豐
戊午九月廿一日申時無傳
則詠禮位四子也生咸豐甲寅八月廿二日辰時卒宣統
己酉十二月初三日子時無傳
則趨禮位五子也生咸豐丁巳十二月十五日寅時卒光
緒丁酉十月二十日巳時無傳
則崇禮位六子也生同治辛酉三月十三日辰時卒光緒

乙酉七月十四日丑時無傳

則朝禮砂嗣長子也生道光甲午二月三十日寅時卒莫
攷無傳

則冒禮砂次子也生道光辛亥十二月廿七日酉時卒莫
攷無傳

則天禮摺長子也生同治戊辰五月廿二日亥時外出

則玷禮部養子也生道光辛卯六月十五日丑時卒同治
丁卯正月十七日辰時無傳

則員禮仁長子也生道光庚戌六月十六日午時卒光緒
乙酉六月廿三日申時娶陳氏生咸豐壬子十一月

十七日未時卒光緒庚子七月初二日未時子奕例

則傳 禮仁次子也生咸豐乙卯十月初一日辰時卒光緒
庚子正月廿一日巳時娶許氏生咸豐己未九月十
九日丑時卒光緒丁未四月三十日巳時子奕令奕
同同殤女一

則結 禮仁三子也生同治壬戌九月十九日丑時卒民國
己未閏七月十七日丑時娶張氏生道光年月日時
缺卒光緒乙巳十一月初二日未時繼娶陳氏生同
治丁卯月日時缺卒民國己未閏七月十七日巳時
養子奕欽奕蟶

則佔禮錐長子也生咸豐庚申十月十五日辰時卒失詳
無傳
則搠禮錐次子也生同治乙丑七月初八日卯時娶蕭氏
生光緒丁丑月日時缺卒光緒辛丑十一月十五日
亥時繼娶賴氏生光緒乙亥十月初一日辰時
則猛禮着長子也生同治丁卯五月初九日午時卒光緒
己丑十月初四日酉時嗣子奕管
則宗禮着次子也生光緒乙亥五月廿七日戌時卒宣統
庚戌十一月初九日未時娶曾氏生光緒丙子七月
初五日寅時卒民國癸亥五月廿七日未時子二奕

管爽燿管出嗣則猛

則炭禮欶養子也生卒失詳

則迗來禮粧子也生光緒乙巳三月廿七日巳時出居德

化亦水格娶隙氏生光緒丙午十月十六日子時

則撳禮蘳子也生同治丙寅九月十六日丑時娶侯氏生

同治辛未六月初一日巳時卒民國己未五月廿九

日卯時子奕杞奕渥奕曝奕杉奕茶餐子奕靈

則木炎禮撻嗣長子也生卒失詳

則鎖禮撻嗣次子也生咸豐戊午三月初七日戌時卒光

緒乙亥六月初九日申時嗣子奕駒

則擔號忠義禮忭次子也生咸豐庚申三月初三日辰時
卒光緒丙午七月十九日寅時娶鄭氏生同治癸亥
九月十六日酉時卒民國壬戌七月十二日丑時子
二奕駒奕畊駒出嗣則鎮女四
則江禮葛子也生咸豐辛酉十二月廿五日午時卒同治
丁卯八月初八日寅時無傳
則向禮緞養子也生同治乙丑十月十九日辰時卒民國
壬戌正月初二日辰時娶施氏生同治年月缺廿三
日卯時卒民國己未六月廿五日戌時子奕深奕鐸
女二

則

倫號英炎禮高長子也生同治癸亥十月廿九日亥時

卒民國丙辰九月初五日丑時娶鄭氏號勤順生同

治丁卯十二月初八日寅時[redacted]卒光緒壬寅五月廿二

日卯時子奕羅奕樹梅女二

則走禮爻長子也生光緒乙亥十月初九日丑時卒莫攷

則烏沙禮爻三子也生卒莫考

則摛禮爻四子也生卒莫考

則咤禮爻五子也生光緒丙戌　月　日　時娶

氏生　年　月　日　時生子

則溜禮能嗣子也生光緒戊寅十一月廿二日戌時卒莫

攷

興鏡禮曦嗣子也生同治庚午四月十二日卯時卒光緒
己酉十一月廿三日卯時娶陳氏生卒失詳養子奕

當

則榮禮柔次子也生同治癸酉八月十九日酉時卒年缺
五月十五日卯時娶鄭氏生卒失詳繼娶吳氏生光
緒丙戌九月廿四日巳時卒民國甲子七月廿四日
未時子奕錦奕良春寄爲錦出嗣則箱女二

則縣禮柔三子也生光緒己卯三月十五日寅時僑居南
洋

則箱醴柴四子也生光緒丙戌十二月初四日亥時卒
國丙辰正月三十日巳時娶吳氏無出改醮嗣子奕
錦
則緊筏禮哄養長子也生道光庚戌十一月初七日子時
僑居南洋
則天立禮哄次子也生同治庚午八月廿八日酉時娶林
氏生光緒己卯九月十二日午時子二奕仁堪奕載
德載德殤仁堪出嗣則上祐女四
則上祐禮哄三子也生光緒乙亥九月初八日亥時娶曾
氏生光緒庚辰十二月初一日寅時卒光緒己亥三

月十六日酉時嗣子奕仁堪

則偕禮涑嗣子也生光緒丁丑正月廿六日亥時卒於南
洋莫考

則前禮決嗣長子也生同治壬戌十二月初一日亥時卒
於南洋莫攷

則擂禮決嗣次子也生光緒庚辰十二月廿三日酉時卒
民國癸亥正月廿一日午時

則返禮南山子也生同治壬戌閏八月廿二日戌時卒光
緒丁酉十月廿二日午時

則墻禮璲長子也生光緒癸卯十二月廿四日子時卒於

巽鄉莫考

則洋禮璧次子也生光緒丙午八月初八日辰時

則拋禮璧三子也生民國庚申八月廿八日寅時

則黎禮灶長子也生光緒丙申二月初二日巳時卒民國戊午五月廿八日午時娶陳氏生光緒乙未六月初九日辰時卒民國甲寅閏五月初八日酉時繼娶吳氏生光緒甲辰　月　日　時養嗣子奕扁

則門禮灶次子也生光緒庚子正月初十日酉時養子二奕扁奕庚扁出嗣則黎

則當禮灶三子也生光緒癸卯十乙月初七日子時娶李

氏生宣統庚戌十一月十三日酉時生女一
則趁禮灶四子也生宣統庚戌十一月初一日子時娶陳
氏生民國乙卯　月　日時
則茆禮灶養五子也生民國乙卯十月十八日午時
則長禮宗長子也生光緒戊子八月十五日巳時娶陳氏
生光緒庚寅四月廿六日亥時養子奕創生子奕燒
奕銅奕在
則九禮宗次子也生光緒壬辰五月十七日未時娶鄭氏
生光緒丁酉七月初六日申時卒民國乙丑八月十
八日卯時生子奕杏奕泡杏殤泡出嗣則降繼娶陳

氏生光緒甲辰四月十四日巳時生女一
則樹禮宗三子也生光緒丙午十月廿五日亥時
則降禮琛嗣子也生光緒戊申六月廿七日午時卒民國
癸亥九月十四日子時嗣子奕泡
則委禮掌次子也生民國壬子八月十九日午時幼娶蔡
氏殤
則鋤禮岱長子也生光緒丁亥六月十三日辰時卒民國
辛酉十一月十一日午時娶鄭氏生光緒癸巳十一
月十一日寅時養子奕秋原生子奕東奕仁仁殤女
一

則研禮岱次子也生光緒庚寅十二月十二日午時卒光
緒癸卯八月十四日戌時
則象禮多嗣子也生光緒乙未七月初三日戌時娶鄭氏
生光緒庚子五月三十日丑時卒宣統辛亥閏六月
十二日巳時繼娶林氏生光緒庚子閏八月廿五日
卯時子奕尙奕同
則進來禮吉次子也生光緒丙午八月初八日亥時娶李
氏生光緒戊申十月十六日辰時
則着禮吉三子也生民國甲寅六月十九日寅時
則金英禮星饗長子也生光緒辛丑三月初三日巳時娶

楊氏生光緒庚子閏八月十二日亥時女一

則湧淥禮星養次子也生光緒壬寅八月十九日巳時娶

陳氏生宣統己酉正月十八日亥時

則濫禮壙嗣長子也生光緒癸巳十一月十二日辰時卒

民國乙丑十月初五日寅時娶李氏生光緒庚子十

月廿二日酉時子奕儀與女二

則鼓嶼禮壙嗣次子也生民國辛酉九月初九日寅時

則揷花禮章餐長子也生光緒乙巳五月廿七日未時卒

民國癸亥七月初四日巳時娶李氏生光緒甲辰正

月十六日丑時卒民國丙辰十月廿三日丑時

則髯禮章次子也生宣統己酉二月廿五日戌時娶陳氏
生宣統庚戌五月廿五日巳時
則和順禮意養長子也生光緒丙午三月十二日辰時娶
陳氏生光緒丁未二月十七日卯時
則漸度禮意次子也生民國戊午九月初四日寅時
則笱禮叫養子也生卒莫考
則兜禮梅養子也生卒莫攷
則砂禮丢長子也生光緒　五月初九日吉時娶李氏
生光緒　十月廿五日酉時養子奕振業奕送來
業嫂

則田禮壬次子也生卒莫考

則先禮泮長子也生光緒丙子十月十五日子時娶林氏
生光緒丁丑二月初二日卯時子五奕鎮奕園奕城
奕佑奕示城殤女二

則報禮泮次子也生光緒己卯八月初四日午時娶李氏
生光緒甲申三月廿一日寅時卒民國丙辰五月廿
一日子時繼娶莊氏生同庚月日時失詳卒民國辛
酉六月廿九日巳時三娶杜氏生光緒戊子十月十
五日未時養子奕忠生子子奕坵奕川坵殤女二

則合禮泮三子也生光緒壬辰四月廿八日卯時卒民國

戊辰正月初一日午時娶林氏生光緒壬辰正月初
三日酉時餋子奕選女三
則情禮泮四子也生光緒丙申三月二十日亥時娶李氏
生光緒辛丑十月初十日子時餋子叠求女一
則條禮參長子也生光緒辛巳三月十一日午時娶李氏
生光緒丁亥二月廿一日寅時生子奕云奕泰山奕
伙奕恬奕飲奕白山飲殤伙出嗣則譽女三
則譽禮參次子也生光緒壬辰八月十六日子時嗣子奕
伙
則碧禮運長子也生道光丙午三月廿八日申時卒光緒

乙丑丑月初一日巳時無傳
則僚禮運三子也生同治甲子七月十六日子時卒失詳
娶　氏無出改醮
則可禮茂嗣子也生咸豐丁巳三月二十日巳時卒同治
戊辰八月初三日卯時
則權禮招子也生咸豐乙卯七月二十日巳時外出臺灣
則加祿禮扛子也生光緒己亥　月　日　時娶林
氏生光緒戊申　月　日　時
則反禮隔嗣子也生光緒庚辰十月廿七日巳時卒失詳
侄丹水奉祀

則光明字則清禮弄次子也生光緒丙戌六月廿四日巳時娶陳氏生光緒甲申七月初十日未時卒光緒丁未五月廿三日戌時生子四海繼娶陳氏生光緒癸巳十二月初八日卯時生子金水丹水女二先妣葬本處金龜石穴甲庚兼卯酉

則擺禮鑑子也生同治丙寅七月廿三日午時卒光緒庚寅九月十一日巳時

則光信禮扭嗣子也生光緒辛卯五月十四日巳時娶李氏生光緒已亥六月十六日卯時養子奕金壇女一

則銅禮動次子也生光緒己丑十月十八日酉時卒民國

丁卯七月廿九日戌時娶林氏生光緒壬辰三月初三日子時子奕清溪奕地春春出嗣則敲女一

則敲禮動三子也生光緒甲午十二月廿三日卯時卒民國壬子八月十九日寅時嗣子奕地春

則坤禮鉑嗣長子也生光緒庚辰六月廿四日巳時卒民國丁巳正月廿二日辰時

則訓字則詳禮鉑嗣次子也生光緒癸未二月初七日寅時娶李氏生光緒乙酉二月廿四日酉時卒光緒丁未六月初八日巳時無出繼娶鍾氏生光緒癸未七月十八日卯時餋子奕合意

則思禮鉑嗣三子也生光緒壬辰六月初八日亥時卒民
國甲子正月廿一日丑時幼娶李氏生光緒丁酉八
月初一日卯時卒宣統辛亥三月十一日未時
則取禮妙嗣子也生光緒壬寅十月十九日亥時
則容禮候嗣子也生光緒戊子三月十三日戌時卒民國
甲寅七月初六日申時娶林氏生光緒戊子五月廿
五日吉時卒光緒丁未四月廿八日辰時繼娶鄭氏
生光緒甲午六月廿八日巳時養子奕其昌女二
則吏號義理禮漢嗣子也生道光己酉三月二十日酉時
卒光緒丁未五月初一日子時

則奪禮於嗣子也生咸豐辛酉十二月十五日子時卒光
緒壬寅四月廿日未時養子奕維與
則煆禮連枝長子也生咸豐乙卯十一月十六日午時卒
同治己巳十月十五日申時
則禁禮連枝次子也生同治甲子八月廿八日巳時卒失
詳
則重禮連枝三子也生同治庚午二月廿七日子時卒失
詳
則輭號而車禮嶺長子也生咸豐丙辰十一月初八日戌
時卒於南洋莫考

則文禮嶺餐次子也生同治癸亥十二月十七日辰時娶
姚氏生光緒戊寅十月廿七日申時養子奕求奕悅
春奕開花嗣子奕楚良奕伯生子奕天寶春伯殤

則乎字則鑑號全圓禮嶺餐三子也生同治丁卯九月廿
四日亥時卒民國庚申八月十一日戌時娶陳氏號
和惠生光緒壬午二月初一日辰時養子三奕再春
奕四物奕繼嗣子一奕添丁

則褒禮胚養子也生咸豐庚申五月十三日午時卒光緒
戊戌十二月初七日吉時娶侯氏生女一氏改醮嗣
子蛙水

則鉋禮梭餐長子也生同治辛未二月廿四日辰時娶倪
氏號菊仁生同治己巳十一月初一日巳時卒光緒
丁未四月廿一日辰時生子奕專成繼娶李氏號順
意生光緒癸未三月廿九日子時卒光緒壬辰三月
廿四日丑時生子奕漁湖三娶林氏號貞觀生光緒
庚辰正月廿八日巳時生女一

則登禮梭次子也生同治癸酉十一月初八日酉時娶李
氏生光緒丁丑三月初一日酉時卒光緒壬辰五月
廿一日卯時子奕蛙水出嗣則褒

則不禮趯長子也生同治壬申七月十二日酉時卒於南

洋娶嶺兜太學生陳爾水君長女生光緒丙子十一
月十九日卯時卒光緒辛丑十月廿三日辰時嗣子
奕誦經[redacted]奕海水經殤

則摡禮趯次子也生光緒乙亥九月初二日卯時娶陳氏
生光緒戊寅四月廿八日申時子三奕賜芳奕誦經
奕金典經出嗣則不典出嗣則天女二

則㢝禮趯三子也生光緒戊寅正月初六日寅時卒民國
乙丑十一月十二日酉時娶陳氏生光緒壬午十二
月十二日卯時卒光緒壬辰五月十八日酉時生女
一繼娶戴氏生光緒丙戌八月廿一日卯時子六奕

冬木開元海棠海水海好海鶴好𡡉女三水出嗣則不
則府禮趯五子也生光緒甲申四月十二日亥時卒民國
丙寅八月廿三日申時娶侯氏生光緒癸巳十一月
十四日吉時子三清香清雲清霧雲出嗣則天
則苑禮祠長子也生同治壬申三月廿一日寅時卒光緒
丙午三月廿五日吉時
則石禮祠次子也生同治甲戌七月十八日亥時卒光緒
辛酉十一月十五日午時娶陳氏生光緒癸未七月
廿七日卯時子奕運興奕儉運殤女一
則天禮拈嗣子也生光緒辛巳十月十三日戌時娶劉氏

生光緒己亥九月廿五日辰時嗣子奕金典奕清雲
養子奕良良殤
則玉璽貴羅嗣子也生光緒丙戌七月初六日寅時卒宣
統己酉五月初六日卯時
則敘貴羅嗣次子也生光緒甲午九月　日　時
則執貴護長子也生光緒己卯四月初八日申時娶陳氏
生光緒庚辰三月廿六日卯時子奕慨山奕産培慨
山殤
則乞貴護次子也生光緒壬午十一月十六日申時娶林
氏生光緒甲申正月十八日巳時卒光緒壬寅四月

十六日申時繼娶彭氏生光緒癸巳十一月二十日
酉時養子鼓路
則長貴彩長子也生光緒甲午四月初二日巳時娶李氏
生光緒丁酉七月廿九日酉時子奕金鉗女一
則樹蘭貴彩養次子也生光緒乙巳十一月廿三日未時
娶陳氏生民國癸丑三月廿三日吉時
則再添禮玉振養子也生道光丙午八月廿七日子時卒
光緒壬辰五月廿二日辰時娶李氏生同治甲寅九
月廿一日子時卒民國壬子二月十四日申時子奕
廷侯

則問禮銳長子也生咸豐辛亥十二月廿三日亥時娶洪
氏生卒失詳養子奕却
則漂禮銳次子也生咸豐戊午三月廿七日丑時卒光緒
戊戌五月十三日寅時
則及禮金次子也生咸豐辛酉六月十六日申時卒光緒
壬寅四月十五日丑時娶李氏生同治戊辰九月初
八日辰時卒民國甲寅閏五月十三日酉時生子奕
貪奕乓養子奕教貪教殤女一
則燕禮班長子也生同治戊辰六月十一日丑時卒於湖
洋莫考

則謀禮班次子也生光緒壬午八月十七日申時出贅琉
塘後撥二子奕瑞良奕俊元歸宗
則應禮琴嗣子也生咸豐癸丑十一月二十日酉時娶李
氏生同治丁卯六月十二日未時養子奕伊女一
則明月禮溪嗣子也生光緒丁丑十一月十六日未時卒
失詳
則吞衣禮潤澤長子也生同治癸酉五月初九日午時卒
光緒壬寅七月廿七日午時娶陳氏生同治甲戌十
一月廿七日卯時養子奕鑾生子奕蔭奕奧蔭殤女
一

則簸箕字則掄號耀南禮潤澤次子也生光緒丙子十一月廿六日未時娶李氏生光緒戊寅月日時缺卒失詳餐子奕慈

則決禮潤澤四子也生光緒壬辰四月初五日辰時卒光緒丁未六月十一日丑時

則樸禮滾長子也生光緒癸未十月初五日丑時娶李氏生光緒癸巳七月廿五日辰時生子奕慶奕蟶奕有奕璧有殤女一

則嶺禮滾次子也生光緒戊戌十一月廿五日寅時娶許氏生光緒丁未十一月初六日子時

則雁禮味長子也生光緒己丑八月十三日午時娶李氏
生光緒戊戌十二月廿二日丑時子奕老成女二
則鵝禮味次子也生光緒丁未十一月廿九日酉時
則看禮分明子也生光緒辛卯十月初一日巳時娶李氏
生光緒己亥二月初十日卯時卒民國甲寅閏五月
初九日巳時
則撰禮盈水嗣子也生光緒丙戌六月廿八日酉時卒光
緒乙巳十一月初二日午時餋子印南
則田禮托長子也生光緒丙戌正月初七日寅時在夷卒
民國癸亥六月十二日寅時娶鄭氏生光緒甲午二

月初八日酉時卒民國癸亥九月十三日卯時

則熱禮托嗣次子也生民國己未正月初十日子時

則雙禮寸長子也生光緒壬辰十二月十九日午時幼娶陳氏楊氏俱殤娶陳氏生光緒庚子五月初四日辰時

則狗禮寸次子也生光緒壬寅四月初一日午時娶陳氏生光緒丁未七月十一日辰時女一

則秋禮寸三子也生光緒乙巳四月初二日辰時娶陳氏生民國癸丑十一月十七日未時

則雹禮寸四子也生民國甲寅六月十二日未時

則姜禮賞嗣子也生光緒辛丑七月廿二日午時娶李氏
生光緒乙巳六月廿六日酉時生子奕火出嗣則蒼
女一
則蒼禮遮養次子也生卒失詳嗣子奕火
則塗禮佳良長子也生光緒乙酉七月廿八日寅時卒光
緒乙巳十一月初七日巳時
則留禮佳良次子也生光緒癸巳四月廿六日巳時卒光
緒壬辰五月廿四日寅時
則高禮珪長子也生光緒庚辰三月初七日午時卒民國
甲寅五月初三日酉時娶鄭氏生光緒辛卯七月十

八日吉時卒光緒丁未五月十五日辰時繼娶吳氏
生光緒庚寅正月十五日午時生子奕滿殤女一嗣子
則螺禮珪三子也生光緒戊子正月十四日申時卒民國
甲寅閏五月十六日丑時娶鄭氏生光緒乙未七月
十三日未時卒民國壬子三月十四日酉時繼娶侯
氏生光緒戊戌八月初三日酉時卒民國甲寅閏五
月初一日未時嗣子奕伍
則岸禮珪四子也生光緒庚寅九月廿九日寅時卒民國
丁卯九月初六日戌時娶陳氏生光緒庚子五月廿
五日酉時生子奕伍出嗣則螺女三

則掠禮樟長子也生光緒戊戌十二月廿四日子時

則俊禮樟次子也生民國乙卯二月廿一日寅時幼娶鄭

氏生卒失詳

則佇禮文擬養子也生光緒戊子九月十六日巳時在夷

娶　氏生子二奕　奕　出嗣則高

則規祖禮萬得養長子也生光緒辛卯六月十四日未時

卒外鄉莫攷幼娶李氏殤

則福禮萬得次子也生宣統辛亥二月廿八日寅時

則溫禮益養長子也生同治辛酉六月十二日未時歿於

南洋娶劉氏改醮

則腿禮益養次子也生同治辛未七月初一日子時卒失
詳
則委禮恭嗣子也生卒失詳
則飯禮是嗣子也生同治己巳十月初四日酉時卒失詳
則彩禮瑞養子也外出
則迎禮貌子也生同治己巳正月十四日卯時卒於南洋
莫考娶陳氏無出改醮
則望禮芹長子也生同治壬戌七月十七日辰時卒宣統
庚戌四月廿二日丑時娶李氏生光緒乙亥十月初
一日辰時養子一奕納收生子二奕卓奕變女一

則嚴禮綿養子也生同治甲戌六月初二日巳時娶李氏
生光緒丙戌十月十九日辰時卒光緒丁未五月廿
四日戌時生子奕帕養子超來帕廢女一

則頭禮攝長子也生同治丙寅三月廿六日戌時卒光緒
戊子五月廿三日亥時嗣子奕梯

則吩禮攝養次子也生失詳卒光緒庚子九月廿九日未
時娶林氏生子奕蓮女一氏改醮

則厚號慎義禮攝三子也生同治癸酉十月十七日辰時
卒民國癸丑十月初五日未時娶鄭氏生光緒戊寅
正月初八日辰時卒光緒甲辰四月十一日未時生

子三奕捆奕力求奕梯梯出嗣則頭力求殤繼娶林
氏生同治戊辰二月初八日巳時
則戰禮摘四子也生光緒辛卯二月十二日吉時卒民國
乙卯七月十四日午時娶陳氏生光緒壬辰二月十
四日戌時卒光緒丁未五月初七日巳時繼娶鄭氏
生光緒乙未月日時缺卒宣統辛亥八月初二日未
時三娶李氏生光緒丙申月日時缺卒民國丙辰三
月初一日卯時嗣孫世助讓
則田禮罕嗣子也生光緒癸巳十月廿三日辰時娶鄭氏
生光緒乙未二月廿二日未時卒民國丙寅三月廿

三日吉時生子南斗太乾坵土俱殤女一繼娶侯氏
生光緒己丑九月廿八日吉時生子連才

則烝 禮悄子也生卒莫考無傳

則僉 禮窓長子也生道光甲辰正月二十日辰時卒光緒
壬午四月廿一日卯時瀆娶李氏生咸豐壬子五月
十三日申時卒光緒丁酉十二月初九日辰時子四
奕送奕山奕楄奕坐理理殤山出嗣則綢

則綢 禮窓次子也生道光丙午十二月十九日亥時卒光
緒乙亥十一月十七日午時嗣子奕山

則隨 禮權子也生同治乙丑四月二十日丑時在永春卒

民國丁巳九月初六日未時
則取禮抄養子也生道光戊申十二月廿九日戌時殁在
南洋莫攷
則寬裕禮集長子也生咸豐己未七月初三日辰時娶陳
氏生同治壬申正月二十日酉時卒民國庚申五月
初六日丑時子五慶賀奕先奕展來奕民奕長策民
殤先出歸禮挨爲孫女一
則佳號添堂禮集次子也生同治壬戌五月初五日卯時
卒光緒壬寅八月廿三日吉時
則粉禮外養子也生同治癸亥十月初九日子時卒失詳

娶李氏出

則思禮案長子也生光緒乙酉正月十八日丑時娶謝氏

生　年　月　日　時生子庇佑

則張禮案次子也生　年　月　日　時娶林

氏生　年　月　日　時

則樓禮案三子也生　年　月　日　時娶林

氏生　年　月　日　時

兄弟三人現居詩山

則寧禮沛長子也生卒失詳

則潛禮沛次子也生卒失詳

則川禮柑子也生卒失詳

則拧禮聯長子也生光緒戊寅十月初六日戌時

則遠禮帝嗣子也生光緒乙酉十二月二十日酉時

則土禮近長子也生同治壬申十二月十二日戌時娶林氏生光緒丙子正月十九日卯時卒失詳繼娶陳氏生光緒甲申十月廿一日申時卒民國戊午六月初二日戌時三娶潘氏生　年　月　日時養子奕宣奕想

則名禮近次子也生光緒乙亥十月初五日酉時卒失詳

則岸禮近三子也生光緒庚辰六月初六日寅時卒失詳

則椅禮來長子也生光緒乙酉正月廿六日午時娶李氏
生　年　月　日　時養子奕順生子奕
譜女二側室　氏生　年　月　日　時
則藏禮來次子也生光緒辛卯六月初七日卯時娶陳氏
生光緒庚子三月十五日酉時卒宣統庚戌八月十
五日酉時繼娶俞氏生光緒庚子　月　日
時養子奕金福女一
則祖禮稿次子也生光緒庚子月日時缺卒民國癸丑
月　日　時
則纙禮胆養子也生道光戊子十一月十四日　時卒咸

豐丁巳三月廿七日酉時

則來禮銓長子也生失詳卒年缺二月十七日酉時

則文禮銓次子也生卒失詳

則覺禮灣長子也生道光己亥十一月廿四日辰時卒光
緒乙巳九月初五日辰時娶鄭氏生道光己酉八月
廿四日未時卒民國乙卯五月廿五日午時子三奕
樹奕尚奕通

則奉貽增嗣孫也生道光癸卯十二月二十日　時卒失
詳

則勷禮玉嗣子也

則杷禮研長子也

則錢禮研次子也

則銀禮晚長子也生光緒丙戌四月廿七日巳時卒民國乙丑九月廿二日吉時娶陳氏生光緒壬辰十月廿七月申時生子奕守奕管管殤

則砌禮晚三子也生光緒丁酉五月廿九日辰時幼娶林氏生卒失詳養子奕彩

則維禮孫嗣子也生卒失詳

則仙禮安長子也生光緒丙子三月廿九日戌時卒民國丁巳閏二月廿一日午時娶陳氏生光緒甲申正月

廿五日酉時生子土元女一
則鎮禮安三子也生光緒壬午六月初六日亥時娶謝氏
出
則水師禮安四子也生光緒丙戌十一月初六日戌時卒
民國辛酉三月廿七日酉時在夷娶婦姓氏未詳生
子文成殤氏改醮
則鬆禮時嗣子也生光緒己卯二月廿九日寅時卒民國
庚申十一月廿八日卯時娶陳氏生失詳卒民國庚
申十二月廿五日卯時生子奕琴因世亂離散
則良禮江子也生光緒戊子九月十六日巳時娶鄭氏生

聖敎佩文承印

光緒壬辰月日時缺卒民國戊午二月十四日未時
生子并殮在夷繼娶施媽爾氏生光緒丁酉七月初
七日酉時側室量領退氏　宣統己酉四月十一日
未時養子奕金山女一

則嶼
禮硈長子也生道光戊申　月二十日卯時卒同治
戊辰八月初三日戊時娶　氏生道光丙午十月十
六日卯時卒同治戊辰正　十六日寅時養子奕到
嗣子奕衷衷殤女一

則地禮硈次子也生咸豐辛亥十二月廿三日亥時娶林
氏生咸豐甲寅二月廿八日辰時卒民國乙卯五月

十八日申時子三奕衷奕籠奕治衷出嗣則嗅女一
則連禮莧長子也生咸豐癸丑六月十八日巳時卒光緒
己卯二月十九日酉時
則染禮莧次子也生咸豐乙卯四月初四日辰時卒光緒
庚寅正月初六日未時娶陳氏子二奕闔奕壽俱殤
氏改醮
則越禮莧三子也生同治己巳四月初七日辰時出居河
市娶陳氏生光緒丙子十月廿二日酉時卒光緒辛
丑十月廿八日巳時子奕樹出居河市
則濆禮璺長子也生咸豐甲寅三月十二日丑時卒光緒

己亥八月十九日午時娶李氏生同治甲子正月初
九日戌時卒光緒甲申九月初一日申時子奕趙
則壹禮硯長子也生咸豐辛酉十二月初九日丑時娶李
氏生同治丁卯七月十五日巳時卒民國辛酉八月
十五日午時子三奕明奕淺奕深山女四
則傳禮硯次子也生同治乙丑六月廿九日子時卒於外
鄉莫考娶林氏生子奕仁嫂氏改醮
則進興禮硯三子也生同治甲戌二月廿九日寅時卒光
緒癸卯四月十六日未時無傳
則得禮共子也生道光戊申月日時缺卒光緒甲辰二月

十七日午時

則妥字則當禮着子也生咸豐戊午六月十二日巳時卒

光緒甲辰二月十七日午時娶陳氏生同治壬戌四

月十二日寅時生子奕助女二

則榮水禮恐長子也生道光丙午六月初五日辰時卒光

緒甲辰二月廿二日寅時娶陳氏生咸豐壬子四月

十九日子時卒民國癸亥十一月十五日巳時子二

奕漱奕鍬女一

則定禮恐次子也生道光戊申九月十四日寅時卒同治

丁卯八月初十日未時無傳

則純禮恐三子也生咸豐甲寅五月十五日卯時卒光緒
丁亥七月廿五日辰時無傳
則傍禮恐四子也生同治己亥十月廿三日亥時卒光緒
丙申七月十一日卯時無傳
則沉禮恐五子也生同治乙丑二月十九日巳時卒民國
甲子五月十七日辰時娶張氏生光緒己卯三月初
五日申時子二奕廣奕添丁奕庭庭殤廣出嗣則浮
添丁出嗣則半女一
則浮禮[illegible]嗣子也生咸豐辛亥正月初二日卯時卒光緒
戊戌十一月十五日戊時嗣子奕廣

則文譽禮摺嗣子也生同治庚申正月十二日卯時卒光緒已亥正月初八日卯時娶李氏生同治丁卯九月廿八日戌時卒年缺十一月廿三日吉時無傳

則信禮等子也生同治甲戌十月廿四日未時卒宣統庚戌十二月初九日未時無傳

則禨禮梛子也生光緒丁酉八月廿六日亥時娶楊氏生光緒戊戌正月二十日辰時卒民國甲寅五月十八日卯時繼娶鄭氏生光緒乙巳七月十五日卯時卒民國乙丑十一月廿四日午時

則篇禮富養長子也生光緒乙巳月日時缺卒民國乙卯

五月十五日戌時幼娶李氏生民國壬子十一月廿
三日辰時卒民國甲寅六月廿三日酉時
則意誠禮富養次子也生民國癸丑三月初五日巳時幼
娶潘氏生民國癸丑八月廿三日卯時卒民國癸亥
六月廿六日卯時
則聽禮稽養子也生宣統辛亥二月十九日巳時卒民國
丙寅六月初六日未時娶陳氏生宣統辛亥二月廿
三日酉時
則甯禮智長子也生光緒丙戌九月廿八日申時娶吳氏
生光緒壬辰四月二十日辰時卒民國癸丑四月十

一日丑時繼娶李氏生失詳生子奕淸奕進進出嗣

則降

則降貽協嗣孫也生光緒丁未七月廿五日辰時卒民國

已未十二月廿七日子時娶陳氏無出改醮嗣子奕

進殤

奕豬號珠枝則糍長子也恩授鄉飲賓生同治戊辰三月二十日寅時卒民國丙寅三月廿六日寅時娶尤氏生子世枸杞世傑世欽世禮世星世州世炳煌杞殤星煌出嗣奕循

奕循則糍次子也生同治壬申十二月二十日丑時卒光緒戊申二月初六日未時娶李氏養子世寶世秋蘭嗣子世溢世星世炳煌

奕旋則糍三子也生光緒乙亥十一月十一日丑時卒在外洋莫考娶李氏生光緒辛巳八月初二日巳時卒民國丙辰二月十八日午時養子世樽繼娶謝氏生

子世溢溢出嗣奕循
奕揆則大長子也生同治辛酉二月十一日辰時卒光緒
戊戌四月初九日巳時嗣子土水殤
奕香付則大次子也生同治戊辰正月初三日寅時娶蔣
氏生光緒甲申三月十六日辰時子六世坤世士水
世坑世鳥細世嶢世老坤老殤土水出嗣奕揆細嶢
俱出嗣奕飯
奕飯則大三子也生同治甲戌正月十五日亥時卒民國
癸丑十一月廿二日寅時娶李氏生光緒丁亥月日
時缺卒光緒丁未月日時缺嗣子二鳥細世嶢細殤

奕同則大四子也生光緒己卯四月十一日亥時卒光緒
己亥十二月廿三日戌時

奕湍則準長子也生光緒戊寅七月初四日辰時娶陳氏
生光緒庚寅五月初五日午時子世炮女三

奕鎮號賓閣則準次子也生光緒庚辰十一月廿八日午
時卒光緒乙未七月初十日卯時葬本鄉寨湖穴丁
癸未丑

奕朝則奎長子也生同治癸酉十一月十五日丑時卒民
國戊午正月十三日酉時

奕雁則奎次子也生光緒丙子八月十二日亥時卒光緒

丁亥十二月十九日卯時

奕純則奎三子也生光緒庚辰八月十五日辰時娶莊氏
生失詳卒宣統庚戌九月十五日寅時生女一繼娶
陳氏生失詳卒民國甲寅十月廿二日酉時生子世
賓三娶鄭氏生光緒庚寅十月廿一日辰時生子芳
林芳美女二

奕鹿則奎四子也生光緒壬午四月初二日巳時卒光緒
甲午十一月十一日寅時

奕紅則奎五子也生光緒戊戌五月初一日午時卒光緒
丙午正月初六日戌時

奕來則呺長子也生光緒戊寅五月十一日亥時卒年缺十月廿三日吉時娶陳氏生失詳卒年缺九月初二日吉時子世金世深深出嗣則服爲孫

奕鉄則厚養長子也生光緒甲午月日時失詳卒民國戊午六月十五日娶李氏生失詳卒民國乙卯五月十三日吉時

奕嘉則厚養次子也生光緒丙申月日時失詳[redacted]卒民國乙卯五月廿一日未時續娶雷氏生光緒丁酉二月二十日戌時

奕西則稅長子也生光緒癸未四月廿二日子時出贅錦

田雷氏後撥一子歸宗名曰露水

奕蓮則稅次子也生光緒甲午七月廿二日寅時娶戴氏

生光緒戊戌十一月初五日巳時子活水克勝女二

奕埔則池養長子也生民國辛酉六月十六日申時

馥蘭則池次子也生民國甲子十一月廿七日子時

奕詩聰則嫌子也生　月　日　時

奕沛水則玉兎長子也生民國丁卯七月初二日卯時

奕中原則飲子也生民國壬子月日時

奕信則[redacted]子也生民國丁卯九月初七日子時

奕流水則堆山子也生民國癸亥正月十二日丑時

奕梳則緘長子也生光緒庚辰正月三十日子時卒民國丁巳十二月初八日巳時娶李氏生光緒壬午十一月廿六日酉時生子世四川世四州州出嗣奕改女二側室陳氏生光緒乙酉月日時失詳卒民國丙辰十二月初六日卯時生子炎上殤

奕改則鳳子也生光緒庚寅閏二月十二日卯時卒民國丁巳五月廿三日吉時聘李氏未過門而卒嗣子世四州殤

奕篙則韮子也生失詳出居德化

奕賢則清子也生光緒丁酉八月初二日申時卒民國丁

巳八月三十日辰時

奕逘喜則開來養子也出居永福

奕良則儉子也僑居南洋

奕謙則搓嗣長子也生光緒戊寅四月廿一日辰時卒光
緒戊申六月初一日吉時娶林氏生子世樾殤女二
氏改醮嗣子世拱南

奕苗則搓養次子也出外

奕佇則錟次子也生光緒壬午八月十九日辰時卒民國
丙辰十二月廿五日申時

奕考則錟三子也生光緒乙酉正月十三日辰時娶張氏

生光緒壬辰十月十二日辰時生子拒南烏介拱南

女一拱南出嗣奕謙

奕意則冬飬長子也生卒失詳

奕韜則冬飬次子也生光緒甲辰五月十七日巳時娶施

氏生光緒丁未九月初七日午時

佩玉則浸飬子也生民國戊辰二月初七日酉時

奕常來則三嗣子也生光緒癸卯八月廿七日亥時娶陳

氏生光緒乙巳八月十三日卯時子二鎮藩拓藩鎮

藩出嗣則萍爲孫

奕緝熙則贖飬子也生光緒癸卯四月十二日巳時

奕延熙則鍾養子也生民國　月　日　時

埘高號嘉喜則龍養長子也生光緒甲辰六月初一日戌時卒民國乙丑三月廿八日巳時娶姚氏號孝慈生光緒甲辰九月初一日子時卒民國壬戌十月十一日酉時

南音則龍次子也生民國　月　日　時

德音字惠奕號警山震養長子也初級中學畢業生生光緒甲辰十一月十一日丑時娶彭口舉人李春雲長耶附貢生德新君三女生光緒丙午二月初七日申時女一

翰音字墨奕號詞章震餐次子也生民國甲子五月十九
日午時幼娶李氏生民國癸亥三月十二日午時
綸音震三子也生民國戊辰八月二十日子時
朗音字豁奕號大度則砥餐長子也生民國丁巳九月十
八日戌時幼娶陳氏生民國己未五月廿四日申時
八音字響奕號和聲則砥養次子也生民國丙寅十一月
初六日　時
欽寧字宗奕號錫嘏則爲長子也生宣統己酉閏二月十
二日巳時
玉盒字璞奕號昱祥則虧長子也生民國甲寅　月

日時

奕金練則婆嗣子也生民國乙丑七月廿八日巳時

奕金鏤則柑次子也生民國戊辰閏二月十四日寅時

奕金針則墻養長子也生民國丙寅五月初十日申時

奕綱則腸嗣長子也生光緒丙申九月廿一日辰時娶[illegible]國庚申七月廿三日酉時娶陳氏生女一氏改醮[illegible]子甲戌

奕露則腸養次子也生光緒戊戌九月初九日戌時娶林氏生光緒丙午五月十六日巳時生子甲戌出繼奕綱女一

奕琴則腸三子也生民國壬戌閏五月十六日丑時

奕粮則鄒嗣子也生同治癸酉閏六月初六日酉時娶施氏生光緒戊寅十一月十五日辰時卒光緒丁酉八月廿一日酉時生子世鞭繼娶陳氏生光緒丁亥七月十二日辰時生子世轉出嗣奕長女一

奕長則兜次子也生光緒己卯四月廿三日子時卒光緒戊戌九月初九日寅時娶鄭氏無出改醮嗣子世轉殤

奕桃則兜三子也生光緒丁亥二月十九日申時娶陳氏生光緒己丑五月二十日未時卒宣統壬子七月初

八日寅時繼娶沈氏生光緒己丑十二月廿七日戌
時子世景元女五

奕碧則楀長子也生光緒己丑六月十七日申時娶李氏
生光緒壬辰十二月初七日子時卒民國甲寅閏五
月初七日未時生子世密繼娶李氏生光緒辛卯五
月初十日午時

奕楮則楀次子也生光緒辛卯十月初七日戌時卒光緒
乙巳十二月廿七日寅時

奕餘則楀四子也生光緒癸卯五月十八日子時娶李氏
生光緒戊申十一月初九日酉時

奕鐵則櫚五子也生宣統庚戌五月廿七日午時娶鄭氏
生民國壬子八月初八日辰時
奕堅則撰嗣子也生光緒丙戌五月初二日戌時娶陳氏
生光緒丙申十二月十四日巳時卒民國乙卯五月
初十日卯時繼娶柯氏生光緒辛丑四月廿九日寅
時卒民國庚申七月廿一日未時
奕勇則紹長子也生光緒辛卯三月初八日卯時娶李氏
生光緒戊戌十一月三十日寅時生子世淺世杉世
邊基邊基殤杉出嗣奕省
奕省則紹次子也生光緒丁酉七月廿七日巳時娶張氏

生光緒乙巳三月初三日午時嗣子世杉女二

奕猑則鰍長子也生光緒庚子二月廿三日寅時幼娶陳氏生光緒丁未九月初八日巳時卒民國壬戌二月廿三日辰時娶謝氏生宣統己酉正月廿九日吉時卒民國乙丑閏四月廿四日巳時三娶林氏生光緒乙巳十月廿五日酉時卒民國戊辰六月廿一日戌時子世萬出嗣禮遷爲曾孫

奕穩則鏡養子也生民國丁卯十月廿九日戌時

奕承祖則衫養子也生光緒辛丑　月　日　時娶陳氏生光緒丁未十月廿六日辰時卒民國丁卯四月

十九日未時

奕概則担長子也生光緒丁亥十一月初六日吉時卒光
緒丙午年正月十四日吉時無傳

奕宜則波子也生光緒癸未五月廿八日戌時卒民國癸
丑五月初六日巳時無傳

奕溪則椗子也生宣統己酉六月初二日巳時卒民國壬
戌五月十一日吉時無傳

奕向則輝養子也生光緒壬寅五月十四日午時

奕承烈廷瑚長子也生民國丁卯十月廿一日未時

奕承平則環養子也生民國辛酉二月初八日未時

奕連則鑾長子也生光緒庚子三月廿六日巳時卒民國
癸丑五月廿八日酉時
奕謀則鑾次子也生光緒壬寅九月廿六日午時娶陳氏
生光緒乙巳七月二十日酉時生子世照
奕昌則友長子也生光緒丁未八月十七日亥時娶李氏
生民國甲寅正月十二日辰時
奕濱則友義次子也生民國壬子九月十六日辰時
奕操則添餐子也生同治壬申十月初二日卯時卒於南
洋莫考無傳
奕見逵字賢奕則仁和長子也生咸豐庚申五月初六日寅

時娶林氏生咸豐壬戌九月初二日巳時卒光緒丁未九月廿七日酉時生子座來女三繼娶陳氏生咸豐壬戌六月十九日寅時卒民國甲寅七月初九日午時三娶陳氏生同治丁卯五月初六日卯時養子世酒

奕啣則仁和次子也生同治甲子七月廿八日子時卒光緒丁未十一月初二日午時娶許氏生光緒乙亥十月十六日巳時卒光緒己亥十一月初三日酉時無傳

奕曉則仁和三子也生同治庚午八月初二日酉時娶陳

氏生光緒乙亥六月廿五日巳時卒光緒己亥二月
十九日巳時繼娶侯氏生光緒丙戌十一月初八日
戌時子四世耀世分世店世文理分出嗣則文爲孫
女一
奕蒼則協長子也生同治己巳八月廿二日吉時卒民國
乙卯八月廿一日巳時娶林氏生光緒戊寅二月初
八日亥時子三世賞世櫨世蟹櫨蟹俱殤女三
奕衫則協三子也生光緒壬午六月十八日未時娶嚴氏
生光緒己丑八月廿六日酉時子世坑婆
奕盤則條長子也生卒失詳

奕
水源則條次子也生光緒辛巳七月十六日酉時娶陳
氏生光緒庚寅正月十三日子時子世星墻出嗣奕
炎女二

奕
桃則條三子也生光緒丁亥十二月初八日卯時娶潘
氏生光緒壬辰九月初五日戌時養子二世進世安
安婆生子世書

奕
炎則條四子也生光緒壬辰九月初十日子時幼娶鄭
氏生光緒壬辰十二月初八日未時卒民國癸丑三
月廿八日酉時繼娶鄭氏生光緒乙未十一月廿五
日巳時卒民國丁卯九月廿九日未時嗣子世星墻

奕欽則連嗣子也生光緒乙亥十月初八日戌時卒光緒辛卯六月廿一日吉時娶林氏生失詳卒光緒辛卯十二月吉日吉時無傳

奕賜則鎿長子也生光緒辛巳七月廿二日辰時卒民國甲寅六月十五日未時娶陳氏生光緒辛卯二月初三日酉時卒光緒戊申三月廿三日亥時繼續娶李氏生光緒壬午十一月十二日辰時卒民国廿四年三月廿五日　生子：世泉中汀

奕由則鎿次子也生光緒壬辰十一月十三日卯時卒民國戊午十一月十九日巳時娶陳氏無出改醮

奕橫則鎿三子也生光緒乙巳四月廿七日子時娶陳氏

生民國癸丑六月十五日申時　过嗣猫公居生子明礼明义。

奕婆則秋子也生光緒己亥八月十七日巳時娶陳氏生

光緒壬寅九月廿三日酉時女三

奕針則垂次子也生光緒乙巳六月初三日申時娶蔡氏

生民國壬子　月　日　時

奕梧桐則垂四子也生民國辛酉四月廿六日寅時

奕狗則綴長子也生光緒甲午五月二十日巳時卒民國

丁卯八月三十日午時娶陳氏生失詳卒民國甲寅

五月初三日巳時

奕清泉則綴嗣次子也生宣統己酉十一月廿二日吉時

塋敦倣文承印

娶戴氏生民國甲寅　月　日　時

奕教則山養子也生同治辛未八月十五日吉時卒光緒
辛巳月日時失詳

奕勇則祥長子也生光緒戊戌十一月十六日辰時卒民
國甲寅五月十四日寅時

奕湍則祥次子也生光緒乙巳正月廿五日酉時

奕電則戶嗣子也生民國己未十二月十八日戌時聘李
氏生民國庚申　月　日　時

奕先盤則跖嗣子也生民國壬戌八月廿二日酉時

奕譽則雙喜長子也生光緒戊子七月十七日卯時卒光

緒丁未十二月十一日辰時嗣子世楓枝

奕隱則雙喜養子也生光緒甲午九月初六日卯時幼娶

李氏殤

奕科則漂長子也生光緒辛丑十一月十四日午時幼娶

李氏楊氏俱殤三娶李氏生宣統庚戌八月初五日

午時生子世楓枝出嗣奕譽女一

奕茶則漂次子也生光緒丙午二月廿一日戌時

奕墻則成養子也生民國壬戌十月廿六日午時

奕年則壙嗣子也生光緒丙午十月十五日寅時

奕城則福長子也生光緒乙巳五月初一日子時娶林氏

生宣統庚戌九月廿一日卯時

奕經則寅子也生光緒甲辰十一月廿二日未時幼娶陳

氏生民國癸丑十二月初二日寅時

奕角則着子也生光緒戊申三月十二日巳時

奕家富則土地嗣子也生民國庚申十二月廿七日吉時

奕家聽則川次子也生民國乙丑正月十三日申時

奕家俟則川三子也生民國丁卯十二月十二日寅時

奕穆則淵泉長子也生同治壬戌十月廿九日亥時卒光

緒己丑正月初九日亥時娶鄭氏生女一氏改醮嗣

子世銀

奕和則淵泉次子也生同治己巳六月十五日酉時僑居
南洋娶柯氏生光緒丙子月日時缺卒民國辛酉五
月十七日辰時子四世銀世昆世佇世塗銀出嗣奕
穆昆佇塗俱殤女一

奕知則寶長子也生同治丙寅二月十二日巳時卒民國
丙寅十一月十五日吉時娶柯氏生光緒丙子月日
時缺卒民國辛酉五月十七日辰時子一世廉殤

奕水則寶次子也生同治己巳十月十五日亥時外出卒
失詳無傳

奕有則寶三子也生同治癸酉九月三十日亥時卒失詳

無傳

奕彩則寶四子也生失詳卒在漳州莫考無傳

奕稼則玉山子也生同治辛未十一月十一日酉時卒年缺八月廿二日吉時娶林氏生同治癸酉五月廿九日申時卒年缺六月初四日吉時無傳

奕狗則能嗣長子也生光緒甲申十月初七日戌時卒於南洋無傳

奕金敘則能嗣次子也生光緒戊子十二月廿六日亥時聘鄭氏生光緒乙未十月廿九日丑時卒光緒丁未五月廿九日巳時娶陳氏生光緒壬辰十一月廿七

日酉時卒光緒乙巳七月初八日未時繼娶吳氏生光緒癸巳六月初一日巳時卒民國甲寅五月初八日巳時三娶李氏生光緒壬辰十一月二十日戌時卒民國壬戌七月廿三日申時生子流水輝煌煌𡢾四娶林氏生光緒壬寅八月初十日辰時生子湖水

出嗣奕剝

奕萬成則五次子也生失詳卒惠安莫考無傳

奕剝則審次子也生光緒庚寅十一月十九日丑時卒民國辛酉十一月廿八日辰時娶鄭氏生女一氏改醮

嗣子湖水

奕江則審四子也生光緒庚子閏八月初七日酉時娶戴
氏生宣統己酉十一月十五日未時
奕謗水則審六子也生光緒乙巳七月初二日子時
奕萬福號貴亭則妹養子也生咸豐壬子四月十四日申
時卒光緒癸卯八月初八日酉時
奕蝶來號庸亭則詮長子也生咸豐乙卯正月廿六日子
時卒光緒庚寅八月十九日申時娶洪氏生咸豐庚
申七月廿七日巳時卒民國丙寅六月十九日卯時
子三世哲世成世鍊嗣子一世炎女一
奕呈則詮養次子也生咸豐丙辰十月廿八日巳時卒民

國壬戌十月十二日寅時

奕富則喞子也生同治甲戌十月廿五日酉時卒民國癸丑七月三十日酉時幼娶李氏殤繼娶林氏生子世賓氏改醮

奕粒則亞嗣子也生光緒丁丑十月廿七日辰時嗣子扳竹

奕引號接亭則曝嗣長子也生咸豐庚申三月初四日午時卒光緒丙戌八月初九日午時幼娶侯氏改醮

奕唅則曝嗣次子也生咸豐辛酉九月廿八日丑時卒光緒丁未四月二十日戌時娶李氏生同治甲子四月

十九日巳時卒光緒丁未四月十九日巳時子二世
炎世禹才炎出嗣奕蝶來女一
奕知則油水長子也生光緒乙亥七月十三日子時娶謝
氏生光緒己丑十一月初一日辰時子四世扳竹世
春冰世茂林世祥桃扳竹出嗣奕粒春冰祥桃俱殤
女四
奕斗則然三子也生光緒癸巳五月初十日午時卒民國
乙丑十二月初一日辰時嗣子世東海
奕足則波嗣長子也生光緒壬午十月初八日辰時娶陳
氏生光緒癸巳七月初九日午時子三世東海世拾

枝世金筆東海出嗣奕斗拾枝殤

奕是則波嗣次子也生光緒甲午九月初六日丑時養子

世天賜

奕珠盤則酬次子也生民國壬子六月初六日酉時

奕蘭則坐子也生光緒癸卯二月廿六日寅時娶施氏生

光緒甲辰十一月初五日寅時女二

奕點則擷長子也生同治壬申五月初一日卯時卒民國

辛酉七月初七日卯時

奕攜則跨嗣子也生光緒戊寅三月初一日卯時卒光緒

甲辰五月廿一日卯時娶高氏生光緒庚辰九月廿

二日寅時卒民國甲寅六月初五日寅時

奕拔則扳養子也生光緒乙巳　月　日　時娶鄭氏

生宣統庚戌十月二十日酉時

奕櫟則嗅嗣子也生民國丁卯十月初五日丑時

奕買來則雹養子也生民國丙寅二月初一日未時

奕長發則倆養子也生光緒甲辰　月　日　時

奕的則溪子也生咸豐丙辰六月十五日子時卒失詳

奕妹則薄嗣子也生光緒戊寅二月廿六日申時娶王氏

生光緒壬辰十一月十一日酉時養子世肅世天助俱

遷女二

奕蟻則活水子也生咸豐丙辰正月初三日辰時卒光緒甲辰正月廿四日巳時娶羅氏生咸豐己未二月初四日辰時卒光緒甲辰正月廿四日辰時子三世論世鉄世僧鉄僧俱殤

奕親則醋長子也生同治庚午九月初三日酉時卒民國丁卯三月十八日卯時娶戴氏生光緒戊寅二月廿一日卯時女二

奕溢則綽長子也生道光癸卯二月廿九日戌時卒光緒甲午十一月十六日寅時娶林氏生道光癸卯五月廿一日巳時卒民國辛酉十月二十日未時子世滂

奕田則蚶養子也生咸豐辛酉九月初五日午時卒失詳

奕水則蚶次子也生同治乙丑八月初七日酉時卒民國戊午十一月廿七日未時娶陳氏生同治乙丑二月初八日午時卒光緒己丑二月初五日午時繼娶林氏生卒失詳三娶連氏生光緒壬午月日時失詳卒民國丙寅七月初八日巳時

奕⿰𧾷云則敦長子也生同治庚午八月十九日巳時在龍岩卒光緒戊戌九月三十日吉時

奕巷則敦次子也生同治癸酉十一月廿三日酉時

奕拐則儒嗣子也生同治丁卯正月初六日子時卒光緒

丁丑五月二十日午時
奕勤則銳長子也生咸豐庚申十一月廿八日巳時卒民
國壬子八月初十日卯時
奕藹則銳次子也生同治癸酉六月廿二日午時往南洋
奕穆則白長子也生同治癸亥八月三十日酉時卒民國
戊申十二月十一日午時
奕蟶則白次子也生同治乙丑十二月廿九日亥時卒光
緒辛丑四月初三日巳時
奕樹則白五子也生光緒戊寅十月廿五日寅時卒民國
甲寅五月廿一日申時幼娶李氏生光緒戊子月口

時失詳卒光緒己亥正月初五日午時繼娶鄭氏生
光緒丁卯六月廿六日丑時卒民國甲寅五月十四
日辰時生子世粒世凱俱殤嗣子世汪女一

奕會則白六子也生光緒丙戌五月初二日卯時卒光緒
丙申五月初八日巳時

奕鏜則然嗣子也生同治壬申十一月十八日亥時卒失
詳嗣子世貢

奕鏜則挽嗣子也生同治甲戌六月廿四日卯時幼娶李
氏生光緒壬午十二月十二日辰時卒光緒甲午九
月廿七日巳時繼娶鄭氏生光緒癸未十一月十五

日午時子三世乙世乾世汪汪出嗣奕樹女四

奕井則攜長子也生光緒庚辰十月初十日辰時卒光緒
丙午八月十六日酉時

奕霞則攜次子也生光緒癸未十一月十六日戌時在金
門娶　氏生子五世切世榮世磚世貢世春貢出嗣

奕鎧

奕有則攜三子也生失詳卒在金門莫考

奕安火則護長子也生同治壬申正月初四日酉時卒宣
統辛亥四月十九日辰時嗣子世錦

奕意則護次子也生光緒丙子八月廿二日寅時外出南

洋

奕有土則飯長子也生同治甲戌八月廿四日寅時娶林
氏生光緒辛巳七月廿三日酉時子三世蓋世錦世
家錦出嗣安火家出嗣奕南

奕吉則伙子也生光緒辛卯正月十二日丑時卒民國丙
辰五月十三日酉時

奕海則鑨嗣子也生光緒丙子十月廿四日子時卒光緒
丙午四月初二日巳時無傳

奕蟬則壘長子也生光緒丙子十月十三日寅時卒光緒
甲申六月十八日申時嗣子世棹

奕衫則壘次子也生光緒庚辰正月初七日酉時

奕轉則壘三子也生光緒甲申正月廿七日酉時娶林氏

生光緒庚寅四月初九日辰時子世棹出嗣奕蟬嗣

子世少女一

奕存則壘四子也生光緒庚寅正月初八日辰時卒民國

丙辰八月廿一日戌時娶李氏無出改醮養子世問

奕世則壘六子也生光緒戊戌三月十二日申時卒民國

庚申三月初三日吉時

奕反則欃長子也生光緒庚辰三月廿五日午時卒光緒

壬寅八月初二日戌時幼娶林氏廖嗣子世擦

奕甫則圓嗣子也生光緒庚寅九月初五日午時娶陳氏
生光緒庚寅十月十六日辰時卒民國甲寅五月十
三日酉時繼娶陳氏生光緒庚寅九月二十日巳時
生子世橡世泰世少橡出嗣奕反少出嗣奕轉女一

奕殊則根長子也生光緒丙戌十一月廿三日丑時僑居
南洋

奕爨則根次子也生光緒丙申二月廿八日亥時卒光緒
甲寅五月十三日未時

奕鴿則托子也生光緒癸卯八月初八日寅時卒宣統壬
子七月初八日吉時

奕撻則翰長子也生同治己巳九月初三日酉時外出

奕丹則翰次子也生同治癸酉四月廿八日申時外出

奕允則翰三子也生光緒壬辰月日時吉卒民國癸亥七
月初七日酉時

奕眉則仁長子也生咸豐癸丑六月廿六日卯時卒民國
甲寅九月初十日巳時娶李氏生同治乙丑四月初
三日寅時卒光緒庚子七月廿八日亥時繼娶杜氏
生同治庚午十月十五日卯時生子世潑世欽俱瘞
女三

奕改則八嗣子也生咸豐庚申七月廿五日子時卒光緒

己丑十一月初五日申時娶李氏無出改醮

奕道則詮嗣子也生同治己巳六月初五日午時卒民國

甲寅五月十七日未時娶李氏生光緒癸未八月初

一日酉時卒民國甲寅五月二十日丑時子三世搯

世通世金針搯通俱殤女一

奕利則六長子也生同治己巳十一月廿一日巳時幼娶

俞氏生同治庚午二月初十日午時卒光緒戊戌五

月十五日丑時子世帖女二

奕潘則榮長子也生光緒己卯五月初二日寅時出祖后

畲

奕欽賜則棠次子也生光緒丙戌五月初五日吉時卒光
緒辛丑六月初一日子時
奕東則四方長子也生卒失詳
奕題則四方養次子也生卒失詳外出
奕南則浪嗣子也生光緒乙未五月十五日丑時卒民國
癸丑四月三十日未時娶施氏生光緒乙未月日時
吉卒民國甲寅五月初八日午時嗣子世家走
奕粉字奕黼號黻廷韓城子也業儒生道光辛丑閏三月
初六日酉時卒同治壬申十二月十四日子時娶侯
氏號完貞生道光辛丑十月十二日未時卒光緒癸

卯十二月十九日巳時子五世爵世瀼世務世烈世
流女一適七都爐內邑庠生潘斯鐘君次郎
奕鳳儀則雄養長子也業儒生咸豐癸丑八月初二日未
時卒同治甲戌三月初五日子時
奕時則雄嗣次子也生光緒甲申四月十一日戌時娶鄭
氏號荔順生光緒辛巳二月廿六日巳時卒民國戊
午五月十二日巳時養子世覩生子世蟹覩出嗣奕
鎖女一繼娶李氏生光緒丁亥十一月十八日辰時
女二
奕孝號信庭宗學嗣子也生咸豐壬子二月廿三日亥時

卒光緒壬午七月十四日子時聘林氏生咸豐丁巳十月初五日子時卒同治壬申八月十二日酉時

奕文房字雁奕號俊庭宗學次子也業儒生同治壬戌二月廿三日午時卒光緒癸巳十月初六日亥時娶彭口附貢生李邦開君長女號懿德生同治壬戌七月十二日寅時卒光緒乙巳九月廿六日巳時養子世晟女二長適彭口太學生李雅仁長郎聚奎君次適高田邑庠生葉　君令郎

奕嘖號瞻庭宗學三子也生同治丙寅九月十四日未時卒光緒己丑十一月初四日戌時

奕天賜號善庭宗學四子也生光緒戊寅七月初五日丑時卒光緒乙巳八月十三日未時聘李氏生卒失詳

奕香號滿庭宗輝養長子也生咸豐甲寅正月初三日卯時卒光緒庚寅十一月吉日申時娶林氏無出改醮

奕捷報字恩奕號忠和宗輝次子也業儒生咸豐己未九月廿一日丑時卒民國丁巳三月初八日酉時娶李氏生咸豐戊午十一月廿九日丑時卒光緒乙巳七月初八日午時子世綠水世玉笏世浮女一

奕泳字水奕則柱長子也生同治戊辰四月十二日寅時娶林氏生光緒丁丑八月十八日申時子五世球世

暁世服世草世雲烏暁殤草出嗣奕取烏出嗣奕佳

奕取　字貼奕則杜次子也生光緒甲申十一月初三日申時娶梁氏出嗣子世草

奕佳　則笙長子也業儒生咸豐庚申八月初四日卯時卒光緒丙申十月廿一日酉時娶陳氏出再娶林氏生子世萬殤改醮嗣子世雲烏

奕英　則笙次子也生同治乙丑正月十八日辰時卒光緒辛酉十一月十九日戌時娶林氏生女一氏改醮

奕用　則香嗣子也生同治己巳八月廿九日辰時卒光緒辛卯月日時缺無傳

奕及則篤子也生失詳外出

奕兌字爭奕號吉庭晚成長子也生道光乙巳八月十四
日酉時卒光緒丙戌七月初十日巳時娶山坪太學
生林仕喜君之女生道光庚戌二月初二日亥時卒
宣統庚戌十一月初三日寅時養子世胆女一

奕踏字雪奕晚成次子也生咸豐戊午十月廿五日未時
卒光緒戊戌十二月廿一日卯時娶亭山太學生鄭
肅宗君長女生咸豐庚申八月初八日卯時卒光緒
癸卯十二月廿五日辰時子世鄒女一

奕相字聲奕號守道則淡長子也生道光己酉九月初一

日亥時卒光緒甲申七月十六日巳時娶潘氏生子
世擴氏改醮

奕穜

字宣奕號誠德則淡次子也生咸豐壬子九月十七
口未時卒民國丙辰十二月十五日辰時娶吳氏生
咸豐庚申八月二十日申時子三世松世竹世梅梅
殤女二次適彭口邑庠生李慶雲長郎度衡君
勅授徵仕郎直隸州州判宣統己酉科拔貢周葆貞
論曰秉性剛直事父母則晨昏無閒友兄弟則棣萼
相輝少本淡泊後經商於尤溪家遂充裕焉娶吳氏
入門以後恪盡婦道事翁姑以孝處妯娌以和故一

家以內穆如焉故其垂裕後昆世竹君尤知水源木本之義本屆重修譜牒司會計之職力任其艱弗辭勞苦其敦本之意尤不可少矣

奕鉚號源德則淡三子也生咸豐乙卯八月十一日戌時卒民國己未十月二十日亥時娶陳氏生同治庚午五月十四日子四世河世賞世贊世輝河賞輝俱殤

奕孫字曾奕號景德則淡四子也生咸豐己未四月廿一日巳時卒民國己未六月十一日巳時娶林氏生同治丁卯十月十四日午時子三世奇蓁世崑山世朝欽崑山出嗣奕生女二

奕生號景春則淡五子也生同治戊辰八月初八日辰時
卒光緒己亥八月初十日亥時嗣子世崑山

奕驕號誠元則棱長子也生同治癸亥八月廿六日亥時
卒光緒辛丑五月十五日巳時無傳

奕适號誠恭則棱次子也生同治壬申三月廿五日戌時
卒光緒壬寅七月初二日未時娶李氏生光緒乙亥
十一月廿五日卯時卒光緒庚子六月廿五日巳時
子世笑女一

奕緉號組奕青山飬長子也生咸豐丁巳閏五月初九日
申時娶林氏號慈淑生咸豐己未五月初九日寅時

卒民國甲寅五月初九日亥時子二世桄世閣女三

奕衡號玉尺青山嗣次子也生同治壬戌九月初四日卯時卒光緒壬寅十二月初四日巳時

奕棕青山三子也生同治丙寅十月初一日未時卒光緒丙申四月初九日戌時

奕廟青山四子也生同治己巳四月十一日申時在檳城卒光緒己丑十一月廿六日辰時

奕社青山五子也生同治壬申五月十二日辰時在南洋卒光緒戊戌十二月十五日戌時

奕明字聰奕青山六子也業儒生同治甲戌九月廿六日

寅時娶雷氏生光緒癸未十二月十七日辰時女一

奕吽則員長子也生同治甲子三月十一日未時娶葉氏生光緒丁丑七月十二日戌時子世三福

奕望字重奕則著子也生咸豐壬子十一月廿六日亥時卒光緒庚辰七月廿一日午時娶林氏無出改醮無傳

奕川則叠子也生咸豐甲辰正月三十日辰時卒光緒壬寅四月二十日申時娶鄭氏生咸豐庚申二月廿六日辰時卒光緒丁未三月廿八日巳時子四世經世善世講世納善講殤女二

奕尊來則蹤養長子也生同治癸亥八月初四日子時娶
　李氏生同治戊辰十月廿九日未時養子世文韜
奕洪則蹤養次子也生光緒乙酉十一月廿一日子時卒
　光緒壬寅四月廿一日子時聘鄭氏生卒失詳娶羅
　氏無出改醮
奕錫則裕嗣子也生光緒癸卯五月十一日午時娶葉氏
　生光緒丁未三月初七日亥時生子世八出嗣奕恍
奕曲則撕長子也生同治乙丑八月初六日午時卒光緒
　庚子九月初八日丑時娶鄭氏無出改醮嗣子世德
奕祠則撕次子也生同治戊辰九月初四日辰時卒民國

戊辰三月廿三日卯時娶林氏生光緒丙子十二月
初二日申時子三世德世怡世潭德出嗣奕曲怡殤
女三

奕恍則朋子也生光緒丁酉八月廿五日戌時卒光緒丁
未四月初三日吉時嗣子世八

鵬諱題塔字鵬奕毓奇長子也孫宗師貽經光緒戊寅科
試取冠童子軍屢戰棘闈不遂乃於光緒　年補
附貢生生道光乙巳十二月初六日午時卒光緒癸
卯七月初二日卯時娶彭口太學生李亮金君次女
生道光甲辰五月初一日寅時卒光緒戊子七月廿

四日未時生子世典讀世廷獻典讀出嗣奕坦側室
張氏生同治丁卯月日時失詳卒光緒乙巳六月廿
五日酉時生子世瞞世旋俱殤女三

奕坦號平軒毓奇次子也生道光戊申八月廿九日巳時
卒同治丙寅十一月廿八日戌時嗣子世典讀

奕窓號循直毓醇養長子也生道光癸卯十一月十九日
巳時卒同治辛卯十一月十四日寅時無傳

奕師毓醇次子也生咸豐庚申八月初八日子時卒失詳
無傳

奕嚴毓醇三子也生同治癸亥八月廿六日寅時卒光緒

戊子十二月廿八日卯時娶李氏改醮無傳

奕友恭字維奕希彭長子也生道光庚戌八月十六日寅時卒光緒辛卯十一月日時缺娶方氏無出改醮

奕友共希彭次子也生咸豐丁巳三月初二日子時卒失詳無傳

奕檜則蘷嗣子也生道光[redacted]戊申十月十九日辰時卒光緒甲辰十一月初十日亥時娶陳氏生咸豐辛酉十二月三十日亥時卒光緒丁未二月廿三日戌時子二世樾世物女二

奕摇則胖次子也生咸豐癸丑九月初二日亥時卒 民國

癸丑五月初七日卯時娶李氏生咸豐己未十一月
廿六日酉時養子世買𡢃生子世陽[redacted]女二
奕樓則胖三子也生同治癸亥十[redacted]二月初四日寅時卒於外
洋娶李氏生光緒壬午十二月初八日酉時生子二
世墻世凱凱殤
奕淘則哄長子也生咸豐丁巳四月廿六日酉時卒光緒
年缺五月初二日吉時無傳
奕可則哄次子也生同治壬戌二月初九日戌時卒於南
洋
奕管則頻長子也生同治壬戌十二月廿六日亥時卒於

建寧

奕拿榮萱長子也生咸豐辛酉八月廿四日寅時卒光緒戊子八月十二日酉時娶方氏無出改醮嗣子世鏘

奕蓄字衆奕號成城榮萱次子也生同治甲子八月廿七日酉時娶陳氏號儀正生光緒甲戌正月初六日卯時養子世來生子世概贊國世唔世蛙世丹概唔俱殤女四

奕紡號剛直榮萱三子也生同治甲戌十一月初三日辰時卒光緒辛卯十月初八日亥時嗣子世招

奕弁號明德榮萱養五子也生光緒丙子二月十六日戌

時卒民國戊午十一月十九日戌時娶陳氏生光緒
乙酉十月十三日酉時子世招世賜招出嗣奕紡女
二

奕國榮萱養六子也生光緒癸未四月十二日巳時

奕操則正嗣子也出贅金陶區山后鄉後撥一子世金鈎
歸宗

奕不則戶嗣子也生同治辛未十月初一日亥時卒未詳
娶陳氏改醮

奕省則戶養子也生光緒壬午十二月十六日辰時娶鄭
氏生光緒甲申六月廿九日亥時子世琛世榮輝女

二

飛鳳諱棟字樑奕則麥嗣子也嫻習弓馬膂力過人光緒戊戌科試蒙戴宗師鴻慈取入府學武庠第二名生同治庚午十二月十九日酉時卒民國戊辰七月廿二日未時娶詹氏生光緒戊寅五月十六日辰時卒光緒丙午七月廿五日午時繼娶李氏生光緒庚辰十月初六日丑時養子世松茂生子世鏘世棃世佃鏘出嗣奕拿女三

奕長年則唸長子也生光緒乙亥七月三十日辰時卒失詳

崇敬佩文承印

奕公羊則晗次子也生光緒庚辰正月廿七日寅時卒失
詳

奕撻則繆長子也生咸豐乙卯十一月初六日戌時卒光
緒乙巳正月廿一日卯時娶李氏生咸豐己卯三月
初三日寅時卒光緒壬寅六月廿二日午時無傳

奕甑則繆次子也生咸豐己未十一月二十日寅時卒民
國壬子五月初三日亥時娶鄭氏生子世坪氏改醮

奕溜則繆三子也生同治丙寅七月初九日亥時卒於外
洋莫攷

廸光諱泰字康奕則噠長子也業儒生同治戊辰二月初

四日午時娶陳氏生光緒丙子七月初十日未時子
二世杏仁世後杏仁殤女二
奕捄則嗟次子也生同治庚午八月十三日酉時卒光緒
己亥三月初三日寅時娶林氏無出改醮
奕賀則嗟四子也生光緒癸未十二月十二日寅時娶鄭
氏生光緒丁酉三月廿九日午時生子三世河世貞
世三市市殤女三
奕盤則瓏嗣子也生光緒丙子十月初四日午時娶林氏
出
奕狗則照養子也生光緒乙巳五月初五日吉時娶陳氏

出

奕魏則屯子也生咸豐辛亥十二月十一日午時出祖

奕肥則秧長子也生咸豐癸丑七月廿一日丑時卒於德

化

奕檀則秧次子也生咸豐丁巳八月廿一日酉時出居台

灣

奕綴則秧三子也生同治丙寅八月十九日戌時卒於南

洋

奕持則毛長子也生道光戊申十一月初八日酉時卒於

南洋娶鄭氏生咸豐乙卯六月十六日巳時卒民國

丙辰六月十六日未時
奕陡則毛次子也生咸豐乙卯十一月十一日戌時卒光
緒壬寅五月十七日丑時無傳
奕深則毛三子也生同治己巳正月十六日未時幼娶
氏未詳生同治癸酉五月廿一日酉時卒光緒壬午
七月十八日巳時
奕精則特養子也生同治乙丑六月初五日卯時卒光緒
庚寅十一月初九日卯時幼娶 氏未詳瘞
奕幽字竹奕則清長子也生咸豐己未八月十五日酉時
卒光緒庚子五月廿二日酉時娶林氏生咸豐辛酉

正月日時吉卒民國辛亥六月廿九日寅時養子世
圈生子世樹
奕得則清嗣次子也生同治庚午十月初七日寅時卒光
緒庚子六月廿六日申時娶李氏生同治庚子九月
十一日辰時卒光緒壬寅四月廿九日丑時子二世
椗世鴿女二
奕冕則荇長子也生咸豐丁巳八月十二日未時卒於異
鄉莫攷娶陳氏無出改醮養子世餐
奕樫則荇次子也生同治甲子十一月初七日寅時卒於
異鄉莫攷娶侯氏無出改醮

奕學則响長子也生道光丙午十二月廿七日子時卒光緒庚辰八月廿六日丑時無傳

奕威儀號正義則响次子也生道光己酉十一月初九日子時卒光緒戊戌四月十一日酉時娶侯氏生同治丁卯二月十八日巳時卒光緒庚子四月初七日午時養子世魚

奕滚號厚義則响三子也生咸豐辛酉七月十七日巳時卒民國己未閏七月廿九日卯時娶鄭氏號换直生光緒丁丑十月初十日戌時卒光緒甲辰三月十九日卯時繼娶陳氏號慈德生卒失詳子嫦娥廋

奕串則帕嗣長子也生咸豐甲寅十月十二日辰時卒失詳無傳

奕從則帕嗣次子也生光緒乙亥七月十二日寅時卒光緒壬寅十月初六日寅時娶林氏無出改醮嗣子世楷

奕稿字華奕號秀枝則蕉長子也生同治甲子九月廿二日未時卒民國戊辰九月廿三日丑時娶林氏生同治戊辰五月初[redacted]四日丑時子三世守世文一世楷楷出嗣奕從女三

奕質字彬奕則蕉次子也生同治辛未四月初九日未時

娶陳氏生光緒丙子九月廿三日申時子三世部世
潑世笑納部殤納出嗣奕爵女三

奕爵號慶壽則蕉四子也生光緒壬午五月十一日辰時
卒光緒丁未五月初五日戌時嗣子世笑納

奕動則外次子也生同治壬戌正月十六日己時卒宣統
辛亥正月十四日寅時娶李氏生同治戊辰三月初
五日辰時子二世篇世綏篇出嗣奕傳

奕永則外三子也生同治辛未八月十四日巳時卒光緒
壬寅四月十五日未時娶陳氏生光緒庚辰三月初
五日巳時子世顯

奕胚則貯長子也生咸豐丁巳九月十七日午時卒於外
洋莫攷娶林氏無出改醮
奕露則貯次子也生同治丁卯五月十七日卯時卒光緒
癸卯七月廿四日申時娶侯氏出繼娶傅氏生同治
癸酉十月初四日戌時卒光緒壬寅六月十五日未
時三娶陳氏生同治乙丑六月初三日辰時卒民國
癸丑五月廿二日子時子世芸來世嘍俱殤女一
奕傳則志嗣子也生咸豐丁巳四月二十日戌時卒民國
壬子正月初三日卯時嗣子世篇
奕光于則額嗣子也生光緒戊寅十月初九日子時卒失

詳

奕桐字梧奕則酵長子也生同治丁卯九月廿二日午時
娶陳氏生光緒庚午五月廿七日辰時子世杏元世
天助世陳文世爽快世軒良世劉天助陳文世劉俱
殤女二

奕蟹則嵩養長子也生同治庚午八月十六日巳時出祖

奕鮮則嵩養次子也生光緒庚辰十月初一日辰時卒民
國乙丑四月十五日酉時娶林氏生光緒丁亥三月
廿一日申時卒民國癸亥十二月十三日巳時生子
四世澤世搖世角世燦澤搖燦殤女四繼娶林氏生

光緒丙戌十月二十日亥時生子世春

奕舫號志成則盼長子也生道光甲辰三月初十日寅時卒光緒壬寅四月廿一日子時娶陳氏號貞德生道光甲辰八月廿三日巳時卒光緒己卯正月十八日戌時子世水世近女三

奕箱號元成則盼次子也生道光丁未十一月初三日戌時卒光緒壬寅六月初十日寅時

奕謗字依奕號忠定松年長子也生咸豐戊午正月十八日午時卒宣統己酉八月初九日巳時娶李氏生咸豐庚申三月廿九日午時養子世昆生子世美女二

奕曆號忠德松年次子也生同治壬戌十一月廿二日寅
時卒光緒癸卯十二月三十日巳時娶林氏號勤慈
生同治壬戌十二月十一日戌時卒光緒甲辰正月
初六日寅時子四世聲世炎世秦世等女二公與氏
合葬卓雲山土名鷄山腿穴

奕邦號忠正松年三子也生光緒戊辰十月初八日辰時
卒宣統庚戌七月十四日午時娶林氏號勤順生光
緒癸酉十一月初八日酉時卒民國丙寅正月初十
日酉時生子世曜世閣俱殤餋子世付女三

奕惇號忠思松年四子也生同治甲戌正月十五日辰時

卒宣統庚戌十二月初四日巳時娶李氏生光緒丁丑五月廿四日卯時子二世鼓世執鼓殤女一

奕鑨號志養則九長子也生同治丙寅九月初七日巳時卒民國辛酉二月廿四日酉時娶李氏號慈修生光緒己亥六月廿一日寅時卒光緒庚子三月初五日辰時繼娶李氏號慈明生同治壬申九月初五日巳時卒民國甲寅五月十四日未時三娶鄭氏生光緒己卯二月十九日卯時子六世土金世怡世屈世樣世牙俱殤養子世棻

奕吉號志德則九三子也生同治甲戌九月初一日寅時

卒民國甲寅三月廿三日卯時娶戴氏生子世渡殤
氏改醮
奕業則九四子也生光緒己卯正月初五日寅時娶林氏
生光緒癸未七月廿九日申時子五世晝世雁世進
錢世巔來世柴晝雁柴瘦女二林氏卒民國戊辰十一月十三日酉時
奕錚號志崇則九五子也生光緒壬午十月廿五日辰時
卒光緒戊戌四月十九日申時葬卓雲山土名九窟
坡穴
奕壳字堅奕號志厚則拈嗣子也生同治壬申正月廿八
日卯時卒光緒戊申八月廿六日酉時娶林氏生光

緒己卯三月十一日酉時子二世濕世周周殤

奕魚號曾進則禁嗣子也生咸豐丁巳正月十一日巳時

卒光緒乙巳正月廿一日卯時娶干氏生咸豐庚申

五月初九日卯時子五世依世廠世唾世夫世壇廠

出嗣奕眞女二

奕清則慮養子也生同治丙寅二月十三日卯時外出娶

陳氏生子三世東世波生世麟生波麟殤氏改醮

奕鶱繼祖養長子也生同治甲子四月十四日辰時卒光

緒壬寅九月初三日巳時娶鄭氏生同治壬戌五月

十九日酉時卒光緒戊戌五月初五日戌時子三世

田世歛世粽女一
奕興繼祖養次子也生同治壬申九月初六日辰時卒民
國癸丑三月廿二日亥時娶李氏生光緒甲申八月
初八日寅時卒光緒辛丑三月廿七日申時繼娶柯
氏生光緒甲申八月十五日寅時卒光緒丙午七月
廿八日戌時養子世垦
奕登字梯奕號捷步繼祖養三子也生光緒乙亥正月十
三日亥時卒民國乙丑閏四月初十日酉時娶潘氏
生光緒丙子月日時失詳卒光緒庚寅八月十七日
戌時繼娶李氏生光緒庚辰三月十四日酉時子五

世遂世珍世傑世平世勇女二

奕淵則瞻養長子也生同治丙寅三月十九日巳時外出

不知

寶三諱奢字得奕號慎齋則瞻嗣次子也檀宗師光緒辛

丑科試補武庠生生光緒庚辰十一月十五日未時

卒民國壬戌六月初二日戌時娶李氏生光緒甲申

四月十一日辰時子六世耀世分世機世譽世錦世

芳錦殤女五公葬黃壠穴坤艮申寅

奕擔繼美嗣長子也生同治辛未三月廿八日酉時僑居

南洋卒未詳娶林氏無出改醮養子世就

奕鼎字鉉奕號寬厚繼美次子也業儒生光緒戊寅三月廿八日寅時卒光緒壬寅五月廿四日辰時娶林氏號冰心生光緒戊寅八月十五日午時卒民國癸丑五月廿六日子時養子四世相世造世策世中嗣子世穆造中穆殤

奕柳繼美養四子也生光緒辛巳正月初五日酉時娶彭氏號懲正生光緒丙戌六月十六日吉時卒光緒壬寅五月十一日未時養子世叻繼娶彭口附貢生李德新君長女生光緒辛巳三月十五日吉時卒民國甲寅五月廿七日未時生子世貫殤女一適彭口泉

州私立中學肄業生李鼎綱君三娶吳氏生光緒癸
未十一月日時失詳卒民國辛酉九月廿九日戌時
生子世定
謙光名淮卿字海奕繼美五子也羅溪公立小學校高等
畢業生光緒甲午五月廿五日辰時娶雷氏號莊淑
生光緒甲午十月廿二日午時卒民國甲寅四月廿
七日酉時繼娶陳氏生光緒丁酉三月廿一日午時
養子世昭璇生子世法世穆世籐世更生世國權法
權爲穆出嗣奕鼎籐出嗣贊玉更生出嗣奕安
奕安字仁奕號敦齋繼成長子也業儒生光緒丁丑正月

初八日戌時卒光緒庚子二月三十日未時娶吳氏
無出改醮養子世乾元嗣子世更生

奕抱義號正路繼成次子也生光緒己卯七月十八日亥
時卒光緒庚子十月初二日酉時娶林氏生光緒庚
辰十一月十四日巳時子一世咻來

奕飽則駒長子也生同治庚午十月初六日亥時卒民國
壬戌閏五月十九日戌時娶李氏生同治辛未十一
月十五日吉時卒民國丁巳十一月初九日酉時子
二世漢世沙女二

奕啓則駒次子也生同治壬申閏六月十七日未時卒光

緒丙午正月初二日辰時

奕御則大饔子也生同治庚午正月廿九日卯時卒宣統庚戌八月廿四日丑時娶林氏生光緒庚辰五月初五日巳時子一世蚵女一

奕城則熙子也生光緒戊戌三月初九日辰時娶李氏生光緒丁未三月十三日辰時

奕良則灶子也生光緒辛卯七月十九日未時卒光緒丁未十月初九日未時

奕具則華嗣子也生光緒乙未三月廿七日未時娶林氏生光緒丙午九月十一日巳時

奕寶玉則迎子也生光緒乙巳七月廿七日亥時卒民國
甲子六月初六日申時娶陳氏無出改醮嗣子世縣
奕福則栽養子也生同治癸亥十一月廿四日亥時外出
奕員則老嗣子也生同治戊辰八月初一日子時卒未詳
娶張氏無出改醮嗣子世廠養子世境境殁
奕貪則椿養子也生咸豐辛亥正月十五日酉時卒失詳
娶鄭氏生咸豐己未四月十五日子時卒失詳子世
蓮花女二
奕貢則搭嗣子也生同治壬申十一月十六日吉時卒失
詳娶林氏生卒失詳女三後查林氏生光緒乙亥十二月廿六日未時卒光緒壬寅五月初十日巳時

奕鵝則搭子也生光緒辛巳六月十二日酉時卒失詳養子世南

奕該則當長子也生同治丙寅五月十八日酉時卒年缺六月初八日未時娶林氏生同治庚午八月二十四巳時卒民國丁卯二月廿二日未時子世鉗世鉞世正莊莊出嗣奕菜

奕菜則當次子也生光緒庚辰三月十六日午時在夷卒失詳嗣子世正莊

奕衛號奇香則喜養長子也生光緒丙子正月初六日辰時卒於南洋娶李氏號順融生光緒辛巳九月十一

日辰時卒光緒壬寅五月初七日吉時生子世緶
奕瓦字磚奕號奇秀則喜次子也生光緒丙戌九月十二
日子時卒民國戊午八月初三日未時娶鄭氏號復
興生光緒丁亥六月初十日辰時卒光緒壬寅五月
初九日吉時繼娶彭氏號靜修生光緒戊子十一月
廿二日辰時卒宣統庚戌九月初九日巳時生子二
世樹林世淌香俱殤
奕文字則喜三子也生光緒甲午四月廿五日辰時娶林
氏號靈興生光緒乙未八月廿二日辰時卒民國庚
申七月十四日丑時生女一繼娶鄭氏生光緒壬寅

十月廿一日辰時生子世銅劍女二
奕手號溫良則髯養長子也生同治癸酉三月廿四日辰
時卒光緒壬寅五月初三日戌時娶謝氏生光[illegible]乙
亥十一月初八日亥時養子世江河
奕挺則髯嗣次子也生光緒戊寅八月初四日酉時卒光
緒戊申五月初五日寅時娶彭氏生光緒己卯三月
十二日子時子世根世業根出嗣奕眼女一
奕迁則髯三子也生光緒辛巳十二月初一日丑時娶方
氏生光緒庚寅八月十六日辰時嗣子世等
奕眼則拔長子也生同治癸酉七月十三日酉時卒光緒

壬寅五月十二日寅時娶李氏生失詳卒光緒壬寅
月日時失詳嗣子世根
奕保則拔三子也生光緒辛巳二月三十日午時
奕慈則拔四子也生光緒乙酉七月十七日亥時卒失詳
無傳
奕化龍字禹奕則玲長子也生光緒乙酉十月初一日辰
時娶林氏生光緒己丑十一月初九日戌時子世溫
柔世萬國世太平世薛禮世好鳥太平好鳥俱出嗣
奕甫女六
光祖諱科字芳奕號廣漢則玲次子也泉郡中學畢業生

光緒丁亥十二月十三日酉時卒民國甲寅十一月
十九日卯時娶李氏生光緒丁亥二月廿二日申時
子世川負世曾榮

奕玉甫字鏘奕號鼎彝則玲三子也生光緒庚寅五月廿
五日寅時卒民國壬子四月廿四日寅時娶李氏生
女一氏改醮嗣子世太平世好烏

奕淡則拱長子也生光緒甲申六月初十日辰時卒民國
戊午八月廿四日未時娶陳氏生子世土娶氏改醮

奕賊則拱次子也生卒失詳無傳

奕天助則遞子也生同治乙亥正月初二日寅時卒失詳

無傳

奕經來則朝子也生光緒戊寅八月初五日子時卒失詳

無傳

奕乞則徵嗣子也生光緒丙戌八月廿五日寅時娶陳氏
生光緒甲午二月初八日子時卒光緒丁巳四月廿
五日巳時繼娶永春人姓氏未詳生光緒癸巳　月
日　時生子世澄

奕巢則循長子也生光緒甲申三月十一日酉時卒光緒
壬寅五月初九日巳時

奕齊則循三子也生光緒戊子八月廿七日寅時卒民國

丙寅九月十九日酉時娶林氏生女二氏改醮

奕體則山長子也生光緒壬寅十一月十四日子時卒民
國甲寅閏五月初三日未時

奕烟生則山次子也生民國乙卯正月十七日申時

奕泉源則探長子也生光緒甲申九月初四日酉時娶陳
氏生光緒壬辰十月十五日寅時卒光緒丁未四月
十二日丑時

奕靜備則探次子也生光緒己丑八月初二日戌時娶李
氏生光緒壬辰九月初五日戌時子三世烏龍世烏
腱世紅鱸女一

奕門則探三子也生光緒已亥十月初一日寅時卒光緒
丙午二月十七日卯時
奕祧則區子也生同治壬戌十一月十八日巳時卒失詳
娶李氏生子世彩世潛俱殤氏改醮
奕天星號克白則王長子也生同治甲子十二月初二日
寅時卒宣統辛亥五月初六日辰時娶侯氏生子背
來殤女二氏改醮
奕薔薇則科子也生同治丙寅八月十八日吉時在南洋
卒民國丙寅月日時莫考
奕哄號寬厚則枂長子也生咸豐癸丑九月十八日酉時

卒民國甲寅四月十四日辰時娶李氏生咸豐甲寅十一月初七日酉時卒同治癸酉十一月十八日子時無出繼娶潘氏生同治丙寅三月廿九日巳時生子世諸世鳥世核世元世博厚諸鳥殤元出嗣奕網

女二

奕網字鐵奕號正順則椆養次子也生咸豐丁巳八月十一日戌時卒光緒戊戌六月初一日戌時娶侯氏號淑德生同治己巳八月廿五日未時卒光緒戊戌六月廿五日辰時餋子世贈世樞來世萍俱殤嗣子世元

奕莉則哂長子也往外洋生卒失詳

慶華諱擺字恕奕號忠齋則哂三子也嫻習弓馬光緒戊戌科武試蒙戴宗師取進府學第三名生光緒乙亥三月廿三日未時卒民國乙卯三月初二日未時娶李氏生光緒甲申八月十八日申時卒光緒辛丑四月初四日酉時無出繼娶陳氏生光緒甲申七月廿三日戌時養子世線生子世婆婆殁女三

奕歡則汪嗣子也生卒失詳娶鄭氏生失詳卒民國乙卯十二月十二日巳時養子世挖

奕（坤）明則詳子也仝父出居台灣

奕欽則魁長子也生光緒丁酉正月廿四日辰時娶李氏
生光緒壬寅十月十五日寅時生子世蔡來出嗣奕
回
奕回則魁次子也生光緒己亥五月十三日寅時卒民國
丙辰五月廿九日午時嗣子世蔡來
奕錢則郞子也生　月　日　時
奕潑則幌子也生　月　日　時
玉川諱漳字清奕號荆山象儀長子也生光緒乙未五月
二十日寅時娶戴氏生光緒戊戌八月十三日酉時
子一世遷

玉光諱玩字潛奕號韞山象儀次子也省立十二中學畢
業生光緒丁酉三月初二日子時娶柯氏生光緒壬
寅八月十二日戌時子世逢女二
奕迸則聰長子也生道光戊戌二月十四日亥時卒光緒
辛巳六月初四日巳時無傳
奕倪則聰次子也生道光庚子十二月廿八日酉時卒光
緒丁亥十二月廿六日酉時無傳
奕飲則聰三子也生咸豐丙辰十一月十六日未時卒光
緒甲申月日時失詳無傳
奕吡則崇長子也生道光乙巳六月廿一日未時卒光緒

辛卯十二月三十日申時無傳

奕迎則虔子也生道光癸卯七月廿九日未時卒同治戊辰七月初一日未時無傳

奕榜則單子也生道光戊申十二月初八日辰時卒光緒乙酉十一月初六日未時無傳

奕註則屏長子也生道光甲辰五月十三日寅時卒失詳

奕招則屏次子也生咸豐乙卯十二月廿七日子時卒光緒己亥八月初八日亥時

奕體號仁德則繭長子也生道光丙午十一月初一日子時卒同治癸酉三月十九日辰時

奕盾號仁吉則藺次子也生道光己酉八月廿五日亥時
卒光緒辛卯十二月初二日子時

奕透則藺三子也生咸豐壬子六月初九日子時卒光緒
庚子六月初八日酉時養子世字外出

奕灢號仁讓則藺四子也生咸豐庚申九月十三日亥時
卒光緒庚寅十一月十二日未時無傳

奕簟號仁毅則藺五子也生同治癸亥九月初六日亥時
卒光緒庚寅十一月廿七日亥時無傳

奕閤字宗奕則枹子也生道光己酉十二月初十日戌時
卒光緒癸卯十二月三十日未時娶陳氏號孝順生

道光己酉六月廿一日亥時卒光緒甲辰正月初六
日寅時子世駕世曹曹出嗣小二房奕越

奕砂則察子也往漳州生卒失詳

奕咨則繞子也生同治甲子二月廿一日寅時卒光緒戊
戌八月十八日未時

奕瑠號仁和則培長子也生道光癸卯十一月初四日辰
時卒光緒丙子二月廿五日丑時養子世升嗣子世
能

奕漂號仁成則培次子也生道光丙午正月初四日亥時
卒同治甲戌七月十五日亥時

奕他號仁儉則培三子也生道光戊申五月廿五日巳時
卒光緒戊子正月廿五日辰時娶侯氏生咸豐戊午
二月十六日辰時卒光緒己亥十二月初五日未時
子世乖

奕菭號仁定則培四子也生道光庚戌正月廿九日申時
卒宣統己酉十一月廿五日寅時娶侯氏號順興生
咸豐甲寅六月十四日戌時卒民國庚申四月初三
日酉時子世[口能]世九漱[口能]出嗣奕瑙

奕參則培五子也生咸豐辛酉十二月初四日子時卒光
緒乙巳十二月初二日戌時娶戴氏生同治乙丑月

日時缺卒光緒乙亥九月初八日酉時子世烹女二

奕呶則夏子也生同治丙寅二月廿二日午時卒民國癸
丑六月初一日未時無傳

奕茂則鏞長子也生同治壬戌十一月十五日寅時卒光
緒丙子九月初六日辰時無傳

奕孟字泳奕號敏守則陳嗣子也生同治戊辰正月廿二
口酉時卒民國丙辰四月十九日未時娶林氏號謙
貞生光緒丙子三月初二日辰時卒民國丁巳十一
月廿三日丑時養子世宗世濤波波嫂

奕鏷則紆嗣子也生光緒丙午八月初九日丑時

奕抵號成守則續長子也生光緒辛卯六月初八日未時
卒民國癸丑四月十五日寅時娶陳氏生女一氏改
醮

奕猛則續次子也生光緒己亥九月廿二日巳時娶陳氏
生光緒戊申九月三十日酉時女一

奕顏則續三子也生光緒辛丑九月初九日辰時娶林氏
生宣統己酉十月十三日戌時

奕高則煥餋長子也生光緒癸卯月日時缺卒民國甲子
五月初十日卯時娶李氏生光緒丙午四月二十日
午時生子世適三廼

奕認則煥養次子也生光緒癸卯五月十九日丑時

奕北落則煥三子也生民國辛酉五月廿五日酉時

奕珉號泉山則砧長子也生同治丁卯十二月三十日戌
時娶鄭氏生光緒庚辰七月初四日亥時卒光緒丙
午正月十九日巳時繼娶雷氏生光緒己卯六月初
二日子時卒民國戊午十二月初一日巳時養子世
撥生子世番世洋

奕菡則砧次子也生光緒丁丑七月初五日丑時在夷卒
莫考

奕鏟字文奕號扶生則座長子也生同治丙寅正月初一

日巳時娶陳氏號紅花生同治辛未九月十七日辰
時子六世奇世錦蘭世襲世夏蘭世濕養子世石奇
襲夏蘭濕俱婆錦蘭出嗣奕陵

奕陵號明義則座次子也生同治甲戌七月初十日午時
卒光緒己亥十一月廿九日吉時嗣子世錦蘭

奕鰻號忠信則座三子也生光緒丁丑十月初十日巳時
卒光緒己酉十月初九日巳時娶陳氏生子世闖氏
改醮

奕港號思溫則佾長子也生同治甲戌四月初八日戌時
卒民國癸丑八月初三日巳時娶陳氏改醮養子世

任殤

奕在則札餈子也生光緒乙酉月日時缺卒民國乙卯七
月廿八日戌時無傳

奕兆則餘餈子也生咸豐辛亥五月初一日戌時卒於南
洋養子世進

有源諱科字簪奕號徒登則饍長子也鄉飲賓生道光己
酉正月十一日寅時卒民國戊辰九月廿四日未時
娶李氏號儀正生道光庚戌正月十五日卯時卒民
國壬戌九月初二日酉時子七世盤世兜世秋世但
世素世燈世天元女一

奕澤字美奕則饐次子也業儒生咸豐己卯四月十四日亥時卒於台灣娶陳氏生女一氏改醮後在台再娶氏生子世傳

奕璺字綬奕號榮德則多次子也生同治戊辰八月廿八日午時僑居菲律濱娶李氏號温靜生光緒壬午九月十二日未時卒光緒壬寅二月初九日酉時

奕淼字懋奕號存德則多三子也生光緒丙子九月十二日丑時卒民國戊午五月廿一日酉時娶李氏號明節生光緒壬午六月廿四日辰時卒光緒癸卯十二月二十日戌時繼娶李氏號純節生光緒乙酉十二

月十一日卯時養子世勅世廷爵
奕儆字耷奕號善德則照養子也生同治甲子正月十四
日戌時卒光緒壬寅三月十二日申時娶侯氏改醮
養子連捷嗣子連望
奕稽則冰長子也生同治乙丑六月廿七日丑時卒於南
洋嗣[redacted]子[redacted]清吉
奕匡則冰次子也生同治甲戌八月廿八日辰時卒於南
洋嗣[redacted]子[redacted]亞昌
奕初則托嗣子也生光緒戊寅五月十二日寅時在洋娶
柯氏生光緒己丑四月十七日亥時子四濤泉清和

清吉亞昌女一清吉出嗣奕稽亞昌出嗣奕匡
奕佐則錩嗣子也生同治丁卯九月廿五日卯時卒於南洋無傳
奕啜則攢長子也生同治甲子九月廿三日未時娶李氏生光緒戊寅十月十三日丑時卒民國乙丑九月十一日丑時子三世顯世益世通女二
奕江字清奕號儉敏則珊瑚嗣長子也生同治辛未十月廿八日亥時卒民國丁巳五月初五日申時娶陳氏號淑惠生光緒乙亥十二月廿五日亥時卒宣統庚戌五月廿七日子時生子連望出嗣奕甑繼娶鄭氏

號淑慎生光緒丙子月日時缺卒民國丙寅七月十八日巳時生子世香世准

奕陞則珊瑚嗣次子也生光緒己亥八月初一日卯時幼娶鄭氏生卒失詳繼娶林氏生宣統庚戌五月初四日午時

奕潙則琬嗣子也生光緒戊寅七月十七日酉時僑居南洋

奕嗄則聯長子也生同治丙寅十月初二日巳時卒光緒己酉九月廿五日戌時

奕呱則笄長子也生同治癸酉三月初五日子時卒光緒

庚寅十月初三日辰時

奕蹻則笋三子也生光緒丙戌正月廿五日巳時娶林氏

生光緒庚寅正月廿一日辰時子一世順局

奕墙則爲嗣子也生光緒庚寅六月初八日酉時娶李氏

生光緒丁酉三月十一日吉時子七世裕世得世發世興世福世盛世利

奕井則新嗣子也生光緒丙子五月十六日丑時卒光緒

壬辰二月廿七日酉時無傳

奕虎則璧長子也生道光乙巳十二月初四日卯時卒光

緒戊戌十二月初七日戌時

奕鷗則璧次子也生道光己酉正月廿三日寅時卒光緒

癸卯四月初四日未時

奕士旁則均長子也生民國丁卯十一月　日　時

奕秩則香長子也生咸豐庚申三月初九日寅時卒於漳

州

奕棻則租飬子也生民國癸丑九月初六日酉時

奕統則楠長子也生民國戊辰七月十五日辰時幼娶林

氏生民國乙丑十一月初一日卯時

奕良則南長子也生民國丁卯七月初七日寅時

奕八號乾建則衆長子也生道光甲辰八月初五日未時

卒光緒戊申三月廿四日寅時娶陳氏號純德生道

光戊申十一月十八日巳時卒民國乙丑十二月廿
四日卯時子世批世炎世凸世桂林世宣炎凸宣出
嗣奕嬌香女三
奕嬌香號守富則衆次子也生道光戊申十月十一日亥
時卒民國壬子六月廿七日未時嗣子世炎世凸世
宣炎宣殤
奕灶則鵝長子也生咸豐壬子二月廿二日子時卒光緒
壬寅正月十七日午時娶李氏生同治甲子七月三
十日丑時子三世廩世欸世譽嗣子世降欸殤
奕騶號正直則市長子也生咸豐丙辰七月十七日午時

卒光緒壬辰閏六月廿七日丑時嗣子世亮世軟葬
卓雲山三脚木穴甲庚寅申

奕漸時則市次子也生同治壬戌二月廿四日未時卒民
國戊辰九月廿五日巳時娶鄭氏生同治己巳六月
初六日巳時生子世亮世細世畬世邸世厝亮出嗣
奕駉細厝殤女三

奕暫候則市三子也生同治丙寅正月廿三日卯時卒民
國癸丑五月初七日未時娶林氏生光緒戊寅七月
初七日寅時生子世東世軟世坐東坐俱殤軟出嗣
奕駉女一

奕作禮朴嗣孫也生咸豐丁巳二月初四日卯時卒民國
庚申七月初六日巳時娶李氏生同治庚午三月初
三日子時生子世紫世土世降世存世縷縷殁降出
嗣奕灶女三

奕由來則剁長子也生咸豐癸丑七月初四日申時卒光
緒壬寅五月十七日巳時娶施氏生同治甲子五月
初四日寅時子世碧殤女三

奕變則剁次子也生同治辛未二月初二日卯時卒宣統
庚戌七月日時失詳娶林氏生同治壬申八月十七
日戌時卒失詳無傳

奕昊則剎三子也生同治癸酉七月廿一日未時卒於南
洋無傳
奕承則萬飧子也生道光甲辰十一月十六日辰時卒光
緒己卯四月初六日巳時娶李氏生道光丙午十二
月十三日申時卒失詳子二世綏世驎
奕寶則兩長子也生咸豐己未三月廿四日寅時娶林氏
生咸豐戊午八月十九日未時卒光緒己亥六月初
六日中時子三世盾世騰世跡騰出嗣奕賑地女一
奕喜號欣厚則兩次子也生咸豐辛酉十二月廿九日巳
時卒光緒丁酉十月初七日未時娶陳氏生同治壬

戊二月廿三日戌時卒光緒戊子十一月三十日戌
時繼娶林氏生同治甲戌十一月廿八日亥時卒光
緒丙申十[redacted]月十七日辰時生子世梅嗣子世磜
奕賑地字厚奕號溫厚則兩三子也生同治甲子八月廿
四日寅時卒光緒庚寅正月廿五日卯時娶鄭氏生
同治乙丑十一月十四日辰時卒光緒庚寅六月十
九日寅時養子世到嗣子世騰女一
奕玉兔則兩四子也生同治己巳七月廿八日卯時卒光
緒丁未九月十一日未時娶李氏生光緒辛巳正月
廿四日酉時卒光緒辛丑九月廿二日巳時生子世

連陞繼娶林氏無出改醮

奕雁字**鳳奕**號鳳賓則兩五子也生同治辛未十二月初三日**寅**時卒民國庚申五月初五日申時娶李氏生光緒壬午七月十六日辰時卒光緒丙午十月初三日酉時子世雌**雄**世扁飬子世夏水雄扁俱殤女一

奕瓊字花奕則兩六子也生光緒丁丑十月初九日酉時卒**民國**戊辰正月十一日戌時娶謝氏生光緒丙戌正月廿六日**寅**時養子世**再來**生子世**連來**世欉世磜世休容**連來**磋磜**出**嗣奕喜女三

奕送則榜長子也生同治癸亥**四**月初八日酉時卒宣統

己酉九月廿九日辰時娶陳氏生同治壬戌五月十二日申時卒民國丙寅五月初二日午時子世極極出嗣奕暙女四

奕暙則榜養次子也生同治己巳十二月初五日申時卒光緒甲辰八月初五日吉時嗣子世極

奕養則榜嗣三子也生同治甲戌十月廿二日子時卒失詳無傳

奕粮則榜四子也生光緒丙子四月初五日酉時卒失詳娶吳氏生光緒丙子月日時缺卒光緒丙午四月初六日寅時子世蚵

奕浮則廣長子也生同治癸亥四月十八日申時卒失詳
娶林氏改醮
奕桃則廣次子也生同治乙丑七月十八日寅時卒民國
丙寅七月十二日寅時娶施氏生同治丙寅八月廿
七日卯時卒年失詳四月廿三日吉時生[redacted]女二出贅
蔡田撥一子世建歸宗
奕注則廣三子也生同治丁卯七月十五日寅時卒失詳
奕擬則廣四子也生同治癸酉二月十六日巳時卒於南
洋娶蘇氏生光緒丙子正月初五日辰時卒失詳
奕附則廣六子也生光緒甲申十月初九日子時

奕歷則緒長子也生道光癸卯七月十四日巳時卒光緒
乙巳四月廿五日巳時
奕糀則緒次子也生道光丙午六月廿八日巳時卒光緒
戊申四月廿二日酉時娶鄭氏生道光庚申六月初
六日午時卒光緒戊戌六月十九日午時子一世凉
奕拙則緒三子也生咸豐丁巳正月廿九日卯時卒失詳
奕約則魋長子也生道光戊戌十月十五日午時卒光緒
辛卯八月初九日亥時娶王氏生道光辛亥三月初
九日午時卒光緒己亥六月初二日午時子二世厚
世糙女三

奕橾號周道則魋次子也生道光辛丑十一月廿二日酉
時卒光緒壬辰閏六月廿二日巳時娶林氏生咸豐
丁丑六月廿三日巳時卒民國丁巳二月初六日申
時養子世爲生子世玉世山世宗山出嗣奕却

奕虁則魋三子也生道光己酉八月廿六日丑時卒同治
己巳四月初七日辰時無傳

奕節則曉養長子也生道光甲辰八月三十日辰時卒光
緒乙亥十月初二日子時娶　氏出嗣子二世姜世
鼠

奕和號和順則曉次子也生咸豐癸丑六月十五日未時

卒光緒丁酉六月二十日未時娶陳氏生咸豐辛酉十月初六日午時卒民國丙寅正月十八日未時養子世昆生子世燥世香世欽賜世雪世鼠燥香殤鼠出嗣奕節女二

奕滴號進思則曉三子也生咸豐庚申閏三月廿六日巳時卒光緒己未十一月十九日午時娶林氏生同治戊辰七月初七日卯時養子世姜生子世懿世旭旭殤姜出嗣奕節女一

奕筬則脫長子也生道光庚戌五月初四日亥時卒民國丁巳八月廿七日酉時娶陳氏生咸豐癸丑十一月

十三日辰時卒民國丁卯四月初八日酉時養子世
六嗣子世文理
奕壳則脫次子也生咸豐甲寅八月三十日吉時卒同治
壬申六月十五日未時無傳
奕鳥則脫三子也生同治丁卯六月十六日午時卒年缺
十二月初六日酉時無傳
奕助則稟養長子也生咸豐丁丑五月初七日辰時僑居
南洋娶潘氏無出改醮嗣子世甘水
奕捻則稟養次子也生同治己巳六月十八日未時娶林
氏生光緒辛巳八月十五日寅時卒民國壬戌四月

十五日卯時子四世量世鄉世甘水世添量鄉殤甘
水出嗣奕助
奕悖則佃長子也生咸豐癸丑六月初三日戌時卒光緒
癸卯八月初三日酉時養子世謗
奕屋則佃次子也生同治丁卯五月初十日申時卒失詳
娶侯氏生子世鰲氏改醮
奕審則等長子也生同治壬申正月十九日午時卒失
詳
奕雅則等次子也生光緒丙子八月十八日巳時卒失詳
奕傲則等三子也生卒失詳娶李氏生卒失詳玉記堂侄

世裁衣奉祀

奕帕則枰嗣子也生光緒庚辰六月廿四日子時卒失詳

奕通號肅慈則苗養子也生咸豐壬子十一月初二日未時卒宣統己酉十月初二日亥時娶陳氏號善靜生咸豐乙卯十月初九日寅時卒光緒庚子二月廿五日申時子三世鵬世全世樓

奕猻號溫良聯玉養長子也生咸豐辛酉九月十七日亥時卒光緒辛巳七月十二日酉時娶鄭氏號淑靜生咸豐庚申三月初八日午時卒光緒甲午三月廿三日丑時養子世八嗣子世殊世九女一

奕嗹字鐘奕號正義聯玉次子也業儒生同治壬戌五月廿四日酉時卒光緒丁未五月初六日酉時娶林氏號守勤生同治甲子七月初八日午時卒光緒庚寅四月廿一日丑時生子世錠世韜韜殤繼娶雷氏生同治己巳七月廿二日巳時卒民國戊辰八月廿九日辰時生子世筆世九世鏞筆殤九出嗣奕猻女四

奕猷聯玉嗣三子也生光緒乙亥九月十五日亥時卒宣統己酉二月廿一日戌時娶李氏生光緒乙亥四月廿一日寅時卒光緒丁未五月十九日寅時飬子世羽絨嗣子世三碧

奕蟾號珠亭聯玉嗣四子也生光緒己卯正月廿四日午時卒光緒丁未五月初三日亥時娶李氏生光緒乙酉三月十九日未時生子三世押世維金世錢押出嗣奕會

奕挖則律養長子也生同治丙寅六月初七日午時卒光緒乙未二月初二日巳時娶李氏無出改醮嗣子世清溪

奕會則律次子也生同治庚午七月廿五日辰時卒光緒壬寅六月十三日未時娶楊氏無出改醮嗣子世押

奕睡則律三子也生同治癸酉五月十九日寅時娶李氏

生同治甲戌五月廿二日未時卒民國丙寅五月廿八日辰時嗣子世月生子世細世廣世炮世霖細廣炮霖俱殤女一

奕櫃則律四子也生光緒丙子八月十九日亥時娶陳氏生卒失詳繼娶張氏生光緒丙子八月廿二日申時子世清溪世月世日清溪出嗣奕控月出嗣奕喠女三

奕天則律六子也生光緒甲申月日時缺卒光緒壬寅四月十二日酉時

奕欽則針長子也生同治庚午十二月初八日巳時娶林

氏生同治癸酉六月初一日巳時卒光緒丙午五月
廿七日申時生子世殊世草世三碧草殁殊出嗣奕
孫碧出嗣奕⿸厂炎女一繼娶林氏生光緒丙子三月十
七日卯時養子世吾

奕⿰石青

則針次子也生同治癸酉二月廿八日酉時卒光緒
[redacted]戊申五月日時缺娶陳氏生子世科世篠嗣子世井
篠殤氏改醮

奕⿰舟厥

則針四子也生光緒己卯十月十二日午時娶鄭氏
生光緒丙戌十一月十二日巳時卒光緒丁未五月
初二日未時無出繼娶陳氏生光緒己亥正月初五

日子時卒民國辛酉四月廿八日巳時子世井世木
井出嗣奕璐女一
其芹諱景字覲奕號靜觀聯陞長子也孫宗師貽經歲試
補武庠生生咸豐壬子十月廿二日寅時卒光緒壬
辰十月十六日午時娶林氏生咸豐辛亥九月十七
日酉時卒光緒戊寅三月初三日卯時生子吉元殤
繼娶陳氏生咸豐己未十月廿一日辰時卒民國甲
寅四月廿五日辰時子世贊世租世貼世樹租贊殤
女二
其年諱倩字秀奕號仁壽聯陞次子也補國學生生咸豐

甲寅六月十三日寅時卒民國甲午二月初三日卯
時娶林氏號柔順生咸豐乙卯七月初三日寅時卒
民國甲午十月二十日酉時子世山世三奇世鉗世
回世蟳鉗殤蟳出嗣奕贖女一
其壽諱奕泮號恭迎聯陞三子也補國學生生咸豐丁巳
八月十六日未時卒民國己未七月十九日戌時娶
嶺兜太學生陳爾水君長女生咸豐辛酉二月初六
日辰時養子世參生子世獻
奕挑聯陞四子也生咸豐己未十月初九日卯時卒光緒
戊子三月十九日未時娶鄭氏生咸豐己未十一月

廿二日寅時卒光緒丙戌十二月廿六日巳時子世
宣世紡
奕絿聯陞五子也生同治辛酉十一月初五日亥時卒光
緒丙申五月十六日午時娶李氏生同治甲子五月
初四日午時卒光緒丙午二月十九日戌時養子世
總世衛生子世雪世臣雪殤
奕嘮號欣籌聯陞六子也生同治癸亥十二月十七日寅
時卒光緒甲午九月初九日酉時娶亭山例貢生鄭
肅從君長女號淑儉生同治丁卯二月十二日未時
卒民國甲寅五月初一日丑時子四世靈世鼓世泰

世謙鼓謙殤女一
奕蹊聯陞七子也生同治丁卯八月初五日亥時卒光緒
甲辰二月廿三日寅時幼娶李氏出娶杜氏生同治
壬申二月初五日卒民國乙卯四月廿一日酉時子
二世祝世好女二
奕隨號盖亭聯陞八子也生同治己巳二月廿一日寅時
在夷卒年缺六月十四日娶陳氏號柔德生同治己
巳十二月廿三日寅時卒民國丙辰六月十四日午
時生子世禱養子世甲嗣子世蟳禱殤
奕鰛聯陞九子也生同治癸酉七月二十日辰時卒民國

乙丑六月初五日午時幼娶林氏出娶墩兜武舉陳宏國君長女生光緒丙子四月廿四日巳時子世鈎世天助世皆的世凊世露世雨鈎助的雨俱殤女二

其福名閣字靜奕聯堅十子也補國學生生光緒乙亥十月廿三日子時娶鄭氏生光緒乙亥四月初九日午時養子世田生子世錫世英世壇世珠世金獅田錫珠殤女二

奕耀則別養長子也生咸豐丙辰八月十五日辰時卒民國乙卯九月初八日丑時娶李氏生同治甲子七月初八日未時卒失詳生子世呈世鏘女一繼娶康氏

生失詳卒民國甲寅四月廿六日丑時

奕海則別嗣子也生光緒己卯閏三月廿二日卯時娶陳氏生光緒己卯四月十二日午時卒光緒乙巳九月廿三日巳時生子世連世儀世相儀相爲繼娶李氏生光緒癸未十二月初三日亥時生子世木世友世文世游木文爲女三

奕却字明奕號賢謹聯輝長子也業儒生咸豐辛酉七月廿二日辰時卒民國丙辰二月十三日丑時娶陳氏生咸豐庚申七月廿七日亥時嗣子世山世維來養子世縹出嗣奕淺來

奕道

聯輝嗣次子也生光緒丁丑八月廿九日亥時卒民國丁卯二月廿六日吉時娶張氏號柔順生光緒己卯三月初九日亥時卒光緒壬寅三月廿三日亥時

奕淺

奕號[redacted]敬師聯輝三子也生光緒庚辰二月廿九日卯時卒光緒庚子六月十二日酉時娶陳氏號勤順生光緒辛巳七月初五日午時卒光緒庚子三月十四日辰時養子世縹

奕脈

號龍齋則洸養長子也生同治壬戌九月十九日亥時卒光緒甲午八月廿九日巳時娶吳氏號勤儉生同治乙丑五月廿三日辰時卒民國丁卯八月十二

日未時子三世才世祿世崐祿殤
奕卯則洗次子也生同治辛未五月廿九日午時卒失詳
娶鄭氏生光緒丙子九月十八日午時卒光緒庚子
五月廿六日戌時繼娶李氏生卒失詳
奕梢號順亭則洗三子也生同治甲戌九月十二日辰時
卒民國癸丑五月初五日子時娶鄭氏號溫恭生光
緒辛巳十一月初七日戌時卒民國乙卯五月初四
日未時子世署世斗世兎署出嗣奕貝斗殤
奕貝則洗四子也生光緒丁丑六月十七日申時卒光緒
庚子六月初七日卯時嗣子世署殤

奕裕字寬奕號溫柔則蒜長子也恩授鄉飲賓生同治戊辰十二月初四日未時卒民國丁卯八月二十日辰時娶侯氏號志成生同治壬申正月二十日辰時卒光緒壬寅四月初九日戌時生子世樹蘭世蒲世增月繼娶李氏生年缺正月初九日寅時卒光緒丁未六月十三日申時

奕尋號白義則蒜次子也生光緒丙子三月十四日亥時卒光緒壬寅六月初七日子時娶施氏生光緒丁丑十一月十八日寅時子世蓋

奕白號成稽則蒜三子也生光緒壬午四月初九日亥時

卒光緒壬寅六月初十日未時娶李氏生子世榮氏
改醮
奕扶則蒜四子也生光緒戊子六月初六日酉時卒民國
辛酉十一月二十日巳時娶李氏生光緒癸巳八月十
五日巳時子世杉女二
奕庚則磘長子也生同治甲戌九月廿九日亥時卒民國
辛酉正月初六日辰時娶林氏生光緒乙亥五月廿
八日亥時生子世珍世維來世連維來出嗣奕却女
二
奕建則磘次子也生光緒辛巳七月十四日酉時娶李氏

生光緒乙未十月十七日寅時子世潑世守世菲世

再再出嗣奕樣

奕樣則碯三子也生光緒乙酉二月廿七日申時嗣子世

再

奕維號聯士則祧長子也生光緒乙亥四月十一日午時

卒民國乙卯四月十七日卯時嗣子世昤

奕龍則祧次子也生光緒戊寅八月初四日酉時聘陳氏

生光緒甲申五月初六日午時卒光緒己亥十月十

六日酉時娶李氏生光緒丙戌六月初一日午時子

四青龍開基世昤世鴻儒開基出嗣奕知昤出嗣奕

雍鴻儒出嗣奕西女四

奕知則祧三子也生光緒辛巳十月初八日寅時娶李氏生光緒辛卯三月十三日午時卒光緒丁未四月十五日申時嗣子世開基養子世裁衣

奕西則祧四子也生光緒壬辰九月廿六日戌時卒民國丁卯五月廿六日卯時娶陳氏生光緒庚子三月初二日吉時卒民國己未三月廿一日酉時嗣子世鴻儒

奕鎧字旋奕則祧五子也生光緒丁酉十月廿三日亥時娶鄭氏生光緒乙巳十月廿二日酉時生子鳳儀女

三

奕放號敬庵聯奎長子也生咸豐甲寅正月十七日戌時
卒光緒丁酉八月初八日寅時娶八都山坪州司馬
林啓聲君長女號淑懿生咸豐乙卯七月初九日亥
時卒光緒癸卯正月廿六日戌時養子世命生子世
渥世隖世祖世簡世[illegible]世圈世誇隖出嗣奕辣祖簡
[illegible]圈誇俱殤女一

奕唛號順興聯奎養次子也生咸豐己未十月初九日申
時卒光緒甲辰正月十三日亥時娶李氏號欽晚生
咸豐己未十一月十一日戌時卒光緒甲午二月廿

四日寅時子世坦世間世樹坦出祖

奕底字根奕號徹榮聯奎三子也業儒生同治壬戌六月
初三日亥時卒光緒癸卯二月廿六日酉時娶亭山
太學生鄭捷元君長女生同治甲子二月十二日申
時子世賤世頭世戶世竹頭出嗣奕及時女四

奕及時號誠意聯奎四子也生同治甲子十二月廿二日
酉時卒光緒丁酉正月十五日未時娶李氏號春輝
生同治乙丑三月初六日戌時卒民國丙辰十月初
九日午時子世興嗣子世頭世砦

奕的字高奕聯奎五子也生同治庚午八月廿六日戌時

娶楊氏生同治甲戌十二月初四日丑時子世長世
學世往世桼世土世着世傑往出嗣奕益女三
奕安樂聯奎六子也生光緒丙子十月初四日辰時卒於
南洋莫考娶李氏生子世質女一氏改醮
奕辣字金奕號羌園則攜長子也業儒生咸豐辛酉五月
廿九日巳時卒光緒己卯閏三月初十日未時娶陳
氏生咸豐庚申八月廿一日辰時卒民國丁卯八月
初四日未時養子世區世騶嗣子世鴟世揷揷殤女
一
奕秀則攜次子也生同治戊辰六月十六日戌時娶李氏

生同治己巳十月廿八日辰時卒光緒辛丑六月初十日辰時生子世厚世揷揷出嗣奕辣繼娶李氏生光緒辛巳十一月廿四日酉時卒民國戊辰八月十九日申時生子世鎮世澁女二

奕改則摛養三子也生同治辛未八月初二日申時娶鄭氏號寬和生同治甲戌十月三十日戌時卒民國戊午六月初六日巳時生子世咳世挵世超世賢世閃世宿挵超賢閃俱殤繼娶呂氏生光緒乙酉二月廿一日寅時女二

奕花枝則貼養子也生卒失詳

奕益則烹次子也生光緒丙子十二月廿七日酉時嗣子
世往

奕貫則葱子也生同治癸酉六月廿三日亥時娶李氏生
同治癸酉四月初五日卯時卒光緒丁未四月廿二
日未時生子世培女一繼娶鄭氏生光緒丁巳三月
初六日巳時卒宣統辛亥五月廿二日子時無出三
娶陳氏生光緒丙子五月初四日子時生子世土水

奕啄則擢長子也往南洋生卒未詳

奕暢則擢三子也往南洋生卒未詳

奕執則飛嗣子也往他處生卒未詳

奕鰍則雷飬子也生光緒丁未餘未詳

奕反則大飬子也生卒未詳

奕從則種子也生道光己酉九月初五日寅時卒同治己
巳六月廿三日酉時無傳

奕堦號有由則卯長子也生道光乙巳十月二十日戌時
卒民國甲寅六月初五日午時娶陳氏無出改醮嗣
子馬絹

奕庭則卯次子也生咸豐戊午正月初六日亥時卒失詳
娶林氏生同治戊辰二月十一日丑時卒失詳生子
世勇

奕聽則淑養長子也生道光甲辰九月十八日午時卒失詳

奕胚則淑養次子也生咸豐癸丑六月初八日卯時卒失詳娶楊氏生卒失詳

奕居則篇嗣子也生同治丙寅六月初六日未時卒民國壬戌十二月初七日午時娶鄭氏生同治己巳八月初七日巳時卒光緒庚寅正月十一日亥時繼娶鄭氏生光緒癸未五月初六日辰時卒光緒壬寅五月廿二日辰時三娶陳氏生同治甲戌十二月初三日午時卒民國丙辰六月初八日酉時生子夏蘭馬絹

絹出嗣奕堦四娶藍氏生同治癸酉三月初三日酉
時
奕輿則豹次子也生同治壬申九月初一日酉時卒失詳
奕收號奕理則豹三子也生光緒丙子閏五月十二日寅
時卒光緒壬寅五月廿七日辰時娶陳氏生光緒庚
辰正月初二日辰時卒光緒丁未四月初五日未時
子世縛女一
奕抱號挑良則賞饔子也生卒失詳
奕蝊號捷樑則面長子也生光緒丙子四月初六日巳時
卒民國庚申八月十七日酉時嗣子祥碧

奕鎖號維金則面三子也生光緒辛巳五月初六日辰時
養子世覾
奕旺則定嗣子也生光緒庚辰八月初六日卯時娶吳氏生子世越殤氏出繼娶李氏號夢柔生光緒戊子二月十八日卯時卒民國辛酉二月初十日申時生子世章世南世艦世梯章殤梯出嗣奕枝三娶鄭氏號轉同生光緒甲申十二月三十日酉時生女二
奕桂則田嗣子也生光緒戊子四月十五日酉時娶林氏生光緒癸巳六月初四日寅時養子世明生子世萬俱殤女二

奕枝則能三子也生光緒癸巳九月初二日未時卒民國
辛酉七月廿二日辰時嗣子世梯
奕[illegible]則勸嗣長子也生光緒戊寅十二月十一日酉時卒
民國甲申三月十七日未時娶李氏號英柔生光緒
辛卯三月廿五日未時卒民國丙寅五月廿八日未
時生子世鷄世纛世祥碧纛殤祥碧出嗣奕蜓
奕雩號白霜則勸次子也生光緒甲申十二月初四日子
時娶吳氏生光緒戊戌十二月初七日辰時卒民國
甲寅五月初七日未時
奕瑞則勸三子也生光緒戊子四月初一日吉時

奕追則兵嗣子也生同治戊辰二月初五日子時卒失詳
娶葉氏生光緒丁丑月日時缺卒民國壬戌四月十
七日寅時

奕叟號明善則兵餋子也生光緒己卯六月廿一日戌時
卒民國甲寅四月廿五日酉時

奕治則佳嗣子也生同治癸亥八月十二日辰時卒民國丙
寅十一月廿三日丑時餋子世泡殤

奕孫號忠直則恩嗣子也生同治壬戌八月初九日丑時
卒光緒辛卯正月廿八日戌時娶蔡氏生同治庚午
二月初三日辰時卒民國乙卯十月初十日未時子

世乞世多多殤女一
奕涵則淸次子也生光緒辛巳二月二十日未時卒光緒
己亥九月廿六日亥時飬子世拱照
奕鐘則望養子也生光緒癸未九月廿八日申時卒光緒
癸丑十月初一日戌時飬子二世熊世尊
奕駕號宜勤則嶺嗣子也生光緒戊寅十二月初九日寅
時卒光緒丁未三月廿八日亥時娶林氏生光緒己
亥九月廿六日亥時生子世柚養子世濾女一
奕淙則岳長子也生咸豐己未五月廿六日卯時卒光緒
壬寅五月廿三日卯時無傳

奕蟶則岳次子也生同治癸亥六月廿三日巳時卒失詳
無傳
奕參則岳三子也生同治辛未十一月廿五日戌時僑居
漳州
奕衍號望遠壽田養長子也生咸豐癸丑五月廿四日寅
時卒光緒癸卯五月廿七日午時娶林氏號貞烈生
咸豐丁巳[redacted]十一月廿三日酉時卒光緒丁未四月廿
八日巳時養子世吉生子世扱女四
奕扱字元奕號泉益壽田次子也生同治壬戌二月初九
日亥時卒民國戊午六月初二日卯時娶柯氏號恭

慈生同治壬戌六月十三日酉時卒民國戊午二月廿八日卯時子世調世謨世甲女三

奕欄號桂亭壽田三子也生同治丙寅二月初六日午時卒光緒丁未五月十三日卯時娶陳氏號勤慈生同治戊辰十一月初十日申時卒光緒丙午三月初九日丑時子世質世炎世等世發世章炎章瑒女三

奕門字門奕壽田四子也生同治壬申六月十六日午時娶鄭氏號玉和生光緒乙亥九月十七日卯時卒光緒丙午三月初三日午時生子世品繼娶鄭氏號玉享生光緒庚辰八月十八日亥時卒民國丁巳七月

初八日午時女五

奕樹壽田五子也生光緒戊寅三月初九日未時卒失詳

無傳

奕桼號登漢則蕉長子也生光緒壬辰八月十二日寅時

卒民國癸丑十月初一日酉時

奕井號中泉則詰長子也生咸豐己未二月初五日子時

卒光緒壬寅五月十五日申時娶李氏號恭儉生同

治戊辰五月初二日寅時子世崑世才世郭崑出嗣

奕吟

奕汫號全軒則詰次子也生同治乙丑二月二十日巳時

卒光緒庚子六月初四日卯時娶柯氏號順軒生同
治庚午十月廿二日寅時卒光緒乙未五月廿四日
巳時無傳

奕甜則詰三子也生同治丁卯正月十四日巳時卒光緒
辛卯二月初一日戌時幼娶陳氏改醮嗣子世啓

奕贊則詰四子也生同治庚午十一月廿八日寅時卒宣
統辛亥五月廿五日未時娶李氏生同治甲戌六月
十八日辰時卒民國壬子七月初八日巳時子世啓
世園啓出嗣奕甜園殤女三

奕吟號進善則詰五子也生同治壬申十二月初四日亥

時卒光緒癸巳九月十五日卯時嗣子世崑

奕竹則易嗣子也生同治丁卯十二月廿六日辰時卒光緒戊子二月二十日卯時無傳

奕提則歲長子也生同治壬戌二月廿九日辰時卒光緒癸巳十一月二十日巳時無傳

奕鹹則歲次子也生同治甲子十一月十五日辰時卒於南洋無傳

奕賜則升嗣子也生咸豐丙辰七月十二日卯時卒光緒丁酉十月十一日申時娶吳氏生咸豐辛酉十月初七日辰時卒光緒壬辰七月初一日酉時子世春世

墻墻出嗣奕淡公葬本都大格内過坑湖穴癸丁子
午氏葬本都彭嶺後穴辛乙戌辰

奕交則亨次子也生咸豐己未十月十四日丑時卒民國
癸丑五月廿五日戌時娶嚴氏生卒失詳繼娶盧氏
生咸豐丙辰十月初四日戌時卒民國辛酉九月十
四日卯時生子世礓

奕淡則亨三子也生同治戊辰正月廿日戌時卒光緒己
亥七月初五日丑時嗣子世墻

奕信則碑長子也生咸豐戊午七月十四日酉時卒光緒
壬寅六月十二日辰時娶李氏生同治癸亥五月初

七日辰時卒民國乙卯五月廿三日未時生子四世
書世和世埧世合合爲書出嗣奕坑
奕楓則碑次子也生咸豐庚申八月十二日未時卒光緒
丁酉五月十八日酉時娶陳氏無出改醮
奕坑則碑三子也生同治甲子十一月廿九日子時卒光
緒庚辰六月廿六日丑時嗣子世書
奕在則賓長子也生同治戊辰九月初一日申時娶鄭氏
生光緒己卯十一月廿六日巳時子世君世樧世五
一餋子世乳君爲樧出嗣奕棗五一出嗣奕屯女五
奕棗則蘤嗣子也生光緒己卯正月十八日丑時卒光緒

壬寅五月十七日辰時娶謝氏無出改醮嗣子世樧
殤
奕屯號進成則爲次子也生光緒壬午十一月廿九日亥
時卒光緒甲辰三月初六日戌時幼娶鄭氏生卒失
詳嗣子五一殤
奕可則爲長子也生光緒乙亥九月十七日未時卒宣統
辛酉七月初五日戌時娶李氏生光緒癸未五月十
七日卯時子世練世咏咏出嗣奕焘女二
奕焘則爲三子也生光緒辛巳十一月廿九日丑時卒光
緒辛丑十月廿九日亥時嗣子世咏

奕樵則頓長子也生咸豐乙卯五月初七日酉時卒光緒壬寅五月廿三日午時娶李氏生同治甲子十二月初二日酉時卒宣統己酉九月廿五日卯時子世摸世朝世岸嗣子世銀樹女一

奕滿字堂奕則祥嗣子也生同治乙巳三月廿五日未時卒民國辛酉五月廿二日寅時娶彭氏生光緒丁丑八月廿二日酉時卒失詳繼娶詹氏生光緒癸未十一月初九日巳時子世扁世銀樹樹出嗣奕摭

奕自則仍嗣子也生咸豐辛亥十二月初七日巳時卒同治己巳九月初五日辰時無傳

奕串號中義則鈞長子也生咸豐甲寅五月十五日辰時
卒光緒戊戌六月十一日巳時饔子世窓
奕𢹂則鈞次子也生咸豐庚申五月初十日巳時卒於南洋
奕店則柞長子也生咸豐庚申二月廿七日申時卒同治
辛未六月十九日未時無傳
奕客號良賓則柞次子也生同治癸亥二月初七日巳時
卒光緒丁未四月廿一日巳時娶傅氏生同治甲子
正月初六日亥時卒民國丙辰二月十三日丑時子
世變女一

奕卜則胞子也生光緒壬寅九月十五日丑時娶李氏生民國壬子十一月初十日寅時

奕夏賴則貞次子也生民國乙丑六月十一日酉時

奕寒文則早嗣子也生民國己未二月三十日卯時

奕酬則窰子也生道光丙子十一月廿八日丑時卒民國癸丑五月十五日卯時娶陳氏生光緒庚寅閏三月廿八日巳時卒光緒丁未三月廿六日卯時繼娶施氏無出改醮

奕績則曲嗣子也生光緒己亥八月初六日酉時娶陳氏生光緒己酉十月十四日丑時子世賞殤女一

奕沙則行子也生光緒丙申十月十五日子時卒於南洋

奕紗則諒子也生光緒戊戌四月二十日寅時娶鄭氏生
光緒丙午五月十二日午時子世墢世上海海出嗣
禮鏡爲曾孫女一

奕開字士奕則福子也生光緒癸巳十一月十四日寅時
娶鄭氏生光緒丁酉六月十四日巳時子世寬世少
卿女一

奕萍則英長子也生光緒戊子五月初四日巳時卒民國
癸丑五月初六日寅時娶李氏生女一氏改醮嗣子
世棟

奕棠則英次子也生光緒庚寅十一月廿五日辰時卒光緒甲辰三月十一日寅時幼娶李氏生光緒壬辰月日時缺卒光緒甲辰三月初十日戌時

奕規則盞子也生光緒乙亥九月十一日寅時幼娶吳氏生卒失詳娶陳氏生光緒乙酉正月十五日辰時卒光緒壬寅五月廿一日丑時繼娶林氏生光緒甲戌六月十三日酉時子世襲世棟世曉棟出嗣奕萍曉殤女三

奕汚則許長子也生同治癸亥十月十一日酉時娶李氏生光緒乙亥六月初三日辰時卒光緒癸卯十二月

十一日巳時子世老世窓
奕角則造子也生民國丁卯十月廿三日卯時
奕蟯則和子也生光緒丙申十一月十八日丑時娶李氏
生光緒辛亥七月廿九日辰時子一世義
奕閎則朕餋子也生光緒甲申十二月十四日戌時卒宣
統辛亥正月十七日卯時娶鄭氏生光緒癸巳二月
初八日申時餋子世河
奕鷸號保全則壘餋長子也生咸豐丙辰正月初十日申
時卒失詳娶潘氏無出改醮
奕執號斂事則壘次子也生咸豐丁巳十二月初一日戌

時卒民國甲寅四月十三日卯時娶陳氏號明疑生咸豐辛酉十月廿六日戌時卒民國戊辰三月廿四日酉時子三世汰世鍪英世緣霞英出嗣奕寬女二

奕寬號敏惠則孝長子也生咸豐己未九月十九日亥時卒光緒辛卯三月廿三日吉時娶李氏號純美生同治壬戌二月廿三日巳時卒光緒癸亥九月廿六日丑時子世怡世典嗣子世鍪英典出嗣奕網女一

奕網號思學則孝次子也生同治乙丑正月初六日寅時卒光緒乙未十月廿九日吉時娶陳氏號建業生同治乙丑十一月初九日辰時嗣子世典養子世南

奕賞花號回春則孝三子也生同治丁卯十月初七日卯
時卒光緒戊戌六月廿九日未時娶陳氏生女一氏
改醮

奕戫則熬養長子也生同治辛酉十月初九日申時娶潘
氏生同治乙丑五月廿六日卯時卒光緒壬寅六月
十六日寅時生子世莉嗣子世曹女一

奕迎號過門則熬次子也生同治乙丑閏五月廿二日戌
時卒光緒壬寅八月初八日巳時娶潘氏無出改醮

奕如號號牽直則鰲三子也生同治丁卯九月廿三日酉
時卒宣統己酉正月廿五日午時娶翁氏無出改醮

奕雙則叅四子也生同治壬申四月十三日申時卒光緒
辛丑十月初一日巳時無傳
奕丁蘭號得財則叅五子也生光緒戊寅正月廿三日辰
時卒光緒辛丑五月初六日子時無傳
奕柳號入時則叅六子也生光緒壬午五月初四日酉時
卒光緒丙午十二月廿三日午時
玉印字璽奕號寶樹掄元長子也業儒生咸豐乙卯正月
廿七日辰時卒光緒丁未四月十八日未時娶陳氏
號知貞生咸豐丙辰二月初一日申時卒光緒丁未
四月十五日未時子丕成世濕女四次適劉林武庠

生侯圖茂君

奕文德號用足掄元次子也生咸豐辛酉九月十七日辰時卒光緒辛丑十二月初七日辰時娶林氏號和合生咸豐辛酉六月十七日申時卒宣統辛亥四月十七日戌時子世贊女一

奕衍慶號千秋掄元三子也生同治丁卯十月初四日亥時卒民國辛酉七月初七日吉時娶傅氏號紫細生同治癸酉十一月初九日辰時卒光緒丁未四月三十日卯時子二金潑金蘭蘭殤

奕贊號成功掄元四子也生同治壬申十一月廿七日巳

時卒光緒丁未四月十九日巳時無傳

奕笨號宏量則礦饔長子也生同治癸亥十月初四日亥時卒宣統壬子六月初三日子時娶李氏號純一生同治甲子十二月廿三日午時卒光緒戊寅正月廿九日巳時無出繼娶李氏號通達生同治己巳五月十二日戊時卒光緒丁未四月三十日未時饔子世擇爲女一

奕擬號指揮則礦次子也生同治戊辰六月廿七日卯時卒光緒戊申八月十一日巳時娶鄭氏生子世甫殤氏改醮

奕增號補善則礪三子也生同治庚午十二月初十日子
時卒光緒己丑六月十七日未時
奕鑾則礪四子也生同治癸酉十月初九日申時出贅安
溪
奕挪則礪五子也生光緒丙子正月初九日亥時卒失詳
奕辛號國正則礪六子也生光緒己卯三月廿六日寅時
卒民國癸丑五月初九日巳時
奕菊號阮逸則賓餐長子也生咸豐乙卯十一月廿五日
卯時卒光緒戊戌八月十一日午時娶侯氏生子肇
基嗣子世饒女一氏改醮

奕藝字善奕號經營則賓次子也生咸豐己未正月初六
日巳時娶林氏號亭通生同治癸亥七月十一日卯
時卒光緒壬寅六月十四日巳時子世饒世鍊世縷
養子世文兩饒出嗣奕菊縷出嗣奕婿女一

奕煥號光彩則賓三子也生咸豐辛酉九月初八日寅時
卒光緒甲申十月二十日卯時娶李氏無出改醮嗣
子世純

奕雅號知言則賓四子也生同治癸亥七月十一日辰時
卒民國乙卯六月十一日未時娶潘氏號安義生同
治戊辰八月廿七日未時卒光緒戊子五月初九日

午時生女一繼娶吳氏號興發生同治庚午十月十
四日酉時卒民國丁卯五月初二日未時養子世助
生子世伙

奕揑號舉事則賓五子也生同治乙丑十月十八日寅時
卒宣統己酉四月十八日辰時娶侯氏號治家生失
詳卒光緒丁未四月十八日辰時子世晐㜷女一

奕婿號昌後則賓六子也生同治己巳十月二十日寅時
卒民國壬戌五月初七日巳時娶陳氏號儉直生同
治癸酉五月廿四日寅時卒光緒壬寅六月初十日
寅時子世純嗣子世纏純出嗣奕煥

奕卿號玉堂南鷁長子也生同治乙丑四月初四日酉時
卒光緒壬辰三月二十日未時娶彭口太學生李氏
茂德君長女號慎修生同治乙丑三月十三日辰時
卒民國甲寅五月初一日巳時子世敬世甲世想女
一

麒麟號玉書南鷁次子也生同治壬申八月二十日酉時
卒民國丙寅十二月十四日午時娶張氏號識禮生
光緒丁丑八月初六日子時卒宣統庚戌十二月十
四日戌時

奕尼山號開海南鷁三子也生光緒乙亥九月初六日午

時卒光緒乙巳六月廿九日未時娶張氏無出改醮
奕鴿則搒養長子也出居漳州
奕農號耕田則搒次子也生卒失詳
奕全福則綱鑑長子也生光緒戊寅二月初七日亥時卒
民國庚申五月初十日亥時娶陳氏生光緒壬寅月
日時缺卒民國壬戌六月日時缺
奕鱷魚號汪波則綱鑑次子也生光緒庚辰四月十一日
亥時卒光緒庚子六月初六日子時
奕粒積則綱鑑三子也生光緒癸未十月初六日卯時娶
林氏號蕭靜生光緒癸巳十月十五日巳時卒民國

乙卯六月初九日巳時繼娶賴氏號端正生光緒辛卯七月初六日申時卒民國癸亥八月十三日午時三娶戴氏生光緒丁酉十二月初四日亥時養子二世振川世漢招

奕文字則綱鑑四子也生光緒乙酉十一月初五日丑時娶李氏號和閑生光緒戊戌十月廿九日申時卒民國庚申五月初六日子時繼娶蔡氏生光緒癸卯五月十八日辰時卒民國壬戌四月十七日子時三娶李氏生光緒甲辰九月十一日巳時生子世振安

奕弁塔則綱鑑六子也生光緒戊戌四月十七日申時娶

吳氏生光緒丁未九月十九日辰時生子世壽義養子世振興

奕盤　號金碯水源長子也生光緒丙戌十月廿六日亥時卒民國丙辰十二月廿三日寅時娶李氏號花魁生光緒戊戌六月十三日未時卒民國己未三月廿七日辰時子一糖湖婆

奕玉　滕水源次子也生光緒己丑七月廿四日酉時娶蘇氏生光緒甲辰九月廿[illegible][illegible]子時養子世豬

奕翁　則拿長子也生咸豐辛[illegible]十一月廿三日未時卒光緒庚辰十月初三日丑時娶李氏生子世楓氏改醮

奕和則拿三子也生咸豐己未正月廿二日亥時卒光緒丙午閏四月初二日巳時娶李氏生同治戊辰五月初四日未時卒光緒丁未四月廿九日辰時生子世品世蟳品婆女一

奕滚則拿四子也生咸豐辛酉三月初七日巳時卒民國戊辰九月十六日巳時

奕潘禮川嗣孫也生咸豐丙辰十月初三日子時卒光緒戊申正月三十日卯時娶楊氏生同治壬戌十二月十六日酉時卒光緒乙未五月初六日未時子世當世垠垠殤女一

奕帶則等長子也生咸豐丙辰二月十八日亥時卒宣統辛亥三月廿六日丑時娶陳氏生咸豐丁巳三月十三日酉時卒光緒乙巳十月十一日未時子世曉世瓊世蝶瓊出嗣四房禮洪爲曾孫女二

奕擯則串長子也生咸豐壬子十月初一日戌時卒失詳娶張氏生咸豐乙卯十月初十日午時卒光緒丁酉二月初三日巳時子世栐女二

奕邑則串次子也生咸豐丁巳六月初二日亥時卒失詳

奕葉則串三子也生同治壬戌正月二十日申時卒光緒壬寅六月廿三日巳時娶李氏生同治甲戌七月廿

九冂辰時卒光緒甲辰六月初十日午時子世墻殁

女一

奕木則泉長子也生同治壬戌閏八月廿六日辰時卒光
緒丙午閏四月十八日酉時娶張氏生光緒丁丑三
月初五日申時養子世現女一

奕蘊則泉次子也生治同丁卯三月廿七日巳時卒民國
年缺四月廿七日吉時娶陳氏生女二氏改醮嗣子
世朔水

奕汸則泉三子也生同治甲戌五月初五日丑時卒光緒
丙午閏四月廿四日巳時娶陳氏生光緒辛巳五月

十一日酉時卒光緒戊戌十一月十一日寅時

奕因則溪長子也生同治戊辰四月廿二日申時卒光緒
甲申正月初一日卯時嗣子世錦山

奕徒則溪次子也生同治癸酉十一月初一日申時娶陳
氏生光緒丙戌正月初二日午時養子世錝生子世
錦山山出嗣奕因

奕汀則溪三子也生光緒辛巳閏七月十三日戌時娶林
氏生光緒戊子十一月十四日申時卒光緒丁未四
月廿三日子時無出繼娶侯氏生光緒辛巳二月初
二日酉時子適歸佩懷歸出嗣奕摸女一

奕撲則溪四子也生光緒丁亥八月十二日酉時卒光緒丙午六月十八日辰時娶陳氏養子世春元娶氏改醮嗣子世適歸

奕章則治長子也生同治戊辰十月廿六日午時卒宣統辛亥五月十五日未時娶吳氏生光緒丙子五月十二日辰時卒民國甲子五月初六日未時養子世主

奕藿則治次子也生光緒辛巳八月廿一日卯時卒民國甲寅閏五月二十日辰時娶陳氏生光緒己丑十月初六日午時卒民國甲寅七月廿三日卯時養子世來生子世好世再再出嗣奕𧃍

旭

奕禨則治三子也生光緒丙戌五月三十日申時卒民國
乙丑十二月廿七日辰時娶陳氏生光緒癸巳五月
初一日子時卒民國壬子九月廿一日丑時生女一
繼娶江氏生光緒壬午月日時失詳卒民國甲子三
月廿四日卯時生子世樹根嗣子世再殤

奕駕則係子也生同治甲子八月十三日辰時卒民國丁
卯十二月廿日丑時娶鄭氏生光緒乙亥二月廿五
日辰時子五世配世提世算世東世斜配出嗣■證砱
爲曾孫殤提斜殤女二

奕戶字春奕則秋水長子也生光緒戊子四月初七日酉
時娶鄭氏生光緒戊戌九月二十日申時養子世金
銳生女四
奕雨則秋水次子也生光緒辛卯八月廿一日子時卒光
緒癸卯六月十三日未時
奕皆得則榜次子也仝父僑居廈門生卒失詳
奕棋則榜三子也仝父僑居廈門生卒失詳
奕螺則田子也生咸豐丁已十一月十八日辰時卒民國
癸亥十一月廿三日戌時娶鄭氏生子世合出嗣禮
銳爲嗣曾孫氏出繼娶鄭氏生同治戊辰十月初五

日卯時嗣子世西

奕𨂿則坑長子也生咸豐戊午十一月十八日辰時卒年缺正月初十日吉時幼娶林氏生卒失詳

奕狠則坑次子也生同治乙丑九月廿一日辰時卒民國丙辰七月廿一日辰時無傳

奕謹則坑三子也生同治庚午正月初八日寅時卒光緒已未五月廿五日申時無傳

奕潟則坑四子也生同治癸酉六月十六日辰時卒光緒癸卯十月十五日子時娶梁氏生光緒丁亥十二月廿九日酉時生子世周金

奕高則坑五子也生光緒乙亥五月十二日辰時卒民國壬子正月初七日寅時娶雷氏生光緒甲申十一月初一日子時卒宣統辛亥正月廿五日巳時生子世強㱮

奕纘則蠟子也出居永春

奕盤則秉養長子也生咸豐庚申三月十一日未時卒光緒丙午九月初一日申時娶羅氏生同治壬戌九月十七日寅時生子世持世借世業世塔持殤業出嗣

奕駕女一

奕燦則秉養次子也生同治甲子四月十七日丑時卒光

緒乙巳十月初九日卯時娶蘇氏生同治甲子十月
初二日酉時卒光緒乙未七月十九日申時生子世
祿世西世保西出嗣奕螺女一

奕閒則秉三子也生同治乙丑五月初十日辰時卒光緒
壬寅六月初一日卯時娶潘氏生同治乙丑十二月
十九日午時卒民國丙寅正月十三日丑時子二世
不世巢女三

奕謙則秉養四子也生光緒丙寅五月初九日亥時娶陳
氏生光緒己卯六月十八日丑時卒民國甲寅十二
月初九日巳時生子世珠世祖世朝水珠祖殤朝出

嗣奕蘊女二繼娶趙氏生光緒甲申十一月十九日
巳時生子世得
奕璹則綏子也生同治己巳七月三十日酉時卒民國癸
亥四月廿八日酉時娶林氏生光緒己卯[redacted]三月初六
日酉時卒光緒壬寅五月二十日申時
奕續則凸養長子也生光緒辛巳七月廿三日寅時
奕長則凸次子也生光緒辛巳閏七月初四日巳時卒光
緒庚戌十一月十五日辰時娶張氏生光緒壬午七
月初一日戌時養子世金蘭
奕蟯則凸三子也生光緒壬辰六月廿九日申時卒光緒

丁未四月初八日申時
奕芓則凸四子也生光緒庚子正月十一日申時卒民國
甲寅五月廿四日申時
奕端則乳長子也生同治戊辰正月廿四日巳時卒於雲
霄莫考
奕相則乳次子也生同治辛未十月初一日戌時卒於雲
霄莫考
奕例則員子也生同治癸酉十一月十二日酉時
奕令則傳長子也生光緒丙戌月日時失詳卒宣統庚戌
十一月十一日亥時娶李氏生光緒癸巳三月初五

日戌時養子世長
奕欽則結養長子也生光緒丁亥七月初八日卯時卒光緒乙巳十月十一日申時
奕蟶則結養次子也生光緒庚寅月日時吉
奕筲則猛嗣子也生光緒丙申六月廿一日未時娶劉氏生光緒乙未五月十一日丑時
奕煙則宗次子也生光緒癸卯七月十八日辰時娶施氏生光緒戊申二月初三日子時生子世全蝎
奕杞則撤長子也生光緒庚寅二月廿四日丑時卒光緒丁未十月廿二日申時娶鄭氏生光緒甲午八月初

八日酉時養子世泡

奕涯則撳次子也生光緒庚寅十一月初一日申時卒光緒
丁未四月廿四日戌時

奕嗓則撳三子也生卒失詳

奕衫則撳四子也生卒失詳

奕茶則撳五子也生光緒戊申十一月初一日戌時卒民國
丙寅六月廿五日戌時

奕魚則撳養六子也外出

奕駒則鎮嗣子也生光緒庚寅九月廿六日酉時娶李氏
生光緒壬午十一月初四日巳時卒民國乙丑十月

聖教偶文承印

十六日巳時

奕耕則撩次子也生光緒丙戌正月初一日卯時卒民國
丁巳閏二月十三日吉時娶吳氏生光緒丙申四月
十九日辰時卒民國乙卯五月廿二日寅時

奕深則向長子也生光緒庚子五月初四日吉時卒光緒
壬子五月初五日申時

奕鐸則向次子也生光緒乙巳四月初二日丑時

奕籮則倫長子也生光緒丙戌十月廿二日未時娶柯氏
生光緒癸巳七月初七日丑時卒宣統辛亥四月廿
三日丑時無出繼娶李氏生光緒乙酉九月初九日

巳時子二世金永世炎金瓊女二

奕樹梅則倫次子也生光緒庚子二月廿九日丑時娶陳氏生光緒癸卯月日時吉卒民國己未六月廿三日子時繼娶張氏生光緒戊申七月二十日戌時

奕當則鏡養子也生卒失詳

奕錦則箱嗣子也生民國甲寅

奕仁堪則上祐嗣子也生光緒癸卯十二月廿一日午時娶李氏生民國癸丑五月廿四日酉時

奕扁則黎養子也生民國壬戌九月初二日未時

奕庚則門養子也生民國丁卯五月十八日卯時

奕創則長養長子也生民國癸丑十月十六日辰時娶柯
氏生民國辛亥九月初八日丑時
奕燒則長次子也生民國辛酉十月初六日寅時
奕銅則長三子也生民國癸亥十二月十一日巳時
奕在則長四子也生民國丁卯十二月十九日巳時
奕泡則降嗣子也生民國癸亥正月初十日亥時
奕秋原則鋤養長子也生光緒丁未六月十九日申時幼
娶陳氏殤
奕東則鋤次子也生民國丙辰正月廿五日申時
奕尚則象長子也生民國壬戌九月初六日巳時

奕同則象次子也生民國丙寅正月初二日巳時

奕義則濫長子也生民國壬戌閏五月十五日寅時

奕送來則砂餐子也生民國丁卯二月初六日子時

奕鎮則先長子也生光緒庚子五月初一日巳時幼娶林氏繼娶彭氏生光緒甲辰三月十一日辰時子三世

增世泡世雪增殤

奕園則先次子也生光緒癸卯十月十二日丑時娶柯氏生光緒戊申三月十四日申時

奕佔則先三子也生民國己未五月廿八日巳時娶林氏生民國壬戌九月十四日巳時

奕示則先四子也生民國癸亥二月廿一日戌時

奕忠則報養長子也生光緒癸卯十二月十七日卯時卒

民國丙寅月日時失詳

奕川則報次子也生民國甲寅二月初五日未時

奕選則合養子也生民國乙丑五月初八日酉時

奕畬水則惰養子也生民國戊辰八月十三日未時

奕芸則篠長子也生光緒丁未十二月初七日未時娶吳

氏生宣統己酉八月初一日辰時子世等上

奕恬則篠三子也生民國乙卯九月廿四日子時

奕白則篠四子也生民國庚申十月廿四日丑時

奕伙則譽嗣子也生民國壬子八月廿一日申時

奕四海則光明長子也生光緒乙巳八月廿九日酉時娶

陳氏生光緒乙巳十一月十六日寅時女一

奕金水則光明次子也生民國戊午六月二十日卯時

奕丹水則光明三子也生民國乙丑二月初三日戌時

奕金墥則光信養長子也生民國癸亥九月廿七日申時

奕清溪則蚵長子也生民國辛酉八月初四日丑時

奕地春則敲嗣子也生民國壬戌十一月初九日巳時

奕合意則訓養子也生民國甲寅三月十八日未時幼聘

李氏生民國丁巳七月十一日寅時

奕建　成禮軋養嗣孫也生民國壬戌十二月十二日未時娶
奕其　昌禮飲養嗣孫也生民國乙卯正月十三日巳時娶
　李氏生民國己未二月初九日卯時
奕維　興則奪養子也生光緒乙未七月廿六日卯時卒民
　國壬子五月二十日辰時
奕求　號進利則文養長子也生光緒甲午十一月廿九日
　吉時卒民國丁巳二月廿六日丑時瀆娶陳氏生光
　緒甲午十二月廿八日吉時嗣子世分殤
奕楚　良則文嗣次子也生光緒癸卯二月廿二日丑時娶
　林氏生光緒癸卯正月初一日丑時子三佛璉嗎軫

儒秀女一
奕開花則文饔三子也生光緒癸卯九月十四日吉時娶
鄭氏生光緒乙巳七月初九日辰時生女一
奕天寶則文四子也生民國壬子三月三十日戌時娶鄭
氏生民國癸丑十二月二十日子時
奕截春字園奕則半饔長子也生光緒庚子八月二十日
午時娶李氏生光緒庚子五月初十日卯時子翰琳
松琳女一
奕賜物則半養次子也生光緒乙巳五月二十日子時娶
羅氏生光緒丁未六月三十日午時女一

奕繼則半養三子也生宣統庚戌十二月初四日午時娶
林氏生民國癸丑十一月初九日吉時
奕添丁則半嗣四子也生宣統辛亥十月初九日寅時
奕蛙水則褒嗣子也生光緒丁酉四月初十日酉時卒民
國丙辰六月十一日酉時
奕專成則鉋養長子也生光緒丙申五月二十日申時幼
娶李氏生光緒癸巳三月廿五日亥時卒光緒丁未
五月初八日午時娶鄭氏生光緒己亥四月廿一日
酉時卒民國丙寅九月廿五日未時子快水殤
奕海水則不嗣子也生民國戊午十一月十九日戌時

奕賜芳則攊長子也生光緒乙巳十二月廿九日丑時幼
娶李氏生光緒甲辰七月廿一日丑時卒宣統辛亥
三月廿四日酉時娶楊氏生宣統庚戌九月三十日
午時

奕冬木則麇長子也生光緒丙午九月初二日卯時娶葉
氏生光緒丁未十二月廿五日酉時生子得令

奕開元則麇次子也生宣統庚戌十月廿九日未時娶侯
氏生民國甲寅四月二十日午時

奕海棠則麇三子也生民國丁巳六月十八日丑時

奕海鶴則麇五子也生民國甲子十二月十二日巳時

奕清香則府長子也生民國丁巳十一月三十日辰時
奕清霧則府三子也生民國甲子六月廿七日未時
奕儉則石子也生民國戊午八月十五日丑時
奕金典則天嗣長子也生民國乙卯十二月廿六日辰時
幼娶林氏生民國乙卯十一月廿七日未時
奕清雲則天嗣次子也生民國辛酉正月十一日子時
奕培則執長子也生光緒丙午十一月廿八日亥時娶陳
氏生光緒戊申正月初八日酉時生女一
奕鼓路則乞養子也生民國甲子正月十六日巳時
奕金鉗則長長子也生民國辛酉正月初五日未時幼娶

鄭氏生民國丙寅八月十七日巳時

奕延侯則再添子也生光緒丁丑五月廿八日戌時幼娶

陳氏殤娶侯氏生光緒丙戌正月廿九日酉時生子

一世建婆女二

奕却則問子也生卒失詳

奕乒則及子也生光緒壬寅正月初九日丑時卒民國癸

丑三月初九日未時嗣子秉連

奕瑞良則謀長子也生民國壬戌五月初五日酉時

奕俊元則謀次子也生民國丁卯九月十三日丑時

奕伊則應養子也生光緒甲辰四月初二日戌時娶潘氏生

光緒丙午十一月十一日酉時子三探花秉連發水
探花發水嫂秉連出嗣奕兵
奕璺則蚕養長子也生光緒庚子二月初三日丑時娶張
氏生光緒甲辰正月初六日巳時子二世乾世查乾
出嗣奕輿
奕輿則蚕次子也生光緒壬寅十月二十日申時卒民國
戊午六月十九日寅時嗣子世乾殤
奕慈則簸養子也生光緒戊申三月十五日丑時娶鄭氏
生宣統庚戌十月初八日寅時生子世澄波
奕慶則樸長子也生民國癸丑六月廿一日午時

奕蟫則樸次子也生民國丁巳正月廿一日戌時
奕璧則樸三子也生民國戊辰八月廿八日亥時
奕老成則雁子也生民國戊辰九月初九日辰時
奕印則撰養子也生民國甲寅二月初九日申時
奕火則蒼嗣子也生民國乙丑二月初二日子時
奕　則高嗣子也生
奕伍則螺嗣子也生民國甲子二月初一日申時
奕　則佇長子也僑居南洋
奕納收則望養長子也生光緒庚寅九月初一日申時娶
陳氏生光緒乙未八月十九日寅時養子點成

奕卓則望次子也生光緒乙未五月三十日丑時娶謝氏
生光緒丙午十二月初十日子時
奕燮則望三子也生光緒辛丑三月十九日酉時卒民國
辛酉九月初一日卯時
奕超來則嚴養子也生民國庚申正月二十日丑時幼娶
李氏生民國甲子　月　日　時
奕梯則頭嗣子也生光緒辛丑七月初八日申時幼娶蘇
氏殁娶柯氏生宣統己酉八月初四日酉時
奕蓮則吩子也生光緒丙申七月廿一日酉時
奕捆則厚長子也生光緒乙未十二月十二日丑時娶陳

氏生光緒丙申正月十四日吉時卒民國甲寅二月初五日未時無出繼娶陳氏生光緒戊戌六月三十日午時子三世爲業世助讓世鉗鉗殤讓出嗣則戰爲孫

奕連才則田子也生民國丁卯九月初七日卯時

奕送則舒長子也生同治辛未二月十七日卯時卒民國壬戌十一月初七日未時娶曾氏生光緒丁亥十二月廿九日吉時卒光緒乙卯六月廿五日巳時子世潤女二

奕福則舒三子也生光緒丁丑九月廿日酉時卒年缺六

月初四日水難而亡

奕山則綢嗣子也生同治甲戌七月二十日丑時卒在本
邑胡尾莫考

奕先禮揆嗣孫也生光緒己亥五月十三日午時娶鄭氏
殁繼娶李氏生光緒丁酉正月初一日寅時卒民國
癸亥十一月初八日戌時無出三娶陳氏生光緒乙
未九月初九日亥時生女一

奕慶賀則寬裕長子也生光緒辛卯八月廿四日未時卒
光緒丙午正月廿七日未時幼娶李氏殤

奕展來則寬裕三子也生宣統庚戌五月十六日辰時娶

陳氏生宣統辛亥八月三十日申時

奕長策則寬裕四子也生民國戊午十一月十三日巳時

奕庇佑則思長子也生

奕春聯禮鏢養孫也生民國辛酉四月初一日吉時

奕宣則土養長子也生

奕想則土養次子也生

奕順則椅養長子也生民國丁巳十月十三日午時

奕譜前則椅次子也生民國戊辰十月初五日子時

奕金福則藏養子也生民國庚申十一月初二日辰時

奕樹則覺長子也生同治庚午四月十二日戌時卒光緒

甲辰八月十五日丑時無傳

奕倘則覺次子也生同治癸酉十月二十日午時卒光緒

八月十八日辰時無傳

奕通則覺三子也生光緒月日時缺卒民國甲寅五月廿

三日午時娶林氏生光緒戊子四月廿二日寅時生

子世仙

奕守則[redacted]鍛子也生宣統庚戌十月廿七日子時卒民國丙

寅七月初七日子時

奕彩則砌餐子也生民國乙卯九月初一日巳時

奕土元則仙子也生民國壬子六月十四日酉時

奕岑則鬆子也生民國壬子九月十三日巳時因世亂離散

奕金山則良餐子也生民國己未三月二十日巳時

奕到則嗔餐子也生同治辛未七月廿三日申時出祖三錦美後撥一子世聽歸宗殤

奕籠則地長子也生光緒戊寅　月　日　時娶林氏生光緒乙亥二月廿四日卯時卒宣統庚戌五月十六日巳時生子世練世奢繼娶洪氏生光緒甲申十一月初九日吉時生女二

奕葉則地次子也生光緒辛巳五月初二日未時卒民國

丁巳九月初六日巳時娶陳氏無出改醮

奕樹則越子也現居河市

奕趨則濱子也生卒失詳娶林氏生女一氏改醮

奕明則一長子也生光緒丙戌九月廿九日未時娶陳氏

生光緒戊戌十月初五日午時子二世才世佳女四

奕淺則一次子也生光緒甲午正月初二日巳時娶彭氏

生光緒癸卯四月初三日酉時子世英世兩

奕琛山則一三子也生光緒乙巳四月初一日卯時娶李

氏生宣統己酉十月十四日子時

奕助字補奕則安子也生光緒丙戌六月廿四日辰時卒

民國乙丑正月十四日亥時娶鄭氏生光緒己丑二
月初十日吉時卒民國丁巳五月初五日未時無出
繼娶陳氏生光緒庚子八月初八日戌時子二培石
培養女一
奕潄則榮水長子也生同治甲戌十二月十二日子時卒
於南洋莫考
奕鰍則榮水次子也生光緒丁亥二月十八日未時卒光
緒庚子七月十四日酉時
奕廣則淳嗣子也生光緒丙午五月十三日寅時娶林氏
生宣統辛亥四月十二日酉時

奕濟則壽長子也生民國己未六月初五日巳時

圖書在版編目（CIP）數據

海上絲綢之路文獻集成．民間譜牒編．第六輯 / 林楓主編．-- 福州：福建人民出版社，2024.7.
ISBN 978-7-211-09487-5

Ⅰ. K203

中國國家版本館CIP數據核字第2024W9H040號

海上絲綢之路文獻集成·民間譜牒編（第六輯）

主　　編　林　楓
責任編輯　趙遠方
助理編輯　陳慧子
美術編輯　白　玫
出版發行　福建人民出版社
電　　話　0591-87533169（發行部）
電子郵箱　fjpph7221@126.com
地　　址　福建省福州市東水路 76 號
經　　銷　福建新華發行（集團）有限責任公司
印刷裝訂　上海中華印刷有限公司
地　　址　上海市青浦區匯金路 889 號
電　　話　021-69213456
開　　本　787 毫米 ×1092 毫米　1/16
印　　張　184
版　　次　2024 年 7 月第 1 版第 1 次印刷
書　　號　ISBN 978-7-211-09487-5
定　　價　2400.00 元（共 6 冊）